JN441517

개정·쇄신판

구약학의 세계적 명저

구약총론

에드워드 J. 영 지음
오병세 · 홍반식 옮김

개혁주의출판사

An Introduction
to
the Old Testament

by

Edward J. Young, Th. M., Ph. D.

translated by

Oh Pyoung Se, Th. D.

Hong Ban Sik, Ph. D.

Published by Permission of
Eerdmans Publishing Company,

Grand Rapids, Michigan, U. S. A.

Korean translation
The Korea Society for Reformed
Faith and Action

개정 - 쇄신판에 부쳐

구약학계의 세계적 권위자로 널리 알려진 본서 저자의 귀중한 저서를 1964년 6월 1일 본 협회 정기 모임의 회의에서 한국어로 번역, 출판하되 원출판사인 미국 Eerdmans Publishing Co.로부터 출판 허락을 받는 교섭은 한국에 선교사로 부임하여 귀한 사역을 감당하던 간하배(Harvie M. Conn) 선교사에게 일임한 바, 원출판사로부터 쾌히 허락을 받게 되어(본 협회 30년사 114-115쪽 참조) 구약을 전공한 두 분의 적임자를 선정하여 공역(共譯)을 위임한즉(동 30 년사 113쪽) 1972년에 드디어 초판이 출판되었다. 당시로서는 구약학 교재 중에 가장 사랑을 듬뿍 받았다. 본 협회를 일으키고 계속 발전시키는 데 오랫동안 효자 구실을 톡톡히 하여 왔다. 본서의 번역을 위하여 애쓰신 홍반식 · 오병세 두 박사님들의 노고에 대해 이 자리를 빌어 새삼 사의를 표하지 않을 수 없다.

그런데 학적인 귀중한 진리를 담는 그릇을 이에 걸맞게, 효자 구실을 한 아들의 옷을 시대에 맞도록 변변한 새옷으로 갈아입히지 못한 것이 늘 안타까웠다. 말하자면 이 컴퓨터 시대에 구태의연한 활자 체재의 책을 그대로 둔 것이 늘 마음이 찜찜하던 터에 다른 바쁜 일을 제치고 용단을 내려 초판 27 쇄로 마감을 하고 마침내 재판 (개정판) 1 쇄 (2012년 1월)를 출판함으로써 이제는 독자들 앞에 떳떳이 대하게 되어 한결 마음이 가뿐하고 흐뭇하다.

개정-쇄신판의 특기할 주안점(主眼點)

1. 우선 목차만 보아도 구약 성경을 개괄적으로 파악토록 확충, 재편집하였다.
2. 본문 중에 대소 제목이 있는 부분은 내용 파악이 비교적 쉬운데 그런 제목들이 없는 부분이 많아 독자들의 내용 파악 편의를 위해 본문 내용은 유지한 채 적합한 제목을 상당히 부가하였다.
3. 성경 장절의 숫자가 틀린 것이 원문에도, 초판 역서에도 더러 발견되어 이를 고쳤다.
4. 1989년도부터 시행된 「새 한글 맞춤법」에 따라 개정된 맞춤법, 띄어쓰기, 표준어, 외래어 표기법 등에 준하여 고침은 물론, 초판 때의 오자, 누락, 중

복 등의 글자나 문구들의 잘못된 것들을 고치는 데 힘썼다.

5. 히브리 어나 헬라 어를 영문으로 표기한 것들을 가급적 원어로 대체하였으며, 여러 가지 외국어로 된 도서 제목들이 초판엔 원문만 기재된 것이 많아 외국어에 익숙하지 못한 독자들에게는 부담이 되는 바, 이를 해소하기 위해 번역문을 대부분 병기(竝記)함과 동시에 인명도 우리말 표기가 안 된 것들은 가급적 표기하였다.
6. 대소 제목들의 부호들〔1, 2, 1) 2), (1) (2) ① ②, a) b) 등〕을 가급적 우리 현실에 익숙하게 편집할 뿐만 아니라 편집 체재를 전보다 복잡성을 피하고 내용 파악 편의 위주로 하는 데 주의를 기울였다.

어쨌든 초판 체재에 비하여 모든 면에서 업그레이드(upgrade) 되도록 노력한 바, 정평 있는 최고의 교재로서의 본서가 많은 독자들로부터 계속 사랑 받게 되기를 바랄 뿐이다.

2012년 1월 31일

본서 출판(편집 · 교정 · 디자인) 담당
개혁주의출판사 대표 **최 석 진**
(전 개혁주의신행협회)

저자의 머리말

먼저 이 책의 범위와 목적에 관하여 일언(一言)하지 않을 수 없다. 이 책은 구약의 일반 총론(General Introduction)이라고 할 수는 없고 특수 총론(Special Introduction)의 분야에 한정되나 이 분야도 전체적으로 취급하려고 하지 않았다. 주제가 너무 광범위한 고로 한 권의 책으로써는 다 생각할 수가 없기 때문이다. 여기에서 이 논문은 그 주제에 가장 기본적인 특수 총론의 국면들만 숙고해 본 것이다. 따라서 이 책에서 강조된 바는 여러 책들의 문학적 특징이라 하겠다. 이러한 책들의 성격은 어떠한가? 그것들은 여러 시대에 저작되었으나 후대 편집자들에 의하여 함께 꿰매어진 이질적(異質的) 단편물의 편집물인가? 아니면 이 책이 논증하려는 바와 같이 그 책들은 내적 조화와 근원적 통일을 제시하는 문학적 구성 단위들인가?

이 문제의 취급은 광범한 부수적인 논의를 일으키는 고로(이 문제에 대한 정확한 해답은 오늘의 기독교회의 복리에 지배적인 중요성을 가진다.) 이 책의 목적에 직접 관련되지 않은 문제들에 대한 논의는 간과하지 않을 수 없었다. 예를 들면, 연대학(年代學)과 고고학에 관해서는 전연 언급하지 않았다. 출애굽의 일자와 같은 문제들은 참으로 매혹적이지만 그러나 이 책의 범위에 직접 내포되지 않는 것이다. 예를 들면 누주(Nuzu)에서의 발굴물들은 언급되었다.

이는 다만 저자 생각에 그런 것들은 율리우스 벨하우젠(Julius Wellhausen)이 창도한 창세기의 성격에 관한 견해를 논박하는 데 유익하다는 이유에서다. 또한 욥기나 아가서의 경우에서와 같이 그 책 자체의 구조를 이해하는 데 도움 되는 것이 아니면 해설의 문제에 그렇게 열중하지 않았다.

이와 같은 이유로 저자는 이사야가 예언한 '주의 종'의 동일성 문제에 관해서 실제로 아무것도 말하지 않은 것이다.

앞부분에 나오는 정경(正經)에 대한 간략한 비평은 독자로 하여금 이 책에 취급된 구약에 관한 태도를 분명히 이해하도록 하려는 데 있다. 그러나 본문 비평(本文批評)은 대부분 간과되었는데, 이는 본문의 문제는 그 자체가 한 권의 책을 필요로 할 만큼 지대한 중요성을 갖는 것으로 생각되기 때문이다. 서투른 방법으로 본문 문제를 논의한다는 것은 그렇게 유익한 일이 아니니 간과하는 것이 좋다고 생각되었다. 그렇게 하지 않았다면 책의 규모가 그 균형을 잃고 말았을 것이다. 더욱이 교회의 직접적 요청은 성경의 내용을 알려는 데 있는 것이다. 카일(Keil)의 다음과 같은 분별 있는 비평은 오늘날까지도 적절하다.

> 비록 그것이 참되다 할지라도 히브리 어 본문과 고대 번역, 구약의 역사적 문서들의 내용과 정신 및 히브리 역사가 후대에 유대인과 사마리아인에 의하여 취급되어진 방법 등에 관한 편견 없고 주의 깊은 비교를 한다는 것은 대단히 유익한 일이다. 이는 그것이 정경 문서들의 순결성과 신빙성을 신앙하는 교회와 신학 모두를 확고히 하는 데 이바지하기 때문이다. 현대 교회의 대요청은 구약의 의미를 충족성과 순정성에서 분명히 이해하려는 것이다. 이는 이스라엘의 하나님이 다시 세계적으로 영원한 하나님 곧 신실하심이 불변하시고, 살아 계시고 유일신(唯一神)으로 인정되시기 위해서이다. 그 하나님이 우리를 교훈하고 구원하시기 위하여 이스라엘에 행하신 모든 것을 이루시되 아브라함과 그의 씨를 택하여 그의 백성이 되게 하시고 그의 계시를 보존케 하심으로써 그로부터 온 세계가 구원을 받고 그 안에서 땅의 모든 족속들이 축복을 받게 하신 것이다(Preface to *Joshua*, E.T., pp. v, vi).

이 책은 1947-1948년에 「남장로교 정기 간행물(*The Southern Presbyterian Journal*)」에 게재되었던 구약 총론에 관한 40 개 논문의 연재(連載)에서 나온 것이다. 이 연재는 남캐럴라이너 주 스파르탄버그의 리처드슨(John R. Richardson) 목사의 제안에서 이루어졌다. 그 뒤의 책들을 집필할 때에 저자는 자유로이 이 논문들을 사용하고 때로는 인용도 했다. 이와 같이 이 논문들을 사용할 수 있도록 허락해 준 편집자이신 헨리 B. 덴디(Henry B. Dendy) 목사와 그 간행물에 대해 공적으로 감사한다는 것은 하나의 기쁨이다.

이 책에 채택된 구약 접근은 빌헬름 묄러(Wilhelm Moeller)가 그의 총론의 모토로 삼은 성경 구절에 표현된다. "이리로 가까이하지 말라 너의 선 곳은 거룩한 땅이니 네 발에서 신을 벗으라."(출 3:5). 이 구절은 성경에 내포된 우주의 사실들을 중립적 마음으로 접근하여 그 사실들에 정당한 판단을 내릴 수 있는 것처럼 생각하는 이른바 "과학적" 방법을 유효하게 처단한다. 지금은 그와 같은 방법을 과학적(科學的)이라고 부르기를 그만두어야 할 때다. 그것은 과학이 아니다. 이는 그것이 제반 사실들을 고려하지 않으며 또한 하나님과 그의 피조물과의 관계의 기본 사실을 간과하고 있기 때문이다. 만일 우리가 먼저 하나님에 관해서 정당하게 생각하지 않으면 우리는 그 외의 모든 것에 대한 근본적 오류를 범하게 될 것이다.

그러므로 성경 접근에 있어 우리는 그것이 '거룩한 땅'이라는 것을 기억할 필요가 있다. 우리는 주 하나님이 말씀하시는 것을 기꺼이 듣기 위하여 겸손한 마음으로 그 땅에 접근하지 않으면 안 된다. 주마등 같은 부정적 비평사(批評史)는 수용적 태도로 성경에 접근하지 않으면 성경을 이해할 수 없다는 강한 증거일 뿐이다. 우리는 성경 말씀이 하나님의 말씀임을 인정함에 부끄러워할 필요가 없다. 이 말씀들은 신적(神的) 위엄의 영광이 빛나고 있다. 이 말씀을 신적(神的)인 것 이하의 것으로 설명하려는 기도(企圖)는 인간의 사상사(思想史)에 대두됐던 가장 큰 오류 중의 하나이다. 이 얼마나 우리에게 용기를 주는 사실인가! 어떻게 우리가 날마다 하나님께 감사해야 할까? 워필드(Warfield)는 이렇게 말했다.

> 그분이 참된 그의 뜻의 기록을 우리에게 주실 만큼 우리를 사랑하셨다. 비록 인간 언어의 양식으로 주어졌다 할지라도 성경의 모든 부분은 영감되었고(God-given) 그 모든 진술이 오류가 없으며 가장 작은 부분에까지 신적(神的)이다.
> 그러나 그와 같은 영감 없이 기독교가 있을 수 없는 데 대해서는 논의하고 싶지 않다. 어떤 영감이 없이도 기독교를 소유할 수 있었고 진리를 들을 수가 있었고 그 진리를 통해 각성이 되고 의롭게 되고 성화되고 영화롭게 되었던 것이다. 우리의 신앙의 진실성은 성경을 가지지 않았을지라도 역사적으로 우리에게 사실로 증명되어 있는 것이다. 이런 진실성을 통해 구원이 임한 것이다. 그러나 우리가 반신반의나 회의의 희생이 되지 않았으며 증대해 가는 오류에 노출되지 않았으며 거짓 피난처로 몰려들지 않았던가! 이 오류 없는 안내자를 바로 알지 못했던 자들을 바라보라. 그들이 스스로 오류 없는 교회 혹은 무오한 교황을 발명해냄으로써 인간의 절박한 요청을 표명하지 않았던가?(이상의 언급 중에는 가톨릭의 부정적 요소를 다소 역설적, 풍자적으로 말하므로 주의가 요함 - 편집자 주) 계시는 만일 그것이 오류 없이 전달되지 않는다면 반계시(半啓示)에 불과하다. 만일 그것이 오류 없이 기록되지 않았다면 반(半)만 전달된 것에 불과하다. 보지 못하는 이방인들은 기록되지 않은 계시가 어떻게 일어났는가에 대한 우리의 증인들이다. 그런즉 우리는 영감된 말씀으로 인해 하나님을 찬송하자! 그는 우리로 항상 그 말씀을 소중히 여기고 사랑하고 높이며 우리의 모든 생활과 사고를 그것에 순응하도록 하시리라! 우리의 걸음이 안전하며 우리의 영혼이 평화로운 안식을 얻으리라."(*The Inspiration and Authority of the Bible*, Philadelphia, 1948, pp.441-442).

이 책을 쓰면서 저자가 취급한 문제와 상반된 관점에 기초해 있는 근대의 총론들을 정당하게 유의하려고 했다. 저자는 어에이즈 벤트젠(Aage Bentzen), 아이스펠트(Eissfeldt), 코르닐(Cornill), 셀린(Sellin), 외스털리(Oesterley)와 로빈슨(Robinson), 드라이버(Driver) 및 파이퍼(Pfeiffer) 등의 기록들을 동정적으로 보려고 했다. 저자는 그들의 작품에 많은 빚을 진 것을 인정해야 한다.

동시에 그 이전의 작가들도 소홀히 취급하지 않았다. 아이히혼(Eichhorn), 마이클리스(Michaelis), 데 베테(De Wette), 에발트(Ewald), 히치히(Hitzig) 등이 참조되었다. 그런데 저자는 성경을 반대하는 그와 같은 경우에서는 단조로운 동일성을 느꼈다. 아이히혼, 데 베테, 베르돌트(Bertholdt), 폰 렝거크(von Lengerke) 등이 오래전에 일으켰던 논의들은 바로 최근의 총론들에 나타난 것과 동일한 것이었다. 이것은 사실이므로 저자로 하여금 소위 현대 비평학파는 기독교적 관점에서 볼 때 성격에 있어 부정적이고 전혀 불합당한 하나님과 계시 관념을 나타내는 어떤 철학적 가정에 기초하고 있다는 확신을 갖게 했다.

이와 같은 이유로 보통 "설화 형식(說話形式)"으로 알려져 있으나 더욱 정확히는 "전승의 역사 연구(Study of the History of Tradition)"로 지칭되는 "현대" 학파라는 문구가 점차 많이 사용되는 것을 저자는 슬프게 생각한다. "비평"의 이러한 면은 신정통파 운동과 목적을 같이한다. 저자가 생각컨대 신정통파(Neo-orthodoxy)는 참된 주해와 성경 연구의 적이다.

신정통파는 역사와 초역사를 분리한다는 점에서 이원론(二元論)을 제시한다. 모든 위대한 기독교 진리들을 초역사의 영역에 두는 것이다. 예를 들면, 신정통파에 의하면 인간 타락은 이 땅 위에서 일정한 역사의 시점에 일어나지 않았다. 우리가 듣기는 오히려 그것은 초역사의 영역에 속하는 하나의 관념(idea)인 것이다. 이와 같은 견해들은 대개 정통파의 용어에서 나오게 되지만 그러나 일단 그 견해들이 성경적 의복과 기독교적 언어를 탈피하게 되어지면 불모의 이원론만 남게 되는 것이다.

어떤 근대 작자의 초역사 세계는 임마누엘 칸트의 본체 세계(本體世界 : 현상 세계의 근본이 되는 세계 - 편집자 주)와 아주 방불하다. 사실에 있어서 양자는 혈연적 관계이다. 그것은 신화와 전설의 옛 영역이다. 기독교의 이념들은 현존하지만 그러나 현실은 지나간다.

이것은 하나의 유령 기독교(Phantom Christianity)이며 실재적인 것이 아니다. 성경을 객관적으로 주어진 하나님의 계시로 수용함으로써 이 책은 최근의 "비평" 양식의 진전을 멈추는 역할을 시도한 것이다.

이와 같은 성격의 작품에서는 간략한 방법으로 견해들을 진술할 필요가 있다. 가끔 하나의 결론만이 주어지고 반면 그러한 결론을 낳게 한 이유들은 생략되어야 한다. 어떤 주제들에 대해 보다 광범한 취급을 하는 것이 적대 견해들에 대한 예의인 것같이 여겨진다. 그러나 이 책의 성격과 책 규모를 과도하게 크게 하지 않기를 바라는 요청 때문에 간결성이 불가피하게 되었다. 그러나 적대 견해들을 제시하는 데 공명과 정확을 가하려고 노력하였다.

구약의 각 책의 논술 끝에는 문제의 책에 관련된 문학에 주의를 환기시키는 사항이 있다. 이러한 사항들의 목적은 시적이나 논문의 철저한 목록을 주려는 것이 아니고(저자는 그렇게 할 능력이 없다.) 단지 그 각 책의 진지한 연구에 불가분적이며 학생으로 하여금 좀 더 깊은 연구에로 인도하는 어떤 작품들을 제시하려는 것뿐이다. 많은 독일어 작품의 참조를 내포시킨 데 대해서는 변명하지 않는다. 진지한 학생은 독일어 작품을 소홀히 할 수 없으며 여기 언급된 것은 어떤 주제를 좀 더 연구해 보려는 자들을 도와줄 것이라고 생각된다.

직접 한 권의 총론을 기록해 보려고 한 사람이라면 타인에게 입은 은혜가 지대하다는 것을 알게 된다. 이 책에서 저자는 그와 같은 은혜에 특히 감사하려고 노력했다. 무엇보다 저자는 옛 스승이신 (오스왈드 알리스(Oswald T. Allis) 박사님께 감사한다. 그는 저자의 구약관에 깊은 영향을 준 분이시다. 그 외 저자를 가르쳐 주신 은사로는 조지프 레이더(Joseph Reider), 거든 옥스토비(Gurdon Oxtoby), 앨런 매크래(Allan A. MacRae), 알브레츠 알트(Albrecht Alt), 요아킴 버그리치(Joachim Begrich), 쿠르트 엘리거(Kurt Elliger), 포웰(H. H. Powell) 박사와 같은 분들이 계신다. 저자는 또한 인내로 원고를 기다리며 이 책을 완성하도록 편의를 보아 준 어드만사의 실무자에게 감사를 드린다. 마지막으로 타이프라이트로 원고를 작성하기에 조력해 준 루트 스테이흘(Ruth Stahl) 양과 이 책의 두 도표를 그려 준 미어디트 클린(Meredith G. Kline) 부인에게 감사를 드린다.

저자 에드워드 J. 영

역자의 말

본서의 저자 에드워드 J. 영 박사는 1968년 세상을 떠나기 전까지 미국 필라델피아에 있는 웨스트민스터신학교의 구약 교수로 봉직하셨다. 그는 일찍이 미국 소재 유대인 대학교인 드랍시(Dropsie) 대학교에서 철학 박사 학위를 받으시고 독일 라이프지히(Leipzig) 대학에서 연구하신 후 거의 한평생을 구약 연구에 몰두하신 분이다.

그가 생전에 남긴 저서가 적지 않으며 그 모든 작품들이 학계에서 중요한 위치를 차지하는 것은 부인할 수 없는 사실이다. 그중 특히 본서는 전 세계 학계에서 훌륭한 작품으로 인정을 받아 오는 바, 심지어 유대인 학자들까지도 본서를 높이 평가한다는 사실을 역자의 한 사람이 상기 유대인 대학교에 재학 중 알게 되었으며, 영국의 유명한 구약학자 로울리(H. H. Rowley) 박사는 본서를 현대 보수주의를 대변하는 가장 훌륭한 저서의 하나라고 말하였다.

이러한 훌륭한 학자의 책을 이번에 우리말로 옮겨 세상에 내어 놓게 됨을 대단히 보람 있는 일이라고 생각한다. 이 책이 출판된 이후 여러 번 출판이 거듭되었으며 이 역문은 그동안에 증보와 수정을 갖추어서 나온 제 4 판에 의존한 것이다. 바라기는 이 책이 이 나라 신학도와 성경을 공부하는 이들에게 하나님을 아는 지식의 활력소가 되었으면 한다. 끝으로 이 역문 작성에 많은 노력과 시간으로 도와준 유환준 목사와 박종칠 씨에게 감사의 뜻을 표하는 바이다.

1972. 4. 15.

고려신학대학에서

옮긴이 씀

차 례

(구약 분해 색인 겸용)

생략 책명 목록

AJSL	*American Journal of Semitic Languages.*
APB	Wm. F. Albright. *The Archaeology of Palestine and the Bible.*
AV	Authorized Version.
BA	*The Biblical Archaeologist.*
BASOR	*Bulletin of the American Schools Oriental Research.*
BTS	*Biblical and Theological Studies by the Members of the Faculty of Princeton Theological Seminary*, N. Y., 1912.
BZ	*Biblische Zeitschrift.*
BZAW	Beiheft; *Zeitschrift fuer die alttestamentliche Wissenschaft.*
CD	Edw. J. Young : *The Prophecy of Daniel. A Commentary.*
CH	Carpenter and Harford : *The Composition of the Hexateuch.*
DFC	A. C. Welch : *Deuteronomy. The Framework of Code.*
DGP	E. W. Hengstenberg : *Dissertations on the Genuineness of the Pentateuch.*
EQ	*The Evangelical Quarterly.*
ET	English Translation.
FAP	Oesterley : *A Fresh Approach to the Psalms.*
FB	O. T. Allis : *The Five Books Moses.*
FSAC	Wm. F. Albright : *From the Stone Age to Christianity.*
HCP	Wm. H. Green : *The Higher Criticism of the Pentateuch.*
HUCA	*Hebrew Union College Annual.*
ICC	*The International Ccritical Commentary.* Intro.
Intro.	Introducion.
IOT	R. h. Pfeiffer : *Introduction to the Old Testament.*
ISBE	*The International Standard Bible Encyclopaedia.*
IW	*The Infallible Word.*
JBL	*The Journal of Biblical Literature.*
JJ	J. Garstang : *Joshua-Judges.*

JQR *The Jewish Quarterly Review.*
JTS *The Journal of Theological Studies.*
LAP J. Finegan : *Light fom the Ancient Past.*
LOT S. R. Driver : *Introduction to the Literature of the Old Testament.*
LXX *The Septuagint.*
nd No date.
NT *The New Testament.*
OR Oesterley and Robinson : *Introduction to the Old Testament.*
OSJ N. Glueck : *The Other Side of the Jordan.*
OT *The Old Testament.*
PG Migne : *Patrologia Graeca.*
PL Migne : *Patrologia Latina.*
POT J. Orr : *The Problem of the Old Testament.*
PrG *The Presbyterian Guardian.*
PRR *The Presbyterian and Reformed Review.*
PTR *The Princeton Theological Review.*
RB *Revue Biblique.*
RJ N. Glueck : *The River Jordan.*
RV Revised Version.
SAT *Die Schriften des Alten Testaments.*
SIJAA Edw. J. Young : *The Study of Isaiah Since the Time of Joseph Addison Alexander*, in WThJ.
ThR *Theologische Rundschau.*
TTP *Tractatus Theologico-Politicus.*
WC *The Westminster Confession of Faith.*
WThJ *The Westminster Theological Journal.*
ZAW *Zeitschrift fuer die Alttestamentliche Wissenschaft.*
ZDMG *Zeitschrift fuer die deutschen Morgenlaendischen Gesellschatf.*

서 론

1. 총론이란 무엇인가?

1) 어의(語義)

영어의 "introduction"이란 말은 라틴 어의 "introducere"(인도하다, 소개하다)라는 말에서 왔으며, 그 뜻은 데려오고 안내한다는 행동을 의미한다. 또 이것은 어떤 제목에 대한 지식으로 이끄는 것을 의미하며, 특별히 어떤 특수한 제목의 연구를 쉽게 만들기 위한 재료에 관계되어 있다.

'성경 총론'이란 가장 넓은 의미에 있어서는 성경의 내용을 연구하는 데 있어서 준비가 될 학과와 모든 연구들을 말한다. 그러나 이 말은 아주 제한된 뜻으로 사용되어 그 결과 전문적인 술어로 생각될 수도 있다. 이러한 견해는 독일에서 시작된 것인데 성경 해석의 준비와 예비로서 하는 어떤 연구의 표시가 최근에 소개되었다. 그리고 여기에 해당하는 독일어는 아인라이퉁(Einleitung)과 아인페룽(Einfuehrung)인데 이 책에서는 후자의 뜻으로 쓰여져 있다. 그러므로 성경 총론은 성경 내용의 연구와 해석의 어떤 예비적 제목들을 취급하는 과학이나 학과이다. 이 말은 때때로 초보(isagogics)라는 말로 표시된다.

2) 일반 총론과 특수 총론

총론은 한 학과로서 성경 자체를 직접 취급하므로 성경학과라고 불리는 신학 연구 부문에 속함은[1] 그것이 직접 성경 자체에 관계되었기 때문이다.

또 이것은 다시 일반 총론과 특수 총론이란 두 분으로 나누어진다. 일반 총론은 정경과 본문 등 성경 전체에 관계된 제목들을 취급하는 것이며, 특수 총론은

---

1) 이 말은 A. Kuyper의 *Encylopaedia of Sacred Theology : Its Principles*(1988) p. 627-636에서 인용한 것이다. 그는 말하기를 "성경학 부문에 내가 포함시키고자 하는 것은 ① 성경 원어들과 그 동족어들 ② 성경 주석 ③ 성경 역사 ④ 성경 신학 ⑤ 성경 해석학(Biblical hermeneutic) ⑥ 성경 고고학 곧 고대 문화들과 성경에 관계된 고고학의 연구이다."라고 하였다. 또한 Kuyper는 신학 교과를 "그 자체들이 신학의 유기적인 배열에서 온 것이다."(p.628)라고 하면서, 다음과 같이 분류한다. ① 성경학부 ② 교회사부 ③ 교의학부 ④ 실천 신학부.

성경의 각 부분이나 또는 하나하나의 책에 관한 문제들을 취급하는 것으로서 통일성, 저작자, 연대 그리고 진정성(眞正性)과 문학적 성격을 취급하는 것이다. 이 책에서는 약간의 서론적인 언급을 제외하고는 특수 총론의 제목들을 취급하기로 하겠다.

2. 구약 총론 연구사(硏究史)

1) 초대 교회 시대

초대 교회 교부들은 과학적 총론과 같은 문제들에 대하여는 관심이 없었으며, 주로 성경 내용의 주석과 교리의 작성에만 치중하였다. 그러나 그들도 때로는 총론을 생각지 않을 수 없었다. 예를 들면, 포르피리(Porphyry)가 다니엘서를 공격하고 그 책이 위조(僞造)된 것이라고 단언하였을 때, 제롬(Jerome)은 여기에 대한 답변을 준비하였던 것이다. 그러나 이 답변은 단순히 그 자신의 주석에만 관련시켜 기록하였기 때문에 다니엘서의 정식 총론은 아니었다.

총론을 처음으로 취급하였다는 책은 아마도 어거스틴(Augustine : 아우구스티누스)의 『기독교의 교리에 관하여(*De Doctrina Christiana*)』이었을 것이다. 이 책은 해석 문제에 관한 가치 있는 재료를 가지고 있으며, 어거스틴 자신은 이것을 "성경 취급 규정(praecepta tractandarum srcipturarum)"이라고 불렀다. 첫 두 권에서 어거스틴은 바른 성경 해석의 특징을 말하고 이를 전개시켰다. 여기에 있어서 대단히 흥미 있고 중요한 사실은 그가 도나티스트(the Donatists)들과 그들의 거짓된 견해 이를테면 그들이 『70인역(Septuagint : LXX)』에 대하여 필요 이상의 높은 평가를 가한 사실에 대하여 거부하였다는 것이다. 이 도나티스트들 가운데 티코니어스 아페르(Tichonius Afer)는 성경을 깨닫는 데 필요하다고 생각되는 일곱 가지의 원칙이 기록된 책을 내었던 것이다. 제롬 역시 루피누스(Rufinus)에 반대하여 몇 가지의 해석 원리들을 말하였다.

그러나 그의 책 『좋은 해석에 관한 소고(*Libellus de optimo interpretandi genere*)』는 어거스틴의 작품에 비하면 가치가 많이 떨어지는 것이다.

알려진 바에 의하면 『성경 총론(*Eisagoge eis tas theias graphas*)』에서 가장 먼저 "총론"이란 말을 썼다는데 이것은 아드리안의 기록에 있으나 이 사람에 관하여는 별로 알려져 있지 않다. 아드리안은 먼저 성경 용어의 특징들 예를 들면 신인 동형 동성론(神人同型同性論)과 신인 동감설(神人同感說) 그리고 특별한 표현과 비유적인 말 등을 토의하고 이어서 성경의 형태를 생각하였다. 그는 역사적인 것을 예언적인 것과 구별하고 예언적인 형태를 말씀과 환상 그리고 상징적인 행동들로 분류하였으며 또한 해석에 관한 견해들도 말하였다.

주후 6세기에는 아프리카의 감독 유닐리우스(Junilius)가 『신의 율법 각론(*de partibus legis divinae*)』이란 두 권의 책을 썼는데, 그중에서 그는 성경 용어를 분류하고 좀 더 조직적인 이해를 시키려고 노력하였다. 특히 흥미 있는 것은 카시오도루스(Cassiodorus, AD 562경, d.〈사망〉가 저술한 『성경 강요(*de Institutione divinarum Scripturarum*)』라는 두 권의 책으로서, 그 책들 가운데 그는 성경을 이해함에 도움이 되는 것과 또 사본들을 복사하는 방법들에 관하여 언급하였다. 특히 그는 12장으로부터 15장까지에 걸쳐서는 정경과 본문 연구에 관하여 논하였으며 그것 외에 다른 부분은 신학 서론이라고 하겠다.

다른 두 책을 말하면, 첫째는 이시도루스 히스팔렌시스(Isidorus Hispalensis)의 『서론(*Prolegomna*)』과 준비적 견해인 『정경과 비정경(非正經)에 관하여(*de libris canoncis et non canonicis*)』인데, 이것은 리라의 니콜라스(Nicholas de Lyra, AD 1340년 d.)의 책 『대주해(大註解: *Postilla Perpetua*)』에 나타나 있다.

위에 언급된 모든 책들은 교회의 지배적인 전통의 영향을 받았거나 또는 대체로 그것에 알맞도록 기록되었기 때문에 이들은 그 성격에 있어서 대개 신학적이다. 그런데 유닐리우스의 저술은 아마 예외인 것같이 생각되는데 이것은 독립적인 사상을 포함하고 있는 것으로서, 이러한 것은 니시비스(Nisibis)파의 바울이라는 어떤 신부의 영향을 받았던 것으로 생각된다. 그렇다고 이 모든 초대의 저작들이 학적이 아니라고 생각해서는 안 된다. 오히려 그 저작들은 실로 학적이었다. 그러나 그들이 오늘의 구약 총론에서 다루어지는 문제점들을 취급하지 아니한 이유는 이와 같은 문제들이 아직 크게 일어나지 않았기 때문이다.[2)]

2) 종교 개혁 및 그 이후의 시대

중세기 말엽에는 성경 총론의 연구에까지 많은 변화가 있었다. 1536년에 파기누스(Santes Paginus)의 『성경 서론(*Isagoge ad Sacras Litteras*)』이 프랑스의 리옹(Lyon)에서 나왔는데, 그 책은 전혀 중세기적인 성격을 지녔던 것이다. 그러나 1566년에 출판된 식스터스(Francis Sixtus of Sierra)의 『성문고(聖文庫: *Bibliotheca Sacra*)』는 아주 판이한 것으로서 이 책은 재판되어 계속해서 많은 영향을 끼쳤으며 또한 성경 문학의 역사와 특별히 해석 역사를 강조하려고 노력

2) *A Surverey of Early Criticism of the Bible*(초기의 성경 비평 요람), pp.110-116 참조.

한 책이다.

그리고 또한 히브리 어 본문에서 모음이 한때는 실질적으로 무시를 당해 오다가 1624년에 카펠루스(L. Cappellus)의 『모음 기호(記號)의 비밀적 계시(*Arcanum punctataionis revelatum*)』가 출간됨으로써 그 가치성을 인정 받게 되었다. 카펠루스는 본문의 모음이 본래부터 존재한 것이 아니며 이것은 후대에 근거한 것이라고 하였다. 이 점에서 카펠루스는 모리누스(J. Morinus)의 지원을 받았으나 벅스토르프(Buxtorf) 부자는 이 설에 대한 반대를 지지하였다.

1627년에 신교 학자인 리베투스(Rivetus)는 성경 전체에 대한 총론을 출판하였다. 그의 영감 도리는 너무나 고상해서 특수 총론의 문제점을 논의하는 것은 무의미하다고 생각하였다. 이렇게 고상한 영감 교리를 지지한 자는 화란 동부 프리슬란트(East Friesland)의 루터파 총감독인 발테르(M. Walther)인데, 그는 일반 총론과 특수 총론을 분명히 구별한 최초의 사람인 것 같다.

※ **영어 외의 외국어 서두엔 라틴 어이면 <라>, 독일 어이면 <독> 등으로 대부분 표시함** - 편집자 주

그러므로 그의 저서 『새로운 성경 총론(〈라〉 *Officina Biblica noviter adaperta*)』(1636)은 현대적 의미에서의 첫 총론이라 하겠다. 추리히의 신학 교수 호팅거(J. H. Hottinger)는 1649년에 『핵심 단어사전(〈라〉 *Thesaurus Philologicus seu Clavis*)』을 출판하였는데. 그는 이 가운데서 성경의 사본과 성경 각권 그리고 주석과 번역물들에 대하여 상세히 진술하였다. 아라비아 문학과 랍비 문학에 익숙한 그는 원저자들의 말들을 그대로 인용하면서 이 문헌들에서 많은 발췌문(拔萃文)을 남겨 놓았다. 그러므로 그의 이 저서는 오늘날에 있어서도 가치가 있는 것이다.

또한 한때는 벅스토르프(Buxtorf)의 제자였으며 개혁주의 신앙의 신봉자요 우트렉트(Utrecht)의 히브리 어 교수였던 로이스덴(J. Leusden)이 두 권의 중요한 책을 출판하였다. 그 첫 번째 책 『히브리 어 학자(〈라〉 *Philologus Hebraeus*)』(1657)는 구약의 정경과 본문에 관한 것이었으며, 둘째 번의 책 『혼용 히브리 어 학자(〈라〉 *Philologus hebraeomixtus*)』(1663)는 대체로 여러 번역들에 대하여 거론한 것이었다. 특별히 중요한 것은 체스터(Chester)의 감독인 월튼(B. Walton)이 쓴 그의 유명한 「폴리글로트 성경(*Polyglott Bible*)」*에 대한 『개론(*Prolegomena*)』의 출판이다(1657). 이 논문은 대단히 가치가 있으므로 하이데거(M.

---

*성경 원어를 중심으로 하여 다중(多衆) 언어로 된 대조 성경으로 추측된다. - 편집자 주

Heidegger, 1673)에 의해서 별개의 책으로 간행되었다. 이것은 구약의 본문과 사본에 대하여 상세하게 논한 것으로서 일반 총론에 대한 좋은 안내서의 역할을 한다. 그리고 본문과 번역에 관한 지식의 보고(寶庫)로서 유명한 『거룩한 비평(〈라〉 *Critica Sacra*』(1680)을 편찬한 파이퍼(A. Pfeiffer)와 1681년에 『미니 성경(〈라〉 *Enchirdion Biblicum*)』을 출판한 하이데거도 뺄 수 없는 인물들이다.

이상의 개관에서 분명해진 사실은 종교 개혁이 히브리 어 본문 그 자체에 대한 연구의 중요성을 가져다 준 것인데, 이것은 실로 커다란 소득인 것이다. 위대한 종교 개혁가인 루터와 칼빈은 다 히브리 어를 연구하였으며 또한 분명히 이 연구를 촉진시킨다. 그러므로 이 시대에서부터 시작하여 그 후 얼마 안 되어 나온 총론의 저작은 본문의 모든 중요한 제목에 대하여 큰 관심을 보이고 있는 것이다. 필자의 의견에는 이들 저작 가운데 어떤 것은 이와 같은 연구에 관한 문제들에 대해 깊은 통찰력을 가졌다고 본다.

해버닉(Haevernick)은 "일반 총론의 어떤 부분, 예를 들면 본문 역사 등과 같은 것은 17세기의 신학자들에 의해서 연구되어 놀라운 성과를 가져왔다."[3]라고 하였다. 사실상 하나님의 섭리 가운데서 종교 개혁은 구약 총론면의 참된 발전에 책임을 다하여야만 하였다.

3) 짙어 가는 밤의 그림자

종교 개혁 후에 철학적인 견해들이 일어나기 시작했는데, 이들 견해 그 자체는 계시된 기독교의 초자연주의의 대항하는 것이었다. 이들 가운데 어떤 것은 영국의 자연신론자(自然神論者)인 홉스(T. Hobbes, 1651)의 『리워야단(*Leviathan*)』에 나타났다. 홉스는 여기에서 어떤 구약책들의 기원과 연대에 관한 전통을 공격하였다. 이와 비슷한 반초자연주의적(反超自然主義的)인 원리에 근거한 것이 스피노자(Benedict Spinoza)의 『신학적 정치 논문(〈화〉 *Tractatus Theologico-Politicus*)』(1670)이다(스피노자의 이름에 대하여 137쪽의 4항 각주 참조). 이들의 뒤를 이어 계속하여 나온 저서는 로마교 신부 시몬(R. Simon, 1635)의 『구약 성경 비평사(*Histoire Critique Du Vieux Testament*)』라는 큰 책이다. 시몬은 1638년에 주일리(Juilly)에서 철학 교수로 있었는데, 그가 저술한 비평사는 다음과 같이 3 부로 나누어진다.

---

3) *Intro.* 영역, p.10.

① **모세 이후 오늘날까지의 성경인 히브리 본문에 대해서** (Du Texte Hebreu de la Bible depuis Moise jusqu'a notre tems). 이 부분에 있어서 저자는 각 책들 특히 모세 오경의 연대를 토의한다. 그는 현재 형태로서의 오경은 모세의 저작이 될 수 없다고 주장하고, 또 역사서들은 공식 연대기에서 발췌한 것이라고 생각하였다.

② **중요한 성경의 번역판을 취급한다** (Ou il est traite des principales Versions de la Bible).

③ **성경의 좋은 번역법을 취급하는 것** 등(Ou il est traite de la maniere de bien traduire la Bible, etc)이다.

이 끝의 두 부분들 또는 시몬이 일컫는 바에 의하면 그 책들은 가치 있는 지식들을 포함하였는데, 그의 시대까지의 주석가들에 대한 진술은 중요한 것이다. 시몬은 벌게이트역(Vulgate)도 비평하나 신교 저자들에 대해서는 공평하지 못했다. 이 책은 콘둠(Condum)의 감독 보세이(Bossuet)로 말미암아 폐기 처분을 받아 그 후 버린 바 되었다. 그러나 이것은 다시 재판되었으며 가장 우수한 판으로는 시몬 자신이 신교 신학자의 모습을 하고서 책임 감수하여 1685년에 로테르담(Rotterdam)에서 간행한 것이다.

시몬의 저작이 반대를 받을 것이라는 것은 예기(豫期)했던 바이다. 성경 본문의 가치에 관한 그의 논문들 가운데는 좋게 생각하여도 아주 부주의한 것이 있다. 예를 들면 그는 기독교가 성경이 없어도 전통만을 가지고서 그 자체를 보존해 나갈 수 있다고 주장하고, 또 전통이 교회 교리와 일치하지 않는 한 어떤 경우에도 전통의 힘을 빌릴 수 있으므로 성경 본문이 잘 보존되었거나 그렇지 않다거나 하는 것은 문제가 되지 않는다고 주장하였다. 이제 시몬에 답변을 제시한 자 가운데는 역사서들에 대한 시몬의 관점이 바른 것이 될 수 있을 것인가에 관하여 의혹을 나타낸 스팬헤임(Spanheim)을 언급할 수 있다.

그러나 특별히 중요한 것은 레 클럭(Le Clerc)의 저서인 『시몬의 구약 비평사에 대한 화란 신학자들의 견해』(1685)이다. 암스테르담의 아르미니안계 교수인 저자는 이 책에서 시몬이 신교 저자들에 대해서 부당하게 취급한 사실을 공격하였다. 그리고 레 클럭은 창세기와 역사적인 책들을 시몬이 말한 연대보다 늦게 잡았다. 그러므로 시몬 또한 여기에 대하여 열렬하게 응수하였던 것이다. 어쨌던 구약의 신임성을 의심하는 경향이 점점 표면화되었으니 홉스와 스피노자는 분명히 불신 철학의 영향을 받아 그들의 책을 저술하였으며, 시몬은 자기 자신이 로마 가톨릭의 교인이었으나 로마교인들까지도 자기들의 처지에 해가 된다고 생각할 정도로 위험한 관점에서 책을 저술하였다. 그러나 프로테스탄트 교회에는 아직도 생명과 활력이 있었으며 주께서는 귀한 섭리(攝理) 가운데 신앙의 강한 옹호자를 세우셨으니 그는 라이프치히의 히브리 어 교수인 카르프초프(G. Carpzov)였다. 그는 두 권의 놀라운 책을 저술하였는데 그것은 『정경(正經) 개론(〈라〉 *Introductio ad Libros Canonicos*)』(1714-21)과 『거룩한 비평(〈라〉 *Critica Sacra*)』(1724)이었다. 카르프초프의 문체는 변증적인데 스피노자, 레 클럭 그리고 시몬 등의 처지를 폭로하는 사명을 다하고 있다. 그러나 이 책은 또한 총론의 성격에 대한 깊은 통찰력을 가지고 있으며 해버닉(Haebernick)에 의해서 "프로테스탄트 학계의 걸작"이라는 특징적인 명칭까지 붙여지게 되었다.

4) 비평의 깊은 밤

시몬의 저작은 독일 할레(Halle)의 신학 교수인 셈러(J. S. Semler, 1791 사망)의 저서에서 결실을 보았는데, 그는 시몬이 채용한 원리들을 전연 부정적인 정신으로 지켜 나갔다. 그는 사람의 마음을 법 자체로 보는 견해에 대해서 동조적이었다고 보겠다. 그러나 그는 당시에 받아들여진 견해를 파헤쳤으나 여기에 대치될 만한 어떤 적극적인 것을 제공하지는 못했다. 그의 저서는 파괴적인 경향을 지녔던 것이다.

이러한 처지에 대한 부정적인 반항이 독일의 시인(철학·문예 비평가 - 역자 주) 헤어더(J. G. Herder, 1744-1803)의 저작에서 나타났다. 헤어더는 구약의 문학적 미에 대해서 깊은 이해가 있었는데, 그는 이러한 그의 사상을 자기의 저작에 나타내려고 하였다. 그러나 그는 성경의 참 종교적인 정신에서 많이 떠나 있었다.

그의 사상은 『구약 총론』(1780-1783)을 쓴 아이히혼(J. G Eichhorn)에게서 계승되었다. 아이히혼은 비평에 있어서 진보적 조류의 영향을 받았으나 대체로 그는 전통적인 견해를 지니고 있었다. 비록 그는 구약의 문학적인 미(美)에 대해서는 주의력을 환기시키려고 하였으나 구약의 초자연적인 성격에 대해서는 참된 이해를 표시하지 않았다. 아이히혼의 저작은 성경을 더욱더 히브리인들의 국민 문학으로 생각하게 하는 결과를 가져왔으며 성경을 연구하는 것은 그에 의해서 더욱 무시를 당하였다.

이와 비슷한 것으로는 마이클리스(J. D Michaelis, 1787)의 저작이었다. 그러나 그의 저작은 완성을 보지 못하고 오경과 욥기의 총론만을 취급하였다. 마이클리스에 관한 해버니크(Haevernick)의 설명은 적절하다. 그는 말하기를 "그의 학식과 그의 깊이에 있어서 마이클리스는 이 부문에 대해 아이히혼과 논쟁하기에 합당한 사람이다. 그러나 그는 식견과 교양에 있어서는 아이히혼에 미치지 못했으며, 또한 생생한 진리를 살피는 감각도 소유하지 못하고 있었다."(*op. cit.* p.14).

19세기에 나타난 구약 총론에 대한 연구를 바로 알기 위해서는 그 시대의 정신과 당시에 있었던 철학적 동향을 알아 둘 필요가 있다. 이를테면, 18세기에는 사람의 이성을 찬양하는 논조가 나타났다.[4] 그것은 종교 개혁 때에는 로마 가톨릭교가 취한 위선적인 권위에 반항하였는데, 이제는 사람이 성경 자체의 권위에 대하여까지도 반항하려고 한 것이었다.

계몽 시대라고 불리는 시대에 칸트는 신교리라고 알려진 이 계몽의 한 국면에 대하여 말하기를 사람이 스스로 이루어 놓은 미숙한 상태에서 벗어나는 것이라고 하였다.[5]

그러나 "계몽"이란 말을 크리스천의 관점에서 볼 때에는 전혀 잘못된 것이다. 사람은 하나님의 피조물이며 하나님께서 그에게 주신 계시를 따라 행할 때에만 그는 자유롭게 되며 계몽을 받게 된다. 밖에서 오는 계시를 거부하고 사람의 마음을 자체의 법칙으로 생각하는 것은 계몽된 것이 아니라 오히려 커다란 거짓에 빠지는 것이다. 사람은 하나님의 피조물이니 하나님 없이 잘 살 수 없다. 사람의 이성을 모든 것의 최종 결정자와 같이 높이는 것은 사실에 있어서 피조물을 창조주로 바꾸어 놓는 인간의 망동에 지나지 않는 것이다.

18세기의 신학과 철학이 빈약했던 까닭에 19세기는 심한 난관에 봉착하게 되었다. 그러므로 19세기에 나온 많은 총론들은 구약이란 단지 사람의 책에 지나지 않았기 때문에 다른 사람의 책과 같이 취급해야 한다는 가정 아래서 기록되었다. 우리는 앞으로 19세기 오경(五經) 비평의 발전에 대해서 상세히 논술하게 되겠으므로 그 총론에 관한 중요한 몇몇 책들에 주의를 이끄는 데 그치고자 한다.

① **데 베테(W. M. L. de Wette, 1780-1849)**는 구약 각 책의 저자에 대한 전통적

---

4) 볼피안주의(Wolfianism)에서 신교리(Neology)에로, 신신학에서 합리주의에로 이르는 사상의 전진에 대한 개요를 연구하려면 애너(K. Aner)의 *Die Theologie der Lessingzeit*를 참조해야 한다.

5) "Ausgang des Menschen aus seiner selbstverschuldeten Unmuendigkeit," in *Berliner Monatsschrift* (1784). 칸트가 말한 "Unmuendigkeit"는 지도의 방향 없이는 스스로의 지능을 다른 데 쓸 수 없다는 것을 말한다.

인 견해에 대해서 심한 공격을 가하기 시작했다. 그의 책은 합리적인 처지에서 저술되었으며 그 결론은 약간 부정적이다.

② **에발트(H. Ewald, 1874년 사망)는 데 베테와 같이** 전통적인 처지를 부인하였다. 그러나 그의 책들은 그 성격에 있어서 좀더 자극적이며 그는 여기에서 대안을 내어 놓으려고 노력하였다. 이발트는 한 학파를 창설하였다고 할 수 있는데 이는 히치히(F. Hitzig)의 책에 어느 정도 표시되어 있다.

③ **구약의 비평적 취급에 대한 반론이 헹스텐베르크(E. W. Hengstenberg)**, 해버닉(H. Ch. Haevernik), 그리고 카일(C. F. Keil)의 글에서 나타났다. 이들은 성경을 그대로 믿는 학자들인데 성경의 성실성과 신임성을 존중시하여 기록하였으니 그들의 저작은 특별히 영국과 미국 등지에 커다란 영향을 끼쳤다.

④ **중간 처지를 취하는 총론은 블릭(F. Bleek, 1793-1859)의 저서인데**, 그는 일찍이 데 베테, 닌더(Neander)와 슐라이어마허(Schleiermacher)의 제자였다. 그의 책은 1865년에 출판되었는데, 1869년에 발행된 제 2 판으로부터 영어 번역이 나왔다(*An Introduction To The old Testament*, 1869. G. H. Venables 역). 여기에는 유익한 것이 많이 기록되어 있으며 극단적 비평을 교정하는 데 도움이 되었다. 그러나 그의 놀라운 저작도 완전히 만족할 만한 것은 아니었으니 그것은 그가 부정적인 처지에 양보한 것이 너무 많기 때문이다.

⑤ **소위 근대학파의 분명한 표현은 그라프(K. H. Graf)의 처지에서 볼 수 있다.** 그러나 이것은 벨하우젠(J. Wellhausen)과 쾨넨(A. Kuenen)의 연구를 통해서 힘을 얻게 되었다. 그래서 일반적으로는 이것을 그라프-쾨넨-벨하우젠 학파라고 한다. 영국에 있어서는 스미스(W. R. Smith)의 『유대 교회에서의 구약 성경(*The Old Testament in the Jewish Church*)』(1881)이라는 강의가 대표적인 위치를 차지하고 있었다. 이 학파의 사상에 의하면 이스라엘의 종교 생활은 진화론적으로 발전했다고 단정한다. 그리고 이것은 신약의 자유주의적 견해와 리츨파(Ritschlian) 신학과 일치하며, 또한 헤겔의 철학적인 처지에 근거를 두고 있는 것으로서 역사적 기독교와는 분명히 대립되는 것이다.

⑥ **총론에 있어서 가장 위대한 것 중의 하나는 드라이버(S. R. Driver)의 것이다.** 이 책은 대부분 그라프-쾨넨-벨하우젠 학파의 주장을 따르지만 그러나 진실한 것과 신중한 것이 그 특성이었으니 때때로 중간 노선을 취하려고 함으로 널리 영향을 끼쳤다.

⑦ **구약에 대한 전통적인 견해를 거부하는 자들 가운데서도 근대적 비평학파를** 반대하는 자들을 찾아볼 수가 있다. 이들 중에는 림(E. Riehm)의 『구약 총론(〈독〉 *Einleitung in das Alte Testament*)』(1889)과 쾨니히(F. E. Koenig)의 『구약 총론(〈독〉 *Einleitung in das Alte Testament*)』(1893)과 보디신(W. W. Baudissin)의 『구약책들에 대한 입문=구약 총론(〈독〉 *Einleitung in die Buecher des Alten Testamaents*)』(1901) 등이다.

5) 20세기

20세기에 있어서의 총론에 대한 연구는 그 특성을 논하기가 어렵다. 고전적인 벨하우젠주의의 주장에 대한 반동은 궁켈(H. Gunkel, 1862-1932)과 그레스만(H. Gressmann, 1877-1927)의 저작에서 나타났던 것이다. 이 두 학자들의 이름들은 항상 재료 비평학파의 두 지도적인 대표자들로서 상기될 것이다. 이들은 개개의 표현들이 이룩된 생활 환경을 찾으려고 노력하였으며 또한 고대 신화를 비교하는 데 사실상 그레스만과 궁켈은 근대 비평학파의 어떤 주장에 대해서 타격을 주었다. 그들의 영향은 널리 퍼졌으며 그들의 입장은 『구약책들=구약 성경(〈독〉 *Die Schriften des Alten Testamaents*)』(1911)에 고전적으로 표현되었다. 또한 코르닐(C. Cornill)의 『구약 총론』(초판 1891년)을 영어로 번역한 것(1907)은 중요한 일이다. 코르닐은 벨하우젠 학파의 대표자라고 보겠다. 이와 같은 견해는 크릴만(H.Creelman)의 『연대기적으로 배열한 구약 총론(*An Introduction to the Old Testament Chronologically Arranged*)』(1917)에 나타나 있다. 베버(J. A. Bewer)의 『구약 문헌(문학)(*The Literature of the Old Testament*)』(1922)도 언급해야겠는데 이것도 고전적 벨하우젠주의를 밝히 나타낸 것이었다.

1934년에 세 개의 총론이 나왔는데 이들 가운데 두 개는 그 성질이 자못 비슷한 것이다. 아이스펠트(O. Eissfeldt)의 『구약 총론(〈독〉 *Einleitung in das Alte Testament*)』은 구약의 문학을 분류하여 그것을 여러 종류(Gattungen)로 나누고, 또 여러 책들이 발전(문학적 역사)하여 온 흔적들을 찾으려 한다. 아이스펠트의 저작은 벨하우젠의 영향을 크게 받았으며, 궁켈과 그리스만 학파의 영향도 나타낸다. 그는 계시에 대한 적절한 개념을 가지지 못한 것 같으며 도리어 구약의 문학을 단순히 인간에서 기원된 것으로 생각하였다. 이것과 비슷한 것이 외스털리(W. O. E. Oesterley)와 로빈슨(T. H. Robinson)의 『구약 총론(*An Introduction to the Books Of the Old Testament*)』이다. 이 책의 특이한 성격은 구약이 지닌 운율(韻律)의 구조에 큰 관심을 둔 것이다. 그러나 이것 역시 성경을 오직 인간적인 문학으로 취급하려 하였으며 지도적인 비평학파의 관점을 본질적으로 따른 것이다.

묄러(W. Moeller)의 『구약 총론(〈독〉*Einlsitung in das Alte Testament*)』은 이상의 것들과는 아주 다르다. 묄러는 성경의 신임성을 믿는 신자이며 그는 자신의 처지를 방어하기 위하여 강력한 이론을 전개시켰다. 그의 책은 301 쪽 분량으로 과히 큰 책은 아니지만 그러나 그것은 대단히 가치 있는 책이다.

20세기에 있어서 영어로 된 가장 큰 『구약 총론』은 1941년에 출판된 파이퍼(R. H. Pfeiffer)의 『구약 총론(*Introduction To The old Testament*)』이다. 파이퍼가 저술한 책의 특성은 철저한 것과 치밀한 학자적인 것이며, 또한 그 책은 솔직한 표현을 함으로써 환영을 받게 되었다. 예를 들면, 구약에 있어서 가장 영향력이 있는 세 책들을 든다면 학술상으로는 사기(p.745)라고 주장하려는 저자의 말은 들을 가치가 있다. 그러나 이 책은 근본적으로 반기독교적이며, 이것이 반신론적(反神論的)인 관점을 위한 변증의 작용을 잘하게 되는 것이다.[6]

여기에 대한 예로서 파이퍼는 기록하기를(p.755) "본서(다니엘서)를 액면 그대로 받아들이는 이 전통적인 이론은 초자연적 실재와 그것이 내포하고 있는 계시의 신적인 기원을 전제한다. 이와 같은 이적들은"(다니엘서에 기록된 것들) "역사적 사실의 테두리 밖의 것이다." 또한 "역사적 연구는 자연적 가능성의 범위 내에 들어 있는 확실한 사실들만 취급하여 초자연적 사건에 대한 진리를 보증하는 일은 피하고 있다. 다니엘서의 역사성은 신조요 객관적인 과학적 진리는 아니다." 그리고 그는 "성경을 역사적으로 연구할 때에 신앙에 토대한 확신은 객관적 진리라기보다는 주관적이기 때문에 부적당하게 보인다."

사실상 저자의 이와 같은 솔직한 그리고 분명한 말은 감탄할 만하다. 그러나 그 입장 자체는 반기독교적이다. 이와 같은 관점이 오늘의 구약 연구에 있어서 지배적인 것이라고 단언해도 괜찮다.

3. 우리는 구약을 어떻게 볼 것인가?

19세기와 20세기를 중심하여 간단한 대요를 이상에서 밝혔는데 실제로 구약 연구 여러 관점에서 취급되었다.

① **성경에 대한 매우 낮은 견해를 가진 자들이 있었다.** 그들은 성경이 히브리인

6) 이 총론에 대한 본 저자의 긴 서평은 *WThJ*(가끔 이런 약자가 나올 땐 완전 책명을 알고자 하면 17쪽의「생략 책명 목록」참조 - 역자 주), vol. V. pp. 107-115 참조.

들의 민족적 문학에 불과하다고 생각하였으며, 고대의 다른 문학적 산물 가운데 속하는 단순한 인간의 문학적인 산물이라고 생각하였다. 확실히 이러한 입장은 근본적인 과오를 범하고 있기 때문에 불충분한 것이다. 왜냐하면 성경은 근본적으로 신적 기원을 가진 책임에도 불구하고 성경을 단순한 인간적 기원의 책으로 취급하였기 때문이다.

② **총론 연구에 있어서 성경을 인간적인 요소만으로 제한하려는 자들도 있다.** 그들은 성경의 영감과 신성 문제는 완전히 무시될 가능성도 있다고 생각하고 그들의 생각을 경험에 의한 과학적 방식으로 부를 수 있는 것으로 제한하려는 것이다. 이와 같은 것이 만족스럽게 되어지지 않는다는 것은 확실한 사실이며 이러한 방법을 채택하는 자들은 성경이 오직 사람의 산물이요 그 이상의 것이 아니라고 그릇된 주장을 피력하는 그네들과 근본적으로 일치하는 결과를 가져오는 것이다. 이와 같은 제한은 과학적이 아니다. 참으로 과학적인 조사 방법은 모든 사실들을 계산하여야 하며, 감각을 통하여 알 수 있는 사실들만을 생각하는 정도에 그쳐서는 안 된다. 왜 소위 감각을 통한 사실들만을 합법적인 것이라고 할 것인가? 참된 과학적인 연구 방법은 그렇게 자체를 제한하지는 않는다. 우리는 총론에 대한 어떤 가치 있는 연구에 있어서 소위 경험적인 사실과 더불어 하나님께 대한 사실과 그 이외의 계시 등 모든 사실들을 생각하지 않는 것은 시초부터 실패하는 것밖에 안 된다.

③ **성경을 취급함에 있어서 중립적인 태도로 임할 수 있다고 생각하는 사람들도** 있다. 곧 "우리는 다른 어떤 책을 연구하는 태도로 성경을 연구하자. 그리고 다른 기록들을 살피듯이 성경을 살펴보자. 만일 그것이 하나님의 말씀인 것이 드러나면 다행이지만 그렇잖으면 사실 그대로 받자."라는 입장이다. 근본적으로 이 입장은 처음의 두 경우와 다를 것이 없다. 성경에 대한 소위 중립적인 태도란 사실에 있어서 중립이 아니고 성경이 그렇게 만들고 가정한 고귀한 신성의 주장을 거부하고 사람의 마음이 하나님의 계시에 대한 심판자로 행사하려는 것이다. 이것이 결과적으로 사람의 마음을 최고의 심판자로 만들고 또한 하나님의 자리에 두려고 하는 것이 된다.

④ **이 책에서 취한 관점은 구약이 하나님의 참된 진리의 말씀이라는 것이다.** 이 구약은 사람이 저작한 것이지만 "하나님의 거룩한 사람들이 성경의 감동하심으로 말한 것이다."(벧후 1:21).

하나님께서는 인간이 미루어 알 수 없는 지혜로써 그의 뜻을 말하여 줄 사람들을 기뻐 여기셔서 기록하는 사명을 위해 그들을 택하시어 예비하시고 신비스러운 방법으로 그의 성령이 사람들을 통하여 기록하게 하셨으나 정확하게 하나님의 영이 원하시는 것을 기록하게 하셨다. 그러므로 성경은 한편으로는 사람의 책이라고 볼 수 있으나 근본적으로 신적이요 성경 자체의 저자는 하나님이신 것이다.

성경이 하나님의 말씀이신 것을 우리는 어떻게 알 수 있을까? 여기에 대해서는 여러 가지 믿을 만한 이유들이 있다. 그것은 성경 자체가 그 신성을 명백히 말해 주기 때문에 믿지 않는 자가 핑계할 도리가 없는 것이다. 성경은 그 속에 신성의 표를 가지고 있으며 하나님의 살아 계심과 참된 하나님의 영화로우신 교리 그리고 하늘과 땅의 창조자이시며 죄에 빠진 사람들과 하나님께서 사람들을 위하여 기록해 놓으신 놀라우신 구속의 내용들이 성경의 신적 기원을 확실히 힘있게 증거 해 주는 것이다.

이와 같은 것은 다른 것에 비교도 안 될 정도로 탁월한[7] 점에 있어서도 참된 것이다. 이것은 성경이 다른 어느 것과도 비교될 수 없는 것을 말하며 성경은 그 자체가 특이한 뜻에서 하나님의 말씀인 것을 가장 잘 수긍이 가도록 나타내 보여 준다.

그러나 성경의 신성을 확신하게 하는 것은 말씀을 가지고 우리의 심령에 증거하시는 성령의 일이니 하나님께서는 자신이 성경의 저자임을 우리에게 성경으로 증거해 주시는 것이다. 간단하게 말하면 우리는 하나님께서 직접 자신으로부터 성경이 나왔다고 말씀하셨으므로 우리도 그렇게 믿는 것이다. 오직 하나님만이 그가 말씀하셨다는 것을 타당하게 증거하시는 것이다.[8]

구약에 관련해서 특별히 강조할 것은 예수 그리스도의 구약에 대한 태도와 말씀이다. 우리 주님께서 그 당시의 사상에 순응하셨다는 자들이 있다. 예를 들면 모세가 예수님 자신에 대해서 기록하였다고 하지만 이것은 그 당시의 사람들이 이해할 수 있는 방법으로 말씀하신 것뿐이라는 말을 우리가 듣게 되며, 또는 예수께서는 오늘날 구약을 연구하는 자들이 관계되어 있는 논쟁적인 문제에 대하여는 어떠한 판단을 하려 하시지도 않았다고 주장하는 것이다.

이 두 가지 태도에 관하여는 우리와는 전혀 다른 것을 발견할 수 있다. 예수 그리스도는 진리이시다. 또한 그가 말씀하신 것도 진리이다. 그런데 막 13:32에

---

7) *The Westminster Confession of Faith*, I,V.

8) 성령의 내부적 증거의 교리 해설에 대하여 *The Infallible Word*, pp. 40-52 참조.

의하면 인성을 가지신 주님으로서의 제한된 지식을 발견할 수 있다. 그러나 이 말은 주께서 잘못 말씀하셨다는 것을 뜻하는 바는 아니다. 인성을 가지신 주님으로서 설혹 그의 지식에는 제한이 있었다 할지라도 주님의 지식은 온전히 진리이었다.

주님은 자기의 인성으로 자신이 알지 못하신 것을 말씀하시지 않으셨다. 주님께서 말씀하신 모든 것은 진리이다. 만일 주께서 비평이나 저자 문제에 있어서 오류를 범하였다고 한다면 자신이 예루살렘에서 당하실 대속(代贖)의 죽음을 말씀하셨을 때는 오류가 없었다는 것을 어떻게 알 수 있겠는가? 어느 한 가지 점에 있어서 오류를 인정하게 된다면 그 이외의 모든 점에 있어서도 또한 오류를 인정하여야 한다. 본서에서는 예수 그리스도의 권위만은 무조건 인정하고 있는 것이다. 우리가 믿기로는 예수께서 대속의 죽음을 말씀하셨을 때 그 말씀은 정확하였고 또한 주께서 구약의 성질에 관하여 말씀하신 것도 정확한 것이었다. 그러면 예수 그리스도께서 구약에 관하여 실제로 무엇을 말씀하셨던가?[9] 복음서를 주의 깊게 읽는 자는 누구든지 주께서 살아 계시던 그때에 구약 성경으로 알려진 일련(一連)의 기록이 하나의 유기적 통일체를 이루고 있음을 분명히 볼 수 있다.

주께서는 성경을 독특히 메시지와 증거를 지닌 조화 있는 통일체로 아셨다. 주께서 성경을 상호 특별한 관계도 없는 단순한 기록들의 '그룹(group)'으로 여기셨다고 말하는 것은 사실과는 너무나도 동떨어진 억측인 것이다. 이런 말들은 관계 구절 한두 구절만 고려해 보아도 쉽게 알 수 있는 것이다.

예컨대, 유대인들이 주께서 신을 모독한다 하여 돌을 들어 치려 할 때에 그는 구약 성경을 인용하셔서 그들과 더불어 대결하셨다(요 10:31-36). 그때 주께서는 시 82:6을 인용하셨다. 성경은 파괴될 수 없다고 주장하심으로 시편에 기록된 사실이 진리 됨을 단언하셨다. 이 논점은 대단히 명료하여서 다음과 같이 확인할 수 있는 것이다. 곧 "시편의 이 한 구절에 언급된 것은 진리이다. 그 이유는 이 구절이 성경으로 간주된 한 편의 기록에 속해 있다는 것과 또한 성경은 그 성격에 있어서 파괴될 수 없는 절대적인 권위를 보유하고 있기 때문인 것이다." 그리스도께서 성경이란 말을 사용하실 때에는 그의 중심에 시편들의 어떤 특수한 구절만 의미한 것이 아니라 오히려 온전히 모든 기록들을 다 의미하는 것이며

9) 여기서부터 이 장(章)의 끝까지는 저자의 "The Authority of the Old Testament," in *IW*, pp.55-70에서 인용한 것.

위의 구절은 다만 그 기록된 그룹의 한 부분임을 가르치는 것이다.

그리스도께서 성경을 하나의 통일체로 생각하신 것은 그가 팔리우실 때 성경이 응하려면 자기가 잡히고 고난 받으심이 필요하다고 인정하신 데서도 잘 나타나 있다(마 26:54). 참으로 그는 성경이 성취되어야 함을 염두에 두셨다. 그에게 있어서 도망치는 것보다는 체포되는 것이 오히려 훨씬 더 중요한 일이었다.

그리스도께서 복수(성경들 : Scriptures)를 사용하심으로 분명하게 되어진 것은 각각 공통점을 지니고 있는 몇 개의 책들이 있었는데 이들이 다 성경의 범주에 속해 있었고, 전체적으로 볼 때에 주님께서 받으실 고난에 직접 관련을 가지고 있었다는 것이다. 그러나 그리스도께서 말씀하신 것은 구약 성경을 하나의 유기적(有機的) 통일체란 사실을 증거하셨고 또한 성경의 모든 부분이 일치되고 조화된다는 것을 은근히 증거하신 것이다.

구약 성경의 성격에 대한 주님의 이 증거는 결단코 고립된 현상은 아니다. 오히려 어떤 개개의 성구[10]에 의하여 명시된 것뿐만 아니라 구약은 주님께서 성경을 전체적으로 함께 취급하는 기초가 되어 있는 것이다. 이 태도는 그리스도께서 오늘에도 유행하는 사상 곧 구약 성경은 단지 색다른 재료들이 너절하게 얽혀져 있는 집합체(集合體)이거나, 또는 책이라기보다는 차라리 문고(文庫)에 지나지 않는다는 견해에 정면적으로 대항하신 것이다.

예수 그리스도께서 구약 성경이 유기적 통일체를 이루고 있을 뿐 아니라 하나의 묶음(unit)으로 보든지 또는 몇 부분으로 보든지 궁극적이며 절대적인 권위를 가진 것으로 확신하셨다. 성경의 궁극적 권위는 외쳐야만 한다. 성경의 소리는 최종적인 것이다. 성경이 말씀하실 때는 인간은 복종하여야만 한다. 성경을 떠나서는 더 호소할 데가 없다. 예컨대 시험하는 자가 하나님의 아들더러 "돌들로 떡이 되게 하라."라고 할 때에 시험하는 자는 "기록되었으되…"란 말씀에 의하여 입이 닫혔다. 구약 성경에 호소한 이것이 그 문제를 종결시켰던 것이다. 그리스도에게 있어서 기록된 것은 결정적인 소리였다.

그러니 그러한 권위를 성경의 부분이나 특수 구절 또는 언급에만 부여할 것이 아니라 개개의 단어와 서신(書信)에까지 부여하여야만 한다. 이 말은 "율법의 한 획이 떨어짐보다 천지가 없어짐이 쉬우리라."(눅 16:17)란 구절이 잘 보여 준다.

어떤 때는 그리스도께서 단지 한 마디 말씀에 근거하여 논증하셨으니 예를 들면, 유대인들을 논박하시는 데 시 82:6의 "신(神)"이란 단 한 마디를 사용하셨다.

---

10) 마 21:42; 22:29; 막 14:49; 요 6:45; 15:25 비교.

복음서를 주의 깊게 읽어 보면 구약 성경은 그 모든 부분에 있어서 권위가 있음을 그리스도께서 인정하셨던 것이다.

아무튼 그리스도께서 어떤 책을 성경의 카테고리(Kategorie)에 속한 것으로 생각하셨는지? 다시 말하자면 주님께서 구약 성경의 범주를 어떻게 정하셨는지 그 정하신 방법을 확실히 말할 수 있겠는가? 주님께서 인정하시는 인(印)을 찍으신 책들은 온전히 분실되고 반면에 그에게 인정을 받지 못한 것이 이제 와서 구약 성경의 한 부분으로 간주되어졌을 가능성은 있을 수 없는 사실일까?

확신을 가지고 말할 수 있는 것은 그리스도께서 오늘날 우리가 소유하고 있는 구약 성경과 또한 이것들과 동일한 책들을 정경(正經)으로 인정하셨다는 것이다. 물론 주님께서 이 척들의 목록을 남기신 것도 없으며 또한 그들 각 책에서 뚜렷이 인용하신 것도 아니다. 그러므로 우리는 우리들의 진술을 입증할 수 있는 증거를 다른 데서 찾아내야만 한다.

그 증거란 구약 성경이 대한 우리 주님의 언급에서 그가 인정하신 정경의 범위를 결정할 수 있다는 것이다. 주님께서는 구약 성경을 많이 인용하셨고 또한 주님께서 인용하신 성질을 보면 그가 인용하신 그 책뿐만 아니라 구약 전체에 재가(裁可)를 부여하셨다.

이러한 점은 그리스도께서 자신의 논점을 강조하여 주고 또 뒷받침해 줄 만한 말씀을 여기저기서 선택하신 것을 주의하여 보게 되면 우리에게 더욱 큰 감명을 준다. 그의 지상 생활에서는 구약 성경을 가르치시기에 몰두하신 것이 분명하다. 그는 성구 전체를 흔히 말씀하셨을 뿐만 아니라 주님 자신의 말씀도 성경의 말씀으로 표현하셨다.

그뿐 아니라 주님 당시의 구약 성경의 범위를 지적해 주시는 단서(端緖)가 될 만한 특수한 구절이 있다. 주님께서 부활하신 후 그의 친구(제자)들에게 말씀하시기를 “내가 너희와 함께 있을 때에 너희에게 말한 바 곧 모세의 율법과 선지자의 글과 시편에 나를 가리켜 기록된 모든 것이 이루어져야 하리라.” 하셨다(눅 24:44). 여기에서 그는 구약 성경이 세 부분으로 되어 있다는 것과 또한 각 부분에 기록된 사실들이 성취되어야 할 것을 분명히 인정하셨다. “모세의 율법”이란 말은 물론 성경의 첫 다섯 권을 말하며 “선지자의 글”이라는 말은 역사서(歷史書)와 위대한 선지자들의 기록을 포함하는 것이다. 이 두 구분이 무엇을 의미하는가에 대해서는 의심할 여지도 없는 것이다. 그러나 그리스도에 의하여 사용된 “시편”이란 말은 무엇을 의미하는가? 이 말은 주님께서 셋째 부분에 포함된 모든 책들을 뜻하셨을까? 아니면 단지 그가 맘속으로 시편 그 자체만 말씀하셨는가의 두 가지 중 한 가지로 생각할 수 있겠으나 오히려 후자가 더 정확한 것으로 생각된다. 그리스도께서 시편을 택하여 말씀하신 것은 그것이 유명하기 때문이 아니라 제삼 부분 중에서 가장 유력하기 때문이며 또한 시편에는 자기 자신에 관한 예언이 많기 때문이다. 그리고 이것은 구약 성경의 제삼 부분 중에서 가장 우월한 기독론적 책이기 때문이다. 이 셋째 부분의 책 가운데 대부분은 직접 메시야적 예언을 포함하지는 않는다.[11)]

그러므로 만일 그리스도께서 이 셋째 부분을 나타내시기 위하여 특수 구절만 사용하셨다면 주님께서 자신의 논점을 어떤 일정한 범위를 벗어나지 못하게 약체화(弱體化)한 것으로 만들어 버렸을 것이다. 그러나 주님은 시편에 관련시킴으로써 자신에 대하여 가장 많이 증거하는 이 특수한 책을 향하여 직접 듣는 자들이 마음을 쏠리게 하셨던 것이다.

시편에 관하여 많이 말씀하셨다는 것은 주님께서 반드시 다른 성경 예컨대 다니엘서에 나타난 메시야적 예언과는 관계없다는 말이 아니며 또한 정경의 제삼 부분이 아직 불완전하다는 것도 아니다. 오히려 그리스도께서 직접 자신의 말씀으로써 그 당시의 유대인들 간에 사용하던 구약 성경에 대한 그의 확실한 증거를 보여 주셨으며, 이 구약 성경이 세 갈래의 분명한 구분 곧 율법, 예언서 그리고 그때 아직 특별한 명칭을 얻지 못한 제삼 부분으로 성립되었다는 것도 분명히 보여 주셨다.[12)]

---

11) 이하의 책들은 성문서(聖文書 : Hagiographa)에 속한 것으로 간주된다. 즉, 세 권의 시서(詩書)인 시편, 잠언, 욥기와 다섯 권의 Megilloth(두루마리)인 아가, 룻기, 애가, 전도서, 에스더, 그리고 이외의 다니엘, 에스라, 느헤미야, 역대 상하 등이다. 그러나 이 분류가 분명하게 되어 온 것은 아니다.
R. D. Wilson, "The Rule of Faith and Life," in *the Princeton Thelogical Rfeview*, Vol. XXVI, No, 3, July 1928 ; Solomon Zeitlin, *An Historical study of the Canonization of the Hebrew Scriptures*(Philadelphia, 1933) 참조.

12) 그리스도의 정경과 당시의 유대인의 정경이 같은 것으로 믿을 만한 이유는 충분하다. 주님과 유대인 사이에 구약 성경에 있는 어느 책의 정경성에 대하여 무슨 논쟁이 있었다는 증거는 아무 데도 없다. 그리스도께서 반대를 받으신 것은 바리새인들이 받았던 정경 문제가 아니라 이 정경을 무효화하려는 구전(口傳) 때문이었다. 요세푸스의 문헌이나 탈무드(Talmud)에서 그리스도 당시의 유대교 정경의 범위를 배울 수 있다.

❑ 성경의 정경화(正經化) ❑

그리스도께서 그 당시의 유대교 성경에 자신이 스스로 승인하는 인(印)을 쳤으니 그것은 성경들이 하나님으로 말미암아 영감된 것을 의미한 것이다. 그러나 주님 이전에 생존한 유대인들도 그렇게 생각하였을까? 이 질문에는 많은 대답이 있으나 우리가 주의할 문제도 이것이다.

정경적 문서란 말은 신앙과 생활의 기준으로 영감된 문서들을 의미한다. 다시 말하면 정경적 책들이란 하나님의 영감으로 된 책들을 말한다. 그러므로 한 책의 정경성의 기준은 그 책의 영감에 있다. 만일 하나님의 영감으로 된 책이라면 사람이 받아들이고 안 받아들이고를 막론하고 그것은 정경인 것이다. 한 책이 정경에 속하는지 또는 아닌지를 결정하신 분은 하나님이시지 결코 인간이 아니다. 그러므로 일정한 책이 영감으로 된 것이 사실이라면 그 책이 저작되는 그 순간부터 정경에 속하게 되는 것이다. 이러한 사실은 더욱 성경 자체의 성격에서도 분명하게 나타나고 있다. 만일 인간이 단독으로 하나님의 말씀과 동일시될 수 있는 정확한 말을 한다면 그는 지식에 있어서 하나님과 동등할 것이다. 만일 하나께서 참 하나님이시라면 그는 모든 만물의 창조주가 되시며 그가 창조하신 모든 만물에서 전적으로 독립된 분이시니, 그분만이 "이것은 나의 말이라." 그리고 "저것은 내 입에서 나간 말이 아니라."라고 말씀하실 수 있을 것이다.

그러므로 정경이란 말은 다만 책들의 한 목록에 불과한 것이 아니라 그 이상의 것으로 간주되어질 것이다. 이 말의 의미에 있어서 그것이 다만 일종의 목록에 지나지 않는다고 역설을 한다면 우리가 그 정경 안에 포함된 각종 사실들을 정당하게 취급한다는 것은 생각할 수도 없는 것이다. 정경론에 관한 수많은 논의가 불충분한 것은 그 논의가 정경이란 유대인들이 신적인 것으로 여기는 목록에 불과하다는 것과 또한 거의 전적으로 신학적 방면의 문제를 무시하고 있기 때문이다. 그러나 그리스도인에게 있어서는 정경이란 말은 훨씬 높은 내용을 가지게 된다. 신자에게 있어서 성경이란 각 신앙과 행위를 위한 영감된 것이 된다. 성경 각 권이 하나님의 말씀임을 주장해야 할 것은 그 내용이 이 주장과 온전히 조화되기 때문이다. 성도들이 성경을 영감된 것으로 인정하게 되는 것은 그 자체가 신성의 증거를 지니고 있기 때문이다. 그러므로 사람이 성경을 하나님의 말씀으로 인정하게 되는 근본적 요인(要因)은 성경이 참으로 하나님의 것이란 사실에 있는 것이다. 물론 사람 자신만으로 성경을 그렇게 인정할 수 없는 것은 사람의 마음이 죄로 물들었기 때문이다. 다만 하나님께서만이 자신의 입으로 나온 말씀이 참으로 자신의 것임을 인간에게 명시하실 수 있다.

그러므로 사람이 하나님의 말씀을 인정하게 된 것은 하나님께서 자기의 말씀이 무엇임을 스스로 말씀해 주셨기 때문이다. 하나님께서는 자신의 진리를 사람들에게 말씀하셨던 것이다. 더욱 중요한 것은 이 모든 문제들을 정당하게 이해하도록 하시는 성령의 내적 증거가 있다는 교리 그것이다.

이 교리는 상당히 남용되어 왔으나 참으로 신비스러운 교리이다. 이 내적 증거가 어떤 장절(章節)이나 또한 한 권의 정경성을 결정하는 표준으로 사용될 수 있다는 것은 아니다. 그러나 신자로 하여금 성경이 하나님의 말씀이란 확신을 가질 수 있게 한 근본적 바탕은 삼위일체의 제삼 위께서 사람의 마음속에 그렇게 하셨다는 것이다. 성경의 첫 부분을 기록하도록 위탁 받은 그때부터 하나님의 백성들이 이 확신을 소유하게 된 것이다. 참으로 이스라엘 백성은 즉시로 성경을 하나님의 계시의 말씀으로 인정한 것만은 의심할 여지가 없다. 그러나 성령의 내적 증거를 확증하고 신자로 하여금 성경을 받도록 인도하는 이차적(二次的) 증거도 있다.

우선 예를 하나 들면, 많은 경건한 사람들이 성경에 대한 그들의 신앙을 함께 표명한 것은 그 자체가 유력한 증거가 된다. 그리고 또한 각 책이 하늘나라에 관한 문제의 내용을 스스로 내포하고 있다는 그러한 성격도 실제로 가치 있는 증거가 된다. 마찬가지로 "문제의 존엄성" 특히 그 "모든 부분의 조화"는 신자들에게 깊은 인상을 줄 것이다. 성경의 "다른 것에 비할 수 없는 많은 우수성과 전적인 완전성" 등에 첨가하여 성경의 증거가 그 자체에도 남아 있는 것이다.

이런 문제들은 우리가 구약 성경의 형성사(形成史)를 검토해 보면 다시 확실히 이해할 수가 있다. 이 과정에 대한 완전한 역사는 보존이 되지 않았다 해도 어떤 중요 진술들이 성경 자체 내에 있는 것이다. 이 진술들은 이런 문제를 논의할 때는 언제든지 고려되어야 한다.

모세의 율법

그러므로 첫째 우리는 구약 성경에 다섯 권으로 된 오경(五經) 또는 모세의 율법이라 불리는 첫 부분으로 돌아간다. 전통적으로 유대인이나 그 외의 신자들에 의해 모세가 오경의 저자임을 믿어 왔다. 우리는 이러한 관점에서 전통이 정확한 것으로 믿으며 오경의 모세 저작설은 본질적으로 지지되어야 할 것이다.

모세의 죽음에 관한 기사와 같은 몇 가지 전설이 후대의 저자에 의하여 하나님의 영감으로 오경에 가필(加筆)된 것도 사실이다. 그렇다고 해서 이러한 사실들이 오경의 모세 저작설과 반대되는 것은 결단코 아니다. 이들 문서들이 완성되었을 때 이스라엘의 경건한 자들에 의하여 권위 있는 것으로 인정 받게 되었다. 이들의 보존과 관리를 위해서는 확실한 규정이 제정되었다. 모세가 이 율법의 말씀을 다 책에 써서 마친 후에 여호와의 언약궤를 메는 레위 사람에게 명하여 가로되 "이 율법책을 가져다가 너희 하나님 여호와의 언약궤 곁에 두어 너희에게 증거가 되게 하라."(신 31:24-26). 제사장들은 백성들 앞에서 율법을 읽으라는 명령을 받았던 것이다. 곧 "… 이 율법을 낭독하여 온 이스라엘로 듣게 할지니"(신 31:11)라고 하였다. 이스라엘 왕을 둘 때에는 그 왕이 율법의 사본을 가지게 되어 있었다(신 17:18-19). 여호수아는 모세로부터 백성들을 율법의 조명(照明) 아래서 지도하라는 명령을 받았으니 "이 율법책을 네 입에서 떠나지 말게 하며 주야로 그것을 묵상하여 그 가운데 기록한 대로 다 지켜 행하라 그리하면 네 길이 평탄하게 될 것이라 네가 형통하리라."(수 1:8).

이스라엘의 저 역사를 통해 율법은 신적(神的) 권위가 있는 것으로 생각되었다. 다윗은 솔로몬에게 그 율법을 준수하라고 명하였으며, 여로보암은 하나님의 명령을 복종하지 않았기 때문에 정죄함을 받았다. 유다의 어떤 왕들은 율법을 고수(固守)함으로 특별히 칭찬을 받았으나 다른 왕들은 그렇지 못함으로 책망을 받았다. 포로 생활 그 자체는 성경 기자에 의하면 이스라엘 백성이 율법과 하나님께서 이스라엘의 선조들과 맺은 언약을 위반한 데 있다는 것이다. 그들이 포로 생활에서 돌아온 후에는 모세의 율법을 따라서 통치되었다.

또한 고대 이스라엘 당시의 유일한 문서들의 증거에 의하면 모세의 율법이, 최초부터 하나님의 영감으로 된 것으로 믿고 또한 그것을 권위 있게 간주하여 왔다는 것이다. 이것이 결론이다. 율법이 명한 것은 복종하여야만 했고 금한 것은 하지 말아야만 했다. 구약 성경이 제시하는 것을 그대로 받는다면 이런 문제도 그대로 받아야 한다.

선지서

다만 모세의 율법만을 하나님의 말씀으로 생각할 것이 아니라 선지자들의 말과 기록도 그렇게 생각하여만 한다. 선지자에 대하여 하나님께서 "내 말을 그(선지자) 입에 두리니 내가 그에게 명령하는 것을 그가 무리에게 다 말하리라."(신 18:18)라고 말씀하셨다. 선지자 자신들도 주의 이름으로 말한 것을 믿었던 것이다. 그리고 또한 그들은 주의 말씀을 사람들에게 선포하였다. 그들은 언제나 "주의 말씀이 내게 임하여 가라사대 …", "주께서 말씀하시기를 …", "주의 말씀을 들어라."라고 외쳤던 것이다. 그러므로 선지자들의 증거에 의하여 선포될 그 "메시지"는 그들 자신들이 스스로 안출해 낸 말이 아니라 분명히 하나님의 살아 있는 말씀이었다.

선지자들은 그들의 말을 모세의 율법과 같이 순종할 것을 요구하였다. 그들은 솔직하게 말하기를 주저하지 아니하였으니 이스라엘에 재앙과 불행이 임한 것은 율법을 불복종한 것만이 아니라 선지자들의 말도 범하였기 때문이다. 그리고 그들이 솔직하게 주장한 것은 이스라엘이 선지자들의 메시지에 귀를 기울이지 아니하면 무서운 재난과 고난이 임한다는 것이었다. 이 기사를 뒷받침할 만한 증거는 적지 않다. 오히려 누구든지 선지자들의 기록을 읽는다면 그들이 자기들의 권위에 대하여 무엇을 증거하는지 알 수가 있을 것이니 그들은 시종일관 최종적이요 절대적인 여호와의 말씀을 선포한다고 주장하였던 것이다. [13)]

그러므로 우리가 성경 자체의 증거에 의해서 선지자들의 말도 이스라엘에 있어서 권위 있고 결정적이며 영감된 것으로 생각하였다. 결과적으로 선지자들이 기록한 형태대로 어떻게 구약 성경이 교회 중에 보존되었으며 또 여호와의 말씀으로 인정되었는지 쉽게 이해될 수가 있다.

사실 구약 성경은 보통 전기(前期) 선지자라고 불리는 책들(여호수아, 사사기, 사무엘 상하, 열왕기 상하)이 어떻게 다른 정경들과 함께 포함되어 왔는지를 구약 성경이 말해 주고 있지는 않지만 그러나 이 문제에 대한 해답은 손쉽게 얻을 수가 있는 것이다. 곧 이 책의 저자가 그 누구이었든지 간에 분명히 이 책들의 저자는 선지자의 직무를 맡았던 사람이었기 때문인 것이다.

고대 이스라엘에 있어서 이 선지자의 직책은 독특하고 유일한 것이었다. 선지자라 하면 하나님과 사람 사이에서 중보의 역할을 하는 이스라엘의 사람이었던 것이다. 마치 제사장이 하나님 앞에서 백성들을 대표한 것같이 선지자는 백성들 앞에서 하나님을 대신하였다. 그러므로 이러한 특별한 의미에서 그는 계시의 그릇이었다. 하나님께서는 자신의 말씀을 선지자의 입에 두셨으니 결과적으로 전하여진 메시지는 하나님의 산 말씀이었다.

선지자마다 다 그들의 메시지를 기록한 것은 아니다. 우리가 보는 대로 이스라엘은 메시지 기록을 위탁 받았던 이 선지자들의 말들을 모아 보존하였다. 그

---

13) 사 8:5; 31:4; 렘 3:6; 13:1; 겔 21:1; 25:1; 암 3:1; 7:1 등 참조.

러나 많은 말씀이 기록되지 않고 전달된 것도 의심할 여지가 없다. 아무튼 선지자의 직위에 있던 이가 이스라엘의 설명적인 역사의 기록을 받아들인 이유를 쉽게 이해할 수가 있다. 왜냐하면 그 역사의 해석에 있어서 저자들은 흔히 하나님의 이름으로 말하는 것을 공언(公言)하였기 때문이다. 그러므로 이 책들은 그 성질에 있어서 역사성을 띠고 있으며 또한 이스라엘의 역사상에 나타나신 하나님의 손길을 밝히 말하였다.

더군다나 몇몇의 비평가들의 주장이 있음에도 불구하고 이 책들은 기록된 예언과 함께 조화를 이루고 있는 것이다. 그들은 기록된 예언들에 완전한 보충이 될 뿐만 아니라 모세 율법에 포함된 역사에서도 그렇다. 모세 율법을 기초하여 이스라엘에 있어서 그 뒤에 발전한 역사를 이야기할 수 있다. 이 역사적인 설명 없이는 선지서 중에 있는 대부분의 사실들은 분명하지 못하게 된다. 우리가 알기로는 이 책들의 어느 것이든지 정경성(正經性) 때문에 논란된 적은 없다. 더욱 전기(前期) 선지서는 하나님의 말씀 중 한 부분으로서 인정되어졌으며 또한 정경으로 인정 받았으니 그 이유는 그들 전기 선지서들이 선지자 곧 높은 지위를 가진 하나님의 영감을 받은 선지자로서 이스라엘의 역사를 해석한 자들에 의하여 기록되었기 때문이다.

성문서

성문서(聖文書 : Hagiographa) 또는 제 문서(諸文書 : The Writings)라 불리는 성경의 제 삼 부는 어떻게 집성되었으며 또 정경으로 고려하게 되었는가? 이 문제에 대하여는 성경에서 직접적인 해답을 찾아볼 수는 없다. 성경에서는 누가 이 책들을 모았는지 말해 주지 않는다. 정경의 제3 부에 속한 이 책들은 선지직을 맡지는 아니하였으나 분명히 하나님의 감동을 입은 자들에 의하여 기록되었다. 다윗과 다니엘과 같은 저자들은 정식 선지자의 직위를 가진 일은 없으나 예언의 은사(恩賜)는 받았던 것이다. 이 말은 다니엘서와 같은 그러한 책은 선지서 중에 포함된 것이 아니라 제 문서 중에 포함된 것을 설명해 준다. 다니엘의 공적 지위는 구약 성경을 주의하여 연구하면 나타나는 대로 선지자가 아니라 정치가였다. 그러나 다니엘은 예언의 은사를 소유했던 것이다.

이러한 이론에는 다음과 같은 반박이 따르게 된다. 곧 만일 성문서 기자들의 지위가 선지자의 직무는 소유하지 못했다 할지라도 하나님의 감동을 받은 자임이 사실이라면 아모스서는 선지서에 포함시킬 것이 아니라 성문서에 포함되어야 한다고 주장될 것이다. 아모스는 주장하기를 자기는 선지자도 선지자의 아들도 아니라고 분명히 밝혔다(암 7:14). 그러나 이러한 논란은 인용된 구절을 잘못 해석한 것에 근거하고 있다.

그 구절에 있어서 아모스가 말하는 것은 그의 선지적 소명을 설명하고 있다. 그가 부인하는 것은 선지자라는 이름으로 그의 생계를 세우고 있다는 바로 그 점인 것이다.

그는 하나의 목자요 뽕나무 재배자에 불과했기 때문이다. 그러나 하나님께서 그를 선지자로 부르셨다. 하나님께서 그에게 말씀하시기를 "가서 내 백성 이스라엘에게 예언하라."라고 하셨다. 이 말씀에 의하면 그는 선지자의 직에 취임된 것이다. 그러므로 우리들의 이론에 반대되는 것은 아무 가치도 없는 것이다.

『에클레시아스티커스(*Ecclesiasticus*)』(구약 외경의 한 편)의 서문에 "율법 자체와 예언들과 또 다른 책들"이라고 기록되어 있다. 여기에서 제3 부에 대한 증거를 얻을 수 있으니 그것은 "다른 책들"이다. 이 말은 그 저자가 몇 권의 책이 이 범주에 속하거나 또는 어느 책이 여기에 든다는 것을 말하는 것은 아니다. 그러나 우리가 생각건대 그것은 정한 한 그룹의 책들이라는 것과 이 책들이 한때 존재했다는 사실을 이상에서 확신할 수는 있는 것이다. 제삼 부분에 대한 명칭은 정경의 최초 두 부분에서 고려되었던 바와 같이 명확하고 분명하다.

서문의 저자는 역시 "율법과 예언서와 이들 뒤에 오는 다른 것들"이라고도 말하며, 그의 조부(祖父)인 『에클레시아스티커스(*Ecclesiasticus*)』의 저자(BC 190)는 주로 "율법과 선지서와 조부들의 다른 책들"을 읽는 데 열중하였다고 한다. 그러므로 서문에서의 저자의 생각에 구약 성경에는 분명히 세 구분이 존재했다는 것을 긍정하고 있는 것이다.

우리는 저자가 제삼 부분을 표시하는 데 있어서 특별한 용어를 사용하지 아니하였다고 하여 놀랄 필요는 없다. 사실에 있어서 그는 제이 부분을 말하면서도 일관(一貫)하지는 못했다. 그는 예언(hai prophetai)이라고도 하고 선지자(ton propheton)라고도 하였다. Writings(제 문서)란 전문 용어는 훨씬 뒤에 이 책들에 적용된 것이다. 이 문서는 내용적으로 여러 가지 성격을 가지고 있기 때문에 율법과 선지서의 경우와 같이 그 내용을 적절하게 제시할 만한 명칭을 사용하기에는 곤란한 것이다. 『에클레시아스티커스』의 서문에 기술된 것에 근거하며 정경의 제삼 부분이 그 당시에 집성 과정에 있었다고 가정할 만한 정당한 근거는 아직 보이지 않는다.

아마 그 책들은 에스라와 바로 그 후대의 사람들에 의하여 모아진 것으로 볼 수 있다. 그 시기에 대하여는 자세히 모르겠으나 성경에 관한 관심이 많았던 때로 보여지며 그 당시에 성스러운 책들이 수집되었다는 것은 얼마든지 있을 수 있는 일이라고 하였다. 그렇다고 해서 약간의 영감된 부가서(附加書)가 후대에 어느 책에 반드시 가필되었다는 것을 의미하지는 않는다.

결론적으로 우리는 구약 성경의 각 책은 처음 나타날 때부터 하나님의 백성들에 의하여 직접 하나님의 영감으로 인정 받았다는 말을 할 수 있다. 어떤 책에 대하여는 의심과 약간의 의견 차이가 있을 수 있으나 결단코 그것들이 위의 사실을 손상시키지는 못한다.

후기 유대교 교파 간의 에스더서나 전도서 같은 특수한 책들의 정경성에 관하여 논쟁이 있은 것은 잘 알려진 사실이다. 그러나 그 논쟁이 실제로 학문적 논쟁 이상의 것인지 아닌지는 의심스럽다. 또한 그들이 실제로 어떠한 넓은 범위에 속하여 있는 인사들의 태도를 대표한 것인지 아닌지도 역시 의심스럽다.

사실상 책들이 어떻게 수집되었는지에 관하여는 일러 주지 않는다. 또한 고대 이스라엘의 어떠한 종교 회의에서도 성경 목록을 작성한 적이 없음은 명백하다. 그러나 오히려 그것들보다는 하나님의 단순한 섭리로 그의 백성들이 하나님의 말씀을 인정하였고 처음 나타날 때부터 그 말씀을 귀히 여겼던 것이다. 이렇게 하여 정경으로 알려진 구약 성경이란 영감된 책들로서의 집성은 이상과 같은 과정을 거쳐 형성된 것이다.

제 I 부

모세의 율법

율법의 개관
창세기 · 출애굽기
레위기 · 민수기
신명기

제 1 장

모세의 율법 : 율법의 개관

1. 명 칭

정경인 구약 성경의 제일 부분을 일반적으로 율법(Torah : תּוֹרָה)이라고 부른다. "토라(תּוֹרָה)"란 명사는 "야라(יָרָה)" 곧 "던지다" "쏘다"란 어원에서 유래한 것이니 그것은 지시(指示), 법률, 교훈 등을 의미한다. 성경의 처음 다섯 권의 명칭으로 사용됨으로써 이 말(토라 : תּוֹרָה)은 한층 더 좁은 뜻으로 사용되었는데, 그 이유는 이 책들은 대부분 이루고 있는 법률적 요소를 강조하기 위해서이다. 이 용법은 설화체(說話體 = narrative)나 역사적 부분은 제외한다는 것이 아니라 오히려 포함한다는 것이니 그것이 법률 제정상 적당한 배경 또는 체제를 구성하기 때문이다.

1) 구약 성경에서 불리는 오경의 명칭

① 율법 ▸수 8:34; 스 10:3; 느 8:2, 7, 14 ; 10:34, 36; 12:44; 13:3; 대하 14:4; 31:21; 33:8; 시 1:2.

② 율법책 ▸수 1:8; 8:34; 왕하 22:8; 느 8:2, 3, 14.

③ 모세의 율법책 ▸수 8:31; 23:6; 왕하 14:6; 대하 25:4; 느 8:1.

④ 모세의 책 ▸스 6:18; 느 13:1; 대하 35:12.

⑤ 여호와의 율법 ▸스 7:10; 대상 16:40; 대하 31:3; 35:26; 시 1:2; 19:7.

⑥ 하나님의 율법 ▸느 10:28, 29.

⑦ 하나님의 율법책 ▸수 24:26; 느 8:18.

⑧ 여호와의 율법책 ▸대하 17:9; 34:14.

⑨ 하나님 여호와의 율법책 ▸느 9:3.

⑩ 하나님의 종 모세의 율법 ▸단 9:11(13절과 말라기 4:4 비교).

위의 구절들은 오경의 특징을 얼마나 적합하게 나타내고 있는지 주시(注視)하여야 할 것이다. 또한 그 구절들은 그 입법(立法) 곧 율법을 강조하며 불변의 형태인 그 책(The Book)임을 보여 주며 인간으로서의 저자인 모세에게 주의를 끌게 하고 신으로서의 저작자이신 여호와 하나님을 제시해 준다.

2) 신약에서 오경은 다음과 같이 불린다

① 율법책 ▸갈 3:10.
② 모세의 책 ▸막 12:26.
③ 율법 ▸마 12:5; 눅 16:16; 요 7:19.
④ 모세의 율법 ▸눅 24:44; 요 7:23.
⑤ 주의 율법 ▸눅 2:23, 24.

3) '오경'이란 말의 유래

오경이란 말은 pente(5)와 teuchos(卷)[14]란 두 헬라 어에서 유래한 것인데 teuchos는 biblos(책)를 적당히 수식하는 형용사이므로 "다섯 권으로 된 책(a five volumed book)"이란 말로 해석된다. 이 말을 최초로 사용한 이는 오리겐(Origen)이니 요한 4:25에 의한 것 같다(『모세 오경』 *PG.* xiv, col. 444 비교). 그리고 라틴 어로는 터툴리안(Tertullian)이 Petateuchus란 고유 명사를 사용하였다(Adversus Marcionem 1:10 in *PL*, II, col. 282).

필로(Philo)나 요세푸스(Josephus)도 율법의 오중 구분(五重區分 : The five-fold divison)을 명백히 하고 있다.

해버니크(Haevernick)과 같은 학자는 이 구분이 70인역의 해석자들에 의하여 되었다고 생각했으며, 파이퍼(Pfeiffer)는 이 구분이 히브리 어 판이 최초로 저작되었을 당시에 된 것으로 보고 있다. 어쨌든 이 구분은 자연스러운 것으로 생각된다. 창세기, 레위기, 민수기는 각각 그 자체가 하나의 단어를 이루고 있다. 그러므로 이 오중 구분의 율법은 원저자인 모세의 업적으로 생각한다.

4) 후기 유대교의 호칭

유대교도들은 오경을 "5분의 5의 율법"이라고 불렀고 각 책은 5분의 1 부분이

---

14) 'Teuchos'란 말의 본래의 뜻은 '도구' '기구'란 뜻이었다. 그러나 파피루스(Papyrus)의 두루마리를 언급하는 경우에나 두루마리 그 자체를 말하는 데도 사용되었다. 거기서부터 '권(卷)' 또는 '책'을 의미하게 된 것이다

라고 불렀다 (예를 들면 예루살렘 탈무드, 산헤드린 10:1/28a), Koheleth rabba on Eccl. 12:1).

2. 저 자

오경의 인간 측의 저자는 이스라엘의 위대한 입법자 모세이었다. 이 책이 전체적으로 "모세로부터"라는 표제도 서론도 분명한 주장도 없다는 것은 사실이다 (Cornill). 그럼에도 불구하고 내외적(內外的) 성격을 보아서 모세가 오경을 기록했다는 견해를 뒷받침하여 줄 만한 증거는 분명히 있는 것이다.

1) 오경 자체의 증거

다음에 열거한 구절들은 율법의 중요 부분이 모세의 기록임을 보여 주는 데 극히 가치 있는 것들이다.

(1) 출애굽기 17:14

"여호와께서 모세에게 이르시되 이것을 책에 기록하여 기념하게 하고 여호수아의 귀에 외워 들리라. 내가 아말렉을 도말하여 천하에서 기억함이 없게 하리라." 하신 이 구절은 모세를 저작자로서의 온당한 인물로 생각하여도 좋다는 사실을 보여 준다. 그가 기록하여야만 한 것 중에는 예언과 아말렉 공격이란 그 역사적 사건이 포함되어 있었다. "책"이란 말 앞의 정관사 "the"는 그렇게 강조된 것은 아니나 어떤 특정한 책의 존재에 적용된 것만은 분명하다.

(2) 출애굽기 24:4-8

"모세가 여호와의 모든 말씀을 기록하였고"(4절)란 이 말씀은 적어도 "언약의 책"을 가리킨다(출 21:2-23:33). 그리고 19장과 20장도 포함된 것이다.

(3) 출애굽기 34:27

"여호와께서 모세에게 이르시되 너는 이 말들을 기록하라 내가 이 말들의 뜻대로 너와 이스라엘과 언약을 세웠음이니라."라고 하였다. 이 말씀은 여호와께서 모세에게 기록하라고 명하신 두 번째의 명령이다. 이 말씀은 출 34:10-26에 있는 제 2 의 십계명을 가리킨다.

(4) 민수기 33:1,2

"모세가 여호와의 명대로(입으로) 그 노정을 따라 진행한 것을 기록하였으니" 라고 한 말씀은 이스라엘 자손들이 애굽으로부터 마지막 도착지인 모압에 이르는 전 여정을 총망라한 것의 목록을 기록하였다는 것을 분명히 보여 주고 있다.

이 여정은 실제로 오경 전체는 모세가 저작한 것이라는 사실에 대한 강한 논거(論據)가 된다. 모세가 이 여정을 기록하였다면 그는 의심 없이 광야의 유랑에 수반된 모든 사실들을 기록하였을 것이다.

(5) 신명기 31:9, 24

"모세가 이 율법을 써서 여호와의 언약궤를 메는 레위 자손 제사장들과 이스라엘 모든 장로들에게 주고"라고 하였으며, 또한 24절에는 "모세가 이 율법의 말씀을 다 책에 써서 마친 후에"라고 하였다. 이 말씀은 이미 있던 오경의 책들에 관한 것이니 백성에게 구속력을 가지는 모세의 율법을 신명기 자체만으로서도 입증하기 때문이다(신 4:5, 14; 29:1 등 비교). 아무튼 여기 관계된 말씀이 신명기의 부분들에 국한된다 하더라도 모세가 상당한 분량을 기록했다는 것을 증거하고 있다.

(6) 신명기 31:22

"모세가 당일에 노래를 써서 이스라엘 자손에게 가르쳤더라."라고 하였다. 이 말씀은 신 32장의 것을 말하고 있다.

요약컨대 모세를 저자로 하는 율법적인 세 부분과 역사적 사건을 취급한 세 부분이 있음을 알 수 있다.

이상의 여섯 절에 추가하여 다음의 사실들도 주의하여야만 한다. 창세기의 저자는 기록되지 않았다. 그러나 뒤에 말하겠지만 창세기는 오경의 유기적 부분을 이루고 있다. 나머지 4 권에서는 모세가 일관하여 율법의 중재자(仲裁者)로서의 주요 인물로 나타난다.

하나님께서는 십계명을 말씀하실 때에도 모세에게 시내 산의 장엄한 사건의 중심 인물도 모세요, 여호와께서 친히 성막 건설을 말씀하신 것도 다른 사람 아닌 모세에게였다(출 25장-31장). 성막 건설에 대한 설명에는 시종일관하여 "여호와께서 모세에게 말씀하여 가라사대"란 문구를 흔히 발견할 수 있고 민수기에도 역시 그러하다. 신명기에서는 "이는 모세가 … 이스라엘 무리에게 선포한 말씀이니라."(1:1)라는 말씀 등으로 시작한다. 1:5에서는 "모세가 요단 저쪽 모압 땅에서 이 율법을 설명하기 시작하였더라 일렀으되"라는 구절을 볼 수 있다. "신명기는 주로 모세가 행한 훌륭한 설교로써 구성되었으니 그 근본 목적은 이미 주어진 율법을 되풀이 말하여 이스라엘로 하여금 불원간 들어가 살게 될 새로운 사정에 적응시켜서 백성들에게 충성할 것과 복종할 것을 권하는 것이다."(*FB*, p. 6).

2) 구약 성경의 타 부분의 증거

특히 중요한 것은 여호수아서이다. 여기에는 모세에 대한 언급이 가득 차 있다. 여호수아를 모세의 후계자라 해서는 안 된다. 그 이유는 모세의 고귀한 지위 때문인데 모세의 유일한 후계자는 다만 그리스도뿐이시다. 그러나 여호수아도 그의 권위를 모세로부터 받은 것이었다. 모세의 율법은 여호수아의 안내자와 표준이었다. 그러므로 우리는 여호와께서 모세에게 명하신 것같이 여호수아 자신도 그대로 행동한 것을 흔히 볼 수 있다(수 11:15, 20; 14:2; 21:2 등). 그러나 모세의 저작이라는 성문 율법 그 자체를 명백히 지적하는 곳이 많이 있다. 곧 "율법, 율법책"(수 1:7, 8), "모세의 율법책에 기록된"(수 8:31, 32, 34, 23:6 참조), "모세가 여호와의 모든 말씀을 기록하고"(출 24:4) 등이다.

사사기 3:4에는 "여호와께서 모세로 그들의 열조에게 명하신 명령들을 청종하나 알고자 하셨더라."라고 되어 있다. 모세에 관하여는 열왕기, 에스라. 느헤미야, 역대기 등에서도 찾아볼 수 있다. "모세의 율법"(왕상 2:3) "모세의 율법책"(왕하 14:6) "나의 종 모세가 그들에게 명한 모든 율법"(왕하 21:8) "모세의 책"(스 6:18; 느 13:1) 등이 있다 (왕상 8:9; 53-56; 왕하 23:25, 22:8과 대하 34:14; 23:18; 25:4; 35:12; 스 3:2; 느 8:1-8 비교).

선지자가 모세에 대하여 말한 곳은 별로 많지 않다. 선지자는 단순히 율법이란 말을 사용하였다. 예를 들면 사 1:10과 같다("하나님의 법"). 율법이란 말의 정확한 뜻은 이런 경우엔 정확하게 정의하기가 어려운 것 같다. 그러나 구약 성경에 있어서 인정되어 있는 유일의 권위를 가진 율법은 모세의 율법이다. 선지자들이 언급한 것도 역시 이 율법이다. 다니엘서에는 분명히 "하나님의 종 모세의 율법 가운데 기록된 맹세대로"(9:11, 13)라고 하였다. 말라기도 역시 "너희는 내가 호렙에서 온 이스라엘을 위하여 내 종 모세에게 명한 법 곧 율법과 심판을 기록하라."(4:4)라고 경계하였다.

구약 성경의 증언의 전제가 되는 것은 율법이라 알려진 성문서가 존재하고 있다는 것이다. 이 율법의 내용은 주께서 모세에게 주신 것이다. 율법의 저자 문제에 관하여는 오경과 구약 다른 부분에 이미 나타나 있는 것과 같이 그것은 단 하나의 인간 저자 곧 모세라는 것이다.

3) 신약의 증거

신약 성경이 분명히 증거하는 것은 모세가 오경의 저자라는 것이다. 이 문제에 대하여는 우리 주님과 유대인 간에 한 번도 논쟁한 적은 없는 것 같다. 주께서 반대하신 것은 오히려 다만 그들의 율법에 대한 오해 때문이었다. 그리스도께서는 율법을 모세의 것으로 여기시사 인용하셨다. 예를 들면 "모세가 너희 마음의 완악함을 인하여 아내 내어 버림을 허락하였거니와"(마 19:8 ; 막 10:5/마 8:4; 막 1:44; 눅 5:14 ; 막 7:10; 12:26; 눅 20:37; 16:31 비교. 특히 눅 24:27, 44; 요 5:47; 7:10) 같은 것이 있으며 신약의 타 부분도 우리 주님의 증거와 일치한다(행 3:22; 13:39; 15:5-21; 26:22; 28:23; 롬 10:5, 19; 고전 9:9; 고후 3:15; 계 15:3).

구약 성경과 같이 신약 성경도 율법으로 알려진 책에 대한 증거를 가지고 있으며 모세를 그 저자로 생각한다는 것이다. 사실 신약 성경에 있어서 모세와 율법이란 말은 같은 뜻이다.[15]

3. 모세가 저자란 뜻은 무엇인가?

모세가 오경의 저자였음을 주장하는 것은 그가 필연적으로 한 마디도 빠짐없이 스스로 썼다는 것을 의미하는 것은 아니다. 이런 주장은 불합리하다. 함무라비(Hammurabi)는 그의 유명한 법전의 저자였다. 그러나 자기 손으로 돌비에 새긴 것은 분명히 아니다. 우리 주님은 산상 보훈의 저자이시다. 그러나 주께서 친히 기록하시지는 않았다. 밀턴(Milton)은 "실락원(失樂園)"의 저자이다. 그러나 그가 자기 손으로 다 써 낸 것은 아니다.

거룩한 성경적 증거가 우리로 하여금 모세가 오경의 근본적, 실제적 저자 됨을 신임하도록 이끌어 준다. 오경의 저작에 있어서는 아스트럭(Astruc)이 제시하는 바와 같이 이미 기존한 문서의 어떤 부분을 사용할 것만은 사실이다. 역시 하나님의 영감 하에서 후세에 다소 가필된 것과 개정된 것은 있을 수도 있는 일이다. 그러나 사실상에 있어서 그것은 본질상 모세의 창작이다. 보수주의자가 주장하는 바가 윌슨(Wilson)에 의해서 잘 표현되어 있으니 "오경은 지금 그대로 역사적인 것이며 모세 시대의 것이다. 후세의 편찬자에 의하여 개정되고 편집되었더라도 그 가필도 역시 영감된 것으로 다른 부분과 같이 참된 것이다."(*A Scientific Investigation of the Old Testament*, 1929, p.11).

15) 모세의 저작에 대한 내부적 증거는 각 책에 관련하여 거론하기로 한다.

제 2 장

창세기(創世記)

1. 명 칭

유대인은 본서의 명칭을 첫 단어인 "태초에(브레쉬트 : בְּרֵאשִׁית)"란 말을 따라 불렀다. 탈무드 시대에는 "세계 창조의 책"이라고 불렀다. '창세기(Genesis)'란 표제는 "천지의 창조된 대략이 이러하니라."(2:4)라는 『70인역(LXX)』의 게네세오스(γενέσεως)란 말에서 온 것이다. 다음에 나오는 서두(序頭)의 말("… 이러하니라.")에도 관련된다. 곧 5:1; 6:9; 10:1; 11:10; 11:27; 25:12; 25:19; 36:1; 36:9; 37:2. 위의 γενέσεως란 말은 근원, 원천, 생성 등의 뜻이 있으며 여러 가지 번역에 있어서 이 말은 구약 첫째 권의 표제로 삼아 왔다.

2. 목 적

오경 가운데 제일 첫 권의 목적은 세상의 시작부터 이스라엘 민족이 애굽에 내려가 신정 국가를 형성하는 준비 단계까지에 이르는 하나님의 계시의 역사를 간단하게 관찰하는 것이다. 창세기는 세계와 사람의 창조, 하나님과 사람 사이의 언약, 사람의 타락, 은혜의 언약, 족장들의 생활 등을 말하고 있다. 광범하게 말해서 본서는 2부로 되어 있다. 제1부는 천지 창조로부터 아브라함을 부르시기까지를 다루고 있으며(1-12장), 제2부는 족장들의 소명과 또한 준비를 말하고 있다. 제1부는 어느 정도 소극적이니 한 특수한 민족을 이 세속에서 분리시킬 필요성을 밝히고 있으며, 제 2 부는 그 민족의 분리에 관하여 적극적 목표를 보여 주고 있다.

창세기 1-12장을 다시 두 부분으로 나누면 홍수 기사를 경계로 하여 홍수 이전 시대의 시초에 하나님께서 아담과 언약을 맺으셨고(2:16,17), 홍수 이후 시대에는 노아와 언약을 맺으셨다(창 9:8 이하). 이 두 언약은 그 범위에 있어서 보편성을 지니고 있었으나 사람들 사이에 참 종교를 유지하는 데 실패하였으므로 다시 선민의 머리 되는 아브라함과 더불어 제한 있는 언약을 맺을 필요가 있었다. 사람이 두 가지의 보편적인 언약을 파하였기 때문에 주님께서는 선민을 세상의 다른 것들로부터 분리시켜 참 종교가 성장하고 번영하도록 하셔서 결국에는 세계의 넓은 무대에서 악의 세력과 싸워 정복하도록 하셨다. 그러면 두 준비 기간은 처음의 두 보편적 언약의 불충실한 것을 밝혀 특별한 백성을 택하사 주님의 선민으로 삼으실 필요를 분명히 할 목적이었음을 알 수 있다.

3. 분해

1) 천지 창조(1:1-2:3)

이 부분에서는 창조의 일반적, 포괄적 기사로 시작하여(1:1) 만물은 하나님의 창조적 사역을 통하여 그 시작을 가진다는 사실을 설명하고 있다. 땅이 최초에 무형 상태에서 현재의 질서 있는 상태를 이룬 데 대한 상세한 것은 2-13절에 기록되어 있다. 1:2에는 하나님께서 "빛이 있으라."(3절)라고 말씀하신 그때에 존재하고 있던 조건을 진술하는 독립적이나 또는 사정을 보여 주는 세 구절을 포함하고 있다. 이 삼중 상태는 절대적 창조 때로부터 최초에 창조의 말씀이 나타날 때(3절)까지 내내 존재하고 있었다. 그 기간이 얼마나 되는지는 알 길이 없다.

창세기 1장에서는 하나님의 절대적 단동설(單動說 : monergism)*을 강조하고 있다. '하나님(אֱלֹהִים)'이란 말이 이 장에 32 회나 나타난다. 또 거의 다 주어로 나타나고 있다. 곧 하나님이 창조하셨다(3 회), 말씀하셨다(10 회), 보시고(7 회), 나뉘고(1 회), 부르시고(3 회), 만드시고(3 회), 두시고(1 회), 복을 주시고(2 회), 하나님의 영이 운행하시고(2절), 그가 부르시고(5, 10절), 그가 창조하시고(27절, 2 회) 등에 잘 나타나 있다.

역시 1장에서 강조하고 있는 것은 창조에 있어서 하나님께서 만족하셨다는 사실이다. 하나님께서 보시고 "심히 좋았더라."라는 말씀이 일곱 번이나 나온다. 31절은 특별한 강조이다. 더욱이 창조의 기사는 명령과 성취의 술어로 기록되어

---

* 피스톤이 한쪽 면에서만 폭발 압력이 작용하여 왕복식으로 운전되는 단동 기관(單動機關)인 것처럼 하나님의 창조의 능력은 타의 도움 없이 절대적 능력의 작용임을 의미한다(편집자 주).

있다. 3절의 "빛이 있었고"와 같은 성취는 7 회나 있다. "그대로 되니라."란 말이 6 회나 쓰였으니 하나님의 목적이 완전히 실현되었음을 강조하고 있다.

창조의 사역은 6 부(Hexameron) 곧 6 일 간에 걸쳐 이뤄졌으며, 창조주께서 안식일에 쉬신 일에 대하여 존엄한 절정을 보여 주고 있다. 그 날들의 장단(長短)은 말해 주지 않는다. 그러나 그 날들을 살펴보면 어떤 상통하는 점을 볼 수 있으니 다음과 같다.

제1 일 – 빛　　　　　　　　제 4 일 – 발광체
제2 일 – 궁창, 물의 분리　제 5 일 – 새, 물고기
제3 일 – 마른 땅, 식물　　제 6 일 – 짐승, 인간

'하나님(אֱלֹהִים)'이란 이름은 이 장에서 특별히 적용되었으니 능력 많으신 창조주 되신 하나님을 높이 찬양하려는 것이다. 이 특별한 말은 특정된 저자를 가르친 것이 아니라 이 창세기의 내용이 특수하기 때문에 선택된 말이다. 이 독특한 단어를 사용하지 않고서는 이 주제를 히브리 어로 기록하기는 곤란하다.

창세기 1장은 그 성격에 있어서 불멸의 것이며 창조주 되시는 주권자께서 자신의 뜻을 말씀하신 그 장관(壯觀)을 잘 표현하고 있다. 그리고 창조주의 뜻은 바로 성취될 것이다. 그리하여 본 기사는 그 힘 있는 절정에 이르기까지 나아간 것이다. 여호와께서는 완성하신 세계를 보시고 "좋았더라."라고 선언하셨다.

우리는 이 창세기 1장을 제사장들의 학파에서 말하는 소위 그 옛날의 전설에서 흔히 나타나는 신화를 재생한 것으로 보지는 않는다. 오히려 진지한 역사로 보는 것이다. 창세기가 비록 과학적 목적을 갖지 못한 책이라 할지라도 과학적 문제에 접할 때에는 또한 정확한 것이다. 과학은 창세기 1장의 내용과 서로 상충되는 사건 가운데 그 어느 하나라도 결코 해결되지 못한다. 본 장이 강조하는 것은 종교적 이유 때문에 일어난 이 땅 위의 독특한 사건에 관한 점이다.

인간은 땅 위에서 범죄하였으며 그리고 인간 구속의 역사가 나타난 것이다. 그러나 창세기는 이 지구가 우주와 태양계의 중심이라고 가르치지 않는다. 단지 종교적 의미에서만 지구가 우주의 중심이라는 것이다. 이 정확한 진술은 참된 과학과 언제나 조화되는 것이다.

2) 천지의 유래(2:4-4:26)

서론적 역사인 "대략이 이러하니라." 등의 말씀은 창세기의 구조를 정확하게

이해하는 데 대단히 중요하다. 이 말씀은 창세기에 11 회나 사용되었는데 그때마다 그 뒤에 나오는 부분의 머리말이 되어 있다. 대략이란 말은 탄생된 것, 발생된 것을 의미한다. 위의 "대략이 이러하니라."라는 말을 더욱 명백하게 하기 위하여 다른 용어를 그와 비슷한 용법으로 사용한 경우도 있다. 예를 들면 "노아의 계보"(6:9)란 말은 노아의 자손 또는 후예를 취급하는 부분의 머리말이다.

사실 드라이버(Driver)의 말대로 (*LOT,* [8] P. 7)이 부분에는 인물들에 대한 기사가 기록되어 있기는 하나 이 기사가 대체로 그리 중요한 것은 아니며 또한 2차적 성질의 것이기 때문에 위에 말한 것의 의미를 훼손하는 것은 아니다.

2:4에 있는 이 말은 천지 창조가 아니라 오히려 천지의 소산 곧 사람의 기사를 소개하는 것이다.[16] 사람의 몸은 흙으로부터 된 것이요, 사람의 영혼은 하나님께서 그에게 불어넣어 주셨으니 사람의 유래는 곧 하늘로부터이다. 그러니 이 말은 2:4 이하가 창조의 기사를 제시하려는 것이 아님을 알게 해 주는 중요한 어구인 것이다. 그러므로 어떤 비평가가 주장하는 대로 창세기의 창조의 이중 기사가 있다는 것은 터무니없는 낭설인 것이다. 오히려 2:4-4:26의 주제는 인간의 형성과 인류 역사의 최초의 상태 그것이다. 이 부분의 내용도 역시 창조의 이중 기사가 아님을 보여 준다.

① 2:4에서 말하는 "여호와 하나님이 천지를 창조하신 때에"는 창조 기사의 서론이라기보다는 오히려 창조가 이미 시작되었다는 것을 지적하는 말이다.

② 2장의 전 내용은 에덴 동산의 창설을 위한 길을 준비하고 있다(2:8, 9).

③ 창조 기사에 있어서 기본적인 것이 2장에서는 빠지고 있다. 예를 들면 땅, 바다, 물, 궁창, 태양, 달, 별, 땅 위의 채소 등의 형성에 관한 것이 없는 것이다. 3:18에 "네가 먹을 것은 밭의 채소인즉" 하였는데 이 말을 앞에 먼저 언급하였다면 1장에서 언급하였으면 했지 2장에서는 하지 않았을 것이다.

제2장은 에덴에 설치에 관한 기사인데 연대적으로 취급하지 않고 오히려 대목적으로 취급하고 있다. 이것은 제3장에 있는 사람이 타락한 기사(記事)의 서론으로 되어 있다. 그래서 사람의 본질에 대한 설명, 그의 몸이 흙으로부터 형성

16) 이 말은 본래 제1장의 머리말로 쓰여졌으나 편집자로 말미암아 지금의 위치로 옮겨진 것으로 여겨졌다. 그러나 만일 이것이 편집자로 말미암아 그렇게 옮겨졌다면 이 부분(2:5-4:26)의 머리말은 없어지고 첫째 부분(1:2-2:3)에는 두 개의 머리말(2:40과 1:1)이 있게 된다. 더욱이 그것을 무리하게 천지 창조에 관계된 부분의 머리말로 삼으려고 하면 본 표제의 뜻을 잃어버리게 된다. 그러나 사실은 본 표제의 내용은 마땅히 천지의 소산이나 대략의 기사를 소개하고 있다.

된 것, 그리고 그의 생명은 하나님께서 생기를 불어넣어 주심으로 된 것을 말하고 있다. 여기에서 우리는 하나님께서 사람에게 보다 높은 불명의 경지로 상승하여 나갈 수 있는 가능성을 어떻게 제공해 주셨으며 또한 흙은 흙으로 돌아가라고 하나님께서 사람을 향하여 말씀하실 수 있었던 이유를 독자로 하여금 이해하게 한다. 제 2 장은 에덴에 대하여 설명하고 있으니 그것은 시험의 배경이 된 것과 시험의 등장 인물인 아담과 하와를 소개하고 있다. 나아가서 제 2 장은 두 가지 종류의 나무와 또한 하나님께서 은혜로 아담과 더불어 세우신 행위 계약에 대하여 말씀하고 있다. 이리하여 제 3 장에서 연출될 비극적 서론을 전개시키는 것이다.

제 2 장의 목적이 이렇게 분명하게 인식될 때 제 1 장과 제 2 장을 각각 독립된 창조 기사라고 가정하고 어떤 대조를 기하여 보는 것은 이미 빗나간 것임이 드러날 것이다. 이 두 장에 있어서 각각 강조하는 점이 다르다는 것은 이미 알고 있는 사실이며 그 이유도 분명하다. 제 1 장은 하나님께서 사람을 하나님의 형상대로 창조하셨다는 그 위대한 절정에 이르기까지 계속하여 창조의 기사를 진행시키고 있다. 인류 타락 기사를 위한 준비 단계로 제 2 장은 사람의 최초 상태에 대하여 더 상세하게 말해 주고 있다. 그런데 이러한 사실은 제 1 장에서 선포된 장대한 기사와 더불어 일치하지 못하고 부자연스럽게 보일지도 모른다.

그러나 1장과 2장 사이에는 모순됨이 없다는 사실에 주의해야 할 것이다. 모순이라고 지적된 주요점은 다음과 같다.

(1) 창조의 순서

제 2장 에서는 사람(7절), 식물(9절), 동물(19절), 여자(21절 이하)의 순서로 창조되었다고 말할 수 있다. 그러나 여기에 대한 해답은 기재된 순서가 반드시 연대순이 아니라는 점을 주의하여야만 한다. 여기 제 2 장은 사람을 창조(7절)하셨다는 사실을 우리에게 이해시키기 위해서 저자가 기록하였다고 진정한 의미에서 생각할 수 있을까? 제 2 장이 연대순으로 되었다는 것을 주장하는 것은 저자의 말을 보아서도 결코 그의 의향이 아니었다는 사실로 볼 수밖에 없다. 실장 제 2 장에서는 사람과 식물 창조의 전후 관계에 대하여 전혀 언급한 곳이 없다. 뿐만 아니라 2장은 인간 창조가 동물 창조 이전이라고도 가르치지 않는다. 여기서도 다시 한 번 연대순이 아님을 강조하고 있다. 2장에 기록된 것은 다만 에덴의 창설과 아담을 그 동산에 거주하게 하신 사실이다. 더욱 2장에서 상세하게 말해 주는 사실은 인간의 형편이다. 아담에게는 그 자신을 도와줄 배필이 필요

한 것을 보여 주며, 그러한 조력자는 결국 동물 가운데서는 찾을 수가 없었다는 것도 말해 준다. 19절을 의역해서 말한다면 "여호와 하나님이 흙으로 각종 들짐승과 공중의 각종 새를 지으시고 그것들을 그에게로 이끌어 이르시니"라고 할 수 있다.

(2) 하나님에 대한 개념

제2장에는 의인적(擬人的) 신관이 나타나 있다고 한다. 하나님께서는 만드시고, 생기를 불어넣으시고, 심으시고. 두시고, 취하시고. 창설하시고, 내시고, 막으시고, 세우시고, 행하셨다. 그러나 이 이론은 피상적이다. 의인적(擬人的) 신분은 제1장 에서도 나타나 있다. 실제로 유한한 사람이 의인법적 용어를 사용하지 않고 하나님을 말하려 함은 불가능한 것이다. 제1장에서 주장하는 바는 하나님께서 이름 지으시고, 보시고, 복을 주시고, 의논하신 사실(26절 "만들자")과 또한 하나님께서 자기의 하신 일을 엿새에 걸쳐 행하시고 쉬신 것 등을 설명하고 있다.

제1장에서 강조하는 것은 하나님께서 만족하신 사실이다. 이 강조는 제3장의 타락의 예비 지식이란 점이다. 그러므로 제1장은 제2장을 정확하게 이해하기 위한 예비지식이란 것과 기초란 것을 생각하지 않을 수 없다. 제2장은 천지창조, 태양, 달, 별 등의 창조를 가정하고 있으며, 실제로 제2장은 제1장 없이는 이해할 수 없다.

제3장은 전설이 아니라 역사적 사실이라는 것이 그 취지임을 생각하여야 한다. 제2장의 주인공인 아담과 하와가 역시 등장하고 있다. 대체적으로 솔직한 이야기체임을 전체에 걸쳐 설명하고 있다. 타락의 비극적 결과는 제3장에서 주장하고 있는 그대로 인간 생활에 여실히 나타나고 있다. 사람은 처음에는 나체였으나 죄 때문에 내적으로 더럽혀지자 무엇으로 가릴 필요성을 느끼게 되었다. 사람은 범죄로 인하여 죄책을 깨달아 거룩하신 하나님 앞에 설 수 없게 되었던 것이다.

말하는 뱀은 색다른 특별한 것이었고 또 현저히 눈에 띄는 것이었다. 우화나 전설에서 우리는 흔히 "말하는 동물"을 볼 수 있다. 그러나 여기서는 그런 것이 아니다. 아담은 그저 피조물들의 이름을 준 것뿐이다(2:19). 곧 그는 하나님께서 주신 지능을 발휘하여 하나님의 형상대로 지음 받았다는 사실을 시위한 것이며, 각종 동물의 독특한 기능과 성질을 분별함으로써 하등의 여러 피조물에 대한 그의 우월성을 보였던 것이다. 그는 자신이 피조물 중의 면류관이며 다른 동물보다 우수함을 보였다. 그러나 제 3 장에서는 뱀이 말을 하고 있다. 이 일은 하나님께서 부여하신 그 한계를 파괴하고 있다. 뱀이 사람보다 낫게 보일지 모르나 사실은 사람에게 굴복할 수밖에 없다.

이상에서 말한 것 중에서 단순한 전설적 특징을 지닌 것이라곤 하나도 없다. 오히려 이런 것은 역사라 말할 수 있다. 뱀은 뒤에 저주 받은 것으로 분명히 알 수 있는 것같이 사탄의 대변자 곧 그의 도구였다. 그러므로 말하는 뱀을 전설의 표로 생각할 수 는 없다. 이 기사의 역사성은 고후 11:3(요 8:44 참조)에 의하여 증거된다. 역사로써 기록되어 있는 인류 타락의 기사를 단순한 상징적 전설로 생각한다면 우리의 속죄의 기사 역시 단순한 상징적 전설로 일관시키려고 하지 않을까?

제 4 장의 목적은 아벨이 죽임당한 때로부터 라멕이 미움의 노래를 부를 때까지 그 사이에 죄가 급격히 성장하여 증가된 것을 보여 주려는 것이다. 이 장은 역시 가인의 후손에 의하여 어떻게 예술과 과학이 개발되었는가 하는 것도 제시하고 있다. 가인이 첫 사람의 아들이 될 수 없다든지 또는 아내를 구할 수 없었다는 등의 흔히 듣는 반론은 진지하게 고려할 만한 아무런 가치도 없는 것이다(*IOT*, pp.162, 163 비교). 이 경우의 성질에 있어서 성경은 인류가 최초의 부부로부터 나왔다고 가르치기 때문에 가인은 그 자매와 결혼해야만 했다.

3) 아담의 계보(창 5:1-6:8)

4:17 이하에서 가인의 계보를 삽입하여 놓은 것은 창세기의 구조에 있어서 중요한 특징이 있음을 소개하고 있다. 아담으로부터 야곱에 이르기까지의 족보에 대한 역사를 진술하여 나가는 가운데 적당한 곳에서 그 이야기를 중단하고 선민의 역사를 회고하기 전에 갈래가 다른(여기서는 가인 계통) 혈통의 족보를 삽입하는 것은 본서 저자인 모세의 필법이다. 이스마엘 족보를 제시하고 있는 25:12-19도 역시 참조하라. 이를 뒤이어 이삭의 족보가 있고(25:19 이하), 계속하여 에서(Esau)의 계보가 나온다(36:1과 36:9). 그 뒤로는 야곱의 계보가 따라 나온다(37:2).

여기에서 제 4 장과 제 5 장의 족보에 나온 이름들 사이엔 유사점들이 있다. 그러나 이 두 족보를 어느 한 족보의 단순한 변형으로 생각해서는 안 된다. 왜냐하면,

① 명칭들에 유사점이 다소 있기는 하나 그와 반면에 또한 크게 다른 것이며,
② 성경은 분명히 서로 다른 두 종류의 족보를 기록하고 있으며,
③ 비슷한 이름을 가진 자들은 서로 다른 족보들이라고 기술되어 있기 때문이다.

4장에 나타난 에녹은 가인의 아들로 이랏을 낳았다. 그러나 5장의 에녹은 셋 후 여러 대를 지나 야벳에게서 출생되었다. 에녹은 므두셀라를 낳았으며 그는 경건한 자였으므로 하늘로 올려진 것이다. 4장의 라멕은 므두셀라의 아들로 믿음의 사람이라 하였고, 그의 아들 노아의 출생에 있어서는 하나님의 약속의 성취임을 믿었던 것이다.

제 5 장의 족보는 하나의 연대기를 제공하려는 데 그 의도가 있음은 아니다. 오히려 모세는 10 명의 대표자들을 선택하여 그들이 다 죽어 간 사실들을 기술하면서 죽음이란 피할 수 없이 보편적으로 사람을 지배하고 있음을 보이려 한다. 에녹의 이름 뒤에만 이런 말이 빠진 것은 죽음이 보편적임을 설명하는 데 큰 역할을 하고 있다. 이 말에서 즉시 생각나는 것은 "너는 죽지 아니 하리라."한 뱀의 거짓말이다(3:4은 일반적으로 J나 S에 속한다. 그러나 제 5 장은 P에 속한 것이라고 한다).

제 5 장은 연대를 계산하는 데는 사용할 수 없기 때문에 5:15 같은 구절은 마할랄렐이 야렛에 이르러 극도에 달한 혈통을 생산하였음을 의미한다고 해석할 수밖에 없다. 그러나 3절과 28절은 그런 경우라 할 수 없다(*Bibliotheca Sacra*, April, 1890, and B. B. Warfield, "On the Antiquity and the Unity of Humman Race" in *Studies In Theology*, 1932, pp. 235-258 참조).

6:1-8의 짧은 부분은 홍수를 초래한 사람의 죄악과 노아의 의(義)를 보여 주는 서론이다. 그리하여 제 5 장은 아래의 부분으로 연결되어 나간다. 곧 "하나님의 아들들"은 천하가 아니라 선민(選民)이다. 선민과 세상의 씨들 간의 잡혼(雜婚)으로 결국 죄악이 나타났다.

4) 노아의 계보(창 6:9-9:29)

알리스(Allis)가 이 부분에 통일성이 있음을 보여 우리에게 환기시켜 준 사실은 유의할 만하다(*FB*, pp. 95-99 참조). 그가 지적하는 점은,

① 홍수의 원인은 사람의 죄악이 관영한 것인 바(6:5,11,12,13 참조) 주께서 사람을 만드신 것을 후회하셨다.

② 홍수의 목적은 인류를 멸망시키는 것이었다(6:7, 13, 17; 7:4, 21-23; 8:21 참조).

③ 본문이 강조하고 있는 교훈은 인류를 대표할 만한 남은 자를 철저히 구원하시는 일이다(6:8,18-20〈동물〉; 7:1-3, 7-9, 13-16; 8:16-19 참조).

모세는 노아의 의로운 성격을 진술하면서 이 부분을 전개시켜 나간다 (6:9). 그

이유는 노아의 의와 인류의 일반 죄악성과를 대조시키려는 것(6:11-13, 6:14-21).

④ 끝으로 이 장은 노아의 순종(6:22)을 진술하고 마친다.

이제 주께서 방주에 들어갈 것과 깨끗한 짐승은 7쌍씩, 부정한 짐승은 2쌍씩 취할 것을 명령하신다. 이 명령은 다 그대로 되었으니 다음과 같다.

① 둘째 달의 제 17 일에(창 7:11-12) 노아는 하나님께서 명하시는 대로 방주에 들어갔다. 비는 40 일에 걸쳐 밤낮 쏟아졌다. 방주에 들어간 짐승의 수엔 모순이 없었다. 홍수에 대한 최고의 예고와 더불어 또한 방주를 건조(建造)하라는 명령도 받았다. 노아는 각종 동물과 새들의 생명 보존을 위해 암수 한 쌍씩(즉, 둘씩)을 방주에 넣으라는 하나님의 첫 번째 명령을 받았고(6:19, 20), 두 번째는 모든 깨끗한 짐승은 암수 일곱씩(즉, 일곱 쌍식), 부정한 것은 암수 둘씩 넣으라는 명령을 받았다(7:2, 3). 두 번째의 명령은 첫 번째 경우보다 더 세밀한(구체적) 언급일 뿐 모순성은 없는 것이다. 정한 것과 부정한 것에 대한 구별이 모세 이후의 것이란 증거는 없다. 이 구별은 분명히 처음부터 알려진 것이다.

② 비는 40 일 동안 계속 내렸으니 산들의 봉우리 위로 15 규빗까지 창일하였다(7:17-20). 그렇게 되기까지에는 네 가지 단계를 거쳤다는 사실에 주의하여야 한다.

a) 물이 증가되어 방주를 이륙시킨 것(7:17b)

b) 물이 넘쳐서 굉장히 많아진 것(7:18a)

c) 높은 언덕을 덮은 것(7:19)

d) 모든 산들이 덮인 것(7:20) 등이다.

또 물의 위력에 대하여 강조하는 세 가지 진술이 있으니 아래와 같다.

a) 모든 육체는 죽었다는 것(7:21)

b) 코로 숨 쉬는 모든 것, 육지에 있는 모든 것은 죽었다는 것(7:22)

c) 보편적인 경우와 측측적인 경우는 하나로 되어 버렸다(7:23)는 것이다.

③ 물이 땅에 창일하기는 150 일 간 곧 비가 그친 다음부터 110 일이다(7:24). 물이 감하여지는 데는 7 단계가 있다.

a) 물이 물러가도록 땅 위에 바람이 불었다(8:1).

b) 홍수의 근원은 다 걷히고 방주가 아라랏 산에 착륙하기까지 되었다 (8:2-4). 이것은 그달 17일이었으니 곧 홍수가 시작한 이후부터 150 일째 되는

것이다.

c) 산봉우리들이 나타났다(8:15). 10월 1일 곧 아라랏 산에 방주가 닿은 지 73 일째가 된다.

d) 40 일을 지난 후 까마귀 한 마리를 보내었으며 역시 비둘기 한 마리도 그리하였다. 물은 아직도 많아서 비둘기가 쉴 곳을 얻지 못하였다(8:6-9).

e) 7 일 후에 나무들이 보였다(8:10,11).

f) 7 일을 지난 후 다시 비둘기를 보냈더니 다시 돌아오지 않았다.

g) 노아가 60 세 되던 1월 1일에 홍수는 끝났다(8:13). 2월 27일 곧 비가 내린 때로부터 1 년 10 일을 지나서야 땅은 말랐다(8:14).

홍수에 대한 기사는 전 세계적이었다는 말로 기록되어 있다. 이 말은 홍수가 반드시 지구 전면을 덮었다는 것을 의미하지는 않는다. 오히려 육체를 지닌 모든 것을 멸종시키는 데 한정된 것일 수도 있다. 인류의 주거지가 유브라데 강의 골짜기였다고 한계를 짓는다면 홍수 역시 한계를 지을 수도 있는 것이다. 이 부분은 노아가 제단(성경에서는 최초의 것)을 쌓은 것과 희생을 드린 기사로 결론을 짓고 있다.

주께서는 번제(燔祭)를 받으시고 다시는 땅을 물로 심판하시지 아니하실 것을 선언하셨다(8:20-22). 하나님께서는 노아와 그 아들들에게 복을 주시고(9:1-4) 노아와 더불어 언약을 세우셨다(9:9-17). 또한 함의 죗값으로 가나안은 저주를 받았다. 그리고 노아는 셈으로 말미암은 세계의 축복을 예언하였다(9:26-27).

5) 노아의 아들들의 계보(창 10:1-11:9)

이 짧은 부분에서는 인류가 온 땅에 분산된 것을 기록하고 있다. 여기에는 여러 국민의 일람표가 포함되어 있으니 이는 그 국민들과 선민들과의 관계를 보여 줄 목적으로 삽입된 것이다. 이 모든 선민은 동일한 조상에서 나왔으며 결국은 아브라함의 축복을 나누게 된다(12:1-3). 이 부분에서는 서로가 밀접한 전후 관계를 지니고 있다.

10:1은 그 이전의 사건인 홍수와 관계되어 있고 11:1-9에는 바벨탑의 건설과 인류가 분산된 것을 상세히 말하고 있다. 어떤 이는 이 부분이 제 10 장의 저자와는 다르다고 생각하나 10:10과 25절 등이 11:1-9의 내용을 포함하고 있으니 이것은 제 10 장의 저자의 마음속에 이미 품고 있던 내용인 것이다.

6) 셈의 계보(창 11:10-26)

이 부분은 분명히 선민의 계보를 보여 준 제5장과 유사한 점이 있다. 여기에서는 10장과 같이 단순히 명단만 제시하지 않고 5장과 같이 아들이 탄생했을 때의 아버지의 연령과 아들이 출생한 후의 그의 수명에 대하여 그리고 그가 다른 자녀를 낳은 것 등의 사실을 기술하고 있다.

제5장과 이 부분은 다 같이 세 아들을 가진 아버지에 대하여 말하면서 끝을 맺고 있다(5:32, 11:26).

이 부분은 분명히 제 5장 계보의 계속이나 그 사이에 끼어든 부분들을 제의하고는 이해하기 곤란하다.

7) 데라의 계보(창 11:27-25:11)

이 부분의 주제(主題)는 족장 아브라함의 생애이다. 아브라함이 본토에서 부름을 받은 것은 하나님께서 아브라함과 더불어 약속한 세 가지 중요한 사항 중의 하나에 대한 응답이었으며, 이 약속은 각각 관련되는 요소에 따라 심한 시험을 받았다.

① 땅을 약속 받음(창 12:7; 13:15,17; 15:7,18; 17:2; 24:7; 28:4,14).

그러나 :

a) 아브라함은 그 땅에서 기류자 (寄留者)였다 (12:10; 17:8; 20:1; 21:23, 24; 23:4).

b) 그 땅은 타인들에 의해서 점령되었다(12:6; 13:7; 15:18-21).

c) 그는 흉년 때문에 두 차례나 쫓겨났다(12:10 이하; 20:1 이하).

d) 그의 후손들도 이방 땅에 기류자가 되어야만 했다(15:3).

e) 그 땅은 먼 지방의 왕들에 의하여 침략을 받았다(14:1 이하).

f) 아브라함은 매장지까지 사야만 했다(23:17).

② 수많은 후손을 약속 받음 (12:2; 13:15; 15:5; 17:2,4,16; 18:18; 22:17; 26:4; 28:4; 32:12). 그러나 그에 따르는 시험이 많았다(11:30; 15:2,3; 16:1; 17:17; 22:12 비교).

③ 우주적인 축복을 약속 받았다 (12:3; 18:18; 22:18).

그러나 :

a) 두 번이나 아브라함은 남을 괴롭게 하는 원인자였다 (12장과 20장).

b) 아브라함과 롯은 나뉘어야만 했다 (13:5 이하).

c) 이방 왕들이 그와 싸웠다 (14장).

d) 그는 아비멜렉에 대하여 항의해야만 했다(21:22 이하).

【아브라함의 생애는 어떻게 해석될 것인가?】

① 필로(Philo)와 그 풍유적 견해

알렉산드리아의 필로에 의하면 아브라함의 생애는 어떤 진리를 밝히려는 하나의 풍유이니 지혜로운 사람이 그 가르침을 따라 완전한 자가 된다는 것을 보여 주는 것이라고 하였다.

② 벨하우젠(Julius Wellhausen)의 주장

아브라함을 역사적 인물로 생각하는 것을 부인하고, 저자가 생각나는 대로 만들어 낸 가공적인 인물일 것이라고 주장하였다.

③ 시어도르 노엘데크(Theodor Noeldeke)의 주장

아브라함이 신(神)이었는데 단순한 사람으로 타락하여 창세기에 나타났다고 주장하였다.

④ 위고 윙클러(Hugo Winkler)의 견해

아브라함이 하란과 관계되어 있다는 이유로 월신(月神) 신(Sin)과 동일한 자로 본다.

⑤ 헤르만 궁켈(Hermann Gunkel)의 주장

창세기의 전설들(sagas)을 다른 민족들이 지니고 있는 그것과 같은 것으로 보고 이들 전설들이 점점 변하여 아브라함의 전설을 형성하게 되었다고 한다.

⑥ 알브렉트 알트(Albrecht Alt : *Der Gott der Vaeter*, Stuttgarr, 1929)의 신념

아브라함이 역사적 인물일 뿐 아니라 아브라함의 종교에 대하여 무엇인가를 알 수 도 있다고 믿는다(필자의 논문 "The God of The Father" in *WThJ*, Nov. 1940, pp. 25-40 참조).

여기에서 우리는 창세기에 나타난 아브라함에 대한 기록은 역사적으로 정확한 것임을 알아야 한다. 이 실화는 실제의 역사임을 목적으로 하고 있다. 이 같은 사실은 신약 성경의 많은 증거에 의하여 실증되고 있다(마 1:1; 8:11; 22:32; 막 12:26; 눅 3:23-34; 13:28; 16:22-30; 20:37; 요 8:37, 39, 40, 52, 53, 56, 58; 행 3:13, 25; 7장; 롬 4장; 고후 11:22; 갈 3장; 히 2:16; 6:13; 7:1-9; 11:8-17; 약 2:21; 23; 벧전 3:6).

【중요한 과학인 고고학은 족장 시대의 성경적 기록을 한층 더 실증하고 있다】

① 라스 샤므라(Ras Shamrs) 문서의 발견

어떤 비평가는 주전 2,000여 년 전에는 문자의 기술(技術)이 알려지지 않았다고 한다. 벨하우젠(Wellhausen)과 그라프(Graf) 등은 말하기를, 이스라엘의 역사상에 왕국 설립 이전에는 기록된 문서들이란 있을 수 없다는 것이다. 그러나 최근에 라스 샤므라(Ras Shamra : 주전 15세기와 14세기의 초의 문서) 문서에서 발견된 사실은 문자를 사용한 기록법은 주전 20세기의 중엽에 이미 가나안 사람들에게 알려져 있었다는 것을 증명하고 있는 것이다.

② 창세기에 나타난 주민 분포 및 여러 도시들과 고고학의 증거

고고학의 증거를 따르면 족장 시대에는 주민의 분포가 언덕 지대에는 드물고 반면에 해안 평야 지대에는 정주하는 주민들이 있었다고 한다. 이것은 족장들이 언덕 지방으로 방황하였다는 창세기의 묘사와 잘 어울린다.

더욱이 창세기에 나타나 있는 여러 도시들은 그 당시에 실재로 존재한 것들이니 벧엘, 아이, 예루살렘(살렘), 세겜, 게릴, 도단, 브엘세바 등이다(Albright : *The Archaeology of Palestine and the Bible*[3], pp. 132, 133).

③ 발견된 수많은 토서판 문서들의 확증

1935년 유브라데 강변 마리(Mari)에서는 20,000 개 이상의 토서판(土書板) 문서들이 발견되었다. 그들 가운데 대부분은 주전 20세기의 초 무렵에 된 것들이다. 이 발견은 이스라엘의 조상들이 하란으로부터 왔다는 성경적 표현을 더욱더 확고히 해 준다. 창 24:10의 나홀(Nahor) 시(市)가 그 문서에는 나쿠르(Nakur)로 나타나는데 함무라비 시대(BC 18세기)에는 그 지방이 아모리 왕들에 의하여 지배된 것 같다. 세록(Serug)과 테라(Terah)도 역시 하란 근방의 도시들의 이름으로 나타난다(*FSAC*, pp. 179, 180).

④ 창 12:10의 롯의 기사와 요단 지역의 확실성

창 13:10에 대하여 글룩(Glueck. *RJ*, p. 73)이 지적하는 바의 롯의 기사는 정확하다는 것이다. 고고학의 증거대로 요단은 그 당시의 거주지였고 옛 팔레스타인의 가장 비옥한 지역의 하나였다.

⑤ 창 14장의 기사에 대한 글룩의 증언

창 14장의 그돌라오멜(Chedorlaomer)의 침략 기사에 대하여 글룩은 말하기를 "고고학적 사실은 이 문학 전승(傳承)과 완전히 일치한다. 주전 1900년경에 있었던 그런 철저한 파괴는 그 지방의 큰 요새와 주민 전체를 휩쓸었다. 우리가 조사한 결과 그들이 받았던 타격은 실로 무서웠으니 완전히 파괴당하고 만 것이다."라고 했다(*The Other Sid of The Jordan*, 1940, p.114). 또 글룩은 창 14:14에 나타난 318이란 숫자가 정확하다고 믿는 그 이유를 지적하고 있다(*RJ*, p.74).

⑥ 호리 족속에 대한 역사성 판명

창 14:6의 호리 족속(Horites)에 대한 기사는 오랫동안 그 역사성을 부인당하여 왔다. 그러나 이제 그들이 후리안(Hurrians)이라는 족속으로서 주전 2,000년경에 가장 위대한 역할을 했던 백성으로 판명되었다.

⑦ 창세기의 배경 실증에 큰 빛을 던져 준 토서판들

후리안 족속의 가장 중요한 중심지는 누주(Nuzu : Yorgan Tepa)였다. 이 지방은 현재의 키르쿡(Kirkuk)의 서남 약 12 마일 지점이다. 여기서 발견된 토서판들은(1925-1931) 창세기의 배경 실증에 큰 빛을 던져 준 것이었으니 발견된 사항은 아래와 같다.

a) 누주 지방의 풍속에는 자녀가 없을 때는 아들을 택하여 양자로 세워 자기들을 섬기게 하고 죽으면 곡하는 일과 장사 지내는 일을 하게 하였다. 그 대신 그 양자는 지정된 상속자가 되는 것이었다. 그러나 아들을 낳았을 경우 양자는 그 상속권을 상실당하는 것이었다(창 15:1-4 참조).

b) 아내가 생산하지 못할 때에는 남편을 위하여 아이를 생산할 수 있도록 하여 주었다. 곧 여종으로 대역케 하는 것이었다(창 16:2 참조).

c) 여종이 생산하는 경우에 본처는 그를 내어 쫓지 못하게 된다. 이런 이유로 아브라함은 사랑의 행위를 두려워한 것이다(창 21:11-12 참조).

⑧ 족장 시대의 사화(史話)에 대한 벨하우젠의 부정적 견해 배제와 기타 논증

고고학에 의하면 소돔과 고모라가 위치하였던 지방의 거주 문제는 주전 2,000년 초에 이미 끝난 것이다. 이러한 사실은 그 평야의 도시들이 파괴되었다는 성경적 기사를 지원하고 있다(*BA*, Vol. V, No. 2와 Vol. VI. No. 3).

이런 사실에 비추어 벨하우젠이 말하는 소위 족장 시대의 사화(史話)란 후대의 사람들에 의한 한갓 장난이라고 말하는 그러한 견해는 단연코 배제되어야만 한다.

12:6b와 13:7b에는 "그때에 가나안 사람이 그 땅에 거하였더라."라는 모세 이

후라고 주장된 기사가 있다. 여기 "그때에"란 말은 가나안 사람들이 팔레스타인에 이상 더 살지 아니하던 시대에 이 기사가 기록되었다는 것을 보여 준다고 생각한다. 그러나 이 말은 다만 하나님의 약속이 위대함을 강조하기 위하여 사용한 것이다. 그 땅은 분명히 아브라함에게 약속된 땅이었으나 가나안 사람들이 나타남으로 약속을 믿기 어렵게 되었다. 그러나 그들이 나타났음에도 불구하고 아브라함은 그 약속을 믿었던 것이다.

13:7b에 있는 말씀은 단순히 아브라함과 롯이 가축을 기를 만한 장소가 없었다는 것을 분명하게 하여 준다. "그때에"란 말로 어떤 대조를 꾀한다면 가나안 사람들이 거의 없었던 시대의 초기와 대조한 것이다. 창 14:14의 '단'에 대한 말은 모세의 저작에 대한 논증이 아니다. 그것은 삿 18:29의 단은 아니다. 설령 그렇다 해도 그 뒤에 반복해서 복사되는 어간이 보다 더 알려진 이름이 삽입되는 것은 있을 수 없는 일일까? 또한 "여호와의 산에서 준비되리라."(창 22:14)라는 말씀도 그 후에 산에 세워진 성전에서 여호와께서 나타나심을 말하지 않고 아브라함이 시험 받을 때 주께서 나타나심을 가르친다 (Hengstenberg : *DGP*, Vol. II, pp. 146-282; Green : *HCP*, pp. 47-52 참조).

창 13:18 "헤브론이 있는"이란 말씀과 23:19의 "마므레는 곧 헤브론"이란 구절은 아마 모세가 가필한 설명으로 생각된다. 아브라함 당시에는 헤브론이 도시로서 존재하지는 않았던 것 같다. 이것 역시 창세기의 정확성을 증거하는 또 하나의 증거가 된다.

8) 이스마엘의 계보(창 25:12-18)

9) 이삭의 계보(창 25:19-26)

아브라함의 생애는 자식된 이삭의 생애에서 되풀이한다. 그러나 이삭의 생애에 대한 기사는 단순히 아브라함이 지나온 생애의 되풀이만으로는 볼 수 없다. 이삭은 실제의 인물인 동시에 수동적 성격을 가지고 있다. 고고학은 이 부분의 배경에 아주 흥미있는 빛을 던져 준다.

① 누주(Nuzu) **문서 중의 하나는 투프키틸라**(Tupkitilla)라는 인물에 대하여 말하여 준다. 그는 양 세 마리 때문에 자기의 작은 숲에 대한 상속권을 그의 형제 쿠르파자(Kurpazah)에게 양보한다(*BA*, Vol. III, p. 5 비교).

이것은 창 25:29-34의 에서가 그의 장자권을 팔아먹은 사실을 기억나게 한다.

② 어떤 본문에는 타르미야(Tarmiya)란 사람이 어떤 부인과 결혼하는 권리를

얻기 위해서 그 부인을 두고 자기와 서로 다툰 그의 두 형제를 소송한 일이 기록되어 있다. 족장의 경우와 같이 그의 경우도 구두로 소송하였으며 또한 법적으로 유효한 것이고 아버지가 임종 시에 그의 아들에게 그렇게 하여 준 것이다(창 27장과 *BA*, Vol. Ⅲ, p. 8 비교).

③ **특별히 흥미있는 누주**(Nuzu) **문서는 나쉬**(Nashwi)란 사람과 그의 양자 울루(Wullu)와의 관계를 말한 것이다. 나쉬는 그의 딸을 울루에게 주었다. 그가 죽는 날에는 울루가 상속자가 될 것이다. 그러나 나쉬가 자식을 얻게 되면 울루는 그의 유산을 그 아들과 나눠야만 했다. 그리고 그 아들은 나쉬의 신들을 받게 될 것이다. 그 이유는 분명히 나쉬의 아들이 가족에 대한 우두머리의 지위를 가지게 되는 것이다. 여기에서 라헬이 드라빔을 훔치는데 열렬했던 것과 그 여자의 진지한 행동 등을 이해할 수 있다(창 31:19-35. Sidney XXIXⅢ Smith: "What Were The Teraphim?" in *JTS*, Vol. XXXⅢ, pp. 33-36 참조).

④ **야곱이란 고유 명사는 팔레스타인에 있어서 주전 15세기에 지명**으로 나타나 있으며 주후 18세기의 북부 메소포타미아 지방의 문서에도 나타나 있다. 분명히 이 말은 "하나님(EL)께서 보호하시리라."란 뜻이다(*FSAC*. pp.325, 326 참조).

10) 에서의 계보(창 36:1-37:1)

이 부분에는 시대에 맞지 않는 말이 있으니 "이스라엘 자손을 다스리는 왕이 있기 전에 에돔 땅을 다스리는 왕이 이러하니라."(36:31)라는 말씀이다. 이리하여 여태까지 주장한 것은 이 말이 이스라엘에 왕국이 성립된 이후에 기록된 것이 틀림없다는 것이다. 그리하여 보수적(保守的) 학자들은 이 기사가 기록된 것은 모세 이후의 시대에 하나님의 영감에 의한 것이라 생각한다. 그러나 그러한 추측을 만들 필요는 없는 것이다. 그 이유로는, 이 에돔 왕들이 모세 이후의 사람이란 증거가 있다 (Green : *The Unity of Book of Genesis*, pp.425-428). 더욱이 이 왕들에 대하여는 이미 약속되어 있었다(창 17:6; 35:11 참조). 그러므로 왕들에 대해서는 이미 예언되어 있었기 때문에(민 24:7; 신 17:14 이하) 모세는 이 구절을 능히 기록할 수 있었다.

11) 야곱의 계보(창 37:2-50:26)

제 49 장은 야곱의 말이 아니라고 할 이유가 없다. 드라이버(Driver)의 주장을 따르면 그것은 J로 말미암아 독립된 자료로부터 편입된 것이라 하고 사사(士

師)인 사무엘, 다윗 시대의 배경을 반영시키고 있다는 것이다. 파이퍼(Pfeiffer)는 이것이 주전 960년경에 생존한 시인으로 말미암아 초기의 부족 전설을 재료로 한 작품이라 생각한다.

그러나 야곱은 여기에서는 선지자의 입장을 취하여 자기의 후손들이 장래에 이루고 있을 그 상태 곧 장성한 부족으로 성장하여 나갈 자기 자손을 내다본 것이다. 이것은 특정한 역사적 예언이라기보다는 오히려 축복의 예언적 성격을 띨 요소가 있다.

이 시(詩) 중에는 약속 받은 땅을 정복하리라는 사실을 알리는 말이나 여호수아 시대를 특별히 지시한 말도 없다. 더욱이 이 시(詩)도 역시 어느 특정한 역사적 시대에 국한시킬 것이 아니다. 창 49:10은 다윗 시대에 성취되었다고 생각할 것이다. 그러나 그렇다고 해도 49:5,7의 레위에 대한 기사는 그 시대에 들어맞지 않을 뿐만 아니라, 이 시를 따로따로 떨어져 있던 하나님의 말씀들을 채집 수록한 것으로 볼 수 있다(Kuenen). 그 이유는 시가 통일성을 보여 주는 명백한 증거를 가졌기 때문이다(*IOT*, p. 277 참조). 레위에 대하여 말한 것은 모세 이전의 일이 틀림없다(신 33:8-11).

창세기를 위한 특별한 참고 서적(다른 참고 문헌에 나타난 것에 첨가하여)

G. Ch. Aalders : *De Goddelijke Openbaring in de Eerste Drie Hoofd-stukken Van Genesis*, Kampen, 1932.

Arthur Allgeier : *Ueber Dopplberichte in der Genesis, Freiburg* i. B., 1911.

Albrecht Alt : *Der Gott der Vaeter*, Stuttgart, 1929.

Benjamin Wisner Bacon : *The Genesis of Genesis*, Hartford, 1892.

F. M. Th. Bohl : *Das Zeitalter Abrahams*, Leipzig, 1930.

Karl Budde : *Die Biblische Urgeschichte*, Giessen, 1883; Die biblischhe Paradiesgeschichte, Giessen, 1932.

Walther Eichrodt : *Die Quellen der Genesis*, Giessen, 1916.

A. H. Finn : *The Creation, Fall And Deluge*, n. d..

Alex. R. Gordon : *The Early Traditions of Genesis*. Edinburgh, 1907.

William Henry Green : *The Unity of the Book of Genesis*, New York, 1910.

Richard Kraemer : *Die biblische Urgeschichte*, Wernigerode, 1931.

Sigmund Mowinckel : *The Two Sources of the Predeuteronomic Primeval History* (JE) *in Gen.* 111, Oslo, 1937.

William Turnbull pilter : *The Pentateuch: A Historical Record*, London. 1928 (주로 창세기 14장을 언급함).

Israel Rabin: *Studien Zur vormosaeiceschen Gottesvorstellung*, Breslau, 1929.

J. Ridderbos : *Abraham De Vriend Gods*, Kampen, 1928.

H. E. Ryle : *The Early Narratives of Genesis*, London, 1892.

Hans Schmidt : *Die Erzaehlung von Paradies und Suendenfall*, Tuebingen, 1931.

제 3 장

출애굽기

1. 명 칭

출애굽기는 유대인들이 본서의 첫말 "웨엘레 쉐모트(וְאֵלֶּה שְׁמוֹת)=그리고 이름들은 이러하니라)"를 따라 부른 것이며, 단순히 "쉐모트(שְׁמוֹת : 이름들)"라고도 하였다. 『70인역(LXX)』은 본서의 중심 주제인 "엑소도스 ("Εξοδος = 출애굽기)"(출 19:1에 나타남)를 명칭으로 하였고, 벌게이트(Vulgate : Latin)역에도 Exodus라 하였다.

2. 목 적

오경(五經)의 둘째 번 책인 출애굽기는 앞에 기록된 준비사(準備史)인 창세기와 율법서 곧 오경의 나머지 책들을 연결시키는 역할을 담당하고 있다. 우선 이스라엘 백성들의 갑작스런 증가를 짤막하게 기록하면서 서두를 장식하며 나아간다. 그 다음으로는 출애굽에 대한 제반 준비가 뒤따른다. 이 준비에는 소극적인 것과 적극적인 것이 있다. 소극적으로는 이스라엘 백성들이 그들에게 매워진 무서운 멍에로 말미암아 자유를 사모하던 끝에 출애굽을 준비하게 되었다. 적극적으로는 하나님께서 그들을 위하여 준비하게 하신 능력적 이적으로 말미암아 준비하게 되었고, 결과적으로 하나님은 진실로 주(主)가 되시며, 언약을 성취하시는 구속자(救贖者)이신 하나님, 전능하신 하나님이 되심을 확신하게 되었다. 이 두 방면의 준비 다음에는 애굽으로부터 홍해를 지나 시내 산에 이르기까지의 실질적인 출애굽 기사를 상술하고 있다(출 1-19장). 출애굽기 19장까지가 오경에 있어서 최초의 큰 구분을 지어 주는 곳이다. 여기까지 율법서는 주로 설화체(說話體=narration)로 구성된다. 출애굽기 20장부터는 율법으로서 율법서의 특징을 나타낸다. 백성들은 이제야 정식으로 신정 국가로 조직되고 이 조직을 위하여 필요한 법령을 받아야만 했다. 이 법령은 세 부분으로 되어 있다. 시내 산에서 주어진 것(출애굽기, 레위기), 광야 유랑 중에 주어진 것(민수기), 모압 평지에서 강설한 것(신명기)이다. 출애굽기 후반부(20-40장)는 하나님께서 시내 산에서 이스라엘에게 주신 율법에 관한 것이다. 첫째로 기본적인 도덕적 율법이 선포되었다. 그 다음에는 비준(批准)된 언약의 기초의 몇몇 조례(條例)가 계속된다. 그 다음에는 거룩하신 하나님의 거소인 성막(聖幕)의 건립(建立)에 대한 시기가 나온다. 금송아지의 죄와 관련되어 언약 위반이 있었기 때문에 이 지시는 한동안 실행되지 못하였다. 그러나 결국 성막은 건립되었고 하나님은 그 곳에 좌정(座定)하셨다.

3. 분 해

1) 서론(출1:1-7)

"그리고"란 서언(緖言)은 출애굽기와 창세기의 기사를 연결시키고, 제1절의 말씀은 창세기 46장의 애굽에 들어간 기사를 전제하고 있다. 야곱의 아들들의 명단(2-5절)은 창 46:8-27에 기재된 상세한 기사를 요약한 것이다. 그러나 이름을 열거하여 놓은 순서는 오히려 창 35:23-26에 있는 것과 유사하다. 이 사실은 이 부분과 창세기와의 관계가 확실함을 성립시킴과 동시에 뒤에 나오는 기사를 이해하는 데 도움이 된다.

이 부분은 하나님의 단위로 되어 있으며 제 6 절은 어떤 비평가와 같이 J 문서에 붙여서 분리시킬 수 는 없는 것이다. 그러나 제 6 절이 창 50:26의 내용을 되풀이 하고 있다고 하더라도〔그러나 주의할 것은 그것이 부가적(附加的) 보도(報道)를 내포하고 있으며 단순한 반복으로만 결단코 볼 수 없다〕. 제 8 절을 이해하는 데 도움이 되기 때문에 결단코 생략되어서는 안 된다. 가령 제 6 절을 생략한다면 제 8 절은 거의 무의미하게 될 것이다. 이스라엘 백성이 굉장히 증가되었다는 제 7 절의 말씀은 불과 몇 사람이 애굽에 내려간 사실과 대조한 것이며, 왕들에 대한 사실(9-10절)이나 뒤에 나오는 지독한 쓰라림(11절 이하)을 이해하는데 필요한 것이다. 제 7 절은 백성이 급격(急激)히 번성하여 나간 것을 적절히 표현하려고 애쓴 것이다. 번역한다면 "그리고 이스라엘 자손들은 많이 생산되었고 충만하였으며 또한 번성하여 심히 강대하게 되고 그 땅에 가득하였다."

2) 애굽에 있어서의 이스라엘의 노예 상태(출 1:8-7:7)

제 9 절과 20절은 7절을 암시하여 제1장의 통일성을 보여 준다. 새로운 왕이 일어났으나 그는 애굽에 대한 요셉의 공적을 알아주지 아니하였으며 이스라엘

백성의 급격한 번성을 두려워하였다. 그때부터 그는 네 가지 수단으로 그들을 압박하려 하였으니, ① 감독을 임명하였다(11절). ② 위의 사실이 별로 성공적이 못 되었으므로 압박을 다시 강화해서 백성을 엄한 고역에 몰아넣었다(13,14절). ③ 조산사(助産師)들에게는 남아를 죽이라는 명령을 내렸고(15, 16절), ④ 마지막으로 전 국민에게 남아를 죽이라는 명령을 내렸다(22절). 이 채택된 조치들은 연쇄적(連鎖的)으로 점점 엄하게 발전되었으니 이 부분이 일종의 통일성을 갖고 있다는 증거로 되어진다. 또한 위의 장면을 배경으로 하지 아니하면 설명할 수 없는 제 2 장을 위하여 마련된 예비 지식도 된다.

제 2 장은 먼저 모세의 탄생과 그의 준비에 대하여 기록된 것이다. 이 기록은 모세의 나중 활동상에 대한 기사를 위하여 필요한 것이다(11절 이하). 1-10절을 한 문서로 보고 11-23절을 다른 문서로 분류하는 것은 옳지 못하다. 왜냐하면 11절은 "모세가 장성한 후에"라 되어 있고 이 구절은 그 앞의 것이 아니면 도저히 설명할 수 없기 때문이다. 제 2 장은 모세가 어떻게 하여 광야에 오게 되었는가를 기록하고 제3장에 기록될 기사에 대한 준비가 된다.

모세의 준비는 하나님께서 호렙 산에서 그에게 나타나실 사실을 이야기하는 제 3 장에 계속된다. 제 3 장은 분명히 그 이전의 역사 자체를 전제하고 있는 것이다. 6절은 창세기에 나타난 족장들의 역사에 대한 지식이 내포되어 있으며, 7절은 제 3 장과 1:11-14을 서로 관계를 지어 준다. 8절은 창 15:18의 말씀을 상기시켜 준다. 모세가 주저한 사실에도 통일성이 있다. 모세는 우선 겸손한 사람(3:11)으로 묘사되어 있으며 다시 백성이 듣지 않을 것이라든가(4:1), 말에 능치 못한 자(4:10)라는 등 불평을 하다가 마침내 가기를 거절하고 말았다(4:13).

시내 산에서 능력의 계시와 하나님의 은혜로운 이적(4:2-12)의 결과로 모세는 마침내 애굽으로 향한다. 우선 가서 백성을 납득시킨다(4:30, 31). 다음으로 모세와 아론이 바로 앞에 나타났으나 바로는 그들의 말 듣기를 거절하고 도리어 그 백성에게 고통을 더하였으니(5:6 이하) 백성의 패장들은 모세와 아론을 원망한다(5:20-23).

그때에 주께서는 언약을 갱신하사(6:3, 4은 창세기에 대한 지식을 전제하고 있음을 유의하라.) 친히 나타내시되 여호와란 이름을 가지신 능력이 많으신 언약의 하나님 곧 구속자 하나님이신 특이성을 나타내신다. 그러나 백성이 여전히 듣지 아니하므로 모세는 주께로 돌아갔다.

여기(출 6:14 이하)서부터 기사에 삽입된 것은 족보이며, 여기에는 이러한 기사가 삽입되어야 할 적절한 곳임에는 틀림없다. 모세는 바로에 대한 마지막 지시를 받았다. 그는 이제 이스라엘 지도자로서 압박자들과 정면으로 항전할 모든 준비를 갖춘 것이다. 모세와 아론의 혈통에 대하여 기록하려면 여기보다 더 적당한 곳이 도대체 어디에 있을 것인가? 그 다음으로 주의 의도를 말씀하신 마지막 기사는 7:1-8에 있으니 모세와 아론의 연령을 기록하면서 끝을 맺게 된다.

요약한다면 이 부분 전체는 놀라운 통일성을 지니고 있다고 말할 수 있다. 각 부분은 서로가 각각 다른 부분들을 적절히 이해하는 데 필요한 것이다. 창세기 역시 이 부분을 올바르게 이해하는 데 필요한 것이다. 더욱이 출애굽기의 남은 부분을 알려고 해도 이 부분에 대한 예비 지식이 없이는 이해하기가 곤란하다. 이스라엘 백성은 이 부분에서는 완전히 노예 상태에 있음을 볼 수 있다. 이 종된 처지에서 해방시켜 구원할 자는 그 어느 사람이 아니라 오직 하나님뿐이시다.

3) 애굽에서의 하나님의 놀라우신 역사(출 7:8-13:16)

이 부분이 나타내려고 하는 바는 애굽의 거짓 종교에 대한 참 하나님의 우월성을 시위(示威)하려는 것이다. 하나님을 대적한 압박자 바로는 여기에서 이스라엘의 하나님이 천지의 지배자이심을 고백하고야 만다. 이스라엘 백성 또한 같은 사실을 확신하지 않으면 안 된다. 여기서부터 출애굽과 관련되어 성경적 이적이 연출되는 최초의 위대한 시대를 이루고 있다는 것을 볼 수 있다.

이 이적은 하나님께서 장차 성취하시고야 말 애굽으로부터 백성을 구출하여 내실 그 구출 행위와 동반되어 그 사업을 완성하실 때까지 계속하여 필요한 것이다. 이적은 하나님께서 행하신 특수 계시의 직접적인 행위였으며 또한 외적 세계에서 하나님에 의하여 행하여진 것이니 자연의 통상 법칙에는 너무나 대조되며 후세의 증거 또는 표징으로써 계획된 것이었다.

다음에 나오는 이적들이 그것들이며 참된 이적으로 믿으라고 성경은 가르친다. 이 부분에 기록된 재앙들은 조직적 체계를 이루고 있으면 처음의 9가지는 세 개씩 묶음으로 구분되어 있다.

① 피(7:17-25)	④ 파리(8:20-32)	⑦ 우 박(9:13-35)
② 개구리(8:1-15)	⑤ 악질(9:1-7)	⑧ 메뚜기(10:1-20)
③ 이(8:16-19)	⑥ 독종(9:8-12)	⑨ 흑 암(10:21-27)

각 그룹의 첫째, 둘째 재앙은 바로에게 예고한 것임을 유의하여 보라. 각 그룹의 첫째 재앙은 다음과 같은 명령이(다소 틀리기는 하나) 규칙적으로 반복되

어 있으니 곧 "여호와께서 모세에게 이르시되 아침에 일찍 일어나 바로 앞에 서고 그에게 이르기를 히브리 사람의 하나님 여호와께서 말씀하기를 나의 백성을 해방시켜 나를 섬기게 하라."(7:16; 8:20; 9:13 비교).

각 그룹의 둘째 것은 다음과 같은 말씀 곧 "여호와께서 모세에게 이르시되 바로에게 가서 그에게 말할 것은 여호와께서 말씀하시기를 내 백성을 보내어 나를 섬기게 하라 하셨다 하라."(8:1; 9:1; 10:1에는 명령의 첫 말씀만 기록되어 있다).

각 그룹의 첫째 것은 아침에 강변에서 선포되었으며 둘째 것은 왕궁에서 선포되었으나 셋째 것은 아무런 예고 없이 실행되었다(8:16; 9:8; 10:21비교).

이상의 분류는 이 부분의 통일성을 보여 주고 있다. 3 그룹이 세 차례에 걸쳐 열 번째의 절정을 나타낸 것이다. 재앙들 중에는 점차로 엄하고 그 강렬한 도가 증가된 것을 보여 주며 최후의 세 가지는 유의하여 보면 생명의 양식을 앗아간 것을 알 수 있다. 처음의 3 가지는 애굽에 있는 마술사들도 모세와 더불어 겨루었다. 그들은 처음 두 가지를 흉내 내었으며 바로는 두 번째 재앙에서 구원하여 달라고 애원하였던 것이었다. 세 번째에서 마술사들은 하나님의 손이 임재하심을 알 수 있었으니 곧 "이것은 하나님의 손가락이다(권능이니이다.)"(8:19)라는 말씀에서 그 사실을 알 수 있다. 그때부터 마술사들은 겨루기를 포기하였다.

제 2 그룹에 있어서는 이스라엘 사람들과 애굽 사람들 간의 구별이 진술되어 있다(8:23). 제 1 그룹은 전 지역에 미쳤으나 넷째 번부터는 애굽 사람들에게만 미쳤으며 여섯째, 여덟째 재앙은 이스라엘을 보호하신 사실에 대하여 언급되어 있다.

둘째(개구리), 넷째(파리)와 제 3 그룹 전체에 있어서 바로는 모세와 아론에게 사람을 급히 보내어 그들이 행하는 모든 행위를 조정하여 보려고 시도하였다. 또한 그에게는 절박감에서 오는 어쩔 수 없는 당황한 느낌도 자꾸만 증가되었음을 볼 수 있으니 아래의 말씀들은 그러한 사실을 여실히 보여 준다.

a) "여호와께 구하여 개구리를 나와 내 백성에게서 떠나게 하라 내가 이 백성을 보내리니"(8:8).
b) (파리 재앙 때에) "너희는 가서 이 땅에서 너희 하나님께 희생을 드리라." "내가 너희를 보내리니"(8:25, 28).
c) (우박 재앙 때에) "내가 득범죄하였노라" "여호와께 구하여"(9:27, 28).
d) (메뚜기 재앙 때에) "내가 … 득죄하였으니" "용서하고" "구하여"(10:16, 17).
e) (흑암 재앙 때에) "너희는 가서 여호와를 섬기되"(10:24).

제일 처음엔 아론의 막대기를 사용하였다. 둘째 번에서는 막대기에 관한 말은 없다. 셋째 번에는 모세의 손과 지팡이가 나타났다.

이 부분의 통일성과 조화 있는 양태는 분명히 어떤 편찬자가 전에 있던 각종 문서로부터 이 부분을 편찬한 것으로 생각하게 하기는커녕 오히려 한 사람의 저자가 이 부분을 저작한 작품임을 보여 준다. 아홉 가지의 재앙은 히브리 사람들이 섬기는 하나님의 위대성을 증거하는 데 충분하거니와 또한 마지막 재앙에 대한 예고로도 충분한 것이다. 10이라는 숫자는 완전성을 보여 주는 수이다. 다시 말하면 이 10 가지 재앙들을 통하여 하나님께서는 친히 그 위대성을 잘 나타내셨으며 그 결과 애굽 사람들은 더 변명할 여지조차 없게 된 것이다.

유월절(逾越節)

유월절의 기사(12장)는 역사적으로뿐만 아니라 문학적으로도 획기적인 단원임을 볼 수 있다. 첫 말(12:1)부터 이것은 역사적인 사건임을 보여 주고 있다. "애굽 땅에서"란 말은 유월절의 처음 행사가 특수한 의의를 가졌다는 것을 지적해 내는 데 중요한 말이다. 그 의식은 개인의 가정에서 행하여졌으며 그러한 방법으로 지킨 것은 그때까지는 중앙 성소(中央聖所)나 제사장 제도가 없었다는 것을 분명히 증거하고 있다. 동시에 서론의 말씀들은 하나님께서 그의 율법을 계시하신 장소를 지적하실 때에 습관적으로 사용된 오경 전체에 나타난 구절들과 잘 어울린다(레 7:38; 25:1; 24:46; 27:34 민 35:1; 36:13 비교). 3대 절기 중 유월절만 애굽에서 제정되었다고 한다. 실제적인 문제로서 유월절이 애굽에서 제정되지 아니하였다면 이렇게 되어진 이유는 도대체 무엇일까? "애굽 땅에서"란 말은 사실상 진정성(眞正性)을 보여 준다. 더군다나 절기에 관련된다는 율법들이 뒤에 된 것인데도 유월절과 누룩 없는 떡을 애굽과 관련시키는 것이다〔출 23:15; 34:18(이 두 부분은 다 모세의 손으로 말미암아 기록되었다는 데 주의) 출 24:4와 34:27; 민 9:1이하 ; 신 16:1-8 비교〕.

그러므로 출 12장을 출애굽 이후의 대작으로 단순히 이스라엘 백성들이 오랫동안 지켜 내려온 절기의 기원을 설명하고 있는 작품을 간주하려는 견해는 당연코 배제되어야만 한다. 다시 말하면 유월절이 출애굽기란 상상적 사건의 이야기를 산출했다는 것은 옳지 못하다.

4) 애굽에서의 탈출(출 13:17-18:27)

이 부분은 출발한 사건에 대한 내용을 진술함과 동시에 백성이 홍해 연안의 광야를 통과한 이유에 대하여 개괄적으로 진술하면서 내용을 전개시켜 나아간다(13:17-19). 그 다음에는 여행의 최초 행로(行路)를 기록하고 있으며(20절), 하나님의 인도하심이 계속하여 진술되고 있다(21-22절). 이 부분 전체는 간결한 단원으로 되어 있다. 14:1-14에는 모세에 대하여 주께서 명령하신 사실에 진술되어 있으며, 애굽을 떠남과 동시에 뒤따를 행로에 대하여 상세하게 설명하고 있다. 그러므로 13:17-19과 모순되는 것은 전연 없다. 14:5-9에는 백성이 떠났다는 것을 바로가 알게 되자 그 반응이 어떠했다는 것을 기록해 두었으며 그 반응은 제3 절에 나타난 바, 하나님께서 말씀하신 것과 일치한다.

홍해 횡단

이 기사 또한 치밀한 짜임새를 이룬 가운데도 통일성을 가지고 있는 하나의 역사이다. 모세는 우선 여호와께서 구원하실 것을 선포하였으며(14:13,14), 그 다음에는 하나님의 명령이 모세에게 내려지는 것이다(16-18절). 그리고 모세는 하나님의 명령을 순종함과 동시에 이스라엘 백성은 안전하게 홍해를 횡단한다. 그러나 애굽인들은 물에 수장을 당하였다. 애굽인들의 송장이 떠오르자 이 장관에 경탄한 이스라엘 백성들은 여호와 하나님께서 자기들의 주가 되심을 확신하였다(31절).

갈대의 바다(얌 쑤프 : יַם סוּף = 홍해)는 오늘날 칸타라(Qantrarah)(Albright, *BASOR*, No. 109, p.16) 근방에 위치한 것 같다. 이 구출은 초자연적인 것으로 여겨야 하며 또한 이 사건을 이적으로 믿어야 한다. 출애굽기에 나타난 사건을 단순히 자연적 현상에 기초하여 설명하려고 꾀한다면 이미 실패한 것과 같다. 하나님께서는 여기에 특별한 이적적인 방법으로 간섭하신 것이다.

모세의 노래(15장)는 이적적 사건임을 강조하고 있으며(8,10절), 제14장에 있는 산문 기사를 확증하고 있다. 13-17절은 백성이 가나안에 들어가 있는 것을(Driver, Bentzen) 전제하기보다는 오히려 그 땅에 들어갈 것을 내다보면서 미리 노래한 것이 분명하다. 17절은 특별히 예루살렘에서의 일을 말하는 것을 예상하고 말한 것뿐이다. 15:1-19은 후대의 시편 기자가 기록하였다고 볼 만한 증거는 없는 것이다(*IOT*, p. 274). 이것은 미리암이 지은 짧은 노래로서 파이퍼(Pfeiffer)도 역시 그 고대성을 인정하고 있듯이 모세로 말미암아 그의 노래의 뒤에 삽입된 것이다. 미리암은 여선지자였으며 그가 여자들을 지도하였을 것이라는 것은 가장 타당한 말이다. 이 노래의 신빙성을 부인할 만한 증거는 없다.

시내(Sinai) 광야의 여정

시내 광야의 예정에 관한 기사(記事)는 솔직하고 단순하게 되어 있다. 필자가 다른 곳에서 말한 대로 광야에서 일어난 이적을 맛을 보지 못한 자가 출애굽기에 기록한 기사의 역사를 비웃는다면 그쯤은 이해할 수 있다. 그러나 이 지방을 다녀 본 자는 이 기사가 실제성을 지니고 있음을 알 수 있다. 이 기사는 광야를 경험해 보지 못한 어떤 사람이 기록하였다고 생각하기는 거의 불가능하다(*PRG*, April 10, 1944, p.110). 이 부분이 모세의 손으로 기록되었을 리가 없다는 그러한 가설을 뒷받침하여 줄 만한 객관적인 증거를 이곳에서는 찾을 수가 없다.

5) 시내산 언약(출 19:1-24:18)

이스라엘 백성이 시내 산에 도착한 것은 애굽을 출발한 지가 3 개월이었다. 백성이 그 산 밑에서 짐을 풀고 장막을 쳤을 때는 이미 하나님께서 모세를 불러 올리시고 언약의 체결을 위하여 준비하는 단계에 필요한 제반 지시를 그에게 보이셨다. 하나님께서는 이스라엘을 특수한 국가로 수립하심이 자기의 목적이심을 먼저 모세에게 일러 주셨다 (4-9절). 그리고 다시 백성으로 하여금 계시를 위하여 준비하도록 명령하셨다 (10-15절). 카일(Keil)은 "약속은 요구에 앞선다. 그 이유는 하나님의 은혜는 늘 사람의 필요를 예상하시기 때문에 주시기 전에는 요구하시지 아니하신다."라고 하였다. 백성의 준비는 a) 성별할 것(15절), b) 그들의 주위에 경계를 둘 것(12절)이었다.

모세는 하나님의 말씀을 순종하였으며 제3 일 아침에는 주께서 산 위에 강림하셨다(20절). 산 위에 자욱한 연기와 진동을 배경으로 하고 백성에게 내려가서 여호와의 지시 사항을 고하였다(25절). 그 놀라운 광경이야말로 하나님의 거룩하신 율법 선포의 배경으로서 족하였다.

십계명(20:1-17)

십계명은 다소 변경된 채로 신명기 5:6-21에서 되풀이되고 있다. 여러 비평가들은 출애굽기에 나오는 십계명은 문서에 속한다는 것이다. 그러나 더러는 그것이 본래의 부분이 아니고 후대에 삽입한 것이라고 주장하는 자들도 있다. 곧 신명기의 십계명보다 늦을 뿐 아니라 신명기의 문체를 따라 작성되었다고 하며 또 거기에는 신명기적 언어, 문체와 관용구 등을 포함하고 있으니 모세의 저작으로 여길 수 없다는 것이다.

그러나 이 비평적인 태도는 잘못이다. 출 20장은 신명기의 그것보다 먼저 된 것이며, 좌우간 모세의 저작으로 볼 수 없을 이유가 없을 것이다. 신명기의 십계명은 모세가 백성들 앞에서 자유롭게 원래의 십계명을 다시 설명한 것들 중에 들어 있다고 예기(豫期)할 수 있는 그대로이다.

① **예를 들면, 신명기에는 5:12, 15, 16 등에 참조한 말씀이 있으니** "여호와 너희 하나님이 네게 명령한 대로"란 말씀이다. 만일 신명기가 원문(原文)이라면 이 말씀은 무의미한 것이 될 것이다.

② **신명기에는 예를 들면, 14절과 같이 "네 소나 네 나귀나 네 모든 육축이나"** 와 같은 수사적 확충을 포함하고 있다(역시 21절의 "그의 밭이나", 16절의 "복을 누리리라.", 18절의 "간음하지 말라." 등을 참조).

③ **신명기의 십계명에는 예측할 수 있는 신명기적 특징이 내포되어 있다.** 예를 들면, 14절에는 압박하는 자에 대하여 생각하고, 15절은 애굽에서 구출된 동기에 대하여, 21절은 아내가 집보다 먼저 나와 있으니, 여기에서 알 수 있는 대로 보편적인 것보다 앞에 취급하여 가능한 대로 권고형(勸告形)으로 아내의 가치가 아주 귀함을 강조하려 하였다(잠 12:4; 31:10 비교).

출애굽기 20장과 신명기 5장의 저작 관계

신명기 5장은 출애굽기 20장 원문으로부터 유래된 것일 뿐 아니라 신명기 5장 역시 모세의 저작으로 보아야 하는 것이다.

① **신명기적 특징이 나타난다고 해서 "십계명이 모세의 것임이 제외되는 것은** 아니다."(Pfeiffer). 이 주장이 성립되는 것은 단지 신명기의 어느 부분도 모세의 것이 아니라고 증거되는 경우에만 가능하다. 그러나 그렇게 될 수는 없다. 왜냐하면 신명기가 본질적으로 모세의 것이고 출애굽기 20장 역시 모세의 것이라면 동일한 특징이 양자 간에 나타난다는 것은 얼마든지 있을 수 있는 일인 것이다.

② **이사야 시대 이전에는 우상에 대하여 반대한 흔적은 없다.** 그러므로 제1계명이 모세로부터 올 수는 없다고 한다. 파이퍼(Pfeiffer)는 이 주장을 그의 논문("The Polemic Against Idolatry in the Old Testament," in *JBL*, Vol.43, pp. 229-240)에서 제시되었다. 그러나 이 견해는 이스라엘 역사의 진화론적 개념이란 잘못된 토대 위에 기초한 것이다(신 8:11, 17, 19 비교).

③ **한 걸음 더 나아가서 안식일을 지키는 일은** 광야의 유목민 사이에서는 도저히 있을 수 없는 일이라 하며 또한 안식일은 가나안적 제도라 말한다. 그러나 안식일의 기원은 하나님의 행동에서 찾아볼 수 있는 것이다(창 2:2, 3; 출 16:

23-29 참조). 여기서도 광야에서 안식일을 지켰던 것이 보인다. 또한 호 2:11도 안식일은 가나안적 제도였다는 주장을 지지하지 않는다.

언약의 책

이 짧은 부분(20:22-23:33)은 그 기원이 모세로부터 된 것으로(20:22; 21:1 참조) 이스라엘의 일반 예배 양식에 관한 말씀이다. 민사 문제, 의식적 문제에 있어서 이스라엘의 권리뿐만 아니라 마지막으로는 하나님의 자기 백성에 대한 주의 사항과 태도 등을 진술하였다.

① 이스라엘의 일반 예배 양식(20:22-26) : 이스라엘 사람들은 하나님께서 자신을 계시하신 그곳에 토단(土壇) 또는 다듬지 아니한 돌로 단을 세워야만 했다. 이 단은 아무 데나 이스라엘이 택하는 곳에 세우는 것이 아니라 오직 하나님께서 계시하신 그곳에만 세운 것이다.

② 민법 제정(21:1-23:13) : 이 부분은 재판(mishpatim) 곧 정치적 질서를 보증하고 민족 국가를 형성하는 권리 등으로 구성되어 있다. 이 법들의 대부분은 다음과 같은 형식 위에 기초하고 있다. 그것은 조건문〔만일…(키 : כִּי /함무라비 법전의 Shumma와 같음)과 미완료형〕 귀결문(미완료 시상) 등이다. 조건문은 만일(אִם : 임)이란 말로 시작하여 특별한 설명적 조건절(條件節)에 의하여 전개된 것이 더러 있다.

사실에 있어서 이 율법 형식은 다른 고대 법전들과 유사한 것도 있다. 그럼에도 불구하고 이 특수한 율법은 이스라엘을 위하여 특별히 사용하시려고 하나님의 영감으로 말미암아 모세의 손으로 기록된 것들이다. 단지 광야에서 지켜야 할 것만을 계획하신 것은 아니고 분명히 이스라엘이 가나안 땅에 거하게 될 그때를 예상하고 한 것이다(20:22; 21:1; 23:9,15, 20-23, 27-33 참조). 곧 그들의 농경적(農耕的) 배경의 설명이다.

이 부분에서 취급하는 법규는 다음과 같다.

a) 21:1-11 ▸노예법 : 노예의 권리
b) 12-17절 ▸사형에 처할 죄들 : 살인 · 부모 폭행 · 유괴 · 부모 저주
c) 18-32절 ▸육체적 상해법
d) 21:33-22:17 ▸재산 배상법
e) 22:18-31 ▸기타 법규

이 율법들에 있어서 서언(序言)인 "만일(כִּי)"이 종종 생략되어 있으나 이 율법들은 여호와의 거룩한 백성으로 택함을 받는 근거로 이스라엘에 요구한 것인 만큼 자연적 권리의 영역을 넘어 사물의 자연적 질서의 모든 역전(逆轉)을 금지할 뿐 아니라 여호와의 권고 밖에 있는 약자나 빈자에 대한 사랑의 표시를 요구하고 있는 한에서와(Keil) 권리의 보호(23:1-13)에도 그러하다.

③ **의식적 율법(23:14-19) - 연중 3대 절기**: 무교절(15절), 맥추절과 수장절(16절)이 있다.

④ **하나님의 자기 백성에 대한 약속과 명령**(23:20-33): 하나님께서는 이것들을 통해 자신의 태도를 나타내며 언약의 비준(批准)은 24:1-18에서 말하여 준다.

6) 성소와 제사장 제도(출 25:1-31:18)

이 부분은 언약의 책의 계속이다. 언약의 외적 표시가 되도록 하시기 위하여 여호와께서 친히 거하실 장막을 세우라고 명령하셨다. 성막의 형태와 그 장치에 대하여 하나님께서 산에서 모세에게 계시하셨다. **이 부분은 다음과 같이 분해**할 수 있다.

서론 : 여기에 성소를 위한 예물을 가져오라고 명령하신 것이 있으며(25:1-9),
성소 안의 여호와의 보좌인 법궤에 대한 기사(10-22절),
진설병의 상과 순금 촛대(23-40),
성막 건립 방법(26장),
번제단과 바깥마당(27:1-10),
촛대(20, 21절)
제사장 제도와 성별식(聖別式)(28장, 29장),
향단(香壇)과 그 사용법(30:1-10),
의식에 관한 여러 가지 법 등이며 모세는 율법의 두 돌판을 받게 된다 (30:11-31:18).

7) 언약의 파기와 갱신(출 32:1-35:3)

이 부분의 통일성은 더욱 명백한데도 비평가들은 이 부분을 부인하려고 갖은 애를 쓰고 있다.

(1) 드라이버(Driver)의 견해

그는 말하기를 32:34-33:6은 이중 기사의 흔적을 내포하고 있다고 하니 그렇게 말함은 잘못이다. 곧 33:3b-4은 5, 6절에서 다시 되풀이되어 있다는 것이다. 이렇게 말함은 이 구절이 강조하고 있는 것을 잘못 오해하였을 뿐이다. 백성은 주께서 그들 가운데 행하시지 않겠다는 말씀을 들었을 때 그들은 주를 노엽게 한 것을 깨달아 슬퍼하였으며 슬퍼하는 표시로 그 몸을 단장하지 않은 것이다(Lo'shathu). 이렇게 시작된 회개가 마음에 영구한 변화를 일으키도록 하시기 위하여 주께서는 자신의 뜻을 다시 되풀이하여 말씀하셨으며 백성에 대한 (33:5 ▸여호와께서 말씀하시기를 : 와요메르 : וַיֹּאמֶר) 새로운 명령을 분부하셨으니 "너희는 단장품을 네 몸에서 제하라(호레드 : הוֹרֵד) 그리하면 내가 너희에게 어떻게 할 일을 알겠노라."(정하겠노라 : 개정판)라고 말씀하셨다.

(2) 단장품 제거 분부

출 33:7-11을 회막 건설 기사에 계속되는 것으로 억측하거나, 4-6절의 단장품이 성막 사용을 위하여 제공되었다고 주장할 필요는 없다. 단장품을 제거하라고 분부하신 것일 뿐이다. 더욱이 31절에 나타난 시상(반복을 표시함)은 단순히 임시로 설정된 성소 시대를 통하여 습관적 행위를 기술한 것에 불과하다. 이 임시로 설정된 성소(오헬 모에드 : אֹהֶל מוֹעֵד = 집회의 장막)의 명칭은 27:21; 28:43 등에 기록된 바와 같이 이미 장래의 성소에 관하여 지시된 것들 중에서 그 명칭을 취한 것이다. 이러한 사실은 장래의 성소에서 주께서 자기 백성 가운데 거하심을 항구적으로 구체화시키는 것을 발견할 수 있다는 사상이 일시적으로 표명된 것이다. 백성의 죄가 심히 컸으나 주께서 그들을 버리지 않으셨다. 그러면서도 이 임시 성소는 진 밖에 있었으니 이는 주께서 죄 많은 백성 가운데 거하심을 싫어하신 까닭이다.

(3) 여호와께서 율법을 돌판에 친히 쓰셨다는 것과 모세가 썼다는 문제

34:1에서는 여호와께서 손수 율법을 돌판에 쓰겠다고 말씀하시고, 34:28에도 역시 여호와께서 친히 기록하셨다고 되어 있다. 드라이버(Driver)의 말에 의하면 이러한 사실은 34:1-28이 지니고 있는 "커다란 난제"라고 하였다. 그러나 28절은 모세가 썼다고 하지 않고 여호와께서 십계를 그 판들에 기록하셨다고 했다. 27절에, 여호와께서 모세에게 "이 말들"을 기록하라고 하신 것은 십계가 아니라 그 앞의 11-26절의 말씀들을 가리킨다. 그러므로 여기에는 조금도 모순이 없다.

이 부분을 비평하는 그러한 예리한 분석에 대하여 반박할 수 있는 유일한 방법은 본문을 주의 깊게 연구하되 본문 자체로 하여금 사실을 말하게 하는 것밖에 없다. 그렇게 하고 난 뒤에야 이 부분의 명확한 통일성과 조화 있는 짜임새는 분명하여질 것이다. 드라이버(Driver)까지도 32-34장은 "작성의 평범한 특징은 잘 보여 주고 있으나 확신을 가지고 다른 저자들에게 모든 상세한 것까지 배경을 제시하는 데 필요한 표준은 제공하지 못한다."(*LOT*, 8, p. 39)라고 고백하고 있다. 이렇게 고백하는 이유는 이 부분이 결국 하나의 통일된 것이요 한 저자의 산물이라고 하지 아니할 수 없기 때문이다.

8) 성막에 대한 준비와 건립(출 35:4-40:38)

이 부분은 거의 대부분이 축자적으로 25-31장을 되풀이한 것이다. 단지 미래형 대신 과거형이 사용된 것이 유일한 차이일 뿐이다. 예를 들면 26:31에 나타난 "너는 청색 자색 홍색실과 가늘게 꼰 베실로 짜서 장을 만들고 그 위에 그룹들을 공교히 수놓아서"라는 말이 36:36에서는 "청색 자색 홍색 실과 가늘게 꼰 베실로 수놓아 짜서 성막 문을 위하여 장을 만들고"라고 되어 있다.

모세가 25-31장에서 받은 교훈을 정확하게 다시금 그 문체를 되풀이함은 독자로 하여금 이 지시가 세밀하게 지켜졌다는 느낌을 준다(*FB*, p.61 참조). 생략한 것 중 중요한 것은 우림과 둠밈(28:30), 제사장의 성별(29:1-37), 등(燈)의 기름(27:20 이하), 그리고 매일의 번제(燔祭)(29:38-42) 등이다. 그러나 이렇게 생략한 원인은 이 문제들을 뒤에 또다시 논하기 때문이다. 곧 우림(레 8:8); 기름(레 24:2); 매일의 화제(민 28:3) 제사장(레 8장) 등에서 다시 논하기 때문이다.

성막을 완성한 것은 은혜 계약의 영원성에 대한 표면적인 서약이다. 구원의 하나님(주)께서는 그의 거처를 자기 백성 중에 정하신 것이다. 그러나 그곳은 백성 가운데서도 대제사장만이 들어갈 수 있었다. 지성소를 가린 휘장에 의하여 하나님께서 임재하시는 곳에 직접 접근할 수 없었으며 대제사장도 역시 속죄의 일 외에는 출입이 제한되어 있었다. 시내 산의 율법을 준수하려고 애씀으로써 백성들은 중보 곧 모세의 선지직과 아론의 제사직을 겸비한 중보의 역할이 얼마나 필요한가를 배우게 된 것이다. 이와 같이 성막을 설비한 것은 표상적인 것이며 세상의 죄를 도말하실 유일의 희생 제물을 위한 준비에 불과한 것이었다.

❒ 출애굽기가 모세 이후의 시대에 기록된 것이라는 부분 ❒

① **출 6:26, 27의 "이 아론과 모세요"란 표현은** 오직 과거에 생존한 사람들에 대하여 쓸 때만 사용되는 언사라 한다. 그러나 이 말은 계보의 도중에 나타는 말이며, 이 말은 하나님께서 말씀하신 모세와 아론의 계보라고 말할 정도의 의미를 가진 점에 주의하여야 한다. 이와 같이 26절이 14절과 비교되면 27절이 13절

과 비교된 때와 동일한 의미를 가지는 것이다. 동일한 말이 27절의 끝에도 계속하여 되풀이됨은 계보가 종결되었다는 것과 역사가 다시 전개되리라는 사실을 분명히 명시하기 위함이다. 즉, 이 구절 끝에 기록된 과도적 역할을 담당하고 있는 것이다. 처음에는 계보적 관심이 강함으로 아론이 형의 입장에서 먼저 쓰여 있으나 끝에 가서는 계보적 관심에서 제외되고 오히려 모세가 중요한 인물로서 수위를 차지하게 되었다. 여기 27절 끝에 나타나는 이 구절은 13절에 나타나는 바와 같이 모세가 처음이 되어 있으니 저자는 계보로부터 역사로 옮기는 곳이다 (Hengstenberg, *DGP*, II, p.168).

② 출 16:33-35 가운데 34절의 "증거판 앞에"란 말이 문제가 된다. '율법이 실제적으로 주어지기 전에 모세로 말미암아 기록되었다는 율법의 두 돌판을 어떻게 취급할 수 있었을까?'라고 물을 것이다. 그러나 이것은 만나에 관한 중요한 구절인데 어째서 모세가 후에 쓰고도 여기에 삽입할 수 없겠느냐? 35절 역시 모세 이후에 기록되었다고 한다. 그러나 이 절은 다만 이스라엘이 거주할 수 있는 땅에 도착할 때까지 만나를 먹은 사실만을 기록한 것뿐이다. 만나를 먹은 시간에 관하여서나 그들이 거주할 수 있는 땅에 들어간 후의 습관에 관하여는 전혀 말하지 않는다. 그러므로 모세가 모압 평지에서 오경을 익히면서 이 절을 여기에 삽입하였을 가능성이 충분하다.

③ 출 16:36에 한 호멜에 대한 설명이 나와 있는 것은 저자가 살던 시대에는 호멜에 대한 가치를 전혀 모르던 시대였기 때문이다. 그러나 호멜이란 말은 이 장에만 쓰여져 있고(16, 18, 22, 23절) 성경의 다른 데는 아무 데도 사용되어 있지 않다. 어쨌던 호멜은 도량 단위가 아니라 작은 잔(cup)이었다. 그리고 모세가 만나를 모으는 데 사용된 이 잔의 크기에 대하여 언급한 것은 확실히 있을 수 있는 일이다.

특별한 참고 서적

Franklin E. Hoskins : *From the Nile to Nebo*, Philadelphia, 1912.

Ditlef Nielsen : *The Site of the Biblical Mount Sinai*, Leipzig, 1928.

Edward Robinson : *Biblical Researches in Palestine, Mount Stnai And Arabia Petraea*, Boston, Vol, I, 1841. Vol. II. 1856. 관련 부분은 Vol. I, pp. 49-254.

Ludwig D. Schneller : *Durch die Wueste zum Sinai*, Leipzig, 1910.

Arthur Penrhyn Stanley : *Sinai And Palestine*, New York, 1857(Sinai 관련 부분 ▸

pp. 1-108).
Albrecht Alt : *Die Urspruenge des israelitischen Rechts*, Leipzig, 1934.
Alfred Jepsen : *Untersuchungen zum Bundesbuch, Stuttgart*, 1927.
James A. Kelso, "The Code of Hammurabi And The Book of The Covenant." *PTR*, Vol. 3. pp. 399-412.
Abram Menes : *Die Vorexilischen Gesetze Israels*, Giessen. 1928.
Julian Morgenstern : "The Book of the Covenant," in *HUCA*, V. pp. 1-151, VII, pp. 19-258, VIII - IX, pp. 1-150.
J. W. Rothstein : *Moses und das Gesetz*, Berlin. 1911.

출애굽기에 관한 특별한 참고 서적

Andreas Eberharter : *Der Dekalog*, Muenster i.W., 1929.
Wilhelm Engelkemper : *Heiligtum und Opferstatten in den Gesetzen des pentaeuch,* Paderborn, 1908.
Hugo Gressmann : *Mose und seise Zeit,* Gottingen, 1913.
B. Jacob : *The Decalogue,* Philadelphia, 1923.
Melvin Grove Kyle : *Mose and the Monuments,* Oberlin, 1920.
A. Lucas : *The Route of the Exodus of the Israelites from Egypt*, London, 1938.
Sigmund Mowinckel : *Le Decalogue Paris*, 1927.
Martin Noth : *Die Gesetze im Pentateuch*, Halle, 1940.
W. M. Flinders Petrie : *Egypt and Israel, London*, 1911.
E. C. Richardson : "*The Documents of the Exodus, Contemporary, Original and Written*," in *PTR*, Vol. 10, pp.581-605.
A. Sanda : *Mose und der Pentateuch*, Munster i.W., 1924.
Ernst Sellin : *Mose und seine Bedeutung fuer die israelitisch-juedische Religionsgeschichte*, Leipzig, 1922.
Olaf A. Toffteen : *The Historic Exodus*, Chicago. 1909.
David Volter : *Aegypten und die Bibel*, Leiden, 1909.
Mose und die aegyptische Mythologie, Leiden, 1912.
Paul Volz : *Mose und sein werk*, Tuebingen, 1932.
Harold M. Wiener, *The Altars of the Old Testament*, Leipzig, 1927.
R. D. Wilson : "Critical Note on Exodus 6:3," in *PTR*, Vol. 22. pp. 108-119.

제 4 장

레위기(LEVI記)

1. 명 칭

모세가 기록한 오경의 제 3 권은 "와이크라(וַיִּקְרָא =그리고 그가 부르셨다)"란 말로 시작한다. 이 때문에 유대인들은 제 3 권을 "와이크라"라고 부른다. 탈무드(Talmud) 시대에는 "제사장들의 율법(토라 코하님 : תוֹרַת כֹּהֲנִים)"이라 불렀다. 『70인역』에서는 "레위티콘(λευιτικον)"이란 표제를 사용하고 있다. 이것은 생략된 책(βιβλιον)이란 말을 수식하는 형용사이다." 벌게이트역은 단순히 Leviticus라 부르고 있다.

2. 목 적

본서는 조직된 하나님의 백성을 종교적으로, 사회적으로 통치하는 데 필요한 율법들을 포함하고 있다. 시내 산에서 이스라엘은 정식으로 신정(神政) 국가로 조직된 것이다. 그 후 하나님께서는 자기 백성들 가운데 자리를 잡으셨다. 백성은 약속 받은 땅으로 여정을 계속하기 전에 그들은 성막에서 하나님을 경배하는 일에 지침(指針)이 될 율법을 알아 두어야만 했다. 이런 율법들은 신명기에도 포함되어 있다. 그러므로 레위기는 그 자체로서 한 단원을 이룰 뿐 아니라 또한 적당한 위치에 자리 잡고 있으며 정당하게 이해하기 위하여 출애굽기의 기사를 전제하고 있음은 분명한 사실이다.

3. 분 해

본서에서는 계획과 사상의 통일이 깊이 자리 잡고 있으며 이 통일은 이중 방법으로 표현되어 있다. 첫째로 본서가 취급하고 있는 것은 사람을 하나님으로부터 분리시키는 악조건인 불결을 제거하는 것과, 둘째로는 사람과 하나님 사이에 상실된 교제를 회복시키는 일이다.

A. 사람을 하나님으로부터 분리시키는 불결의 제거(1장-16장)

1) 희생의 율법(레 1:1-7:38)

하나님의 거소(居所)인 성막에서 하나님께서는 출 25:22에 약속하신 바와 같이 죄악된 백성의 불결을 제거하실 수 있을 뿐만 아니라 그들의 겸손한 믿음으로 하나님께 접근할 수 있는 희생에 관하여 하나님의 성의(聖意)를 성막에서 계시하시면서 모세에게 말씀하셨다.

제 1 장 번제(燔祭) : 제물에 대한 일반적 용어는 고르반(코르반 : קָרְבָּן)이니 여러 유형의 예물에 적용된다. 이 말은 주의 곁에 가까이 가져와 바쳤다는 뜻이다(막 7:11 참조).

제 2 장 소제(素祭 : 민하 = מִנְחָה) : 4-16절에는 신명기와 같이 부드럽고 개인화한 2인칭 단수가 있음을 주의하라. 이것은 본 장이 여러 가지 다른 자료에서 결합한 것으로 보이게 하는 것은 아니다.

제 3 장 화목제(和睦祭 : 제바흐 쉘라밈 = זֶבַח שְׁלָמִים)

제 4 장 1절-5장 13절 : 속죄제(贖罪祭 : 하타트 = חַטָּאת)

제 5 장 14절-26절은 속건제(贖愆祭 : 아삼 = אָשָׁם)

제 6 장 8절-13절은 번제에 관한 것이며, 14-23절 소제에 관한 것이고 24-30절은 속죄제에 관한 것이다.

제 7 장 각종 희생에 관한 기사 : 4장의 속죄제에 관한 상세한 기사는(출29:12; 레 8:15; 9:9, 15 비교) 희생 제도가 발전하여 진보된 단계에 있음을 보여 주는 것은 아니다. 오히려 이 4장에서는 여러 계급의 사람들에 의하여 지켜진 속죄제에 대한 특수한 율법들이 포함되어 있기 때문에 그 목적은 율법을 충분히 나타내려는 것이다.

주의할 것은 1장-5장의 율법은 이스라엘 모든 사람들에게, 6장, 7장의 율법은 아론과 그의 아들들에게 베푸신 것이다. 뒤의 이 두 장(6장 7장)의 율법 역시 어떤 점에서 1장-5장의 것과는 다소 다른 견해를 보여준다. 그러나 이것이 여러 사람의 저자로 말미암은 것임을 의미하지는 않는다. 이 두 부분에 있어서 알 수 있는 것은 두 부분이 모두 같은 종류의 희생에 대하여 말하고 있음과 또한 한 부분은 다른 부분에 분명히 서로 관련을 맺고 있음을 볼 수 있다(6:17과 4장; 3:5과 6:22을 비교. 6:30은 4:22-27에 비추어 이해하여야 한다).

2) 제사장의 성별(레 8:1-10:20)

출 29:1-36; 40:12-15의 가르치는 바에 의하면 모세는 우선 아론과 그의 아들들에게 기름을 붓는다.

① 8:1-5 ▸주의 명령, 기름 준비
② 8:6-13 ▸제사장의 씻음, 옷 입음과 기름 부음
③ 8:14-32 ▸성별과 관련된 희생의 의식
④ 9:1-7 ▸모세는 아론에게 제사장직에 대해서 지시함
⑤ 9:8-21 ▸아론과 그의 아들들이 제사장직을 수행함
⑥ 9:22-24 ▸모세와 아론이 그의 백성을 축복하니 주의 영광이 나타남
⑦ 10:1-3 ▸나답과 아비후를 삼킨 불
⑧ 10:4-7 ▸나답과 아비후는 진 밖으로 끌려 나감
⑨ 10:8-11 ▸성막 안에서의 금주령을 제사장에게 명하심
⑩ 10:12-20 ▸거룩한 것을 먹는 일에 대하여

9:11, 15과 10:16-20에 나타난 관습 사이에는 아무런 충돌이 없으며, 드라이버(Driver)가 말하는 대로 10:16-20은 9:15b을 수정(修正)한 것이란 말은 잘못이다. 율법에 의하면(4:1-21 참조) 피가 회막 안으로 운반되어 향단에 적용된 속죄제의 고기만 불사르게 되어 있었다. 그러나 9:8 이하에는 특별한 경우 곧 제사장의 취임식에 대하여 말한다. 그 목적은 아론의 어떤 특수한 죄를 위하여 속죄하려는 것이 아니라 오히려 그의 제사직을 행하는 데 있어서 합당치 못하게 하는 죄는 무엇이든지 제거하려 하기 때문에 이런 경우에 피는 회막으로 취하여 들이지 않고 회중이 주와 더불어 교제하는 번제단의 뿔에만 뿌렸던 것이다.

3) 정결한 것과 부정한 것 및 그 정결(결례)법(레 11:1-15:33)

(1) 제 11장 : 정결한 짐승과 부정한 짐승들

이 장은 정결의 율법에 대한 서론격이다. 어떤 종류의 동물이 식용으로 사용될 때 사람의 마음속에 공포와 혐오의 정을 불러일으킨다면 이는 물질 창조에 죄가 침입되어 있기 때문이다.

21-23절은 본질적으로 신 14:6-20에 다시 반복되어 있다. 이 양자의 시기는

그것들보다 더 일찍부터 존재한 공통된 자료에 의하여 유래된 것이라 생각할 수도 없으며, 또한 신명기보다 더 이른 기사이며 신명기는 늦은 기사이고 또한 요약의 역할을 하고 있다. 신명기는 율법의 요점을 제공해 주며 신명기가 주장하고 있는 대로 모세로 말미암아 평범하게 요약된 책이라 할 수 있다.

(2) 12장 : 산후 여자의 정결

(3) 13-14장 ▸나병에 대한 율법 : 4종의 구분이 여기에 나타나 있다.

① 13:1-44 ▸사람의 나병
② 13:47-59 ▸의복의 나병
③ 14:1-32 ▸정결케 함
④ 14:33-35 ▸가정에서의 나병

4가지 말한 것 중에서 ② ③ ④는 각각 4가지 소재로 구분되어 있다.

(4) 15장 ▸어떤 분비(유출) 후의 정결법

※ 다음 ①의 유출은 모두 질병으로서의 유출(병)이고, 그 다음 것들은 ⑤의 혈루증 외엔 모두 자연 생리 현상의 유출(편집자 주).

① 1-15절 ▸유출병과 그 정결법
② 16-17절 ▸남자의 유출(流出) : 본 절의 유출은 남자의 몽정(夢精) 등 부지중의 설정으로 본다. 성교로 인한 설정은 그 다음 절에 별도로 언급되기 때문이다.
③ 18절 ▸성교로 인한 설정
④ 19-24절 ▸여자의 월경으로 인한 부정
⑤ 25-30절 ▸여자의 혈루증으로 인한 부정
⑥ 31-33절 ▸위의 부정들과 그 정결 규례에 대한 결론

(이상 몇 분해 사항 중 성경 본문 순서 위주로 약간 변경, 추가함 - 편집자 주)

4) 속죄일(레 16:1-34)

이 장에는 사람들이 한 해 동안 범한 죄를 총괄적으로 속죄하여 주는 데 대한 율법이 포함되어 있고(1-28절). 해마다 기념하는 축제에 대한 지시가 나와 있다(29-34절). 드라이버(Driver)는 말하기를 이 두 가지 제목은 불완전하게 결합되어 있다고 한다. 그러나 그렇다기보다는 오히려 29절은 한 제목으로부터 다른 제목으로 자연스럽게 인도하고 있다. "저희는 영원히 이 규례를 지킬지니라." 이

말씀은 분명히 이제까지 진술되어 나온 기사와 관련되어 있으며 또한 다음의 부분을 소개하고 있다. 그러므로 저자가 여럿이라고 가정하는 일은 아무 근거 없는 말이다.

B. 하나님의 백성과 행위(레 17-26장)

5) 희생의 피(17:1-16)

17-26장은 소위 그것이 지닌 어떤 특징을 따라 소위 문서의 주요 부분에서 구별된다고 여러 비평가들은 생각한다. 이 장들은 일반적으로 "성결의 법전" 또는 H(das Heiligkeitsgesetz)라고 불리는데, H란 명칭은 1877년 클로스테르만(A. Klostermann)에 의하여 처음으로 붙여진 것이다.

이 법들은 어떤 점에 있어서는 에스겔과 흡사한 것이 있기는 하나 기어코 모세의 법에 한 부분을 형성하는 데는 불가결의 것이다. 그러므로 결국 이 부분만을 따로 율법의 한 독립체로 알아서는 안 된다. 분명히 이 율법들은 성결이란 주제를 강조하고 있으며, 이 성결의 주제는 이 부분에 속한 율법들의 특징을 또한 부여하고 있다. 이 율법들 가운데도 신명기와 흡사하게 권고체가 나타나며 이것이 생활의 성결을 명령하기 위해서 쓰여진 면에 있어서는 분명히 어색한 점은 없는 것이다.

분명히 17장은 앞의 장과 서로 연결하는 고리를 이루고 있다. 여컨대 이하의 표현은 모든 면에 있어서 앞의 출애굽기와 레위기의 기사와 율법을 전제하고 있으니 곧 2절의 아론과 그 아들들, 3절의 장막을 치는 것, 4절의 회막의 입구(9절), 5절의 제사장, 6절의 제사장이 주의 제단에 피를 뿌리는 일과 지방(脂肪)을 불사름, 8절의 여행 중인 외국인, 9절의 자기 백성 중에서 끊어지는 일과 11절의 속함 등을 주의하라. 본 장을 P 문서와 일치시키기 위해서 이 구절들이 생략된다면 남은 것은 극히 작은 부분이 되기 때문이다.

주의할 것은 3,4절은 약속 받은 땅에 들어가기 전에 광야에서 지켜야 할 일시적인 율법으로 간주된다는 것이다. 그러므로 본 장은 신명기보다 이른 것으로 볼 수 있다.

6) 종교적, 윤리적 율법과 형벌(레 18:1-20:27)

(1) 18,19장은 종교적, 윤리적 율법이다

① 18:1-5 ▸서 론

"나는 여호와라."란 말은 이 부분과 전장(2, 4, 5, 6, 21, 30절 참조)을 통하여 사용되었으니 주께서 요구하시는 성결을 위하여 이 성결이 필요하므로 강조하는 뜻을 나타낸다.

② 18:6-18 ▸근친상간(近親相姦)에 대한 율법

③ 18:19-23 ▸그 외의 성적 죄에 관한 금령

④ 18:24-30 ▸여러 가지 경고

24-30절의 논점이 드라이버의 말과 같이 하지 않았다거나 또한 그 논점이 이미 실행되어진 것처럼 생각되는 것도 아니다. 오히려 이 구절은 24절의 "쫓아 버린다 (메샬레흐 : מְשַׁלֵּחַ)"란 뜻을 가진 분사에 비추어서 이해하지 않으면 안 된다. 이 절은 필자는 이렇게 번역하고 싶다. "이 모든 일에 너희는 너희 자신을 더럽히지 말라. 그 이유는 내가 너희 앞에서 쫓아내려 하는 족속들이 이 모든 일에 스스로 더러워졌기 때문이니라."라고.

⑤ 19:1-8 ▸주의(主意)를 강조하기 위한 반복

자기 이웃에 거룩하지 않으면 안 된다는 주의를 강조하는 목적을 나타내기 위해서 "나는 여호와니라."란 말씀이 다시금 반복되는 것을 주의하라 (3, 4, 10, 12, 14, 16, 18, 25, 28, 30, 31, 32, 34, 37절).

⑥ 19:9-18 ▸자기 이웃에 대한 행위의 법

⑦ 19:19-32 ▸여러 가지 법규

(2) 20장 ▸형벌

여기에 규정되어 있는 형벌은 18, 19장에 진술된 범죄와 밀접한 관계를 가지고 있기 때문에 분명히 이 세 장(18, 19, 20장)은 동일한 저자의 산물이다. 18장에 기록된 여러 예(例) 중에서 네 개가 20장에 언급되지 아니한 사실과 그 그룹을 이루는 데 자세한 변화가 없었다는 사실은 진정성을 증거하고도 남음이 있는 것이다. 편집자라 하면 전후 관계를 완전히 일치시키려고 고심하는 것은 사실이다.

7) 제사장들의 성결(레 21:1-22:33)

이 부분은 두 가지 중요한 부분으로 구성되어 있다.

(1) 21:1-22:16 ▸제사장의 성결

① 1-6절 ▸제사장은 시체를 만짐으로 부정을 입어서는 안 됨

② 7-15절 ▸제사장의 결혼

③ 16-24절 ▸육체적으로 연약한 제사장들

④ 22:1-16절 ▸성별된 것에 대한 경외

(2) 22:17-23 ▸거룩한 헌납물

사실로 이 부분은 독특한 성결을 보이고 있다. 그 이유는 이것이 주제이기 때문이다. 혹자는 이 구절이 P 문서의 사상을 표현한 것이라 하는가 하면 더러는 이것이 편집자의 가필이라고도 생각한다. 그러나 이 구절은 단순히 이 문장이 레위기를 구성하는 필요 불가결의 부분임을 보이는 것뿐이다.

8) 절기의 성별(레 23:1-24:23)

(1) 23장 ▸성회 회집 시기의 일람표

① 1-3절 ▸안식일

② 23:4 ▸연간 성회(절기)

a) 5-8절 ▸유월절 : 무교절

b) 9-14 ▸초실절=맥추절=칠칠절=오순절(참조 / 출 23:16; 34:22; 민28:26; 신 16:9-11)

c) 15-22절 ▸수장절

d) 26-32절 ▸속죄일

e) 33-43절 ▸초막절

이 장은 분명히 비평적 분해에는 곤란이 있음을 제시하고 있다. 여기에 진술된 거의 대부분의 것은 이미 소위 P 문서에 나타나 있다. 사실로 이 장은 출애굽기와 레위기 1-16장을 다 전제하고 있다. 드라이버는 이 장이 상호 보충하는 방법을 써서 두 가지 자료에서 발췌(拔萃)된 것으로 형성되었다는 말로 본 장의 난점을 피해 보려고 애쓴다. 그는 본 장을 다음과 같이 구분한다.

H-20-22-39b-40-43

P-1-8-21-23-38, 39a-39c-44.

그러나 분명한 것은 H에 해당시킨 구절까지도 소위 P 문서에 해당하는 요소들이 포함되어 있다는 것이다. 예를 들면 10절 첫 열매(출 22:29 참조), 11절 요제〔출 29:24; 레 14:12, 24와 레 7:30 참조; wehenif(흔든다) tenuphah(요제)들의 말은 분명히 P 에 속하는 것이다〕. 39절 하반절은 칠 일 간의 절기(민 29:12), 43절 하반절은 확실히 출애굽기의 기사에 대하여 지식이 있음을 전제하고 있다.

이 현상은 단순히 본 장이 하나의 단위를 이룩할 뿐 아니라 레위기 전편과 불가분의 관계를 지니고 있음을 증거한다.

(2) 24장 ▸ 성소 관리의 규례

① 1-4절 ▸ 거룩한 촛대
② 5-9절 ▸ 진설병
③ 10-23절 ▸ 하나님을 모독한 자에 대한 기사

이 모독한 자에 대한 기사의 역할은 하나님의 율법을 집행하는 것을 설명하는 데와 어떤 율법에 대한 근거를 제공하는 데 있다.

9) 안식년과 희년(레 25:1-55)

많은 비평가들은 본 장이 H와 P에 속한 요소들로 작성되었다고 한다. 드라이버에 의하면 H의 특징이 가장 현저한 곳은 1-7절, 14절 이하, 17-22, 35-32, 42, 43, 55절이라고 하며 그렇게 현저하지 못한 곳은 29-34절이라고 한다. 그러나 본 장에는 통일성이 없으며. 이 통일성은 실제에 있어서 본 장에 대하여 쓸데없이 상세하게 문서 분해를 하지 못하도록 하는 요소가 된다.

① 25:1 ▸ 서 언
'시내 산'이나 '모세'란 말이 출 34:32을 상기시키고 있는 점을 유의하여야 한다.
② 2-7절 ▸ 안식년
③ 8-55절 ▸ 희년
③의 부분은 다시 다음과 같이 구분된다.
a) 8-12절 ▸ 희년을 지킴
b) 13-34절 ▸ 희년을 지킴으로 사유 재산에 미치는 영향
c) 35-55절 ▸ 이스라엘 사람들의 개인에 대한 자유

10) 약속과 위협(레 26:1-46)

언약의 책이 약속과 위협으로 결론을 맺은 것같이(출 23:20-33) 시내 산 율법 전체도 그와 같이 결론을 맺고 있다.

① 1-2절 ▸ 서 언
모든 율법의 골자는 우상 숭배에 관한 금지령과 참 예배에 대한 권고의 두

계명으로 요약되어 있다.

② 3-13절 ▸율법을 충실히 지킴으로 오는 축복

③ 14-33절 ▸율법을 불순종함으로 오는 저주

이 부분은 다시 네 가지 소지로 세분하면,

a) 18-20절 ▸14-17절의 형벌에 대하여 반항할 때 오는 저주

b) 21-22절 ▸행동으로 반역할 때 오는 저주

c) 23-26절 ▸고집하여 반역을 계속할 때 오는 저주

d) 27-33절 ▸배교를 계속할 때 오는 저주

④ 34-45절 ▸하나님의 심판의 목적

⑤ 46절 ▸시내 산 율법 전체에 대한 결론으로 세분화 가능

많은 비평가들은 말하기를 레위기 17-26장까지는 P에 속한 요소들로 구성되어 있기 때문에 이 장까지는 그 이전에 존재한 율법의 독립적 체재(H)로부터 발췌되고 결합된 그러한 특수한 어구와 원리로써 구성되어 있음이 그 특징이라고 한다. 그러나 이 장들이 보여 주는 현저히 통일된 구조와 레위기의 초두 부분과의 불가결의 관계가 위의 주장을 반대한다. 더욱 유의할 것은 여호와께서 모세에게 말씀하신 율법은 다음과 같다는 말이 이 장들에서 17 회나 나왔으니 이것은 가볍게 버릴 수 없는 것이다. 나아가서 이 부분 전체는 "여호와께서 모세에게 일러 가라사대"(17:1)라는 말로 시작하여 26:46 "이상은 여호와께서 시내 산에서 자기와 이스라엘 자손 사이에 모세로 세우신(nathan) 규례와 법도와 율법이니라." 한 간략한 말씀으로 결론짓고 있다.

11) 부록(27:1-34)

서원이 시내 산 언약에서 맺어진 율법의 본질은 아니다. 그러나 오히려 자원하는 헌신의 표현이기 때문에 이스라엘 백성이 여호와께 서약한 사실을 행하는데 대한 지시는 언약의 정식 결론 뒤에 주신 것이다(26:46). 본 장은 7 부분으로 나눠진다.

① 1-8절 ▸사람의 서원

② 9-13절 ▸서원물이 동물일 때

③ 14-15절 ▸서원물이 집일 때

④ 16-25절 ▸서원물이 땅일 때

⑤ 26-27절 ▸서원물이 첫 이삭일 때

⑥ 28-29절 ▸서원물이 첫 것일 때

⑦ 30-34절 ▸서원물이 땅의 십분의 일일 때

❒ 레위기의 희생 제물 ❒

이스라엘 백성은 정식으로 신정 국가로 제정되었고 거룩하신 하나님께서는 그들 중에 함께하셨다. 그러나 "제사장의 나라요 거룩한 백성"이지만 또한 죄 많은 사람들이었다. 어떻게 하여 이러한 백성이 하나님 앞에 가까이 나아갈 수 있었을까? 죄인으로 하여금 하나님을 향하여 접근할 수 있도록 하시기 위하여 희생 제도가 제정되었다. 희생은 두 가지 목적이 있었으니 속죄와 봉헌이다. 그러므로 희생은 특히 속죄를 목적으로 하고 있으니 죄와 관계됨을 볼 수 있을 것이다. 성경에 있어서 희생은 예물 곧 하나님 앞에 드리는 거룩한 예물로 수행된다. 이 거룩한 예물은 하나님께서 거하시는 제단에 드려졌고 하나님은 직접 흠향(歆饗)하셨다. 이것은 물론 상징적으로 이해되어져야 하며 어떠한 경우라도 자연적 의미로(보이는 대로) 이해해서는 안 된다.

예물로써 하나님 앞에 드려지는 모든 것은 제의상(祭儀上) 깨끗한 것이라야 한다. 동물계로부터 소·산양·비둘기 등이며, 식물계에서는 곡물·포도주·기름 등이다. 그러므로 희생의 예물은 희생을 드리는 자의 생명을 지탱시켜 준 것(동물적)으로부터 왔고 또한 봉헌자가 그의 생명으로 수고하여 얻은 것(식물계)에서 드렸다. 그러드로 희생을 드리는 데는 드리는 자의 전 생애가 하나님 앞에 봉헌되어진 셈이다. 희생은 역시 대속물로써 죄인 대신에 드려졌다. 물론 그 제물 자체는 죄를 없이하는 힘은 없다. 그러나 이 제물은 미래에 오실 유일한 최대의 희생 제물이신 그리스도를 상징하며 그에 대하여 미리 보여 준 것이다.

그러면 회개한 죄인이 어떻게 그의 예물을 하나님 앞에 가져가야 할까? 그 과정에는 몇 가지 계단이 있다. 선택된 짐승은 완전한 표본으로 흠과 결점이 없어야 하는 것이다. 이것은 거룩하신 하나님 앞에는 오직 최상의 것이 드려져야 하기 때문이다. 짐승이 성소에 드려졌을 때에 드리는 자는 양손을 그 위에 얹어야만 했으니 문자적(文字的)으로 말하면 그의 손을 그 위에 기대어야만 했다. 이 행동은 봉헌자의 죄가 제물에게로 전가(轉嫁)되는 것을 상징하였다. 이런 의미에서 예물은 봉헌자의 대리자라고 생각되어졌다. 그때까지는 사형에 해당하는 죄가 봉헌자에게 머무르고 있었으나 그의 양손을 제물 위에 얹는 그 순간부터는 이 사망의 죄가 제물 위에 머무르게 되고 드리는 자에게는 이상 더 죄가 머무르지 않게 되는 사실을 상징하였다. 봉헌자의 양손이 제물에 놓여진 이후에는 그 다음 순서로 제단 위에서 그 짐승을 잡게 된다. 잡을 때는 제물을 가져온 자가 손수 잡게 되는 법이다. 그리고 제사장은 그 피를 제단에 뿌리게 된다. 그러므로 예를 들면 "그는 여호와 앞에서 그 수송아지를 잡을 것이요 아론의 자손 제사장들은 그 피를 가져다가 회막문 앞 단 사면에 뿌릴 것이며"(레 1:5)를 볼 수 있다. 그러므로 희생의 제물은 목 베임을 당하고 그 피는 쏟아(생명의 상징으로) 하나님 앞으로 가져와서는 제단에 사용된다.

피는 영혼을 속한다고 한다. "육체의 생명은 피에 있음이라 내가 이 피를 너희에게 주어 단에 뿌려 너희의 생명을 위하여 속하게 하였나니 생명이 피에 있으므로 피가 죄를 속하느니라."(레 17:11)라고 하였다. 흘린 피가 제단에 뿌려질 때 이로 말미암아 하나님의 목전에서 죄를 말소 또는 말살시킨다는 것이 그 사상인 것처럼 보인다. 사람과 사람의 죄는 속하지 않으면 안 된다. 이 속함은 하나님으로 말미암은 것이지 사람으로 말미암은 것은 아니다. 그러므로 여기서 기억할 것은 죄인의 구원은 은혜로 말미암는다는 이 중요한 사실이다. 은혜란 하나님의 것이고 사람의 것이 아니다. "제사장이 (하나님의 대리자로서) 그의 범한 죄에 대하여 그를 위하여 속죄한즉…"(레 4:35)이란 하나님께서 베푸신 해석이다.

다음에 계속되는 순서는 짐승의 어떤 부분을 제단 위에서 불태우는 것이다. 이 불태우는 순서는 향내 나는 냄새를 여호와께 드리기 위함이다. 하나님께 드려진 희생의 제물이 사람을 대신하여 봉헌하여 주는 것을 상징한다. 우리는 바울이 한 말을 기억한다. 엡 5:2에서 "그(그리스도)는 우리를 위하여 자신을 버리사 향기로운 제물과 생축으로 하나님께 드리셨느니라."라고 말하였다. 마지막으로 특히 화목제(和睦祭)에는 주님 자신이 준비하신 희생의 식사가 있었다. 이것은 죄는 도말하고, 하나님과 사람 사이의 장벽은 옮겨지게 되어 도말되고, 그 결과 축복 받는 사실을 상징한 것이다. 뿐만 아니라 적극적인 은혜와 축복의 상태를 내포하고 있는 것이다(Geerhardus Vos : *Biblical Theology*, Grand Rapids, 1948, pp.172-190).

레위기에 관한 특별 참고 서적

Patrick Fairbairn : *The Typology of Scripture*. Vol. II, Edinburgh, 1864, pp.317-460.

George Buchanan Gray : *Sacrifice in the Old Testament*, Oxfora, 1925.

Sven Herner : *Die Opfermahle nach dem Priesterkodex*, Lund, 1911.
Walter Stephen Moule : *The Offerings Made Like Unto the Son of God*, London, 1915.
W. O. E. Oesterley : *Sacrifices in Ancient Israel*, London, 1937.
P. Dionys Schoetz : *Schuld-und Suendopfer im Alten Testament*, Breslau, 1930.
Alex. Stewart : *The Mosaic Sacrifices*, Edinburgh, 1883.
Adolf Wenel : *Das OPfer in der altisraelitischen Religion*, Leipzig, 1927.

성결법전에 관한 특별 참고 서적

Bruno Baentsch : *Das Heligkeits-Gesetz*, 1893; *CH*, pp. 269-283.
A. Klostermann : *Der Pentateuch*, 1893, pp. 368ff.
POT, pp. 308-315.
IOT, pp. 239-250.
Riehm : *Einleitung*, 1889, Vol. I, pp.177-201.

제 5 장

민수기(民數記)

1. 명 칭

유대인은 본서를 "베미드바르 : בְּמִדְבַּר = 광야에서"(연계형 단어), 또는 "그리고 말하였다(바예다베르 : וַיְדַבֵּר)"라고 부른다. 『70인역』에서는 "아리드모이 : *αριθμοι* = 수(數)들"이란 표제를 붙였고, 벌게이트역은 "Liber Numeri(수의 책)"라고 했다.

2. 목 적

민수기는 당연히 레위기에 기재된 율법의 계속이다. 제사장적 율법은 계시되었으며 그제야 백성들은 약속 받은 땅을 향하여 행진을 계속할 준비가 되었다. 그러므로 민수기는 우선 시내 광야를 출발하기 위하여 행하여진 모든 준비에 대하여 말하고 있으며, 그 다음에는 이스라엘 백성이 시내 광야를 출발하여 종래 모압 평지에 이르기까지를 말하고, 그리고 나서 가나안 땅의 점령과 분할에 대하여 지시하신 것과 아울러 거기서 일어난 약간의 사건들을 열거하고 마치는 것이다.

3. 분 해

본서는 3 가지 주요 부분으로 나눌 수 있다.

1) 시내 광야에서의 출발 준비(1:1-10:10)

여기에 기록된 기간은 애굽을 나온 지 제 2 년 2월 1일부터 20일까지의 19 일간이다.

(1) 1-4장 ▸ 인구 조사와 정비

1:1-54에 기록된 인구 조사는 장막 건설(출 40:17) 후 꼭 1 개월 만에 되어졌

다. 회중의 각 남자의 수를 그 가족과 종족을 따라 그 인원수를 조사하였다. 그 회중은 병역에 종사할 수 있는 20세 이상의 사람들만을 계수한 것이다(1:2, 3). 계수한 합계는 60만 3,550 명이었다(1:46). 제 2 장의 인구 조사는 회막을 중심으로 종족별로 그 기호를 따라 진을 치는 순서를 보여 준다. 분명히 1-4장까지의 전제 조건으로 되어 있는 것은 백성이다.

이 부분(1-4장)에 있어서는 3 가지 반론이 고려되어져야 한다.

① 만일 군대의 수가 60만이었다면 전 인구는 250만 정도에 달할 것이니 애굽에 내려간 70 명이 그 지독한 압박 기간 동안 그렇게 급속도로 증가된 것은 거의 불가능하였을 것이라는 설이다. 그러나 이렇게 인구가 급격히 증가한 사실을 소개한 것은 이례(異例)적인 사실이라 할 수 있으나 그렇다고 불가능한 것은 아니었으니 성경은 히브리 사람들이 특이하게 증가하였다는 사실을 강조하고 있음을 주의 깊게 생각하여야 한다(출 1:7).

② 시내 광야가 그렇게 많은 집단을 수용할 여건을 갖출 수 없다는 것이다. 그러나 백성이 제벨 에스 - 사프사프(Jebel es - Safsaf) 평원에 진을 치게 되었다면 그 평원은 백성을 수용할 만한 4 마일의 길이가 되었을 것이고 또 측면으로 골짜기들이 서로 만나는 곳에 위치한 꽤 넓은 곳과 근처에 있는 약간 넓은 평지에 우거하였을 터이니 위의 반론은 문제가 되지 않는다. 더욱이 백성의 식물은 시내 광야 지역에서 생산되는 자연적인 산물이 아니라 만나라고 하는 이적적인 산물이었다.

③ 2장과 10:14-20에 기록되어 있는 그러한 진행의 순서는 있을 수 없는 일이라고 한다. 그러나 이 기사가 그런 정도로 불가능하였다면 도대체 그러한 불가능한 계획을 안출하여 내려는 저자가 어디 있겠는가? 한 사람도 없을 것은 분명한 사실이다. 큰 난점이 있다면 오히려 역사성의 표시인 것이다. 그러나 이 난점도 진행에 대한 상세한 사실들을 그렇게 많이 말하고 있지 않기 때문에 기록된 기사에 대한 역사성과 정확성을 문제시할 것까지는 없는 것이다. 제 3 장에서는 레위 족속의 역할에 대하여 기재되어 있다. 이 지파는 모든 족속 가운데 처음 난 것들을 대신하여 제사장들의 성소에서 행할 의무를 수행하는 것을 돕기 위하여 선택 받았다.

제 4 장은 레위 족속에 속하여 있는 세 가족의 점호(點呼)에 대하여 진술한다.

① 1-20절 ▸ 고핫 자손

② 21-28절 ▸ 게르손 자손
③ 29-33절 ▸ 무라리 자손
④ 34-49절 ▸ 레위 족속 가운데 소집한 자의 개요 곧 고핫 자손 중에서 2,750 명, 게르손 자손 중에서 3,200 명으로서 이것은 레위 족속의 총수 22,000 명(3:39) 중에서 복무할 수 있는 유자격자 8,580 명인 것이다.

(2) 5-6장 ▸ 회중의 정화와 축복

(3) 7:1-9:14 ▸ 시내 광야에서의 최후 사건들

① 여러 지파로부터 예물 헌납(7절)
② 레위 사람들의 성별(8장)
③ 시내 광야에서의 유월절(9:1-14)

(4) 9:15-10:10 ▸ 행군을 위한 구름과 나팔

민수기의 첫 부분의 문학적 단위를 이루고 있음은 분명하다. 이 부분 전체가 소위 P문서에 해당한다고 하는 부정적인 비평가들까지도 이 사실은 인정하고 있다.

2) 시내 광야에서 모압 평지에 이르기까지의 여정(10:11-21:35)

(1) 10:11-14:45 ▸ 시내 광야에서 가데스바네아까지에 이르는 여정

이 부분에서는 시내 광야에서의 탐욕(11장) 등이 기재되어 있다. 다음으로는 모세에 대하여 행한 미리암과 아론의 외람된 행위(12장). 정탐꾼 파송 및 백성의 원망과 그 결과인 형벌에 대한 기사가 계속된다. 12:3은 모세 이후의 시대에 기록된 것으로 주장되어 왔다. 그 이유는 모세가 자신을 두고 3인칭을 사용하지 않았을 것이요, 또한 자기에 관한 일은 여기에 적용할 이유가 없다는 것이다. 그러나 모세는 이곳 이외의 다른 곳에서도 역시 자기 자신을 3인칭으로 나타내는 데 아무 부자연스러움을 느끼지 않았던 것이다(Caesar의 주석 참조). 그러므로 모세가 자기 자신을 나타내는 데 있어서 12:3과 같이 표현하지는 않았을 것이라는 주장 역시 있을 수 없다. 모세는 사람들 중에서는 가장 겸손한 자로서 타인에게 비방을 받는 그러한 경우에도 자기 자신을 변호하려 하지 않았다는 것은 하나님의 경륜이었으며 그가 높은 지위에 있었기 때문이다. 그러자 4절 이하에서는 여호와께서 갑자기 말씀하시면서 그를 변호하여 주셨다. 그러므로 3절에 나타난 모세가 자신에게 대하여 변호하지 않은 사실이 본 절의 저자가 기록한 것이 아니라면 4절의 여호와의 행위는 불가해의 것이다.

13, 14장에는 이중 기사가 포함되어 있다고 하며 드라이버는 다음과 같이 나눈다.

P. 13:1-17a — 21 — 25 - 26z에서 바란까지 — 32a —
JE.—17b - 20 — 22 - 24 - 26b - 31 — 32b - 33.
P. 14:1-2(주요 부분) — 5 - 7— 10 — 26-30 — 34 - 38.
JE.— 3-4 — 8-9 — 11-25 — 31-33 — 39 - 45.

이와 같이 나누는 이유는 ① 어떤 절은 다른 절에서 이미 말하여진 것이 반복되고 또한 병행되고 있다는 것. ② 제시하고 있는 것이 다르다는 것 등이다. 이러한 점에서 바터(Vater)는 처음으로 비평적 공격을 가하였다. 그는 14:6, 30, 38에는 여호수아와 갈렙이 명시되어 있으나 13:30과 14:24에는 갈렙만이 나타나 있음을 지적하였다. 이 점에서 14:1-10 등은 별개의 기록이라고 결론지은 것이다. 그러나 처음으로 완전한 분해를 한 이는 실제에 있어서 크노벨(Knobel)이었고 그 결과 대체로 비평가들에 의하여 채택되고 있다. 그러나 이 두 장 사이에는 어떠한 비평적 분석이라도 파괴할 수 없는 어떤 통일된 진전이 들어 있다.

① 13:1-25 ▸ 정탐꾼의 파송에 대한 진술 : 여기에 두 가지의 다른 출발점이 있다고들 주장한다. P에 의하면 정탐꾼들은 바란 광야에서 출발하였다고 하며, JE에 의하면 신 광야에 있는 가데스에서 출발하였다고 되어 있다(민 20:1; 27:14 참조). 그러나 정탐꾼이 가데스에서 출발하였다고 기록된 곳은 분명히 없으니 드라이버까지도 이것은 인정한다. 그러나 주의하여야 할 것은 가데스란 말은 26절에서 온 것인데 그것은 바란에 있는 것과 동일시된다. 26절엔 "그들은 돌아와 바란 광야 가데스에 이르러"라고 되어 있다. 가령 비평가의 구분이 바르다 하여도 편집자가 가데스와 바란을 결합시키려는 것은 유의하여 볼 만한 일이다. 가데스는 바란과 신의 경계에 있었으니 어느 곳을 들추어도 틀리지 않는다. 그러므로 결론적으로 말할 수 있는 것은 정탐꾼이 파송된 유일한 지점은 바란인 것이다. 더욱이 JE에 의하면 정탐꾼들은 헤브론으로만 갔다(13:22-25)고 주장되어 있으나, P(13:21)에 의하면 그들은 더 북쪽 르홉(삿 18:28)까지도 갔다고 주장한다.

그러나 JE까지도 어떤 곳에서는 정탐꾼의 정탐 범위를 헤브론과 에스골에 국한시키지 않았다. 그들은 남쪽만 아니라(17절) 산지(수 11:3)로 올라가서 그 땅, 그 도성들을 정탐하라는 명령을 받았다. 이상의 사실들은 그들의 보고 중에 밝히 볼 수 있다(JE 27-31절). 결론적으로 정탐꾼은 모세의 명한대로 온 땅을 답사하였다. 이러한 결론은 21절(P)과 JE에 해당하는 구절들에 근거하고 있다. 주의할 점은 민 13:22b의 소안 (zoan)이 헤브론보다 더 잘 알려졌다는 함축된 내용이 모세가 저자란 증거를 우연히 보여 준다는 것이다.

② 13:26-33 ▸ **정탐꾼들의 거짓된 보고** : 갈렙은 거짓 무리들의 보고에 반항하였으나 허사였다. 이 부분에는 적어도 두 가지 상반되는 말을 포함하고 있다.

a) JE에 의하면 (27-31절) 그 땅은 비옥하기는 하나 정복은 불가능하다는 것이다. 그러나 P(32절)에는 불모지(不毛地)라 되어 있다. 32절의 해석을 보충하려는 레 26:38; 겔 36:13을 이끌어 오는 때가 가끔 있다. 그러나 26:38이 이 해석을 보충하느냐가 문제이다.

어쨌든 민 13:32은 그 땅이 불모지가 아니라는 것이다. 오히려 불모지라기보다 거기에는 백성을 노리는 강적이 있었다고 한다. 백성이 그 지역의 형세가 불모지인 것에 대하여 두려워한 흔적은 아무 데도 없고 오히려 그들은 그곳의 힘센 대적들을 두려워한 것뿐이다. 결론적으로 이 모순된 주장은 다만 상상에 불과한 것이다.

b) 30절(JE)에는 갈렙 단독의 행동이 기록되어 있고, 그 다음에는 팔레스타인에 들어가지 못한다는 판결에서 갈렙의 활동이 그만 제외된 것이다 (14:24 JE). 그러나 P에 있어서는 여호수아 역시 갈렙과 함께 정탐꾼 중에 포함되어 있다 (14:6, 30, 38). 여기서도 역시 이 모순은 상상뿐임을 알 수 있다. 그러나 우리는 여호수아가 약속 받은 땅에 들어갈 수 없었다는 이스라엘의 전설이 실제로 있었다는 사실이나 여호수아를 모세의 후계자로 임명하여 그 땅의 정복과 분할을 수행할 것이라는 기사 (JE)를 편집자가 이런 성경에다 동시에 삽입하였을 것이라고 믿을 수 있을까라고 질문해 볼 수는 있지 않을까? 이런 어긋난 질문에 대한 대답은 본문을 신중히 주석하는 가운데서 찾아야 한다. 이제 우리는 이 일에 우리의 주의를 집중하지 않으면 안 될 것이다. 13:26-33은 정탐꾼들의 그릇된 보고이다. 이 보고에 대하여 갈렙은 어떤 의미에서 아마 지도적 지파인 유다 지파였기 때문에 여호수아는 그를 앞세우고 자기 자신은 배후에서 대항하였을 것이다.

③ 14:1-10 ▸ **이 구절들의 연속성과 독립성** : 이 구절들은 13:26-33의 기사의 계속이며, 어떤 의미에서도 병행 기사라든지 변형 기사라고 여겨서는 안 된다. 정탐꾼들의 보고를 듣고 백성들은 반란을 일으켰고 여호수아와 갈렙은 이 반란을

진압시키는 데 크게 활약하였다. 부정적 비평이 범하는 잘못은 14:6은 13:30에 대한 병행 기사라는 점이다. 본문 자체로 하여금 말하면 이 어긋나는 주장은 사라진다.

④ 14:11-25 ▸ **반란을 일으킨 백성에 대한 주의 진노하심과 모세의 중보 기도** : 모세는 간곡히 기도하였으나 주께서는 백성이 그 땅으로 들어가지 못할 것이라고 대답하셨다. 그러나 갈렙은 정탐꾼들의 보고에 반대하였으므로 그 땅에 들어가게 된다. 갈렙에 대하여 말한 이유는 그가 정탐꾼들에 대하여 반항하였기 때문이다. 또한 여호수아가 제외되었다고 추측함은 어리석은 일이다. 왜냐하면 정탐꾼들의 보고에 관하여, 여호수아는 배후에서 그리고 갈렙은 선봉에 선 것을 볼 수 있다. 그러므로 이 기사 전체는 완전히 조화되고 일체를 이루고 있다.

⑤ 14:26-45 ▸ **약속의 땅에 들어갈 자는 두 사람뿐** : 모세는 단지 갈렙과 여호수아만 약속 받은 땅에 들어갈 것을 고하였다.

(2) 15:1-19:22 ▸ 37 년 간 광야 방황 기간 중의 사건

15장은 희생에 관한 여러 가지 율법, 안식일을 범한 자에 대한 형벌, 의복의 깃에 대한 율법을 진술하고 있다. 16장과 17:13의 고라의 반역, 이 부분 역시 전혀 부당한 모양으로 단절되고 있다. 드라이버는 이 장절을 다음과 같이 구분한다.

P. 16:1a — 26-7a(7b-11) — (16,17), 18-24 — 27a — 32b —
35(36 - 40) 41-50c. 17.

JE. 1b - 2a — 12 -15 — 25-26 — 27b - 34.

이 부분을 맨 처음으로 구분하려고 했던 사람은 분명히 스태헬린(Staehelin : *Kritische Untersuchungen*, 1843)이며, 그는 고라의 반란 기사를 다단과 아비람의 것으로부터 분리시키려 하였다. 다른 이들도 이 주장에 추종하였고 드라이버의 위 분해는 아마 대표적인 것이라 하겠다. 이렇게 분해한 주요 근거는 다음과 같다고 한다.

① **JE에 따르면 모세에 대한 평신도의 반역과 모세가 주장한 공적(公的) 권위**에 대한 내용을 볼 수 있다는 것이다.

② P는 두 계층을 포함하고 있다고 하는데, 하나는 고라가 민중 전체의 대표로서 모세와 다른 지파에 대하여 불평하였고 아론과 다른 레위 간에 생겨난 불평은 아니라는 것이다. 또 하나는 이 기사를 확대하여 레위인 고라가 아론과 그

의 독점적 권리에 대한 반항으로 본다는 것이다.

이 이상한 구성에 대항하는 유일의 길은 다만 본문을 신중히 탐독하는 것과 본문 자체로 하여금 말하게 하는 길밖에 없다. 그리할 때에 우리는 다음과 같은 몇 가지를 알 수 있다.

a) 16:1을 분해하여 P와 JE로 분해할 객관적 근거란 절대로 있을 수 없다. 이 구절의 두 부분은 "그리고"로 연결되어 있음과(우리는 여기에 편집자를 불러들이지 않으면 안 될까?) 둘 다 비슷하게 구성되어 있는 사실을 유의하여 볼 수 있다. 즉, P와 레위의 자손 고핫의 아들인 이스할의 아들 고라, JE와 엘리압과 아들 다단과 아비람, 그리고 르우벤의 아들인 벨렛의 아들 온(On)이 다 비슷하게 취급되었다.

이 1절은 지도자로서의 고라와 제휴(提携)하여 행동한 모든 불평 분자들을 지시하고 있다. 사람은 약간의 불만에도 행동을 할 수가 있는 것이다.

b) 온 무리가 모세를 대항한 것(16:2)과 마찬가지로 모세와 아론에게도 반항하였다(16:3). 모세는 지도자 고라에게 답(반문)한다(16:8-11). 다음으로 모세는 다단과 아비람을 조치하며(16:12-15), 무리를 향해 고라, 다단, 아비람을 떠나라고 경고한다(16:24, 27).

c) 백성은 고라, 다단, 아비람의 처소를 떠나라는 경고를 받았다(24, 26절). 고라는 거기에 없었다(16-19절). 분명히 고라는 이 경고를 무시하여 자기 장막으로 가 버린 것이다. 그 때문에 땅이 고라와 그 일족을 삼킨 것이다. 그러나 그의 자녀들은 삼키우지 아니하였으니(26:9-11) 후에 그 자손 중에서 노래하는 자들이 나왔다. 이것은 고라와 그 가족이 삼키움을 받았다는 기사의 진실성을 부수적으로 증거하여 주는 것이다. 왜냐하면 그렇게도 탁월한 노래하는 가족의 선조가 그런 화를 당하였다고 그 누구도 꾸며 내지는 않을 것이기 때문이다.

18장은 제사장들과 레위인들의 봉사에 관한 기술이다. 19장은 정결의 율례에 관하여 기재되어 있다.

(3) 20-21장 ▸ 가데스에서 모압까지에 이르는 여정

이 부분도 드라이버는 P와 JE로 구분한다.

P. 20:1a(to month = 월까지) — 2 — 3b - 4 - 6 -13 — 22 - 29 — 4a(호르산까지).

JE. —1b - 3a — 5 — 14-21 — 21:1-3 — 4b - 9.

P. 10 -11—22:1.

JE.—12-35.

그러나 역시 여기서도 비평적 구분은 무가치한 것이 된다. 이러한 구분을 하게 된 근거는 전혀 없으며 자신들의 맘대로 된 것이다. 왜냐하면 본 기사는 현재 그대로 하나의 솔직한 단위를 이루고 있기 때문이다.

미리암이 가데스에서 죽은 사건이 기술되어 있다(20:1). 백성은 물이 없어 불평하였다(20:2-6). 모세는 반석을 쳐서 물을 내었다(20:7-13). 이 구절들은 이 부분 전체를 온전히 잡아 헐기 전에는 이 구절들을 분리시킨다는 것은 실제로 불가능할 정도로 하나의 단위를 이루고 있다. 20:14-21에는 모세가 에돔과 교섭하는 일과 이스라엘이 그 땅을 통과하는 것을 에돔이 허락하지 않은 기사를 써 놓았다. 그 때문에 이스라엘은 아론이 죽은 곳인 호르 산으로 여행하였다(20:22-29). 21장은 아랏의 위협(21:1-3), 호르 산으로부터의 여행, 백성의 불평, 불뱀의 징계(21:4-9)를 기술하고 있다. 또 본 장의 남은 부분은 여행의 계속, 시혼과 바산 왕 옥과의 전쟁(21:10-35)을 기술하고 있다. 여기 14절 이하의 노래는 사막의 소박성을 가지며 순정성의 부수적 증거가 된다. 이것은 분명히 "여호와의 전쟁기(세페르 밀라모트 여호와 : סֵפֶר מִלְחֲמֹת יְהוָה)"에서 취하여진 것이다.

3) 모압 평지의 사건들(민 22:1-36:13)

(1) 22-24장 ▸ 발람과 그의 예언

발람의 역사는 벧후 2:15, 유다 11절, 계 2:14로 말미암아 증거된다. 22:22-35은 종종 그 문맥에서 떨어지고 있으나 35절과 20, 21절과의 사이에 글자 그대로 유사(類似)한 것은 문맥이 그렇게 분리되어서는 안 된다는 것을 보여 준다. 22:12에는 하나님께서 발람더러 가지 못하게 금하셨으니 그로 하여금 백성을 저주하지 못하게 하기 위함이다. 22:20에는 발람의 가는 것을 허락하셨고 명령하신 것은 아니다. 그러나 하나님의 인도하심에 복종하여야만 했다. 발람은 가되 하나님을 순종함이 아니고 백성을 저주하기 위함이었다 (22:20, 21). 왜냐하면 여호와께서 천사를 보내시사 발람을 하나님이 인도하심에 복종하여야 할 것을 되풀이하여 알게 하신 것은 여호와께서 그가 행하던 그 일들을 기뻐하지 아니하신다는 것을 보여 주기 때문이다. 그러므로 전 기사는 한 개의 단위를 이루고 있는 것이다.

(2) 25장 ▸ 이스라엘의 우상 숭배와 비느하스의 열심

(3) 26장 ▸ 이스라엘의 두 번째 인구 조사

26장과 2장 사이에는 다른 점이 있다는 것을 설명하기 위해서 본래의 인구 조사는 통일 왕국 시대의 것인데 이 두 장은 본래의 인구 조사를 근거로 각각 따라 교정한 것이라고 가정하는 것으로 두 장 사이의 다른 점을 설명할 수는 없다(*FSAC*, p.192). 오히려 26:4에 의해서 이 26장의 인구 조사는 이전의 인구 조사와 명백한 관련이 있음을 유의하여 볼 수 있다. 곧 이 절은 현재의 형편과 이전 것들과 연결하고 있다. 더욱이 두 번의 인구 조사는 모세의 것으로 간주된다. 인구 조사에는 모세 시대와 조화되지 않는 것은(큰 숫자까지라도) 아무것도 없다(이 문제에 관한 납득이 가는 최근의 토론은 *FB*, pp. 241-243 참조).

(4) 27장 ▸ 슬로브핫의 딸들과 그들의 요구

(5) 28-29장 ▸ 재물에 대한 규정

(6) 30장 ▸ 서원의 율법

(7) 31장 ▸ 미디안 사람에 대한 복수 전쟁

(8) 32장 ▸ 요단 동편의 유업

드라이버는 이 부분을 다음과 같이 구분한다.

P. 18, 19 —24 - 32(33) —

JE. 32:1-17(대체로) — 20 -27(대체로) — 34 - 42

그러나 이 장을 구분한다는 것은 곤란하다. 1절은 르우벤과 갓에 대하여 말하고 있으나 본 장의 후반부에는 그 순서가 거꾸로 되어 있다. 그러나 르우벤은 연장자인 만큼 먼저 불러야 할 것은 당연하지 않을까? 그 다음으로는 갓 사람들이 지배적으로 활동적인 만큼 르우벤보다 다음으로 그 갓을 부를 수 있다는 것은 수긍될 수 있는 일이 아닐까? 이렇게 약간의 순서상의 차이 때문에 저자가 다르다고까지 주장할 수는 없다. 갓 사람들은 분명히 지도권을 가졌던 것이다(2절). 본 장은 하나의 단위인데 비평가들은 이 구분을 성립시키려고 흔히 편집자를 필요로 한다(본 장의 통일성에 대해 철저한 옹호를 위한 참고 도서 ▸ Green : "The Pentateucal Question," in *Hebraica*, Vol. 8, pp. 231-237).

(9) 33:1-49 ▸ 이스라엘의 야영 배치도

이 야영의 배치도는 특별히 흥미있는 일이다. 이 야영 배치도는 행진할 노정(路程)을 가리키는데, P만으로도 JE만으로도 하지 않고 결합된 것 중에서 나타난다. 곧 지금 우리가 소유하고 있는 오경에 있다. 그러나 오경의 기사 중에 나타나지 않는 이름이 몇몇 있다 하여 오경보다 후대에 기재된 야영 배치도라고 할 수는 없다. 오히려 이런 이름들이 나타남으로 인하여 순정성을 보여 준다는 것은 누구든지 이름들을 부여하여야 할 그 이유를 2절이 목적하는 대로 우리는 참으로 모세의 것이라면 오경의 다른 곳에 기재되어 있는 여정에 대한 기사도 모세로 말미암아 기록되어졌음을 강하게 주장할 수 있다.

(10) 33:50-36:13 ▸ 여호와의 3 가지 명령

① 요단 서편의 영토 분배 및 분배 책임자 (33:50-34:1-29)
② 레위 지파를 위한 성읍과 도피성 지정(35:1-34)
③ 여자 상속자의 결혼 문제(36:1-13)

4) 민수기에서 모세 이후의 것으로 주장되는 부분

(1) 상이(相異)한 입대 연령 문제

민수기 4:3에는 레위 사람들이 입대 연령을 30 세라 하였고, 민수기 8:24에는 25 세 이상으로 되어 있다. 모세가 썼다면 어찌하여 상이하게 잘못 기록했느냐고 물을 것이다. 그러나 모순이란 실제로는 없는 것이며 다만 추측에 불과한 것이다. 4장에서는 항구적인 장소가 마련될 때까지 회막에서 봉사할 수 있는 연령이 30 세라고 말하는 것이다. 그러므로 4:3 "회막의 일을 하기 위하여"라고 하였다. 레위 사람들에게는 단 한 가지의 의무를 말한 것에 유의할 만하다. 4:4에도 "회막 안", "할 일"이라는 내용의 말이 있으며, 19절도 유의하여야 할 것이다. 그러므로 전 장을 통하여 또 결론인 47-49절에 명시된 연령은 이 특별한 의무 곧 회막에서 봉사하는 사실에 관련된 것을 알게 한다.

8장은 회막에 있어서의 레위 사람들의 정규적 봉사를 취급한다. 예를 들면, 8:24 "회막에 들어와서 봉사하여 일할 것이요"가 그 일례이다. 그러므로 영자 간에 모순은 없는 것이다. 나중에는 (대상 23:25-27; 대하 31:17; 스 3:8 참조) 레위 지파의 정규 봉사 연령은 20 세부터 시작하였다. 만일 오경에 대한 현대적 견해가 옳다고 한다면 율법이란 이미 존재한 습관을 따라 그 습관을 모방하여 이루어진 것은 아닐까? 또한 회막을 운반하는 데 대한 상세한 지시도 후대에 기록되었다는 논점은 무엇인가? 확실히 4장은 실제에 있어서 이 기사가 순정성이 있다는 증거가 되는 것이다.

(2) 모세의 이름 부여 문제

민 13:16은 모세가 여호수아에게 이름을 부여한 것은 삽입된 것이라고 한다.

그러나 이 이름은 이미 그에게 주어진 것이니 출 17:9; 24:13; 민 11:28에 의하여 증거된다. 따라서 그런 현상이 모세의 저작성을 무효로 하는 것은 아니다. 실제로 여기에 무슨 시대착오가 있었다고 한다면 오경의 최후의 편집자가 그것을 주의하지 않았을까? 그러나 이 13:16은 "이상은 모세가 그 땅을 정탐하기 위하여 파견한 사람들의 이름(곧 본래의 이름들)이다. 그리고(이미 호세아라 불리고 있는데) 모세는 눈의 아들 호세아를 여호수아라 불렀다."라고 번역할 수 있다. 이것은 이 계명이 그 특수한 때에 되어졌다는 의미가 아니다. 사실 언제 그 이름을 바꿨는지는 말하여 주지 않는다. 여호수아란 이름은 그가 특별한 임무에 종사하였을 때 사용되었다. 어쨌든 여기서 그가 호세아라 불리고 있음은 그가 정탐꾼으로서 다만 일반적 과업에 종사하고 있었기 때문이다.

(3) "여호와의 전쟁기" 인용

민 21:14에 나타난 "여호와의 전쟁기(戰爭記)"의 인용은 모세가 기록하였을 리가 없다는 구절로서 오랫동안 별도로 취급하여 왔다. 그러나 기필코 후대의 삽입으로 생각할 이유는 없다. 여기에 인용한 목적은 지리적 이름을 하나 들추기 위함이 아니라 하나님께서 그들을 위하여 행하신 일에 백성들의 주의를 촉구하려는 것이다. 그래서 14-15절에는 "그러므로(하나님의 도우심에 의하여 이스라엘은 아르논 근방의 땅을 취하였기 때문에) 여호와의 전쟁의 책에서 이렇게 되어 있다. 15절의 폭우 가운데 그는 취하였다(vaheb)." 등이 있으며, 표제 "전쟁(밀라모트 : מִלְחֲמֹת)"은 그냥 실제의 전투를 말할 뿐 아니라 하나님께서 그의 백성을 위하여 획득하게 하신 수차의 승리를 의미한다(출 14:14, 25; 15:3; 12:41, 51; 민 33:1참조). 그러므로 이러한 책의 표제를 구성하는 데는 풍부한 재료가 있다. "비평적" 반대론은 본서가 다만 눈에 보이는 전투를 말한 것이라고 가정한다.

(4) 아각에 대한 기록의 부정적 시각

민 24:7에 아각에 대한 사실이 기록되어 있으나 이것은 시대착오라고 한다. 그 이유는 아각이 사무엘 시대에 통치한 자이기 때문(삼상 15:8 참조)이라는 것이다. 그러나 아각은 고유 명사가 아니고 애굽의 왕의 명칭인 바로의 경우처럼 아말렉의 왕에 대한 총칭이 아각이라 함은 있을 수 있는 일이다. 이것은 분명히 발람의 예언의 이상적 강조와 일반적으로 조화시키려는 것이다.

민수기에 관한 특별한 참고 서적

W. A. Albright : "The Oracles of Balaam," in *JBL*, Vol. LXIII. 1994, pp.207-233.

Samuel Cox : *Balaam*, London, 1884.

E. W. Hengstenberg : *Die Geschichte Bileams Bileams und Seine Weissagungen,* 1842.

J. J. Knap : *Billeam* : *Toepasselijke Verklaring Zijner Profetieen*, Kampen, 1929.

제 6 장

신명기(申命記)

1. 명 칭

모세의 제 5 권은 "엘레 하데바림(אֵלֶּה הַדְּבָרִים = 이것들은 말씀들이다." (1:1). 혹은 단순히 "데바림(דְּבָרִים = 말씀들)"이란 이름을 가지고 있으나 유대인들은 17:18의 말씀에서 "율법의 사본" 혹은 "사본 = 미쉬네 하토라(מִשְׁנֵה הַתּוֹרָה)"로 명명(命名)하여 왔다.

본서는 또 "훈계의 책(Sefer tochahoth)"이라고도 불렀다. 『70인역』은 17:18을 "둘째 율법(*δεύτερονομιον*)"이라 번역하였고, 벌게이트역은 "듀터로노미움(Deuteronomium)"이라 하였으나 이것은 분명히 본문(17:18) 어구(語句)의 뜻을 벗어난 오역(誤譯)인 것이다.*

2. 목 적

신명기는 모압 평지에서 모세가 백성을 향하여 행한 최후의 강론을 그 내용으로 하고 있다. 이것은 다만 이 앞의 3 권을 요약한 것으로만 볼 수 없고, 오히려 카일(Keil)이 말한 가운데서 본 신명기의 본 절을 찾아볼 수 있다. 곧 그는 말하

*편집자 주 : 영어 성경은 『70인역』을 따라 "듀터라너미(Deuteronomy)"라고 하였는데 "둘째 율법(secom law)"이란 뜻이므로 이 역시 『70인역』을 비롯한 연쇄적인 오역이다. 신 17:18의 문구(위의 히브리 어 참조)는 "율법의 사본"을 의미하거니와 "둘째 율법"을 의미하지 않는다. "둘째 율법"이라 함은 오경 중 앞의 책들에서 말씀된 율법과는 다른 제 2 의 율법을 뜻하는 바, 실제로 오경의 다섯 번째 책인 "신명기"는 다른 제 2 의 율법책이 아니라 앞의 책들의 율법을 반복하여 설명해 주고 있기 때문에 "둘째 율법"이란 의미로 번역된 것들은 이제껏 사용하고는 있지만 사실상 오역인 것이다(정규남 : 『구 약 개론』,개혁주의신행협회, p.188 참조).

기를 "언약의 계시 및 언약의 율법 중 가장 본질적인 내용에 관한 권고문이며 해설이요 강조이며 율법과 그 성취의 영적 원리에 대하여 탁월하며 교회적, 법적, 정치 사회적 조직이 한층 더 발달한 것 곧 가나안 땅에서의 백성의 생활과 복지(福祉)에 대한 항구적인 기초로서 의도된 것"이라고 하였다(*The Pentateuch*, ET, Vol. Ⅲ, p. 270).

신명기의 율법은 모세로 말미암아 백성에게 말하여 준 것이며(1:5), 권고형으로 표현되어 있다. 이 율법은 어떠한 의미에서도 새로운 또는 제 2 의 율법으로 생각할 수 없으며 또한 앞에 나온 오경과 본질적으로 다른 것이라 생각해서도 안 된다.

3. 분 해

1) 모세의 첫 번째 설교(1:1-4:43)

(1) 두서와 서론(1:1-5)

서언(序言)은 본서를 앞의 책과 연결시키고 있으며 또한 그 이하의 내용이 모세의 것임을 여실히 증거한다. 이 내용은 모세의 저작성을 주장하고 있는 서언과 잘 부합한다. 1:1, 2에 있는 지리적 언급은 여러 가지 난점을 제시하고 있다. 그러나 이 본문이 와전되었다고 추측할 만한 충분한 이유는 없는 것이다. 아마 모세의 메시지는 두 번 말하여진 것 같은데 한 번은 바로 호렙과 가데스의 중간 지점에서 말해진 것 같고 그 다음은 모압 평지에서 말하여진 것 같다. 어쨌든 이 두 구절은 본서를 위하여 광대한 지리적 배경을 제시하고 있다.

(2) 호렙에서 가데스까지 하나님 여호와께서 인도하심을 회고(1:6-46)

단수와 복수의 변화(예 ▸ 20, 21절 참조)는 웰치(Welch)의 의견대로 혼동이나 저작성의 파괴를 의미하는 것은 아니다. 단수는 특수하고 부드러우며 개인화하는 힘을 가지고 있으며 "주 너희 하나님"과 같은 구절에 사용되었다. 이와 같은 찬미의 연설에서는 단수와 복수를 겸하여 쓸 수 있다는 것은 당연히 있을 수 있는 것이다.

(3) 시혼과 옥의 정복(2:1-3:29

가데스에서 아모리 사람들의 경계까지 하나님의 인도하심에 대한 더 깊은 회고 가운데 시혼과 옥의 정복 기사가 기술되고 있다. 웰치(Welch)는 에돔을 통과하라는 명령이 기록된 2:4-7은 후대에 가필(加筆)한 것으로서 백성이 에돔을 파하였다는 8절의 기사를 정정(訂正)하려는 것이라고 믿고 있다(*DFC*, p.169). 여기서 그는 두 기사 사이에 서로 충돌되는 점이 있다고 생각한다. 그러나 모순성은 다만 의견상의 것이며 실제로는 존재하지 않는다. 하나님의 명령(4절)은 에돔 사람들의 동쪽 경계를(직통하지 않고) 통과하라는 것이었다. 이것은 민 20:14-21과는 무관한 것이며 그 민수기의 기사는 사건 초기 시대에 속하고 신명기에서는 생각할 바 아니니다.

그러므로 이 명령에 의하면 이스라엘은 에돔 가까운 데로 통과한 것이다(8절). 편집자가 8절이 잘못된 줄 알아 정정하려 하였다면 8절을 생략하여 버렸을 것이다. 그렇다고 볼 때 4-7절을 말하여 놓고 8절을 남긴 것은 보기에도 부당한 것이다.

웰치(Welch)는 다시 2:26-30을 본래의 것으로 보지 않는다. 그 이유는 "오늘날과 같으니라."(30절)란 구절 때문이다. 또 시혼이 이스라엘의 손에 넘겨졌다는 하나님의 계시를 받은 직후에 모세가 사자를 파송한 것이 기록되어 있기 때문이다. 그러나 편집자는 왜 이 시대착오라고 생각되는 것을 밝히려고 하지 않았을까? 더욱이 "오늘날과 같으니라."란 구절은 모세에게도 용이하게 사용되었다. 사실 여기에 모세가 표현하고자 하는 것은 지나간 사건의 총괄에 있어서 응당 얘기할 수 있는 것이다. 24절에는 여호와께서 시혼의 최종적 패배(敗北)를 선언하신다. 그러나 모세는 중심에 그 땅을 평화리에 통과하기를 은근히 바랐던 것이다. 그때에 그는 사자를 보내어 시혼에게 밝히기를 그 자신의 완고한 고집 때문에 왕국의 멸망을 초래하게 된 것이라 하였다.

3:14-17을 어떤 이들은 민수기와 본문을 조화시키기 위한 후대의 가필로 본다. 그러나 이 구절들을 삽입한 모세 자신의 처사도 충분히 이해할 수 있다. 어쨌든 본문에 난제들이 있기는 하다.

(4) 율법 준수를 권고(4:1-43)

이 서언적인 부분은 본질적으로 하나의 단위를 이루고 있다. 그리고 난제들이 있기는 하나 삽입을 많이 하였다고 가정할 만한 충분한 근거도 없는 것이다. 모세는 그 인칭의 사용에 있어서 단수와 복수를 바꿔 쓰기는 했으나 전체적으로 이 장이 보여 주는 것은 권고의 말씀을 알기 쉽게 요약한 것이라는 점은 생각할 수 있다.

2) 모세의 두 번째 설교(신 4:44-26:19)

4:44-49에서는 율법에 관한 모세의 연설을 기재하고 있으며 또한 진술한 장소와 때에 대하여도 주의력을 환기시킨다.

(1) 십계명과 신중한 기초적 율법의 상세한 해설(신 5:1-11:32)

① 5장 : 도덕적 율법의 해설

a) 1-5절 ▸모세가 백성을 엄숙히 소집하여 언약이 내포되어 있는 주의 율법과 심판에 대하여 갈하여 주고 있다.

b) 5:6-21 ▸언약의 말씀 곧 십계명이 출 20장을 기초로 하였지만 그것과는 다소 변화한 양태를 가지고서 되풀이된다.

c) 22-33절 ▸모세는 십계명을 선포하고서는 시내 산에서 일어난 사건들의 성질을 보다 더 상세하게 설명한다.

② 6장 ▸여호와의 명령과 규례와 법도

a) 1-3절 ▸이것을 지켜야 할 목적과 더불어 선포되었다.

b) 4절 이하 ▸모세는 십계명에 그 진수가 이미 진술되었다는 언약의 율법을 상술하기 시작한다.

③ 7장 ▸율법을 합당하게 준수하기 위해 우상을 포기해야 함

이렇게 되려면 우선 가나안 사람들을 근절하라는 명령을 백성은 지켜야 한다. 이 명령은 이스라엘 백성이 그 땅에 오래 살아온 결과 이미 가나안 사람들이 거기 살고 있지 않다면 무의미한 것이 될 것이다. 모세가 가나안 사람들이 거주하고 있는 땅으로 들어가려고 하는 백성을 향하여 말하였다는 것은 크게 의미심장한 말씀이다.

④ 8장 ▸하나님을 잊지 말라

하나님을 잊어버리지 않도록 경고하기 위해서 하나님께서 과거에 자기 백성을 어떻게 취급하셨던가를 기억시킨다.

⑤ 9:1-10:11 ▸백성의 온갖 죄와 십계명 받은 사실 열거

모세는 백성의 여러 가지 죄와 반역 및 하나님께서 친수(親手)로 쓰신 십계명을 받은 일에 대하여 열거하고 스스로 의롭다 함에 대하여 그들을 경고한다.

⑥ 10:12-11:32 ▸순종(축복)·불순종(저주)의 택일 제시

순종을 권한다. 율법에 순종하면 복이 있을 것이나 불순종은 저주를 초래한다. 축복이냐 저주냐 하는 선택이 백성 앞에 제시되었다.

(2) 주요 율법의 해설(12:1-26:19)

이 부분은 여러 가지 규칙과 의식으로 이루어진다. 그 일부는 시내 산 율법의 반복이요, 일부는 시내 산 율법에서 고려되지 아니한 환경을 취급하였다. 하나님의 거룩한 백성 이스라엘이 가나안 땅에 들어가서 가질 모든 생활에 대한 단속을 목적으로 하고 있다. 여기에 부과된 율법은 종교적, 정치적 및 사회적 방면의 삼중 성격을 띤 것이며 백성의 전반적 복지를 증진하기 위한 여러 가지 법률들이다.

① 12장 ▸하나님을 예배하기 위한 중앙 집회소에 관한 율법

이 법은 주께서 자신의 이름을 나타내신 곳에만 제단을 세워야 한다는 출 20:21과 본질적으로 일치하는 것이다. 주의하여야 할 것은 신명기 어느 곳에도 예루살렘만을 유일한 합법적 성소라고 명기된 곳은 없다. 중앙 성소로서 사용된 곳이 다른 데도 있었으니 예를 들면 실로(27:4 이하의 에발 산 위에 세워진 제단을 참조)와 같은 곳이다. 신명기의 이 법은 요시야의 통치 아래서 개혁을 단행하기 위한 것이 그 목적한 바라고 오랫동안 주장되어 왔다. 그러나 그의 종교 개혁의 결과는 중앙 성소가 아니라 오히려 우상의 철폐였다는 것에 주의하여야만 한다. 이 사실은 신명기가 주전 7세기의 산물이라고 널리 주장하는 그러한 견해에 대하여 결정적으로 반대되는 현상이라고 생각된다.

12:10 이하에서 가르치고 있는 것은, 성소는 세울 것이로되 즉시 세울 것이 아니라 주께서 백성의 원수를 제하시고 안식을 주신 후에야 세우라는 것이다. 요시야가 다스리던 시대에 예배를 바로 시행할 것을 목적으로 기록된 듯한 이 책에서 이런 명령을 한 것은 이상한 일이다.

웰치(Welch)는 12:1-28을 크게 두 부분으로 나눈다. 즉, 1-12절과 13-28절의 두 부분으로 나눈다. 전자는 2인칭 복수(너희)를 사용하고 있으며 후자는 2인칭 단수(네)를 사용하고 있다.

그러나 이러한 사실이 저자가 다르다는 것을 보여 주는 분명한 표준은 되지 못한다. 그 이유는 이러한 현상은 신명기의 특징이며 구약에 있어서 다른 부분의 특징도 되기 때문이다. 만일 이 원리가 시종일관 적용된다면 이 원리로 인하여 성경은 무의미한 단편으로 산산이 찢어지고 말 것이다.

5절의 "택하신 곳"은 예루살렘이 아니라 계시의 장소임을 유의하여야 한다. 21절에 같은 말씀이 있는 것은 이 장이 통일되어 있음을 입증(立證)하며 웰치

(Welch)가 내세운 가설에 대한 반증도 된다.

15-16절 : 레 17:1 이하의 말씀 곧 짐승은 성소에 헌납되어야 할 것을 가르치는 내용과 상충된다고 생각하였다. 그러나 사실에 있어서 거기에는 상충되는 것이 없다. 레위기의 율법은 분명히 광야 시대에 적용된 것이며 또한 그 시대에는 실제로 순종할 수 있던 때였다. 반대로 신명기의 율법은 팔레스타인에 있어서의 정주(定住) 생활을 위한 것이며 그 시대에는 이미 레위기 17:1 이하의 명령은 실제적으로는 이상 더 지키지 않았던 때였기 때문이다.

② 13장 ▸ 우상 숭배자와 우상 숭배케 하는 자에 대한 형벌(3 가지)

a) 1-5절 ▸ 백성을 우상 숭배에로 인도한 선지자와 꿈꾸는 자는 죽이라고 명한다. 백성을 우상 숭배에로 인도하는 선지자와 꿈꾸는 자란 민 12:6에 말한 계시의 두 매개 수단(이상 · 꿈)과 부합하고 있다(하나님께서 이런 매개 수단을 통하여서도 자신의 뜻을 요셉, 다니엘의 경우처럼 알리시고 말하기도 하시는데 왜 여기에서는 그들을 죽이라고 하셨을까? 이는 2절을 주시해 보면 그들은 본래 알지 못하던 다른 신 곧 우상 숭배에로 인도, 유혹하는 바알 선지자 같은 우상의 선지자 거짓 선지자이기 때문이다. - 편집자 주)

b) 13:6-11 ▸ 근친 혈족이나 친구들로부터 오는 우상 숭배에의 유혹자를 좇지 말고 그를 돌로 쳐 죽일 것.

c) 12-18절 ▸ 우상 숭배에 빠진 성읍을 진멸할 것을 명하였다. 웰치(Welch)는 4b절과 5절을 분리시킨 것은 2인칭 복수를 사용했다는 것과 율법이 아니라 신학을 포함하고 있기 때문이라는 것이다. 이 논증 중 후자는 주관적이다. 신명기는 무미건조한 법전이 아니라 율법을 찬미하는 해설인 것이다. 이 구절들은 분명히 그 성격에 있어서 신명기적이며 이 부분은 서로 불가분리(不可分離)의 관계를 구성하고 있다.

③ 14장 ▸ 성민의 금지된 풍속 및 구별된 음식과 토지 소산의 십일조

이스라엘 백성은 가나안 사람들의 풍속과 부정한 음식을 피하여야 할 것과 열매의 십일조를 드려야 할 것을 말하고 있다.

a) 1-2절 ▸ 여기에 기재된 이 이교적 의식은 이미 레 19:28에 금지되어 있다. 이것은 필연코 팔레스타인에 횡행하던 습관이었다(사 3:24; 렘 16:6; 암 8:10 등 참조).

b) 3-21절 ▸ 정결한 것과 부정한 짐승을 취급하고 있다. 그리고 이 구절들은

레 11:2-19과 본질적으로 부합되는 것이다. 신명기 역시 레위기보다 늦은 기사이다. 사실 이것은 레위기에 있는 율법을 요약한 것으로서 약속 받은 땅에 들어가려는 백성들이 받아들여야만 할 말씀이다. 14:4 이하에서 먹을 만한 짐승들을 말한 것은 모세가 저작자임을 강하게 증거 하여 주는 것이다. 왜냐하면 이 짐승들 가운데 어떤 것은 팔레스타인에서나 나일 강 유역에 어느 곳에서도 분명히 알려지지 않았고 다만 광야 거민만이 알 수 있는 것들이기 때문이다. 그러므로 이보다 이른 레위기에 열거할 이유는 없으며 그때 백성은 흔히 먹을 수 있었다.

c) 21b절 ▸ 이 구절은 출 23:19b과 34:26b을 반복한 것이다. 이 율법을 가나안인들 간에 행하여지던 마술적 밀크 주문(呪文)에 대한 금령으로 볼 수 있는 것은 라스 에쉬-샤므라(Ras'esh-shamra) 문서 중의 하나에 "염소 새끼를 젖에 삶아라."라는 명령이 있기 때문이다(Syria, XIV, 2, p.130 line 14 참조).

d) 14:22-29 ▸ 십일조에 대하여 취급한다. 이 부분은 민 18:21 이하의 말씀과 상반되지는 않는다. 백성이 아직 유목민으로 지낼 때에 존재한 이런 법규에도(레 27:30; 민 18:21 이하) 십일조는 가장 그것을 필요로 하던 제사장들과 레위인들에게 헌납되었다. 그러나 백성이 팔레스타인에 들어갈 것을 준비하면서 정주 생활을 시작하려는 그때에는 십일조를 광범위하게 사용하는 데 대한 법령이 주어진 것이다.

④ 15장 ▸ 노예들과 가난한 자들의 유익을 위한 율법

a) 1-11절 ▸ 면제년(免除年)에 관한 기사로서 출 23:10 이하와 레 25:1-7을 더 확대한 것이다.

출애굽기와 레위기의 규정이 특수한 성격을 띤 것은 유목민을 위하여 선포된 것이기 때문이며, 신명기가 신명기적 성격을 띤 규정은 바로 정착 생활에 돌입하려는 백성을 위한 것이기 때문이다.

b) 12-18절 ▸ 히브리 사람인 노예를 해방하여 주는 데 관한 기사이다. 이 법은 출 21:2-6을 근거하고 있다. 그런데 여기서는 노예 해방을 어떻게 성취할 것인가를 설명하려는 목적으로 반복된 것이다. 노예를 사랑하라 함은 해방된 후에 그의 생계를 위한 대책을 세워 주어야 한다는 것이다. 레 25:39-46에서 가르치는 것은 노예들을 희년에는 자유하게 하여 줄 것을 가르치고 있으니 실제로 인도주의적 율법으로는 노예가 7 년 봉사를 마쳐야 하지만 이 7 년을 마치기 전에 희년이 되면 역시 그 노예를 자유하게 하여 주어야 한다는 것을 명백히 규정지은 것이다.

17절도 출 21:6과 모순되지는 않는다. 다만 사랑하는 동기에 의하지 아니하고서는 이 법을 적용하지 못하도록 하기 위해서 출 21:6을 반복하여 기록한 것이다. 이 구절은 출애굽기에 상술된 것 곧 재판장들 앞에서 공적으로 선포한 것을 되풀이하지는 않는다. 그러나 중요한 것은 귀를 뚫는 일인데 이것은 분명히 이상의 다른 두 구절에 모두 다 기재되어 있는 것이다.

c) 19-23 ▸가축의 처음 난 것을 언급하고 있다(출 13:2, 12; 레 27:26 이하; 민 18:15 이하 비교).

⑤ 16:1-7 ▸3대 절기(출 12장 ; 레 23장, 민 28장, 29장 비교)

모세가 되풀이하고 있는 율법은 희생의 제물을 먹는 것에 관한 것이니 명절 때 중앙 성소에서 먹게 되어 있는 것이다.

a) 1-8절 ▸유월절에 관한 기사이다. "유월절(페싸흐 : פֶּסַח)"이란 말은 2절의 "우양으로"란 말과 누룩 없는 떡을 먹는 일에 관한 말씀이 보여 주는 대로 유월절 양뿐만 아니라 마초트(מַצּוֹת = 무교병) 곧 누룩 없는 떡을 먹는 절기를 행하는 기간인 7 일 간에 잡는 모든 희생까지 포함하는 말이다(2절의 "그것과"란 말 주의).

b) 16:9-12 ▸칠칠절(출 23:16; 34:22; 레 23:15 이하; 민 28:26 이하 비교).

c) 13-15절 ▸초막절(출 23:16; 34:22; 레 23:33 이하; 민 29:12 이하).

⑥ 16:18-17:20 ▸법의 진행과 왕의 선택

a) 16:18-20 ▸재판장과 유사들에 대한 규례

b) 16:21-22 ▸아세라 상과 주상(柱像) 건립 금지

c) 17:1-7 ▸우상 숭배자의 형벌

d) 8-13절 ▸고등 상소 재판소

e) 14-20절 ▸왕 선택 : 이 왕을 선택한다는 것은 수의적(隨意的) 사실이나 왕의 자격에 대하여는 제법 엄중하였다. 왕은 마땅히 이스라엘 사람이어야 한다(15절). 왕은 말(馬)을 많이 두어서는 안 된다(16절). 곧 왕은 부유하게 되는 것을 구해서는 안 된다. 백성이 왕의 행위로 인하여 애굽으로 끌려가게 되고 애굽에서부터는 말들이 올라오지 않도록 하기 위한 것이다(왕상 10:28 참조). 하나님과 멀어지지 않도록 왕은 자기를 위하여 은과 금을 많이 쌓지 말 것이다(17절). 이것들보다는 오히려 왕은 자신을 위하여 율법서를 옆에 두고 자신의 지침

서를 삼아야 한다.

사람인 왕이 존재한다고 하여서 신정 국가의 이상에 위배되는 것은 아니다. 왜냐하면 여기에 표현된 왕은 전제적이며 독재적인 왕이 아니라 주의 빛 가운데 행하면서 그의 지혜와 그 지혜로 인하여 공정하게 정치를 함으로써 왕국을 복되게 하고 언약의 하나님의 이름에 영광을 돌릴 인물이기 때문이다. 그는 만왕의 왕의 참된 예표이어야 한다.

사무엘의 태도(삼상 8:6-17)는 결코 이상과 상충되는 바는 아니다. 백성이 왕을 요구할 때 그것은 확실히 그들에게 있어서는 마땅한 권리인 것이다. 사무엘이 반대한 것은 그들의 요구가 비신정 국가적 정신이었기 때문이다. 백성은 하나님께서 통치하시는 신정 국가의 선(善)을 위하여 왕을 요구한 것은 아니었다. 그들은 이웃 나라들과 같이 되어 보기 원하여 왕을 원했던 것이다. 그러나 신정 국가의 특징은 이스라엘이 이웃 나라들과 같지 아니함에 있는 것이다.

그러므로 신명기가 그때까지 존재하지 않았다는 증거를 내세우기 위해서 사무엘상의 기사를 들고 나오는 것은 옳지 못하다. 그러한 행동은 사무엘서의 내용을 이해하는 데 있어서 부족함이 있다는 사실을 뺄 수 없이 폭로하는 것이 된다. 더욱이 신명기가 사무엘서보다 후대의 것이라면 사무엘서의 몇몇 특징이 있는 점, 예를 들면 삼상 8:11 이하의 사실들을 신명기의 기사 가운데서 찾아볼 수 있다고 기대하여야만 하기 때문이다.

⑦ 18장 ▸ 제사장과 레위인들과 선지자들

a) 1-8절 ▸ 제사장과 레위인들의 권리를 기술하고 있다. 1절의 "레위 사람 제사장과"란 말은 제사장과 레위인을 구별 짓고 있다. 이것은 그 뒤의 "레위의 온 지파"란 말에 의하여도 볼 수 있고 또한 "제사장(3-5절)"과 "레위인"(6-7절)이란 구별에서도 알 수 있다. 신명기가 제사장과 레위인의 구별을 모른다 함은 정당하지 못하다. 오경의 중간 책에 아론과 그의 아들들이 제사장직을 실제로 수행하였을 때에 제사장들은 아론의 아들이라고 불린 것은 당연한 것이다. 이것과는 달리 신명기는 보다 더 일반적이어서 예언적 성격을 가진 책이며 일반적 명칭이 사용되어 있다.

특수 문헌 : Samuel Ives Curtiss, Jr.: *The Levitical Priests*, Edinburgh, 1877.

b) 9-22절 ▸ 선지자의 율법을 명시하고 있다. 이스라엘이 그 땅에 들어갈 때도 역시 시내 산에서 받은 율법을 기초로 하여 그것과 일치하는 하나님의 더 깊은

계시가 필요했던 것이다. 이 필요를 보충하기 위하여 주께서는 선지자 제도를 세우신 것이다.

이 부분도 한 단위로서 다음과 같이 분해할 수 있다.

a. 9-13절: 이스라엘이 배워서는 안 될 가나안 사람들의 아홉 가지 가증한 것들이며,

b. 14-15절 : 가나안 것들 때문에 가나안인들은 그들의 땅에서 쫓겨나야 한다. 그리고 이스라엘을 위하여 선지자의 제도는 수립되어야만 했다. 이 제도는 하나님으로 말미암아 세워진 것임을 강조하고 있다(15절 : yakim jeka yehowah). 그리고 이 선지자 제도는 표면적으로 유사한 고대 여러 종교적 습관과 구별되어야 한다. 그러므로 선지자는 반드시 이스라엘 사람이어야 하고, 모세와 같이 하나님과 사람 사이의 중보자 노릇을 할 수 있는 사람이어야 한다.

c. 16-18절 : 본 절에서 보는 바와 같이 선지자 제도는 이스라엘이 호렙에서 중보자를 달라고 탄원한 데 대한 응답으로 수립되었다.

d. 19-22절 : 참 선지자와 거짓 선지자를 구별하는 표준이 기록되어 있다.

⑧ 19장 ▸ 몇 개의 형법

a) 1-3절 ▸ 도피성에 대한 기사로써 민 35:9-34과 더불어 처음에 출 21:12-14에 명시한 율법을 한층 더 상세하게 기록한 것이다.

b) 14절 ▸ 이웃이 경계표를 옮기는 것을 취급한다. 곧 선조(리쇼님 = ראשנים) 들이 정해 둔 경계를 후손이 옮겨서는 안 된다는 것이다.

⑨ 20장 ▸ 장래의 전쟁에 대한 율법

a) 1-9절 ▸ 병역 관계법

b) 10-20절 ▸ 성(城)을 멸망시킴에 관한 기사로서 다만 평화를 제의하여 거절 당한 뒤에라야 비로소 원수의 도성에 대한 공격은 시작된다. 그러한 공격 중에도 과수(果樹)는 아껴야 한다.

⑩ 21장 ▸ 여러 가지 법

a) 1-9절 ▸ 알지 못하는 자로 말미암아 행하여진 살인 범죄에 대한 속죄를 다룬다. 이 습관은 옛날부터 있었던 것이다(Code of Hammurabi, No. 24 비교)

b) 10-14절 ▸ 전쟁에서 포로 된 여자와의 결혼에 관하여

c) 15-17절 ▸ 장자의 권리

d) 18-21절 ▸ 완악한 아들에 대한 형벌

e) 22-23절 ▸ 나무에 달았던 범죄자의 매장법을 각각 기재하고 있다.

⑪ 22장 ▸ 계속된 여러 가지 법

a) 1-12절 ▸ 이웃과 본래의 생활 질서에 대한 이스라엘 사람의 합당한 태도를 설명한다.

b) 13-29절 ▸ 음란, 간음과 약혼한 처녀와 약혼하지 아니한 처녀와의 성교에 대한 율법을 제시한다.

⑫ 23장 ▸ 총회에 있어서의 회원의 권리

a) 1절 ▸ 1절을 22:30로 하는 것이 합당하다(역자 주 : 한국어 성경에는 그렇게 되어 있음)

b) 2-9절 ▸ 제외되어야 할 자들에 대하여

c) 10-14절 ▸ 전쟁 때의 진내(陣內)의 청결

d) 15-19절 ▸ 도망친 종은 그 주인에게 돌려보내서는 안 된다는 것, 종교적 매춘부는 용서해서는 안 된다는 것

e) 20-26절 ▸ 시민의 각종 권리에 대하여 기술하고 있다.

⑬ 24장 ▸ 이혼에 대한 기사

a) 1-4절 ▸ 특별한 경우의 이혼에 있어서 재혼의 금지령

b) 24:5 ▸ 새로 아내를 얻는 자의 출전 보류

c) 6-9절 ▸ 각종 금령

d) 10-15절 ▸ 가난한 자를 압제하는 일에 대한 경고

e) 16-22절 ▸ 불공평에 대한 경고와 의지할 곳 없는 자에 대한 관용의 표시인 이삭 줍는 것에 관하여 기술하고 있다.

⑭ 25장 ▸ 체형(體刑)에 관한 율법

a) 1-3절 ▸ 과도한 체형을 금하였다.

b) 4절 ▸ 인도주의적인 것으로 곡식을 밟아 떠는 소에게 망을 씌우지 말 것,

c) 5-10절 ▸ 형제 된 자의 아내를 취하는 데 대한 율법

d) 11-19절 ▸ 각종 율법에 관한 기사로서 아말렉의 사람들은 멸종되어야 함을 명하신다.

⑮ 26장 ▸ 첫 열매와 십일조를 드려서 하는 감사

언약의 책도 첫 열매를 바치는 율법으로 마친 것을 유의하여야 한다 (출 23:19).

3) 언약의 갱신(신 27:1-30:20)

① 27장 ▸ 율법의 비준

a) 1-8절 ▸ 이스라엘인들이 요단 강을 건넜을 때에 에발 산에 큰 돌들을 세워 석회를 발라 그 위에 율법을 기록할 것을 가르친다. 그들은 또한 번제와 화목제를 드릴 단을 세워야단 했다. 이 부분은 모세의 저작성을 실제로 주장하고 있음을 보여 주는 부분이다. 팔레스타인의 점령이 아직 실현되지 아니한 미래에 있을 일임에도 불구하고 이미 여기에서 분명히 제시되어 있는 것은 유의할 만하다. 더군다나 문장의 기록법도 고대의 일을 보여 주고 있다.

문자는 미리 준비된 표면에 조각하는 칼끝으로 쓴 것이 분명하다. 마치 애굽의 풍속과 같이 율법을 돌에 조각하는 습관 또한 널리 보급된 것이었다〔유명한 함무라비(Hammurabi) 법전 참조〕.

b) 9-10절 ▸ 여기에 기재된 율법을 순종하라는 하나님의 명령을 따라 이 장의 두 부분은 연결되고 있다.

c) 11-26절 ▸ 11:29에서 이미 제시한 대로 축복과 저주를 선고한다. 백성은 스스로 그리심 산에서 축복을, 에발 산에서는 저주를 말하는 데 대하여 "아멘" 하고 그것을 수긍하는 것이다.

② 28장 ▸ 축복과 저주

a) 1-14절 ▸ 순종에 대한 축복

b) 15-16절 ▸ 불순종에 대한 저주 - 이 부분에는 "저주를 받으리라."란 말이 여섯 번이나 반복되어 있다.

③ 29-30장 ▸ 언약의 결론

이것은 실제로 호렙 산에서 베푸신 언약의 새로운 선포이다.

4) 모세의 고별사와 그의 죽음(신 31:1-34:12)

① 31장 ▸ 마지막 정리

a) 1-8절 ▸ 여호와의 임명

b) 9-13절 ▸ 매 7 년마다 낭독해야 할 율법

c) 14-23절 ▸ 여호수아의 임무와 노래를 기록하라는 명령

d) 24-30절 ▸ 율법을 언약궤 곁에 둘 것

② 32장 ▸ 모세의 노래

이 아름다운 시가 의도하는 바는 주의 진실하심과 백성의 진실하지 못함을 대조하기 위함이다.

a) 1-3절 ▸ 서론

b) 4-6절 ▸ 시의 제목인 반석 곧 하나님의 진실하심

c) 7-14절 ▸ 하나님께서 이스라엘을 취급하신 일의 개관(概觀)

d) 15-18절 ▸ 이스라엘의 배교

e) 19-33절 ▸ 반역자들에 대한 하나님의 무서운 진노의 예고

f) 34-43절 ▸ 백성에게 나타날 자비와 원수들에 대한 복수

g) 44-52절 ▸ 맺음말

이 시는 장래에 백성이 그 땅에 정주할 그때를 목표하고 선지자적 입장에서 예견한 것으로서 이상적인 묘사를 하고 있으며 그 성격은 설교와 같다. 여기에 모세가 저자임을 부인할 만한 정당한 이유는 없다. 단어는 고대형이 포함되어 있으며 언어는 순수하다. 모세 이후에 저작된 것이라는 것을 입증할 만한 근거는 찾을 수 없다. 더욱 이 노래에 대한 기사는 31:19 이하에서 자연스럽게 계속된다(특히 30절 주의).

드라이버는 주장하기를 7-12절에 나타난 기사로 보아 출애굽기와 가나안 점령은 거리가 먼 것같이 생각된다고 한다. 그리고 34절 이하에서 다만 구원은 앞으로의 일이라고 한다. 그리고 사상이 원만한 것이나 작품의 문체를 보아서 모세보다는 뒤에 되었다는 증거로 믿고 있다. 또한 내부적 증거를 따라 이 노래는 신명기의 다른 부분과 저자도 다르다고 하는 것이다. 이 노래에는 31:16-21과 31:24-30을 보면 두 서언이 있다고 한다. 드라이버는 저작 연대에 대하여는 독단적으로 주장하지는 않는다. 그는 JE의 편찬보다 약간 앞 시기를 지지하나 이 본문의 신학적 입장은 갈대아 시대의 선지자들과 크게 유사하기 때문에 예레미야, 에스겔 시대의 것으로 정할 수 있는 가능성을 가진다고 말한다.

그러나 드라이버의 논점은 이러한 자기의 주장을 수긍케 하지는 못한다. 7-12절은 출애굽기와 가나안 정복을 먼 과거의 일로 보이게 하지는 않는다. 7-8절은 족장 시대를 가리킬 수도 있다. 13-30절이 이스라엘이 포로 직전에 처한 것처럼 진술하고 있다 함은 옳지 못하다. 이 구절은 오히려 성경 중에 더러 반복되는 하

나의 주제를 제시하고 있는 것이지 특별한 역사적 사건을 전제한 것은 아니다. 본문은 교만과 번영이 때로는 하나님의 심판을 초래한다는 공통적인 주제를 가르치고 있다. 이 노래에도 두 서언이 있기는 하나 각각 저자가 다른 것은 아니다. 31:16-21은 단순히 노래를 기록하라는 주의 명령이며, 22절은 모세가 순종한 것이다. 이것은 모세가 이 노래를 써서 백성에게 가르친 사실을 일반적으로 진술한 것이다. 30절은 이 노래 자체에 대한 특별한 소재를 보여 준다.

이 시(詩)의 내용에 대하여 말한다면 모세가 저자란 주장에 모순되는 것은 전혀 근거가 없으며 이 시에 나타난 사색이나 어휘는 모세 시대와 잘 부합한다. 32:7의 "도르 와도르(דּוֹר וָדֹר = 역대의 연대)"란 말에 유의하여 보라. 라스 샤므라(Ras Shamra) 문서의 dr dr(「라스 샤므라」 문서에 dr란 자음이 2 회 기록된 것 - 편집자 주)도 비교해 보라. 32:11의 "독수리"는 출 14:4과 비교되어야 한다. 창 49:24에는 하나님을 반석으로 지칭하였다. 여수룬이란 말은 신 33:5와 26에만 나타난다(사 44:2의 것은 신명기의 인용이다. 32:3의 고델(גֹּדֶל)은 오경에서는 하나님의 위대(위엄)성을 말할 때 사용한 것이다(신 3:24 ; 11:2 ; 민 14:19 비교). 32:7의 "날들(예모트 = יְמוֹת)"이라는 복수는 시 90:15의 모세의 기도 중에 오직 한 번 더 나타난다.

파이퍼(Pfeiffer)는 이 시의 사상과 언어를 보아서 이 시가 주전 5세기 전반에 저작된 것으로 간주한다. 그는 이 시가 스가랴와 느헤미야 시대 사이의 "종교를 위한 계몽적 역사 문서"로서 초기 유대교를 특징지어 주는 강렬한 종교적, 국가주의적 정신을 나타내는 것으로 생각한다. 그런데 드라이버의 이론을 반대하여 적용한 논증은 여기서도 그대로 유효하다.

③ 33장 : 모세의 축복

이 축복은 3 부분으로 구분이 된다.

a) 1-5절 ▸ 표제와 서론

b) 6-25절 ▸ 각 지파를 향한 축복

c) 26-29절 ▸ 맺음말

이 축복은 모세 자신이 실제로 선포한 것이나 33:1에서 알 수 있는 것은 분명히 모세가 쓰지는 않았다는 것이다. 여기에서 모세가 저자란 위치에서 분리된 것같이 보인다. 그러나 어쨌든 축복의 인사는 모세의 것으로 생각된다. 모든 장절은 장래에 대한 선지자적 살핌으로써 이상적인 방법으로 표현되어 있다. 이 부분을 모세 이후 시대의 역사적 환경에 대응시킬 만한 증거는 결단코 없으며 이러한 사실은 이 시가 신빙성을 가지고 있다는 강력한 근거가 된다.

부정적 비평은 축복의 연대를 발견하는 문제에 있어서도 모두 일치하지 않는다. 그런데 모세의 것이 아니라는 근본 이유는 다음과 같은 것을 든다.

① 이 시는 시므온에 대하여는 한 마디도 언급하지 않는다. 그리고 이것은 시므온이 유다에 흡수당한 시대를 지적하기 위하여 취급된 것이다.

② 27절 이하에는 팔레스타인 정복은 이미 완료된 사실처럼 보인다.

③ 4절은 모세로부터 언급된 것같이 볼 수 없다는 것이다.

그러나 이 문제들에 대한 답변은 다음과 같다.

① 시므온을 생략한 것은 시의 예언적 성격에 의한 것이다. 창 49:7을 보게 되면 시므온은 이스라엘 가운데 널리 분산되어 한 지파로서 명확한 독립성을 상실할 것이라 하였다. 이것은 후에 성취되었다 (수 19:2-9 참조). 그리고 시므온에 속한 자들은 야곱이 저주한 악을 풀어 보려고 하지 않았다. 그러므로 르우벤이 특수한 축복을 받지 못하였듯이 특수한 축복을 받지는 못했다. 그러나 1절과 29절을 보게 되면 유다를 향한 축복은 전체적 축복 중에 그들도 포함된 것 같다.

② 27절 이하에는 이스라엘의 이상적 모습을 제시하는 것으로 볼 수 있다. 여기에 나타난 정복은 역사적으로 완수된 사건인 것처럼 언급하지는 않는다. 오히려 하나님만이 백성의 확실한 안정처임을 나타낸다.

③ 4절은 분명히 국민을 ("야곱의 총회")로 의인화(擬人化)한 것이며, 모세와 그의 백성을 함께하는 공동체로("모세가 우리에게") 일치시키고 있다.

드라이버(Driver)의 견해에 있어서 내적 증거는 결정적이 못 되며 "우리들에게는 확실한 기준은 없다."라고 말하였으니 그의 의견은 깊이 고려할 가치가 있는 것이다. **저작 연대에 대해서는 다음과 같은 견해가 주장되어 왔다.**

a) 여호보암 1세의 치하 ▸ 드라이버(Driver), 딜만(Dillmann)

b) 여호보암 2세의 치하 ▸ 퀘넨(Kuenen), 코르닐(Cornill), 파이퍼(Pfeiffer 부분적)

c) 사사 시대 ▸ 클라이너트(Kleinert).

d) 34장 ▸ 모세의 죽음과 장사

필로(Philo)와 요세푸스〔Josephus(*Antiquities* IV : 8:48)〕는 모세가 자신의 죽음에 대한 기사를 기록하였다고 믿는다. 「바바 바트라(Baba Bathra 14b」에서는 이 말씀들을 여호수아가 기록한 것으로 본다. 곧 "모세는 자신의 책과 발람에 관한 부분(민 22:2-25:9) 및 욥기를 기록하였으며, 여호수아는 자신의 책과 율법 중의 8절(신 34:5-12까지)을 기록하였다."라고 하였다. 이븐 에즈라(Ibn Ezra) 역시 이 장은 여호수아가 기록하였다고 가르쳤다. 모세의 죽음에 대한 이 짧은 기사가 하나님의 영감 하에 후세인의 손으로 기록되어 신명기에 부가되었다고 생각하는 것은 틀림이 없는 사실이다.

4. 신명기에서 모세 이후의 것으로 주장되는 부분

1) 신1:1의 "요단 저편(에베르 하야르덴=עֵבֶר הַיַּרְדֵּן)"이란 표현

이 부분은 이미 팔레스타인에 있는 자의 입장을 말한다는 것이다. 이 반론은 오래된 것으로 이븐 에즈라가 들고 나온 것이며. 그 뒤 스피노자(Spinoza)도 주장하였다. 사실 이 구절은 "요단 저편"이라는 뜻이기도 하다. 그러나 분명히 전문적 의미를 가진 것이니 현대에 사용되고 있는 것같이 얼마든지 말 할 수 있는 것이다. 또 달리 로마 사람들이 갈리아(Gallia) 지방을 citerrior(이쪽)과 ulterior(저쪽)이라고 한 것을 생각할 만하다. 그의 신 3:20, 25; 11:30; 수 5:1; 9:1; 12:7; 왕상 5:4 등의 구절들은 전문적인 의미를 (세밀히 다룬 것은) 아니지만 팔레스타인에 대해서 썼다(여기에 대한 세밀한 것은 Hengstenberg의 *DGP*, II, pp. 256-264 참조).

2) 신10:6, 7은 난제로 여겨 왔다

이 구절들이 가르치는 바는 아론이 모세라(Mosera)에서 사망하였다고 하며, 모세라에서 굿고다(Gudgodah)로 여행하였고 다시 굿고다에서 욥바로 행하였다는 것이다. 그러나 민 20:22 이하에 의하면 아론의 사망은 호렙 산 체류(滯留) 훨씬 후에 일어난 것이다. 그러면 왜 여기에 이 기사가 삽입되어 있는가를 알기 어렵다. 더욱이 민 33:31-33에서는 진을 친 순서가 모세롯, 브네야아간, 홀하깃갓, 욧바다의 순으로 되어 있다.

끝으로 민 20:22 이하와 33:38에 의하면 아론의 죽음은 호르 산이며 욧바다는 아니다. 그러나 이들 반대에 대한 답변으로는 이러하다.

① **신명기의 이 구절은 민 33:31-33에 부합하는 것이 아니며** 오히려 민 33:1-35이 취급하고 있는 것은 이스라엘 초기의 여행에 관한 기사이며 그때의 야영을

상세히 기록하고 있기 때문에 그 야영이 최후 여행에다 열거(37절 이하)될 것이라고는 기대할 수 없다. 그러므로 민수기와 신명기 사이에는 진을 친 위치의 순서에 있어서 국한된 문제라면 모순은 없다.

② **모세라(복수 : 모세롯)를 호르 산이 위치하고 있는 근방의 평범한** 지방의 이름이라 함은 능히 가능한 일이다. 어쨌든 신명기는 아론이 호르 산에서 죽었다고 기록하고 있다(신 32:50 참조) 사실 여기에 무슨 오류가 있었다고 하면 "편집자"가 능히 그 오류를 발견하였을 것이다.

신명기에 관한 특별한 참고 서적

Agae Bentzen : *Die josianische Reform*, Kopenhagen, 1926.

Herbert Breit : *Die Predigt des Deuteronmisten*, Muenchen 193.

Karl Budde : *Das Lied Mose's. Duet.* 32, Tubingen, 1920; Der Segen Mose's Deut. 33, Tuebingen, 1922.

George G. Cameron : "The Laws peculiar to Deuteronomy," in *PTR.* vol. 1, 1903, pp. 434-456.

A. R. Hulst : *Het Karakter van de Cultus in Deuteronomium*, Wageningen, 1938.

Gerhard von Rad : *Das Gottesvolk im Deuteronomium*, Stuttgart, 1929.

Arthur-Robert Sieben : *L'Origine du Code Deuteronomique*, Paris, 1929.

Georg Sternberg : *Die Ethik des Deuteronomiums*, Berlin, 1908.

Adam C. Welch : *The Code of Deuteronomy*, Lodon, 1924.

Deuteronomy : *The Framework to the Code*, Lodon, 1932.

Harold M. Wiener : *Das Hauptproblem des Deuteronomiums*, Guetersloh, 1924. "The Laws of Deuterronomy and the Arguments From Silence," and "Deutrronomy and the Argument From Style," in *PTR*, vol. V, 1907, pp.188-209 and 605-630 respectively.

Adolf Zahn : *Das Deuteronomium*, Guetersloh, 1890.

제 7 장

오경의 문학적 비평

"성경의 권위에 대하여 우리는 그것을 믿고 복종해야 한다. 그 권위는 어떤 사람이나 교회의 증거에 의거하는 것이 아니라 진리 자체이시며 저자가 되시는 하나님께 전적으로 의거하고 있다. 그것은 하나님의 말씀이므로 우리는 그것을 받아들여야 한다."(*WC*, I:IV)[17] 이 말은 성경에 대하여 결과적으로 구약 성경에 대한 고차원적인 견해를 제시하고 있으니 부인당할 수 없는 사실이다. 이 견해에 의하면 성경은 믿어야 하고 복종해야 할 위대한 권위를 가지고 있다는 것이다. 이 권위는 사람으로나 교회로부터가 아니라 다만 저자이신 하나님으로부터 유래한 것이라는 것이다.

이 고차원적인 견해는 역사적 기독교회에 의하여 일반적으로 주장되어 왔으며 교회의 공인 신조(公認信條)에 포함되어 왔다. 초대 교부들은 성경을 권위 있는 하나님의 말씀이라고 역설하였고 교회는 일관하여 교부들의 견해에 그대로 따른 것이다.[18] 그럼에도 불구하고 교회 안팎에는 이 높은 성경관에 반대하는 자들이 있었던 것이다.

성경에 관하여 절대적인 비평을 가한 최초의 시기에 관하여는 확실하게 단정할 수는 없다. 하나님께서 명령하여 정하신 것 이상으로 현명하려고 하는 욕망의 발작으로 하나님의 말씀을 비평하는 것은 물론 무서운 죄이다. 그러나 구약 성경에 대한 불만은 이집트의 알렉산드리아 시에서 처음으로 나타났다.

알렉산드리아는 당시 헬라 철학 및 문화의 중심지였다. 그러한 도시에서는 성경에 대하여도 세심한 주의를 기울였을 것은 당연하다. 더욱이 이러한 연구가 헬라 철학의 영향을 받아 행하여졌을 것은 분명히 가능한 일이다. 알렉산드리아

17) B. B. Warfied : "The Westminster Doctrine of Holy Scripture," in The *Westminster Assembly and Work* (New York, 1931), pp.155-257.

18) 역사적 교회의 공인 신조와 거기에 기록된 성경의 권위에 관한 기사 비교. Philip Schaff : *The Creeds of Christendom*, There Volumes(New York, 1881-82).

의 클레멘트(*Stromata*, 1:15 등)는 소요학파(逍遙學派 : peripatetic)의 한 사람인 아리스토불러스(Aristobulus)에 관하여 말하기를, 아리스토불러스는 유대인의 철학이 헬라의 것보다 앞선다는 것과 플라토(Plato)는 자기 사상을 모세의 율법에서 얻었다고 가르쳤다는 것이다.

알렉산드리아에는 성경학파와 같은 것이 있었던 것은 분명하고, 그것은 또한 구약 성경이 헬라 어로 번역(70인역)되기 전 시대에 존재한 것이라고 봐서 당연하다(*Stromata* II: 93:3). 클레멘트는 다시 데메트리우스(Demetrius)란 자에 대하여 말하기를 그(데메트리우스)는 유대 열왕의 책을 작성하였으나 그의 것이 필로(Philo)의 일람표와는 달랐다고 하였다.

사마리아 사람인 도시데우스(Dositheus)에 대하여도 말하기를 그는 선지자들이 성령의 감동으로 말하지 않았다는 설에 근거하여 선지서를 부인하였다 ("qui primus ausus est prophetas quasi non in spiritu sancto locutos repudiare")(*Against All Heresies*, in Oehler *Corporis Haereselogici*, Vol. I, pp. 271-279, Jerome in *PL* 23, col. 187; *Clementine Homilies PG*, Vol. 2, Col. 92, 96 참조) *Indiculus de Haeresibus* 에는 Meristae라 고 불리우는 그룹에 대해서 말하고 있는데, 이들은 성경을 쪼개고 선지서 전부를 믿지 않는다고 한다(ed. Oehler, p.283).

1. 첫 2세기

1) 노스틱 파(Gnostic Sects)[19]

제 2 세기에는 그리스도 교회와 여기에 대항하는 원수들과의 투쟁이 있었다. 그 강적이란 노스틱주의로 알려진 것으로 한동안 교회의 발전에 심한 위협을 던진 철학적 체계였다.

노스틱주의는 구약 성경을 적대시하였으며 유대교에 대하여 강한 반감을 나타내 보였다. 노스틱주의에 의하면 영혼과 물질은 서로 상반되는 것이라고 한다. 그리고 세계의 궁극적인 존재를 영혼 곧 영적 세계에 두지만 그 직접 원인은 최고의 신으로부터 유출된 데미어즈(Demiurge = 조물주)였다고 하며. 이 유출된 데미어즈는 낮은 존재로서 그것이 바로 유대인이 믿는 하나님이라고 하였다. 바로

19) 이하에 나오는 3 부분은 출판되지 아니한 필자의 박사 논문 *Biblical Criticism to the of the the Christian Century*의 자료를 이용하였다.

이 사상은 많은 노스틱주의자들로 하여금 구약 성경에 대하여 적대적인 비평을 하게 한 근본 원인이 되었다.

(1) 시몬 마구스(Simon Magus)

행 8:10에 보면 사마리아 사람들이 "크다 일컫는 하나님의 능력"으로 알고 있던 시몬이란 사람에 관한 기사가 있다. 에피파니우스(Epiphanius)에 의하면 (Against, Heresies, *PG*, vol. 41, col. 292) 행 8:10 시몬인지 아닌지는 논점이 되겠으나 시몬이란 사람이 있었는데 그는 율법이나 예언이 선하신 하나님으로부터 나온 것이 아니라고 주장하였다고 한다. 『클레멘트의 설교집(*Clementine, Homilies*)』(*PG*, vol. 2, col. 436)에서도 시몬이 구약의 어떤 의인법을 비평하였다고 한다. 즉, 창 3:22, 18:21 같은 구절은 하나님의 무지를 드러내는 것이며, 창 3:22은 하나님을 질투 많은 자로 지적한 것이라 하고, 창 22:1은 하나님께서 악하기도 하고 무지하기도 하다는 사실을 말한다고 그는 생각하였던 것이다.

(2) 오파이트파(The Ophites)

이 파는 분명히 기독교 이전에 싹튼 것이며 중요한 노스틱파의 선구자이다. 오파이트(Ophis : 뱀)파에 의하면 사람에게 선악의 지시를 부여한 자는 뱀이라고 한다. 그러므로 타락은 의를 향한 타락이었으며 뱀은 숭배를 받아야만 했고 구약의 하나님은 멸시를 받아야 한다고 주장한다 (*Catalog of Philaster*, ed. Oehler, 1:5; *PG*, vol. 41, cols. 641ff, *PG*, vol. 7, cols. 694-704; Lipsius, "Unber das ophitische System," in *Zeitschrift fur wissenschaftliche Theologie*, 1863-64 참조).

(3) 가인파(The Cainites)

이 파는 가인, 에서, 고라, 소돔 사람들을 자기들의 선조라 하여 숭배하였다. 그들은 가인이야말로 데미우르고스의 진노 하의 순교자라 하였다. 그들이 구약성경을 곡해한 것은 의심할 것 없이 그들의 철학 때문이다(*PG,* vol.41, col, 656 참조).

(4) 시리아 학파(The Syrian School)

① **사토르닐루스**(Satornilus) : 익나타우스와 동시대적인 안디옥의 사토르닐루스는 그의 밑바탕이 되는 스노틱주의적 이원론(二元論)에 의하여 어떤 예언은 세계를 창조한 천사에 의하여 전하여진 것이며, 어떤 예언은 악마에 의하여 선포된 것이라고 가르쳤다(*Irenaeus*, PG, vol. 7 cols. 675 이하 참조).

② **타티안(Tatian)** : 타티안은 그의 디아테사론(Diatessaron) 곧 『사복음서의 대조(*Harmony of the Gospeals*)』에 의하여 잘 알려진 사람이다. 그는 구약 성경을 낮은 신이 지은 작품으로 생각하였고, 아담의 구원을 부인하였다(*PG*, vol. 6, col. 848 ; vol. 41, cols 831ff 참조).

(5) 애굽 학파

알렉산드리아에서 교육 받은 발렌티누스(Valentinus)는 뒤에 로마로 여행하였으며 거기서 그의 감화와 능력이 절정에 이르렀다. 그는 율법의 어떤 부분은 인정하고 어떤 것은 부인하였다. 성경을 개량한다는 의미에서 성경 본문을 교정하기도 하였고 변경하기도 하였다. 뿐만 아니라 장절을 바꿔 놓고서는 본문의 순서와 계속성을 무시하였다고 한다. 이레내우스에 의하면 그러한 행위는 사기에 해당하는 것이라고 하였다. 그러나 발렌티누스가 성경을 대하는 태도는 그의 철학적 태도에 비추어 판단하지 않으면 안된다(*PG*, vol. 7, col. 523 참조).

(6) 이탈리아 학파

① 프톨레미가 플로라에게 보낸 편지

프톨레미(Ptolemy)에 대해서는 플롤레미가 플로라(Flora)라는 여자 기독 신자에게 보낸 편지의 저자라는 것 외에는 알 수 없다. 그 편지에서 그는 플로라를 노스틱주의로 개종시키려 하였고, 자신의 이론을 성경에 근거하여 세우려고 애를 쓴 적이 있다. 혹자는 프톨레미의 활동을 주후 145-180년 사이라고 하는데 이 연대는 거의 정확한 것이다. 그의 편지는 에피파니우스가 보존하고 있었다(*PG*, vol. 41, cols. 557-568). 프톨레미의 이론을 간단하게 말하자면 아래와 같이 요약할 수 있다.

그는 말하기를 어떤 사람은 율법이 아버지 되시는 하나님으로 말미암아 제정된 것이라고 하지만 또 어떤 이는 율법이 악마의 소산이며 또한 그들 악마에 의하여 세계가 창조되었다고 믿고 있다. 그러나 율법은 불완전한 것이므로 완전하신 하나님으로부터는 나올 수 없고 악마는 또한 옳지 못하므로 정의를 요구하는 율법이 악마에게서도 나올 수 없다고 말하였다. 그리고 그는 말하기를 모세의 오경에 포함된 율법은 한 저자의 손으로 된 것은 아니다. 일부는 하나님으로부터 그리고 또 다른 부분은 모세와 장로들로부터 온 것이다. 예를 들면, 하나님은 남녀를 연합시켜 이혼을 금하셨지만 모세는 이혼을 허락하여 하나님의 명령에 모순되게 행하였다고 말하는 것이다. 프톨레미는 그 외에도 몇 가지 예를 들어 율법은 장로들과 모세와 하나님의 법령을 포함하고 있다는 3 중 저작설도 주장하였다. 그는 하나님으로부터 받은 법령을 다시 3 부분으로 분류한다.

a) 독특한 율법, 악과 혼동됨이 없는 순수한 계명, 곧 십계명과 같은 것,

b) 그리스도께서 지양(止揚)하신 것, 곧 보복의 율법 등(마 5:21-48 참조 - 편집자 주)

c) 예표적, 상징적 율법 곧 그리스도께서 영적으로 사용하신 것, 이 율법의 저자는 데미우르고스였다. 이상은 프톨레미의 하나님 명령의 삼분법이다.

프톨레미는 율법이 모세의 저작이기는 하지만 율법이 포함하고 있는 모든 율법이 다 입법자인 모세의 것이 아니라는 것이다. 그러나 모든 율법은 모세의 오경에 들어 있다. 그는 모세가 이들 율법의 저자는 아니라도 편찬자로 간주할 수는 있다고 말하고 있다.

② 마르키온(Marcion)과 구약

본도(Pontus) 출신으로 기독교 감독의 아들인 마르키온은 AD 138년경에 로마에 가서 교회에 가입하였다. 그는 로마에서 구약의 하나님과 신약의 하나님은 별개의 존재라고 설파한 노스틱주의자 케르도(Cerdo)의 영향을 많이 받았다. 마르키온의 주장을 요약하면 다음과 같다.

그는 두 종류의 신이 있다 한다. 하나는 가혹하여 부패한 열매를 내는 부패한 나무요 도덕적 악의 생산자이며, 다른 하나는 신약이 선하고 자비한 신이라고 가르치게 되었다. 마르키온은 또 율법과 복음을 분리하였고, 터툴리안은 그를 "복음과 율법 사이에 있는 평화의 파괴자"로 간주하게 되었다(*Contra Marcionem,* 1:19). 마르키온에 의하면 창조주는 부패하였기 때문에 그 결과로 그의 만드신 율법도 부패한 것은 당연한 일이라고 말하였다. 구약 성경에서 발견하였다는 여러 가지 오류와 불완전은 그의 저서 『반론(*The Antithesis*)』에 잘 나타나 있다. 그러나 이 책은 분실되었기 때문에 그것의 내용이 무엇인지는 알기 어렵고 다만 터툴리안이 그에 대하여 언급한 데서만 『반론』의 내용을 짐작할 수 있다. 마르키온은 논란하기를 사람이 죄에 떨어졌기 때문에 하나님은 선하지도 능하지도 못하여 예지도 소유하지 못하였다고 결론할 수밖에 없노라고 하였다. 더욱 하나님의 무지와 연약은 가인을 향하여 물으신 "네가 어디에 있느냐?"라는 질문에 분명히 나타났다고 말한다.

그는 이어서 "만일 하나님께서 의심하지 않았다고 하면 아담에게 금단의 열매를 먹은 여부를 왜 물었을까?"라고 강한 반문을 하는 것이다. 그는 금 송아지의

기사에서 모세는 하나님보다 위대한 자로 나타난 것같이 여겨지며, 복수법은 상호 손해를 위하여 허락된 것이다. 그리고 희생과 의식(儀式)은 하나님 자신에게만 필요한 짐 되고 고충스러운 것으로 여겨졌다고 말하였다. 그리고 계속하여 말하기를, 애굽인들로부터 금은을 탈취한 일에 있어서 이스라엘인들이 부정하게 행동하기는 하였으나 이 책임은 하나님께 있다고 하였다. 그리고 바로의 마음을 강퍅케 하신 하나님은 책망을 받아야 한다고 하였다.

마르키온에 의하면 구약의 하나님은 변덕스럽고 자기 자신의 계명에 불성실하며 안식일에 노동하는 것을 금하였으나 여리고 성 포위 시에는 법궤를 메고 그 성 주위를 팔일 간 돌도록 명하였으니 이 사실은 응당 안식일에 일한 것을 내포하고 있으며 그 결과 하나님은 자기 백성을 취급함에 있어서 불공평하고 앞을 내다보는 데 부족함을 보여 준다고 하였다.

구약에 나타난 거의 대부분의 성도들은 마르키온에 의하여 경시되고 있으며 심지어 그들 가운데 어떤 이는 구원까지 부인당하였다. 그러나 이 견해는 마르키온이 가졌던 유대인의 저열한 고집에서 온 것이다.

마르키온이 구약을 비평함에 있어서 이 구약이 의미에서도 비학문적이라 함은 철학적 배경에서 온 자기의 편견에 기인하였기 때문이다. 그의 혹평과 주석이 때로는 표면적이었음을 스스로 나타내었고 분명히 그 본문과 그 배경을 충분히 고찰하지 못하고 논한 것이라 볼 수밖에 없다. 그의 성경 취급 방법은 공정하고 확실한 태도에서가 아니고 성경을 자기의 목적에 맞도록 이용하는 방법인 것이다 (Tertullian, *Contra Marcionem*, *PL*, vol. 2, cols. 263ff; Harnack : *Marcion Das Evangelium vom Fremden Gott*. Leipzig, 1924 참조).

③ 첫 2세기의 비노스틱파(Non - Gnostic Sects)

a) 나사렛파(The Nazarites) : 이 파는 유대인 생활양식에 익숙한 유대인 신자들로 구성되었다. 다메섹의 요한에 의하면 그들은 모세가 오경의 저자임을 부인(否認)하였다고 한다. 그리고 이것은 기록에 남아 있는 최초의 부인인 것 같다 (*PG*, vol. 94, cols. 688-9 ; *Epiphanius: Adversus Haereses*, *PG*, vol. 41, col. 257 ; Harnack : *Lehrbuch der Dogmengeschichte*, Tuebingen, 1931, I : pp. 310-334 참조).

b) 에비온파(The Ebionites) : 이 무리는 때로는 바리새적 에비온파로 알려져 있으며 이들은 선지자들을 몹시 미워하여 그들 중의 하나도 받아들이지 않았다

고 에피파니우스는 말하였다 (*PG*, vol. 41, col. 436). 이 파는 모세의 오경 중 모세의 것이 아닌 것도 있다 하여 막상 그 아닌 것으로 여기는 부분은 거부하였다.

c) **클레멘트의 설교집**[20] : 이 설교집은 노스틱주의와 약간의 유사점을 지닌 일종의 에비온주의를 나타내고 있다. 이 가운데 주장하고 있는 것은 모세가 선발된 70 인에게 율법을 주었으나 그 후에 악인의 손으로 말미암아 어떤 거짓이 성경에 가하여졌다고 한다. 그러므로 성경은 여러 방법에서 하나님을 잘못 나타내고 있는데 예를 들면, 성경은 하나님을 무지한 이로 표시하고 있으나 그러한 점에서 성경은 잘못된 것이며 사람의 작품이라고 한다. 그리고 또한 경건한 인물들까지도 잘못 나타내었으니 아담은 분명히 죄인은 아니었으며, 의인 노아는 결코 술에 취하지 않았고 아브라함은 일시에 3 명의 아내와 산 적이 없었으며 야곱 또한 4 명의 아내와 교제하지 않았고, 모세는 살인 죄수가 아니었다고 한다. 모세의 죽음에 대한 기사는 모세가 쓰지는 않았다. 왜냐하면 자기의 죽은 것을 자기가 어떻게 쓸 수 있을까? 율법은 모세 시대보다 500 년이 경과한 후에야 신전에서 발견된 것이며, 500 년 후의 느부갓네살 시대에 불탔고 파괴되었다고 한다.

이 성경 가운데 있는 난해절들을 설명하기 위하여 설교집에 사용된 가설은 실제에 있어서는 악마 자신을 삽입한 것과 같다. 어느 것이 악마의 해석이며 어느 것이 아닌가를 결정하는 기준은 그 난해절이 창조와 조화되는지 조화되지 않는지의 여부에서 판단되는 것이다. 물론 이 판단은 사람의 두뇌가 한다. 그러므로 클레멘트의 설교집의 비평은 실제로는 사람의 두뇌에서 짜낸 일종의 철학적 합리주의인 것이다. 이와 같은 견해는 "베드로가 야고보에게 보낸 서신"(*Epistle of Peter to James, PG*, vol. 2, col. 25)에도 나타나 있으니 그 가운데서 주장된 것은 모세와 같은 고향 사람이 이 성경의 부조화를 수정하였기 때문에 누구든지 선지자들이 여러 가지 말한 것에 당황할 것은 없다는 것이다.

요세노이(Ossenoi)파와 같은 어떤 작은 종파에서도 선지자 가운데 어떤 이를 선지자로 인정하지 아니하였고, 발레시(Valesii)파는 율법과 선지자를 공공연하게 인정하지 않았다. 이 밖에 성경에 대하여 반대 태도를 취했던 여러 종파가 있은 것은 의심할 수 없다.

20) 클레멘트의 설교집은 현재의 모양으로는 분명히 제 2 세기 이후의 것이다. 그럼에도 불구하고 그 내용이 실제로 제시하고 있는 관점은 분명히 매우 이른 때문에 여기서 거론이 된다.

④ 셀서스(Celsus)

초기의 기독교회가 피할 수 없었던 최대의 공격 중의 하나는 셀서스에 의한 공격이었다. 오리겐의 제자 중 한 사람인 암부로스라는 사람은 오리겐에게 셀서스의 논문 「진리의 말씀」을 보내면서 회답을 준비해 달라고 요구하였다. 오리겐은 자기의 제자가 제시한 잘못된 그 요구에 대하여 답하는 것보다는 차라리 거기에 대하여 아무런 언급도 하지 않은 것이 「진리의 말씀」이라는 논문을 논박하는 데 가장 좋은 방법이라고 생각하였다. 그래서 그는 회답을 준비하는 그러한 일을 좋아하지는 않았으나 숙고하던 끝에 신앙을 옹호하는 의미에서 그는 펜을 들어야만 했다.

셀서스의 정체에 대하여는 거의 알려진 바가 없다. 실제에 있어서 오리겐 자신에게까지도 적수의 정체는 불확실하였던 것이다. 셀서스는 우수한 학자였고 유력한 사람이었다. 그는 기독교 내에 유력한 운동이 일어나게 되었을 때 기독교의 성장을 가능한 한 저지하려던 자였다. 그러므로 우리도 셀서스를 위기에 처한 세계 곧 그리스-로마 세계의 대표자로 간주할 수도 있다. 셀서스가 구약을 반대하는 데 있어서는 그가 깊은 연구와 조사에 기초한 것이 아니라 오히려 편견적인 마음의 움직임에서 구약에 반대하였음을 반영시키고 있을 따름이다. 오리겐의 위대한 변증론 『셀서스에 대한 반박(*Contra Celsus*)』은 아마 248-249년의 것이니, 셀서스가 공격을 가한 지 약 70 년 후에 기록된 것이다. 셀서스는 구약 역사에 대하여 바로 날치기 지식을 보여 주고 있다. 히브리 민족이 애굽에서의 반란 때에 비로소 생겨나게 되었다고 하는 것은 유대인을 애굽인의 자손으로 생각하였기 때문이다. 그가 유대인을 멸시하려 한 것은 그 백성이 무슨 뚜렷한 짓을 한 것도 없는 다시 말하면 명성이나 가치를 결단코 부여할 수 없는 백성이기 때문이라 한다.

창세기의 창조론은 실로 어리석은 것으로 도외시하였고 할례의 의식은 애굽에서 채택한 것이라 한다. 특히 셀서스가 비평을 가한 것은 성경에 나타난 의인법적인 기사였다. 하나님은 엿새 동안의 창조 시에 과로하여 피곤하여진 존재라 생각하였다. 이러한 것들이 그의 반론의 대상이 되었다. 그러나 강조하지 않으면 안 될 한 가지가 있으니 그것은 셀서스 자신도 때때로 주장하는 이와 같이 모세가 오경의 저자라는 것만은 부인하지 않았다는 것이다.

특별한 참고 서적

Contra Celsum in *PG*, vol. XI. E T in *The Ante - Nicene Fathers*, vol. IX ; Edward J. Young : "Celsus And The Old TEstament," in *WThJ*, Vol. VI, pp. 168-197.

【'첫 2세기'에 대한 요약】

기독교가 발생된 이후 최초의 2세기 동안의 교부 또는 정통 교회 그 자체 내에서 성경에 대하여 적의를 가지고 비평을 가한 실례는 기록되어 있지 않다. 사도 이후의 시대에 속한 교부들 역시 이 문제를 취급하였다고 하면 그들도 모세는 오경의 저자이며 구약 성경이 하나님의 책이라는 사실을 믿는 것뿐이었다. 사실 그 당시부터 일어난 적의에 찬 비평의 어떤 철학적 전제를 반영시키고 있으며 또한 분명히 편견에서 발단된 비과학적인 특징을 지니고 있는 것이다. 손쉽게 얻을 수 있는 증거를 볼 때에 교회 자체는 어디까지나 구약 성경을 권위 있는 하나님의 말씀으로 간주하였다고 단언할 수 있는 것이다.

2. 3세기부터 종교 개혁까지

1) 율법의 회복자 에스라(Ezra)

제 4 에스라(Esdras) 14:21, 22(90 AD)에서 우리는 다음과 같은 전설을 볼 수 있다. "당신의 율법은 불탔기 때문에 아무도 당신으로 말미암아 된 일이나 앞으로 시작될 일에 관하여 아는 이가 없습니다. 그러나 만일 당신의 목전에서 내가 은혜를 입었으면 성령을 내게 보내소서. 그리하면 내가 율법에 되어진 모든 것을 기록하리니 백성은 당신의 길(道)을 찾을 것이요 후대에 생존할 자들도 생명을 얻게 될 것이니이다."라고 하였다.

이 유대인의 견해 곧 예루살렘의 함락기에 분실되고 못 쓰게 된 모든 구약 성경책들을 에스라가 회복시켰다는 것은 초대 기독교의 여러 교부들 곧 이레내우스, 터툴리안, 알렉산드리아의 클레멘트, 제롬, 대바실(Basill the Great) 등이 인정하였다. 이 교부들의 남긴 말이 기필코 기대할 만한 정도의 신중한 것은 아니다. 또한 이 말들을 표면적으로 연구해 볼 때에는 에스라가 하나님의 영감에 의해서 분실된 책들을 완전히 다시 썼다는 사실을 교부들이 믿었다는 인상을 남길는지는 모른다. 그러나 교부들이 말한 것은 아마 에스라가 각종 재료로부터 성경 여러 책을 편찬하였거나 복사하였음을 의미했을 것이다. 어쨌든 그들이 지닌 소신(所信)이 무엇이었든지 불문하고 모세가 율법의 저자 됨을 부인하려고 시도한 것은 아니다.

2) 포르피리(Porphyry)

이 저명한 기독교 반대자는 AD 232년이나 233년 사이에 두로(Tyre)에서 출생하였다. 그는 아덴에 있던 롱기누스(Longinus) 문하에서 배웠으며 그 후 로마에 가서는 신플라톤주의자(Neo-Platonist)인 플로티누스(Plotinus)에게 가서 배웠다.

그는 40 세쯤 되어서 시실리(Sicily)에 체류하는 도중 그의 대작 『크리스천을 반박한다』를 썼다. 그 가운데 제 12 권은 다니엘서만을 공박하는 데 전력을 기울인 책이다. 거기에서 그는 주장하기를 다니엘서는 다니엘의 저서가 아니고 BC 2세기경의 어느 알지 못하는 저자로 말미암아 저작된 것이라고 한다. 그는 말하기를, 분명히 다니엘을 부인할 수 있음은 다니엘 자신은 장래에 대하여 그렇게 정확하게 묘사할 수 없었기 때문이라고 솔직히 말하고 있다.

그는 또 모세가 오경의 저자임을 자세히는 모르지만 아마 부인하였을 것이다(Edward J. Young : "Porphyry And His Criticism of Daniel," in *CD*, Grand Rapids, 1949, pp. 317ff 참조).

3) 배교자 율리안(Julian the Apostate)

콘스탄틴(Constantine)의 조카 줄리안은 AD 331년에 출생하여 아리우스파의 감독 니코메디아의 유세비우스 밑에서 교육을 받았다. 그는 기독교를 포기하였고 구약 성경에 대하여 굉장한 모욕을 가하였으며 모세와 솔로몬을 이교의 입법자와 철학자보다도 훨씬 낮은 지위에 몰아넣었다. 모세의 창조설을 불완전한 것이라고 생각하였고 또한 모세는 유일신교를 가르침과 동시에 다신교도 가르쳤다고 한다.

4) 제롬(AD 420 별세)

제롬은 모세의 저자 문제에 관하여 고려할 만한 논쟁을 제기하여 주목을 끌었다. 그는 창 35:4 및 신 34:5, 6의 "오늘까지"란 말을 두고 논란하기를 "누가 모세를 오경의 저자로 그리고 에스라를 편찬자로 여기든 말든 우리는 '이날'이란 말로써 역사의 시작 연대(Contesta est)를 확실히 이해하여야만 한다. 나는 어느 설도 반대하지는 않는다."라고 말하였다(sive Moysen dicere volueris auctorem Pentateuchi, sive Ezram eiusdem instauratorem operis, non recuso, De

Perpetua Virginitate, *PL*, vol. 23, col. 199).

어떤 이는 아마 이 말이 모세가 저자라는 것을 부인하는 것으로 잘못 이해할 것이나 사실은 그런 것도 아니다. 제롬은 여기서 결코 그런 문제를 논하지는 않는다. 그의 관심은 단순히 "오늘까지"란 말이 책들의 출판 시기냐 또는 기록 시기냐 라는 점이다. 우리는 그가 모세의 오경 저작 사실을 믿었을 것으로 보여지는 증거들을 손쉽게 얻을 수 있다(*Adversus Jovinianus*, *PL*, vol. 23, col, 226). 제롬은 말하기를, 신명기는 요시야 왕 12년에 성전에서 발견되었다는 것이다(quando inventus est liber Deuteronomii in templo Dei, *Commentary On Ezekiel,* 1:1, *PL*, vol. 25, col. 17, *Against Jovinianus*, *PL*, vol. 23, col. 227). 그러나 이 말은 모세가 신명기의 저자됨을 부인한다는 것을 의미하지는 않는다.

5) 모프수에스티아의 시어도어(Theodore of Mopsuestia)

428년경에 사망한 그는 안디옥 학파의 신학자였으며 문법적, 역사적 석의(釋義) 추종자였다. 그의 작품은 자기의 사후인 553년 제 2 회 콘스탄티노플 회의에서 정죄되었다. 시어도어는 분명히 욥기의 부분들이 의인에 의해서 기록된 것이 아니며 솔로몬의 아가는 그가 애굽 왕비와의 결혼을 축하하는 의미에서 기록한 맛 없는 축혼시(祝婚詩)임을 주장한 것 같다.

시어도어는 또 시편의 표제들을 부인하였고(tas te epigraphas ton hierotaton hymnon kai psalmon kai odon pante ekbalon) 그 저작의 시기는 스룹바벨과 히스기야 시대로 돌렸다. 그는 또 마카비(Maccabees)가 어떤 시편들의 저자라고 생각한 최초의 인물인 것도 분명하다(Robert Devreesse : *Le Commentaire De Theodore De Mopsueste Sur Les Psaumes*, Citta Del Vaticano, 1939 ; H. Kihn : *Theodore von Mopsuesta und Junilius Africanus als Exegeten*, 1880).

6) 시내 사람, 아나스타시우스(Anastasius the Sinaite)

7세기 말경 안디옥의 감독으로서 『안내자(*Hodegos*)』란 작품을 썼으나 거기에 제시된 것은 교회를 떠난 자들이 자기에게 제출했던 몇 가지 난제들이었다. 그 문제들 가운데 하나는 "모세가 창세기의 저자인가?"라는 것과 창세기에 나타난 것같이 보이는 여러 가지 모순들이었다(*PG*, vol. 89, cols. 284, 285 참조).

7) 히위 알 발키(Hiwi al Balkhi)

그는 유대인 합리주의자로서 9세기경 페르시아의 발크(Balkh)에 살았다. 그는 약 200 년 간의 난제들이 수록된 것으로 보던 성경에 대한 논쟁서를 기록하였다. 그가 시도하려는 것은, 하나님은 공평하지 못하다는 것이었다. 예를 들면, 아벨의 제물은 받고 가인의 제물은 받지 않은 것은 그 때문이며, 그뿐만 아니라 하나님은 전능한 것이 아니라 무지하며, 마음을 변경하는 하나님이라는 것 등이었다. 그는 또한 구약에는 다신교를 가르치는 여러 가지 모순이 내포되어 있다고 하였다(Judah Rosenthal : "Hiwi al Balki," in *JQR*, vol. 38, pp. 317-342 ; 419-430 ; vol. 39, pp. 9-94 참조).

8) 이븐 하즘(Ibn Hazm)

스페인 코르도바(Cordoba) 사람으로서(AD 994-1064), 이슬람교가 참 종교인 것을 옹호하기 위해서 성경이 하나님의 말씀이 아니라는 것을 밝히려 하였다. 그는 하나님을 의인법으로 나타낸 것과 또 성경이 다신교를 가르친다는 등에 불평을 하였다. 그 외에도 기사 가운데 많은 오류가 있으며 연대에 있어서도 오류가 있다고 생각하였고 오경 가운데 많은 부분을 에스라(Ezra)가 저작하였다고 말하였다(요약된 것으로는 A. Guillaume : *Prophecy and Divination*, New York and London, 1938, pp. 415-420. 그리고 스페인 어로 번역된 다음의 책이 있다. - Miguel Asin : *Abenhazam de Cordoba*, II, Madrid, 1928.)

9) 아부 이브라힘 이삭 이븐 야슈시(Abu Ibrahim Isaac Ibn Yashush)

이삭 벤 야소스(Issaac Ben Jasos, 982-1057-8)라고도 하는데, 스페인의 문법학자로서 의사이기도 했던 모양이다. 이븐 에즈라(Ibn Ezra)의 저서 가운데에서 이삭은 창 36장이 여호사밧 시대보다 이른 것은 아니라고 하였다는 것이다. 그는 창 36:35의 하닷(Hadad)을 왕상 11:14의 하닷과 같은 사람으로 인정하고, 이븐 에스라로 말미암아 그 저작은 저자가 허위를 말함으로 마땅히 불태워 버려야 한다고 비난을 받았다.

10) 아브라함 벤 마이어 이븐 에즈라(Abraham ben Meir ibn Ezra)

일반적으로 이븐 에스라(1092-3-1167)라고 불리는 그는 스페인의 평범한 주석가로서 가치 있는 주석을 많이 썼다. 그는 모세가 오경의 저자였다는 것을 주장하였다는 것은 아예 문제가 되지도 않으며 그 가운데 몇몇 구절들은 후대인이 가필한 것이라고 분명히 믿고 있는 것이다. 예를 들면 "가나안 사람이 그 땅에 거하였더라."(창 12:6)라는 말씀은 비밀을 지니고 있으며 신중한 사람은 침묵을 지켜야 할 말씀으로 생각하였다. 그는 확실히 창 22:14, 신 1:1, 3:11 등을 문제시하였다. 그 외에도 이사야 40:66이 후대의 것이라고 하였다.

11) 안드레아스 보덴스타인(Andreas Bodenstein)

그의 출생지를 따라 평소에는 칼스탓트(Carlstadt)라고 불려지는 그는 루터(1480-1541)와 같은 시대의 사람이었다. 그는 루터를 상대로 경쟁한 것 같고, 종교 개혁이 그에게 밀어닥쳤을 때는 이미 파선한 배 같은 지경에 이른 것이었다. 칼스탓트는 모세가 오경의 저자임을 부인하였으니 그 부인한 이유는 이상한 것이다. 그는 사람이 정신 착란에 빠지지 않는 한 모세가 자기의 죽음에 대한 기사를 기록하였다고 주장하지는 않을 것이라 하였고(nisi plane dementissimus Mosi velut auctori tribuet) 모세의 죽음에 대한 기사의 문체는 오경의 문체와 일반적으로 같으니 모세는 둘 중 어느 것의 저자도 아니라는 것이다. 더욱이 그는 신명기 가운데 많은 기사들이 모세의 기록이 아니라고 생각하였다.

3. 종교 개혁으로부터 19세기까지

1) 안드레아스 마시우스(Andreas Masius)

벨기에에 있던 로마 가톨릭교의 법률가(1574 별세)로서, 여호수아서의 주석을 썼는데 『여호수아 장군의 역사(*Josuae Imperatoris Historia)*』(1574년)라는 제목으로 출판하였다. 거기에서 그는 에스라와 에스라의 협력자로 생각되는 자들이 영감에 의해 모세가 기록한 책에 어떤 삽입을 가하였을 것이라는 견해이다. 이것과 거의 비슷한 견해가 플레미시(Flemish)의 예수회 교단 학자인 잭큐본프레르(Jacques Bonfrere)로 말미암아 제기되었다. 그는 예언적 성질을 지닌 말씀과 구절들은 모세의 것으로는 볼 수 없고 오히려 후대인이 기록한 것이라고 믿었다. 스페인의 예수회 교단의 베네딕트 페라이라(Benedict Pereira, 1535-1610)는 본질적으로 이상과 비슷한 견해를 주장하였다. 그는 오경 가운데 대부분이 모세의 것으로 생각되기는 하지만 그러나 후대인의 가필도 상당히 있다는 것이다.

2) 토마스 홉스(Thomas Hobbes)

그는 모세가 기록한 것으로 생각되는 구절들은 모세가 기록한 것임을 부인하지는 않으나 그 이외의 부분은 모세에 의하여 기록하였다기보다는 모세에 관하여 기록되었다고 믿었다(Videtur Pentateuchus potius de Mosequam a Mose scriptus, pp. 27, 28 참조).

3) 이삭 페이레리우스(Isaac Peyrerius)

그는 프랑스 개혁파의 목사였으나 뒤에 로마 가톨릭 교회로 넘어갔다(1676 별세). 그는 『아담 이전 사람들에 대한 가정된 신학 세계(〈라〉*Systema Theologicum ex prae-Adamitorum Hypothesi*)』를 1655년에 출간하였다. 거기에서 그는 아담이 다만 이스라엘의 조상에 지나지 않으며 온 인류의 조상은 아니라고 증명하려고 하였다. 오경에 대한 그의 견해는 모세가 주요 사건의 일기 또는 기록을 보관하였으며 세계사의 기사로써 그것들의 머리말로 하였다는 것이다. 그러나 이 문서들은 분실되었고 현재 남아 있는 오경은 이 문서들로부터 발췌하여 이루어진 것이라고 한다. 그러므로 지금의 오경은 모세의 기록이 아니라 그 후의 것이라고 하였으나 페이레리우스는 그 후에 이러한 견해를 취소하였다.

4) 베네딕트 스피노자(Benedict Spinoza)*

그(1632-1677)는 유대인계 네덜란드 사람으로서, 암스테르담에서 출생하였다. 유대인의 가정에서 태어나 성장한 만큼 유대인이 배우는 일반 교육을 받았으며, 라틴 어·수학·의학도 공부하며 후에 데카르트(Descartes)의 제자가 되었다. 1670년에 『신학적 정치 논문(〈라〉*Tractatus Theologico Politicus*)』을 출판하였는데, 거기에는 얼마간의 성경을 비평한 기록이 실려 있다. 그가 책을 저작하게 된 목적은 철학과 조직된 종교와는 각각 그것들이 다른 영역을 점령하여야 한다는 사실을 증거하려 함에서였다.

스피노자는 이븐 에스라가 언급한 어떤 주석의 구절들을 논하였는데 스피노자의 생각에는 이븐 에스라 자신은 모세의 오경 저작설을 확실한 것으로 보이지 않았다고 말하였다(그러나 그 말은 그의 실수였다). 그리하여 스프노자 자신도 모세를 부인하였고 다시 이에 대한 증거를 제시하려 하였다. 즉, 모세는 3인칭으로 표현되었으며 또한 모든 사람보다 온유하였다는 사실(민 12:3) 등이며, 신명기의 마지막 장도 역시 분명 모세가 저작한 것이 아니라는 것이다. 그는 전체적으로 오경은 아마 후대의 편찬자인 에스라가 기록하였을 것으로 생각했다.

* 'Benedict'는 라틴 어로서 '복을 받은 자'라는 뜻이다. 스피노자의 이름을 일반적으로 'Baruch de Spinoza'로 많이 쓰이는데 그가 유대인 출신인 만큼 이것은 히브리 어로서 뜻은 라틴 어 이름과 동일하다.- 편집자 주

5) 시몬과 레 클럭(Simon and Le Clerc)

6) 에피스코피우스(Episcopius)

그는 레몬스트란트(Remonstrant)파의 신학자인데, 그의 저작품인 『신학 강요〈라〉*Institutiones Theologicae*)』(1650)에서 말하기를 오경에는 수많은 모세 후기의 기사들이 있다고 하였으며 특히 민 13:3에 대하여는 "모세가 자신에 대하여 이렇게 썼다는 사실을 감히 누가 수긍할 수 있을까?"라고 하면서 반대하였고, 여호수아서도 에스라가 종합된 한 권의 책으로 만들었다는 것이다.

7) 캄페기우스 비트링가(Campegius Vitringa)

그는 창세기 2장을 들어 모세는 자기 자신의 기록과 함께 족장들의 낡은 두루마리를 사용하였다는 자기의 견해를 피력하였으며 모세가 기록한 것이라고 하는 기록 가운데 얼마간의 소식들은 그 낡은 두루마리에서 유래되었다는 것이다〔『거룩한 관찰들(〈라〉*Observationes Sacrae*)』(1689)〕. 모세가 자기 이전에 존재한 문서들을 사용하여 자기의 것으로 편찬하였다는 설은 후에 아스트럭(Astruc)에 의해서 더욱 발전되었다.

8) 안토니 반 대일(Anthony van Dale, 1696)

이 사람도 에스라가 오경의 회복자로서 스피노자와 시몬 같은 이를 괴롭힌 소위 "모세 후기의 것"을 삽입하였다고 시사하였다.

9) 비터(H. B. Witter)

창조에 대하여는 두 개의 병행되는 기사가 있는데 창 1:1-2:4과 2:5-3:24 같은 것이라고 하였으며 이 두 기사는 각각 다른 신의 이름을 사용하여 서로 구별되어 있다고 주장했다〔『팔레스타인 내의 이스라엘 사람들의 법(〈라〉*Jura Israelitarum in palestina*)』(1711)〕. 그러므로 비터는 신의 이름으로 문서를 구별한 최초의 학자로 알려졌다.

10) 자 아스트럭(Jean Astruc)

그는 1684년 3월 19일에 프랑스 라그도크(Languedoc)의 소브(Sauove)에서 태어났다. 그의 아버지는 신교의 목사였으나 낭트(Nantes) 칙령이 폐기되자 로마교에 입교하였다. 아스트럭은 의학의 중심 도시인 몽펠리에(Montpellier)에서 수학하였고 1700년에 석사를, 1703년에는 의학 박사 학위를 취득하였다. 그는 몽펠리에와 툴루즈(Toulouse)에서 1729년까지 강의를 계속하였고, 파리로 옮기자 필생(畢生)의 대작 『성병에 대하여(*De Morbis Venereis*)』에 전력을 경주하였으며 죽을 때까지 파리에 머물렀다.

1753년 그의 창세기에 관하여 쓴 대작이 『모세가 창세기를 저술하기 위해 사용하였다고 그가 말하는 원래의 메모(원고)에 대한 추측(〈불〉 *Conjectures sur les memoires originaux dont il paroit Moyse s'est servi pour composer le Livre de la Genese, Avec des Remarques, qui appuient ou qui eclaircissent ces Conjectures*)』이란 표제로 출간되었다. 그 책의 서문에서 저자는 다음과 같이 말하였다. 즉, 그는 사람들이 오경의 권위를 떨어뜨리기 위해서 자기의 책을 남용할까 하여 발간을 주저하였다고 하였다. 그러나 종교에 열심이 있는(tres zele pour la Religion) 한 친구가 자기가 염려하는 바를 소산(消散)시켜 말하여 주기를 모세가 오경을 기록할 때에 성경의 각 권을 사용하여 기재하였다는 사상은 이미 정평 있는 저자 레 아베즈 플레우리(Les Abbez Fleury)와 레 푸랑코(Le Francois)에 의해서 세워졌노라는 말에 자기는 용기를 내어 출판을 하게 되었다는 것이다. 그럼에도 불구하고 그는 익명으로 이 책을 출간하였던 것이다. 그의 주장에 의하면 모세는 자기의 생존 시보다 2000 년 전의 사건들을 설명하고 있다고 한다. 그리고 모세는 이 지식을 직접 계시로 얻었다는 것이다. 그런데 창세기는 모세가 하나의 역사처럼 말하고 있으니 그의 지식은 자기 선조들로부터 받은 것이 확실하며, 이 지식은 구전(口傳)이나 서전(書傳) 등의 기록들에 의해서 전승된 것이 틀림없으며 그를 따르면 오히려 후자가 더 타당해 보인다는 것이다.

그는 또 말하기를, 모세는 사실 어떤 오래된 문서들을 소유하고 있었는데 거기에는 이 세계가 창조된 이래 선조들의 역사가 기록되어 있었다고 한다. 그래서 모세는 이것들을 하나도 버리지 않고 그 내용을 따라 단편(par morceaux)으로 분류하였으니 이 단편들을 보아서 순서를 따라 열거시킨 것이 창세기라고 한다.

아스트럭이 이 논문을 제출한 네 가지의 중요한 이유가 있다.

① 창세기에는 예컨대 창조, 홍수 같은 동일 사건이 확실히 반복되어 있으며,
② 하나님을 두 이름으로 부르고 있는 사실 곧 엘로힘(Dieu)은 지고(至高)한 존재임을 나타내며, 여호와(L'Eternel)는 그의 본질을 의미한다는 것이며,
③ 이 구별은 창세기와 출애굽기의 처음 두 장에만 나타나 있다는 것이다(그

러므로 그의 논점은 오경의 이런 부분에 국한시킨다).

④ 창세기에는 어떤 사건이 뒤에 된 일임에도 불구하고 앞에 이미 언급되었다는 점이다.

그의 생각에는 이러한 이유들 때문에 창세기를 자연히 분리하지 않을 수 없게끔 된다고 한다. 이렇게 분리하는 계획은 어떤 사람이 생각하는 바와 같이 그렇게 어려운 것이 아니며 다만 하나님을 일관하여 엘로힘으로 부르는 모든 부분을 함께 결합하는 일이라고 하였다. 그래서 이런 부분도 아스트럭은 그가 'A'라고 부르는 난에 두었으며, 여기에 둔 것은 그는 원문서라고 보았다. 그는 또한 여호와라 부르는 장절을 'B'라고 불렀다. 그렇게 한 결과 그는 즉시 다른 문서들을 발견하는 것이 필요하다는 사실을 발견하게 되었다. 그리하여 다음과 같은 것을 볼 수 있게 되었던 것이다.

C. 반복들(예를 들면 홍수)
D. 히브리 민족사에 관련 없는 사건들
E. 다섯 왕의 전쟁(창 14장)
F. 창 19:29 이하 "명백한 삽입"
G. 창 22:20-24.
H. 창 25:12-19(이스마엘의 계보)
I. 창 34장은 14장의 성격과 비슷한 장
K. 창 26:34 이하
L. 창 28:6-10.
M. 창 36:20-31.
창 39장 삽입

이렇게 하여 아스트럭은 두 개의 중요한 문서를 발견하였고, 그의 성공이 기대한 것보다는 더 큰 것이라 하여 즐거워하였다. 그의 업적 가운데 강조되어야 할 점은 아래와 같다.

① 아스트럭은 창세기의 모세 저작성을 전적으로 부인하지는 않는다. 실제로는 그가 어느 정도까지 이것을 옹호하였다.

② 아스트럭은 신의 이름이 오경 전체를 분석하는 기준으로 사용될 수는 없음을 인정하였다.

③ 아스트럭이 지은 자신의 작품도 단편 문서는 분석하는 데 충분한 기준은

되지 못한다는 것을 보여 준다. 그는 둘째 기준에 기초하여 자기의 분석을 시도해 보려고도 하였다. 더욱이 그의 저서에서는 창세기 14장과 같은 장절은 문서 분석에는 부합하지 않는다는 사실을 말하고 있다.

④ 신의 이름에 의해서나 둘째 기준에 의해서도 창세기의 분석은 불충분하기 때문에 아스트럭은 차라리 창세기에 "삽입"이 있다는 사실을 발견하려고 노력하였다.

⑤ 창세기를 편찬하는 데 있어서 모세가 기존한 기록 문서를 사용했을 것이라는 주장에 대해서 아스트럭은 의심 없이 그러한 사실을 인정한 것이다. 그의 근본적 실수는 한 걸음 더 나아가서 이 문서들의 범위를 오늘날 우리들도 발견할 수 있다고 주장하는 데 있다. 그의 비평에 뒤이어 일어나는 경과는 이 문서들의 범위를 인식하는 과정이, 아스트럭이 생각한 정도로 쉬운 것이 아님을 잘 보여준다.

미카엘리스(Michaelis)가 아스트럭의 저서를 냉정하게 비평하였으나 그는 그 비평을 전혀 보지 않고 넘어간 것 같다. 아스트럭의 책자가 발간된 지 10 년 후에 볼테르(Voltaire)는 그 저자가 지은 『철학사전(*Philosophical Dictionary*)』의 "창세기"항에서 주로 창세기 36:31이 아스트럭으로 하여금 창세기 전체에 걸쳐서 영감된 권위를 포기하도록 만든 것이며, 또한 창세기를 기록하면서 기존 회고록이나 기록 등에서 자료를 얻었다고 추측하게끔 한 것이라고 말하였다. 아스트럭의 저서는 정밀하고 정확하다. 그러나 뻔뻔스럽다고 말하지 않을 수 없는 것이니 종교 회의까지도 감히 그러한 계획에까지는 나아가지 않았다. 어떠한 목적에서도 아스트럭의 배은망덕하고 위험한 작업이 소용될 수 있다고 하겠는가? 계몽을 꿈꾸던 그가 암혹을 배가(倍加)하고 있으니 어찌할 것인가? 여기에 우리가 먹고 싶어 하는 지식의 나무 열매가 있다고 하지만 사실상 무지한 나무 열매인 그것이 어떻게 우리의 지식을 소화시켜 주고 우리의 지식을 살찌우게 할 수 있겠는가? (*ET*, 1901, vol. 5, p.187)

참고 서적

Adolphe Lods : *Jean Astruc et critique biblique au XVIIIe siecle*, Strassburg-Paris : Howard Osgood : "ean Astruc," in *PRR*, vol. III, 189. pp. 83-102.

11) 요한 고트프리트 아이히혼(Johann Gottfried Eichhorn)

그는 아스트럭과는 독립된 입장이라고 주장하면서 본질적으로는 같은 일을 완수하였으니 오히려 아스트럭보다 더욱더 철저하게 다루었다. 그의 『개론(*Einleitung*)』(1780-83)에서 창세기와 출애굽기 1-2장을 신의 이름을 따라서 J와 E라 부르는 자료로 분석하였다. 이 자료는 아마 기록된 전설에 의한 것으로 모세가 종합한 것이라고 그는 생각하였다. 그러나 그 후에 그는 모세가 편집하였다는 설을 포기하였고 자료는 무명의 편집자에 의하여 종합된 것이라고 주장하였다.

12) 칼 다윗 일겐(Karl David Ilgen)

그는 아이히혼의 후계자로서 예나(Jena) 대학에서 동양어학을 가르쳤다. 1798년에 그는 『종교와 정치사(政治史)의 확정에 소용되는 것의 원형인 예루살렘 성전의 기록 문서(*Die Urkunden des jerusalemischen Tempelarchivs in ihrer Urgestalt als Beitrag zur Berichtigung der Geschichte der Religion und Politik*)』란 구미가 당기는 표제를 붙여서 책을 출판한 적이 있다. 그는 이스라엘의 역사를 기록하기 위하여 문학 기록을 이용하려 하였다.

그러나 이렇게 하기 위하여 이 문학 기록들의 주위에 발생한 부착물들로 독립시키려 하였다. 성전에 관한 원래의 기록은 찢어졌거나 혼동되었을 것이라고 생각하였다. 일겐은 창세기에서 17 가지의 색다른 별개의 문서가 있다고 결론지었고 이 문서들을 세 사람의 별개 저자 곧 엘로힘 기자 두 사람과 여호와 기자 한 사람에 의해서 저작된 것으로 구분하였다.

① 제1 엘로힘 기자 (E^1) 10항(Sections)
② 제2 엘로힘 기자 (E^2) 5항
③ 제1 여호와 기자 (Sefer eliyah hari'shon) 2항

제1 여호와 기자는 12장부터 시작하며, 아스트럭이 여호와 기자 문서로 생각한 장절은 제2 엘로힘 기자 문서로 분류시켰다.

그의 주장 가운데 다음과 같은 점은 주목된다.

① 제1 여호와 기자를 말할 때에 일겐(Ilgen)은 제 2 여호와 기자의 가능성도 인정하였다. 그러므로 여호와 기자의 문서들이 통일성이 없음을 시사하고 있다.

② 일겐(Ilgen)은 창 1-11장을 아스트럭이 여호와 기자의 장절로 인정한 것을 제 2 엘로힘 기자로 돌리면서 다시 말하기를 신의 이름은 비판적인 분석의 기준이 되기에는 불충분하다고 하였다.

③ 창세기의 내용을 두 종류의 엘로힘 기자들의 문서로 분리함에 있어서 일겐

은 후펠트(Hupfeld, 1853)의 입장을 예상하였다. 창세기에 관한 그의 저서를 출판한 후 즉시로 일겐은 포르타 학교(Pforta School)의 교장으로 취임하였으니 구약 성경의 특수 연구를 포기한 것임에 틀림없다.

요약

오경 가운데 모세가 기록했을 리가 없다는 장절이 나타남으로 말미암아 종교 개혁 후 얼마 안 되어 어떤 학자들은 곤란을 당하였다. 몇몇 학자들은 이러한 장절 때문에 모세가 오경 전체의 저자가 못 된다고 주장하였으니 그것은 예외의 경우이고 대부분의 학자들은 모세가 오경의 저자임을 수긍하고 옹호하였다.

정통파 신학자인 비트링가(Vitringa)는 단순히 모세가 족장들의 회고록을 사용하였을 것이라는 정도로 자기의 견해를 제시한 것뿐이다. 비터(Witter)는 아마 문서설의 시조라고 할 수 있을 것이다. 왜냐하면 그는 신의 이름에도 병행 기사에도 주의를 기울였기 때문이다. 그러나 이것은 혁신적인 기운이 다소 움트는 정도에 지나지 않는다.

아스트럭은 오경의 모세 저작설을 단호히 주장하였다. 그가 주장한 점은 단지 모세가 자기 이전에 존속되어 온 문서를 사용하였다고 생각하였고 신의 이름은 이 문서들을 검정(檢定)하는 데 실마리가 되었다고 한 것뿐이다. 이것은 본질적으로 아이히혼과 동일한 견해였다. 그리고 일겐과 더불어 아이히혼과 아스트럭은 초기 문서설(The Earlier Documentary Hypothesis)[21]의 대표로 손꼽힌다.

---

21) 아마 다른 학자들도 어떤 의미에서는 이 가설의 대표자라 할 수 있다. 해스(J. G Hase, 1785)도 오경이 부분적으로는 모세의 것이나 보충되고 그리고 변경되어진 옛 문서로부터 포로 시대에 다시 편찬한 것이라 하였다. 1805년에 그는 그의 주장을 취소하여 다시 말하기를, 오경은 모세의 저작이기는 하나 어떤 삽입을 내포하고 있으며 최후의 취급자는 에스라라고 하였다. 프리드릭 칼 풀다(Friedrich Karl Fulda) 목사의 가르친 바(1791-95)는 어떤 율법, 노래 장절들은 모세의 것이라 할 수 있으나 이것들은 단편으로 남아 있을 뿐이며 율법은 다윗 시대에 수집되었고, 이 수집된 것과 역사서로부터 현재의 오경이 여러 부분으로 형성되었으며 또한 적어도 다윗은 지은 시편 정도로 오래된 것이라 하였고, 낙티갈(J. C. Nachtigall, 1794)은 주장하기를, 오경 전체는 왕국 분열 이전에 수집되어 정리된 것이라 하였다. 그 후에 그는 다음과 같이 말했으니, 오경 가운데 모세의 것은 거의 없고 그것이 상형 문자로 돌에 기록되었으나 대부분은 구전(口傳)으로 말미암아 전승된 것이기 때문에 사무엘 때로부터 이 전설이 기록되어 수집되었으며 현재의 오경은 포로 시대의 예레미야가 편찬한 것이라고 하였다. 에케르만(J. K. Eckermann)은 낙티칼이 주장하는 견해에 반대하여 말하기를, 만일 오경이 왕국 분열 시대 이전에 존재하지 아니하였다고 하면 사마리아인들이 사본을 가졌을 리가 없다. 그러므로 오경은 사무엘 또는 다윗 시대에 기록된 것이 틀림없을 것이라고 하였다.

4. 단편설(斷片說 : The fragmentary Hypothesis)

문서설의 첫 주장자의 글 가운데서 처음으로 이 설의 약점이 명확히 드러났다. 아스트럭에게 있어서는 신의 이름이 문서 분석상의 유력한 지침으로 보였으나 결국 만족스런 것이 아님을 깨닫게 되었다. 아스트럭은 자기의 생각이 성공적이라고 의기양양하였으나 일겐은 오히려 아스트럭이 구분한 어떤 여호와 전 장절을 엘로힘 기자가 집필한 것으로 바꾸어 버렸다. 뿐만 아니라 일겐은 두 엘로힘 전 기자를 발견해야만 했으니 어찌하여 그렇게 유능한 두 사람 사이에 상반되는 결론을 초래하여야만 하는가? 기록들을 여러 문서로 분해한다는 그러한 모든 조각들이 다 전혀 주관적이 아니고 무엇이냐? 이 조작의 주관적 성격은 우리가 그 역사를 더 깊이 더듬어 볼 때 더 명백하여진다.

알렉산더 게데스(Alexander Geddes)는 스코틀랜드의 로마 가톨릭의 신부였다. 그는 1792년에 여호수아서까지 성경 번역을 하였으며 1800년에는 『평론(*Critical Remarks*)』(London)을 간행하였다. 이 간행물 가운데서 게데스는 주장하기를, 오경이 현재의 형태 그대로는 모세의 저작이 될 수 없으며 예루살렘에서 솔로몬이 통치하던 기간 중에 편찬된 것이라고 하였다. 그런데 솔로몬의 치하에서 편찬된 것이지만 이것들은 옛날의 문서들을 근거하여 편찬된 것이며 그 중의 어떤 것은 모세와 같은 시대의 것도 있고 모세 이전의 것도 있다고 하였다.

또한 그는 크고 작은 단편들이 무더기로 쌓여 있으나 각각 독립된 것들이 있는데 편집자의 손으로 종합된 것이라고 하였다. 게데스는 단편들 가운데는 두 계통이 있었는데 이러한 현상의 신의 이름이 나타났기 때문이라고 한다. 그 반면에 게데스는 아스트럭과 아이히혼의 두 문서설을 확실히 부인하였으니 "공상의 작품"으로 보았기 때문이다. 그의 견해에서 과도한 것은 여호수아서를 오경에 첨가하였다는 것이다. 그 이유로는 두 가지 있는데 그 하나는 같은 저자가 편찬된 것으로 인식한 것과 다른 하나는 여호수아서가 앞에 있는 다른 책들의 부록으로 필요하기 때문인 것으로 생각한 것이다. 이 말은 게데스가 오경보다는 현대의 견해인 육경(Hexateuch)설을 예상한 것이라고 할 수 있다.

게데스는 자기가 종고에 충실하다는 사실을 강조하고서는 나는 무가치하나 성실한 그리스도의 제자라고 공언하면서 즐거워했다. 또한 그는 "그리스도교도란 나의 이름이요 가톨릭은 나의 성이다."라고까지 말하였으나 그의 말에 의하면 자율적인 인간 이성을 "유일한 나의 신앙의 견고한 기둥"과 같이 생각하여 이것에서 문제 해결을 하려고 한 것이다. 그러므로 게데스의 주장은 근본적으로 합리주의적이며 초자연적인 사건을 인정하는 기독교에 대하여 적대적인 행위를 하는 것이다. 기독교와 이성은 물론 원수가 아니다. 왜냐하면 기독교는 생명에 대한 유일한 합리적 설명이며 또한 참 이성은 하나님으로부터 유래된 것으로 겸손하고 감수성이 강하기 때문이다. 타락한 인간의 이성을 자율적인 것으로 또는 최종적 심판으로 삼는 것은 인간으로 하여금 하나님의 계시의 말씀을 심판할 수 있게까지 만드는 결과를 초래한 것이다.

이것은 과격한 성격의 합리주의이다. 그러므로 게데스는 자기 마음이 내키든 그렇지 않든지 간에 기독교의 신앙을 공격하였고 교회의 권위는 그를 대항하였으니 그것은 당연한 일이다.

게데스의 단편설은 바터(Johann Severin Vater)가 저술한 『모세 오경 주석』(1802-05)에 의하여 다시금 충분한 진전을 보게 되었다. 그는 자기가 발견한 38종의 단편 하나하나에서부터 오경의 점진적인 발전을 보이려고 시도하였다. 그 가운데 몇 종류는 모세 시대의 것이나 오경의 현재형 그것은 포로 시대에 속한다는 것이다. 주의할 것은 여태까지의 문서설은 대개 창세기에만 국한된 것이었으나 바터는 나머지 오경 전체에까지 이 문서설을 적용시켰다. 그는 분명히 오경의 핵심을 율법서로 보았으며 신명기는 다윗이나 솔로몬 시대로 소급시켜야만 한다고 주장하였다. 이 설은 하르트만(Anton Theodor Hartmann)이 저술한 『모세 오경의 형성(形成) 연대와 목적에 대한 역사 비평적 연구(〈독〉*Historisch-Kritische Forschungen ueber die Bildung, das Zeitalter und den Plan der fuenf Buecher Mosis*)』(1831)에서 다시 진전을 보게 되었다. 그는 모세 당시에 문자를 사용할 수 있었겠는가라는 것은 문제가 된다고 하였다.

그는 사사 시대에 이르러서야 비로소 히브리인 사이에 문자의 사용법이 알려졌다고 믿었다. 하르트만에 의하면 오경의 대부분은 솔로몬 시대와 포로 시대의 중간에 속한 그 어느 때를 그 기원으로 하나 현재의 오경은 포로 시대의 소산이라고 한다. 하르트만은 이와 같이 각 책의 역사적 기원에 관하여 주장하였기 때문에 당연히 오경을 신화로 혹은 왜곡된 전설로 믿게 되었다.

단편설에 찬동한 사람 중에서 데 베테(Wilhelm Mastin Lebrecht De Wette)를 결코 빠뜨릴 수는 없다. 그가 저술한 『구약 총론에 대한 기고 논문들(〈독〉*Beitraege zur Einleitung ins AT*)』(1806, 7)에서 그는 오경 가운데 가장 오래된 것이 다윗 시대에 속한 것이라고 주장했다. 그는 오경이 본래는 각각 하나의 독립된 단편들로 존속되었으나 여러 편찬자들이 그것을 종합하였다는 것이다. 즉, 레위기의 편찬자는 출애굽기의 편찬자와 다르다는 등의 의견이다. 그는 말하기를, 신명기는 여호수아서와 한 해에 작성되었으며 그것이 오경 다른 책들에 대한 전제가 되어 있기 때문에 다른 책들은 그 뒤의 것이라고 했다.

이 견해는 데 베테의 논문 『신명기가 오경의 다른 책들 이전에 어떤 수정자들에 의해 먼저 저작되었다는 사실의 논증(〈라〉*Dissertatio qua Deuteronomium a prioribus Pentateuchi libris diversum alius cuiusdam recentioris auctoris opus esse demonstratur*)』(1805)에서 특수한 표현으로 나타나 있다. 신명기에 대한 이러한 설명은 그 후에 토론의 중추가 되었다.

창세기에 관하여 데 베테는 말하기를, 문서설로 돌아가서 창세기의 저자는 적어도 출애굽기 6장까지 관계하고 있는 엘로힘의 문서를 가지고 있었으며 다시 하나 또는 그 이상 되는 여호와 전의 자료에서 발췌한 것들을 가지고 이 엘로힘 문서에 보충하였다고 주장하였다. 데 베테는 모세의 역사적 성격을 아주 단호하게 부인하였고 창세기는 서사시의 형태를 가지고 있다고 하였다. 이런 경우에 그는 어느정도까지 단편설을 주장하였다고 볼 수 있다.

단편설에 대한 총평

① 단편설은 초기의 두 문서설의 모든 원리와 방법의 귀류법(歸謬法 = reductio to absurdity)이다. 그린(Green)은 말하기를, 이 단편설은 자기들이 분해한 법이 정당하다고 인정하기만 하면 아무런 제한도 받지 않고 주동자의 마음대로 되어 버리며 또 거기에 적용되지 않는 것은 하나도 없을 것이라고 하였다(*HCP*, p.72). 참고 ▸E. D. McRealsham(C. M. Meade) : *Romans Dissected, A new Critical Analysis of the Epistle to the Romans.*

② 명백한 내적 통일과 조화를 지니고 있는 모세 오경을, 상충되고 독립된 단편들을 모아 편찬하였다고 하니 아무래도 믿기 어려운 일이다.

③ 오경의 어떤 한 부분이 다른 부분들을 암시하고 있다는 사실은 분명히 단편설이 정당하지 못하다는 사실을 보여 주는 것이다.

④ 단편설을 주창한 사람들은 모세가 오경의 저자라는 사실을 부인할 뿐만 아니라 오경의 본질적 역사성까지 부인하기에 심혈을 기울였다. 그리하여 게데스의 합리주의는 바터에게, 바터는 데 베테에게 영향을 끼쳤으니 게데스의 이러한 그릇된 정신은 이 단편설을 주장하게 된 그의 추종자들에게 생각할 여지도 없이 그들의 두뇌를 장악하게 하였던 것이다.

⑤ 신약 성경이 오경에 기록된 사건들의 역사성을 여실히 증거하고 있으니 이

러한 역사성을 부인하는 한 단편설은 확실히 배격되어야만 한다.

5. 단편설에 대한 반대 보충설

단편설은 결코 세계를 지배하지는 못하였다. 그러므로 어떤 이는 직접 반대하였다. 어떤 이는 지지하였으니 이들을 한번 생각해 보는 것은 필요한 일이다. 우선 개인적인 견해를 말한 사람들에 관해서 생각해 보기로 하자.

① **바터와 데 베테의 저서에 특히 반대하여** 모세의 오경 저작설을 주장한 사람들이 있다. 그들 가운데는 켈러(Kelle, 1811), 프릿체(Fritzsche, 1814) 얀(Jahn) 등이 있었으며 로센뮐러(Rosenmueller, 1821)도 어느 정도 그러한 계통의 사람이다.

② **베르톨트(L. Bertholdt)**는 그의 『성경 총론』(1813)에서 오경은 본질적으로 모세의 것이지만 오늘날 현존하여 있는 것은 사울과 솔로몬이 다스리던 마지막 시대의 중간에 편찬된 것이라고 주장하였다.

③ **볼니(Count Volney, 1814)는 그의 저서** 『고대 역사에 대한 새로운 연구(〈불〉*Recherches nouvelles sur l'histoire ancienne*)』에서 말하기를, 현존하여 있는 오경은 순수한 모세의 자필과 약간의 후대 보충을 더해서 힐기야(왕하 22장)가 편찬하였다고 한다.

④ **헤르브스트(J. G. Herbst)는 튀빙겐 대학의 교수로서** 오경은 다윗 때 편집되었으며 순수한 모세의 자필을 다소간 가필하여 된 책자들로 형성되었다고 주장하였다.

⑤ **아이히혼은** 1823년에 모세가 오경의 저자란 그의 초기 소신을 다소 수정하였다.

⑥ **하인리히 에발트(Heinrich Ewald)가 제시한 그의 저서**는 단편설에 대하여 치명상을 입힌 것이다. 창세기에 관한 그의 저서 『창세기 저작에 대한 비평적 연구(〈독〉*Die Komposition der Genesis kritisch untersucht*)』(1823)에서 그의 창세기의 통일성을 강하게 옹호하였다. 그는 소위 "가설의 소용돌이(Hypothesenstrudel)"에서 돌이키려고 하였으며 창세기의 기사가 실제로 무엇을 말하려고 하는지를 발견하고자 하였다. 그는 모세가 저자라고 주장하지는 않았으나 창세기가 대단히 이른 시대(der grauen Vorzeit)에서부터 전해 내려오는 주목할 만한 책이라고 주장하였다. 그는 생각하기를 창세기는 뭉뚱그려진 단위로 나타

났으며 처음부터 애굽에 내려갈 때까지에 전개된 하나님의 백성의 역사를 보여 주려는 것이라고 하였다. 창세기에 나타나고 있는 관용어가 어떤 표현들은 본서(창세기)와 통일을 표시하는 좋은 자료라고 생각하였다. 창세기의 특징 가운데 어떤 것은 아라비아의 문학에도 나타나 있으니 예를 들면 되풀이한 곳이라든지 비교적 큰 책에서는 특수한 표제들을 발견할 수 있다는 것이다. 그러므로 이러한 사실은 창세기의 저자가 다수임을 보여 주는 것이 아니다. 요컨대 에발트가 결론적으로 강조하고 있는 사실은, 우리는 이렇게 초대의 조화를 이루고 있는 본서에서 이상 더 다른 기자를 찾으려고 시도하지 말아야 할 것이며 또한 이렇게 빈틈없이 결합되어 있는 것을 개개의 단편으로 분석하려고 해서도 안 된다(-in einzelne Stuecke trennen, was tausendfache Baende aufs genaueste an-und ineinander verknupfen)는 것이다.

필자의 의견에는 에발트가 아라비아 문학을 인용하여 창세기의 통일성에 관한 문제를 강하게 주장한 이 사실은 실로 커다란 공헌이라고 아니할 수 없다(Robert Dick Wilson : *The Use of 'God' and 'Lord' in the Koran in PTR*, October, 1919, pp. 2-8)

⑦ **그람베르크(C. P. W. Gramberg)**는 1829년에 제사, 제사장, 희생, 성소 등과 같은 이스라엘의 여러 제도가 발전한 흔적을 찾아내었다. 그는 생각하기를, 창세기와 출애굽기는 구전과 성문과 같은 오래된 자료를 기초로 하여 이루어진 것으로 다윗과 히스기야 시대의 중간인 어느 시기에 편찬되었다는 것이다. 레위기와 민수기는 포로 시대의 초기에 속한 것이니, 신명기는 여호수아 이후의 자료에서 편찬된 것으로서 포로 생활이 마칠 무렵에 속한 것이라고 보았다.

그람베르크는 편집자가 엘로힘 문서와 여호와의 문서를 결합할 때에 자기 자신의 가필과 어떤 변화를 가하였다고 주장하였다. 그러므로 그람베르크는 벨하우젠(Wellhausen)이 주장한 발전설(development hypothesis)의 선구자라고 볼 수 있다.

⑧ **빌헬름 바트케(Wilhelm Vatke)**가 주장한 것은 모세적 국가는 역사적인 것은 아니고 율법 또한 그 기초라기보다는 그 율법책은 요시야 제위 시에 발견된 것으로서 본질적으로 출애굽기 법전의 일부였다는 것이다. 반대로 신명기는 요시야의 종교 개혁 후에 된 것이며 마지막 부분은 포로 때의 것이라고 한다. 바트케의 주장은 그의 저서 『정경(正經)을 따라 전개된 구약 종교(〈독〉*Die Religion des ATs nach den kanonischen Buechern entwickelt*)』(Berlin, 1835)에 표명되

었다.

⑨ **게오르거(J. F. L. George)**는 『고대 유대 절기들과 오경의 율법 수여에 대한 비평(〈독〉*Die aellteren juedischen Feste mit einer Kritik der Gesetzgebung des Pentateuchs*)』(Berlin, 1885)에서 이스라엘 역사를 3 기로 구분하였으니 제 1 기는 창세기와 출애굽기 및 레위기 등 일부를 오경의 역사적 부분으로 하였고, 제 2 기는 사사기와 예언서 등이며, 신명기는 제 2 기의 마지막 무렵에 나타났고, 제 3 기는 왕국 시대로, 이 시기에 오경의 일부가 포함된 구약 가운데 제일 늦게 기록된 책들이 나타났다. 이렇게 이스라엘의 역사를 재구성한 것은 헤겔(Hegel)이 끼친 철학의 영향 때문이다.

⑩ **베르도(E. Bertheau, 1840)**는 오경 가운데 출애굽기, 레위기, 민수기 등 3 권은 일곱 그룹으로 형성되어 있고, 각 그룹은 다시 일곱 개의 조로 나누어져 있으며, 각 조는 10 가지 법령을 포함하고 있다고 한다. 그리고 이 밖의 나머지 율법적인 내용과 역사적 부분은 그 후에 첨가된 것이라고 한다.

⑪ **보충설의 주창자인 데 베테(De Wette)**는 창세기를 취급하면서 주장하기를, 창세기의 저자가 이전에 있던 하나님의 문서(E)에다 다시 다른 자료에서 취한 것 중에 얼마를 보충하였다고 하는 본질적인 보충설을 주장하였다. 이 주장은 단편설과는 반대적인 입장을 취하고 있다. 이 설은 실제에 있어서는 성경의 통일성을 주장하는 경향을 포함하고 있기 때문에 통일성에 있어서는 바른 방향을 지향하고 있다고 볼 수 있다.

a) 에발트(Ewald)는 스태헬린(J. J. Staehelin)이 저작한 『창세기에 대한 비평적 연구(〈독〉*Kritische Untersuchugen ueber die Genesis*)』(1830)의 영향을 분명히 받았으며, 그가 이 책을 서평하는 가운데서 창세기를 논하여 다음과 같은 견해를 발표하였다. 즉, 성경의 최초의 6 권을 형성한 기초로는 엘로힘 문서(E)가 있는데 그 가운데서도 저자는 십계명과 같은 오래된 부분을 사용하였다고 한다. 그러나 그 뒤에 이것과 병행되는 문서가 나타났으니 그것은 여호와라는 신의 이름을 사용했으며 그 다음의 저자가 이 J 문서에 삽입하였다고 한다. 이러한 관계로 군데군데에 흔적이 보인다는 것이다.

b) 위의 것과 비슷한 주장이 폰 볼렌(P. von Bohlen, 1835)이 저술한 『창세기의 연구』에서 제시되었다. 그는 말하기를 어느 이스라엘 저자가 취급한 근원 문서가 있었다고 추측하여 그 목적이 적합하도록 채택하였다는 것이다. 폰 볼렌

역시 신명기를 오경 가운데서 제일 첫 부분으로 생각하였으며, 대체로 요시야 시대에 이루어진 것으로 추정하였다. 그 이외의 책들은 포로 시대까지 완성되지 못했다는 것이다.

c) 프리드리히 블리크(Friedrich Bleek)가 저작한 창세기에 관한 저서인 『창세기의 기원(起源)과 특성에 대한 역사적 고찰 : 볼레누스에 대항함(〈라〉de *libri Geneseos origine atque indole historica observationes quaedam contra Bohlenum*)』(Bonn, 1836)은 폰 볼렌의 주장에 대항하는 책으로서 일종의 보충설을 지지했다. 그는 엘로힘적 자료를 보충한 편집자가 바로 여호와 문서를 기록한 기자 자신이었다고 한다. 그러나 블리크는 오경에 있는 많은 장절이 본래 모세가 기록한 것이요 또 이 책들로 인하여 우리는 역사적 기초 위에 서 있다고 하였다. 신명기는 이전의 책들과는 다르며 집성한 것이 아닌 하나의 단위로 되어 있으며 예레미야와 관계를 가지고 있다고 한다. 블리크에 의하면 오경 전체에서 주요한 편집은 둘이 있었는데 그 하나는 왕국이 아직 분열되기 전에 창세기를 편집했던 편집자의 손으로 되었고, 다른 하나는 신명기를 편집한 편집자의 손으로 된 것이니 유다 왕국 말기에 가까운 때였으며 여기에는 여호수아서도 포함된 것이라고 한다. 그리하여 편집된 저작 전체는 요시야 재위 18년경에 발견되었다고 한다. 이런 사상은 블리크의 초기작(1822, 1831)에 많이 제시되어 있다. 데 베테는 그의 총론 제 5, 6 판(1840, 1845)에서 6경의 삼중 편집 가운데는 엘로힘 문서 및 신명기 등이 있었다. 그리고 여호와 문서 기자는 여로보암 1세 시대의 저작인 엘로힘적 문서를 보충하였다고 주장하였다. 곧 데 베테는 그저야 보충설을 지지하였다.

블리크의 여러 견해에 대한 원만한 표현은 그가 저술한 총론의 영역(London, 1869)에서 배울 수가 있으니 실로 가치 있는 작품이요 냉정하고 온건한 것을 그 특징으로 하고 있다. 블리크는 복음주의적 그리스도교인이었다. 그런데 설혹 그의 견해들 중에 어떤 것은 지지할 수 없고 또한 복음적 기독교의 입장과도 조화되지 않는 점이 있기는 하지만 그가 요구하는 바는 건설적이었으므로 그의 요구는 신중하게 연구할 가치가 있다.

d) **스태헬린**은 1843년에 『비평 연구(*Critical Investigations*)』를 출판하였는데, 거기에서 그는 오경(그리고 여호수아서)이 사울 시대에 사무엘에 의하여 편집되었을지도 모른다고 하였다.

그러나 그는 자기가 주장하는 오경의 기초로 다른 작품 하나를 들추고 있으니 그것은 창세기의 대부분과 오경의 중간 책들(출애굽기, 레위기, 민수기) 가운데 거의 전부 및 여호수아서 가운데 지리적 부분을 포함한 것이다. 이것은 팔레스타인을 정복한 후에 곧 작성된 것이라고 주장하였다.

e) 폰 렝게르케(Caesar von Lengerke, 1844)는 6경의 삼중 편집을 주장하였는데, 그 기초 문서로는 엘로힘적 문서로서 이것은 솔로몬의 재위 초기에 작성된 것이라고 생각되었다. 또한 편집자는 여호와 문서 기자였고 이 기자가 오경의 대부분을 저술하였다고 한다. 그리고 때는 히스기야 시대였다고 한다. 그러나 신명기와 여호수아서의 대부분은 요시야 때로부터 온 것이라는 것이다.

f) 델리취(Franz Delitzsch)가 저술한 『창세기의 주석』(1852) 가운데 모세가 저작한 것으로 생각되는 오경의 모든 부분(신명기, 출애굽기 14-24장)은 실제로 모세에 의해서 기록된 것이라고 주장하였다. 나머지 율법은 모세가 기록한 것이지만 법전에 편집된 것은 가나안을 정복한 후에 엘로힘적 문서에 아마 엘리에셀(Eliezer)에 의해서 기록되었을 것이며, 거기에는 언약의 책이 편입되었다고 한다. 그리고 그 후에 어떤 이가 신명기를 포함시켜 그 책을 보충하였다고 한다.

g) 그러나 프리드리히 툭스(Friedrich Tuch)는 자기가 저술한 『창세기 주해』(1858)에서 보충설의 고전적 표현을 제시하였다. 툭스는 주장하기를 오경 중에는 두 문서가 있는데 그것은 신의 이름의 사용에 의하여 구별할 수 있다고 주장하였다. 그중에도 엘로힘 문서가 그 기초적인 것이며 이것은 모세 시대를 모두 다 포괄함과 동시에 여호수아서까지도 포함한다는 것이다.

보충자(Ergaenzer)는 여호와 문서 저자로서 자기 자신의 재료를 문서에다 삽입시켰다고 한다. 툭스에 의하면 엘로힘 문서는 사울 시대에 속하고 여호와 문서는 솔로몬 시대에 속한다고 하였다.

논평: 보충설 가운데 모순된 점 하나만은 분명히 지적할 수 있으니, 보충자는 일반적으로 J라고 생각되었기 때문에 J의 장절이 E의 장절을 암시하고 있는 기사를 포함하고 있다는 사실은 극히 분명한 것이다. 그러나 E의 장절은 보충자 J가 일을 착수하기도 전에 기록되었다고 생각되는데 어찌하여 E의 장절이 J의 부분을 암시하는 말을 내포하고 있으며 또한 그 내용을 전제하고 있는지? 여기에서 이 설은 넘어가게 되는 것이다. 이 밖에 다른 난제들도 있으나 이것이 가장 으뜸되는 것이다. 이 설은 1844년에 창세기 1-4장을 논한 쿠르츠(J. H. Kurtz)가 저술한 『창세기의 통일성(*Die Einheit der Genesis*)』이 출판되었는데 거기

에서 그는 계속하여 이 문제를 논박하였다. 그렇지만 불행히도 쿠르츠는 얼마 후에 자기의 입장을 포기하고야 말았다.

6. 결정설(結晶說 : The Crystallization Hypothesis)

1) 하인리히 에발트(Heinrich Ewald)

그는 다시 그의 마음을 돌이키게 되었다. 그는 보충설을 확립시키는 데 많은 도움을 준 것처럼 이 설을 화해시키는 데도 큰 역할을 하였다. 그의 저서 『이스라엘 백성의 역사』(1840-1845)에서 진술하기를, 오경 중에는 E. J. 혹은 신명기까지도 소급할 수 없는 단편들이 들어 있다고 주장하였다. 에발트는 십계명과 기타 얼마간의 율법은 모세의 것이라고 주장하였으며 민수기 33장의 포진표(布陣表)나 창세기 14장은 꽤 오래된 것이라고 생각하였다. 부가적으로 그는 언약의 책이란 한 권의 책을 발견했는데, 그 책은 아마 사사 시대에 생존한 어떤 유대인으로 말미암아 기록된 것이라고 생각하였다. 더 나아가서 그는 근원의 책이 있는데 그것은 솔로몬 통치 초기에 어떤 레위인에 의하여 기록된 것으로서 보충설의 엘로힘 문서와 거의 같은 것이라고 본다. 여기에 첨부할 것은 엘리야와 같은 시대의 생존한 사람으로 볼 수 있는 제3의 설화자가 있었으니 그는 첫 역사적 재료의 도움을 받아 모세의 역사를 말하였다고 한다. 제4의 설화자(선지자적)도 역시 발견되며, 또한 제5의 설화자는 한결같이 여호와란 신의 이름을 사용하였고 그는 또 편찬자였다. 이 작품으로부터 우리들의 육경(Hexateuch)이 유래된 것이다. 그리고 마지막 편집에 있어서도 세 가지 필법이 나타났으며 주전 약 600년경에 레위기 26:3-45이 삽입되었다. 에발트는 그가 저술한 저서의 초판에서 신명기가 므낫세 치하의 후반기에 첨가되었다고 주장하였으나 그 다음 판에서는 본래 독립된 저서로서 주전 500년경에 첨가되었다고 지적하였다.

2) 아우구스트 크노벨(Aujust Knobel, 1861)

그는 한층 더 단순한 결정설을 제시하였다. 그는 근본 문서 E를 고수(固守)하였으며, 또한 E 문서가 사울 시대로부터 온 것이라고 생각했기 때문에 때로는 그가 보충설의 지지자로 생각되기도 했다. 근원 문서 곧 『권리서(*A Book of Rights*)』가 있으며 그 외 J 문서 곧 『전쟁서(*A Book of Wars*)』가 있으니 이 책의 저자도 역시 보충자이었고 마지막으로 신명기인데 이 책은 예레미야와 동시대의 것이라고 했다.

3) 에버하르트 슈래더(Eberhard Schraeder, 1869)

그는 분명히 일종의 결정설을 제시하였으나 여러 가지의 가설을 종합하려고 하였다. 그는 오경이 두 가지의 근원 문서 곧 E와 신정적 설화자인 제2E로 성립되었다고 주장하였으며 이 두 문서는 여호와 문서 기자에 의해서 하나로 되어졌고, 신명기는 어떤 다른 사람의 저작이라고 하였다.

7. 수정 문서설(修正文書說)

결정설은 부가적 보충을 소개함으로써 보충설의 난점을 제거하려고 시도한 것이었다. 아스트럭(Astruc)의 저서가 출판 된 지 꼭 100 년 후에 헤르만 훕펠트(Hermann Hupfeld)는 전혀 다른 방법으로 이 난점을 제거하려고 하였다. 그의 주저 『창세기의 원자료들과 그것들을 새롭게 모은 방식 연구(〈독〉*Die Quellen der Genesis und die Art ihrer Zusammensetzung von neuem untersucht*)』(1853)에서 훕펠트는 다음과 같은 몇 가지를 밝히려 하였다.

① **창세기에 있는 J 부분**은 단지 더 일찍 존재한 엘로힘적 기초에 대한 단편적인 보충일 뿐만 아니라 그들 자체가 하나의 연속되는 문서를 이루고 있다.

② **반대로 엘로힘적 부분**은 연속되는 문서가 아니라 오히려 두 문서로부터 이루어진 것이었다는 것이다. 이러한 생각은 이미 일겐(Ilgen), 데 베테에 의하여 제출되었고 또 크노벨(Knobel)에 의하여서도 어느 정도 제시되었다. 말하자면 제 1 엘로힘 문서, 제 2 엘로힘 문서가 있었다는 것이다. 이상한 것은 제 2 엘로힘 문서는 신의 이름 엘로힘을 사용하고 있음에도 불구하고 그의 언어에 있어서나 그 외 다른 특징에 있어서는 제 1 엘로힘 문서에서보다 여호와 문서에 더 가깝다고 훕펠트는 주장하였다.

③ **이 세 가지 문서가 편집자에 의하여 현재와 같은 모양으로 종합되었다.** 훕펠트는 편집자를 대단히 많이 강조하여 두고 이 편집자가 저술한 일에 대하여 큰 자유를 부여하였다. 사실 오경 중의 많은 "난제"들을 이 편집자에게 돌리는 수가 허다하다. 그러므로 훕펠트가 제시한 여러 문서들의 연대적 배열은 다음과 같다.

1. 제 1 엘로힘 문서(die Urschrift)
2. 제 2 엘로힘 문서
3. 여호와 문서
4. 신명기

홉펠트의 창세기의 분해에 관하여 언급하지 않을 수가 없다. 첫째로 홉펠트는 제 2 E를 창세기 20장에서 시작하고, 또한 그의 제 1 E는 실제로 이 창세기 20장에서 결론을 맺고 있다. 이것은 특히 제 2 E가 제 1 E의 어떤 것을 전제하고 있는 것같이 보이게 함으로써 연속되고 있는 한 문서를 둘로 찢어 놓은 것같이 보이게 한다. 이러한 결과 적어도 제 1 E의 연속성과 완결성은 파손되었다고 본다.

다음에 또 하나의 요점은 제 1 E의 내용이 대부분 지리적, 통계적 자료와 창조와 홍수 같은 특수한 사건들이라는 것이다. 이러한 재료는 어떤 한 사람의 저자에게 돌리기보다는 주제 그 자체의 문제라고 생각된다. 다시 제 2 E가 제 1 E보다 J에 가깝다는 홉펠트의 주장은 문서를 구별하는 기준이 되는 신의 이름이 불충분한 특징임을 분명히 증거하고 있다. 마지막으로 홉펠트의 설은 편집자를 지나치게 강조하지 않으면 그의 주장 전체는 무너지고 마는 것이다. 그럼에도 불구하고 홉펠트의 주장은 지지를 받았다.

그래서 오경이 네 가지의 주요 문서들로 구성되었다는 가설 곧 현대의 문서설을 실제로 발견한 자는 홉펠트라고 말해도 별로 틀림이 없다. 이 설은 그 근본 개념에 있어서 뵈메르(Edward Boehmer, 1860), 노엘데크(Theodor Noeldeke, 1869), 딜만(August Dillmann, 1886)과 델리취(Franz Delitzsch) 등에 의하여 받아들여졌다. 뵈메르는 각종 문서의 본문을 여러 가지 활자를 써서 출판한 첫 사람이고, 노엘데크는 보충설을 공격한 사람이고, 딜만은 문서를 구분하는 데 A, B, C, D의 문자를 쓴 사람이다.

문서설에 대한 총평[22)]

홉펠트가 발견하였다는 네 가지 문서설은 여러 가지 모양으로 불려졌다. 그러나 현재까지 널리 사용되고 있는 명칭은 다음과 같다.

P(제사장 문서) — 홉펠트의 제 1 엘로힘 문서
E — 홉펠트의 제 2 엘로힘 문서
J — 여호와 문서
D — 신명기

지금까지도 그러했지만 이 가설을 길게 반박하는 것이 우리의 의도는 아니다.

22) 이 간단한 논평은 홉펠트 이후 시대에 일반적으로 주장되어 오는 이 가설에 적용되는 것이다.

이제 문서설에 대한 주요 논증을 열거하면 다음과 같다.

① 오경이 모세의 저서임은 성경 여러 부분이 적극적으로 주장하고 있다.

② 이 설은 부자연스럽다. 오경 중에서 찾을 수 있는 내적 통일과 목적의 조화를 보여 주는 이 작품을 이 가설이 가정하고 있는 그러한 과정을 거쳐서 근원을 이루고 있다고 믿는 것은 무리하다. 이런 현상은 문학 사상이 그 유례를 찾아볼 수 없다.

③ 창세기 중의 신의 이름은 문서를 분석하는 데 있어서 표준이 될 만큼 적당하게 배치되어 있는 것은 결단코 아니다. 다음과 같은 사실에 유의하라.

a) 여호와(יְהוָה)란 이름은 다음과 같은 장에는 나타나지 않으니 곧 창세기 1, 23, 33-37, 40-48, 50장 및 출애굽기 1, 2장 등이 그것이다.

창세기의 마지막 11 개의 장(40-50) 중에는 49:18에 단 한 번밖에 보이지 않는다. 다시 범위를 넓혀 31-50장까지의 20 개의 장에는 15 회가 나타나는데 그중에 31장에 2 회, 32장에 1회, 38장에 3 회(우리말 성경엔 4 회 - 편집자 주), 39장에 8 회, 상기 49장의 1 회를 합하면 모두 15 회가 된다. 이런 현상에도 불구하고 J 부분이 이 20 장의 각 장에 나타난다고 생각하였다(Carpenter and Harford : *The Composition of the Hexateuch*, London, 1902. pp.511-514).

b) "엘로힘"이란 이름은 창세기 10-16, 18, 29, 34, 36, 37, 38, 47, 49장 등에는 사용되지 않는다.

c) 하나님께 관한 것은 창세기 23, 34, 36, 37, 47장 등에는 진술되지 않았다. 그럼에도 불구하고 카펜터(Carpenter)와 하포드 (Harford) 등은 다음과 같이 구분하였다.

〔J〕	〔P〕	〔E〕
34:2b-3ac, 5, 7, 11,	23:1-20.	37:511, 13b-14a,
19, 26, 29b-31.	34:1-2a, 3b, 4, 6, 8-10,	15-17a, 17b-18a,
36:32-39.	12-18, 20-25, 27-29a.	19, 22-25a, 28a,
37:2b, 2d-4, 12-13a,	36:1a, b-5a, 5b-8,	28c-31, 32b-33a,34, 36.
14b, 18b, 21, 25b-27,	9-28, 29.	
28b, 32a, 33b, 35.	37:1-2ac.	
47:1-4, 6b, 12-27a,	47:5-6a, 7-11, 27b-28.	
29-31.		

앞의 표와 그들이 상술한 사실을 주의 깊게 연구할 때 분명히 알 수 있는 것은 위의 분석이 사실에 있어서 신의 이름에 근거한 것이 아니라 신의 이름 이외의 다른 어떤 기준에 의해서 분석되었음을 알 수 있다.

d) 신의 이름의 구분은 창세기의 초두에 가장 많이 진술되었는데 그중에서도 1-3장은 특수한 경우이다. 1장-2:3에는 엘로힘이 35 회 그리고 2:4-3:24에는 여호와 엘로힘이 20 회 사용되어 있다.

이것은 육경(六經)의 남은 부분(출 9:30)에는 단 한 번 나타나는 장절이요 구약 성경의 나머지 부분에도 비교적 적게 나타난다.

e) 특히 창세기 초두의 몇 장에서 신의 이름이 변한 것은 신학적인 이유에서라고 함이 타당하다. 예를 들면 창 3:5에서 뱀이 하나님에 대하여 엘로힘이라 말한 것은 언약적 신의 이름인 "여호와"를 뱀의 입에서 발설하지 못한 것은 너무도 당연한 일이다. 이 사상은 헹그스텐베르크(Hengstenberg)로 말미암아 그의 저서(*DGP*, Vol.1, pp. 213-393)에 고전적으로 표현되었다. 또 어떤 때는 여러 이름을 사용하는데 그것은 불필요한 반복을 피하려는 시도였다고 설명하는 것이 유의할 점이다.

이와 관련하여 70인역(LXX)의 용법이 히브리 어 본문의 용법과 한결같이 일치하지 못하는 것 역시 주의할 것이다.

어떤 경우에는 그 용법이 다른 이유에서 사용되었을 것이기는 하지만 좌우간 서로 다른 저자를 가르치는 것이 아닌 것은 확실하다.

f) "여호와"라는 이름은 P 문서라는 데서 나타나고, "엘로힘"은 소위 J 문서라는 귀결에서 나타난다. 예를 들면 J의 창 7:9 "하나님(엘로힘)께서 노아에게 명하신대로"라고 하였으며, E의 창 20:18에서 "여호와께서 운운"하셨으며, P의 창 7:16b에서는 "그리고 여호와께서 그를 닫아 넣으시니라."라고 하였다. 여기에서는 다만 한 가지 예를 든 것뿐이나 이런 현상이 여러 곳에서 나타난다. 이것은 오경의 현재형으로는 신의 이름에 근거하여 분석을 감행할 수 없다는 또 하나의 증거가 된다.

g) 오경 가운데 신의 이름을 사용한 특징은 코란(Koran)과 비교할 수 있으나 코란은 일반적으로 마호멧 한 사람이 지은 저서라고 생각한다.

④ 분해는 신의 이름만의 도움으로 되어지지는 않기 때문에 분해가 좌절된 때는 언제나 가정의 편집자를 불러들여야 할 필요를 느낀다. 이것이 얼마나 불충

분한 처지인지는 몇 가지 명백한 실례로써도 충분히 알 수 있는 것이다. 이제 밑줄 친 것은 일반적으로 편집자가 기록한 것으로 보는 말이다.

창 2:4b(J) ▸ 여호와 하나님(엘로힘) … 창조하신 날에(이 부분에 일관하여 같은 현상).

창 7:16(P) ▸ 하나님이 그에게 말씀하신 대로… 여호와께서 그를 닫아 넣으시니라.

창 14: 22(?) ▸ 지극히 높으신 하나님(El) 여호와께.

창 20:18(E) ▸ 여호와께서.

창 21:1b (P) ▸ 그리고 여호와께서… 행하셨으므로.

브라이트만(E. S. Brightmann)의 『육경의 자료들(*The Sources of the Hexateuch*)』(New York, 1918)을 참조하면 어느 정도 편집자가 자주 사용되었는지 알 수 있다.

⑤ 연속적 문서라고 인정하기 전에는 사실상 분석이란 통일을 파괴하는 것이다. 보기를 들면 그것을 더욱 분명히 알 수 있다.

a) 창 5장(P)은 죽음이 전 인류를 지배함을 말하나 1:31(P)은 모든 것이 좋았더라고 되어 있다. 그런데 하나님께서 만물을 선하게 지으셨다면 어찌하여 죽음이 만물을 지배하게 되었는가? P는 이 점을 분명하게 설명하지 않는다. 설명은 JE(창 3장)에 제시되어 있다. 그러므로 P는 지금의 모양으로는 불완전한 것이다.

b) 출 3:4은 "여호와께서 그가 보려고 돌이켜 오는 것을 보신지라 … 하나님께서 그를 불러"라는 기록이 있는데 여기서 4a는 J에로, 4b은 E에로 분리시키는 것이다.

c) 창 19:29은 P의 것으로 소돔과 고모라의 멸망을 말하고 있다. 그럼에도 멸망 기사 그 자체는 P에서가 아니라 오히려 J에서 발견된다.

d) P 문서는 특별하게도 단편적인 특징을 지니고 있다. 그러나 그 문체가 비슷한 것은 내용이 같기 때문이며 다른 저작이기 때문이 아니다.

⑥ 출 6:3 이후에는 신의 이름을 문서 구분에 사용할 수 없다. 이 구절은 주로 P에 해당하는 것으로 여호와란 이름이 이전에는 나타나지 않았다는 것을 가르치려는 것이다. 이 구절에 의하면 족장들이 알고 있는 신의 이름은 엘 샤다이(El Shaddai)였고 여호와가 아니었다. 그러므로 이전에 명시된 여호와란 이름은 문서설을 취하는 비평가들은 J의 것으로 보았다. 창 17:1과 같이 P에서 나타나는 것은

편집자의 것으로 취급한다. 그러나 이것은 잘못된 해석이다. 이 구절은 여호와의 이름이 구음으로 그 이전 시대에는 알려지지 않았다는 것을 의미하지는 않는다. 성경에는 개인의 이름이 그의 성격과 존재를 알리는 것이다. 그러므로 이 구절은 여호와의 여호와다운 성격 곧 언약의 하나님, 구속주(救贖主) 하나님 되시는 성격이 족장들에게 알려지지 못한 것을 가르치는 구절이라는 사실은 확실하다.

⑦ 창세기에 나타나는 이중구(二重句)와 병행구를 깊이 연구하면 결코 그것들이 이중구가 아님을 밝힐 수 있을 것이다(예를 들면 창세기 1장과 2장의 관계에 대한 내용 비교).

8. 행스텐베르크와 그의 학파

성경에 대하여 일치하지 않는 여러 가지 가설만이 널리 파급되었다고 생각해서는 안 된다. 사실 그렇지 못하기 때문이다. 헹스텐베르크(E. W. Hengstenberg)의 영적 자극 하에 경건한 신앙적 학자의 학파가 자랐는데 이 학파는 반동적이 아니었다. 오히려 성경의 권위에 전적인 경의를 표현하려고 노력한 것을 볼 수 있고 동시에 최근에 이룬 학자들의 성과를 충분히 인정하려고 하였다.

분명히 헹스텐베르크는 이 운동의 지도자였으니, 워필드(B. B Warfield)는 그를 가리켜 "하나님께서 아직 교회에 주신 일이 없는 가장 탐구적(探究的)인 성경 번역자의 한 사람이다."라고 하였다("구약에 있어서의 신적 메시야", 기독론과 비평("The Divine Messiah in the Old Testament," in *Christology and Criticism,* New York, 1929. p.5). 헹스텐베르크는 1802년에 출생하여 학문에 대한 많은 업적을 쌓아 일찍이 저명한 인사가 되었다. 그는 20 세가 되기 전에 벌써 아리스토틀(Aristotle)의 『형이상학(*Metaphysics*)』의 번역을 끝마쳤고 일찍이 암릴케이스(Amr'ilkeis)가 저술하여 낸 모알라카(*Moallakah*)의 라틴 어 번역서를 발행하였다. 바젤(Basel) 대학의 학생 시절에 신자가 되어 바로 구약 성경의 연구와 이의 옹호에 몸을 바쳤다. 그는 많은 성경 주석을 내었으며 그가 지은 『구약 성경의 그리스도론』은 걸작이다.

그러나 이제 우리와 주로 관계를 맺게 된 것은 그의 오경에 대한 저서인데 『오경의 진정성에 대한 논문(*Dissertations on the Genuiness of the Pentateuch*)』(Edinburgh, 1847)이란 표제로 영역되어 있으니 구약에 대한 진지한 연구생들은 다 주의 깊게 읽어야 할 저서이다. 그는 모세가 저작한 오경의 순정성과 완전성에 반대하여 일어난 다방면의 논의에 대하여 가장 완전한 방법으로 여유 있게 대답하고 있다.

헹스텐베르크의 영향을 받았다고 생각되는 사람들 가운데는 드렉슬러(M. Drechsler) 〔『창세기의 단일성(통일성)과 진정성(〈독〉*Die Einheit und Echtheit der Genesis*)』(1838)〕와 해버니크(H. CH. Haevernick), 카일(Karl Friedrich Keil) 등이 있다. 이들의 저서가 전세기에 속하기는 하나 오늘에 있어서도 가치 있는 책들이다. 그들의 말에 주의를 기울여 보면 비평의 결국에 있어서의 원인은 퍽 다를 것이다. 그러나 그 당대의 시대 사조는 그들을 적대시했으며 그 결과 그들의 저서는 자꾸만 뻗어 가는 분열적 비평의 사조를 저항할(Stem) 수는 없었다. 그러나 진리는 수의 다소에 의해서 결정되는 것만은 아니다. 또 구약을 연구하는 학도라면 진리를 옹호하기를 바랄진대 그렇게 하기 위해서는 그들 신앙의 학자들이 저술한 저서에 세심한 주의를 기울여야 한다.

9. 발전설(發展說)[23]

1834년 하기 강좌에서 로이스(Eduard Reuss)는 말하기를, 기초적인 **E** 문서는 최초의 것이라기보다는 오히려 가장 새로운 것이라는 견해를 발표했다. 1850년에 그는 다시 이 사상을 발표하였으나 그때에는 지지를 받지 못하였다.

1862-1879년 사이에 나탈(Natal) 감독 콜렌소(John William Colenso)는 『오경과 여호수아서의 비평적 고찰(*The Pentateuch and Joshua Critically Examined*)』(London)이라는 책을 발표하였다. 그도 보충설의 기초 문서는 비역사적이며, 후대의 산물이라고 공격하였다.

그라프(Karl Heinrich Graf)가 구약 성경의 역사서에 관한 저서(1866)를 출간함과 더불어 오경 비평은 전환기에 이르렀던 것이다. 게오르거(George)와 바트케(Vatke) 등이 레위기의 율법은 신명기보다 뒤에 된 것이며 또한 포로 시대 이전에는 나타나 본 적이 없다고 이미 자기들의 견해를 제시하였던 것이다. 1862년에 랍비인 포퍼(J. Popper) 박사는 출 35-40장 및 레 8-10장은 에스라 시대 이후에 생존한 율법학자의 것이라 하였다.

그라프의 저서는 이러한 초기에 나타난 성경에 대한 사상의 절정을 보여 준 것이다. 그는 구약의 출발점을 창세기에 두지 않고 율법에다 두었다. 또한 그는 신명기가 요시야 시대에 작성된 것으로 언약의 책인 여호와 문서의 율법을 전제하였다고 생각하였다. 반면에 레위기의 율법은 에스라 시대에 속한 것이라 한

23) 이 발전설의 역사를 살피는 데 있어서 필자는 주로 리임(Riehm)을 참조하였다.

다. 그라프가 레 18-26장을 에스겔이 저작한 것이라고 하는 것은 주의할 만하다. 오경의 나머지 부분에 대하여 그라프는 보충설을 지지하며 근원 문서가 여호와 문서의 저자에 의하여 보충된 것이라고 주장하면서 결과적으로 생겨나게 된 저서는 신명기 문서의 저자에 의하여 교정, 편찬되었다고 주장하였다.

그라프의 저서는 리임과 노엘데크(Noeldeke) 등에 의하여 주로 두 가지 점에서 공격을 받았다. 리임과 노엘데크가 주장한 것은 여호와 문서 기자는 보충자가 아니라 독립 문서의 저작이며 나아가서 레위기의 율법은 근본 문서에서 분리시킬 수 없다는 것이다.

그들의 이러한 비평에 영향을 받은 그라프는 자기가 주장한 최초의 주장을 수정하여 말하기를 근본 문서가 오경 가운데 가장 오래된 부분이 아니라 최후의 것이라고 주장하기까지 되었다. 이러한 그의 주장이 근본 문서의 연대를 완전히 전도(顚倒)시킨 사실은 주의할 만하다. 이전의 순서는 P. E. J. D. 였으나 이제는 E. J. D. P. 또는 J. E. D. P. 로 되었다.

그라프의 설(說)은 후에 다시 강화되었으며, 퀘넨(Abraham Kuenen)의 『이스라엘의 종교(예배)(〈화〉*De Godsdienst van Israel*)』(1869-70)가 출간된 것은 그의 학설 보급에 한 자극제가 되었다. 퀘넨은 얼마 되지는 않지만 부분적으로 그라프와는 전혀 별도로 연구하였다. 본질적으로 그라프와 같은 견해를 표명한 것은 1874년 카이세르(August Kayser)가 저작한 『이스라엘의 원역사에 대한 포로 이전의 책(〈독〉*Das vorexilische Buch der Urgeschichte Israels*)』에 표명되었다, 그의 주장에 의하면 오경의 기초는 여호와 문서이며 이 여호와 문서에 엘로힘 문서가 일부 삽입되었다는 것이다. 신명기 역시 요시야 시대로부터 유래되어 여호와 문서가 결합된 것이라고 한다. 다음에 오는 것이 레 17-26장을 포함하는 에스겔 율법이며 엘로힘 문서(P)는 아마 에스라로부터인 것 같다고 한다. 그리고 마지막으로는 모든 문서가 전체로서의 하나를 향하여 편입된 것이라 한다. 이 관점을 카이세르는 대체로 문학적, 비평적 고찰에 기초하여 제시하였다.

이 학설을 지배적인 위치까지 끌어올리게 한 것은 벨하우젠(Julius Wellhausen)이 저작한 『육경의 형성(〈독〉*Die Komposition des Hexateuchs*)』(1876-77)이니 그는 위의 학설을 옹호하였다. 벨하우젠에 의하면 오경 가운데 가장 오래된 부분은 본래 두 개의 독립된 문서인 여호와 문서와 엘로힘 문서로부터 온 것으로 본다. 이 두 문서로부터 여호와 문서 기자는 주로 설화체로 된 책을 편찬하였다고 한다.

그는 또한 요시야 시대에 신명기가 나왔으며, 신명기 기자가 그것을 가지고 여호와 문서를 저작한 기자의 저작품 가운데에 편입시켜 그 전체를 주로 여호수아서를 교정한 것이라고 한다. 엘로힘 문서 가운데 제사장적 율법은 대체로 에스라의 저작이며 후에 편집자가 전체를 손질하였다고 한다. 그리고 레 17-26장은 에스겔 시대로부터 유래한 것이나, 에스겔의 저작은 아니라고 주장한다.

벨하우젠은 여러 문서들의 연대를 이스라엘 역사의 특수한 진화적 재구성 곧 헤겔(Hegel)의 철학에 기초한 재구성에 관련시켰다. 이스라엘의 초기 종교는 자연적으로 일어나는 종교적 충동의 무의식적인 표현에 지나지 않는다고 생각하였다. 그는 창세기에 나타나는 족장들의 역사적 성격을 부인하였으며 모세 자신도 다소 막연한 인물이 되고 말았다고 생각하였다. 신명기의 개혁 이전에 드려진 희생은 그 나라의 어느 곳에서나 있었으니 중앙 성소는 없었던 것이라고 한다. 그래서 그는 성소가 여러 곳에 존재한 것을 밝히려고 출 20:24-26을 들고 나왔다. 그런데 어느 곳에서나 드려진 그 희생은 요시야가 다스리던 시대의 신명기적 개혁(BC 622)에 의하여 종지부를 찍었으며 레위기적 율법은 훨씬 늦은 것이라고 한다.

그러므로 이 체계에 근거하여 이스라엘의 종교적 제도는 발전을 보았으며 역시 이스라엘의 신관도 발전하였다고 한다.

벨하우젠의 이 체계는 널리 파급되었다. 그리하며 독일에서는 카웃츠(Kautzsch), 스멘트(Smend), 게세브렉트(Giesebrecht), 부데(Budde), 스타데(Stade), 코르닐(Cornill) 등과 그 외의 여러 사람들이 그의 이 체계를 인정하였다.

영국에서는 장로교 목사인 스미스(William Robertson Smith)에 의하여 『유대인 교회의 구약 성경(*The Old Testament in the Jewish Church*)』(1881)이라고 표제를 붙여 출판된 그의 강의들 중에서 주로 소개되었다. 역시 드라이버(S. R. Driver)의 총론에도 그의 사상이 표명되어 있다. 미국에 있어서는 예일(Yale) 대학의 베이컨(Benjamin Wisner Bacon)이 저술한 『창세기 중의 창세기(*The Genesis of Genesis*)』(1893)와 『출애굽기의 세 가지 전승(*The Triple Tradition of the Exodus*)』(1894)이 그의 체계를 받아들였다.

이 전체 훈련에 대한 가장 철저한 연구는 홀칭거(H. Holzinger)의 『육경의 입문(*Einleitung in den Hexateuch*)』(1893)에 나타나 있다. 그러나 독일어에 익숙치 못한 연구자들은 J. E. Carpenter : 『육경의 구성(*The composition of the Hexateuch*)』(1902) ; C. A. Briggs : 『육경의 고등 비평(*The Higher Criticism of the Hexateuch*)』(1893); J. E. Carpenter and G. Harford Battersby : *The Hexateuch*, 2 vols(1900) 등을 연구할 것이다. 벨하우젠에 의하여 일반화된 이 개요는 보통 그라프 - 퀘넨 - 벨하우젠설(Graf - Kuenen-Wellhausen Hypothesis)이라고 불려진다. 문서설이 그 기초를 이루었으며 또 문서설이 없이는 이 학설은 성립도 안 되는 것이지만 문서설과 구별하기 위하여 발전설이라 부른다. 이 학설은 오늘날에도 결코 소멸된 것은 아니다. 영국에서는 에스털리와 로빈슨(Oesterley and Robinson)의 『히브리 종교 : 그 기원과 발전(*Hebrew Religion: Its Orgigin and Development*)』(New York, 1937)에서(본서에 대한 필자의 서평 *W Th J*, Vol. I, 1938, pp. 59-64 참조)에서, 미국에서는 파이퍼(R. H. Pieiffer)의 『구약총론』(1941)에서 이 설을 찾아볼 수 있다.

10. 발전설에 대한 반대

발전설을 반대하는 데 있어서는 그 반대하는 성격에 따라서 여러 가지가 있다. 독일의 고참 학자들은 이 설을 지지하지 않았다. 딜만(Dillmann)은 P가 D보다 일찍 존재한 것이라고 하였다. 즉, E : BC 900-850 ; J : 800-750 ; P : 800-700 ; D : 650-623이라 하였다. 그리고 그라프 바우디신(W. W. Graf Baudissin)은 P의 본질적인 기초는 신명기보다 앞선다고 주장하였고, 루돌프 키텔도 그렇게 주장하였다. 리임(Eduard Riehm)은 제사장 문서가 오경의 마지막 부분이라는 주장에 반대하여 확신을 가지고 이에 반대하는 글을 썼다(1872). 그리고 프란츠 델리취(F. Delitzsch, 1887) 역시 이 사상을 강하게 공격했으며 노엘데크(Noeldeke)도 이 설을 용인하지는 않았다.

이 발전설에 대한 유대인 학자들 사이에 일어난 반응은 흥미를 끌었다. 몬테휘오르(C. G. Montefiore)는 1892년의 히버트 강의(Hibbert Lectures인 『고대 히브리 종교의 기원과 발전에 대한 예증(*On the Origin and Growth of Religion As Illustrated by the Religion of the Ancient Hebrews*)』에서 그 근본적인 면의 발전설을 받아들였다.

반면에 호프판(David Hoffmann)은 할락카(Halachah : 유대교 전승의 율법의 부분) 연구의 근본 사상에 있어서 벨하우젠에 대하여 반대하는 글을 썼으며 P가 후기(後期)의 것이 될 수 없다는 증명도 하였다 (*Die Neuste, Hypothese ueber den Pentateuchischen Priesterkodex*, 1879-1880).

1892년 클로스트만은 네 문서설(four documents) 전체를 공격했고 새로운 형식으로 된 결정설에 해당하는 것으로 이것에 대체시켰다. 처음의 모세 율법은 그것이 예배 시에 송독(誦讀)되었기 때문에 계속적으로 확장되었다고 주장하였다. 그리고 이 처음의 모세 율법은 특히 솔로몬 치하에서도 신명기의 편입에 의하여 다시 확장되었다고 한다.

그러나 발전설에 대하여 가장 강한 공격을 가한 사람들은 구약 성경의 초자연적인 성격을 충실히 믿고 또한 이 학설이 기독교에 대한 가장 위험한 적이라고 인식한 자들이었다.

1885년 비셀(Edwin Cone Bissell)은 『오경의 기원과 구조(*The Pentateuch Its Origin and Structure*)』라는 책을 발간하고 그 책자에서 벨하우젠이 주장한 학설 가운데 약점이 있음을 확실하게 진술했다. 묄러(Willhelm Moeller)는 1899년에 연속 출판을 시작했는데 거기서도 발전설을 강하게 반대했다.[24] 그리고 1886년 보스(G. Vos)는 『오경 법전의 모세적 기원(*The Mosaic Origin Of The Pentateuchal Codes*)』을 발간했는데, 역시 이것도 벨하우젠의 학설에 확실한 반박을 가한 다른 하나의 예이다. 그러나 참으로 강력한 반박을 가한 사람은 프린스턴 신학교의 동양 문학 및 구약 문학 교수인 그린(W. H. Green)이었다. 헹스텐베르크, 해버니크, 카일 등의 영적 후계자라고 할 수 있는 그는 1863년에 출간한 『콜렌소 감독의 비판에 대항하여 오경을 옹호(擁護)함(*The Pentateuch Vindicated Form the Aspersions of Bishop Colenso*)』이란 책자에다 그의 재능을 과시하고 있다. 1883년에는 그의 저서 『모세와 선지자들(*Moses and the Prophets*)』이 출판되었는데 그것은 쿼넨과 스미스(W. R. Smith)로 인하여 발생된 문제에 대한 직접적인 해답이었다. 이 책자에 계속되는 것이 『유대인의 축제일(*The Hebrew Feasts*)』이란 제목을 가진 1885년의 뉴턴의 강의였는데 이것은 발전설의 중심부를 공격한 역작(力作)이었다. 1888년 그린(Green)과 하퍼(W. R. Harper) 간에 "오경 문제"에 관한 평화적 논쟁이 「*Hebraica*」에 발표되었다. 이 논문들의 재료는 매우 귀중하다.

이 논쟁의 결과 그린은 1895년 그의 걸작 『창세기의 통일성(*The Unity of the Book of Genesis*)』을 출판하였으며, 같은 해에 『오경의 고등 비평(*The Higher Criticism of the Pentateuch*)』이라는 책도 발간하였다. 이 박학(博學)한 두 권의 책이야말로 분명히 발전설을 가장 완전하고 확실하게 반박한 명저(名著)인 것

24) *Historisch-Kritische Bedenken gegen die Graf-Wellhausensche Hypothese von einem frueheren Anhaenger Guetersloh.*

이다. 하나님의 교회는 하나님께서 교회에 이러한 변증가를 일으켜 주신 일에 대하여 감사하지 않으면 안 된다.

1906년 런던에서 출판된 제임스 오르(James Orr)의 『구약 성경의 문제(*The Problem of the Old Testament*)』도 문서설에 대하여 철저히 논박한 책자로서 이것 또한 가치 있는 책이다.

11. 발전설에 대한 평(지지할 수 없는 이유)

발전설은 벨하우젠 학파에 의하여 발달된 것이나 다음과 같은 이유로 지지할 수 없다.

1) 발전설은 본질적으로 초자연적인 사건에 반대하는 성격을 가졌다

이 학설은 이스라엘의 종교 생활과 제도에 대하여 자연주의적인 발전을 가정(假定)하고 있다. 이 견해에 따르면 이스라엘도 역시 다른 민족들과 같이 이스라엘 백성의 국민성이 지니고 있는 그러한 자기들의 특질에 기초를 두고서 예언서에 내포된 찬란한 신관을 발전시켰다고 가정하고 있다. 만일 그렇다고 하면 왜 이스라엘만 이렇게도 발전된 숭고한 교리를 가지게 되었을까? 이스라엘 이외의 그 어떤 국가나 국민 중에서도 구약 성경에 나타난 것과 같은 신관을 소유하지는 못했다. 이런 현상으로써도 기독교는 이상의 이유에 대한 즉각적인 답을 제시할 수 있으니 곧 이것은 하나님이 특별하신 방법으로 이스라엘의 역사를 간섭하셨다는 것이다. 이것은 역시 성경 자체의 명확한 교훈이다. 그러나 벨하우젠 학파는 이 특별한 하나님의 간섭 없이 문제를 해결해 보려고 한다. 초자연적인 계시를 자연주의적인 모든 원리에 기초를 두고 설명하려고 애쓴다. 그러나 그것은 거부되어야 한다.

2) 발전설이 옳다고 가정하면 오경 가운데 두 율법서는 가짜인 것이다

신명기와 소위 제사장 문서는 모세로 말미암아 기록되었다고 전해졌으나 그들은 이와 같은 사실은 전연 사실이 아니라고 말한다. 이 두 율법서를 모세가 기록하였다고 말하는 것은 율법에 귀를 기울이게 하기 위하여 사용한 계략(計略)이었다고 한다. 그렇다면 이러한 저서가 사람의 마음속에 복종심을 불러일으킬 수 있었다는 것은 믿기 곤란하다. 더욱 신명기를 인용하여 사탄의 유혹을 물리친 분이 바로 진리의 주님이신 것을 회상할 때 이 가설이 얼마나 무서운가 하는 것이 여실히 드러난다.

3) 성구의 잘못된 주해

출애굽기 20:24이 어떤 성소를 막론하고 여호와께 예배하는 것을 합법화한 구절이라고 주장하는 것은 문제된 성구를 잘못 주해하였기 때문이다. 이 구절은 다만 하나님께서 그 이름을 두시는(즉, 하나님의 계시가 임하는 곳) "각 장소에서" 또는 "모든 장소에서" 제단이 세워질 수 있다는 것을 가르치는 것뿐이다. 이것이 성소의 유일성을 범하는 것은 아니다. 왜냐하면 같은 언약의 책인 출 23:14-19에서는 말하기를, 남자는 일 년에 세 번씩 주 앞에 곧 중앙 성소에 나아올 것을 요구하고 있기 때문이다.

더군다나 주의할 것은 기념의 제단(수 22:10-19)을 건설했던 시초에는 다른 지파들에게는 적대하는 제단으로 생각되어 아홉 지파 반의 무리들에게 미움을 샀고 이스라엘은 그들과 싸우려 한 사실이다. 이는 그들이 분명히 성막을 중앙 성소라고 생각했기 때문이다(19절). 신명기는 이런 점에서 언약의 책과 완전히 일치하고 있다. 그 이유는 그것도 역시 그 땅을 정복한 후 주께서 자기 이름을 두시려고 모든 지파 가운데서 한 장소를 택하사 그 장소에서 백성이 주께 예배드릴 것을 예상하고 있기 때문이다.

4) 제단의 유일성은 처음부터 이스라엘의 생활 규칙이었다

성소에 대한 반항은 결코 허용되지 않았으며 족장 시대에 있어서도 찾아볼 수 없던 일이다. 요시야와 같은 시대에 생존한 예레미야는 실로를 주께서 처음에 자기 이름을 두신 곳처럼 보았다(렘 7:12, 14; 26:9 참조). 이 점에 대한 가치 있는 주석 다비스(John D. Davis의 『프린스턴 신학 비평(*PTR*)』이란 저서, 특히 그 가운데 "이스라엘 중의 실로의 성소(The Sanctuary of Israel at Shiloh)"란 내용(*PTR*, Vol, 16, pp. 204-220)은 이 점에 대한 가치 있는 주석이다.

5) 힐기야의 율법책 발견

힐기야가 율법책을 발견하였을 때 그는 "나는 율법책을 찾았노라."라고 말하였다. 이 구절은 마치 대제사장이 잘 알려져 있는 것을 말하는 것처럼 분명하게 보인다. 그러나 이 점은 과히 강조할 바가 못 된다.

6) 요시야의 개혁

이 개혁은 주로 우상 숭배를 반대하고 이교 폐지를 단행한 것이었다. 이 요시야의 개혁이 발전설에 의하여 신명기가 예배의 중앙화를 위해서 안출된 것이라고 생각하면 더욱 이상하다. 그러나 사실은 그러한 것이 아니었으니 신명기는 목적한 바를 완수하지 못했던 것이다. 그 이유는 요시야 개혁 운동에 있어서 예배의 중앙화는 단지 2차적인 문제였고(왕하 23:8, 9 참조) 그 주요한 강조점은 우상 숭배의 습관을 근절하려는 데 있었기 때문이다.

7) 예레미야가 인식하지 못한 점

예레미야는 요시야와 같은 시대의 사람이었으나 그는 언약의 목표로서의 성소의 중앙화에 대하여는 전혀 알지 못한 것이 분명하다(렘 7:10 이하 참조)

8) 보다 유의할 점

보다 유의해야 할 것은 신명기가 성소의 중앙 제도를 요구한 것은 다만 주께서 사방의 적을 제거시키자고 선민에게 안식을 부여하신 이후였다는 것이다(신 12장).

9) 히스기야의 성소 통일을 위한 개혁 운동

히스기야 치세에 성소의 통일을 위한 개혁 운동이 있었다(왕하 18:22). 그러나 이 구절 가운데 중요한 점이 발전설을 옹호하는 자들에 의해서 때로는 과소평가가 되어 왔다.

10) 신명기는 제사장 문서(레위기)를 전제하고 있다

신명기는 분명히 소위 제사장 문서 가운데 부분적으로 알고 있는 사실을 전제하고 있으니 예를 들면, 레 11장은 신 14:3-21보다 이전 것이며 결코 그 반대는 아니다(레 11장 주석 참조). 신 22:9-11은 레 19:19; 신 24:14은 레 19:13; 신 25:13-16 레 19:35; 신 28장은 레 26장; 신 12장은 레 17장들에서 각각 이미 알고 있는 사실을 보여 준다.

12. 벨하우젠으로부터 제1차 세계 대전까지

벨하우젠을 이은 문학 비평의 시기를 특징짓기는 어렵다. 한 가지 예를 들건, 벨하우젠의 입장을 지지하는 자들은 그의 문서를 분해하는 데 있어서 더욱더 현미경적이요 원자론적으로 되어 버렸다. 그들은 J, E, D, P라고 단순하게보다는 J, J^1, J^2, J^3; E, E^1, E^2, E^3; P, P^1, P^2, P^3로 분해하기 시작하였으니 퀘넨 자신도 소위 E 자료 가운데서 보충된 것을 지적해 내기 시작했다. 1906년에 오토 프록슈(Otto

Procksch)는 이 사상을 발전시킴으로써 본문의 부활을 한층 더 자극하였던 것이다(*Das nordhebraeische Sagenbuch. Die Elohim-quelle.*).

한편 다른 면에서 몇몇 학자들은 일찍이 문서들이 존재하며 내려온 순서를 연대적으로 추구하였으나, 그 가운데는 바로 금세기의 박식한 히브리 학자이며 초자연적 방면의 확고한 신앙가인 쾨니그(Eduard Koenig)를 들 수 있다. 그는 문서들을 **E**:1200; **J**:1000; **D**:700-650; **P**:500 등 그 연대(각 연대는 BC)를 정하였다.

1908년에는 어드만스(B. D. Eerdmans)가 계속된 연구의 결과로 출간된 4권의 『구약 성경의 연구(*Alttestamentliche Studien*)』〈I -IV〉(1908-14) 가운데서 그는 오경 문제의 해결을 제시하였으나 그것은 지금까지의 지배적인 가설과는 그 해석이 전혀 달랐다. 어드만스는 라이덴(Leyden) 대학의 교수요 아브라함 카이퍼(Abraham Kuyper)의 정통 견해에 대한 강력한 반대자였다. 그는 하나님의 이름이 문서를 구별하는 데 있어서 표준으로 사용될 수 있다는 사상을 배격하였다. 오히려 그가 주장한 것은 모든 문서의 자료는 4가지의 각각 다른 발전 단계에 속하였으니 그 최초의 것은 다신교적 아담의 책(Book of Adam; 창 5:1부터)을 근거하고 있으니 곧 BC 700년 이전의 어떤 시기에 저술된 것이라고 한다. 그리고 그 이후에 이것과 상통한 또 하나의 다신교적 저작인 소위 "이스라엘" 교정판과 결합되었다고 한다. 그러나 신명기의 발견 후 그 이전의 문서는 유일신교적 의식을 가지고서 다시 편집되었으며 이 모든 책들은 포로 후기에 다시 확장되었다고 한다.

어드만스의 4권의 책은 문서 분석에도 또 선지자가 율법보다 앞선다는 관념에도 의식적으로 반대하는 뜻으로 기록되었으나 어드만스의 사상은 널리 보급된 것은 아니다.

영국의 법률가인 위너(Harold M. Wiener)가 저작한 오경의 문제를 취급한 몇 권의 책 가운데 그 최초의 판이 1909년에 나왔다. 위너는 70인역을 인용하여 문서설을 공격하였으나 그 70인역은 마소라 본문(Massoretic-Text)과 비교하면 신의 이름이 약간 틀려 있다. 그는 오경 가운데 모세 이후의 요소가 얼마간 있다고 생각하였으나 결국 그것은 본질적으로는 모세의 것이라고 주장하였다. 그는 각종 모순점 특히 율법과의 모순을 조화시키려고 애쓴 결과 어느 정도 성공을 거두었다. 무엇보다 그의 탁월한 공적은 개요의 명백한 제시보다 벨하우젠의 입장을 반박한 것이었으니 그가 저작한 저서의 주된 가치는 이 사실에 근거하고 있다. 에른스트 젤린(Ernst Sellin)은 그의 『구약 총론』(1910년)에서 발전설에 대한 하나의 강조점을 가하였다. 그것은 아직까지 일반적으로 결여되어 있던 것이었다. 그의 생각에는 오경이란 여호와 문서적 자료를 기초로 하여 발달한 것으로 여겼다. 그러나 젤린에게는 하나의 문서가 나타났으니 늦은 자료가 나타났을 때 이미 존재하고 있는 자료를 바꾸려 하는 저자들의 영향을 실현하는 일에 왜 성공하지 못했는지 하는 생각이다. 젤린이 생각하는 답은 그 자료들이 예배식에 사용되어졌다는 사실에서 발견된다고 하였다. 특히 중요한 것은 다제(J. Dahse)의 저서 『육경의 본문 비평 자료(*Textkritische Materialen zur Hexateuchfrage*)』(Giessen, 1912)였는데, 거기에는 70인역에 나타난 신의 이름의 사용법을 철저히 연구하여 히브리 원전과의 차이점을 지적하여 놓았다. 다제는 다시 야곱과 이스라엘이라는 두 가지 이름이 별개의 문학적 자료를 표시하는 것처럼 보인다는 사실이 왜 지지를 받지 못하는지에 대하여 논증하였다. 다제의 저서는 문서설에 대하여 분명히 맹렬한 일격을 가하였으니 벨하우젠 자신도 그 문서설이 약점을 포함하고 있음을 인정하였다.

루돌프 스멘트(Rudolph Smend)는 벨하우젠 학파의 추종자로서 1912년에 육경에 대한 내용의 작품인 『육경 이야기의 원자료(문서) 연구(*Die Erzaehlung des Hexateuch auf ihre Quellen untersucht*)』를 발간하였다. 거기에서 그는 자기 자신의 문서설을 주장하여 그 결과 그의 견해는 지지자를 얻었기 때문에 우리는 그것을 "신문서설"이라고 부른다. 이 설의 본질은 두 사람의 여호와 문서 기자가 있다는 것으로서 이미 이것은 일겐(Ilgen)에 의하여 암시되었고, 1885년에는 브루스턴(Charles Bruston)에 의하여 발표되었다.

스멘트는 이 두 사람의 여호와 문서 기자를 J^1, J^2라 이름을 짓고, 그들은 비슷한 두 저자로 생각하였으며 그 저서들은 육경에 일관하여 계속되는 것이라고 하였다. 동시에 그는 자료의 통일성을 주장하였으며 또한 E가 많은 가필로 성립되었다는 것을 부인하였다. 그러나 또 다른 면으로 P와 D는 많은 가필과 보충에 의한 특징을 지니고 있다고 하였다.

묄러(Willhelm Moeller)는 구분된 분해에 대하여 맹렬한 공격을 계속적으로 가하였으며, 1912년에는 한층 더 강한 그의 작품 『금령에 대한 반대 제기(〈독〉 *Wider den Bann der Quellenscheidung*)』(Guetersloh)가 출판되었다. 이 책에서 묄러는 문서설의 논증을 평하여 그 약점을 명백히 보여 주었다. 그는 오경의 통일성을 논하기는 하였지만 특히 설득하는 형식으로 그것을 논하였다.

13. 양식 비평학파

1901년에 한 책자가 간행되었는데 사실상 그 내용인즉 그라프 - 퀘넨 - 벨하우젠의 이론에 대한 한 방의 강타를 가하는 그러한 견해의 알맹이를 품은 것이었다. 이것이 궁켈(H. Gunkel)의 『창세기의 전설(*Die Sagen der Genesis*)』로서 그것은 자기가 지은 창세기의 큰 주해서에 나오는 서론이었다. 궁켈에 의하면 창세기의 설화나 전설(그의 용어대로) 등은 고대 이스라엘 백성 중에서 떠돌던 설화들이었으며 대대로 여러 세기를 통하여 전승되어 오다가 결국에는 구체적인 형태를 가져 문자로 기록하게 되었다고 한다.

그는 그 모든 설화들이 창세기에서 기록된 것은 아니고 그중 어떤 부분만 기록되었다고 하며, 처음에는 이 설화들이 아무런 상호 간 관계가 없는 것 같았으나 차차 아브라함과 야곱과 같은 유능한 인물들과 연결시키게 되었으며 선지 시대 직전까지 이 이야기들은 작은 수집품으로 모아졌는데 예컨대 아브람을 중심한 것들이라고 한다. 그리고 그 후에 제법 크게 되어 알려진 문서는 집성되어 J, E와 같은 문서가 될 것이며 그러자 결국 그렇게 되어서 그것들은 함께 연합되어 하나가 되었다고 한다. 그러므로 연구 단위는 개개의 전설이라고 한다. 그러나 실제에 있어서 이 고찰은 여러 문서들의 독특한 특징을 말소하는 것이다. 궁켈에 의하면 창세기의 전설은 반드시 참된 것은 아니며 그것들은 다른 민족 가운데서도 찾아볼 수 있는 단지 민간 전승에 지나지 않는다고 한다. 그러나 창세기의 창조 기사를 풍유라고 하는 것은 큰 잘못이다. 그것은 풍유가 아니다. 그들 민간 전승은 다만 전설에 불과한 것이요 연구자는 가능하다면 그 원형을 알아보는 것이 그 사명이다. 궁켈의 이 설은 전세기에 있었던 낡은 단편설과 어떤 피상적인 유사점이 있다.

그런데 단편설이 쇠퇴된 이유는 우리가 아는 바와 같이 서로가 크게 대조적인 점 때문이다. 그러나 이 단편설에 대한 반론이 궁켈 교수의 이론에는 적용되지 않는 것은 그의 견해에 의하면 문서들이 저자들의 산물이 아니라 단순히 전설을 모아 놓은 것에 불과하다고 말하기 때문이다.

그러므로 이 설화들의 원형은 극히 낡은 것으로 주장되었으니 벨하우젠의 체계와도 전혀 다르다는 점은 주의하여야만 한다. 또한 이 전설은 다른 민족들 간에 전설과 유사하기 때문에 고고학, 비교 종교학 등의 도움을 빌려야만 비로소 그 사실을 깨닫게 된다. 그러니 궁켈의 방법은 비교 종교학으로 볼 수 있다. 이 때문에 궁켈의 저서에는 많은 가치 있는 지식이 내포되어 있고 참된 해석적 통찰도 적지 않다.

궁켈은 구약 성경의 다른 여러 곳에도 계속 이 원리를 적용시켰다. 또 그레스만(H. Gresmann)도 궁켈과 비슷한 노선에서 출애굽기를 철저히 연구하였다. 많은 학자들이 이 사상을 가진 학파와 관계하였는데 그중 몇을 들면 슈미트(Hans Schmidt), 할러(Max Haller)와 모빈켈(Sigmund Mowinckel) 등이 있다. 이 입장을 위한 연구는 『구약 성경(〈독〉*Die Schriften das Alten Testaments*)』〈3 Vols〉(Goettingen, 1921-1925)을 참조하라.

14. 신문서설(新文書說)

스멘트는 여호와 문서의 기자가 두 사람이라고 주장하여 문서설의 분석에 대한 문제 전체를 재개(再開)하였다. 그의 이론은 몇몇의 지지를 얻었으며 1916년에는 아이히루트(Walther Eichroodt)가 한 권의 책 『창세기의 기원(*Die Quellen der Genesis*)』(Giessen)을 발행하였는데 제 1 부는 그의 박사 논문으로 그보다 일 년전에 발간하였다. 거기에는 그는 두 가지 목적을 이루려 하였으니 그 한 가지는 어드만스를 반박하려고 한 것이고, 다른 한 가지는 스멘트의 가설 곧 여호와 문서의 기자가 두 사람이라는 것을 더 확실하게 하려 하였다. 그는 족장들의 기사를 연구하여 이 목적을 달성하려 하였으며 1921년에는 마인홀트(J. Meinhold)에 의하여 본질적으로 이것과 동일한 사실이 시도되었다(*Die jahwistische Berichte in Gen.* 12-50, in the *ZAW*, vol. 39, pp.42-57).

그러나 1922년에 가서는 이 설(실제로는 5 문서설)이 고전적 표현법을 받게 된 것이다. 아이스펠트(Otto Eissfeldt)는 그가 저술한 『육경의 공관(*Hexateuch-Synopse*)』(Leipzig)에서 스멘트의 J^1을 라이언 쿠엘(Laienquelle)은 세속 재료와 같은 것으로 인정하였는데 그 이유로는 그것을 아주 세속적인 것으로 생각하기 때문이다. 그는 스멘트의 J^2를 그냥 J로 명명하였으니, 이것이 아이스펠트의 말하는 L J E P 이다. 아이스펠트는 그의 『공관(共觀) : 대조표(〈라〉*Synopis*)』에서 레위기의 전부와 그리고 신명기의 전체에서 장을 빼놓고 있다. 그의 논조는 주로 이중 기사(二重記事)에 있으니 기존하여 있던 이중 기사를 기초로 하여 사중(四重)의 표현이 나타나 있는 구절이 약 50 개나 된다고 한다. 그래서 그는 이중 기사들 가운데 사중의 실다리가 들어 있다는 사실이 증명된다고 결론지었다(so darf die Annahme eines vierfachen Erzaehlungs-Fadens als erwisen betrachtet worden, p.6).

15. 제사장 법전

막스 뢰아(Max Loehr)는 1924년에 육경 문제를 다시 연구하기 시작하였으며 거기에 그는 제사장 법전의 존재를 부인하였다. 그는 창세기 가운데 독립적인 P 문서가 포함되어 있다는 것은 오류에 근거한 가설이라고 하였으며 그 대신 에스라가 중형(中型)의 문학적 단위를 지닌 한 문서를 육경에 삽입하였다고 보았으니 이것은 대체로 단편설의 부흥이라 할 수 있는 것이다. 폴츠(Volz) 역시 창세기 가운데 있는 소위 P의 통일성을 공격하였다. 특히 중요한 연구서는 게르하르트 폰 라트(Gerhard von Rad)의 『육경에서의 제사장 문서(〈독〉*Die Priesterschrift im Hexateuch*)』(Stuttgart, 1934)이다. 그는 두 가지의 병행하는 별개의 문서인 P^a와 P^b가 있다고 말하여 소위 기본 문서(P)의 통일성을 파괴하려 하였다. 이 두 문서는 폰 라트에 의하면 상호 명백한 관련을 맺고 있는 것이다. 그중 한 가지는 제사장적 서기(書記)의 성격을 가지고 연대와 인물을 나타내는 데에 정밀한 일까지 지시한다. 그러므로 그것은 진일보(進一步)한 발전 단계임을 제시하고 있다.

16. 신명기 연구

어떤 부정적 비평의 결과가 확실하다고 생각되었다면 그것은 신명기가 요시야 시대의 산물이었음과 요시야의 종교 개혁은 신명기적 개혁이었다는 것이다. 사실 신명기는 대단히 중요한 것으로서 어떤 학자도 이 책을 오경 비평에 있어서 '아킬레스건'이라고 하였다. 그러나 신명기에 관한 벨하우젠의 위치는 결코 확고한 것은 아니었다.

1914년 요하네스 헴펠(Johannes Hempel)은 예배의 중앙화의 사상을 가져온 제사장이 솔로몬 시대로부터의 낡은 규칙과 율법적 문서 및 군사적 문서를 편입시켜 신명기를 편찬한 것이라고 자기의 견해를 표명하였다.

1920년 하롤드 위너(Harold Wiener)는 다시 그가 남긴 저서 『신명기의 주요 문제(*The Main Problem of Deuteronomy*)』(Oberlin)에서 벨하우젠의 견해를 반박한 내용이 있다. 이 견해 역시 베리(G. R. Berry)가 쓴 한 논문 가운데서 1920년에 공격을 당했으나 그는 성전에서 발견된 법전은 신명기가 아니고 성결의 율법이라고 하였다.

같은 해 케네트(R. H. Kennett는 그의 저서 『신명기와 십계명(*Deuteronomy*

and Decalogue)』(Cambridge)에서 신명기가 포로 시대의 소산으로서 아론의 자손들이 성전에서 사독의 제사장들의 위치를 취하였을 것으로 추측되는 시대에 팔레스타인에서 저술된 것이라고 주장하였다. 다른 이들도 대개 이 견해를 채택하였다.

특히 흥미있고 중요한 것은 구스타프 횔셔(Gustav Hoelscher)의 견해이다 ("Komposition und Ursprung des Deuteronomiums," in *ZWA*, vol. 40, 1923, pp.161-255.)

횔셔의 생각에 신명기에는 유토피아에 가까운 율법과 이상이 내포되어 있기 때문에 유다 왕국이 존재하고 있을 그 시대에는 창작되었을 리가 없으며 오히려 왕국이 아직 존립하지 않던 때 곧 유대인이 더 이상 독립적으로 존속하지 못하던 시대에 속한다는 것이다. 더욱 횔셔에 의하면 예레미야의 예언도 에스겔의 예언도 모두 신명기에 금지되어 있는 여러 가지 악습들을 표시하였으니 신명기가 참으로 요시야로 하여금 개혁을 단행시킨 성경이라면 그것은 수정된 것임에 틀림없으며 신명기는 포로 시에나 또는 포로 후의 것이라고 생각하였다.

다른 것은 에스트라이허가 신명기를 요시야 시대보다 훨씬 앞에 된 것으로 생각하는 것이다 (*T. Oestreicher Das Deuteronomische Grundgesetz*, Guetersloh, 1923). 그리고 1924년에 스태르크(W. Staerk)는 신명기 12장이 예루살렘에서 중앙 예배를 진술하는 것은 아니라고 주장하였다.

영어 독자들이 손쉽게 얻을 수 있는 책 두 권이 웰치(A. C. Welch)에 의하여 저술되었다("신명기에 관한 참고 서적" 제 6 장 끝 참조). 웰치는 참으로 확신을 가지고 신명기의 보다 이른 연대를 주장하였다. 그가 주장하는 바는 이 법전 안에서 단 한 구절만이 성소의 중앙화를 주장하고 있다는 것이다. 이 책의 논쟁점은 성소가 하나이냐 아니면 여럿이냐 하는 것이 아니라 여호와주의냐 또는 바알주의냐 하는 문제이다. 이 책은 율법들이 초기 왕국이 아니면 보다 더 이른 시대거나 또는 북쪽 이스라엘로부터 온 것으로 본다.

1925년 묄러(Wilhelm Moeller)는 앞장서서 모세가 신명기의 저자임을 강력히 옹호하였다. 그의 저서에 표시되어 있는 표제가 내포하고 있는 대로 묄러는 신명기가 앞에 있는 4 권의 책과 관련을 가지고서 그 반영을 보이고 있다고 하였다 (*Rueckbeziehungen des 5. Buches Mosis auf die vier ersten Buecher*, Lutjenburg).

마지막으로 폰 라트(von Rad)는 그의 자격 시험 논문(1929) 중에서 신명기는 요시야가 단행한 종교 개혁의 기초로서 전제되어야 한다고 생각하는 것은 거부되어야만 된다고 주장하였다. 장래의 신명기의 연구는 어떤 방향으로 취해질는지는 물론 아무도 알 수 없다. 그러나 아킬레스건은 끊어지고 말았다. 벨하우젠의 견해는 이미 30 년 전에 얻은 옹호자들을 잃지 않을 수 없게 되었다.

17. 폴츠와 루돌프(Volz and Rudolph)의 저작

우리는 스멘트와 그의 학파가 소위 J를 두 종루로 나눈 것을 보았다. 여기에서 신명기는 요시야 이전과 이후 두 시대로 나눠고 마는 것이다. 그런데 말썽인 E 문서가 공격을 피하지 못했다. 폴츠(Paul Volz)와 루돌프(W. Rudolph)는 그들의 책 『오경에 대한 오류의 화자(話者)인 엘로힘 기자(〈독〉*Der Elohist als Erzaehler ein Irrweg der Pentateuchkritik?*)』(Giessen, 1933) 가운데서 저자들은 그들의 논의를 창세기에만 국한시켰으니 폴츠는 창 15-36장을, 루돌프는 요셉의 기사를 취급하고 있다. 이 두 저자에 의하면 E는 독립한 문서가 아니라 단순히 J 문서를 후대에 편집한 것에 지나지 않으며 신명기 학파의 소산일지 모른다고 하였다.

루돌프는 그 뒤의 저작품 『출애굽기에서부터 여호수아까지의 E문서 기자(〈독〉*Der Elohist von Exodus bis Josua*)』(Berlin, 1938)에서 그의 논법을 육경의 나머지 부분에도 적용시켰다. J는 탁월한 기사로서 루돌프는 이 J가 보통 E의 것으로 간주되어 온 연속 부분이라고 생각하였다.

18. 그의 최근의 발전설들

벨하우젠 학파들은 여전히 논쟁의 중심이 되어 있다. 1914년에 쾨니히(Edward Koenig)의 『현대 오경 비평과 최근의 논쟁(〈독〉*Die Moderne Pentateuchkritik und ihre neueste Bekaempfung*)』(Leipzig)은 주로 다제(Dahse)의 주장에 반대하는 입장에서 저술 되었다.

같은 해 나빌레(Eduard Naville)는 계속된 학적 저서와 논문들을 내었는데 그 내용에서 모세가 오경의 저자임을 찬성하여 벨하우젠의 설을 공격하였다. 그의 생각에는 모세가 아케디안(Accadian) 곧 바벨론의 설형 문자를 사용하여 오경을 기록했다는 것이며, 에스라가 이것을 아람 어로 번역하였고 그리스도교 시대 직전에 다시 히브리 어로 번역되었다고 한다. 그리고 두 유대인 학자 가운데 호프만(D. Hoffmann)은 벨하우젠의 논쟁을 강하게 공격하는 저서 『그라프 벨하우젠 가설에 대한 중요한 반대 논거들(〈독〉*Die wichtigsten Instanzen gegen die Graf Wellhausensche Hypothese*)』(Berlin, 1916)을 출간했다. 그리고 야곱(B. Jacob은 『자료(문서) 분리와 오경 주석(〈독〉*Quellenscheidung und Exegese in Pentateuch*, Leipzig, 1916)은 문서설 전반에 걸쳐 반대하는 주장을 하였다.

1918년에 브라이트만(Edgar Sheffield Brightmann)은 여러 가지 주장되어 온 작품들에 수록된 본문들을 『육경의 출처들(*The Sources of the Hexateuch*)』(New York) 이란 제목으로 출판하였다. 이 책은 독자로 하여금 오경이 어느 정도로 평범하게 분해되었나 하는 것을 일목요연하게 볼 수 있도록 하는 유용한 교본이다.

마르틴 케겔(M. Kegel)은 1919년 이후부터 시작하여 몇몇 논문을 내었는데, 그 중 중요한 논문은 『벨하우젠으로부터 떠나라!(*Away from Wellhausent!*)』이다. 그 책자 가운데서 발전설이 주장하는 기본적인 몇 가지를 들어 공격하였다. 그리고 1924년 로마 가톨릭 학자인 산다(A. Sanda)는 오경 문제에 대하여 적극적으로 기술하였다. 그는 창세기가 모세 자신에 의해서 기록되었음을 주장하였고, 나머지는 모세의 일기가 아니면 받아쓰기로 하여 요시야에 의하여 기록되었으며 그리고 나서 요시야 때에 신명기가 발견되자 전부를 결합시켜 오경을 형성하였다고 주장하였다. 심프슨(D. C. Simpson)은 그의 『오경의 비평(*Pentaeuchal Criticism*)』(London, 1924)에서 발전설을 옹호하면서 다제와 위너에 반대하는 글을 썼다.

1931년 묄러(W. Moeller)는 『모세 오경의 단일성(통일성)과 진정성(〈독〉*Die Einheit und Echtheit der fuenf Buecher Mosis*)』에서 다시 모세가 오경의 저자라는 사실을 옹호하였다. 그리고 유대인 학자 카수토(U. Cassuto, 1934)는 창세기가 다윗 통치 하의 종말기를 향하여 기능적인 통일성을 가지고 작성되었다고 한다.

또한 1927년 모르겐스턴(J. Morgenstern)은 그의 책 『육경의 최고〈最古〉 문서(*The Oldest Document of The Hexateuch*)』(Cincinnati)에서 J. E. D. P 이외에 K라는 또 하나의 자료가 단편적 상태로 존재하고 있다고 주장하였다. 이 K 문서는 아사(Asa)가 단행한 개혁의 기초가 되었다고 생각하였다(왕상 15:9-15).

1936년에 모빙켈(Sigmund Mowinckel)은 창세기 1-11장을 연구하여 P와는 별개의 두 요소를 발견하였다. 그 하나는 E로서 그는 그것을 편집자의 삽입으로 돌리고 있다. 파이퍼(R. H. Pfeiffer, 1941)는 그의 대저 『구약 총론』에서 이전부터 논하던 견해를 받아들였다. 그는 창세기 가운데서 제 4 자료 곧 S(South or Seir)를 발견하였으며 파이퍼의 생각에는 이 S 자료는 두 부분으로 되어 있다고 한다. 그것은 P를 제한 창세기 1-11장과 14-38장의 일부에서 발견되었다는 것이다.

1943년 알리스(Oswald T. Allis는『모세 오경(*The Five Books of Moses*)』(Philadelphia)애서 문서설과 발전설에 대하여 강력히 반박하고 구약 성경 가운데 초두의 오경을 기록한 저자는 바로 모세라고 강하게 주장하였다.

19. 결 론

아스트럭(Jean Astrulc)이 처음으로 창세기를 여러 문서로 분해해 보려고 신중한 시도를 한 후 거의 200 년이 지났다. 그는 그 당시 자기의 생각한 바가 성공적이라고 크게 떠들었다. 그러나 그가 죽은 후 그 후에 나온 학설은 그의 생각과 일치하지는 못하였으며 또한 문서 분석의 역사는 지금까지 어떠한 학자도 오경을 여러 문서로 분석하는 데 만족한 성공을 거두지 못함을 보여 주고 있다.

모세가 오경의 저자임을 인정하지 않는 오늘날 현존하는 대부분의 학파들이 어떤 형의 사문서설(四文書說)을 취하여 J E D P의 순서를 주장하고 있다는 것은 아마 사실인 것 같다. 그러나 학자들까지도 J와 E의 연대를 다소 소급하려는 것같이 보인다. 폴츠, 루돌프, 아이스펠트, 웰치 및 폰 라트 등의 저서가 완전한 성과를 거둔 흔적은 아직 보여지지 않는다. 왜냐하면 그들의 저작은 너무나 최근의 것이기 때문이다. 그러나 그들은 다가오는 다른 날의 선구자였다. 그들이야말로 벨하우젠 학파가 주장하는 J E D P의 표준이 쇠퇴해 간다는 사실을 증거하는 증표들이다.

이제 또 하나를 말하지 않으면 안 된다. 그것은 오경에 대한 문학적 분석을 근년에 이르러서는 비교적 주의하지 않는 경향이 있다는 것이다. 학자들은 자연히 매혹적이요 극히 중요한 학문인 고고학에만 그들의 주의를 집중시키는가 하면 또한 각종 기록들의 판독(判讀)과 특히 이스라엘 백성과 관련된 고대 근동의 문명 및 문학의 해석에만 그들의 주의력을 기울이는 것이다.

그러나 이러한 가운데서도 오경의 어떤 문학적 분석 연구는 계속되어 왔다. 그래서 문서설은 모세가 저자임을 부인하는 사람들에 의하여 일반적으로 지지를 받아 왔다. 그러나 이것은 변화가 많은 가설로서 그 양태가 계속하여 변경되고 있다. "관례상(慣例上)" J E D P로 분류한 것이 장래에 제법 변한다 하더라도 그렇게 놀랄 것은 없다. 아이스펠트와 폰 라트를 제외한 다른 이들의 저서에서는 이 방향을 지적하고 있는 것 같다(다음 171쪽에 나오는 도표 참조).

어쨌든 오경 비평사에 개관으로부터 우리는 과감하게 몇 가지를 찾아볼 수 있다.

① **오경 가운데 어느 부분이 순정(純正)하지 못하다고 하는 것은** 그것이 이스라엘의 종교 제도의 진화론적 발전설에 근거한 것이므로 이것은 부인되지 않으면 안 된다. 벨하우젠이 말하는 이스라엘의 역사적 개조설은 헤겔(Hegel) 철학에 기초한 것임이 분명하게 나타나고 있다 〔벨하우젠 자신도 파트케(Vatke)와 헤겔의 영향을 받은 사실을 자인한다〕. 자기들이 주장하는 이러한 역사철학이 성경의 명백한 주장보다 앞선다는 것은 과학적이 못 되는 일이다.

그러므로 일반적으로 제시된 바와 같이 진화론적 발전설은 이스라엘의 역사에 있어서 하나님의 특별한 초자연적인 사건을 부인하기 때문에 비과학적인 것일 뿐만 아니라 또한 사실을 정확하게 설명하기에 불가능한 것이므로 마땅히 부인되어야만 한다.

② **또한 문서 분석을 하는 표준으로서 신의 이름을 의지하겠다는 설은** 쇠퇴할 수밖에 별 도리가 없는 것이다. 왜냐하면 신의 이름들이 문서 분석을 위한 정확한 표준은 되지 못하기 때문이다.

③ **문서 분석을 하여야 한다는 더 강력한 논증은** 소위 이중구(二重句)와 병행구 등이 나타나는 데 있다고 한다. 그러나 이것은 사실상 주해 문제인 것이다. 이 구절들이 참으로 이중구와 병행구일까? 주의 깊은 연구를 하게 될 때면 그것들이 이중구가 아닌 것임이 여실히 증명할 수 있을 거라는 것이 우리의 주장인 것이다. 예를 들면, 창세기에 이중의 창조가 있다고 끝까지 버티는 주장에 대하여 우리는 항의한다. 만일 주해(註解)가 왕위를 얻는 날에는 문서설은 전멸할 것이다.

④ **모세 자신이 오경을 기록하였다는 주장에는 약간의 난점도 있다.** 그러나 자기들 마음대로 생각해낸 설에 나타난 무서운 난점들에 비교하면 아무것도 아니다. 어쨌든 오경의 모세 저작설에는 아직까지 충분히 고려되지 못한 사실이 있기는 하다. 그 하나는 오경을 편집하는 데 있어서 모세가 기존한 문서들로부터 발췌(拔萃)했다는 것은 얼마든지 있을 수 있다. 만일 모세가 그렇게 하였다면 나타나는 몇 가지 난점들을 설명할 수 있다. 예를 들면, 어떤 경우에는 창세기에 나타나는 신의 이름의 용법을 설명할 수 있다는 것이다. 다른 하나는 사람의 관점으로부터 생각하는 경우, 성경은 동방(Oriental)의 책임을 기억해야 한

다. 동방 사람들은 그 재료를 서방 세계의 소위 논리적 순서에다 결코 병행시키지 아니하였다는 사실을 고대에 비교해 볼 수 있다. 오경을 사람 편에서 생각해 보면 동방 세계의 소산이라는 사실은 어느 정도까지 그 형식을 설명할 수 있을 것이다.

우리가 묻고자 하는 바는 이스라엘의 역사에 있어서 오경을 기록하는데 모세보다 더 적임자가 있었을까? 그는 그 일을 위하여 시간을 내었고 훈련과 교양을 쌓았다. 또한 신정 국가의 인간적 창설자로서 갖추어야 될 제반 필요한 지식을 소유하고 있었다. 그는 오경에 위대한 정신을 나타내는 내적 계획과 구성을 발휘하고 있다. 모세 이외에 이러한 기적을 낼 만한 인물이 또 있었겠는가?

거의 200 년이 넘도록 이 문제에 대하여 철저히 연구하여 왔으나 인간적인 면에 있어서 모세 자신이 이 율법의 저자라고 주장하는 전통적인 성경적 견해를 만족하게 대치할 만한 그 무엇을 아직 내지는 못했던 것이다. 그러니 오경은 이스라엘의 위대한 입법자가 보내 준 선물로서 간주하는 것 이외에는 아무런 주장도 있을 수 없는 것이다.

※ 각주를 163쪽 24)번으로 끝내고 그 이하부터는 본문 안에 참고 문헌 및 註가 삽입되므로(167쪽 이하, 219쪽 아래 참조) 각주가 별도로 없음 - 편집자 주

아스트럭으로부터 현재까지의 부정적 문학 비평의 과정 개관

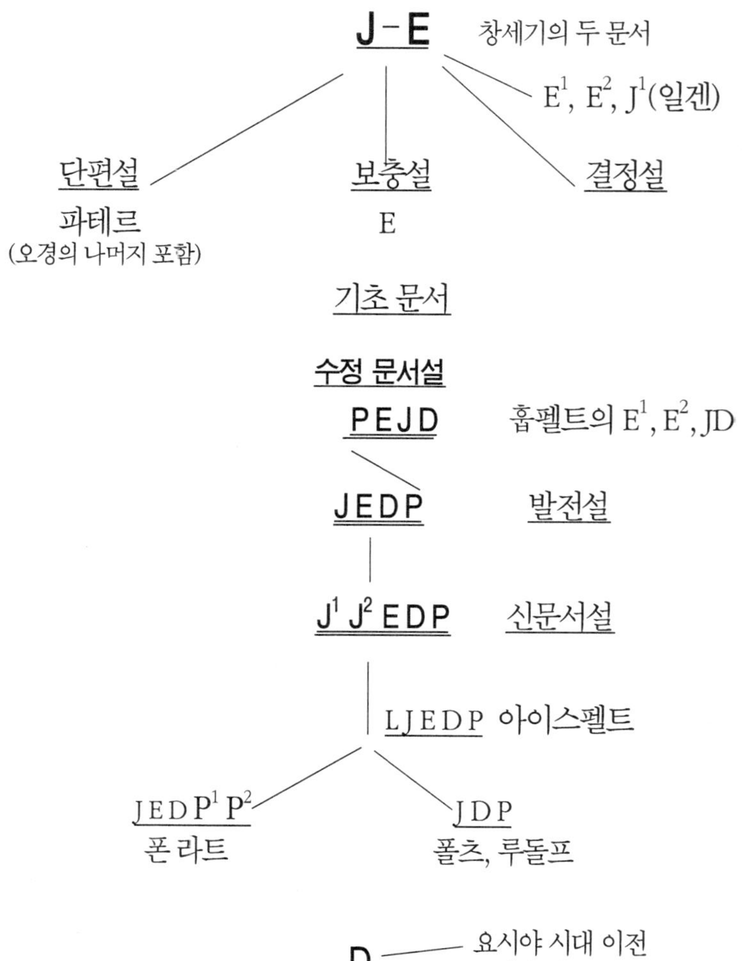

오경의 문학적 비평에 관한 특수 문헌

1885년까지의 이 분야의 전반적인 개관에 대하여서는 Edwin Cone Bissell의 The Pentateuch : *Its Origin and Structure : An Examination of Recent Theories* (New York, 1910)를 참고하라. 거기에는 2,000 이상의 문헌이 실려 있다(pp. 410-475).

최근의 오경 연구에 관한 것들은 다음과 같다.

George A. Barton : "The Present State of Old Testament Studies," in *Haverford Symposium on Archaeology and the Bible*, New Haven, 1938. pp. 47-78.

Otto Eissfeldt : "Modern Criticism," *in Record and Revelation*, Oxford 1938. pp. 74-109.

Augustine Bea : "Der Heutige Stand Der Pentateuchfrage," in Biblica. Vol. 16, 1935. pp.175-200.

보다 특수한 것들로는,

P. Humbert : "Die neuere Genesis-Forschung," in *Th. R.*, 1934. pp 147-160; 207-228.

L. Kohler : "Der Dekalog," in *Th. R.* 1929. pp.161-184.

W. Baumgartner : "Der Kamft um das Deuteronomium," *Th. R.*, 1929. pp. 7-25; and J. A. Bewer. L. B. Paton. G. Dahl : "The Problem of Deuteronomy, A Symposium," in *JBL*, Vol, 47. pp. 305-379.

그라프 벨하우젠의 설에 대항하는 논문을 참조하려면 편집인 Bishop H. M. DuBose, Nashville, 1923-1924. "Aftermath Series"를 보라.

T. K. Cheyne : *Founders of Old Testament Criticism*, New York, 1893.

E. M. Grav : *Old Testament Criticism. Its Rise and Progress*, New York, 1923.

Cuthbert Aikman Simpson : *The Early Traditions of Israel*, Oxford, 1948.

제 Ⅱ 부

선지서(先知書)

A. 전(前) 선지서

여호수아 · 사사기 · 사무엘 상하 · 열왕기 상하

B. 후 선지서

이사야 · 예레미야 · 에스겔 · 12 소선지서

선지서(先知書)의 개관

정경인 구약 성경의 제 2 구분은 "선지서"라고 불리는데 여호수아, 사사기, 사무엘 상하, 열왕기 상하 이 4 권은 그 앞부분으로서 "전 선지서"라는 표제를 가졌다. 그 책들의 내용이 예언적이기 때문이 아니라 그 저자들이 선지자의 위치를 점령하고 있기 때문이다. 히브리 어 성경에는 사무엘 상하와 열왕기 상하는 (각기 상하로 구분하지 않고) 각각 한 책으로 되어 있다. 전 선지서에 해당하는 이 4 권은 저자가 확실하지 않으며 가나안을 점령한 이후로부터 포로 시대의 신정국가가 붕괴될 때까지 하나님께서 신정국을 어떻게 경륜하셨는가에 대한 해석사(解釋史)이다.

전 선지서의 뒷부분인 "후 선지서"는 이사야, 예레미야, 에스겔, 12 소선지서인데 "전 선지서"는 이 "후 선지서"를 정확하게 이해하도록 하는 보충적 역할을 하여 거기에 필요한 배경을 제시하고 있다. 그러므로 그 해석사로서의 전 선지서가 없으면 후 선지서 가운데는 이해하지 못할 것들이 대단히 많게 될 것이다. 그런데 전 선지서는 또한 후 선지서를 보충하는 내용만 있는 것이 아니라 오경 가운데 포함되어 있던 역사가 필연적으로 성취된 사실도 내포하고 있는 것이다. 여기서는 이스라엘의 역사가 이스라엘에 부여된 기본적 율법에 맞추어서 해석된다. 위대한 헌법의 기초가 부여되었고, 이 국가의 역사는 그 헌법의 빛을 받아 전개되기 마련이었다. 그러니만큼 전 선지서의 중요성과 더불어 오경 및 후 선지서와의 관계를 여기서 알아볼 수 있다.

A. 전 선지서

제 8 장

여호수아

1. 명 칭

전 선지서 가운데 첫 권은 여기에 등장하는 주요 인물인 여호수아의 이름을 따서 불려진다. 히브리 어를 보면 여호수아라는 말은 네 가지가 있으니 ① 예호수아(יְהוֹשֻׁעַ : 신 3:21), ② 예호수아(יְהוֹשֻׁעַ : 수 1:1, 이것이 일반적), ③ 호세아(הוֹשֵׁעַ : 신 32:44), ④ 예수아(יֵשׁוּעַ : 느 8:17) 등이다. 『70인역(LXX)』에는 "이에수스(Ἰησοῦς)"라 불렀고, 벌게이트역에는 Liber Josue로 되어 있다.

2. 정경상(正經上)의 위치

시리아역에서는 보통 욥기를 오경과 여호수아 사이에 둔다. 그 이유는 모세가 욥기의 저자라고 생각하기 때문이다. 그러나 히브리 어 정경에서는 여호수아가 오경에 뒤따르며 구약 성경에서 제이 구분에 대한 서론으로 되어 있으니 여기가 바로 여호수아의 본 위치인 것이다. 사실 고대 교회에서는 8경(Octateuch), 7경(Heptateuch)으로 불렀다고 본다. 어떤 헬라 어 성경 목록에서는 창세기로부터 룻기까지를 8경으로 헤아리고, 라틴 어 성경 목록에서는 창세기부터 사사기까지 7경으로 헤아린다. 암부로스(Ambrose)도 시편 119편에 관한 책자 속에서 다음과 같이 말하였다. 즉, "칠경 연구, 열왕기 연구, 선지서 연구 등(Inveni Heptateuchum, inveni regnorum libros, inveni prophetarum scripta, etc."(*PL*, XV, col. 1584). 그러나 이 표현은 단순히 편의상 쓰여진 용어였을지도 모른다. 교회에서는 한편에 있는 율법과 또 다른 편에 있는 그 후의 책들 사이에 존재한 커다란 구별이 사실 파괴된 적이 없다. 그 이유는 단순하며 그리스도 자신도 "모세의 율법과 선지자의 글과 시편에 나를 가리켜 기록된 모든 것 …"이라고 이 책들의 구별을 지으셨기 때문이다(눅 24:27,44). 알렉산더 게데스(Alexander Geddes)는 여호수아서를 오경에 포함시켜 한 단위로 생각하였으며 이러한 생각을 가진 사람은 그가 최초인 것 같다. 그리하여 그때부터 많은 학자들이 오경보다는 오히려 6경을 많이 주장해 온 것이다. 그러므로 당연한 문제는 여호수아서가 오경과 한 단위가 되느냐 아니면 전통이 있고 또한 그리스도께서 증거하신 모세와 선지자 간의(책들의) 구분 그것이 옳으냐이다. 다시 말하면 구약 성경은 오경으로 시작하느냐 아니면 육경으로 시작하느냐가 문제가 되는 것이다.

❑ 육경의 주장이 잘못된 증거 ❑

① **한 단위로 된 증거는 없다** : 여호수아서가 역사적으로 오경과 함께 한 단위로 구성된 것같이 보이는 증거는 없다. 그와는 반대로 율법은 뒤에 오는 책들과는 언제나 분리되어 있다. 곧 외경의 하나인 에클레시아스티커스(Ecclesiasticus)에는 율법과 선지서들을 구분하고 있으며(48:22-49:12), 요세푸스(Josephus : Contra Apionem 1:7 ff.)도 모세의 오경에 대하여 말하고 분명히 뒤에 오는 것들과 구분을 지었다. 이러한 견해는 그리스도로 말미암아 주장되었으므로 이 사실은 결정적인 것이다. 오경의 끝에 있는 마소라의 주(註)에는 율법의 구절들이 온전한 것에 대하여 말하고 "율법 가운데 6분의 5가 완료되었다."라고 했다. 더욱 주의할 것은 해마다 또는 매 3 년마다 율법을 낭독하는 순서 가운데서 여호수아서는 포함되지 않았다는 것이다. Haphtaroth(선지서의 낭독용 발췌)가 율법 낭독에 첨가되었을 때 그중에는 여호수아서의 발췌도 포함되어 있었다.

② **여호수아서에 대한 사마리아인들의 관행** : 사마리아인들은 오경만을 취급하고 여호수아서는 제외시켰다. 이러한 현상은 육경이란 것이 있었다면 설명하기 곤란하다. 여호수아서가 사마리아인들에게 어느 정도 호감을 주었는지에 대해서 생각할 때(24:1,32 참조)에는 더욱 설명하기가 불가능하다. 이것은 사마리아인들이 여호수아서를 율법의 일부분이라고 생각하지 아니하였다는 결정적인 증거가 아닌가!

③ **언어학적 특색의 입증** : 오경 가운데서는 여호수아서에 나타나지 아니하는 언어학적 특색을 여기저기서 찾아볼 수 있다. 즉, 대명사 "hu"가 남성에나 여성에 사용되어 있고, "hu'el"은 "ha'elleh" 대신 사용되었으며, 또 실로 이상한 것은 여리고(yericho)라는 대신 yereho로 되어 있다. 또 다른 것으로는 여호수아서에는 "이스라엘의 하나님 여호와"라는 어구가 14 회나 나타났는데 오경에는 극히 드

물다. 물론 이와 같은 논거는 결정적인 것은 아니나 각각 그 위치가 있는 것이다.

④ **육경의 주장은 문서설의 자가당착** : 육경이라고 생각한 것은 사실 문서설에 있어서 곤란을 초래했다. 즉, P가 오경에서는 기초적인 문서인데 여호수아서에서는 P가 12-21장에서 나타나는 것뿐이다(Holzinger : *Einleitung in den Hexateuch*, Freiburg i.B., 1893의 표 참조). 오경의 논하는 자료들이 여호수아서에까지 연속적인 것으로 계속되는 것이면 어째서 이 두 책 사이에는 뚜렷한 구분이 지어졌을까? 어떻게 아니 언제 이렇게 되었을까? 홀징거에 의하면(p.501) 여호수아서와 J E D와는 편집자의 손으로 분리되었으나 여호수아서와 Pg와의 분리는 더욱 일찍 된 것이라 하였다. 그러나 이것은 단지 주관적인 상상에 불과한 것뿐이다. 소위 정복의 자료들이 모세 시대에 해당하는 후편이라고 생각한다면 어째서 단절이 생겼느냐? 부정적인 비평이 이 물음에 답할 수 없다는 사실은 문서로 분석하는 것이 약점을 지니고 있다는 것을 나타내는 것 외에 또 무엇일까?

⑤ **육경은 실체가 없다는 결론에 도달** : 채프만(Chapman)은 그의 『오경 개론(*An Introduction to The Pentateuch*)』(Cambridge, 1911, p. 7)에서 "이상적인 이스라엘은 자기들의 성경으로 육경을 가졌다."라고 표명하였으며 이러한 견해를 Nedarim 22b의 "이스라엘이 범죄하지 아니하였더면 그들은 5 권의 율법서와 여호수아서만 읽고 있었을 것이다."라는 말로 나타내고 있다. 그러나 채프만의 이 구절에 대한 해석은 틀린 것이다. 이 말은 하니나(Hanina)의 아들 아다(Adda)의 것인 바, 그는 한편으로는 오경을, 또 다른 한편으로는 여호수아서를 분리하여 뚜렷한 구별을 짓고 있다. 그가 여호수아를 말하는 이유로는(지파 사이의) 팔레스타인 분할을 기록하고 있기 때문이다. 그러므로 아다의 논점은 이스라엘이 범죄하지 아니한 경우에 필요하였을 것으로 여겨지는 오경에 첨부된 유일의 책은 여호수아서였다는 말이니 이것은 근대의 육경관과는 너무 판이하다. 그러므로 육경은 실체가 없다는 것이 우리의 결론이다. 여호수아서는 율법에 속하여 그것을 완성시키는 것이 아니라 틀림없이 선지서에 속한 것이다.

3. 저 자

유력(有力)한 부정적인 비평을 따르면 여호수아서는 한 사람의 저자에 의하여 저작된 하나의 문학적인 단원이 아니나 오히려 앞의 오경에서 거론된 자료들이 본서에서도 나타남을 볼 수 있다고 한다. 두 가지의 중요한 자료는 J(BC 약

950-850년)와 E(약 750년)라고 말한다. 이것들이 재편(再編)되어 JE(약 650년)로 되고 J의 대부분은 버리게 되었다. 이 편집자는 조화적인 술어를 삽입하였다고 생각되었다. 그 후 J E는 신명기 학파에 의하여 철저히 교정되었고(약 550년) 그 신명기 학파는 서론(제1 장)과 결론을 마련하였다.

이 교정은 400년까지 계속되었다. 5세기 말에 와서 P는 제사장적 편집자(Rp)에 의하여 가필되었다. 더욱 3세기에 또 2세기에도 가필된 것이 더러 있다고 하였다. 그러므로 여호수아는 본질적으로 신명기적 책자로 고려되나 한편 오경은 제사장적 체제를 가졌다고 생각한다. 부수적인 사실은 이것이 육경관에 대한 강력한 반론이다(§ 2:4 이하 참조). 우리는 여호수아서를 문서로 분석하는 것을 용납할 수가 없다. 더욱이 여기에 대하여 스테인뮬러(Steinmuller)는 말하기를 "비평적, 문학적 논의는 근본적으로 히브리인의 종교가 진화론적 발전에 근거하였다는 잘못된 종교적 선입관에 근거한 것으로서 근본적으로는 지지할 수 없다."라고 하였다(*A Companion to Scripture Studies,* Vol. II, New York, 1942, p. 73). 한편 24:26은 본서 가운데 어떤 부분이 여호수아 자신에 의하여 기록되었다는 사실을 주장하고 있으며 이것은 창 24:1-25의 언약과 관련되어 있다. 또한 어떤 부분은 목격자의 작품인 것같이 보이는 것이 있으니 곧 5:1의 "우리를 건너게 하셨음을 듣고…"(어떤 사본엔 "우리를"을 "그들을"이라 되어 있지만)와 5:6; 15:4, 및 7-8장의 상세한 기사 등이 그것이다. 이런 것들은 본서가 여호수아로 말미암아 기록되었다는 근거를 제시하고 있는 것이라고 우리는 결론지을 수 있다. 그러나 현재의 형태로서는 본서가 여호수아에 의하여 기록되었다고 할 수는 없다. 왜냐하면 그의 사후기사까지 기록되었기 때문이며, 이들 중에는 갈렙의 헤브론 정복, 옷니엘의 드빌(Debir) 정복, 단 지파의 레셈(Leshem) 정복 등이 포함되어 있다. 그리고 여호수아와 엘르아살의 임종의 기사는 본서가 여호수아 시대보다 후 시대임을 보여 주는 것이다. 유대인의 전승에 의하면 엘르아살은 여호수아의 죽음에 관한 기사를 가필하였고, 비느하스는 엘르아살의 사망 기사를 가필하였다고 한다. 그런데 본서가 현재의 형태로는 여호수아의 손으로 된 것이 아닌데도 불구하고 대단히 오래된 것만은 사실이다. 아마 하나님의 영감에 의하여 본서에 기록된 대부분의 기사를 목격하였던 혹자〔장로 일는지 (카일)〕가 기록하였을 것이다.

4. 목 적

본서를 기록한 목적은 하나님께서 자신이 통치하시는 국민을 광야로부터 약속된 땅까지 어떻게 인도하셨는가를 보여 주기 위함이다. 이 여호수아서는 오경에 포함된 역사가 계속되도록 연결시켜 주며 여호수아 통치 아래에 있던 신정국 백성을 광야에서 약속의 땅으로 어떻게 인도하셨는가를 보이려는 것이다. 이렇게 오경에 포함된 역사를 계속하고 여호수아 밑에서 신정의 역사를 추적하도록 한다. 또한 본서는 여호수아가 하나님으로부터 위탁 받은 사명을 어떻게 충실히 수행하였는가를 보여 주며 하나님께서 그의 약속을 성취하시는 데 있어서 자기 백성에게 그 약속된 땅을 어떤 모양으로 주시는지를 보여 주는 역할을 한다.

5. 분해

1) 가나안 정복(1:1-12:24)

(1) 1:1-9 ▸ 본서 전체에 대한 서론

여호수아가 백성과 함께 요단 강을 건너 진행할 것을 지시 받고 그가 만일 율법에 충실하기만 하면 성공할 것이라는 사실이 보증되어 있다. 1절은 본서의 사상을 오경과 연결시키고 있으며 여호수아서의 저자는 본서가 오경을 기초로 하여 기록되었다는 사실을 보여 준다. 이 부분의 언어는 신명기 11:22-25과 흡사한데(1:9과 신 3:21 이하; 31:6-8, 23을 비교) 이것은 이차적(二次的) D 편집(D^2)을 지적할 것이 아니라 단지 저자가 하나님의 말씀을 깊이 명상한 것을 가르치는 것뿐이다. 시편 1:2은 분명히 여호수아 1:8에 근거한 것이다.

(2) 1:10-2:24 ▸ 요단 강 도하의 준비

여호수아는 자기의 사명을 완수하기 위하여 직접 자기 자신이 준비에 임한다. 그는 르우벤, 갓과 므낫세 반 지파 등에게도 정복하는 일에 있어서 그들이 협조하여야 할 것을 상기시키고 그들은 그렇게 할 것을 약속한다. 두 정탐꾼이 여리고로 파견되어 돌아온 사실이 기록되어 있으며 2:15은 라합의 집이 성벽 위에 있는 것을 말하는데 이것은 연대적으로 오래된 것을 증거해 주는 것 같다. 그리고 발굴 작업을 통하여 집이 성벽 위에 세워진 일이 있었음을 알 수 있다(J-J, P.132). 이 부분은 완전한 통일을 이루고 있음에도 불구하고 어떤 비평가들은 각종 문서로 구분하고 있으니 그 가운데 *OR*(생략 책명 목록(17쪽 참조)은 다음과 같이 분해한다.

E 1:10, 11a; 2:1-9(J에도 포함시킴); 2:12-16 ; 22-24, J 2:1-9(역시 E에도 포함시킴); 2:17-21; D 1:11b-18; 2:10-11.

(3) 3:1-4:25 ▸ 요단강 도하

① 도하의 준비는 끝났다 (3:1-6)
② 도하의 시작 (3:7-17)
③ 실제 도하의 기사 (4:1-14)
④ 결 론 (4:15-24)

❑ 상기 사실에 대한 드라이버(Driver)의 견해 ❑

그런데 드라이버는 이 부분에 대하여 3 가지 논의를 제출하고 있으니 이것들을 간단히 살펴보기로 한다.

① 아무런 반복도 모순성도 없다 : 드라이버는 3:17에 보면 백성은 요단을 건넜다고 기록되어 있으나 4:4; 5:10b에서는 아직 건너지 않은 것을 의미하는 것으로 되어 있으며, 3:17에 연관된 것같이 생각된다고 한다. 그러나 여기 이러한 사실이 실제적으로 모순된 것이라면 최후의 편집자가 크게 실수한 셈이다. 그러나 참으로 모순이 있을까? 전연 모순이 없는 것이다. 3:17은 백성이 강을 건넌 사실과 그들이 건너기까지 제사장들이 강 가운데 머무른 사실을 요약하여 기술한 것이다.

백성이 건넌 후 여호수아는 기념비 건축을 지시한다(4:1-10). 그러는 동안 제사장은 강 가운데 서 있었다. 4:10은 사건 전체를 요약한 것과 같은 역할을 하고 있으며 백성은 급히 강을 건넜다는 보고서를 첨가하고 있다. 4:11은 4:10과(3:17은 아니고) 연결되어 있으며 최후로(즉, 백성이 건너고 나서) 제사장들과 법궤가 강을 건넌 사실을 기술하면서 이 기사의 결말을 맺고 있다.

② 4:8, 9은 두 가지의 의식을 말하고 있다고들 한다 : 8절은 3절의 계속이라 하나 한편 9절은 4-7절의 계속이라고 생각한다. 그러나 드라이버의 이론은 크게 힘 있는 것은 아니다. 3절은(길갈에) 돌을 세우라는 명령이며, 4-7절은 그 행위의 뜻을 설명하고 있다. 그래서 8절은 이 명령의 성취를 표시하고 있는 것이다. 9절은 3-8절에 표시된 것과는 다른 여호수아의 행동에 관한 것을 말한다. 특별한 명령은 아니나 여호수아가 하나님의 명령을 받아 행동하였다고 해도 과언은 아니다.

③ 3:12이 4:2과 같은 기사에 속한다고 하면 이 구절은 불필요한 것이다 : 그러나 이것은 결코 그런 것은 아니다. 3:12은 방금 일어나려는 것을 예견하고 있으며 도하 후에 명령이 반복된 것은 명령에 복종하지 않으면 안 될 시기가 왔기 때문이다. 이것은 예컨대 4:4("그가 … 예비한 그 열두 사람을 불러서")과 같은 단순한 암시보다 한층 더 효과 있는 일이다. 3:13-17에 명령의 이행이 없는 사실은 전체의 통일성에 대한 강력한 증거가 된다.

(4) 5:1-12 ▸ 길갈에서 된 일

여기에 수록된 기사는 한 묶음으로 되어 있으며 2절의 "그때는" 1절과 연결되고 3-9절은 2절을 분명히 반영하고 있다. 10절은 그 기사를 계속하고 있으며 유월절을 지킨 사실을 말한다. 11절은 10절(유월절 뒤에)과 연결되고 12절은 11절의 "그 땅 소산"과 연결된다. 그럼에도 불구하고 이 아름다운 통일성을 비평가들은 부인하는 것이다. 즉 예를 들면 OR은 5:2-3; 8-9을 E로, 5:1을 D로, 5:4-7, 10-12을 P로 보는 것이다.

(5) 5:13-6:27 ▸ 여리고 함락

주의 사자가 여호수아를 격려하면서 성을 6 일 간 포위하였다가 함락 후에 라합은 구원을 받았다. 이 사건의 역사성은 히 11:30-31에 의하여 증거된다 (또 여리고 함락의 고고학적 증거는 *JJ*, pp. 145-147 참조. 또 6:26은 열왕기상 16:34 비교). 파이퍼(Pfeiffer)는 생각하기를 여리고 함락에 관하여 두 가지의 전연 틀린 기사가 있다고 한다. 그런데 그 하나는 6:3b, 4, 6이며, 다른 하나는 6:3, 5, 7, 10, 16b, 17이라 한다.

그러나 용사들은 7 일 간 성의 주위를 돌아야 했으며 그들은 6 일 간 매일 한 번씩 돌아야 했다. 제 7 일은 일곱 번을 돌았던 것이다. 즉, 6:3b는 3a와 관련된 것이며(Koh는 15:5과 같이 여기서도 앞의 것과 관련된다), 5절도 역시 분명히 4절의 "나팔을 불 것이며"와 관련을 맺고 있다. 만약 이것이 4절의 "제사장들"과 관련되지 않으면 전연 무의미한 것이다.

(6) 7:1-26 ▸ 아간의 도둑질

여리고의 함락 시에 하나님께서는 스스로 이스라엘에게 자신의 자비하심을 보이신 것같이 이제는 아이에 있어서 아간의 죄 때문에 자기 백성을 징계하시는 하나님의 공의를 나타내 보이신다. 25, 26에서 단수와 복수가 서로 교체되어 있음은 다만 형벌에 있어서 아간이 주모자임을 보여 주는 것뿐이다. 이것이 이 장에 있어서 혼란의 증거가 된다는 것은 잘못이다.

(7) 8:1-29 ▸ 아이성의 파괴

많은 저자들은 말하기를 3절에는 3만 명으로 되어 있고 12절에는 5천 명으로 되어 있다는 사실은 확실히 난점이 아닐 수 없다고 주장한다. 즉, 그들은 여호수아는 야간 복병으로 3만 명의 용사를 두었으며, 그 다음날 아침 같은 장소에 같은 목적으로 5천 명을 더 파송한 것 같다는 것은 분명히 난점이라고 말을 한다. 그러나 사건의 순서는 오히려 다음과 같이 보인다. 즉, 여호수아는 하나님으로부터 성공할 것이라는 브증을 받았을 때 3만 명을 선발하여(3절) 파송하였으며(9절) 10,11절에서 여호수아는 여기에 대한 상세한 설명을 시작한다. 그는 군대를 검열하였고 그들이 아이로 접근하였을 때 그는 5천 명을 나누어 잠복병으로 삼았다. 다시 말하면 9절은 명령 집행의 계략을 기술하고 그 상세한 것은 10절에서 시작한다. 이것은 본문을 설명하고 있는 것같이 보이나 필자는 극히 곤란한 것으로 인정한다. 아무튼 곤란하기는 하나 이런 구절 때문에 이 부분이 별개의 자료로부터 편찬된 것이라고 결론을 짓는 것은 있을 수 없는 일이다.

(8) 8:30-35 ▸ 에발 산상 제단 건립

에발 산이 아이-벧엘로부터 떨어져 있는 것은 사실이지만 그 위치가 잘못된 것은 아니다. 결국 그 거리는 약 20 마일에 불과하므로 본문의 신빙성에 있어서는 문제될 까닭이 없다. 더욱이 이 언급은 그 문제가 다른 곳과 같으며 이들은 특별한 것을 삽입한 흔적도 가지지는 않았다.

(9) 9:1-27 ▸ 기브온 사람들의 궤계(詭計)

1, 2절은 9-11장까지의 서론적이다. 기브온 사람들은 그들의 술객으로 이스라엘과 동맹을 체결하였으나 그들은 영구한 노예로 정죄 받았다. 27절은 이 말씀의 고대성을 보여 준다. 왜냐하면 성전의 위치가 아직 결정되지 않았기 때문이다.

(10) 10:1-43 ▸ 남부 가나안 정복

여호수아는 우선 벧호론에 있는 다섯 왕을 치고 그 후 남부 여러 도시를 점령한다. 카일(Keill)은 12절이 다만 시적(詩的) 기사를 내포한 것같이 생각했던 것이다. 그리하여 이 구절을 근거하여 그는 아주 그럴듯한 자기의 견해를 피력하고 있다. 그러나 이 구절은 오히려 참된 이적이 있는 것을 가르치고 있는 것 같다. 그리고 그 이적의 분명한 성격이 어떤 것이었는지는 말하기 곤란하지만 틀림없이 그날은 연장되었다(E. W. Maunder : "Joshua's Long Day," in *Journal of Transactions of Victoria Institute*, Vol. LIII, 1921, pp.120-148; R. D. Willson : "What Does 'the Sun Stood Still' Mean," *PTR*, Vol.16, 1918, pp.46-54).

12-14절은 삽입구로서 여호수아서의 저자가 야살(Jashar)의 책으로부터 삽입하여 발췌한 것이다. 물론 13절의 가운데 있는 질문은 제외되는 것으로서 이것은 오랜 시서(詩書)였다.

(11) 11:1-15 ▸ 북방 가나안 정복

메롬 물가에서 여호수아는 야빈을 두목으로 한 연합군을 격파시키고 그의 도성을 점령하였다. 사사기 4:2의 야빈은 분명히 이 야빈의 후계자이다.

(12) 11:16-12:24 ▸ 정복 완료와 물리친 왕들의 명단

① 11:16-23 ▸ 정복 전체에 대한 회고
② 12:1-6 ▸ 모세가 요단 동편의 왕들을 파한 것에 대한 기술(요약)
③ 12:7-24 ▸ 여호수아가 팔레스타인의 왕들을 격파시킨 것을 약술함.

이 12장은 앞에 표시되지 아니한 보도를 포함하고 있기 때문에 1-11장에 대하여는 필요한 부록이 되며 또 이 역사의 완비를 위하여 빼지 못할 부분이다.

2) 영토의 분배(13:1-24:33)

(1) 13:1-7 ▸ 미 쟁취의 도시들과 9 지파 반(半)을 위한 영토 분배 명령

4-6에 보면 시돈이 페니키아인의 수도인 것같이 보인다. 그 후에는(솔로몬 시대에도) 두로가 가장 중요하게 된 것을 볼 수 있으니 이것은 고대 풍습에 대한 증거이다.

(2) 13:8-21 ▸ 동쪽 지파들의 영토

(3) 14:1-19:51 ▸ 서쪽 지파들의 영토

① 14:1-5 ▸ 영토는 제비로 분배되었다.
② 6-15 ▸ 여호수아는 갈렙에게 헤브론을 주었다.
③ 15장 ▸ 유다의 유업
④ 16장 ▸ 요셉의 분깃(영토)
⑤ 17장 ▸ 므낫세의 영토
⑥ 18:1 ▸ 실로에 세워진 성막
⑦ 2-10 ▸ 제 2 차 분배 준비

⑧ 11-28 ▸ 베냐민의 유업
⑨ 19:1-9 ▸ 시므온 자손의 영토
⑩ 10-16절 ▸ 스블론 자손의 영토
⑪ 17-23절 ▸ 잇사갈 자손의 영토
⑫ 24-31절 ▸ 아셀 자손의 영토
⑬ 32-39절 ▸ 납달리 자손의 영토
⑭ 40-48절 ▸ 단 자손의 영토
⑮ 49-51절 ▸ 여호수아는 딤낫 세라를 유업으로 받는다.

이 부분에서는 고대 풍습을 보여 주는 확실한 특징이 나타난다. 15장에서는 가나안의 도성들이 옛 이름으로 되어 있다. 즉, 9절의 바알라는 후에 기럇 여아림으로, 49절의 기럇 산나는 후에 드빌로, 54절의 기럇 아르바는 후에 헤브론으로 변하였다. 가나안인들은 게셀에 있었으나(16:10) 솔로몬 시대에 그들은 바로로 말미암아 망하고 말았다(왕상 9:16). 수 18:16, 28에서 예루살렘이 아직까지 이스라엘의 수도가 아님을 분명히 알 수 있다. 이 부분에 대하여는 약간의 반대도 있었으니 벧 아라바는 유다의 것으로 기록되었고(15:6) 뒤에는 베냐민의 것이라 되어 있다(18:21, 22)는 것이다. 그러나 분명히 이 황막한 장소(15:61)는 그 지경에 위치하였으므로 쌍방에 속한 것이라 할 수 도 있고 (18:18에는 단순한 아라바로 불린다.) 혹은 처음에는 유다의 것으로, 뒤에는 베냐민의 것으로 될 수도 있다. 벧세메스(19:41에는 이르세메스)에 관하여는 유다의 경계에 있었으므로 단 지파에게 준 것이 아니라 레위 지파에게 주었다(21:16). 어떤 도성을 곧 므낫세의 영토 내에 있는 답부아(Tappuah)는 에브라임 자손에게 배정되었다(17:8). 이렇게 된 이유가 다소 있기는 하지만 그러나 이것은 분명히 모순이거나 아니면 상충되는 전설이란 증거는 아니다. 더욱이 어떤 구절에는 요셉의 두 아들이 취한 분깃이 하나로 되어 있으나 (16:1; 17:14-18) 다른 곳에서는 이중으로 되어 있다(16:5, 8 ; 17:1a). 그러므로 이 반론은 너무나 경솔하다. 므낫세가 에브라임으로부터 분리되지 않도록 요셉의 자손들은 한 제비를 뽑았으나 그 기업은 즉시 분할되었다(16:6-8). 그러므로 여기에 일치하지 않는 정통은 없다(오래된 주석들 곧 칼빈, 카일 등 참조). 요셉의 남쪽 경계를 표한 후(16:1-3) 기사는 새로이 16:4에서 시작하여 그 기사를 반복(16:5-8)하는 것같이 되어 있다. 그러나 이것은 바르지 못하다. 4절은 1-3절까지의 요약으로서 결론과 같은 구실을 한다. 그런 후 5절부터 에브라임의 경계를 상술하기 시작한다. 이 기사는(곤란하기는 하

나) 그럼에도 불구하고 1-3절 기사와는 구별되어야 한다.

(4) 20장 ▸ 도피성들

(5) 21장 ▸ 제사장들과 레위인들의 도성

(6) 22장 ▸ 두 지파와 반(半) 지파

이 지파들은 그들의 땅에 들어와서 요단 근방에 제단을 세웠다.

(7) 23:1-24:33 ▸ 결론

23:1, 2은 여호수아가 행한 최초의 연설에 대한 서론이며 그는 백성에게 하나님의 은혜로운 행위를 상기시켜(3-13절) 그의 사상을 요약한다(14-16절). 24장은 세겜에 있어서의 언약의 갱신을 기술하였고 24:29-33은 여호수아와 엘르아살의 죽음에 대한 기사이다.

여호수아서에 관한 특별한 참고 서적

Wm. F. Albright : "The Israelite Conquest of Canaan in the Light of Archaeology," in *BASOR*, Nu. 74, 1939, pp. 11-23.

Albrecht Alt : "Das System der Stammesgrenzen im Buche Josua," in *Sellin-festschrift*, 1927, pp. 13-24.

A. Fernandez : "Critica Historico-Literaria de Jos. 3:1-5:1," in *Biblica,* Vol. 12, 1931, pp. 93-98 ; "El limite Septentrional de Benjamin," *Biblica,* Vol. 13, 1932, pp. 49-60.

John Garstang : *The Foundations of Bible History* ; *Joshua Judges*, London 1931.

Beatrice L. Goff : "The Lost Jahwistic Account of the Conquest of Canaan," *JBL*, Vol, 53, 1934, pp. 241-249.

Martin Noth : *Das System der zwoelf Staemme Isaels*, Stuttgart, 1930.

제 9 장

사사기(士師記)

1. 명 칭

히브리 성경에는 사사기를 "쇼페팀 : שֹׁפְטִים = 통치자 · 재판장"이라고 하는데 (2:16) 여호수아와 사무엘 사이에 이스라엘을 다스리던 "통치자(사사 = 士師)"들로부터 그 명칭이 유래된 것이다. 같은 명칭이 『70인역(LXX)』에는 "크리타이(κριται)"로, 벌게이트역에는 Judicum으로 나타나 있다.

2. 저 자

파괴적인 비평가들은 사사기를 하나의 문학적 단원으로 생각하지 않고 각종 자료에서 편찬한 것으로 본다. 그들은 본서가 본질적으로 신명기적 책으로서 BC 550년경에 생긴 책이라고 하며 또한 두 가지의 독립적 자료가 있는 것으로 여겼다(J와 E, 이 부호는 꼭 이전의 J, E의 연속으로 볼 수는 없으나 사실 어떤 학자들은 이것들이 사무엘서에 있는 "자료들"과 한층 더 밀접한 관계를 가졌다고 생각한다.) 이 두 가지 자료는 BC 650-600년경에 결합되었다(JE)고들 한다. 편집자(R^{JE})도 자기 자신의 것으로 된 얼마를 가필하였으나 그 대부분은 합성(harmonistic)시킨 것이라고 생각한다. 또 이 두 가지 자료는 예루살렘의 멸망 후 본서의 "신명기적" 판이 제작되었으며 이 교정판은 포로들에게 형벌이 임한 것은 그들이 신명기의 율법을 범한 데 원인이 있음을 확신시킨 것이라고 추측한다. 후에도 본서가 현재형으로 성립되기까지 개정된 흔적이 있다.

탈무드(Baba Bathra, 14b)에 의하면 사무엘은 "자기의 이름으로 일컫는 책과 사사기와 룻기를 기록하였다."라고 되어 있다. 그러나 이 전승이 어느 정도까지 신빙성이 있는지는 알 수 없으나 사사기가 대단히 오래된 책인 증거는 있다. 1:21에 의하면 여부스인들이 아직 예루살렘에 거주하고 있을 때에 본서는 기록되었다. 그러므로 사사기는 삼하 5:6 이하에 기록된 기사(이 성을 다윗이 점령한 사실) 이전에 편집된 것만은 사실이다. 1:29은 가나안 사람들이 게셀(Gezer)에 살고 있었다고 되어 있으나 이것은 바로가 솔로몬에게 이 성을 준 일보다(왕상 9:16) 이전의 시대를 지적하고 있다. 3:3에 보면 두로보다는 오히려 시돈이 페니키아의 수도로 생각될 수 있으니 이것은 바로 12세기 이전의 시대를 가르친다. 이사야 9장은 사사기 4, 5, 6장과 관련되며 17:6; 18:1; 21:25 같은 구절은 그 축복이 아직 기억에도 생생한 초기의 왕국 시대에 해당됨을 보여 주는 것 같다. 18:30은 특별한 주석을 요구하는 것으로서 본문을 읽기에는 분명치 않기 때문에 혹자들은 이것을 교정하여 블레셋 사람들에 의하여 "법궤를 빼앗기던 날까지"로 읽게 하였다. 이 모든 사람들은 본서가 왕국의 초기 곧 사울의 통치 시대가 아니면 다윗의 초기에 편찬되었다는 결론을 맺게 한다. 저자가 구전 또는 서전(書傳) 등의 자료를 사용한 것은 있을 수 있는 일이다. 그러나 파괴적 비평에 의하여 제기된 그 어떠한 편집 계획이라도 용납될 수는 없다. 왜냐하면 본서는 구조상 유의할 만한 통일성을 이루고 있기 때문이다.

3. 목적

사사기는 하나님의 통치 아래 있는 백성에게 옳은 왕이 필요한 것을 보여 줌을 그 사명으로 하고 있다. 이스라엘의 왕이 하나님의 특별하신 권위를 힘입어 통치하지 아니할 때에는 반드시 혼란이 뒤따르게 되는 것이다. 즉, 자기의 눈에 옳은 대로 행하였을 때는 그들에게 여호와의 징계가 뒤따르게 되었다. 또한 본서는 소극적인 목적을 지니고 있으니 백성은 자기들의 통치자가 없을 때 진정한 왕을 구하고 싶은 갈망과 열망을 그들의 마음속에 품게 되었다. 그래서 사사 시대를 통하여 그들은 차차 왕이 필요하다는 사실을 느끼게 되었다.

이 시기에는 백성을 다스리는 통치자를 사사라고 불렀다. 그러나 이 사람들은 단순한 공의의 집행과 분쟁만을 조정하는 그런 정도의 치안 판사는 아니었다. 그들은 하나님의 영을 받은 구원자 글자 그대로 구주(moshe'im)였으며 자기 백성이 쇠퇴하여 압박 받을 때에 그들을 해방시키고 다스리는 일을 위하여 부름받아 세워진 지도자들이었다. 그동안 백성은 남아 있는 가나안 사람들을 몰아내어 그들을 근절시켰다. 그리하여 그들은 자기들에게 분배된 토지를 점령하여 신정 국가를 확립하여야만 했다. 그러나 그들은 얼마 되지 못하여 그들의 과업에 피곤증을 느끼게 되어 이따금 가나안 족속들과 우호 관계를 맺었고 어떤 때는 그들의 신들까지 받아들였던 것이다. 그러므로 그들은 자기들이 범한 잘못에 대한 형벌로써 원수들에게 넘기우게 된다. 그러나 그들이 회개할 때 주께서는 자기의 신을 부으시사 세우신 이스라엘의 구원자요 해방자인 사사들을 일으키사 백성과 그 땅을 압박으로부터 구출해 내셨다. 그러나 사사들이 죽는 날에는 백성은 즉시 하나님을 저버렸던 것이다. 그러므로 사사기 가운데 나타나는 시대는 하나님을 저버린 결과 일어나는 원수들 손에 의한 압박과 또한 이에 뒤따르는 사사들에 의한 구출 등이 끊임없이 교체되는 시대였음을 볼 수 있다. 이 비극적인 사태는 사무엘의 시대에 있었던 그와 같은 예언자의 제도를 산출시킨 동기가 되었다.

4. 분해

1) 서론: 이스라엘의 계속적인 가나안 점령(1:1-2:5)

(1) 1:1 ▸ 본서 전체의 서론

1절은 부정적인 학파에 속하여 있는 어떤 비평가들에 의한 공격의 대상이 되어 있다. 왜냐하면 이 부분(1:1-2:5)은 여호수아가 죽은 후에 사실을 계속하여 기록하여 가는 것이 아니고 얼마 안 되지만 여호수아의 기사와 병행되는 기사를 포함하고 있다고 한다. 이러한 견지에서 1절이 편집자의 가필이라고 생각한다. 그러나 이것은 어떤 주관적인 논리에 빠져 말한 것뿐이다. 1절에 대한 그러한 견해를 요구하는 객관적인 증거는 없다. 1절이 여호수아 1:1과 비슷하게 시작하는 것을 유의하여 보라. 그것은 분명히 사건을 여호수아의(키텔이 제시한 것처럼 모세는 아니고) 사후에 두고 있다. 그러므로 이것은 여호수아의 기사에 계속되는 것이요 병행되는 것은 아니라고 생각되어야 한다.

(2) 1:2-36 ▸ 당시의 정치적 양상의 요약

이 요약에는 민족주의적 요소가 강조되어 있다. 그러나 여호수아의 논조와 상충되지는 않는다. 본서는 여호수아를 위대한 지도자로 내세우고 있지만 이 부분에서는 지파들의 역사(役事)를 강조하고 있다. 이렇게 생각하면 아무래도 실제적인 상충은 없는 것이다. 1:10에 보면 유다는 갈렙 대신이라고 한다(수 15:13-19). 그러나 이것이 모순을 초래하는 것은 아니다. 갈렙이 유다에서 한 지역을 얻었다. 어찌하여 헤브론에 대한 싸움에 그가 참전하지 아니하였다고 할 수 있겠는가?

즉, 갈렙의 이름으로 유다는 헤브론과 싸웠을 것이다. 1:21에 기록된 베냐민은 유다 대신에 쓰였다고 한다(수 15:63). 그러나 이것 역시 모순된 것은 아니다. 확실히 두 지파가 다 함께 예루살렘에 대하여 싸웠으며 그때에는 여부스 족속을 몰아내지 못하였다. 그러나 그 후에 그 성은 유다와 베냐민 간에 분할되었다. 1:8에 보면 유다가 예루살렘을 취하였다고 되어 있으나 이것은 잘못된 것이니(1:21과 상충되므로) 예루살렘을 최초에 정복한 것은 그 후에 다윗에 의하여 시행되었기 때문이라 한다. 그러나 이 문장(1:8)은 아도니베섹의 기사와 연결되어 있다. 분명히 유다는 이때에 예루살렘을 공격하였으며 그 예루살렘을 불태워 버렸다. 그러나 그들은 항구적으로 예루살렘을 확보할 수는 없었다. 왜냐하면 1:21이 보여 주는 바와 같이 그들은 여부스 족속을 몰아내지 아니하였기 때문이다. 그러나 1:8은 분명히 이 선(線)을 따라 시도된 일이다. 단지 우리는 1:8을 비역사적인 것이라고 단언할 만큼 그 당시의 상황에 관하여 충분히 알고 있지 못한 것이다. 또한 1:18과 19은 서로 모순이라고 한다. 그러나 만일 이 두 절이 서로 모순이라면 그렇게 모순된 두 구절을 서로 나란히 둔 것은 분명히 편집자의 오산이었을 것임에 틀림없다. 그러나 어쨌든 모순은 없는 것이니 1:18은 블레셋 영토를 점령한 것에 대한 기록이며 이것은 분명히 일시적인 사건이었음이 사실이었다. 그러나 영토는 점령되었다 할지라도 주민들은 쫓아내지 못하였다. 유다는 총공격을 가하여 그것을 탈취하였을 것이나 주민은 몰아낼 수 없었다. 1장은 본서의 후반부와 문학적인 통일을 이루고 있다는 증거를 보여 준다. 즉, "그 손에 붙이다"는 1:2 ; (J) 2:14, 23; (E^2) 6:1 ; 7:7 ; 13:1; 15:12 ; 18:10 ; 20:28에 나타난다. "불사르다"는 1:8과 20:48에 나타난다. "칼날로 치다"는 1:8,25; 20:48에 나타난다. "거할 것이다"는 1:27, 35 ; 9:21, 41; 17:11에 나타난다. "이날(오늘)에 이르기 까지"는 1:21 ; 6:24 ; 10:4 ; 15:19 ; 19:30에 나타난다 (1:1-2은 20:18, 23, 27과, 1:16은 4:11과 비교하라).

(3) 2:1-5 ▸ 주의 사자

백성이 여호와의 언약을 깨뜨린 것 때문에 책망을 받는다.

2) 이스라엘의 사사들(2:6-16:31)

(1) 2:6-3:6 ▸ 이스라엘과 여호와의 관계

여호와를 알지 못하는 새 세대가 일어났다(2:10). 그들은 가나안의 신들을 섬기기 위하여 여호와를 버렸다(2:11-12). 이 배교의 결과로써 여호와께서 자기 백성을, 여호와를 알지 못하는 추악한 자들(plunderers)에게 넘기셨으니 그들은 약탈을 당하였다(2:14). 그런데 하나님의 은혜는 그때에야 나타났으니 사사들을 일으키시고 백성을 약탈자의 손으로부터 구해 내신다(2:16). 그 후에 이스라엘은 또다시 타락하여 배교에 빠졌다(2:19).

그러므로 주께서는 여호수아의 손에 넘기지 아니한 백성들을 그 땅에 남겨 두시기로 작정하셨으니 이는 자기 백성이 이방 나라에서 어떻게 다시금 자기를 배반하는가를 시험해 보기 위해서였다(3:1-6). 우리는 여기서 이상화(理想化)된 역사를 다루는 것이 아니라 실제적인 역사를 다루게 된다. 그럼에도 불구하고 이 부분은 심판 비평을 받아 왔다. 즉, 2:23은 본래의 2:20-22의 연속이 될 수 없다고 한다. 그 이유는 주께서 여호수아의 손에 백성들을 넘기지 아니하셨다 함은(2:23) 여호수아의 사후(21절)에 일어난 결과가 될 수 없기 때문이라고 한다. 그런데 이 반론은 일소에 붙일 것이 아닌 것으로서 다음과 같은 답변을 줄 수 있다.

① **키텔은 말하기를 "여호수아"라는 단어**(2:23 ▸ 단어가 문제를 일으킴)가 잘못되었으니 "이스라엘"로 교정할 수밖에 없다고 한다. 그러나 이 말은 객관적 본문상의 지지는 받지 못한다.

② **또는 우리가 이것을 필기자(seribe)의 부주의 탓**으로 돌려서 읽기가 어려운 것을 고의적으로 삽입시켰다고 설명하기는 곤란하기 때문에 우리가 읽기는 그대로 두고 단순히 여호수아라는 말을 백성이라는 말 대신에 사용된 정도라고는 생각할 수 있겠다. 그렇게 되면 바로 "이스라엘"이란 말의 동의어가 되는 셈이다.

나아가서 민족들이 몰려 나가지 아니한 이유에도 모순이 있다고 한다. 그래서 3:1-3에는 이스라엘이 전술을 배우는 내용이지만 2:22과 3:4에는 도덕적인 시험을 기록하였다고 한다. 그러나 여기에도 분명히 모순이 없다. "싸우기를 배운다"란 뜻은 앞 절이 보여 주는 대로 "가나안과 싸울 때 도움을 받기 위하여 주께 의지하는 것을 배운다."라는 뜻이다. 그러므로 여기서는 이스라엘이 실제에 있어서 도덕적인 시험을 받는 한갓 방법에 지나지 않는다.

③ **3:3에 나타난 민족들의 명단은 3:5의 것과 일치하지 않는다고 한다.** 왜냐하면 전자는 어떤 지방을 점령하는 내용이나 후자는 전 인구를 들어 말하고 있기 때문이라고 한다. 그러나 3:3은 수 13:2-6에 비추어 이해하여야만 한다. 3:5은

이스라엘 사람들이 가나안(여섯 그룹이 열거되어 있음)을 살았다는 것을 총괄적으로 말하고 이스라엘의 배교를 설명하는 역할을 한다(부정적 비평의 관점에 대한 공정한 표현은 A. B. Davidson : "The Prophetess Deborah," in *The Expositor,* Vol. 5, 1887, pp. 38-55 참조).

(2) 3:7-11 ▸ 옷니엘의 사사직

그나스의 아들 옷니엘은 메소포타미아와 구산 리사다임으로부터 이스라엘을 구하여 내었다. 그는 40 년 동안 이스라엘을 태평하게 하였다.

(3) 3:12-30 ▸ 모압에 대한 에훗의 승리

에훗은 베냐민 사람으로 왼손잡이였다. 모압 왕 에그론의 압박은 18 년 간 계속되었으나(3:14) 구출된 후 이스라엘은 80 년 간 평화를 누렸다(3:30). 옷니엘과 에훗의 시대에 모든 이스라엘은 분명히 압박하는 자에게 대항하여 궐기하였다. 3:22의 "칼을 빼어"라는 구절은 8:10, 20; 9:54; 20:2,15,17,25,35,46 등에도 나타난다.

(4) 3:31 ▸ 삼갈의 활동

아낫의 아들 삼갈은 소 모는 막대기로 블레셋 사람 600 명을 죽였다. 그는 사사라 불리지도 않았고 그의 활동 기간이 연대기에 표시되지도 않았으며 또한 그는 분명히 항구적인 승리를 얻지도 못했다. 그는 깊은 관심을 가지고 활동한 것이 사실이며 손에 맨 먼저 잡히는 무기를 가지고 싸웠다.

(5) 4:1-5:31 ▸ 야빈의 압박과 드보라와 바락에 의한 구출

야빈의 군대 장관 시스라의 승리와 패배가 5장에 있는 시의 노래 가운데 기술되어 있으나 이것은 여러 학자들에 의하여 대단히 오래된 것으로 생각되어졌으며 혹자들은 이것이 성경 가운데서 가장 오래된 단편으로까지 말하는 이도 있다. 이것은 옳지 못하다. 그러나 이것은 동시대의 것이며 드보라 자신에 의하여 된 것으로 4장은 본서 전체의 저자가 기록한 것에 포함되어 있다. 주의할 것은 이 싸움에는 모든 이스라엘이 참전하지 아니한 것이다. 즉, 르우벤, 길르앗, 단 그리고 아셀은 참전하지 못한 것이다. 4장은 여러 가지 중요한 점에서 5장과 차이가 있다고 한다. 그 차이라는 것은,

① 여섯 지파가 아니라 두 지파가 참전하였다고 한다(4:10과 5:14,15,18).

그러나 이것들이 서로 상반되는 기사는 아니다. 4:10은 다만 바락이 활동한 초기를 말하는 데 불과하다. 5장은 시적이면서 자연스리 다른 지파에 대하여 언급하고 있다. 4:23,24에는 승리를 두 지파에게만 국한시키지를 않고 이스라엘의 자손들에게 돌리는 것을 유의하여야 한다.

② 4:21에서는 야엘이 잠자던 시스라(이방 군대 장관)의 살쩍에 말뚝을 박아 그를 기절시켰다고 했는데, 5장(24-26절)에는 시스라가 "천막 밖에서 엉긴 우유를 마시고 있을 때" 머리를 맞았다고 한다(Pfeiffer, *IOT*, p. 329).

그러나 두 기사는 상호 보충하고 있는 것으로서 단순하게 읽어만 보아도 절대로 모순이 없음을 알 수 있을 것이다. 그 시적인 기사(5장)는 모든 세밀한 것을 다 나타내려고는 하지 않고 다만 시스라의 죽음에 대하여만 강조하고 있다(예로 5:27은 분명히 시적이다).

③ 4장은 야빈 왕을 말하고 있으나 5:19은 야빈을 말함이 아니고 시스라를 두목으로 하는 가나안의 "왕들"에 대하여 말한다(드라이버). 그러나 역시 5:19도 시적인 것이요 왕들이란 말은 다만 야빈의 수하에 있던 지도자들을 가리킨다. 그러나 5장은 시스라를 왕들의 두목으로 말하지는 않는다. 야빈의 군대 장관인 그는 분명히 지도권을 가졌으므로 4장에서도 5장에서도 요인으로 기록되어 있다.

④ 혹자들은 드보라가 역사적인 인물임을 부인하고 "이스라엘의 어머니"(5:7)란 말은 수도(首都)를 말하는 것이고 일 개인은 아니라고 주장한다. 그러나 창 35:8에 나타난 "드보라"는 분명히 역사적 인물임을 가리키고 있다. 4장은 5장에 결핍된 상세한 부분들을 보충하고 있으며 이 5장의 노래를 적당히 이해하는 데 필요한 것이다. 또 이 노래의 순정성과 역사성을 놀라웁게 방어하는 것이다(이 노래의 진정성과 역사성에 대한 귀한 변증은 Burton L, Goddard : "The Critic and Deborah's Song," *WThJ*, Vol. III. 1941, pp. 93-112 참조).

【2-5장의 구조】

이 장들이 제시하는 것은 반항하는 자기 백성을 향하여 여호와께서 취하신 태도의 첫 단계이다.

① 보김에서 백성은 여호와의 사자에게 위협을 받았다(2:1-5).

② 그러므로 "가나안 사람들은 너희 옆구리에 가시가 될 것이며 그들의 신들이 너희에게 올무가 되리라."(2:3)라고 하였다.

③ 이 단계의 각종 압박은 외부적인 것이요 제법 오래 계속되었다.
④ 압박과 압박 기간 사이에는 오랫동안 평화스러운 기간이 있었다.
⑤ 옷니엘과 에훗은 하나님의 영으로 감동되었을 때 바락은 여선지 드보라에 의하여 전쟁에 임하였다.

(6) 6:1-8:35 ▸ 기드온의 활동

압박하던 미디안 사람들은 기드온에 의하여 격파되었으며, 그의 사적(史蹟)은 미쁘신 하나님께서 자기 백성을 구출하신 은혜로운 충성된 역사임을 확실히 나타내기 때문에 다소 넉넉한 분량으로 되어 있다. 그리고 어떤 이들의 생각에는 이 기사 가운데 두 가지의(혹 세 가지) 재료가 사용되어 있으며 또 기드온에 대하여도 두 가지 기사가 있다고 한다. 이것은 기드온이 때로는 여룹바알이란 명칭으로 불려진 사실을 고려한 데 근거한 말이다. 그러나 이 기사는 한 묶음으로 되어 있기 때문에 문서로 잘라 붙이려는 시도는 실패할 수밖에 없음은 분명한 사실이다.

(7) 9:1-57 ▸ 아비멜렉의 에피소드

이 부분에는 유의할 만한 나무들의 비유가 나타나 있다.

(8) 10:1-5 ▸ 두 사사의 통치

돌라와 야일이 사사로서 각각 23 년, 22 년 간 통치한 것이다.

【6장-10장 5절의 구조】

① **주께서 다시 그의 백성을 위협하신 때에도 시종 선지자를 보내 주셨다**(6:7-10).

② **"내가 너희를 애굽 사람의 손에서 인도하여 내며** 너희를 압박하는 모든 자의 손에서 너희를 건져 내었고 너희에게 이르기를 나는 너희 하나님 여호와이니 아모리 사람의 신들을 두려워 말라 하였으나 너희가 내 목소리를 청종치 아니하였느니라."(6:8-10)라고 되어 있다.

③ **미디안 사람의 압박이 7 년 간 계속되었으나** 이어서 기드온의 활동으로 40 년 간 안식을 누린다(8:1-3). 그리고 돌라와 야일의 통치 아래서 45 년 간 평화롭게 지낸 것도 분명하다(10:2, 3). 이때의 특징은 중대한 내부 분열과 혼란이 교체된 것이라고 할 수 있다. 에브라임은 기드온과 지파들의 승리를 극도로 시기하

게 되며 숙곳과 브니엘은 원조를 거절한다(8:4-9,14-17). 다만 온 이스라엘이 적과 싸우지 아니하였을 뿐 아니라, 기드온의 모든 군사까지도 다 싸움에 참여하는 것이 허락되지 않았다. 여호와께서 단지 300 명으로 승리를 거두게 하신 것은 그들로 하여금 여호와 앞에서 교만치 못하게 하려 하심이다.

(9) 10:6-12:7 ▸ 입다로 말미암은 구원

길르앗 지도자들은 할롯의 아들 입다에게 자기들의 머리가 되어 줄 것을 간청했으나 승리의 경우에만 그 자리에 머물 것을 조건으로 허락했다. 그는 승리를 얻는 경우 자기의 집 문에서 제일 처음으로 영접하는 자를 여호와께 희생으로 바칠 것을 서약하였는데 그 서약이 자기 땅에게 떨어졌다. 그는 이 서약을 성립시키는데 아무래도 자기 딸을 평생 처녀로 바쳤을 것이나 확실치는 않다.

E(11:34)는 입다가 미스바에서 집을 소유한 존경 받는 자로 취급하고 있으나, J(11:1-3)에는 그가 기생의 아들로 악당이 되었다고 한다. 그러나 이 사실 에 모순이 있다면 편집자는 어찌하며 같은 장에다 이 기사를 수록하였을까? 입다가 유형 당했을 때는 이미 군대와 재산을 모아 사실 무시할 수 없는 인물이 된 것은 분명한 사실이 아닐까?

(10) 12:8-15 ▸ 세 사람의 사사

입산, 엘론, 압돈이 각각 7 년, 10 년 간 나라를 다스렸다.

(11) 13장-16장 ▸ 삼손의 역사

삼손의 역사성은 히브리 11:32에도 나타나 있다. 사사들에게 나타난 하나님의 능력은 삼손에 의하여 그 절정에 달하였다. 그는 이 힘을 나사렛 사람으로서 소유했던 것이다. 그러나 그의 본질적인 성격으로 말하자면 극히 약자였다.

【10:6-16의 구조】

① 백성들은 다시 여호와의 책망과 경고를 받았으니 그것은 "너희는 나를 버리고 다른 신을 섬겼느니라. 그러므로 내가 다시는 너희를 구원치 아니하리라 가서 너희가 택한 신들에게 부르짖어 너희의 환난 때에 그들로 너희를 구원하게 하라."라고 하신 것이다(10:13-14).

② 내부의 쇠퇴는 점점 현저하여만 갔다.

③ 입다가 길르앗 장로들에게 초대를 받았고 삼손은 그의 모태로부터 성별(聖

別)되었다.

3) 두 가지의 부록(17:1-21:25)

(1) 17:1-18:31 ▸ 미가와 자기 집 제사장의 에피소드

에브라임 사람 미가와 자기 집에 제사장이었던 레위인에 관한 이 기사의 통일성은 분명한 것으로서 부정적인 비평학자들까지도 이 두 가지의 부록을 본서 가운데 가장 빠른 층에 속한다고 생각한다. 이 에피소드는 그 시대에 있어서의 왕의 필요성을 충분히 밝히고 있다. 파이퍼(Pfeiffer)는 아놀드(Arnold)와 더불어 이 기사를 분석하여 여러 가지 자료로 삼는 것은 아니지만 그러나 그는 생각하기를 이 기사는 하나의 실화인데 거기에 후대의 주석과 몇몇의 삽입이 편입된 것 같다고 하였다.

(2) 19-21장 ▸ 베냐민의 기브아에 있어서의 죄와 형벌

사사기에 관한 특별한 참고 서적

Otto Eissfeldt : *Die Quellen des Richterbuches*, Leipzig, 1925.

Andres Ferdandez : "El Atentado De Gabaa," in *Biblica*, Vol. 12, pp. 297-315.

H. Haensler : "Der Historische Hintergrund Von Richter 3, 8-10," in *Biblica*, Vol. II, pp.391-418, Vol. 12, pp. 3-26; 271-296; 395-410.

Siegfried Sprank and Kurt Wiese: *Studien zu Ezechiel und dem Buch der Richter,* Stuttgart, 1926.

Harold M. Wiener : *The Composition of Judges* 2: 11 to I Kings II 2:46, Leipzig, 1929.

제 10 장

사무엘서

1. 명칭

본서 두 권의 명칭이 사무엘(셰무엘 : שְׁמוּאֵל = 여호와께서 들으심)의 이름을 따라 "씨프레 셰무엘 : סִפְרֵי שְׁמוּאֵל = 사무엘의 책들)"이라 불리는 것은 그가 처음 부분의 주인공일 뿐 아니라 그가 또한 다른 두 주인공 사울과 다윗에게 기름을 부었기 때문이다. 처음에는 이 두 권이 한 권으로 취급되었다(*Baba Bathra,* 14b; Jerome : *Prologus galeatus ;* Eusebius ; *Ecclesiastical History,* 7: 25, 2). 그러나 『70인역』에서는 두 권으로 나뉘었고, Old Itala와 벌게이트역도 이에 따라 구분하였다. 『70인역』의 번역자는 이 두 권을 제1왕국기, 제2왕국기(*βιβλοι βασιλειων*)라 불렀으며, 열왕기 두 권은 제3, 제4 왕국기라 하였다. 그러나 벌게이트역은 그 표제를 열왕기로 바꾸어 버렸다. 두 권으로 구분하는 것은 봄버그(Daniel Bomberg)가 인쇄한 히브리 어 성경 초판(Venice, 1516-1517)에 처음으로 채용된 것같이 보인다. 흠정역(Authorized Version)에는 표제에다 "별칭 제1(2) 열왕기"라는 말이 따로 명시되어 있다.

2. 저자

「Baba Bathra 14b」에 의하면 "사무엘은 자기의 이름을 지닌 책과 사사기와 룻기를 썼다."라고 기재되어 있다. 그러나 15a에는 "사무엘은 그의 책(Sifro)을 기록하였으며 이제 사무엘은 죽었다고 그 안에 기록되지 아니하였느냐?"라는 문장을 볼 수 있다. 그러므로 유대교의 전승(thadition)은 사무엘이 본서를 기록하였다고 주장하고 있으나 이에 대한 반대 의견도 있었다.

사무엘의 죽음에 대한 기록이 삼상 25:1; 28:3에 있고 또한 사무엘이 죽은 지 오랜 뒤의 사건이 기술되어 있으므로 사무엘이 본서 전체의 저자가 아니었다는 것은 분명하며 본서 전체의 저자가 누군지는 알려지지 않았다. 삼상 27:6의 "시글락은 오늘까지 유다 왕에게 속하니라."란 말에 비추어 보면 왕국의 분열 직후까지는 본서가 현재 우리가 가지고 있는 형태로 완성되지 못한 것만은 사실이다. 그러나 저자가 누구든지 간에 본서의 저자는 그 이전에 있던 기존 문서를 이용하였다는 것이니 그 대부분은 "선견자 사무엘의 글(알- 디브레 = עַל-דִּבְרֵי)과 선지자 나단의 글과 선견자(호제 : חֹזֶה) 갓의 글"(대상 29:29) 등이었을 것이지만 이들 성문서들의 정확한 내용이 어떤 것이었는지는 잘 알 수 없다. 그래서 결론적으로 사무엘서는 하나님의 영감에 의해서 왕국 분열 직후의 인물인 유다의 선지자가 기존 재료들을 편입시켜 작성한 것이라고 할 수 있다.

❐ 저자에 관한 여러 가지 설 ❐

오경의 문서설을 채택하는 사람들이 일반적으로 주장하여 온 것을 사무엘서의 주요한 내용이 J와 E에서 다소 유사한 두 가지의 점을 소유하고 있으나 오히려 독립된 자료 가운데 보존되어 있다고 한다. 그리고 그들은 초기의 기사가 솔로몬 시대로부터 온 것이고, 후기의 것은 8세기에 된 것이며 그 후 약 1세기 늦게야 결합되었다고 한다(이 설의 초기의 표현은 H. P. Smith: "Samuel," in *ICC,* 1902를 참조. 그것은 또한 R. H. Pfeiffer, pp.314ff 참조; "Midrash in the Books of Samuel," in *Quantulacumque,* pp.303-316에 표현되어 있다). 초기의 문서는 4:1b에서 시작하는데 이것은 사사기 13-16장의 계속이다. 거기에는 이스라엘과 블레셋 사이에 최초로 행하여진 싸움으로부터 솔로몬이 즉위할 때까지의 기사가 설명되어 있다. 파이퍼(Pfeiffer)는 말하기를 "그것은 훌륭한 산문이요, 구약의 역사적 걸작으로 후에 된 가필을 제거한다면 잘 조직된 문학적인 부분이 되는 것"이라고(*IOT,* p. 356) 하였다. 그리고 저자는 맨 처음으로 클로스테르만(Klostermann)이 생각한 바와 같이 아히마즈(Ahimaaz)이었을 것 같다(*Die Buecher Samuelis und der Koenige,* 1887, pp. xxxii, ff). 저자가 아히마즈이든지 아니면 그 누구이든 간에 파이퍼(Pfeiffer)의 말과 같이 그는 헤로도투스(Herodotus)보다는 더 참된 의미에서의 "역사의 아버지"라고 생각할 수 있으며 그의 문체는 히브리 어 산문 가운데서도 훌륭한 것으로 취급된다.

사울과 다윗이 초기 자료의 주인공인 데 비하여 사무엘은 이차적인 곧 후기 자료의 주인공이라고 한다. 이 자료는 삼상 1-24장에 국한되어 있고 "전설들(legends)에 의하여 이루어졌으며 이론에 의하여 왜곡된" 것으로 생각되었으며,

이 자료는 많은 저자들이 집필한 것이라고 생각된다(*IOT,* p.362). 1장의 저작 연대는 주전 750년경이며, 17장과 18장의 원형은 약 1세기 후의 것이다.

파이퍼(Pfeiffer)는 그 이외의 부분을 주전 650-550년 사이의 것으로 보았다. 이 후기의 자료는 초기의 것을 수정한 것이니 이 관점을 지배하는 다음의 두 가지 설에 기초를 두고 있다. 곧 ① 왕국은 여호와를 향한 배교라는 것과 ② 사람의 행불행은 사람의 행위에 대한 하나님의 엄하신 보응이다(*IOT,* p.362). 또는 "전설의 안개와 강압적 교리의 권위가 합세하여 후기의 자료에다 엉터리 같은 분위기와 망상의 환상을 자아낸 것이다."(*IOT,* p.363).

이 두 가지 자료가 어떻게 결합하였는지는 전혀 분명치 못하며 "R^{JE}"의 경우와 같이 여러 가지 갈래를 조화하려는 노력도 없다. 후기 자료는 아마 독립된 자료가 아니라 오히려 본래의 역사를 수정하여 개선한 가필이었을 것이다.

소위 후기 자료의 성격 때문에 신명기의 편집은 다소 피상적이 되었다. 그러나 그렇게 된 것은 주로 근본적인 신명기적 교리 곧 국가적 재난은 여호와를 온전히 바르게 예배하지 못한 데 있다는 교리가 이스라엘의 첫 두 왕에게는 적용되지 않는다는 것이다. 그러나 파이퍼(Pfeiffer)는 사무엘서 가운데 일부는 신명기의 기자에 의해서 삭제되었을 것으로서 후기에 주석을 달기 위한 가필인 것을 보여 주는 가장 적당한 예라고 말했다.

파이퍼는 정밀한 "두 자료"설을 제시하고 있다. 그러나 우리는 이 설이 본서의 통일적인 성격과 조화되지 않기 때문에 단호히 거절하여야만 한다.

오토 아이스펠트(Otto Eissfeldt)의 설(*Einleitung,* pp.306-317; *Die Komposition der Samuelisbuecher,* 1931). 아이스펠트는 사무엘서 가운데 두 가지의 자료를 발견하였다. 그러므로 그는 사무엘서는 세 가지의 병행하는 자료로부터 저작된 것으로서 이것은 육경의 세 가지 자료인 L. J. E의 연속이라고 하면서 또한 사무엘상에서는 다소 혼합되어 있는 상태에 있으나 사무엘하에서는 연속적이라고 한다.

3. 목 적

본서의 목적은 왕국의 성립과 이에 대한 사무엘의 역할에 관한 기사를 서술하는 것이다. 사무엘은 사사이며(삼상 7:6, 15-17)이며 또한 선지자(삼상 3:20)였다. 그러므로 그는 사사기의 시대와 초기 왕국을 결합시키는 역할을 한다. 그리고 왕국을 건립하는 데 이중의 준비가 있었으니 사사 시대를 통하여 혼란을 파급시켜 이스라엘의 백성으로 하여금 중앙 정부의 필요를 느끼게 하였다. 그 다음으로 왕은 독재자가 아닌 선한 왕이어야 하고 하나님의 뜻을 따라 충실하고 공정하게 통치함으로써 장차 오실 만왕의 왕을 미리 보여 줄 만한 자라야 한다는 것이다. 완고한 독재자 사울이 백성을 다스린 사실을 통하여 왕은 의로 통치하여야 한다는 교훈을 주셨던 것이다.

사무엘서는 왕국의 수립에 대하여 말하고 있을 뿐 아니라 이 위대한 제도는 하나님으로부터 유래되었다는 점을 지적해 주는 역할도 한다.

4. 분해

1) 사사로서의 사무엘(1:1-7:17)

(1) 1:1-2:10 ▸ 사무엘의 탄생과 한나의 노래

엘리가 대제사장으로 있을 때 경건한 이스라엘의 여자 한나가 아들을 구하는 기도를 올렸다. 그리하여 그의 기도는 응답을 받았으며 그는 아들 사무엘을 얻어 평생토록 주를 섬기는 자로 삼도록 하여 여호와의 전에 그를 바쳤다. 그때 그녀는 선지자적인 성격을 띤 아름다운 노래로 여호와를 찬송하였다(2:1-10).

한나의 노래는 실제에 있어서 한나보다 더 후대의 것이라고 비평가들은 말한다. 그들은 다음과 같은 이유를 든다.

① 2:10은 왕국의 수립을 가정하고 있다고 본다.
② 그 주제는 개인적 감사보다 오히려 국가의 승리에 관한 것이다(2:4, 7, 10).
③ 언어와 문체가 후기의 시편들과 비슷하다고 한다.

여기에 대하여는 다음과 같은 답변을 할 수가 있다.

① 한나가 말한 왕은 이상적인 왕을 말한 것이며 반드시 실제적 왕을 전제할 필요는 없는 것이다. 그 이유로는 왕국이 먼 옛날부터 약속되었으며 창 17:6 ; 신 17:14-20 ; 삿 8:22과 백성의 마음속에도 약속된 왕국이 잠재하고 있었다. 다윗 왕국의 수립 이후 위급한 시대를 당하여 국가를 지도할 만한 자의 어머니로서 장래의 왕국을 예상할 만한 사람이 과연 한나 외에 그 누가 될 수 있을 것인가?

② 주제는 예언적이며 한나는 스스로의 경험을 통하여 하나님의 경륜에 관한 일반적인 법칙을 분별하였다. 카일(Keil)은 말하기를 "그녀가 압도된 채로 엎드려 모든 것을 아시는 거룩하신 언약의 하나님께서 베푸시는 은혜로운 통치에 대

하여 얻은 경험은 국가 그 자체가 하나님으로 말미암아 인도된다는 은혜로운 방법에 대한 보증이 되었고 또 하나님께서 자기를 의지하는 불쌍하고 가련한 자들을 그 궁핍과 고통으로부터 언제나 건져 내시어 세우실 뿐 아니라 그 당시 원수들에게 여지없이 굴복당하였던 자기의 모든 백성을 어떻게 일으키시고 또 영화롭게 하시는가를 알아볼 수 있는 표지(標識)가 되었다."라고 하였다.

더욱이 이 시(詩)에서는 어떠한 국가적인 승리 같은 것은 말하지 않는다. 다만 전쟁을 암시하는 것같이 보이는 것은 4절인데 이 말씀의 목적은 적의 용사가 패배할 것이라는 것을 암시한다기보다는 오히려 용사와 약자를 대조하고 있는 것이다. 참으로 주제가 실제 한나의 환경과는 너무 거리가 멀다면 후대의 어느 편집자가 무엇 때문에 한나에게 해당한 것으로 생각했을까?

③ **언어는 연대에 대하여 아무것도 밝히지 않는다.** 하나님은 삼상 2:2에서 "반석"으로 불렸으며(신 32:4,15 등 참조), 중복되는 어구(삼상 2:3, 게보하 : גְּבֹהָה =교만, 오만, 거만)는 잠 16:5에도 나타난다. 이 한나의 노래는 마리아의 노래(눅 1:46-55)의 예표이며 이스라엘의 경건한 사람들에게 어떻게 이해되었나를 보여주는 스가랴의 예언(눅 1:68-79)의 예표이다.

(2) 2:11-3:21 ▸ 사무엘의 어린 시절과 그의 환상

어떤 사람들은 2:27-36은 대단히 후기의 것이라고 생각한다(파이퍼는 400 년 전의 것이라고 추측한다). 그러나 이 구절들은 순수한 예언의 특징을 지니고 있으니 이 부분이 후기의 주석이라고 생각할 근거는 전혀 없는 것이다.

(3) 4:1-22 ▸ 엘리의 죽음

1-3장은 결국 엘리의 일가(一家)가 몰락한 사실에 대하여 크게 강조점을 둔 장들로 생각하고 4-7장은 이것을 강조하고 있지 않기 때문에 1-3장이 후대의 작품이라고 한다. 그러나 이러한 반론을 더하게 된 것은 이 부분에 기록된 말씀의 목적을 이해하지 못하고 있기 때문이다. 1-3장은 사무엘이 출생하기 전 이 출생에 대한 배후의 모든 준비가 어떠하였나를 보여 주며, 또 그 가운데는 제사장의 타락한 상태를 진술함과 동시에 엘리 제사장 일가의 몰락에 대한 통보(通報)가 포함되어 있다. 다음으로 저자는 국가 전체의 타락한 상태를 계속하여 진술하고 또한 법궤가 어떻게 빼앗겼으며 여호와의 영광이 왜 떠났는가를 묘사하고 있다. 이렇게 타락한 이스라엘 위에 사무엘의 활동 무대가 마련된 것이다.

(4) 5:1-6:21 ▸ 블레셋 지역 내에 있는 법궤

(5) 7:1-17 ▸ 법궤가 돌아옴

7:15에서 사무엘에 대해 사사의 직무를 행하는 사람으로 나타낸 것은 이 구절이 후대에 속한 다른 증거로 되는 것은 아니다. 사무엘이 모든 국면을 통치하고 난 후에야 비로소 그의 사사의 직무가 시작되었던 것이다.

그리고 7:13은 그 후의 블레셋의 침입 기사와 모순되지는 않는다. 여기에서 뜻한 바는 블레셋이 다시 침입하여도 영구히 계속적으로 성공하지는 못했다는 것이다. 비록 블레셋을 완전히 몰아내지도 못했으며 또한 이스라엘이 그들에게 조공을 바치는 문제도 온전히 해결되지는 못했음에도 불구하고 여호와의 손이 블레셋을 대적하셨으므로 그들은 심한 피해를 입고 격퇴되었다.

2) 사울의 통치(8:1-31:13)

(1) 8:1-22 ▸ 이스라엘이 왕을 구하는 내용

사무엘의 아들들이 사사로서 공의를 악용하였기 때문에 이스라엘의 장로들은 사무엘에게 왕을 임명하여 줄 것을 간청하였다. 그러나 그러한 요구는 신정 정치를 반대하는 정신에서 우러나온 소산물이었다. 사무엘은 그렇게 하는 것이 여호와를 부인하는 것과 똑같은 처사라고 준엄한 책망을 가했음에도 불구하고 여호와께서는 사무엘에게 백성들의 요구를 들어줄 것과 임금의 대권을 들어 백성들에게 설명함으로써 그들 백성들을 경계할 것을 명령하셨다. 그때에야 사무엘은 백성들에게 왕 세울 것을 약속하였다.

(2) 9:1-10:27 ▸ 사울이 왕으로 기음 부음 받음

여호와께서 사무엘보다 앞서 왕으로 택하여 두신 자를 데려오신다(9:1-14). 사무엘은 사울에게 하나님의 목적을 일러 주었으며 그에게 기름을 붓고 하나님께 택하셨다는 확실한 표시로 세 가지 증거를 보여 주실 것이라는 말과 더불어 그를 보낸다. 특히 강조하고 있는 점은 사울을 택한 것이 하나님의 하신 일이요 사울 자신이나 사무엘에 의한 것은 결코 아니라는 점이다. 사무엘은 비밀리에 사울에게 기름을 붓고 이제 그는 미스바에서 백성을 설득시킴과 동시에 지파들에게 제비를 뽑아 임금을 택하도록 가르쳐 주었다. 이렇게 하여 사울이 왕으로 선택 받았다는 사실이 확인되었다는 이 기사는 솔직하고 통일적인 것으로서 왕국에 대하여 두 가지의 다른 견해를 찾으려는 시도는 완전히 잘못된 것으로 좌절되어야만 한다.

그런데 아이스펠트는 왕직에 관하여 세 가지의 자료를 발견할 수 있다고 한다. 즉, ① 10:21b-27; 11:1; ② 9:1-10, 16; ③ 8장; 10:17-21a 등이라고 한다. 또한 문서설을 주장하는 자들도 여러 가지 기사를 들추어 낸다. 즉, 9:1-10:16; 10:27b-11:11, 15 등에는 여호와께서 사무엘을 향하여 사울에게 기름을 부으라고 명령하셨는데, 7:2-8:22 ; 10:17-27a; 11:12-14; 12장에서는 왕국이 여호와를 향한 배교의 행위라고 하였다는 것이다. 그러나 주의할 것은 이러한 견해가 12:12, 13 이하에서도 함께 표명되어 있으며 또한 이 장은 일반적으로 한 묶음이 되어 있다는 사실이다. 실제적인 문제로서 왕국에 대한 상반된 견해는 없는 것이다. 즉, 이스라엘이 왕을 가지게 될 것은 일찍부터 예언되어 있었으나 백성은 왕을 잘못된 정신으로 구하였던 것이다. 사건의 순서에 대해서는 위의 (2)항을 다시 유의하여 읽어 보라. 그리고 「3. 목적」항(206쪽)과 신명기 17장에 관한 주(註)를 참조하면 좋을 것이다 (17장의 註는 아니지만 114쪽 ⑥ 항도 다소 참고할 만하다. - 편집자 주).

(3) 11:1-15 ▸ 암몬 자손에 대한 사울의 승리

왕이 되기 전에 사울은 자기가 왕이 될 자격을 소유하고 있음을 과시한다. 이러한 계기는 암몬 족속인 나하스가 이스라엘에 대해 적의를 품게 됨으로써 마련되었다. 사울은 길갈에서 왕으로 등극한다.

(4) 12:1-15 ▸ 사무엘의 설교

사무엘은 사사로서의 직무를 차치(且置)하고 선지자로서 왕에게 충고를 계속한다.

(5) 13:1-15:35 ▸ 사울의 초기 통치와 그의 거절당한 일

사울이 사무엘의 명령에 불순종한 사실이 드러났으며 여호와께서는 불순종의 왕으로부터 성령을 거두신다. 그러나 사울을 버리시되 즉시 처치하신 것은 아니다.

그런데 사울이 두 번이나 폐위당하였으나 (13:14과 15:26-29) 죽을 때까지 통치를 계속하였다는 것을 보아서도 이중 기사를 찾아볼 수 있다고 한다. 그러나 이 반론은 옳지 못한 것으로서 13:14에 보면 사울 자신은 거절당하지 않았다. 그것은 단지 그의 어리석은 행위로 인하여 그의 통치권이 그의 후계자에게 전가됨으로써 영구히 계속되지 못할 것을 기록한 것뿐이다. 그리고 그의 두 번째 범죄(15:26-29)에서는 사울 자신이 거절을 당한다. 그는 자기의 직무를 계속하고 있지만 하나님의 영이 떠나 버린 인간적인 직무의 계속이었다.

(6) 16:1-23 ▸ 다윗이 왕으로 택함 받음

잘못 생각하게 되면 여호와(16:2)께서 사무엘을 베들레헴에 보내기 위하여 사무엘에게 거짓말을 하라고 명령하신 것 같다. 그러나 사실 사무엘은 희생을 드리기 위하여 베들레헴에 갔던 것이다. 이 경우에 있어서는 전적으로 사실을 말해 줄 필요는 없었다. "당신은 다윗을 임금으로 기름을 붓기 위하여 베들레헴으로 가십니까?"라는 단도직입적인 질문을 받아서 그러한 질문에 대하여 사무엘이 "나는 다만 희생을 드리기 위해 갈 것이요"라고 답하였다면 그는 속이는 죄를 범하였고 또 (그런 거짓말을 명령하신) 여호와께서도 그러한 경우에 빠지게 된다. 그러나 이러한 경우는 아니었다. 허위로나 또는 속여 행동하는 것과 사실 전체를 말하지 않는 것과는 대단한 차이가 있는 것이다. 그 당시에는 사무엘이 자기 사명의 중요한 목적을 나타내는 것에 중점을 둔 것은 아니었다. 칼빈은 여기에 대하여 말하기를 "거기에서 속임수나 거짓은 없었다. 하나님께서 실제적으로 원하신 것은 자기의 선지자가 희생을 드린다는 사실을 이용하여 안전을 얻는 것이었기 때문이다. 그 결과로 희생은 사실상 드려졌으며 그로 인하여 선지자는 보호를 받았고, 또한 충분한 계시의 시간이 이르기까지 그는 어떠한 위험에도 빠지지 아니하였다."라고 하였다. 사무엘에게 희생을 드리게 하신 여호와의 뜻하신 바에 대한 이 모든 난점들은 그 순정성을 한번 알게 될 때에는 자연히 해결되는 것이다.

(7) 17:1-31:13 ▸ 사울의 마지막 날과 멸망

이 부분은 카일(Keil)과 같은 동정적인 주석의 도움을 빌려 본문을 주의 깊게 검토한다면 통일성과 목적을 이해하는 데 크게 도움이 될 것이다. 부정적인 비평을 취하는 학자들은 이 부분에서 혼합 저자(composite authorship)임에 대한 몇 가지 증거를 찾을 수 있다고 믿는다. 즉, 그들의 견해로서는,

① **다윗에 대한 소개가 이중적이다** : 16:14-23과 17:55-58을 보면 다윗은 두 번이나 사울에게 소개되었다고 한다. 그러나 이것은 낡은 반박이며 전혀 가치가 없는 것이다 만약 그렇다면 16:23에서 잘 나타난 바와 같이 사울이 다윗을 알고 있었다면 골리앗과 싸운 후 다윗이 누구의 아들이냐고 왜 물었는지 여기에 대한

답을 제시하라고 부정적 비평을 가하는 자들에게 반격을 가할 수 있다. 어떤 사람들은 사울이 다윗을 도르는 척했거나 또는 그의 병이 심한 타격을 받아 그를 알아보지 못했다고 추측한다. 그러나 이런 가설은 필요 없다. 다윗이 누구의 아들이냐고 사울이 물었을 때는 다만 다윗과 그의 아버지의 이름뿐만 아니라 분명히 그 이상의 무엇을 확인하려고 애쓰고 있었던 것만은 사실이다. 사실 다윗의 이름 정도는 사울도 알고 있었다. 카일(Keil)은 말하기를, 사울이 알고자 한 것은 그러한 놀라운 영웅적 행적을 수행할 수 있는 용기를 가진 청년의 아버지는 도대체 어떠한 사람이냐는 것과 골리앗을 정복함에 대해 그 약속한 보수로써 그 가정에 면세의 혜택을 입도록 하는 것(17:25)뿐만 아니라 그 아들의 담대함과 용기를 감안하여 그러한 사람을 자기의 궁내로 끌어들일 수 있을까 하는 문제였다고 하였다. 그러므로 사울이 확인하고자 하는 것은 다윗과 그의 아버지에 대한 사회적인 문제이었다. 18:1에는 분명히 긴 대화가 계속된 것을 보여 준다. 만약 사울이 다윗의 부친의 이름만 알고자 하였다면 그렇게 긴 대화는 필요가 없었을 것이다. 다시 말하면 그런 질문에는 한 마디로 족할 것이다.

② **다윗과 사울의 딸과의 혼담이 삼중적이다** : 18:17-19과 18:22-29a에 보면 다윗과 사울의 딸과의 혼담이 두 번이나 있으며, 세 번째의 것은 18:21b에 있다고 한다. 그러나 주의 깊게 이 내용을 읽어 볼 때 분명하게 알 수 있는 것은 이 부분이 이중 기사를 취급하고 있지 않다는 것이다. 그의 약속한 대로(17:25) 그의 맏딸 메랍(14:49)을 다윗에게 허락한다. 사실 그것은 간교한 행동이었으나(18:17) 다윗은 사울의 간교한 행동에도 의심을 품지 않고 진정한 겸손에서 우러나오는 마음으로 왕의 사위가 되는 것은 감당할 수 없다고 솔직한 심정을 털어 놓았다. 그러나 사울은 그의 약속을 지키지를 않았으며(18:19) 그 후 미갈이 다윗을 사랑하고 있음을 알고 사울은 그녀를 그에게 주었다. 다윗은 사울을 신뢰할 수 없음을 알았으나 이에 대한 반응을 보이지는 않았다. 그러므로 사울은 신하들을 보내어 다윗과 고섭하게 하였다(18:22/70인역엔 21b는 생략되었다.)

③ **다윗의 도피와 귀환의 문제** : 다윗은 사울의 궁전으로부터 두 번이나 도망하여 돌아가지 않았다(19:12; 20:42b)고 되어 있으며 사울은 다윗이 처음 도망한 것을 알았음에도 불구하고(19:17) 다윗이 그 다음 식사에 참석치 아니한 것을 이상하게 여겼다(20:25-29)고 기록되어 있다는 것이다. 이 반론도 역시 관련된 장절을 조심스럽게 읽음으로 해결하여야만 한다. 19:12에서는 미갈이 사울의 사자(전령)로부터 다윗이 도피하였다고 한다(본문은 도피한 그가 결코 돌아가

지 않았다는 것을 말하지도 않고 적용하지도 않는다). 그런데 성경은 다윗이 처음 도피한 장소가 라마의 사무엘(19:18)에게로 그리고 다음으로는 사무엘과 함께 나욧으로 가서 거하였다고 한다(19:18b). 그런 후 다윗은 사울도 찾아와서 예언하게 된 나욧을 떠나 요나단에게로 왔다(20:1). 그때 다윗은 사울이 식탁에서 자기를 찾아 물을 것을 예상하였다(20:6). 그러자 그런 일이 그대로 일어났다(20:25-29). 이제 이렇게 되는 이유는 사울이 식탁에서 다윗에 대하여 묻는다는 사실을 통하여 볼 때 그의 정신이 정상적으로 발작하였을 때였다(삼상 19:9을 보면 "여호와의 부리신 악신이 사울에게 접하였으므로"라고 기록되어 있다. 이러한 상태는 분명히 비정상적이었다). 사울이 정상적일 때는 다윗을 향하여 감정을 부리지 않았다. 그러므로 악신이 접한 상태에서는 그가 식탁에서 다윗의 불참(不參)을 이상하게 여길 수도 있는 것이다. 식탁에서 발단된 요나단과 사울과의 대화는 사울을 노엽게 하였으며 다시 정상적일 때에도 다윗이 자기의 경쟁자임을 인식하였다.

그때에야 요나단은 미리 협의해 두었던 화살을 쏘는 계획을 실행하였고 다윗은 사울이 사실 죽이려고 결심한 것을 알게 되자 도망쳤던 것이다.

④ **다윗이 사울의 생명을 존중함에 대한 이중 기사** : 혼합 저작설을 내세우는 또 하나의 증거로는 다윗이 사울의 생명을 아낀 데 대한 이중 기사에서 찾아볼 수 있다고 한다(24:3-7과 26:5-12). 그러나 이것은 전혀 이중 기사가 아니라 24:3-7에서는 사울이 양의 우리 곁에 있는 굴에서 자기의 발을 가릴(용변을 보는 것을 두고 하는 말 곧 용변 때는 옷자락을 내려 발을 가리기 때문 - 편집자 주) 작정으로 들어갔던 것이다. 그러나 다윗과 그의 사람들은 이미 그 굴속에 있었으며 다윗은 (용변에 몰두한) 사울의 겉옷 자락을 살짝 잘랐다. 그때 다윗은 자기의 행동을 후회하였고 자기의 사람들에게 사울을 대항하는 것을 금하였다. 26:5-12에서 다윗은 사울이 있던 곳으로 가까이 왔으며(26:5), 사울은 진영 가운데 누워 자고 있었고(7절) 그때 백성은 그를 둘러 진 치고 있었다. 그때에 다윗은 "누가 나로 더불어 사울의 진에 내려갈 것이냐?"라고 물었다. 그때 내려간 사람 가운데 아비새는 사울을 치기 원하면서 단번에 쳐 버릴 것이지 두 번 찌를 것조차 없다고 하였다. 그러나 이러한 간청도 다윗은 물리치고 창과 물병만 취할 뿐이었으니 그들이 이렇게 할 수 있었던 것은 하나님께서 깊이 잠들게 하시는 그 잠이, 사울이 자고 있던 그곳을 덮었기 때문이다(12절).

사실 두 사건의 경우는 퍽 다르다고 할지라도 다윗이 한 원수를 두 번이나 아낄 수 있었다는 사실은 확실히 가능한 것이다. 이 사건의 순정성은 다윗이 전혀 다른 환경 아래에서도 원수를 두 번이나 아껴 준 데서 찾아볼 수 있다.

⑤ **다윗과 요나단과의 약속의 중복** : 다윗은 요나단과 세 번이나 약속하였다는 것이다(18:3 ; 20:16, 42; 23:18). 그러나 이 반론은 누구든지 성경이 말하는 것을 주의 깊게 읽으면 즉시 해소될 수 있는 문제이다. 18:3에서 두 사람이 언약한 것은 서로 사랑하였기 때문이며, 20:12 이하에서는 사울이 격분하여 다윗을 멸하려는 것이 뚜렷해지자 다윗을 향하여 사울이 품고 있는 의향의 여부를 통보해 주겠다던 서약을 따라 요나단은 다윗과의 언약을 갱신한다. 요나단은 다윗의 집이 확실히 성할 것을 암시하면서 다윗에게 자기에게나 자기 집에 대하여 변함없는 인자를 베풀어 줄 것을 부탁하였다(14,15절). 그렇게 말한 것은 요나단이 이미 이루어진 언약을 강조 혹은 갱신하는 것이 내포되어 있는 것이다. 마지막으로 23:18에 다윗이 피곤할 때 요나단은 그를 찾아가서 하나님 안에서 격려하여 주었다. 즉, 그들은 이미 맺어진 언약을 새롭게 한 것뿐이다. 그러므로 세 가지의 각각 다른 언약이 체결되었다고 하는 것은 본문이 전혀 뜻하지 아니한 사실을 억지로 만들어 씌우는 셈이다.

⑥ **다윗이 아기스에게 두 번이나 피한 사실** : 다윗은 두 번이나 아기스에게 피하였다(21:10-15; 27:1-4)는 것이었다. 이것은 사실이다. 다윗은 두 번이나 아기스에게 피하기를 힘썼고 성경은 다윗이 아기스에게 피한 이유를 분명히 밝힌다. 다윗이 처음으로 아기스에게 피하였을 때는 골리앗을 죽인 일에 대한 기억이 아직도 블레셋 사람들의 마음속에 생생하게 살아 있었던 것이다(21:11). 이것이 바로 다윗이 아기스를 두려워하게 된 원인이었으니 다윗은 미친 체하여 겨우 떠날 수 있었다. 그러나 21:10과 27:1에서 세월이 흐름에 따라 아기스는 다윗이 사울에게 쫓기는 이유를 알게 되었으며 앞으로 이스라엘과 블레셋 사이에 새로운 전쟁이 일어난다면 다윗이 블레셋을 위하여 싸워 주지 않을까 하고 아기스는 생각하였다(27:12). 다윗이 아기스에게 갔을 때 사울은 쫓기를 포기하였다(27:4). 이러니 이 두 기사가 어떤 의미에서도 동일한 사건의 단순한 이중 기사에 지나지 않는다고 생각될 수는 없다.

⑦ **골리앗을 죽인 기사에도 혼란이 있다는 것이다** : 17장에 다윗이 골리앗을 죽였다고 되어 있다(또한 19:5; 21:9; 22:10, 13 참조). 더욱이 대상 20:5에는 야일의 아들 엘하난이 골리앗의 아우 라흐미를 죽였다는 기록도 있다. 이 표면화

된 모순에 대한 해답은 다음과 같다.

첫째로 주의할 것은, 사무엘서를 편집한 최후의 "편집자"들이 그런 뚜렷한 오류를 그냥 남겨 두었다면 그들은 무능한 자들이었음에 틀림없다. 그러나 표면화된 오류가 원문에 있을까? 주의하여 살펴보자.

삼하 21:19 ▸ "베들레헴 사람 ① <u>야레오르김의 아들 엘하난</u>이 가드 골리앗의
② <u>아우 라흐미</u>를 죽였는데 그 자의 창 자루는 배틀 채 같았더라."
대상 20:5 ▸ ③ <u>"야일의 아들 엘하난</u>이 가드 사람 골리앗의 ④ <u>아우 라흐미</u>를 죽였
는데 이 사람의 창 자루는 베틀 채 같았더라."

※ 편집자 주 : 저자의 설명에 들어가기 전에 좀 더 이해를 돕기 위해 먼저 문제점을 살펴볼 것은, 골리앗의 아우인 라흐미를 죽인 용사 엘하난의 아버지 이름이 동일 사건을 다루는 두 책에서 서로 일치하지 않는다는 것이다(위에 예시한 부분의 ① 과 ③ 을 참조). 그리고 사무엘서의 히브리 원문에는 ② 가 없으므로 엘하난이 골리앗을 죽였다는 것이다(② 가 원래는 원문에 없었으나 역대기에서는 원문에 있었기 때문에 흠정역에서 이대로 ②를 삽입함). 만일 사무엘서의 원문(② 가 없는)대로 따른다면 엘하난이 골리앗을 죽인 것이 되고, 이 엘하난은 다윗과 동일 인물로 보기도 하며(Targum, Jerom), 또한 Ewald는 사무엘서의 ② 가 원래 없는 원문이 맞고 역대기의 ④ 가 오기(誤記)인 바 골리앗이 동명이인이므로 2인이었는데 한 사람은 다윗이 죽이고 한 사람은 엘하난이 죽인 것이라 한다. 이상에서 "대상 20:5의 본문(전체)이 옳고, 흠정역의 삽입(삼하 21:19의 ②)도 잘한 것"으로 보는 것이 다수가 지지하는 가장 타당한 견해이다. - 박윤선 · 이상근 해당 본문 주석 참조).

이 두 구절은 밀접하게 관련되어 있음이 분명하다. 삼하 21:19 가운데는 전승되어 오는 도중에 분명히 베끼는 자들의 실수가 개재되어 있으니 우선 "야레오르김(יַעְרֵי אֹרְגִים)"이란 이름에서 "오르김(אֹרְגִים)"이란 말을 제거시켜야만 한다. 이 말은 고유 명사의 일부인 것 같으나 사실 필사자들의 실수이다.

둘째로, 대상 20:5의 "아히(אֲחִי)"란 말(직접 목적을 나타내는 말로 번역이 곤란하다.)은 역대기에 의하여 교정되어 אֲחִי(… 의 형제)로 읽게 되었다.

셋째로, 엘하난의 아버지의 이름은 "야일(야이르 : יָעוּר)"이라고 읽어야 한다.

〔위에서 지적한 대로 "야레오르김(יַעְרֵי אֹרְגִים)"에서 "오르김(אֹרְגִים)"을 제거하면 "야레(יַעְרֵי"가 되는데 이것은 "야이르 (יָעוּר)"(한국 성경 표기는 "야일") 의 끝의 두 글자(ור)를 베끼는 필사자들이 크기를 틀리게 썼기 때문에 "야레(יַעְרֵי)"가 되었으므로 이를 고쳐서 "야일(야이르 : יָעוּר)"이라고 읽어야 한다는 것이다. - 편집자 주〕.

이제 우리는 두 가지 기사의 모순점을 해소함으로써 "야일의 아들 엘하난이 가드 사람 골리앗의 아우 라흐미를 죽였다."라는 일치점에 이를 수 있다. 어쨌든 주요 사실은,

① 다윗이 골리앗을 죽였다는 것
② 엘하난이 골리앗의 아우를 죽였다는 것이다.

그러므로 결론은 명확한 것이다. 이 부분 가운데 약간의 어색한 것이 있다는 것은 본문상의 조건에 해당하는 것이다. 이러한 난점을 해결하려면 진지한 본문의 비평이 필요하다. 사무엘서의 히브리 어 본문은 다른 구약 성경의 경우와 같이 잘 전승되지는 못하였으므로 『70인역』은 대단한 도움이 된다. 그러므로 이러한 사소한 본문상의 난점이 혼합 저작설의 증거가 될 수는 없다. 사무엘서에서는 그러한 증거가 전혀 없다고 우리는 믿는다.

3) 다윗의 통치(삼하 1:1-25:25)

(1) 1:1-27 ▸ 사울과 요나단에 대한 다윗의 애가
(2) 2:1-5:25 ▸ 임금이 된 다윗
(3) 6:1-7:29 ▸ 다윗 왕국의 영원성 선포
(4) 8:1-10:19 ▸ 이스라엘의 원수에 대한 다윗의 승리
(5) 11:1-12:31 ▸ 다윗의 밧세바와의 범죄
(6) 13:1-19:43 ▸ 압살롬의 반역

※ 이하의 분해는 성경 본문과 순서 위주로 좀 더 세분화하기(원서보다) 위해 다소 재조절됨 - 편집자 주

(7) 20:1-26 ▸ 세바의 반역 및 다윗의 주요 관리(신하)들
(8) 21:1-22 ▸ 다윗이 기브온 사람들의 원한을 풀어 줌으로 기근이 해소됨과 블레셋과의 전쟁에 공적을 세운 영웅들
(9) 22:1-51 ▸ 다윗의 감사와 찬양(승전으로 인한)
(10) 23:1-39 ▸ 다윗의 마지막 말 및 37 명의 용사들
(11) 24:1-25 ▸ 백성을 계수한 다윗의 죄와 받을 형벌

이 부분(곧 사무엘하)이 본질적인 통일성을 지니고 있음은 누구나 알 수 있는 사실이다. 이 문장들은 고상한 히브리 어 산문의 표본이 되며 또한 문학적 관점에서는 다른 것에 비교될 수 없는 걸작품이다.

5. 사무엘서의 역사적 성격

본서의 명확한 역사성과 신빙성은 성경의 다른 부분에서도 여기에 관하여 암시하고 있는 것을 미루어 보아서도 가히 짐작할 수 있다. 사무엘서에 나타난 사건이 언급되어 있는 곳은 왕상 2:28 ; 대상, 렘, 시편 17장 등이며, 마 12:3 이하에서는 친히 그리스도께서 다윗이 거룩한 떡을 먹은 일에 대하여 말씀하셨다(막 2:25 이하 ; 눅 6:3 이하와 삼상 21:6 참조). 바울 또한 행 13:20-22에서 사무엘서의 내용의 대략을 말하였다.

사무엘서에 관한 특별한 참고 서적

O. T. Allis, "The Punishment of the Men of Bethshemesh," in *EQ,* Vol. 15, 1943, pp. 298-307.

William R. Arnold : *Ephod and Ark,* Harvard, 1917.

Georg Beer : *Saul, David, Salomo,* Tuebingen, 1906.

James Oscar Boyd : "Monarchy in Israel : The Ideal and the Actual," *PTR,* Vol. 26, 1928, pp.41-64; "The Davidic Dynasty"; "The Davidic Covenant : The Oracle"; "Echoes of the Covenant With David," in *PTR,* Vol. 25, 1927, pp. 215-239 ; 417-443 ; 587-609.

S. R. Driver : *Notes on the Hebrew Text and the Topography of the Books of Samuel,* Oxford, 1913.

O. Eissfeldt : *Die Komposition der Samuelisbuecher,* Lipzig, 1931.

I. Hylander : *Der literarische Samuel-Saul-Komplex*(I Sam.1:15) *traditionsgeschichtlich untersucht,* Uppsala, 1932.

Richard Press : "Der Prophet Samuel," in *ZAW,* Vol. 15, 1938, pp.177-225.

Martin Rehm : *Text Kritische Untersuchungen zu den Parallelstellen der Samuel-Keonigsbucher und der Chronik,* Aschendorff, 1937.

A. Fernandez Truyols : I *Sam.* 1-15 *Critica Textual,* Roma, 1917.

제 11 장

열왕기(列王記)

1. 명 칭

사무엘서와 같이 열왕기 상하도 처음부터 한 권의 책이었다. 히브리 성경의 책명은 "메라킴(מְלָכִים = 왕들)"이다. 『70인역』에서는 제 3, 4 왕국서(*βασιλειων τριτη και τεταρτη*)라고 불리고, 벌게이트역에서는 "Liber Regum tertius et quartus"라고 불린다.

2. 저 자

「Baba Bathra 15a」에 보건 "예레미야는 자기(자신)의 책과 열왕기 및 애가를 기록하였다."라고 기록되어 있다. 이렇게 문서 저자에 대한 옛날 유대인들의 견해는 퍽 매력적이었으니 열왕기 가운데는 예레미야서와 비슷한 부분이 많기 때문이며, 열왕기하 24:18-25:30은 예레미야서와 거의 동일하게 취급된다. 근래에 와서 예레미야가 열왕기의 저자라는 설은 스타인뮬러(Steinmueller)에 의하여 지지를 받고 있다. 이 설에 대하여 반대하는 주된 이유는 여호야긴 왕이 포로가 되어 투옥된 기사는 분명히 바벨론에서 기록되었으나 당시 예레미야는 애굽에 끌려갔다는 점이다(렘 43:1-8). 렘 52장과 왕하 24-25장은 예레미야가 쓰지 않은 다른 자료로부터의 발췌인 것같이 보인다(두 책 사이에는 용어상의 차이가 다소 있다). 아마 그는 일개 선지자로서 백성이 여호와를 청종치 아니하므로 그 사실을 심각하게 생각하였던 예레미야와 같은 시대의 사람일 것이다.

이름이 밝혀지지 않은 이 저자가 자신이 출생하기보다 훨씬 이전의 사건을 취급한 것을 보면 그는 기존하여 온 문서들을 사용하였고 또한 그들의 이름을 들고 있다. 이제 본 저자의 이전에 있던 문서들을 사용하였다는 예를 들면,

① 왕상 11:41에 보면 솔로몬의 통치에 대한 기록을 완료하고 나서 저자는 "솔

로몬의 사적(말)(שְׁלֹמֹה דִּבְרֵי)"이라 말하고 있다.

② 유다 여러 왕에 관한 기사의 재료는 유다 왕의 역대 지략으로부터 얻은 것이다(왕상 14:29 ; 15:7, 23 등).

③ 이스라엘 제왕의 역대지략에 관하여도 말하고 있다(왕상 14:19; 15:31 등).

분명히 이 책들은 왕국 연대기의 공문서로서 선지자들로 말미암아 기록되었을 것이다. 예를 들면, 웃시야의 통치 역사를 선지자 이사야가 기록한 것을 볼 수 있다(대하 26:22). 그러므로 이 자료들은 연대기(年代記)의 형식으로 발행된 예언적 역사의 일부라고 할 수 있으며, 또한 열왕기의 저자는 하나님의 영감으로 말미암아 이 기록 문서들로부터 기사들을 선택한 것이다.

❑ 저자에 관한 이설(異說) ❑

부정적인 비평을 가하는 학자들은 본서가 많은 개정을 거쳐 이루어진 것이라고 주장한다. 특히 근래 파이퍼(Pfeiffer)의 견해에 의하면 열왕기의 초판은 BC 약 600년에 기록되었으며 제2판은 약 50 년 늦게 나타났다는 것이다. 초판에는 예루살렘의 멸망(BC 586년)이나 포로 된 사실은 전혀 나타나지 않았다는 것이며, 또한 예루살렘에 하나님의 성전을 건축하기 전에 예루살렘의 높은 곳에서의 예배를 합법적인 것으로 인정한 것같이 생각된다는 것이다. 반면에 제 2 판은 포로 된 사실이 잘 나타나 있으며, 솔로몬이 기브온에서 희생을 드린 것을 비난하고 있다고 한다. 이 견해를 따른다면 열왕기는 신명기의 사상과 종교를 제사하는 하나의 역사서로 간주된다. 이 사상은 예배의 중앙화에 대한 교리와 지상 사람들의 행위에 대한 공의의 보복에 대한 교리를 포함하고 있다. 그리하여 왕들은 예루살렘에만 예배를 집중시키도록 하는 율법과 높은 산당(신 12장에서 가르친)을 파괴하라는 명령을 준수하는지의 여부에 따라 심판을 받았다고 한다. 더욱이 땅 위에서 받은 상벌의 교리를 설명하기 위하여 저자는 역사적인 실제의 사건을 붙들고 몸부림을 치면서 저자의 이론을 세우기 위하여 사건들을 희생하려고 한 것이다. 그렇다면 열왕기는 이러한 견해에 따라 신학적 역사인 것이다(Lindsay B. Longacre : *The Old Testament : Its Form and Purpose*, New York, 1945, pp. 36-57, 그리고 위 책에 대한 본 저자의 서평, *WThJ,* Vol. Ⅷ, pp. 246-250; 또한 *IOT,* pp. 377-412 참조). **※ 참고 문헌을 여기와 같이 처리하므로 164쪽 이하부터 각주가 별도로 없음- 편집자 주**

위에서 말한 사실에 대하여 한 가지 수정을 요하는 것이 있으니 유의하여야만 한다. 아이스펠트를 위시하여 어떤 자들은 전(前) 신명기적 열왕기(Pre-Deuteronomic book of Kings)가 있다고 주장한다. 이것은 LJE가 아니면 단순히 J와 E 등의 자료에 의하여 작성된 것이라고 한다. 이 견해는 신명기적 기자가 소위 새로운 책을 참작한 것이 아니고 8경(Octateuch)에 계속되는 기사에다 다시금 보필(補筆)한 것에 지나지 않는 것이다.

3. 목 적

열왕기는 신정 국가의 역사가 바벨론 포로 당시까지 계속된 것을 기록하려 하고 있다. 유다 왕은 삼하 7:12-16에서 다윗에게 베푸신 약속을 따라 판단을 받았고 한편 북쪽 이스라엘 왕들은 모두 정죄를 받았으니 이는 이스라엘을 죄에 빠뜨린 느밧의 아들 여로보암의 죄가 그들 후손에게도 계속하여 임하였기 때문이다.

본서는 초기의 역사적 선지자주의를 연결시키는 책으로서 엘리야와 엘리사의 예언적 사명을 대단히 강조하고 있다. 남쪽 유다 왕국에 관하여는 다윗의 표준에 충실했던 왕들을 특히 저자가 강조하고 있다. 그러나 하나님께서는 정죄할 일이 있으면 분명히 정죄하였다는 사실과 또한 포로 된 것도 하나님의 징계였다는 사실을 저자는 분명히 밝히려 하고 있다.

4. 분 해

※ 이하 분해의 ①~⑤항 등은 원서보다 더 세분화를 위해 삽입한 것임 - 편집자 주

1) 솔로몬의 통치(1:1-11:43)

(1) 1:1-2:11 ▸ 다윗의 최후

① 1:1-4 ▸ 다윗의 만년(晩年)
② 1:5-10 ▸ 아도니아의 왕위 찬탈 계책
③ 1:11-31 ▸ 다윗이 자기 후임자를 결정함
④ 1:32-53 ▸ 솔로몬의 등극 및 아도니야에 대한 용서
⑤ 2:1-11 ▸ 다윗의 유언과 별세

다윗의 별세 서언에 나타나는 "이제(W^E)"라는 말은 (우리말 성경엔 나타나지 않음 - 역자 주) 앞에 있는 역사적 기사와 연결시켜 준다. 2:2-4이 부정적인 학파가

비평하는 것과 같이 그것이 신명기적 강조를 포함하고 있다는 것은 부인할 필요는 없으나 당연히 이 구절들은 여호와의 율법을 사랑한 자의 것으로 볼 수 있는 것이다. 그러므로 이 말씀은 다윗의 말이 아니라고 부정할 근거는 결단코 없다.

(2) 2:12-46 ▸ 솔로몬의 통치 역사의 서론

몇몇 교부들과 한두 사본은, 열왕기상은 2:12에서부터 시작된다고 한다.

① 2:12-25 ▸ 아도니야의 부적절한 요구와 죽음
② 2:26-46 ▸ 솔로몬의 숙청(다윗의 유언대로)

(3) 3:1-28 ▸ 솔로몬의 결혼 및 기브온에서의 기도와 현명한 결정

이 3장에서 2, 3절은 희생을 드릴 장소를 가르침에 있어서 4절과 서로 모순된다고 하여 이 구절들을 첨가된 것으로 생각하기도 한다. 그러나 2, 3절은 동일한 저자의 저작임이 분명하며 서로의 견해 차이를 보여 주지는 않는다. 만약 서로 모순되는 문장을 편집자가 이와 같이 함께 모아 둔 것이라면 틀림없이 그 편집자는 정상적인 정신 상태가 아니었을 것이며 따라서 이런 모순은 즉시 발견되었을 것이다. 그러나 근대의 부정적인 비평학이 일어나기까지 모순성이 발견되지 않은 것도 사실이다. 2절과 3절은 솔로몬이 통치하던 초기의 종교 상태를 일반적으로 설명하고 있다. 그 당시는 성전이 아직 건축되지 아니하였기 때문에 백성은 산당에서 여호와께 예배를 드렸으며 여호와를 사랑한 솔로몬도(4절) 높은 곳 기브온에서 희생을 드렸다. 2절에서 그러한 예배를 부인하면서 4절에서는 인정한다고 말하는 것은 맞지 않는다. 코르닐(Cornill)은 3장에 있어서 철저한 수정이 가하여진 것으로 생각하고, 드라이버(Driver)는 4:13, 15, 16-28 등을 "전(前) 신명기적(pre-Deuteronomic)인 예언적 기사로 취급하고 있다. 설혹 최후의 저자가 자기의 기사에다 오래된 자료를 편입시켰는지는 모르나 3장이 모순되는 견해를 제시하고 있지는 않다. 또한 16-28절을 솔로몬과는 전혀 관계가 없는 본래 근동(近東)에서의 민간 전설이라고 생각하는 그레스만(Gressmann)과 파이퍼(Pfeiffer) 등과 같이 몇 사람이 주장하는 설은 전혀 근거 없는 낭설인 것이다.

(4) 4:1-34 ▸ 솔로몬 왕국의 행정

여기에 나타난 관직의 명단은 솔로몬이 다스리던 초기의 것이 아니라 후기에 속한 것이며, 여기에 기록된 것은 솔로몬이 다스리던 모든 통치 기간을 통하여 가장 월등한 관리들에 대해서 기록하였다. 이러한 관리들에 관한 기사를 쓴 것은 그때의 왕국이 웅대하였다는 관념을 주기 위하여서이며 이러한 사실은 솔로몬의 역사에서도 능히 취할 수도 있다(11:41 참조).

그런데 코르닐(Cornill)은 4:20을 전설적인 수사(修辭)로 간주하며, 드라이버(Driver)는 20-26절을 후대에 삽입한 것이라고 생각한다. 또한 파이퍼(Pfeiffer)는 1-19절과 27절 이하를 가치 있는 자료로 여기지만 그러나 22절 이하와 26절은 잘못 실수하여 신명기적 부분인 4:20-26이 포함된 것이라고 한다. 그러나 4:20-26이 본래의 기사가 아니라고 생각할 이유는 없는 것이다.

(5) 5:1-7:51 ▸ 성전 건축

두로의 히람은 성전을 건축하기 위해서 재목을 공급하며 건축은 시작된다. 그 결과 하나님의 집은 세워졌으며 동시에 백성은 예배의 중심지를 얻게 된다. 그리고 이스라엘 백성은 약속 받은 땅에서의 거주의 처음 단계는 끝난다. 삼하 7:10에 다윗에게 약속하신 것이 이제 성취된다. 이 사건은 단지 솔로몬 치세의 연대로써 셈하는 그런 정도가 아니고 출애굽하여 몇 해나 경과하는지를 들어 장엄한 것이 되게 한다(6:1).

(6) 8:1-66 ▸ 성전 헌당식

① 1-21절 ▸ 이전의 성막에 두었던 성기(聖器)를 새 성전으로 옮김

② 22-61절 ▸ 솔로몬의 기도(23-53절)와 축복 기도(54-61)

이 숭고한 기도는 레 26장과 신 28장에 있는 모세의 말에 기초를 둔 것이다. "이 말은 언제나 오경의 도움을 빌려서만 독해(讀解)될 수 있다."라고 해버니크(Haevernick)이 말한 것은 사실이다.

③ 62-66절 ▸ 희생 제물을 드림

우리는 이 아름다운 기도를 솔로몬의 것이 아니라고 부인할 수가 없다. 이것은 심각한 신학을 제시하며 성문 율법을 존중히 여김과 동시에 상세한 지식에 근거하고 있다. 이러한 심각한 신학이 솔로몬 시대의 것으로서는 너무나 발달된 것이라고 말하는 것은 이스라엘의 종교가 자연적 진화의 선에 따라 발달했다는 학설을 믿는 자들이 하는 말이며 사실상 이것을 뒷받침할 만한 증거조차 찾지 못하는 것이다.

어떤 사람은 말하기를 44-52절은 특히 포로에 대하여 언급되어 있으니 솔로몬의 것이 될 수 없다고 한다. 그러나 사실상 여기에는 그러한 특별한 언급은 없으며 오히려 이것은 일반적인 원칙을 논하는 것뿐이다. 사실인 이 내용은 이스

라엘이 예루살렘에서 멀리 떨어져 있어도 그들이 여호와를 향하여 기도하게 되면 주께서는 그들의 소원을 들어 주시기를 솔로몬이 빌었음을 말하는 것이다.

(7) 9:1-28 ▸ 하나님께서 솔로몬과 언약하심

솔로몬의 건축과 통치에 대한 추가 기사

(8) 10:1-29 ▸ 시바(스바) 여왕의 방문
(9) 11:1-43 ▸ 솔로몬의 통치의 종말(그의 죄와 형벌, 그의 죽음)

❑ 솔로몬의 통치 ❑

신정 국가의 본질은 평화이며 신정 국가의 가시적(可視的)인 표현은 성전이다. 그러므로 성전이 솔로몬(Solomon = Shelomo)에 의하여 건축된 것은 평화를 의미하는 이름을 가진 그에게 있어서 합당한 일이었다. 열왕기에 묘사된 솔로몬의 모습은 솔직하고 정확하며, 그의 왕국의 위대했던 사실들의 묘사는 고고학적 발견에 의하여 한층 더 확실히 입증되고 있다. 솔로몬은 여호와를 예배함에 있어서 처음으로 열심이 있는 자였으나 그의 만년에 이르러 이방의 여인들을 첩으로 삼았기 때문에 그가 우상 숭배자로 타락되었다는 기록은 심리학상으로 볼 때 부정확한 것은 아니다.

파이퍼(Pfeiffer)는 신명기적 기자가 성전 건축자를 칭찬하고 있으나 솔로몬이 신명기적 율법을 위반한 데 대해서는 분하게 여겼다고 주장한다. 그리고 그는 신명기적 기자가 성전의 중요성을 중점적으로 나타내기 위하여 솔로몬의 지혜와 위대함을 다시금 나열하여 놓고서 범죄한 후에는 반드시 형벌이 따른다는 신명기적 기자의 도덕관을 나타내기 위하여 솔로몬 왕의 우상 숭배를 기록한 것이라고 한다. 이와 같이 하여 신명기적 기자는 솔로몬이 초기의 번영 시에는 여호와께 봉사하였으나 후기에는 하나님을 버리고 고난을 당했다는 잘못된 인상을 독자들에게 주고 있다는 것이다.

그러나 이러한 견해는 어떠한 선입관에 기초한 것이니 그 선입관이란 소위 신명기적 기자가 색안경을 쓰고서 역사를 기록하였다는 것이다. 그러나 이에 대한 증거는 없으며 오히려 솔로몬의 모습은 심리학적으로도 정확하다. 그와 같이 거창한 부귀를 누린 사람이면 처첩을 얻게 되었을 것이고 또한 그 마음이 하나님을 떠나게 되었을 것이라는 것은 쉽게 이해될 수 있는 문제이다. 그리고 히브리 본문에는 이차적 잘못이 다소 나타나기는 하지만 그것은 특히 숫자의 경우에서이다.

그러나 그것이 여기에 묘사된 솔로몬이 통치한 전면적인 사실에 대해서는 영향이 없다(이 시대의 고고학적 배경은 Albright : *ABP*, pp.45-47; Jack Finegan; *LAP*, pp.150-153; Nelson Glueck : *OSJ* 참조).

2) 분열 후의 왕국(왕상12:1-왕하17:41)

이 기간 동안의 연대에 관하여는 어려운 점이 있다. 다시 말하면 이 시대의 정확한 연대를 결정하는 것은 대단히 힘들다는 것이다. 그 이유는 왕마다 제각기 다스리기 시작한 연대가 두 왕국에 모두 관련하여 기록되어 있기 때문이다(예컨대 15:1; 15:9 등). 그리하여 전 연수를 비교하면 언제나 연대가 일치하지 않는다. 그러므로 이 난제는 우리가 완전히 해결할 문제가 못 된다. 우리는 앗수르-바벨론 문헌을 참조하여 성경 가운데 많은 사건에 대한 믿을 만한 연대를 얻을 수 있다는 것은 유의할 만하다. 성경 자체 내에서도 한 왕이 바뀔 무렵을 첫해인 것같이 취급하였거나 혹은 마지막 해와 후계자의 첫해(곧 두 번 되는 셈) 등을 불완전하게 계산하기도 하였다. 그럼에도 본문을 옮겨 베끼는 가운데 오류에 대한 뚜렷한 증거가 없는 한 성경 가운데 기재된 숫자를 바른 것으로 받아들일 수 밖에 없다. 또한 난점들은 비교적 사소한 것이므로 연대를 신빙성 있는 것으로 보아야만 한다. 왜냐하면 우리는 이것들을 완전히 이해하리만큼 알지는 못하기 때문이다. 다음에 나오는 왕들의 연대는 절대적인 것이 아님을 말해 준다. 그러나 일반적으로 널리 알려진 연대이다.

(1) 12:1-16:28 ▸ 두 왕국 간의 적대 기간

① 12:1-14:20(대하 10:1-11:4 참조) ▸ 열 지파의 반역

a) 1-20절 ▸ 르호보암은 노인들의 권고를 버리고 북방의 지파들에게 사납게 대답한다. 결과적으로 여로보암의 지배를 받고 있던 이스라엘은 르호보암에 대항하여 반역한다.

b) 21-24절 ▸ 스마야는 르호보암에게 이스라엘과 싸우지 않기를 명한다.

c) 25-33절 ▸ 이스라엘 왕국은 기반을 잡았다.

d) 13:1-34 ▸ 하나님의 사람이 여로보암으로 말미암아 도입된 송아지 숭배에 대하여 예언한다.

e) 14:1-20 ▸ 아히야는 여로보암의 집이 망할 것을 예언한다.

코르닐(Cornill)에 의하면 12:1-20은 르호보암에 대한 허위 묘사이며 이러한 허위 묘사는 사무엘하 20장(왕상 12:16과 삼하 20:1 비교)에 문학적으로 의존하

고 있음을 보여 주는 증거가 된다는 것이다. 이러다가 그는 이것이 에브라임적 기원이라고 결론지었다.

그리고 또한 13장은 역대기가 다니엘서에 나오는 이적적인 기사들과 같은 형식을 내포하고 있으므로 그것은 후대의 산물이라고 코르닐(Cornill)은 말한다. 그러나 이러한 분류의 논의는 근거 없는 추측에서 발단된 것이다. 그러므로 르호보암에 의한 표현의 정확성을 의심할 이유는 아무것도 없다. 솔로몬의 우상숭배로 인한 형벌로 하나님께서는 다윗 집안의 주권으로부터 10 지파를 분리시킬 것을 예고하셨다. 그러나 이것이 르호보암의 행위가 경솔했던 것을 묵과하거나 10 지파가 범죄한 사실을 제외한 것은 아니다. 또한 여로보암은 이스라엘를 범죄케 한 자로 알려져 있다(왕상 14:16). 역시 저자에 대해서는 아무것에도 증거가 되지 않는다. 왜 이스라엘은 그들이 반역함에 있어서 베냐민 사람인 세바가 모반할 때 사용한 것과 같은 말을 무엇 때문에 말하지 못할 것인가(삼하 20:1). 능히 사용할 수 있는 것이다. 이 말을 사용한 것은 모반의 실제적인 원인을 추측할 수 있는 바와 같이 솔로몬의 압박 때문이 아니라 북방 지파들의 신정정치와 다른 태도에 따른 유다에 대항 전부터 지녀 온 깊은 반감과 질투에 있다는 것을 보여 주지 않는가? 마지막으로 코르닐(Cornill)의 13장에 대한 태도는 성경에 기록되어 있는 초자연성을 선험적으로 부인하지 않는 자들에게는 아무런 반응도 주지 못할 것이다. 드라이버(Driver)는 14:9에 기록된 "너의 이전 사람들보다"라는 말씀에서 시대적인 착오를 찾을 수 있다고 한다. 그러나 이 말씀은 이전에 있던 이스라엘 왕들의 존재를 의미하지는 않는다. 이것은 다만 여로보암의 악을 강조하기 위한 평범한 구절이며 이전에 있던 이들은 아마 장로들이나 사사들을 뜻하였을 것이다.

필자는 분열된 왕국을 논함에 있어서 두 왕국의 기사를 대조하여 연결시켜 본다. 두 나라의 통치는 일정한 양식 아래서 서론과 결론을 짓고 있는 것이다(다음 쪽 참조).

❑ 분열된 왕국에 대한 서론과 결론의 분석 대조표 ❑

【서 론】

유 다 / **이스라엘**

1. 즉위 연대는 다른 왕국의 통치 연대에 맞추고 있다. 예를 들면 왕상 15:1(유다국)과 왕상 15:25(이스라엘국)이 있다. 나답(왕상 15:28)과 엘라(왕상 16:10)의 경우는 그들의 사망 연대를 같이 비교하여 맞추어 보았다.

유 다	이스라엘
2. 왕의 즉위 연령을 그 다음에 두고 있다. 예를 들면, 왕하 18:2이다. 이것이 아비얌과 아사의 경우에는 생략되어 있다.	2. 통치 기간이 기재되어 있다. 여로보암1세와 나답을 제외하고는 왕국의 장소가 기록되어 있다. 오므리가 사마리아를 수도로 하기까지는 디르사라 하였다.
3. 통치 기간이 기재되어 있다(예 ▸ 왕상 15:2).	3. 모든 왕(살룸을 제외)들은 공식으로 정죄 받았으며 살룸(shallum)의 음모도 언급되어 있으니 그도 한 악한 왕으로 볼 수밖에 없다.
4. 왕의 어머니의 이름이 기재되어 있다(왕상 15:2b). 이것은 여호람(왕하 8:17)과 아하스(왕하 16:2)의 경우에는 생략되어 있다.	4. 왕의 부친에 관하여 기재되어 있다(왕상 15:25). 이것은 시므리와 오므리의 경우에는 생략되어 있다.
5. 왕의 통치에 따라 심판이 임한다(왕하 18:3 이하).	※예후에게는 일정한 서론이 사용되지 않았다.

【결 론】

유 다	이스라엘
1. 맺음말 : 예를 들면 "르호보암의 남은 사적과 무릇 그 행한 일이 유다 왕 역대 지략에 기록되지 아니하였느냐"(왕상 14:29)	1. 맺음말 : 예를 들면 "여로보암의 그 남은 행적 곧 그가 어떻게 싸운 것과 어떻게 다스린 것은 이스라엘 왕 역대 지략에 기록되니라."(왕상 14:19).
2. 일반적으로 왕의 죽음이 기재되어 있다. "르호보암이 그 열조와 함께 자니 그 열조와 함께 다윗 성에 장사되니라"(왕상 14:31a). 그러나 왕이 변사했을 경우에는 "그가 자매"라는 말은 생략되어 있다(요아스 ▸ 왕하 12:21). 또한 히스기야, 요시야, 여호야김의 경우에는 장지(葬地)가 생략되어 있다	2. 일반적으로 왕의 죽음에 대한 기사는 "그가 그의 열조와 함께 자매"라고 기록되었다.
3. 그리고 나서 "그의 아들이 그를 대신하여 다스렸다."란 말로 계속한다.	3. 왕위를 찬탈당하지 않은 경우에는 "그의 아들이 그를 대신하여 다스렸다."라고 기록되어 있다

주의 : 요아스의 경우에는 두 가지의 결론이 나와 있다. 왕하 13:12, 13과 왕하 14:15,16. 아하시야, 여호아하스., 여호야긴, 시드기야 등의 경우에는 결론이 전혀 생략되어 있다.

---

② 14:21-31 ▸ 르호보암의 통치(대하 11:5-12:16 참조)
르호보암 왕 5년에 시삭(Sheshonk I, 애굽의 제 22 왕조의 창건자)은 예루살렘에서 약탈을 감행하되 성전의 보물을 취하였다.

③ 15:1-24 ▸ 유다의 아비얌과 아사
④ 15:25-32 ▸ 이스라엘의 나답
⑤ 15:33-16:7 ▸ 이스라엘의 바아사
⑥ 16:8-14 ▸ 이스라엘의 엘라
⑦ 16:15-22 ▸ 이스라엘의 시므리
⑧ 16:23-28 ▸ 이스라엘의 오므리

오므리는 이스라엘의 수도 사마리아를 창설하였고 정치적으로 이스라엘 왕 가운데 최대의 왕이 되었다. 그러나 종교적으로 그는 배교를 계속하였다.

(2) 왕상 16:29-왕하 10:36 ▸ 두 왕국 사이의 화평 기간

이 기간은 아합의 통치로부터 이스라엘의 요람, 유다의 아하시야가 죽을 때까지 해당한다. 이 기간 동안에는 유다 왕국이 배후에 머물러 있고 성경은 이스라엘에 중점을 두고 있으니 그 이유는 분명하다. 여호사밧의 아들은 아합의 딸과 결혼하였으며, 유다는 수리아와 싸울 때 이스라엘의 한 부분을 취하고 있었다.

그러나 특히 이스라엘이 두로의 바알을 숭배하는 버릇을 이스라엘 가운데 도입하여 이 이교적인 우상 숭배와 순수한 여호와를 향한 예배 사이에는 사투(死鬪)가 계속되었다. 그때 하나님께서는 선지자 엘리야와 엘리사를 일으키셨으니 이것이 성경적 역사 가운데서 제 2 의 위대한 이적의 시대였다. 여호와의 이름으로 이적을 행하던 선지자들은 하나님의 은혜를 배반하는 행위인 바알 숭배가 이스라엘의 지배적 국교가 되는 것을 방지할 수가 있었다.

① 16:29-22:40 ▸ 아합의 통치

이 시대는 이스라엘의 역사에 있어서 전환기가 마련된 것이다. 아합이 여로보암의 죄를 계승할 뿐만 아니라 두로의 바알 숭배를 이스라엘 안에서 가치 있는 것으로 높이고 사마리아에 바알을 위한 궁과 제단을 세웠기 때문에 더욱이 그는 여호와를 버리고 바알을 숭배하지 않는 자들은 박해하려 하였다. 그리하여 여호와를 배반하는 행위가 공공연하게 되었으므로 여호와께서는 이것을 막으시려고 자기의 사자 엘리야를 등장시켰으니 엘리야를 제 2 의 모세라고 생각하여도 좋을 것이다. 그는 예언의 능력이 충만한 사람이었으며 율법과 하나님의 영광에 대하여는 열심이 있었고 모세와 같이 또한 이적을 행하였다.

그는 모세가 예언한 대선지자(신 18:15) 곧 그를 통하여 율법과 예언이 완성될 것이라는 그 한 선지자의 모형과 같은 역할을 하였다. 카일(Keil)은 말하기를 "그의 비(非)이스라엘적인 혈통 곧 경건한 이방 여인에게 복을 빌어 준 사렙다 땅의 여행과 그 이외의 몇 가지 그의 행동은 주께서 이방인들로 하여금 하나님의 나라의 축복에 참여할 수 있도록 하실 그때를 미리 알려 주었으며, 그가 과부의 아들을 다시 살리신 일이나 하늘로 승천한 일은 죽은 자를 다시 살리실 것과 그리스도께서 승천하심에 대한 모형이었다. 그리스도께서 오시기 전에 엘리야의 영은 세례 요한에게서 재현된 셈이다."라고 하였다.

② 22:41-51 ▸ 유다의 여호사밧(대하 17:1-21:3 참조)

아합과 더불어 평화를 약속하고 그의 아들 요람을 아합의 딸인 아달랴와 결혼하게 했으며 수리아와 싸울 때 아합에게 가담했다.

③ 22:52-왕하 2:25 ▸ 이스라엘의 아하시야

그의 통치는 그의 부친인 아합과 비슷하였다. 엘리야는 하늘로 올리웠다(왕하 2장).

④ 왕하 3:1-8:15 ▸ 이스라엘의 여호람

그는 사마리아로부터 바알의 주상(柱像)을 제거하였으며 여호사밧과 함께 반역하는 모압을 정벌하러 나섰다. 이때 엘리사의 예언 활동이 시작된다. 엘리사의 영향은 요람이 두로의 바알 숭배가 국교화되는 것을 방지한 것에서 나타났으며 또한 백성을 여호와께로 불러들이기 위하여 종교적, 지적 훈련을 목적으로 세운 선지 학교(bene hannevi'im)에서도 볼 수 있다.

이 부분에 포함되어 있는 엘리사의 이적은 순전히 연대순으로 배열되어 있기보다는 오히려 그 이적의 성격에 따라 배열되어 있는 것이 분명하다. 대체로 개인을 위하여 또는 선지 학교를 위하여 행하여진 이적이 먼저 언급되어 있고, 국왕과 국가를 위한 것은 나중에 언급되어 있다. 이러한 두 사실을 연결시키기 위하여 삽입되어 있는 것이 나아만이 이방인으로서 이적 적으로 고침 받은 사실이다.

부정적 학파의 비평가들은 엘리야와 엘리사와의 관계를 평가함에 있어서 의

견이 일치하지 않는다. 그들은 기사 가운데 있는 초자연적인 요소를 반대하지만 엘리사의 기사가 엘리야의 역사보다 자기의 일화를 제시하고 있다고 주장하는 데는 의견이 일치하는 것 같다. 이에 대한 해답은 우리도 그것이 사실이면 그렇다고 주장할 수 있다. 열왕기의 저자는 엘리사의 선교 활동의 사건들 가운데서 기사를 선택하여 하나님께서 그러한 위기에서 그를 통하여 어떻게 일하셨는가를 보여 주려 하였다.

⑤ 8:16-24(대하 21:2-20 비교) ▸ 유다의 여호람

그는 아합의 우상 숭배를 유다에 도입하였다. 그의 통치 기간 중에 에돔과 립나(수 15:42)가 모반하였다.

⑥ 8:25-29 ▸ 유다의 아하시아

⑦ 9:1-10:36 ▸ 이스라엘의 예후

그는 아합과 이세벨의 바알 숭배를 근절하였다. 그런데 호세아는 예후의 잔인한 방법을 비난하였다(호 1:4, 5). 그렇다고 이 기사가 열왕기의 기사와 모순되는 것은 아니다. 본서의 저자는 예후의 잔인한 행위를 생생하게 진술하였으며 사실상 예후가 여호와의 명령을 순종한 점에 있어서는 치하할 만하다(왕하 10:30). 그런데 예후는 자기의 순종이 완전하지 못했기 때문에 비난을 받는다(10:29, 31). 예후는 자기를 가장 즐겁게 하는 방법으로 하나님을 순종하는 자의 표본임을 보인다.

(3) 11:1-18:41 ▸ 두 왕국 사이의 적대심 재발

엘리야와 엘리사의 예언 활동은 바깥에서 들어온 우상 숭배를 제거하는 데는 성공하였다. 그러나 이스라엘은 다시 그 옛날의 상태에 빠졌으니 유다의 아하스에 의하여 수리아의 우상 숭배가 예루살렘까지 도입되었다. 이스라엘과 수리아가 아하스에게 압력을 가하자 그는 앗수르의 지원을 구하였다. 이와 같이 하여 이 두 큰 나라는 팔레스타인과 관계를 갖게 되고 주전 722년에는 마침내 이스라엘을 자기들의 속국으로 만들어 버렸다.

① 11:1-21 ▸ 아달랴가 유다의 왕위를 찬탈함

② 12:1-21 ▸ 유다의 요아스의 성전 수리

③ 13:1-9 ▸ 이스라엘의 여호아하스는 이스라엘을 시리아에 빼앗김

④ 13:10-25 ▸ 이스라엘의 요하스는 그의 부친이 시리아에 빼앗겼던 몇몇 도성을 되찾았다.

⑤ 14:1-22 ▸ 유다의 아마샤
⑥ 14:23-29 ▸ 이스라엘의 여로보암 2세가 통치하는 동안에 이스라엘은 많은 물질적인 여력과 번영을 보게 되었다.
⑦ 15:1-7 ▸ 유다의 웃시야 : 유다도 그때에 뚜렷한 발전을 보이게 되었다.
⑧ 15:8-12 ▸ 이스라엘의 스가랴
⑨ 15:13-16 ▸ 이스라엘의 살룸
⑩ 15:17-22 ▸ 이스라엘의 므나헴은 디글랏 빌레셀 3세에게 조공을 바쳤다(주전 745-727).
⑪ 15:23-26 ▸ 이스라엘의 브가히야
⑫ 15:27-31 ▸ 이스라엘의 베가는 유다와 싸우려고 수리아와 동맹하였다. 디글랏 빌레셀은 북방 팔레스타인을 침입하여 납달리를 점령하였다.
⑬ 15:32-38 ▸ 유다의 요담
⑭ 16:1-20 ▸ 유다의 아하스는 이스라엘과 수리아에 대항하려고 디글랏 빌레셀 3세의 원조를 청하였다.
⑮ 17:1-41 ▸ 이스라엘의 마지막 왕인 호세아 : 앗수르의 군대는 사마리아를 포위하고 이스라엘의 수도를 점령하였다.

3) 포로 시까지의 유다 왕국(18:1-25:30)

(1) 18:1-20:21 ▸ 유다의 히스기야

① 18:1-8 ▸ 히스기야의 통치의 요약으로서 그 시작과 기간 그리고 일반적 성격
② 18:9-12 ▸ 살만에셀에 의한 이스라엘의 함락
③ 18:13-19:37 ▸ 산헤립의 유다 침략

이 산헤립의 침략 기사는 이사야 36, 37장에 거의 축자적으로 반복된 것이며, 대하 32장에는 얼마간의 추가된 자료로써 요약되어 있다. 이사야서에 있는 기사가 본문의 근본되는 자료이고 열왕기나 역대기의 기사는 모두 여기서 유래된 것이다(열왕기의 기사가 근원이라는 견해는 *LOT*, pp.226-227 참조), 성경적 기사가 역사성을 지니고 있음은 산헤립 자신이 진술하고 있는 팔레스타인을 정복한 기사를 발견함으로써 확증되고 있다. 그는 유다의 46 성읍을 정복하였고 20만 150 명의 주민을 끌어갔다고 기록하고 있다. 히스기야에 관하여는 "새장의 새와 같이)Kim aissur ku-up-pi) 그의 수도 예루살렘의 한가운데에(al sharru-ti-shu) 내가 그를 가두어 버렸다."라고 그는 말하였다(산헤립의 침입에 관한 참고 서적

은 Daniel David Luckenbill : *The Annals of Sennacherib,* Chicago, 1924). 이 참고할 작품은 원문과 번역문을 포함하고 있고 이 문제뿐만 아니라 앗수르 왕궁의 비문에 대한 서론적인 역할을 한다.

④ 20:1-11 ▸ 히스기야의 발병과 회복

⑤ 20:12-19 ▸ 브로닥발라단 = 므로닥발라단 : 사 39:1)의 사자의 문병과 이사야의 예언

이 두 기사도 역시 이사야 38장과 39장에 포함되어 있다. 그러나 38장에는 히스기야가 자기의 병환으로부터 회복된 은혜에 대한 찬송이 병환 기록에 뒤이어 나온다(사 38:9-22).

⑥ 20:20, 21 ▸ 히스기야의 별세와 므낫세의 즉위

(2) 21:1-18 ▸ 므낫세

그 당시에는 신정 정치를 반대하는 세력이 주로 득세하였다. 그것은 바깥에서 들어온 우상 숭배가 어느 때보다도 성행하였던 결과이기도 하다.

(3) 21:19-26 ▸ 아 몬

이 왕은 므낫세가 우상 숭배하던 것을 계속하였고 그의 즉위 제 2 년에 암살당하였다.

(4) 22:1-23:30 ▸ 요시야

① 22:1, 2 ▸ 그의 통치의 특징

② 22:3-20 ▸ 요시야 제 18 년에 율법책을 발견

이 율법책은 신명기뿐만 아니라 오경 전체를 다 포함한 것이었다. 그것은 율법의 공적 사본 곧 성전 그 자체 내에 속한 것인데 지성소의 법궤 곁에 두었던 것이다.

③ 23:1-3 ▸ 이 새로 발견한 율법은 성전에서 봉독되었으며 그 언약을 새롭게 하였다.

④ 23:4-27 ▸ 우상의 파괴와 유월절 축제

⑤ 23:28-30 ▸ 요시야 통치의 종말

이 부분에서 신명기적 편찬자가 자연히 특별한 흥미를 보여 주고 있다고 생각하는 학자들도 있다. 그러나 요시야의 기사는 간결하며 솔직하여 이것은 사실이며 또한 믿을 수 있는 충분한 이유가 있다. 이 부분은 임의적으로 창작한 것으로서 "신명기적 법전"을 높이기 위한 것이라면 23:26, 27과 같은 부분을 그대로 둔

다는 것은 대단히 이상한 노릇이다. 이러한 사정에 비추어 보면 이 부분의 기사는 분명히 성실성이 있다는 증거이다.

(5) 23:31-35 ▸ 여호아하스

그는 석 달 동안 나라를 다스린 후에 애굽으로 잡혀 갔다(렘 22:10-12 참조). 거기서 여호아하스는 역시 살룸이라고 불린다.

(6) 23:36-24:7 ▸ 여호야김(엘리야김)

그 당시(BC 605)에 느부갓네살 왕이 제1차로 예루살렘을 공격하였고 다니엘은 포로로 잡혀 갔다(이 사건에 대한 연대적인 연구의 저자는 *CD,* Grand Rapids, 1949, pp. 295-297 참조).

(7) 24:8-17 ▸ 야호야긴(여고냐 또는 고니야)

그도 3 개 월 간 다스린 후 이어 바벨론을 잡혀 갔다.

(8) 24:18-25:26 ▸ 시드기야와 그달리야

이 부분은 렘 52장과도 거의 축자적으로 병행하고 있다. 예레미야서에는 그달리야의 학살 기사와 백성이 애굽으로 도망간 기사가 생략되어 있다. 그러나 느부갓네살이 바벨론으로 데려간 내용의 기사는 예레미야서에 삽입되어 있다. 예레미야서에 있는 기사나 이것과 병행하고 있는 열왕기의 기사는 다 같이 한 원전(原典)인 큰 자료로부터 발췌된 것이라고 볼 수 있다(예레미야 연구 항목 참조).

(9)25:27-30 ▸ 여호야긴의 종말

에윌므로닥 즉위 제1년에 여호야긴을 감옥으로부터 석방하였다. 이리하여 다윗 왕조의 혈통의 때로는 몰락되는 것 같기도 하였으나 결단코 완전히 버림을 받지는 않을 것이라는 하나님의 목적은 성취된 것이다(삼하 7:14, 15 ; 창 49:10).

열왕기에 관한 특별한 참고 서적

Joachim Begrich : *Die Chronologie der Koenige von Israel und Juda,* Tuebingen, 1929.

Immanuel Benzinger : *Jahvist und Elohist in den Koenigsbuchern,* Stuttgart, 1921.

C. F. Burney : *Notes on the Hebrew Text of the Book of Kings,* Oxford, 1903.

Johannes de Groot : *Die Altaere des salmonischen Templehofes,* Stuttgart, 1924.

Leo L. Honor : *Sennacherib's Invasion of Palestine,* New York, 1926.

Ehrhard Junge : *Der Wiederaufbau des Heerwesens des Reiches Juda unter Josia,*

Stuttgart, 1937.

Erich Klamroth : *Lade und Tempel,* Guetersloh, 1932.

Julius Lewy : *Die Chronologie der Koenige von Israel und Juda,* Gessen. 1927.

W. Milligan : *Elijah: His Life and Times,* New York, n.d.; Ernst Modersohn : *De Profeet Elisa,* Kampen, n.d.; Kurt Moehlenbrink : *Der Tempel Salomos,* Stuttgart, 1932.

Sigmund Mowinckel : *Die Chronologie des israelitischen und juedischen Koenige,* Leiden, 1932.

Otto Procksch : *Koenig und Prophet in Israel,* Grei fswald, 1924.

Martin Thilo : *In welchem Jahre geschah die sog, syrisch-efraemitische Invasion und wann bestieg Hiskia den Thron?* Barmen, 1918.

왕국의 일람표

분열 전의 왕국(대략의 연대) : 사울 BC 1050-1013 ;
다윗 BC 1013-973 ; 솔로몬 973-933

분열 후의 왕국

유 다	이스라엘	열왕기	선지자	애굽(E) 바벨론(B)	앗수르
르호보암 933-917	여로보암 933-912	**<왕상>** 12-15장	아히야·스마야	시삭 924(E)	아닷 니라리 II 911-890
아비얌 916-914	나답 912-911	15			
아사 913-873	바아사 911-888	15	예 후		투쿨티 니닙 II 889-884
	엘라 888-887	16			
	시므리 887				
	디브니 887-883				앗수르나시라발 II 883-860
	오므리 887(883)877				
여호사밧 873-849	아 합 876-854	16-22	미가야·엘리야		살만에셀 II 859-824
	아하시야 854-853	**<왕하>** 1	엘리사		(가르가르의 전쟁 854)
여호람(요람) 849-842	여호람 853-842	3			
아하시야 842	예 후 842-815	8			삼시아닷 V 823-811
아달랴 842-836		9-12			
여호아스(요아스) 836-797	여호아하스 814-798	13	요 엘(?)		아닷 니 라리 III 810-782
아마시야 797-779	여호아스(요아스) 798-783	14			
	여로보암 II 783-743				살만에셀 III 781-772
			아모스		앗수르단 III 771-754
			아모스		앗수르니라리 II 753-746
웃시야(아사랴) 779-740	스가랴 743	15	아모스·이사야·호세아		
	살 룸 743	15	아모스·이사야·호세아		
요 담 740-736	므나헴 743-737	15	이사야·미가·호세아		디글랏 빌레셀 III 745-727
	(앗수르에조공을 바침 738)		요 나		

유 다	이스라엘	열왕기	선지자	애굽(E) 바벨론(B)	앗수르
아하스 736-728	베가히야 737-736	16	이사야·미가 호세아·요나		
	베 가 736-730	16	이사야 ·미가 호세아		
히스기야 727-699	호세아 730-722	17-20	이사야 ·미가 호세아		살만에셀 IV 726-722
	(사마리아 함락 722)	20			
산헤립의 팔레스타인 침공 701					사르곤 II 721-705 산헤립 704-681
므낫세 698-643		21	오바댜(?)		에살핫돈 680-669
아 몬 643-641		21	나 훔(?)		앗수르 바니팔 668-626
요시야 640-609		22-23	예레미야	나보폴라살 625-605(B)	앗수리 틸리라니 625-620
여호아하스 609		23	예레미야· 스바냐		신사리스쿤 619-612 (니느웨 함락 612)
			하박국(?)		앗수르 우발리트 611-609
여호야김 609-598		23-24	예레미야 · 다니엘	바로느고 609-594(E)	
여호야긴 598		24	예레미야 · 다니엘	느브갓네살 605-562(B)	
시드기야 598-587 (예루살렘 함락 586)		24-25	예레미야·다니엘 에스겔		
그달리야 587		25	예레미야 ·다니엘 에스겔		
		25		에월므로닥 561-560(B)	

열왕기 16:21, 22을 따르면 백성은 디브니와 오무리로 양분되었다. 아사의 31년에 오무리가 득세하여 "디브니가 죽고 오무리가 왕이 되었다."

B. 후 선지서

제 12 장

이사야(ISAIAH)

1. 명 칭

본서 명칭은 자신의 이름을 따른 것이다. 히브리 성경 표제(表題)에서는 '예사야(יְשַׁעְיָה)'로 나타나는데 이것은 Talmud의 「Baba Bathra 14b」에서도 그러하다. 그러나 본 예언서 본문에서와 구약 다른 부분에서는 장형(長型)인 '예사야후(יְשַׁעְיָהוּ)'로 나타난다. 그리고 대상 3:21; 스 8:7, 19; 느 11:7 등에는 단형(短型)이 나타나기도 한다. 이 명칭은 예샤(구원)와 야후(여호와)의 복합어일 것이며 그 뜻은 "여호와는 구원이시다."라는 의미가 된다. LXX에서의 명칭은 "헤사이아스('ησαιας)"이며 라틴 어역은 Esaia 또는 Isaias로 표현한다.

2. 저 자

1) 이사야 예언서의 저자 문제

이 문제는 현대 학자들에 의해 널리 거론되고 있다. 여기서 취하는 입장은 이사야 자신이 전(全) 예언을 기록하였다는 것이다. 이 주장의 이유는 곧 제시될 것이다. 문제의 성격과 그 중요성을 알아보기 위해 본 예언서에 대한 문학적 비평사(The History of the Literary Criticism)를 개괄해 보는 것이 필요할 줄 안다.

(1) 탈무드의 바바 바트라 15a의 진술

여기에 보면 히스기야의 동지가 이사야, 잠언, 아가서 및 전도서를 기록했다고 진술하였다. 그러면 이 진술의 의미는 무엇인가? 문맥상 분명히 드러나는 것은 "기록했다"라는 동사가 넓은 뜻을 가지고 있어서 "편집했다" 혹은 "출판했다"라는 의미로도 사용될 수 있다는 점이다. 히스기야와 그의 동지라는 구절 역시 그와 함께 오래 살아남았던 히스기야 동시대인들을 가리키는 것으로 간주할 수 있는 바, 잠 25:1의 히스기야 신하들의 표현과 동일함이 분명하다. 그러므로 탈무드에 따르면 이사야 예언의 저작성이 전적으로 부인되는 것은 아니다. 오직 예언들의 수집만이 히스기야의 동지들에 의해 되어졌으리라 생각할 수는 있다. 그리고 바바 바트라 14 하반절에 있는 예언서들의 배열 역시 어떠한 의미에 있어서도 이사야의 저작설을 부인하지 않는다. 우리는 이 분류의 신학적 이유를 이미 주시하였다. 더욱이 예레미야와 에스겔을 동시대인으로 한편으로는 이사야와 12 선지를(적어도 12 인 중 약간은) 동시대인으로, 연결시키려는 의도가 분명하다. 그 구절의 실제 어휘는 "예레미야와 에스겔"이 "이사야와 12 선지" 등과 같기 때문이다.

(2) 모세 벤 사무엘 이븐 게카틸라(Moses ben Samuel Ibn-Ggecatilla, AD 1100 c.)의 언급

이븐 에스라(Ibn Ezra)의 저서들 중에 그의 주석들에 대한 게카틸라의 언급에서 이사야서의 저자 사실이 알려져 있다. 분명히 그는 이사야 첫 부분의 예언들을 히스기야 시대에 속한 것으로 간주했으며 제 2 부분의 예언들을 제 2 성전 시대의 것으로 돌렸다. 이븐 에스라 자신은 훌륭한 이사야 주석을 썼으나 거기서 그는 40-66장은 이사야의 저작임을 부인하였다.

(3) 그 외에 이사야서 일부(40-66장 등)에 대한 이사야 저작을 부인하는 자들

현대 파괴적인 비평주의는 1780년 이후 시작했는데 아스트럭의 저서가 나온 27 년 후이다. 그해 코페(J. B. Koppe)는 로우트(Lowth)의 주석의 독일판 편집에서 50장은 에스겔 혹은 포로 시대에 살았던 혹자의 작품일 수도 있다는 별항을 첨가했다. 1789년 도에더라인(Doederlein)의 주석이 나왔는데 여기에서는 40-66장의 이사야의 저작성이 부인되었다.

이 견해는 아이호른(Eichhorn)에 의해서도 지지되었다. 로젠뮐러(Rosenmueller)는 만약 이사야가 40-66장의 저자가 아니라면 본서 첫 부분의 바벨론에 관한 예언도 역시 쓸 수 없었을 것이라고 지적한다.

한때 40-66장은 여러 저자들의 작품이라고 주장되었다. 이 장(章)들의 통일성은 인정하나 그 저작을 이사야에게 돌리기를 부인했던 자들이 있었다. 그들 중 빌헬름 게세니우스(Wilhelm Gesenius)는 이 장들의 통일성을 옹호하는 한편 이 장들의 포로 말기경에 살았던 한 무명 선지자의 작품이라고 주장했다(주석 II. 라이프치히, 1819).

19세기에는 학자들의 진영이 근본에 있어 두 갈래로 나뉘어졌다. 한편은 이사야가 전 예언의 저작자임을 부인하였다. 적어도 40-66장은 포로 시대에 귀착시키고는 유일신론의 최초 주창자의 어떤 이들에 의해 극구 환영 받은 한 위대한 무명인 소위 "제 2 이사야"의 작품으로 간주되었다. 또 한편으로는 전 예언이 이사야의 저작임을 주장한 사람들이었다. 그들은 모리츠 드레쉴러(M. Drechsler), 칼 폴 카스파리(C. P. Caspari), 한(H. A. Hahn). 루돌프 스티어(R. Stier) 프란츠 델리취(Franz Delitzsch : 그는 후에 주장을 약간 수정했다.)와 요셉 에디슨 알렉산더(J. A. Alexander)였다. 그들의 필치로 이사야 주해는 최절정에 달했다.

부정적 견해는 1889년에 조지 아담 스미스(G. A. Smith)에 의해 보편화되었는데 그의 이사야 강연은 수많은 출판을 거듭했으며 영어를 말하는 세계에 놀랄 만한 영향을 끼쳤다.

(4)베르나드 둠 학파(The School of Bernhard Duhm)

1892년에 바젤 신학 교수 둠은 한 주석책을 출간했는데, 이사야 연구에 일대 혁명적인 계기를 마련했다. 둠은 주장하기를, 이사야 편집에는 중요한 3 단계 ▸ ① 수집 단계(1-12장, 13-23장), ② 군집(群集)들의 결합(1-12장, 13-23장, 24-35장)과 이것들에 36-39장을 부가해서 완성시킨 단계, ③ 첨가한 단계(40-66:) 등이 있다고 했다.

이 단계들의 각 편집을 반드시 한 사람의 작품으로 볼 필요는 없다. 대신 각 단계는 그 자체 장구한 역사를 가졌었을 수 있으며 최종 편집자는 아마도 BC 1 세기경에 살았을 것이다.

특히 중요성을 띠는 사실은 둠이 제 2 이사야의 한계를 40-55장에다 국한함이 아닌, 아마도 레바논 혹은 북(北)뵈니게에서 살았던 사람에 의해 쓰였다고 생각한 점이다. 55-66장에 대해서 둠은 언명하기를, 느헤미야 활동 시기 바로 직전 아마 예루살렘에서 살았던 혹자에 의해 작성되었다고 한다. 이 익명의 저자를 둠은 '제 3 이사야'라 이름 지었다. 그런 까닭에 우리는 애초의 '이사야' '제 2 이사야'에다 '제 3 이사야'를 가지게 되는 것이다. 이 삼종(三種)의 구분이 본 예언서에 대한 끊임없는 연구의 기초를 이루게 되었고 그 대부분은 이사야의 고귀한 작품을 '한 작은 예언 문학 문고'로 간주하였다(Marti).

(5) 전통사학파(傳統史學派)

이 입장의 근거는 히브리 문학을 어떤 특징들에 의해 여러 형태로 구분된다는 과정에 있다. 각 형태는 서론과 결론을 공식화한(formulee) 특징적 사상들이며 백성 생활 가운데 있는 어떤 기능을 나타내 보인다. 선지적 발언의 원형태는 구어체(口語體)였다(219 쪽). 비교 종교 연구의 감화는 양식 비평의 추종자들에게 고대 자유주의 입장에서 썼던 사람들에게는 없었던 정확한 주해적 통찰력을 관람하게끔 했다.

(6) 토리(Torrey)의 '제 2 이사야'

1928년 예일대학의 C. C. Torrey는 '제 2 이사야'라는 표제 하에 한 저서를 출판했다. 그는 34-66장들이(36-39장은 제외) 팔레스타인에 산 어느 저자의 작품이라고 주장한다. 토리는 두 번이나 나타나는 '고레스'라는 단어 곧 '바벨론'과 '갈데아' 말의 단어들은 본문에서 제거되어야만 하는 후대의 삽입(개찬 = 改撰)으로 간주한다.

우리는 그의 저서에서 40-66장의 통일성과 함께 그 편찬 장소를 팔레스타인으로 보는 강한 논리적 근거를 본다.

(7) 칼 엘리거(Karl Elliger)의 저서

칼 엘리거는 이사야에 관해 3 가지 중요한 책들을 썼다. 그는 56-66장은 BC 6 세기경에 살았던 한 저자의 필체로 된 것이라는 입장을 옹호하려 했다.

그 저자에 관해서 우리는 무엇인가를 알 수 있으며 그가 유명한 구절 52:13-53:12을 작성했다는 것, 그의 필치가 '종(servant)'이라는 구절에서뿐만 아니라 40-55장의 어디서나 발견됨을 알 수 있다.

상기한 여러 비평 과정의 개요는 필자의 *SIJAA*(17쪽 「생략 책명 목록」 참조)에 기초한 것이다. 본서에서는 요셉 에디슨 알렉산더(J. A. Alexander) 시대에서부터 현재에 이르기까지의 이사야에 관한 문제 비평의 과정을 상세히 추구하려 했다. *SIJAA*는 본 예언서 연구의 서론으로 도움이 되도록 했다.

2) 이사야가 이사야서 전체의 저자라는 입장을 수용하는 이유

문체 비평의 장구(長久)한 과정에 비추어 볼 때 필자는 현대 학파의 제 입장들이 용납할 수 없는 성질의 것임을 알게 되었다. 필자가 본서에 채용한 관점은 아모스의 아들 이사야가 이사야 전(全) 예언서의 저자라는 것이다. 이 입장을 수용하는 이유는 다음과 같다.

(1) 신약의 무오류적인 증거

신약에는 이사야가 다른 모든 예언자들을 합친 것보다 더 많이 인용된다. 이것은 이사야가 전 예언서의 저자인 사실을 의심할 이유를 남기지 않으려는 의도에서 행해진 것이다. 요 12:38에서는 주님이 이루어 놓으신 이적들에도 불구하고 백성들이 예수를 믿지 않았음은 선지자 이사야의 말이 이루어지기 위함이라고 했다. 그 다음 이사야 53:1의 인용이 뒤따르며, 그 뒤에 백성이 왜 믿지 않았는가에 대한 이유의 설명이 주어졌다(요 12:39, 40). 이 설명은 사 6:9(이사야가 다시 말했다.)의 인용이다. 그 다음 주목할 만한 진술이 따라오는데 곧 '이것들'(제 2 이사야와 제 1 이사야에서 같이 나온 인용들)을 이사야가 이렇게 말한 것은 주의 영광을 보고 주를 가리켜 말한 것이라."(요 12:4)라고 진술한 구절이다. 그러므로 요 12:38-41에서는 이 인용들이 이사야서 중의 두 부분에서 온 것이며 저자를 이사야라는 사람에게 귀착시키는 것이다. 로마서 9:27-33에서 바울은 이사야 예언을 충분히 사용한다. 27절에서 그는 "이사야가 이스라엘에 관해서 외치되"라고 말한다. 바울에 의하면 이 메시지를 선포했던 자는 선지자 자신이었고 그 선포는 외침이라는 것으로 기술된다. 다음 인용은 이사야 10장에서 취한 것이고, 그 다음 사 1:9에서 온 인용이 "또한 이사야가 미리 말한 바"라는 말로 시작된다. 32절에서 바울은 사 8:14(부분적으로)의 어휘를 사용하고 33절에서도 인용하고 있다.

롬 10:15-21에서 바울은 "기록된 바"(15절)라고 한 다음 이와 함께 사 28:16을 곁들여서(부분적으로) 사 52:7a의 말씀을 뒤따라 인용하였다. 16절에서는 "이사야가 가로되"라는 말이 나타난다. 이것 다음에는 사 53:1의 말씀을 인용하고, 그 다음 20절에 가서는 "또한 이사야가 매우 담대하여 이르되"라는 진술과 사 65:1의 말씀을 인용한다. 다음 사 65:2의 인용이 그가 '가라사대'라는 말로 소개한다. 로마서의 이 구절은 바울이 사 52, 53장 간의 관계를 어떻게 보았는가를 증시(證示)하는 것이다. 이 점에서 신약은 사 53장이 그 앞부분과 아무런 관계를 갖지 않는다는 생각을 반박한다.

이사야서에 대한 신약 증거의 요약

(이사야라는 명칭에서 온 인용들)

신약 구절	소개 인용의 방식	인용 구절 (제 I · II · III 이사야 중 어느 것에 해당 하든 간에)	출 처
1. 마 3:3	선지자 이사야	40:3	II
2. 마 8:17	이사야 선지자	53:4	II(III)
3. 마 12:17	선지자 이사야	42:1	II
4. 마 13:14	이사야의 예언	6:9,10	I
5. 마 15:7	이사야가 예언함	29:13	I
6. 막 1:2	선지자 이사야의 글에	40:3	II
7. 막 7:6	이사야	29:13	I
8. 눅 3:4	선지자 이사야의 책에	40:3-5	II
9. 눅 4:17	선지자 이사야	61:1-2	III
10. 요 1:23	선지자 이사야	40:3	II
11. 요 12:38	이사야 선지자	53:1	II(III)
12. 요 12:39	이사야가 다시 말했다	6:9-10	I
13. 요 12:41	이사야가 보고 말했다	53:1, 6, 9, 10	I, II
14. 행 8:28	선지자 이사야 글을 읽다	53:7-8	II(III)
15. 행 8:30	선지자 이사야 글을 읽다	53:7-8	II(III)
16. 행 8:32	본문	53:7-8	II(III)(이 사건의 배경은 사 53:3-7을 예시하며 그 성취됨을 주의하라)
17. 행 28:25	성령이 선지자 이사야로	6:9, 10	I
18. 롬 9:27	이사야가 외치기를	10:22, 23; 11:5	I
19. 롬 9:29	이사야가 전에 말한 바와 같이	1:9	I

주의 : 로마서 9, 10장은 이사야 언어의 많은 암유들이며 반향을 갖고 있다.

20. 롬 10:16	이사야가 말한다.	53:1	II(III)
21. 롬 10:20	이사야가 매우 담대하여 이르되	65:1	III

이상의 인용(引用)들의 성격과 이사야의 말이 신약에 나타나는 방식은 두 가지 사실을 분명케 하는데 그 하나는 이사야서 전체가 영감 받은 신약 저자들 전에 기존했다는 것이고, 다른 하나는 이들이 그 책을 선지자 이사야의 저서로 간주했

다는 점이다. 모든 기독 신자에게는 이 신약의 증거가 결정적이어야만 한다.

(2) 이사야 저작성의 전통은 지혜 문서와 같은 것에 일찍이 나타난다

사 49:17-25에 기록되기를, 그(이사야)가 시온에서 애통하는 자들을 위로했다. 그가 말일에 있을 일들이며 감춰진 것들이며 심지어 도래한 일들을 보여 주었다고 되어 있다. 시온에서(바벨론에서가 아니라) 애통했던 자들을 이사야가 위로한 것을 말함에 벤 시라(Ben Sira)의 역본은, 사 40:1과 61:1, 2의 LXX역본에 사용된 '위로'와 같은 헬라 어 단어(와이인나헴)를 사용한다. 이것은 이사야 저작설에 관한 어느 전통 가운데서도 최초의 출현이라는 것과 그러한 전통의 최초의 출현이 그 작품을 이사야에게 돌린다는 점을 우리는 유의해야만 한다. 일언반구도 어떤 '포로 시대의 선지자'라고는 언급하고 있지 않다. 그러므로 소위 이스라엘 선지자들 중 '가장 위대한 자' 라고 단언되고 있는 '제 2 이사야'는 지혜 문서엔 알려져 있지 않다. 누군가 위대한 선지자들 중에 관심을 가졌다면 그것은 시락(Sirach)의 아들이다. 또 한편 그는 '이사야 선지자', '그의 환상에 충실했던 위대한 자', '능력의 성령으로 보았던 자'로 말하고 있다. 사 11:2에 근거한 그러한 용어는 찬양의 최절정을 가르치는데 이것 역시 문제를 일으킨다. 만약 「제 2 이사야」가 그렇게 위대해서 세계가 지금까지 증거해 왔던 하나님의 최고 존귀성의 교리를 제시했던 사람으로 선지자 중의 최대의 인물이라면 왜 그가 그토록 급격히 자신의 신장(stature)을 왜소화(矮小化)해서 지혜 문서의 시기에서는 그 신장이 전적으로 사라지도록 했을까? 또 한편 '비평주의'에 따르면 선지자들 중 최대의 인물이 결코 아니었던 8세기의 이사야의 신장은 왜 그렇게 놀랄 만큼 성장해서 지혜 문서가 그에게 그러한 지고한 찬양을 주었을까? 이것이 문학사에 유례없는 한 모습이다. 그리고 여기에 대해 이사야의 저작을 부인하는 자들은 설명을 제시해야만 할 것이다.

(3) 서두의 표제에 나타난 의도

본 예언서의 서두(1:1)는 책 전체를 표상(表象)하려는 의도를 품고 있다. 본 서두는 기술하기를 ① 환상 ② 아모스의 아들 이사야의 환상으로 ③ 유다와 특별히 예루살렘을 다루었던 환상 ④ 특수한 시기에 보았던 환상이라고 했다. 이 표제는 아마도 이사야 자신에 의해 덧붙여졌을 것이다. 만약 그것이 후대 편집자들에 의한 것이었다면 한 가지 문제가 발생한다. 곧 그 편집자들로 하여금 본 예언서를 아모스의 아들 이사야에게 귀의시키도록 한 결정적 요인이 무엇인가 하는 점이다.

❑ 그 요인에 대한 주장들 ❑

① 칼 부데(Karl Budde)의 해설

그의 저서 『고대 히브리 문학사(*Geschichte der althebraeischen Literatur*)』(Leipzig, 1906, pp.156-159)에서 부데는 주장하기를, 원래 이사야의 기록들(1-39장)과 '위대한 무명인'의 것들과는 서로 어떠한 관계도 갖지 않았다고 한다. 이 시기에는 책들이 큰 것, 중간 것, 작은 것의 범주로 나누어져 있었다(부데의 이 억지 주장은 조금도 근거가 없다. 그것을 지지할 티끌만큼의 증거도 없다). 두 개의 큰 책들, 예레미야와 에스겔은 각각 하나의 두루마리에 기록되었다. 12 소선지서들은 역시 한 두루마리에 기록되었다. 중간 크기의 책은 두 가지가 있었는데 하나는 이사야로 말미암은 것과 또 하나는 저자 미상의 것이다(사 40-66). 이 두 개는 한 두루마리에 기록되었는데 예레미야, 에스겔, 이사야, 12 소선지서의 순서로 되어 있다고 했다. 부대는 이것에 대한 증거로서 「바바 바트라 14b」에 호소한다.

그러나 이 학설은 객관적 지주(支柱)가 전혀 없으며 오히려 몇 가지 문제들만 일으킨다. 제 2 중간책은 왜 익명인가? 편집자들은 다른 각 선지서들 위에 '비평주의'에 따르면 심지어 오바댜와 같은 짧은 것 위에 서두를 배치했을 때에 왜 그들은 모든 예언들 중의 이 가장 위대한 것에 서두를 주지 아니했겠는가? 왜 편집자들은 사 13장에 "아모스의 아들 이사야가 바벨론에 대하여 받은 경고라."라는 서두를 주었는가?

② 수집자들이 자신의 이론들을 포함시키려 했다는 가정

이사야의 정신에서 기록한 제자들은 이사야의 예언들을 수집함에 있어 그들 자신의 이론들도 포함시키려 했다고 종종 가정된다. 그러므로 「제 2 이사야」는 「제 1 이사야」에 의해 감화되었으며, 「제 3 이사야」는 「제 2 이사야」의 감화를 받았을 것이라고 그들은 말한다. 후에 편집자들은 이 모든 발설들을 이사야라는 명칭 하에 병합시키었다는 것이다. 이 설은 다소 수정되어 오늘날 가장 널리 견지되고 있다.

이에 답변해서 우리는 그것이 한갓 추측이며 가상에 기초하고 있다고 말한다. 더욱이 '편집자들'이 실제로 여러 사람들에 의해 행하여진 많은 발설들을 수집해서 이사야라는 이름 아래 출간했다면 그들은 아주 불명예스런 일을 했다. 왜냐하면 이 '편집자들'이 본 예언서에 붙인 서두(1:1)는 우리가 본 바로는 아주 특수한 것이어서 전권(全卷)이 아모스의 아들 이사야가 특수한 주제에 대하여 특수한 시기에 보았던 이상이기 때문이다.

③ 키산(E. J. Kissane)의 주장

키산에 의하면 분명코 바벨론에 한 선지자가 있었는데 그가 지금 1-34장에서 보는 이사야 예언들의 모두를 수집했다는 것이다. 이것들에 그가 36-39장을 부록으로 붙여서 포로민들을 위해 그 자신의 언어로 이사야의 사상들을 전했으며 2 세기가 경과한 후 이사야 사상의 어떤 것은, 특히 그의 파멸의 경고들은 호소력을 상실했고 여기서 이 무명의 선지자는 귀환의 예언들을 강조했다는 것이다.

그러나 이사야 40-66장이 이사야의 이러한 교훈들의 재반복이라기에는 너무 거리가 멀다. 그것은 오히려 이 교훈들의 확장이며 발전이다. 더욱이 그 주제는 1-39장이 침묵을 지킨 내용을 소개하고 있다. 실제로 새로운 사상들이 분명히 나타나므로 본 예언서에 집착하는 자라면 이사야의 이름보다 포로 때의 저자의 이름을 기대한다. 다시 뒷장들은, 소망은 물론 경고도 갖고 있다. 또한 주목해야 할 것은 익명이 본 예언서의 성격과 상반된다는 점이다. 선지자의 정체는 그가 여호와의 인정된 대변자로 받아들여지기 위해서는 반드시 알려져야만 했다. 엘리에게 나타났던 무명의 선지자의 경우(삼상 2:27 이하 참조), 엘리는 그의 이름을 아는 것만으로도 만족했겠으나 그 선지자가 인격적 접촉을 가질 수 없었던 자들을 위해 "기록했을 때"는 선지자로서의 그의 정체는 그 메시지가 여호와의 인정 받은 대변자의 권위 있는 선포로서 받아들여지기 위해서도 알려지는 것이 자연스럽다.

여기에서 익명으로 저술한 선지자의 존재를 가정하는 것은 성경 교훈의 진수와는 대치된다(주의 : '前 선지자'의 존재도 이 진술의 강력함을 변경치 못한다). 결론으로 만약 40-66장이 이사야로 말미암지 않았다면 그 익명을 어떻게 설명할 것이며 서두가 이사야에게 귀의시키는 사실을 어떻게 해명할 것인가? 부정적 비평주의는 이 점에 내포된 놀라운 문제들을 간파하지 못한 것 같다.

(4) 사 40-66장의 저자는 팔레스타인 사람이었다

저자는 포로민들 가운데 거주했던 자로부터 기대할 수 있는 것과 같은 바벨론 지역 또는 그 종교에 친밀성을 보여 주지 못한다. 반면 그는 예루살렘과 팔레스타인 산들에 대해서 말한다. 그리고 그는 팔레스타인 본토 산 나무들 곧 백향목(cedar) 디르사나무(cypress), 상수리나무(oak)(44:14; 41:19)를 언급한다. 43:

14에는 여호와께서 바벨론에 사람을 보내실 것을 말하는데 그 구절은 분명히 바벨론에 있지 않는 자들에게 말하고 있다. 41:9에서 선지자는 이스라엘 여호와께서 땅 끝에서 취해 온 아브라함의 씨를 두고 말한다. 땅 끝과 같은 구절은 약속의 땅에서 기록했던 자에 의해서만 사용될 수 있었다. 45:22에도 같은 예가 있다. 46:11의 '동방에서'와 '먼 나라에서'와 같은 구절은 바벨론의 입장에서보다 팔레스타인의 입장에서 말한 것이라고 말할 때 더욱 잘 이해가 된다. 52:11은 결정적이다. '거기서'라는 구절이 분명히 보여 주는 사실은 이 구절이 바벨론에서 발설되지 않았다는 증거가 된다.

(5) 40-66장에는 포로 시대에는 맞지 않는 구절들이 있다

한두 사실만 언급해 본다. 62:6에 예루살렘 성벽이 아직 서 있다는 것과 40:9에, 시온은 물론 유다 성읍들이 아직 존재하고 있다는 내용들이 어떻게 포로 기간 동안에 저술될 수 있었겠는가?(비교 43:6; 48:1-5). 그 밖의 것들은 다음의 본서 예언 분석에서 거론하기로 한다.

(6) 본서를 큰 부분만으로 분리하기는 곤란

이사야서를 떼어서 나눈다고 하면 두 세 개의 큰 부분만으로 분리하기는 힘들다. 단편들의 잡동사니가 남을 때까지 계속해서 분석하고 나누도록 강요된다. 이사야의 문체 비평사는 그러한 결정적 과정의 결말이 실로 회의적임을 보여 주었다.

(7) 40-66장을 이사야에 돌리기를 거절하기 위해 도입된 논증들

이사야의 이름이 이 장들에는 언급되어 있지 않으며 또한 이 장들은 이사야 시대에 적합하지도 않고 그것들이 이사야의 순수한 예언들과는 다른 히브리 문체로 기록되었다는 것이다.

(이에 대한 반론은) 이사야의 이름이 40-66장에 언급되어 있지 않음은 사실이나 이 장들의 목적을 고려할 때(아래의 「목적」을 보라) 그 이름이 나타나지 않는 이유가 쉽게 이해된다. 40-66장이 이사야 시기에 적합하지 않다는 주장의 난제에서 벗어날 수 있는 가장 좋은 이론은 노년의 이사야가 성령의 영감 아래 자기 백성이 속박되어 능력 있는 구조(救助)로 말미암아 벗어날 것을 전망했다는 점이다(다음 쪽 「목적」 참조). 바꾸어 말하면 이 장들의 목적을 고려할 때 이러한 반박은 합당치 않는 것으로 보인다. 마지막으로 언어적, 형태적 차이들은 종종 주장되는 바와 같이 그리 중요치 않다. 이 차이들의 이유는 제목과 그 부분의 선지적인 말세론적 특징에서 찾아볼 수 있다.

(8) 예언의 통일성

종종 간과되고 있지만 예언에는 통일성이 있다. 본서의 양 부분(1-39장·40-66장)에도 공통적인 단어들과 표현이 있다. 그러므로 "이스라엘의 거룩한 자"라는 하나님의 명칭에 대한 구절은 선지자가 성전에서 보았던 장엄한 환상에서 이루어진 위대한 인상을 지울 수가 없어 이사야는 1-39장에서 12 회, 40-66장에는 14 회나 이 구절을 사용한다. 구약 다른 곳에서는 다만 5 회만 나타날 뿐이다.

다른 말들도 역시 예언서의 앞부분을 특징짓는다. 예컨대 '가시덤불', '유혹', '찌끼', '여호와께서 말씀하셨다.' 등이다(40:5와 1:20; 43:13과 14:27; 65:25과 11:9로 비교하라). 유사점들은 앞으로 「분해」에서 지적될 것이다. 36-39장의 중요성 또는 간과되어서는 안 될 것이다. 이 장들은 이른 앗수르 시기와 후기 바벨론을 연결하는 교량 혹은 고리를 형성한다. 그것들은 본 예언서의 마지막 위대한 부분에 대한 아름다운 서론을 제공한다.

(9) 40-66장의 구절이 몇 선지자들의 글에 반영된 의미

이사야서의 뒷부분(40-66장)을 반영하는 것 같은 구절이 스바냐, 나훔, 예레미야, 스가랴에 있다. 이 사실은 곧 그 선지자들이 그것을 기록하였을 때 이미 그것이 존재했음을 지시한다. 그러나 이 장들의 이사야 저작 사실을 부인하는 자들은 일반적으로 40-66장의 다른 선지자들을 인용했다는 점으로 논박한다. 이 구절들은 「분해」에서 취급될 것이다(*SIJAA*, I, p.13 참조).

맺음말

상기 개괄에서 우리의 목적은, 이사야가 이사야의 이름을 지닌 이사야서 전권(全卷)의 저자임을 믿는 우리의 신앙의 주요 이유들에 대해서 간략한 진술을 하는 것이었다(왜냐하면 전권이 그의 이름을 가진 때문이다). 이사야가 전권의 저자임을 부인하는 부정적 비평주의에서 우리가 받은 인상은 그것이 저자가 누군가에 대해서는 전혀 일치할 수 없었다는 점이다. 물론 문제를 종결시키는 것은 오로지 신약의 명백한 증거에 의해서다. 그러나 우리는 또한 전권의 목적을 고려할 때 이사야를 40-66장의 저자로 단정함이 그러한 곤경에서 벗어날 수 있는 최상의 이론임을 알게 될 것이다. 나중에 있을 분해 연구에서 본 예언서의 밑바닥을 흐르는 통일성과 조화가 제시될 것이므로 간략하게 본서의 목적을 진술하려 한다.

3. 목적

이 고귀한 예언의 목적은 구원이란 은혜로 말미암은 것 곧 하나님에게서 나오는 것이지 사람에게서 나오는 것이 아니라는 진리를 가르치려는 것이다. 이것은 바로 선지자의 이름에서 구체화되고 있다. 또한 그것은 그의 말에서 분명하게 나타난다. 첫 장에 "시온은 공평으로 구속이 되고 그 귀정(歸正)한 자는 의로 구속이 되리라."(27절)라는 말이 나타난다. 이 구절은 선지자가 계속적으로 확장시키고 있는 주제를 소개한다. 실로 40-66장들은 이 사상에 대한 개괄적 설명으로 간주할 수 있다.

이사야의 선교는 유대 역사의 중요한 시기에 나타났다. 앗수르 세력이 발흥했고 이로 인해 국내에 두 개의 정견(政見)이 나타났다. 하나는 애굽과 동맹을 맺자는 것이고 또 하나는 앗수르와 동맹을 맺자는 것이었다. 이사야는 인간 사이의 동맹을 금하고 국가는 하나님을 신뢰해야 할 것을 역설한다. 구원의 징조로서 그는 메시야 탄생을 선포하고 왕국의 성격에 관해 예언했다. 그의 예언 뒷부분(40-66장)에서 그는 하나님의 백성의 영적 활보와 운명을 진술한다.

4. 분해

1) 유대와 예루살렘에 대한 예언들(1:1-12:6)

(1) 크게 규탄함(1:1-31)

① **1절** ▸ 일반적인 표제로서 전권을 집약한 서론이며 인물, 저자, 제목, 연대를 나타내고 있다. 1장은 백성의 죄와 수난과 순결을 위함과 앞으로 있을 형벌의 필요성 사이의 관계를 보여 주려는 것이 목적이다.

② **2-9절** ▸ 국가의 부패는 하나님을 떠난 결과이며 백성에게 임하는 재앙의 원인이 됨을 설명하고 있다.

③ **10-20절** ▸ 이러한 부패와 종교적 실천 생활과의 관계로서 마음이 여호와로부터 멀리 떠나서 이루어지는 의식들은 그 자체가 아무런 가치가 없음을 보여 주려고 배안된 것이다.

④ **21-31절** ▸ 현재의 도덕적 부패와 전날의 성읍의 영광과 악한 통치자가 멸망될 미래를 대조시킨다.

1장의 첫 부분과 둘째 부분은 소돔과 고모라의 이중적 언급으로 연결되어 있고(p.10), 셋째 부분(21절)은 앞의 기술에 대한 올바른 이해를 돕우는 울부짖음으로 소개된다. 이 장은 아주 일관성 있고 통일성 있는 작문으로 어떤 하나의 특수한 위기에 잘 적용되는 것이 아니고 일반적인 서론으로 선민(選民)들이 경험한 어떤 위기보다도 더 많이 당해야 할 연쇄적인 사건들을 서술한다. 아마도 이사야는 그것을 산헤립이 유대를 침공할 동안 기록했을 것이다.

본서가 아주 일관성이 있다는 사실은 1:11, 13과 61:8을, 1:14과 43:24을, 1:14-19; 43:26; 1:15과 59:3을, 1:20과 40:5과 58:14을, 1:29과 65:3과 66:17을 각각 비교 검토해 보면 곧 알 수 있을 것이다.

(2) 백성에 대한 메시야의 통치와 심판(2:1-4:6)

① **2:1** ▸ 현 예언에 대한 서론적 표제를 구성한다.

② **2-4** ▸ 참된 종교에 있어서 훈계의 자료인 선민의 고귀성을 언급하다.

③ **5절-4:1** ▸ 이사야가 살고 있던 당시의 백성의 정황(情況) 및 외국과의 동맹으로 인해 세 가지의 커다란 악을 초래했으므로 벌이 내릴 것을 얘기하고 있다.

④ **2:9-11** ▸ 백성의 귀천을 말한다.

⑤ **12-17** ▸ 하나님께서 찬양을 받을 여호와의 날과 백성이 신뢰하던 것이 천하게 될 것을 소개한다.

⑥ **18-21** ▸ 우상들이 파괴될 것이다.

⑦ **3:1-7** ▸ 유다의 지도자들이 사로잡혀 가게 될 것을 각각 이야기한다.

⑧ **8-15** ▸ 그 사로잡혀 가게 될 이유가 관원들의 죄 때문임을 서술한다.

⑨ **3:16-4:1** ▸ 유다의 여성들이 사치와 교만에 빠지는 것을 보여 준다.

⑩ **4:2-6** ▸ 이사야는 메시야의 주제를 회상함으로 마지막을 맺는데 거기서는 메시야가 통치할 때의 교회의 내부적 정황을 보여 준다. 2:3과 51:4; 2:2과 5:8; 3:17과 20:4 그리고 47:3을 각각 대조해 보라. 2:2-4은 미가 4:1-3과 약간의 상이점이 있음을 발견할 것이다. 이 두 구절들의 명확한 관계를 말한다는 것은 어려우나 아마도 이사야가 약간의 손질을 가한 것 같고 그렇다고 하더라도 그것은 역시 미가의 것에 근거를 하고 있음을 부인할 수 없는 것이다. 요엘 3:9-11의 언어에도 역시 유사점이 있음을 유의해야 한다. 요엘, 미가, 이사야가 끌어냈던 예언에 대한 논란이 있었다는 가능성은 상당히 짙다. 기억할 점은 선지자들이 언어 선택에 있어서 신의 영감에 지도되었다는 점이다. 그러므로 예언은 권위 있는 것으로 간주되

어야 한다.

(3) 유다에 만연된 악들(5:1-30)

1-7은 한 비유로써 애호 받는 일국의 높은 지위와 그 몰락을 서술하려고 했다. 8-30은 그 비유의 해설로써 백성의 죄와 그들에게 내릴 재앙을 서술하고 다음엔 여호와의 심판을 경고하고 있다.

아이스펠트(Eissfeldt)에 따르면 5:25-30과 9:8-21 또는 5:8-24과 10:1-4a은 각각 같은 부류에 속한다. 이것은 " 이 모든 것에 대해 그의 노가 풀어지지 않았다."(5:25; 9:12, 17, 21) 등의 구절과 "서론적 재앙"과 (5:8, 11,18, 20, 21, 22; 10:1)같은 구절 때문이다. 그러나 이러한 사상은(분명히 에발트에 의해 최초로 설명된 것인데) 근거가 없다. 왜 한 저자는 한 가지의 경우 이상 더 동일한 표현의 형식을 사용할 수 없다는 말인가? 아이스펠트의 주장은 단순히 5장의 동일성과 목적을 파괴할 뿐이다.

(4) 이사야의 여호와 환상(6:1-13)

본 장은 두 부분으로 나누어지는데 1-8은 환상, 9-13은 메시지이다. 그러나 이 두 부분들의 정확한 관계는 결정키 어렵다.

다음을 비교해 보라. 6:9-12과 53:1; 6:10과 63:17; 6:9과 42:18-20과 43:8. "이스라엘의 거룩한 자"란 구절이 전권에 아주 일반적으로 쓰이고 있는데 그것은 이 장엄한 환상에 기초하고 있다. 아이스펠트는 본 장이 원래는 1:1 다음이 아니면 2:1 다음 곧 본서의 시작에 있었다고 주장했다. 그러나 이 전체에 대해서 객관적 증거라고는 조금도 없다. 본 장이 이사야의 선지적 소명에 대한 설명만을 제시한다고 단언할 필요는 없다. 그렇게도 할 수 있으리라. 그것은 역시 특수한 선교에 대한 소명일 수도 있는 것이다. 하여튼 본 장이 그 정당한 위치에 있지 않다고 억지로 단정할 이유는 조금도 없는 것이다.

(5) 아하스 치세 동안 토설한 예언들(7:1-12:6)

① 7:1-16 ▸ 수리아로부터의 구원의 약속과 메시아의 이적적인 개념과 인간으로 탄생하신다는 메시야 강림의 선포 등 상징적 형태로서의 이스라엘을 서술한다.

② 7:17-25 ▸ 불신하는 아하스가 추구하였던 앗수르와의 동맹의 결과로 일어날 참상

③ 8:1-4 ▸ 수리아의 정복에 대한 예언의 부활과 이사야 자신의 아들에게 적용되어질 그래서 그의 유년기 생활이 그 사건을 측량케 되는 하나의 상징적 이름의 이스라엘을 서술하고 있다.

④ 8:5-8 ▸ 이스라엘의 인간 신뢰 때문에 유다 역시 형벌 받을 것을 이야기한다.

⑤ 8:9-22 ▸ 메시야 자신이 백성들에게 여호와를 경외하며 자기 말씀에 상론할 것을 역설한다.

⑥ 9:1-7 ▸ 지금까지 흑암이 그 땅에 임했다 할지라도 앞으로는 처음의 괴로움처럼 그렇게 되지 않을 것을 말한다. 그리고 큰 빛이 비치고 우주적인 평화가 있을 것이며 신적(神的)인 메시야의 탄생으로 즐거움이 도래하게 될 것을 말한다.

⑦ 9:8-12 ▸ 선지자는 자기 자신의 시대를 돌아보고 또다시 이스라엘의 패배를 예언한다.

⑧ 9:13-21 ▸ 그런데도 백성이 회개치 않았고 따라서 하나님의 진노는 더하여 가나 국가는 여전히 망하여 가고 있음을 보여 준다. 그래서 므낫세는 에브라임을 잡아먹고 에브라임은 므낫세를 잡아먹는다. 이들은 함께 유다에게 달려들었다.

⑨ 10:1-4 ▸ 국가 죄악상의 기술이 계속된다.

⑩ 10:5-15 ▸ 앗수르인이 소개되는데 그들은 하나님의 노를 실행하는 막대기에 불과한데 앗수르인들은 그것을 인식하지 못하고 그들이 자신의 능력으로 모든 것을 정복한 것처럼 거만하고 있다고 말한다.

⑪ 10:16-19 ▸ 불타서 거의 소멸된 한 살림의 그늘 아래 있는 원수의 운명을 서술한다.

⑫ 10:20-23 ▸ 오직 외로이 남은 자만이 하나님의 심판을 피할 것을 보여 준다.

⑬ 10:24-34 ▸ 이 남은 자에게 이사야는 격려의 말을 해 준다.

⑭ 11:1-4 ▸ 한 줄기가 싹을 돋을 것이며 그 위에 여호와의 신(神)이 강림하실 것이다.

⑮ 11:5-9 ▸ 그래서 메시야의 의로운 통치는 완전한 평화를 초래할 것을 서술한다.

⑯ 11:11-13 ▸ 흩어진 자들이 다시 모일 것이다.

⑰ 14:14-16 ▸ 하나님의 백성의 고대 원수들은 신국(神國)의 확장으로 말미암아 영적으로 정복될 것이라고 말했다.

⑱ 12:1-3 ▸ 이 감사의 찬송은 첫 편에서 백성은 하나님의 구원에 대해 하나님을 찬양한다.

⑲ 12:4-6 ▸ 둘째 편에서 그들은 서로 권면해서 하나님이 그들에게 행하신 것을 알게 한다.

다음을 비교해 보라. 8:17을 45:15과 57:17에, 9:2을 42:7과, 9:20을 49:26에, 11:1을 60:21에, 11:1, 10을 53:2에, 11:2을 42:1과 61:1에 11:4을 49:2에, 11:6을 65:25에, 11:9을 65:25에, 11:12을 56:8과 62:10에 각각 비교해 보라. 1-12장의 둠의 분석에 대해서는 *SIJAA*, II, pp. 27-29을 보라. 아이스펠트는 다음 것을 비(非)이사야적(non-Isaianic)인 것으로 보고 거절한다. 2:2-4; 9:1-6(문제가 될 만한 것이나 이사야적이다.), 11:1-9(문제가 될 만함), 11:10-16, 12:1-6 ▸ 이것들에 대해 의문을 가지거나 혹은 거절하는 근거를 본 구절의 사상에서 찾고 있지만 그러한 의문이나 거절에 대한 하등의 객관적인 근거라곤 없다. 그리고 신의 영감 아래 있는 이사야가 1-12장 모두를 그가 발설하지 않았으리라는 이유는 없다.

2) 제 국가들에 대한 심판의 신탁〈神託〉 (13:1-23:18)

(1) 바벨론의 멸망이 선포됨(13:1-14:32)

여호와는 그의 사역자들에게 침략자 메대를 소환해 오도록 명령하신다.

① 13:1-10 ▸ 무서운 형벌이 바벨론인들에게 내습하는데 천체가 그 빛을 내지도 비추지도 않는다.

② 13:11-22 ▸ 바벨론의 말할 수 없는 패망과 황폐를 말한다.

③ 14:1-8 ▸ 14장에서는 바벨론의 멸망이 다시 서술되는데 이스라엘이 속박에서 벗어날 것과 멸망된 원수에 대한 승리의 개선가로 시작한다.

④ 14:9-20 ▸ 그리고 깜짝 놀랄 음부의 깊은 구렁 속에서 타락한 폭군을 보는 것이다.

⑤ 14:21-23 ▸ 바벨론의 완전한 파멸을 보여 준다.

⑥ 14:24-27 ▸ 전(前) 예언에 대한 결론을 말한다.

⑦ 14:28-32 ▸ 바벨론에서 수난을 받았던 블레셋인에게 멋없이 교만하거나

기뻐하지 말 것을 경고한다(14:8을 55:12과, 14:17을 43:13과 비교).

부정적인 비평주의 학파가 위의 원리에 일관한다면 13장, 14장의 이사야 저작을 부인해야만 하는 것이 확실하다. 그러므로 파이퍼(Pfeiffer)는 14:28-32만 이사야가 기록한 것으로 보고 나머지는 이사야 시대가 지난 오랜 후에 기록된 것으로 간주하는 것이다. 서두의 분명한 증거에도 불구하고 이 장들을 이사야의 것으로 인정하기를 부인함은 예언적인 예언(predictive prophecy)을 불신하는 증거인 것 같다. 이 두 장들은 이스라엘의 적국에 대해서 행해지는 일련의 담론을 소개하는 것이다. 모든 객관적 증거는 그것들이 신적(神的) 영감을 받은 이사야의 작품이라는 견해를 지지한다.

(2) 모압에 대한 경고(15:1-16:14)

① **15장** ▸ 모압 멸망에 대한 생생한 기술이다. 모압의 동네들과 성읍들(아르 · 길 · 헤스본)이 황폐되어 그들의 운명을 비탄하는 것으로 나타난다.

② 16:1-6 ▸ 16장에서는 그들의 구원을 위해 모압인들에게 권면하여 다시 다윗의 집과 동맹하도록 한다.

③ **7-12절** ▸ 모압 멸망에 대한 기술

④ **13-14절** ▸ 3 년 이내에 모압의 영광이 파멸될 것을 선포함.

파이퍼(Pfeiffer)는 이 장들을 초기의 비이스라엘 시(詩) 중에서 모압들을 제하고는 아마 BC 540-440년경에 유래된 것으로 본다. 이 비가(悲歌)는 신탁을 받은 유대인 저자에 의해 예언으로 변했고 종국적으로 후대 편집자가 16:13-14을 덧붙였다고 파이퍼는 생각한다. 그러나 본 예언은 모압 멸망에 대한 특유한 예언으로 간주함이 가장 좋고 이사야 자신이 기존 사건에 의한 어떤 특수한 사건을 참고하지 않고 설토한 것으로 간주한다. 그러므로 본 예언의 날짜를 정확히 측정하는 것은 실제적으로 불가능한 일이다.

(3) 다메섹에 대한 경고(17:1-14)

이스라엘의 원수들에게 기다리고 있는 멸망에 대한 선견적 묘사이다.

① **1-3절** ▸ 다메섹(수리아 성읍)과 에브라임이 함께 멸망할 것이라고 선포한다.

② **4-6절** ▸ **야곱 곧 이스라엘**의 특수한 멸망을 예언한다.

③ **7-8절** ▸ 심판의 결과로 백성들이 여호와께 돌아간다는 것을 말한다.

④ 17:9-11 ▸ 선지자는 심판을 더 기술하고 그 이유를 진술한다.

⑤ **12-14절** ▸ 마지막으로 선민(選民)의 원수들에게 임할 파멸을 서술했는데

그들이 비록 함께 모일지라도 하나님이 그들을 흩으실 것을 말한다.

(4) 구스(에티오피아)에 임할 재앙(18:1-7)

① **1-3절** ▸ 구스와 모든 세상에 임박할 재앙을 소개한다.

② **4-7절** ▸ 재앙 자체가 열매를 맺은 성숙한 포도 넝쿨로 묘사되었다가 갑자기 파멸됨을 보여 준다. 분명히 이 신탁은 산헤립 군대가 하나님의 간섭으로 결국은 끊어질 사이에 대하여 구스인에게 알리는 신적(神的) 포고다.

(5) 애굽(이집트)에 대한 경고(19:1-25)

① **1-10절** ▸ 애굽인은 혼란과 육체적인 재난으로 위협을 받는다.

② **11-17절** ▸ 사악한 영이 그 땅에 들어왔다.

③ **18-22절** ▸ 그래서 그들의 수난의 결과로 그들은 참된 신을 인정하게 된다.

④ **23-25절** ▸ 마지막으로 장래의 축복이 예언된다.

파이퍼는 19:1-15을 BC 600-300년으로 측정하고 19:16-25을 보다 후기로 측정해서 19:22에 있는 말씀을 알렉산더에 있었던 3세기 유대인 식민지에 대한 언급으로 간주한다. 그러나 1-17절은 애굽 몰락에 대한 이사야의 비유적 기술로 간주함이 가장 타당하다. 둘째 부분(18-25절)은 다양한 모습으로 참된 종교적 성장에 대해 기술한다(19:25을 45:11과 60:21에, 그리고 17:23을 11:16에 비교해 보라).

(6) 앗수르의 접근(20:1-6)

앗수르의 원수들인 애굽과 구스의 패망에 대한 상징적 징조(선지자가 3 년이나 나체와 맨발로 걸어 다님)이다(비교 ▸ 20:4와 47:3).

(7) 3 가지를 더 경고함(21:1-17)

① **1-10절** ▸ 바벨론의 멸망에 대한 경고(묵시)

② **11-12절** ▸ 두마(에돔 혹 아라비아)에 대한 경고

③ **13-17절** ▸ 아라비아에 대한 경고

상기 ①은 메대와 파사로 말미암은 바벨론의 몰락에 대한 분명한 예언이고, ②③의 예언들은 선지자에게 보이고 선포된 특유한 환상들로 간주함이 좋다.

(8) 환상의 골짜기에 대한 경고(22:11-25)

① **1-14절** ▸ 포위 시의 예루살렘을 기술한다. 어떤 포위를 의미하는지 말하기 곤란하나 아마도 므낫세 때에 앗수르인들의 예루살렘 포위로 간주할 수 있다.

혹은 특별한 기록으로 백성이 견디어 내야만 했던 많은 포로들을 인용한 총칭적인 설명이라고 볼 수 있다.

② **15-25절** ▸ 셉나가 그 국고 맡은 지위에서 퇴거될 것을 예언한다. 이 구절들과 앞의 것들과의 관계는 셉나가 백성의 지도자로 간주될 수 있다는 것을 말해주며 일반적으로 국가에 대해서 예언이 행해지는 동안에도 예언은 특히 지도자 셉나에게 초점을 모은다.

비교 ▸ 22:13과 56:12. 드라이버는 셉나가 애굽의 시종드는 자일 수도 있다고 하였다. 하여간 이것은 이사야의 예언 중 일 개인에 대해 특별히 행해진 유일한 것이다.

(9) 두로에 관한 경고(23:1-18)

① **1-7절** ▸ 두로의 멸망이 담화로써 선포된다.

② **8-14절** ▸ 이 멸망을 목적한 분은 만군의 여호와이시며 갈대아인은 그 실행 도구가 된다.

③ **15-18절** ▸ 70 년 동안 두로는 잊힐 것이고, 그 후에 회복되어 노래를 부르며 여호와께 헌신 봉사할 것이다.

3) 여호와의 대대적인 심판들(24:1-27:13)

이 장들은 일관성 있는 하나의 부분을 형성하고 있고 해석들은 아주 많다. 우리가 이 내용을 간단히 요약하여 각 부분의 성경을 논해 볼 만하다.

① **24:1-12** ▸ '여호와께서 땅을 공허하게 하신' 결과로써 재난 아래 있는 국가에 대한 기록을 볼 수 있다.

② **24:13-15** ▸ 그러나 '감람나무를 흔듦 같이' 적은 수가 먼 땅에서 여호와를 영화롭게 할 것이다.

③ **24:16-23** ▸ 그 다음 계속하여 시온에서 통치하시는 여호와의 존귀하심과 심판의 서술이 나온다.

④ **25:1-8** ▸ 과거의 심판에 대한 하나님께 드리는 찬양의 기도가 나오고 그 다음에는 여호와께서 기름진 것과 포도주로 연회를 베풀며 가려진 것(영적 맹목)을 제하시며 사망을 멸하시며 모든 얼굴에서 눈물을 씻으신다는 선포가 뒤따른다.

⑤ **25:9-12** ▸ 이스라엘의 원수 모압이 멸망할 것을 말한다.

⑥ **26:1-21** ▸ 여호와께서 베푸실 구원의 은혜에 대한 찬양의 송가가 뒤따른다. 그러나 분명히 승리가 임한 것이 아니므로 분노가 지나기까지밀실에 들어가 숨으라고 말한다(즉, 기도의 골방에서 하나님과의 영교를 권면 - 편집자 주).

⑦ **27:1-7** ▸ 여호와의 원수들의 멸망이 바다뱀 리워야단의 멸망의 형상으로 진술되며 이스라엘은 번창할 것인데 그것은 그 수난이 원수들의 수난처럼 크지 않기 때문이다.

⑧ **27:8-9** ▸ 이스라엘이 받을 형벌은 잠깐이다.

⑨ **27:10-11** ▸ 그러나 원수들은 어떠한 자비도 받지 못할 것이다.

⑩ **27:12-13** ▸ 하나님의 백성은 다시 모일 것을 말해 준다.

이 장들은 이사야 선교의 특수한 시기의 것으로 적용하는 것은 곤란하다. 그리고 사실 이것들은 특수사건에 대한 언급을 갖고 있지 않다. 오히려 선지자는 여기서 하나님의 심판에 대한 그의 철학을 진술하고 있다. 그의 목적은 하나님을 만유를 통치하시는 주권자로 돌리는 것이다. 그래서 그는 하나님이 심판을 통해 땅을 내습하실 수 있고 또 하실 것을 보여 주려고 애쓴다. 하나님의 친백성은 이런 내습으로 궁극적인 영광을 위한 수난을 당하나 하나님의 원수들은 전적인 멸망을 받을 것을 말한다. 장래의 축복은 영적이고 복음적인 것으로서 아름다운 언어로 묘사된다. 이사야는 이 예언들을 40-66장들에서처럼 선포한 것이 아니고 단지 그것들을 기록했다고 할 수 있다. 그것들은 총체적인 예언으로서 그 참된 성격에 있어서 심판과 구원의 그림(picture)이다. 그러므로 이사야가 저작자인 사실을 이사야가 아닌 타인에게 돌릴 근거란 없다.

비교 ▸ 26:1과 60:18; 26:20과 54:7, 8; 27:1과 51:9 및 66:16.

이 부분은 부정적인 학파의 비평가에 의해 이사야의 저작임이 부인된다. 예를 들면, 파이퍼는 이것을 BC 4세기 이후의 것으로 간주하다. Driver는 후기 포로시대의 초기로 본다. 퀘넨(Kuenen)은 4세기로, 둠과 마르티(Marti)는 요한 히르카누스(J. Hyrcanus, BC 134-104)의 시기로 간주한다. 이 부분은 이사야의 저작이 아니라고 하는 기본 이유는 이사야와는 좀 다른 사상 곧 그 후기의 사상적 흐름에서 솟아난 것으로 생각되는 사상이 존재한다는 이유에서인 것이다(드라이버). 우리는 이 부분의 사상적 차이는 그 부분의 성격이 우주적 술어로서 신의 심판과 구원을 진술하는 특유한 예언에 기인한다고 답변한다. 그러므로 이것을 앞으로의 디딤돌인 40-66에 있는 이사야의 위대한 메시지의 전주로 본다. 왜 이 사상이 BC 8세기의 이사야에겐 계시될 수 없단 말인가?

4) 예언적인 경고들(28:1-35:10)

(1) 28:1-33:24 ▸ 주로 유다와 앗수르와의 관계의 담론(談論 =discourse)들

① 28:1-6 ▸ 사마리아 멸망에 대한 선포가 있으며 예루살렘으로 담론을 건너서,

② 28:7-22 ▸ 애굽을 신뢰하는 어리석음을 지적한다.

③ 28:23-29 ▸ 하나님의 목적이 확실히 이루어질 것과

④ 29:10-8 ▸ 시온도 역시 공격을 받을 것이나 원수가 궁극적으로 패배할 것을 말한다(5-8).

⑤ 29:9-16 ▸ 심판의 원인들

⑥ 29:17-24 ▸ 궁극적인 회복을 이야기한다.

⑦ 30:1-7 ▸ 애굽을 신뢰하는 죄와 그 어리석음이 진술된다.

⑧ 30:8-26 ▸ 백성의 긴음의 결핍과 그 특징(패역, 불순종) 그리고 영적 상호간의 관계가 묘사되며, 은혜로우신 여호와 하나님을 신뢰함이 구원의 길임을 보여 준다.

⑨ 30:27-33 ▸ 앗수르의 멸망에 대한 예언이다.

⑩ 31:1-3 ▸ 애굽을 의존하는 것은 어리석다고 말한다. 왜냐하면 그들도 단지 사람에 불과하기 때문이다.

⑪ 31:4-9 ▸ 여호와께서 확실히 자기 백성을 구원하실 것이므로 백성은 그에게로 돌아가야만 한다.

⑫ 32:1-8 ▸ 왕 되신 주님이 공의로 통치하시기 때문에 여호와의 품에서만 은혜로운 축복들이 있다고 말한다.

⑬ 32:9-20 ▸ 부녀들이 무관심하기 때문에 그녀들에게 연설하게 되며, 황폐가 계속되어 높으신 곳에서 성령이 부어질 그때까지 할 것이라고 말한다.

⑭ 33:1-24 ▸ 침략하는 앗수르의 결말이 선포되며 황폐된 다음 회복될 것을 말한다.

비교 ▸ 28:5과 62:3을 비교, 29:15과 30:1을 47:10에, 29:16을 45:9과 64:9에, 29:23을 60:21에, 32:15과 55:12.

(2) 에돔과 이스라엘의 장래가 대조됨(34:1-35:10)

두 장은 한 예언으로 형성된다. 34장은 하나님의 위협인데 첫째는 일반적으로 제 국가(諸國家)에 대한 것이고 다음은 특히 에돔에 관한 것이다. 에돔은 이스라엘의 원수들을 대표해서 표출되었다. 그리고 본 장은 아마도 영적 이스라엘인

하나님 교회의 원수들에 대한 일반적인 위협으로 간주함이 좋다. 그리고 35장에서는 영광스러운 메시야의 장래 그림이 제시된다.

토리(Torrey)는 34, 35장을 40-66장의 저자에게 돌린다. 아이스펠트는 그것들을 BC 6세기 말엽에다 귀착시켜 생각하여 그들의 저자가 40-66장을 쓴 후에 그들을 모델로 해서 썼다고 했다. 파이퍼는 그들이 4세기에 속한 것으로 하여튼 5세기보다 앞설 수 없다고 했다. 드라이버 역시 본 예언이 이사야의 것임을 부인하고 분명히 포로 말년으로 돌린다. 34:8과 51:11을 비교, 35:1,2과 14:8, 32:15, 55:12을, 35:2과 60:13을, 35:6,7과 41:17,18, 43:19을, 35:8-10과 40:3-4, 49:11을, 35:10과 51:11, 65:19을 각각 비교해 보라.

5) 역사적 부록(36:1-39:8)

① 36장 ▸ 본 장은 앗수르 왕 산헤립의 유대 침공을 이야기한다.
② 37:1-5 ▸ 히스기야 왕이 이사야를 찾음
③ 37:6-35 ▸ 그가 위안의 메시지를 전한다.
④ 37:36-38 ▸ 그리고 앗수르의 군대는 여호와의 천사에 의해 멸망된다.
⑤ 38:1-8 ▸ 히스기야가 죽을 병에 걸리나 그의 생명이 여호와로 말미암아 연장 된다.
⑥ 36:9-22 ▸ 히스기야의 감사가 뒤따른다.
⑦ 39:1-2 ▸ 바벨론에서 사절들이 와서 성전의 보물들을 본다.
⑧ 39:3-8 ▸ 그리고 이사야는 바벨론 포로를 선포한다.

독자가 여기서 유의해야 할 점은 이 부분은 1-35장에 대한 역사적 부록일 뿐만 아니라 초기의 장들과 후반부를 연결시키는 교량적 역할을 한다는 것이다. 본 예언의 첫 부분에서는 배경이 앗수르 시대였으며 후반부에서는 바벨론 포로 시대이다. 이 장들은 이 둘을 연결시키는 연쇄적 성질을 띤다. 말하자면 앗수르 시기는 산헤립의 침공 기사로 끝나고 그 다음 바벨론 사자와 포로에 대한 이사야의 예언이 나온다(39:3-8). 그것은 40장을 읽기 시작할 때 발견되는 분위기가 예비 되는 것이다. 앗수르 시기와 바벨론 시기 간의 과도기에 대해서도 역시 준비가 있었다. 델리취(Delitzsch)가 지적한 바와 같이 예언의 전반부는 후반부를 인도하는 층계와 같은 것으로 14:24-27에서 앗수르의 배경이 바벨론에 대한 경고를(13-14장) 갖고 있는 것과 같은 관계를 가지고 있다. 이 앗수르의 배경은 전체적으로 나타나서 그 시대와는 먼 예언들도 있다. 그러므로 13-23장은 24-27장과 비교가 되어져야만 한다(28-33장을 34-35장과도 비교). 외국의 국가들에 관한 일련의 예언에서 바벨론에 관계되는 것들은 처음과 중간과 마지막 부분에 있다(13-14장 ; 21:1-10; 23장). 그러므로 선지자가 요담, 아하스, 히스기야 시대를 통해 예언하는 동안에 장래에 일어날 것들을 보도록 되어져 있었다. 따라서 그 미래에 대한 점진적 환영으로 독자는 40-66장의 은혜스러운 절정을 예비하고 있는 것이다. 36-39장은 히스기야의 감사 찬송을 제외하고는 다소 변동이 되어 왕하 18:13-20:19에 반복된다. 드라이버의 말에 의하면 원래 것이 열왕기의 구절이었는데 이것이 이사야서의 편집자에 의해 약간 수정되어 기록되었다고 말한다. 그러나 원래는 이사야의 것이며 아니면 적어도 이사야가 그 둘의 저자임을 믿을 만한 좋은 증거가 있다. 왕하 16:5에 열왕기의 저자는 자기보다 먼저 이사야가 있었음을 분명히 하고 있다(사 7:1 참고). 다시 대하 32:32은 히스기야 생애의 사건들이 열왕기뿐만 아니라 이사야서에도 기록되어 있음을 보여 주는데 그것은 그 발췌된 것이 이사야로부터 만들어졌음을 보여 주는 듯하다(열왕기에 대한 〈upon〉 이사야의 환상에서〈in〉. 그러므로 원래의 것은 이사야의 묵시에서 발견될 수 있다는 것이다. 마지막으로 본 예언서에 대한 이 장들의 입장은 그 저자를 이사야로 지적한다. 37:37,38에 있는 산헤립의 죽음에 대한 언급은 이사야 저작에 대하여 반대치 못하게 함을 유의해야 한다. 왜냐하면 이사야가 히스기야보다도 더 오래 살았을 것이기 때문이다. 전설에 의하면 이사야는 므낫세 치세 하에 순교당했다. 므낫세는 BC 698년에 등극했고 산헤립은 BC 681년에 살해되었다.

6) 하나님의 교회의 존재와 운명(40:1-66:24)

이사야 예언의 마지막 27개의 장(40-66장)은(이사야 외에 다른 이름이 이 장들에 관련되어 있지도 않고 실수도 우연도 결코 아니다.) 단일화된 전권(全卷)으로 간주되어야만 한다. 그들은 아마도 므낫세 치세 동안 작성되었으며 선지자가 그 시대뿐만 아니라 미래의 하나님의 교회를 위해 기록되었다. 이사야가 이 예언들의 어떤 것을 위탁(기록을) 하기 전에 구전으로 설토하지 않았나 하는 것은 공개된 문제이다.

많은 사람들은 이 부분의 주제를 바벨론 포로 생활에서의 귀환이라고 말한다. 그러나 이것은 결코 주요 주제가 아니다. 왜냐하면 바벨론과 포로 생활에 대한 언급이 생각보다 훨씬 적기 때문이다. 그 일이라면 선지자는 바벨론보다 애굽을 더 언급하고 있다. 이 장들의 주제는 오히려 신과 인간과의 관계, 그 목적, 진전, 의도와 변천이다. 아브라함의 소명, 출애굽, 포로 생활에서의 해방 같은 이스라엘 역사적 사건들과 그것이 관계한다는 것도 사실이다. 이사야는 또 과거 역사적 사건들의 범위를 훨씬 초월해서 메시야의 탄생과 영적 이스라엘의 운명도 포함시킨다.

그래서 비록 이 예언서가 단일하지만 분석하기가 매우 어렵다. 왜냐하면 격려와 위협이 교차하고 있으며 이스라엘이라는 명칭 사용에도 두 가지 의미가 있기 때문이다. 부분이 산만하다는 것은 사실이지만 그래도 이 사실은 어떤 의미에서도 전권이 한 사람의 작품이라는 주장에 지장을 주지는 않으며, 재료를 되는 대로 무사무려(無思無慮)하게 배열했음을 보이지도 않는다. 왜냐하면 그것을 내포하고 있는 윤곽과 구조의 강한 통일성을 찾아볼 수가 있기 때문이다.

J. A. 알렉산더는 그가 믿는 5 개의 위대한 주제를 발견해냈는데 아래와 같다.

① 죄 많은 국가 이스라엘에 대한 기술, ② 신앙이 약하기는 하나 여호와의 은총의 대상인 영적 이스라엘, ③ 바벨론 포로에서 해방 - 이것은 하나님의 자기 백성에 대한 장래의 처우를 예시한다. ④ 메시야의 탄생, ⑤ 새 시대의 특징.

다음에 각 장의 내용을 간략히 진술하려 한다. 그것은 일반적으로 용납되는 3가지 분해로서 40-48장 ; 49-57장, 59-66장의 내용이 "여호와의 말씀에 악인에게는 평강이 없다."라는 구절에 기인하나 너무 기계적이다. *SIJAA,* II(pp.31-45)에서 필자는 55장 이후에는 어떠한 분리도 있을 수 없다는 이유를 지적하려고 애썼다. 전통적 사학파(史學派)의 원리들은 용인될 수 없다는 전제 위에 기초를 두고 있는 것이다.

(1) 40장 : 축복과 위로에 대한 일반적 약속

① **1-8절** ▸ 백성은 여호와의 새롭고 영광스러운(구원자의) 출현을 예비하도록 명령 받는다.

② **9-11절** ▸ 그는 강한 손으로 오실 것이나 자기 백성에게는 유순한 목자같이 오실 것이다.

③ **12-17절** ▸ 이 약속의 신비성은 하나님의 지혜와 능력과 인간을 초월한 그의 절대적 독립성과 존귀성에 의해 증명된다.

④ **18-25절** ▸ 더욱 그는 인간들의 우상보다 높이 계신다.

⑤ **26-31절** ▸ 그의 절대적 능력은 자기 백성의 구조를 위해 언제나 펼쳐져 있다.

(2) 41장 : 선민의 안전과 구원

※ 상기 (1)과 같이 괄호 붙은 번호의 장(章) 제목들은 편집의 형평성과 독자들의 독해력을

돕기 위해 이하 대부분 편집자가 부가한 것임 - 편집자 주

① **1-16절** ▸ 이스라엘을 적대하는 국가들이 있다고 해도 그들은 선민 앞에 망할 것이다.

② **17-29절** ▸ 이스라엘은 연약하나 여호와는 보호하실 것이며 구원할 것이다.

본 장에 있는 우상에 대한 언급은 저작 장소를 지시하는 것은 아니다. 선지자가 일반적으로 공격하는 것은 우상 숭배이다(비교 ▸ 사 41:7과 렘 10:1-16). 더 완전한 기록은 이사야의 우선권을 지시한다. 그러나 의문시될 만한 것이다.

사 40-66장과 예레미야와의 관계에 대해 독자는 비교해 보아야 한다.

이사야서	예레미야서
44:12-15	10:1-16
46:7	10:1-16
48:6	33:3
53장	11:19
56:11	6:15
56:9-57:11a	예레미야의 책망
65:17	3:16
66:15	4:13

이사야서 구절의 우선권을 옹호하는 데 이 논증이 지나치게 이용될 수는 없다. 그렇지만 어떤 곳에서는 주목할 만한 것이 나타나는데 그것은 델리취가 표현한 것처럼 이사야의 예언들 중에서 모세적인 것이 있다는 것이다. 이 대조 자체가 전반적으로 어떤 것을 증거해 주고 있는 한에 있어서는 그것이 이사야서 구절의 우선권을 지시한다는 것을 부인할 수 없다(비교 ▸ 사 47:8-10을 습 2:15과 사 17:1, 7에 ; 66:20을 습 3:10에).

(3) 42장 : 여호와의 종이 인류의 구주로 나타난다

① **1-5절** ▸ 그분의 평화스럽고 조용한 사역 방법이 기술되며,

② **6-9절** ▸ 그 일의 영적 효과들이 진술된다.

③ **10-17절** ▸ 이것은 정말 하나님의 역사이며 이를 행하신 하나님은 찬양을 받음이 지당하시다.

④ **18-25절** ▸ 그렇지만 백성들은 성실치 못했고 따라서 고통 가운데서 도적

질과 약탈을 자행하게 되며 이에 대한 하나님의 진노가 쏟아지고 만다.

본 장에 나타난 '종'의 모습은 아마 국가와 그 머리가 되시는 메시야일 것이다. 1-9절에는 머리 되신 메시야가 지배적이나 18절부터는 죄 많은 정황 속에 있는 국가 자체 위에 그 머리가 나타난다. 한 단체와 그 단체의 머리라는 이런 관념은 역시 선지자의 개념에서도 나타난다(신 18:15). 사 40-55장의 범위 안에서는 신비스런 모양으로서 여호와의 종을 취급하고 있는 4 부분이 있는데 42:1-9; 49:1-6; 50:4-9; 52:13-53:12이다. 둠(Duhm)이나 많은 사람들은 이 구절들이 현재의 본문과 아무런 관계나 연결을 갖고 있지 않다고 한다. 그러나 이런 입장은 본 부분들에 대한 신중한 주석이 말해 주고 있는 바와 같이 계속 주장될 수는 없다.

보다 더 관심사가 되는 것은 '종'의 정체이다 그래서 이 해석은 보편적으로 집단주의적인 것과 개인주의적인 것의 평범한 두 진영으로 낙착된다. 첫 그룹은 이스라엘 국가나 적어도 국가의 어떤 부분적 국면으로 주장된다. 둘째 그룹의 해석은 종은 개인이며 역사적인 개인이나 이상적인 개인으로서 과거나 현재 아니면 미래에 오실 사람으로 해석된다. 본 필자는 42:1-9과 49:1-6에서 어떤 의미를 제외하고는 이 집단주의적인 해석을 거절한다. 하나의 사실 때문에 50:4-9과 52:13-53:12에 있는 종의 기술이 그런 의인화가 될 수 없으며 더욱이 그 종의 모습이 한 그룹의 의인화로 의도되었다면 그 그룹은 이스라엘이 될 수 없었을 것이다. 그 반면 그 기술은 예수 그리스도를 제외하고는 그 어떤 개인에게도 적용되지 못하는 것이다.

(4) 43장 : 여호와의 구원의 약속

① **1-4절** ▶ 이스라엘을 주님 자신의 백성으로서 주가 친히 함께 계실 것이다.

② **5-9절** ▶ 여호와는 이스라엘은 자기에게 모을 것이며 국가들이 주님의 자비하신 처사에 대해 증거가 될 것이다.

③ **10-15절** ▶ 이스라엘은 자기를 위해 바벨론을 멸해 주실 신은 여호와밖에 없음을 알아야 한다.

④ **16-17절** ▶ 그분이 전에 자기 백성을 애굽에서 구원하셨지만,

⑤ **18-28절** ▶ 그것도 그가 이후에 자기 백성을 위해 행하실 일과 비교할 때는 아무것도 아니다. 그리고 이러한 것은 백성의 어떤 공로 때문이 아니고, 주님 자신의 선하신 뜻으로 행하실 것이다.

(5) 44장 : 창조자요 구속자이신 여호와만이 참 신이시요 우상은 무용지물

① **1-5절** ▸ 이스라엘은 하나님의 종이고 하나님은 이스라엘 위에 풍성한 축복을 베푸실 것이다.

② **6-9절** ▸ 하나님은 그의 약속을 확정함에 있어서 우상의 무능을 지적하고 자신의 전능성에 호소한다.

③ **10-20절** ▸ 우상이란 사람이 조작한 것으로 무가치하고 유익이 없다.

④ **21-28절** ▸ 하나님은 이스라엘의 범죄를 도말하시고 그를 구속하시며 그 구원자로 고레스를 보낼 것이다.

24-28절의 구조가 분명히 보여 주는 것은 고레스가 먼 장래에 올 자로 간주된다는 것이다. 이 예언의 시적 구조의 분석과 이사야의 저작성 문제와의 관계에 대해서는 알리스(Osawald T. Allis)가 말한 "이스라엘의 하나님 여호와의 초월성"("The Transcendence of Jehovah God of Israel : Isaiah XLIV : 24-28," in *BTS*, pp. 579-634)을 참고로 한다. 이 구절에 대해 알리스는 다음과 같이 말한다.

> 그러므로 우리가 결론짓는 바는, 이 시의 가장 현저하고 의미 있는 특징들은 이러한 예언이 그것 자체로서 의미를 포함하고 있는 한에 있어서는 논란이 되고 있는 주로 예외적인 환경의 관점인 초기의 연대를 지지한다. 본 시의 연대기적 배열은 그 복구와 함께 이 미래가 먼 후일의 미래임을 논증한다. 마지막으로 정성들여 짜인 이중적인 클라이맥스는 그 예언의 명확성에 의미가 있음을 강조한다. 그것(예언의 명확성)은 이 미래가 아주 먼 것이므로 그것에 대한 한정적인 말이 특별히 중요한가의 여부를 매우 쉽게 설경해 주고 있는 것이다(p. 628).

(6) 45장 : 고레스를 통한 하나님의 구원

① **1-13절** ▸ 고레스가 이스라엘을 위해서 하나님께 사용되어짐으로써 승리할 것을 말하며,

② **14-25** ▸ 그때에 여호와께서는 모든 나라와 이스라엘이 여호와께 구원을 청해야만 하는 유일한 구주로 등장하실 것을 말한다.

(7) 46장 : 바벨론의 우상의 멸망

① **1-2절** ▸ 45장에서와 마찬가지로 진리의 특수한 예증을 기록함에 있어서 본장은 바벨론 우상의 몰락을 말한다.

② **3-4절** ▸ 여호와께서 이스라엘을 온전히 보호하시나,

③ **5-11절** ▸ 우상은 실로 공허함을 말하고 여호와께서 고레스를 일으켜서 그의 전능을 보여 주실 것을 말씀하신다.

④ 12-13절 ▸ 그러므로 불의한 자들은 여호와의 구원을 예비해야만 한다는 것을 말해 주고 있다.

(8) 47장 : 바벨론의 심판(멸망)

① 1-15절 ▸ 하나님의 심판이 처녀로 의인화되어진 바벨론에 떨어질 것을 말하고 바벨론은 이스라엘에 대한 압박, 그 교만, 악에 대한 신뢰, 그 지혜와 지식 때문에 멸망해야 하며 바로 이것들이 바벨론의 몰락을 촉구하는 것이다.

(9) 48장 : 하나님께서 새 일 곧 이스라엘의 구원을 약속하심

① 1-2절 ▸ 이스라엘이 여호와 하나님을 부르기는 하지마는 성실치 않음을 말한다.

② 3-8절 ▸ 이 완고 때문에 모든 예언이 생기고 그들이 알지 못하던 새로운 사실들이 보임을 말한다.

③ 9-11절 ▸ 자비의 하나님은 자기 백성을 멸하지 않으심.

④ 12-16절 ▸ 하나님은 창조자이시며 바벨론에 대한 자기 뜻을 이루시는 영원자이시다.

⑤ 17-22절 ▸ 이스라엘의 수난이 자기 죄 때문에 왔음과 그러나 포로에서 해방되어 기뻐할 것을 말한다.

한 가지 유의할 점은 40-43장의 기본 주제가 이스라엘이 가지는 하나님과의 관계인데 다음 장에서 이 교리는 이스라엘 세계와 그 자신의 소명과의 관계를 가르치는 근본 명제가 된다.

(10) 49장 : 구원자로서의 여호와의 종

① 1-6절 ▸ '종'(여기서도 그 국가와 그 머리이신 메시야)은 속박된 자들을 회복할 수 있는 분으로 진술된다.

② 7-12절 ▸ 여호와께서 종으로 하여금 땅을 축복할 수 있는 종을 예비하셨음을 진술하였다.

③ 13-26절 ▸ 여호와의 은혜가 나타나서 그 원수들이 멸망될 것을 말해 주고 있다.

(11) 50장 : 여호와의 종의 충성

① 1-3절 ▸ 백성의 죄가 그들에게 재앙을 초래할 것을 말한다.

② 4-9절 ▸ 이제 여호와의 종이 자기 슬픔을 묵상하는 것으로 소개되지만 아

직 슬픔의 이유는 밝혀지지 않는다.

③ 10-11절 ▸ 여호와를 경외하는 자들은 그를 신뢰해야 함을 말하고 구원의 길이 진술되며 자신을 의뢰하는 자들은 파멸될 것을 말해 준다. 50장에서 그 종은 공동체가 아니고 오직 메시야로서만 간주되어진다.

(12) 51장 : 위로와 격려의 말씀

① 1-3절 ▸ 의인들이 아브라함을 따를 것을 권고 받으며,

② 4-8절 ▸ 여호와의 구원의 확실성이 단정되고 의인의 원수들이 멸망될 것을 말한다.

③ 9-16절 ▸ 여호와께서 자기 백성으로 홍해를 건너게 하셨으므로 이스라엘은 자기들의 구원을 확신할 수 있다고 말한다.

④ 17-23절 ▸ 연약한 시온이 깨어 여호와를 신뢰토록 명령 받는다.

(13) 52장 : 여호와께서 자기의 백성을 구속하심

① 51-6절 ▸ 미래에 있을 선민(選民 : 하나님의 백성)의 영광이 그들의 과거 상태인 포로 생활 곧 그것으로부터 탈출하도록 그들이 명령 받은 그 과거 상태와 대조되어서 말해진다. 하나님은 구원하실 것이고 자기 백성은 그것을 알게 된다.

② 7-12절 ▸ 복음의 전달자가 이미 나타났고 힘찬 탈출이 있게 된다.

③ 13-15절 ▸ 종은 지도자로서 존귀하게 될 것이므로 그가 취해야 했던 비천만큼 존귀해질 것을 말한다.

(14) 53장 : 고난 받는 종 메시야의 모습

이 장에서는 종이 메시야로 나타난다.

① 1-3절 ▸ 메시야가 선포되었을지라도 믿는 이가 적고, 그의 용모는 천하며, 그는 경멸의 대상이 될 것이다.

② 4-6절 ▸ 비록 그의 특징이 슬픔이지만 그 슬픔은 희생적이며 그는 이것을 타인의 죄 때문에 참는다.

③ 7-8절 ▸ 종은 무죄하지만 불의의 재판에서도 참을 것이고,

④ 9절 ▸ 죄가 없지만 그의 죽음은 부자나 악인과 같을 것이다.

⑤ 10-12절 ▸ 그러나 하나님은 그를 높이셔서 많은 불의한 자 대신 그를 대속자로 세우셔서 사람들을 중보하실 것이다.

(15) 54장 : 이스라엘의 회복의 약속

① **1-10절** ▶ 미래에 있을 선민의 영광
② **11-17절** ▶ 주의 백성의 불가침성

(16) 55장 : 하나님의 자비와 긍휼

① **1-5절** ▶ 옛 시대의 제재(制裁)들이 지나가 버렸으므로 교회가 온 세상에 떳떳이 설 것이고,
② **6-13절** ▶ 그때에 국가들은 여호와를 찾도록 권고 받을 것이고 하나님의 그 자비와 인간과 하나님 사이의 무한한 차이가 언급됨으로써 위로되어질 것이다.

(17) 56장 : 여호와와 연합하도록 회개를 권함

① **1-8 절** ▶ 하나님의 의는 옛 시대의 제한이나 구분이 없이 온전히 계시될 것이다.
② **9-12절** ▶ 죄 많은 국가는 무가치하다.

(18) 57장 : 우상 숭배에 대한 책망과 회개자를 구원하심

① **1-2절** ▶ 죽었던 의인들이 다가올 죄악에서 구출될 것을 진술함.
② **3-9절** ▶ 악인들이 언급되며 그들의 우상 숭배가 정죄된다.
③ **10-13절** ▶ 그들은 계속 죄지음으로 멸망 받을 것이며,
④ **14-21절** ▶ 회개하는 모든 자는 구원을 받을 것이다. 주의할 점은 21절이 조잡한 구절이 아니며 그것은 이스라엘에도 회개치 않는 자에게는 축복이 있을 수 없음을 보이는 것으로서 약속은 참 신자들인 영적 이스라엘만을 위한 것이며 이스라엘의 회개치 않는 자를 위한 것이 아니다.

(19) 58장 : 참된 금식과 예배 및 안식일 성수

① **1-7절** ▶ 이스라엘은 죄 많은 국가로 궁핍한 자를 사랑하기보다는 오히려 위선을 행한다.
② **8-14절** ▶ 이스라엘이 순종만 하면 하나님은 계속 은총을 베푸실 것이다. 이스라엘이 선을 행하고 안식일을 준수하며 여호와를 기쁘게 하도록 권고 받는다.

(20) 59장 : 죄의 진상을 지적, 죄의 고백과 용서(구원)

① **1-2절** ▶ 이스라엘의 죄악이 자신들과 하나님을 분리시킴을 말하고,
② **3-15절** ▶ 이 죄악과 그 결과를 진술한다.

③ 16-21절 ▸ 여호와께서 구속자를 통해 참된 이스라엘을 구원하기 위해 중재하실 것이다.

(21) 60장 : 시온 곧 예루살렘(영적 이스라엘)의 영광

이 장은 옛 시대와 새 시대 사이에 큰 차이를 제시한다.

① 1절 ▸ 시온을 향한 새롭고 축복된 광명은 영적 이스라엘을 기다리는 변화이다.

② 2-14절 ▸ 흑암에 거주하는 자들이 전 세계에서 시온을 향해 올 것이다.

③ 15-22절 ▸ 그래서 시온(새 예루살렘)은 영원히 크게 영화롭게 될 것이다.

(22) 61장 : 구원의 기쁜(아름다운) 소식

① 1-3절 ▸ 종(여기에선 메시야) 곧 큰 변화를 가져올 종은 그의 선교의 대상을 기술함으로써 소개된다.

② 4-11절 ▸ 그의 사역의 결과로 흘러넘치게 되는 축복들이 기록된다.

(23) 62장 : 하 나님의 계속적인 열심과 구속 받은 거룩한 백성

① 1절 ▸ 종(메시야)의 사역은 의와 구원이 비칠 때까지 계속될 것이다.

② 62:2-12 ▸ 하나님의 백성이 모든 국가들의 인정을 받을 것이고 온 세계가 시온을 찾게 되고 '찾은바 된 것' 곧 '버려지지 않은 도성'이라 불릴 것이다.

(24) 63장 : 원수들의 멸망과 하나님의 은총

① 1-6절 ▸ 악한 원수들의 멸망은 메시야의 사역이며,

② 7-14절 ▸ 하나님은 자기 백성에 대해서만은 그들이 불신실해도 신실하셨다.

③ 15-19절 ▸ 자기 백성에게 은총을 내리도록 하나님께 간청

(25) 64장 : 권능의 하나님께서 강림하사 황폐한 시온을 돌보시기를 탄원함

① 1-3절 ▸ 하나님의 능력 있는 권능에 대한 확신

② 4절 ▸ 하나님께서 자기 백성을 위해 행하신 축복들

③ 5-12절 ▸ 이스라엘의 무가치성, 시온의 광야화 등 이러한 외부적 특성들이 없어짐으로 인해서 하나님은 자기 백성을 멸하지 않을 것임

(26) 65장 : 이방인의 구원 및 패역한 이스라엘의 심판과 구원-신천신지의 창조

① 1절 ▸ 이방인들이 초대됨

② 2-7절 ▸ 유대인은 그들의 죄 때문에 거절됨

③ 8-10절 ▸ 그러나 택한 자로서 남은 자가 있음

④ 11-16절 ▸ 믿지 않은 이스라엘은 부끄러움을 당하며 하나님의 참된 종들은 기쁜 마음으로 노래한다.

⑤ 17-25절 ▸ 신천지의 축복들

(27) 66장 : 새 예루살렘의 정황(情況)

① 1-2절 ▸ 옛 시대와 새 시대의 차이, 여호와는 땅의 성전이 아닌 겸손한 심령에 거하심

② 3-14절 ▸ 시온은 축복을 받을 것임,

③ 15-24절 ▸ 옛 이스라엘은 멸망될 것이나 남은 자는 거기로부터 나올 것이다.

이사야에 관한 특수 문헌

F. M. Th. Boehl : *De 'Knecht des Heeren' in Jezaja* 53, Haarlem, 1923.

Charles Boutflower : *The Book of Isaiah Chapters* (I-*XXXIX) in the Light of the Assyrian Monuments,* London 1930.

Karl Budde : *Die Sogenannten Ebed-Jahwe-Lieder und die Bedeutung des Knechtes Jahwes in Jes.* 40-55 : *Ein Minoritaetsvotum,* Giessen, 1900.

Otto Eissfeldt : *Der Gottesknecht bei Deuterojesaja* (Jes, 40-55) *im Lichte der Israelitischen Anschauung von Gemeinschaft und Individuum,* Halle(Salle), 1933.

Karl Elliger : *Die Einheit des Tritojesaia* (Iesaia 56-66), Stuttgart, 1928.

"Der Prophet Tritojesaja," in *ZAW,* vol. 49. 1931, pp.112-141.

Deuterojesaia in seinem Verhaeltnis zu Tritojesaia, Stuttgart, 1933.

Franz Feldmann : *Der Knecht Gottes in Isaias Kap.* 40-55, Freiburg im Breisgau, 1907.

Johann Fischer : *Isaias* 40-55 *und die Perikopen vom Gottesknecht,* Muenster I. W., 1916.

Wer Ist der Ebed? Muenster I. W., 1922.

Kemper Fullerton : "Viewpoints in the Discussion of Isaiah's Hopes for the Future," *IBL,* voi. XLI, 1922, pp.1-101.

Gerhard Fuellkrug : *Der Gottesknecht des Deuteroiesaja,* Goettingen, 1899.

Hermann Gunkel : *Ein Vorlaeufer Jesu,* Zuerich, 1921.

E. W. Hengstenberg : *Christology, of the Old Testament and a Commentary an the Messianic Predictions,* Edinburgh, Vol. II, 1856, pp.1-354.

J. Meinhold : *Die Jesajaerzaehlungen Jesaja* 36-39. *Eine Historischkritische Untersu-*

chung, Goettingen, 1898.

Sigmund Mowinckel: "Die Komposition des Deuterojesajanischen Buches," in *ZAW,* vol. 49, 1931, pp.87-112, 242-260.

Ad. Neubauer, S. R. Driver, E. B. Pusey : *The Fifty-third Chapter of Isaiah according to the Jewish Interpreters,* Oxford, 1877.

J. Schelhaas : *De Lijdende Knecht des Heeren,* Groningen, 1933.

Ernst Sellin : "Die Loensing des Deuterojesajanischen Gottesknechtsraetsels," in *ZAW,* 1937, pp.177-217.

Sidney Smith : *Isaiah Chapters XL-LV : Literary Criticism and History,* London, 1944.

Charles Cutler Torrey : *The Second Isaiah : A New Interpretation,* Edinburgh, 1928.

J. S. van der Ploeg : *Les Chants du Serviteur de Jahve dans La Seconde Partie du Livre d'Isaie* (chap. 40-55). Paris, 1936.

Edward J. Young : *Studies in Isaiah,* Grand Rapids, 1945.

제 13 장

예레미야

1. 명 칭

이 예언서의 히브리 어 제목은 이 책의 선지자 자신의 이름을 따라 "이르메야후 : יִרְמְיָהוּ 또는 이르메야 : יִרְמְיָה"로 호칭되었다(그 의미는 '여호와께서 세우셨다' 또는 '임명하셨다'이다 - 편집자 주). 70인역에서는 "예레미아스(*'Ιερεμίας*)"로 나타나고 라틴역에서는 Jeremias로 되어 있다.

2. 예레미야의 생애

구약의 다른 어느 선지보다 예레미야의 생애는 더 알리어져 있다. 예레미야는 아나돗 제사장 힐기야의 아들이다. 이 아나돗은 현대 아나타(Anata)란 곳인데 예루살렘에서 동북쪽으로 한 시간 반 보행의 거리에 위치한다. 그는 20 세의 젊은 나이에 선지자로서의 부름을 받았다(1:6). 이 예레미야가 소명(召命)을 받은 때는 요시야 왕 제 13 년(BC 627)이었다(1:2; 25:3). 그의 사역은 BC 586 느부갓네살에 의하여 예루살렘이 마지
막으로 훼파될 때까지 50여 년 간 계속되었다.

예레미야가 소명을 받았을 때 예루살렘 파괴가 북방에서 오는 원수에 의하여 확실히 이루어질 것을 알게 되었다(1:11-16). 그가 부름을 받은 지 5 년 후, 요시야 왕 18년에 하나님의 율법책이 성전에서 발견되었다(왕하 22, 23장). 그리고 그 결과로 요시야 왕은 우상 숭배를 없애 버리는 종교 개혁을 이룩한 것이다. 예레미야가 이 새로 발견된 율법서에 대해서 특수한 언급이나 암시(allusion) 여부는 확실치 않으나 그 사실을 알고 있는 것으로 생각할 수 있다(11:1-8).

예레미야는 처음에 아나돗에 거주한 것으로 볼 수 있고 예루살렘에 간혹 올라간 것으로 생각할 수 있다. 하여간 그의 설교로 인하여 그는 아나돗과 예루살렘

에서 미움의 대상이 되었다. 이 증오의 행위는 처음 자기 고향 땅에서 터져 나왔다(11:18-23). 이 선지자는 예루살렘으로 옮겨 갔다. 12:6에 의하면 그의 가족들도 그를 간계(諫戒)롭게 대한 것이 분명하다. 그러나 이 시기의 예레미야는 행복했으며 요시야 왕이 죽었을 때 그는 애통하였다(대하 35:25).

요시야 왕의 뒤를 이어 여호아하스('살룸'이 라고도 함)가 통치했는데 여호아하스는 3 개월을 다스렸다. 예레미야는 이들의 멸망을 분명한 말로써 예언했다(22:11-17).

여호야김이 여호아하스 뒤에 왕이 되었다. 그의 통치 제 4 년에(다니엘서 1:1에 의하면 제 3 년인데 이것은 연대 계산법의 차이임) 그 유명한 갈그미스=카르케미시(Carchemish) 전쟁이 있었고 느부갓네살이 예루살렘을 포위하고 다니엘을 포함한 포로들을 잡아갔으며 성전의 기명들을 옮겨 갔다. 갈대아 사람이 예루살렘을 포위한 바로 그해에 예레미야는 70 년의 포로 생활이 올 것을 선포하였다(25:1-14).

여호야김이 다스릴 때 예레미야 선지자는 그의 위대한 예언을 성전에서 선포하였다(7-9). 이때 제사장들은 예레미야를 죽이기로 결심하였다(26장). 그러나 하나님께서 이 일에 간섭하여 그의 예언들을 두루마리책에 모으라고 하셨다(36:1). 이 예언들은 바룩이 기록하여 백성에게 읽어 준 것이다. 여호야김 왕은 심히 노하여 그 책을 칼로 찢어 불사르고 예레미야와 바룩을 잡으라고 명하였으나 여호와께서 그들을 숨기셨다(36:26). 예레미야는 다시 바룩에게 예언을 기록하게 했고 예언을 더 첨부했다.

고니야라고도 불린(22:24ff) 여호야긴 왕은 예레미야의 예언대로 그때 바벨론에 포로로 끌려갔다(22:24-30) 요시야의 셋째 아들 시드기야는 그의 뒤를 이어 등극했는데 그는 바벨론에 의하여 임명된 자이다. (BC 597-586). 얼마 후에 시드기야 왕이 바벨론에 조공 바치기를 거부하고 애굽과의 동맹을 모색했다(겔 17:13 ; 대하 36:13). 그러나 예레미야는 바벨론에 계속 충성할 것을 촉구하였다(27:12-22b). 이것은 두 가지 악 가운데 더 작은 일이며 나라를 구하는 일이라고 말하기를 "바벨론의 멍에를 메고 그를 섬기며 살지어다."라고 하였다(27:12). 결국 느부갓네살이 예루살렘을 오래도록 포위한 후 점령하였다. 이때 예레미야는 큰 환난에 처하게 되었다. 그는 이때 베냐민 지파 경내로 가기를 힘쓰다가 사로잡혀 탈주의 죄명을 쓰게 되었다. 이 검속 후 그는 옥중에 여러 날 억류되었고, 시드기야는 그에게 사람을 보내어 "여호와께로부터 무슨 말씀이 임했느냐?"라고 문의했다. 이 질문에 예레미야는 시드기야가 느부갓네살에게 넘기우게 될 것을 확실히 말했고 그의 투옥을 항의했다. 그 때문에 왕은 그를 옥중 마당에 구금하였다.

예레미야는 이제 다소 자유로이 전도할 수 있었으나 그의 설교는 미움을 더 사게 되어 물 없는 웅덩이에 빠트리고 거기서 구스(에티오피아) 사람 에벳멜렉에게 구출함을 당했다(38:7-13).

결국 예루살렘은 함락되고 시드기야는 눈이 멀고 그의 백성과 함께 포로가 되어 갔다. 바벨론 장군 느브사라단은 예레미야를 풀어 놓아 자기 땅에 남도록 허락해 주었다(39:11-14). 예레미야는 통치자 그다랴에게 갔는데 얼마 후 그 통치자가 무모한 반대자들 곧 어떤 이스마엘 사람들에게 암살당하자(41:1-2) 유대인들은 바벨론의 보복이 두려워 안전한 곳을 찾아 애굽에 갈 것을 시도한다(41:17-18). 이때 예레미야는 완강히 반대한다(42:9-22). 그렇지만 어쩔 수 없이 끌려 그들과 함께 애굽으로 가게 된다(43:1-7). 유대인들이 정착했던 애굽의 다바네스에서도 그는 사역을 계속한다. 43:8-13과 44장은 그곳에서 행한 메시지이다.

3. 본 예언서의 연대기적 배열(일부 내용 분해 포함)

※ 본 항은 예언 연대의 순서적 배열을 위주하므로 장절의 순서가 바뀌기도 함 - 편집자 주

보여지고 있는 바와 같이 예레미야의 예언들은 연대기순으로 정돈되어 있지 않으므로 분류하기 힘들다. 그러나 다음과 같은 것이 예언된 순서라 볼 수 있다.

1) 요시야의 통치 시기(1:1; 3:6-6:30)

이 본문만이 정말 요시야의 치세 시의 것으로 측정된다. 그러나 이 구절들은 이들이 속해 있는 분단과 잘 통일된 부분을 형성하고 있다. 따라서 다음 구절들이 요시야의 치세 시의 것으로 간주된다.

(1) 1:1-19 ▸ 요시야 13년에 예레미야가 선지자의 소명을 받음

(2) 2:1-3:5 ▸ 죄 많은 국가에 대한 선지자의 첫 메시지

"여호와의 말씀이 내게 임하니라."(2:1)라고 한 서론 구절은 일반 서론인 1장 이후의 첫 예언을 잘 소개해 준다. 그러므로 이 서론적 메시지가 요시야 치세 시의 것임을 부인할 아무 이유가 없다.

(3) 3:6-6:30 ▸ 적의 침략에 의한 유다의 형벌

이는 둘째 담화로서 한 북방 나라의 내습을 통해 유다가 형벌 받을 것을 알린

다. 이 나라는 오랫동안 스키타이인들(Scythians)로 생각되어 왔으나 바벨론으로 생각하는 것이 좋을 것이다.

(4) 7:1-10:25 ▸ 포로 될 것을 선포한 메시지

이 메시지는 여호와의 집 문전에서 행해졌다. 거짓된 성전 신뢰자들에게 충격을 주고 백성이 포로가 될 것을 위협하며 그들의 우상 숭배 때문에 백성이 정죄될 것을 말한다. 이 예언의 연대 측정은 제법 힘든 점이 있다. 어떤 사람들은 이 메시지를 여호야김 통치 시로 돌리지만 요시야 종교 개혁 시의 외부적인 형태를 채택하게 한 사람들에게 전달된 것이라고 해석함이 가장 좋다. 이렇게 함으로써만 그 개혁의 진정한 본질이 지지된다고 할 수 있을 것이다. 그것은 성격상으로 보아 다소 일반적이며 유다를 암운에 싸이게 하려고 준비된 바벨론의 그림자를 폭로하려는 것 같지는 않다. 따라서 필자는 이것을 요시야 통치 때의 것으로 간주하는 바이다.

(5) 11:1-13:27 ▸ 유다의 언약 배반(파괴)

이 부분은 그 자체 내에 한 메시지를 포함하고 있으며 언약 파괴에 대해 언급한 말은 그 시기에 대한 유력한 단서를 제공한다. 반면에 이 속에 있는 유다의 도덕적인 상황에 대한 두려운 사실은 요시야 이후의 시대를 가리킨다고 볼 수 있다.

(6) 14:1-15:21 ▸ 가뭄과 기근의 묘사

(7) 16:1-17:27 ▸ 유다의 재앙과 그 원인인 죄악들

이 부분은 그 이전 것에 속하며 이들은 둘 다 유다의 황폐한 모습을 보여 주고 있다. 이들은 그 특징이 평범해서 그것들이 요시야 시대에 속한 것인지 여호야김 시대에 속한 것인지의 여부를 말하기는 곤란하다.

(8) 18:1-20:18 ▸ 앞으로 있을 추방에 대한 상징적인 재표현

19:14-20:2은 바스훌 하에 선지자가 감금된다는 기사를 제공한다. 그러나 이것으로 그 구절에 대한 날짜를 실지로 측정할 수는 없다. 21:1에 시드기야는 예레미야에게 한 사람 바스훌을 보낸다. 그러나 이 사람은 20:1-3에 언급된 바스훌(임멜의 아들)과는 확실히 다른 사람(말기야의 아들)이다.

2) 여호아하스(살룸 : 요시야의 아들 ▸ 왕하 23:30 ; 대상 3:15 참조)의 통치 시기

이 왕의 통치 시의 것으로 추정되는 예언은 아무것도 없지만 여호아하스에 관한 메시지가(22:11-12) 시드기야의 재위 시에 선포되었다.

3) 여호야김의 통치 시기

이미 암시한 바와 같이 필자가 요시야 시대에 돌렸던 예언 중에 어떤 것은 여호야김의 통치 하에 속한 것으로 봄이 더 좋을 수도 있다. 다음의 것을 이 시대에 속한 것으로 볼 수 있다.

(1) 26장 ▸ 여호야김 통치의 시작

7-10장과 같이 이 메시지는 여호와의 성전의 뜰에서 전달되었다. 이 시기에 예레미야와 같이 예언을 한 우리야는 죽임을 당하였다(26:20-24).

(2) 27장 ▸ 여호야김 아닌 시드기야

1절은 본장이 여호야김 통치의 시작임을 전제한다. 그러나 문맥에 의하면 그것은 시드기야 통치 시에 속한다. 1절에 있는 '여호야김'이라는 말은 분명히 '시드기야'를 잘못 기술한 것이다.

(3) 25장 ▸ 여호야김 제4년

이 예언은 여호야김 제 4 년 곧 느부갓네살이 예루살렘에 진격하여 포위했던 해의 것으로 추정된다(단 1:1).

(4) 35장 ▸ 이 장은 여호야김 시대에 전달된 레갑 족속에 관한 예언

(5) 36장 ▸ 예언의 기록과 파손 및 재기록

여호야김 제 4 년에 속하며 이 장은 예언의 기록과 그 기록이 여호야김에 의해 파손되었다가 다시 기록됨을 말한다.

(6) 45장 ▸ 바룩에 대한 메시지

여호야김 제 4 년에 예레미야에 의해 발하여진 바룩에 대한 간단한 메시지이다.

(7) 46-49장 ▸ 날짜 확정의 난점

이는 그 날짜를 측정하기 어렵다. 46:2에서는 그것들이 갈그미스(카르케미스)에서의 애굽인들의 패배 후에 설토된 것으로 분명히 나타났다. 드라이버는 그 장들(49장을 제외한)은 여호야김 4년의 것으로 간주할 수 있으며 느부갓네살의 승리로 인해 예레미야의 내부에 형성된 심각한 영상을 반영할 수도 있다고 시사한다. 그러나 또한 이 예언들 중의 몇몇은 후에 설토된 것으로도 볼 수 있다. 즉, 여호야김이 바벨론에 반역하고 약탈대가 그를 대적하기 위해 파송된 때이다. 또한 본 예언을 그 이후의 것으로도 돌릴 수 있다.

4) 여호야긴(여호야김의 아들 고니야 = 여고냐 ▸ 24:1; 대상 3:16; 여호야긴 ▸ 왕하 24:6)의 통치 시기

이 시기에 귀착시킬만한 어떠한 예언도 존재하지 않는다. 그러나 여호야김이 22:24-30에 언급되며, 그에 관한 예언이 시드기야의 통치 동안에 나타났다.

5) 시드기야의 통치 시기

(1) 21:1-22:30 ▸ 세 왕들에 대한 비평(예언)

이 예언들은 왕이 바벨론 포위의 결과에 관하여 알아보기 위해 바스훌과 스바냐를 예레미아에게 보내어졌을 때 말해진 것이다. 21:11에서 선지자(예레미야)는 시드기야 앞에서 '공의'의 필요를 역설한다. 22장에서 선지자는 계속해서 그 이전의 세 왕들을 비평한다〔살룸(여호아하스) ▸ 11, 12절; 여호야김 18-23절; 고니야(여호야긴) 24-30절〕.

(2) 23장 ▸ 21-22장의 예언의 계속

이것들은 대부분 예루살렘에 있던 자들과 포로 된 자들 속에 있던 거짓 선지자들에 대한 규탄이며 이들은 평화와 안전의 거짓 약속을 주장했다.

(3) 24장 ▸ 여호야긴 포로 후 선지자에게 계시된 상징적 메시지

(4) 27장 ▸ 실상은 시드기야의 통치 시작의 때

여호야김 통치의 시작의 때로 언급되어 있지만(1절) 문맥에 의하면 시드기야 통치 시에 속한다(앞 페이지의 27장 참조 - 편집자 주). 본 장은 선지자가 이웃 다섯 족속(에돔, 모압, 암몬, 두로, 시돈)의 계획을 어떻게 실패시켰나 하는 것을 보여준다.

이들은 유대 왕이 자기들과 함께 바벨론에 반역하도록 유인했다. 예레미야는 더 나아가서 그러한 행동의 어리석음에 관해 시드기야에게 말한다(12-22절).

(5) 28장 ▸ 시드기야의 통치 4-5년 시기

역시 시드기야 통치 시작 4년과 5년에 속한다. 거짓 선지자 하나냐에 대한 예레미야의 반대가 설명된다.

(6) 29장 ▸ 바벨론 포로들에게 보낸 편지

예레미야가 여호야긴 포로 후 바벨론 포로민들에게 보낸 편지가 포함되어 있다. 그러므로 이것은 시드기야의 통치 시기에 속한다. 예레미야는 그들에게 바벨론에 집을 세울 것을 지시한다. 왜냐하면 포로 기간이 짧지 않고 70 년이나 계속될 것이기 때문이었다.

(7) 30-31장 ▸ 영광스런 장래 곧 새 언약과 구원(회복)의 메시지

날짜가 언급되지 않았으나 포로의 이송이 이미 일어났음이 보인다. 아마도 본 장들은 시드기야의 통치 동안 말해진 메시지에 속할 것이다. 본 장은 비록 국가의 현 수난이 참혹할지라도 아직도 영광스런 장래가 있을 것을 국민에게 교훈한다. 여호와는 새 언약을 세울 것이며 여기에 영적 구원이 있을 것이다(31:33-55).

(8) 32장 ▸ 예레미아가 밭을 사는 상징적 행동

시드기야 제10 년에 속한다. 선지자는 그의 숙부 하나멜에게서 아나돗에 있는 밭을 사서 매매 증서를 바룩에게 주었다. 이 상징적인 행동은 그 땅에 다시 사람이 살 것이며 개발될 것을 보여 주는 것이다.

(9) 33장 ▸ 다윗 왕국의 회복

이 장은 32장과 같이 시드기야 때의 예레미야의 투옥 기간에 속한다. 메시야의 예언(23:5-8에 약간 변동되어 발견된다.)과 다윗의 왕위의 영구성을 약속하는 내용을 포함한다.

(10) 34장 ▸ 시드기야에 대한 경고

느부갓네살의 포위 시 말해진 것이다. 시드기야가 포로 됨과 성읍의 파멸을 알리는 이야기이다(1-7절). 시드기야는 백성에게 그들의 히브리 노예를 해방할 것을 명령한다. 백성들은 동의하는 한편 이를 무시한다. 선지자는 준엄히 그들을 규탄한다. ※ 35-36장은 263쪽을 참조 - 편집자 주)

(11) 37장 ▸ 시드기야의 즉위를 말하는 역사적 서술

애굽인들은 왕을 도울 수 없고 갈대아인이 성읍을 불태울 것이라는 예레미야의 예언, 예레미야는 투옥되나 후에 옥 마당에 감금되도록 명령된다.

(12) 38장 ▸ 시드기야 치하의 선지자 감금에 대해 계속되는 기사

(13) 39장 ▸ 시드기야 통치 제8년 : 예루살렘의 함락

왕의 포로와 예루살렘 멸망을 이야기하며 시드기야 8년 10월의 발설로 추정된다.

6) 그다랴의 통치 시기

(1) 40장 ▸ 그다랴의 통치 시기로 추정되는 이유들

어떤 예언도 그다랴 통치 시기로 분명히 추정될 수는 없지만 이 시기로 돌려야 할 이유는 다음과 같다.

① 포로 후 예레미야에게 계시된 예언이다(1절).

② 느부사라단이 예레미야를 석방시키고 그에게 바벨론으로 가든지 혹은 그 땅에 머물든지 할 선택권을 준다(2-4절).

③ 예레미야는 그다랴에게로 가서 거주한다(6-7절).

④ 그다랴는 이스마엘인이 그를 살해하려 한다는 경고를 받으나 이를 믿지 않는다(13-14절).

(2) 41장 ▸ 총독 그다랴의 암살

역시 이 시기에 속한다. 이스마엘이 그다랴를 어떻게 살해했는지 또 백성이 진작 갈대아인을 얼마나 두려워하고 있는지에 관해 서술한 역사적 기록이다.

(3) 42장 ▸ 예레미야의 남은 자에 대한 경고와 애굽에서의 사역

앞 이야기의 계속이며 유대의 남은 자에게 애굽으로 내려가지 말 것을 경고하는 예레미야의 메시지를 내포하며, 애굽에서의 예레미야의 사역을 기술한다.

(4) 43:1-44:30 ▸ 예레미야 말을 거부한 남은 백성들의 애굽 이주의 역사적 기록

백성이 예레미야의 말을 듣기를 거부하고 그를 잡아 애굽으로 출발한 것에 대한 역사적 기록이다. 다바네스에서 예레미야는 느부갓네살이 아직도 애굽을 공격하리라는 것을 보여 주는 상징적 행동을 한다. 44절에서 예루살렘 멸망과 추방의 이유를 설명하며 남은 자가 구원될 것과 또 이들을 제외한 애굽 땅에 사는 유대인들에게 형벌이 임할 것을 알린다(※ 45장, 46-49장은 263쪽 참조 - 편집자 주).

(5) 50-52장 ▸ 비벨론에 대한 예언 및 역사적 사건들

특별한 해석을 요한다. 50-51장은 예레미야가 스라야와 함께 바벨론에 보낸 말로 보인다(51:59-64). 그때 예레미야는 시드기야와 함께 후년 통치 4 년 간 그곳에 있었다. 스라야는 바벨론에 도착하자 곧 이 메시지를 읽어야만 했고 다음에 그것에 돌을 묶어 유브라데 강에 던졌는데 이는 하나님 백성의 원수인 바벨론의 몰락을 상징한다. 그런데 여기에 난점이 생긴다. 즉, 그 예언이 시드기야 4년에는 아직 일어나지 않은 사건인 성전 파괴의 사실(50:28; 51:11,51)을 내포하는 것 같기 때문이다.

예레미야가 자신을 장래에 맡기고 파괴된 성전을 묘사하거나 혹은 이 두 장은 바벨론에 대항하는 선지자의 메시지의 확대적 형태 곧 그 자신이, 예루살렘 성전이 실제로 파괴된 후 하나님의 영감으로 애굽에서 준비하고 있었던 것을 말한 것으로 볼 수 있다. 이 마지막 의견을 지지하는 듯이 보이는 다른 고찰이 있다. 그중 한 가지로는 망명 생활이 이미 일어난 일로 보인다는 생각이다. 50:4(동사 '야보우(יָבֹאוּ)'의 강세에 주의하라. 즉, 그들이 현재 당하고 있는 속박(50:7, 17, 33; 51:34 이하 참조)으로부터 돌라올 것이다. 여하튼 이 장들의 예레미야에 의한 저작을 부인할 충분한 이유가 없다. 52장은 실제적으로는 왕하 24-25장과 같은 것으로 역사적 사실이다. 필자는 예레미야가 그 구절의 원저자임은 믿지 않으나 예레미야서와 열왕기 구절이 동일한 자료로부터 취해진 것으로 본다.

4. 저자

예레미야 자신이 전권(全卷)의 저자임을 의심할 만족스러운 이유는 없다. 36:1-2에서 우리가 알 수 있는 바와 같이 여호야김 제 4 년에 여호와께서 선지자에게 두루마리를 취하여 요시야 시대로부터 지금까지 계시된 모든 예언들을 기록하라고 명하셨다. 이 명령에 순종하여 예레미야는 자기 서기관 바룩을 불러 모든 예언들을 받아 쓰도록 하였다. 그 다음 바룩은 성전으로 가서 그가 받아 쓴 모든 것을 낭독했다(8절). 1 년 후 (여호야김 5년)인 9월에 단식이 선포되고 바룩은 다시 그 예언들을 공중 앞에서 낭독했다. 이것이 방백들에게 보고되어 바룩은 두루마리를 가지고 방백들에게 불려 가야 했다. 방백들은 바룩과 예레미야에게 도망가도록 허락했으나 두루마리는 여호야김에게 보내었다. 그는 낭독되는 내용을 듣자마자 자기의 작은 칼로 산산조각으로 잘라 불속에 던진다. 그 다음 여호와께서 예레미야에게 다른 두루마리에다 다시 전번 책의 모든 내용을 기록하도록 명하셨다. 예레미야는 바룩에게 전번 것의 모든 내용을 받아 쓰게 함과 동시에 (그 외에도 그 같은 말을 많이 더하였다 ▸ 32절) 이렇게 해서 요시야로부터 여호야김에 이르는 예레미야의 예언들이 최초로 기록되어 문서가 생기게 된다.

그러나 이때 받아 쓰인 두루마리가 현재의 우리의 예레미야서와 일치하지 않음은 분명하다. 현재 우리가 가진 예언서는 여호야김 5년까지 이르는 시기에 발해진 많은 예언들을 포함하고 있기 때문이다. 이 후에도 예레미야가 바룩에게 더 받아 쓰게 하였다. 애굽에서 바룩은 예레미야의 전(前) 예언을 편집한 것과 같다. 예언들의 배열까지도 실제에 있어서는 바룩에 의해 수행됐지만 예레미야의 암시에 의할 수도 있었을 것이다. 이로써 마지막 52장도 선지자 원래의 작품은 아니라 해도 그의 암시에 의해 이루어졌을 수 있다. 바룩에 관한 모든 증거로는 그는 단순히 서기 혹은 서생(書生)이었음이 분명하므로 그가 편집 중 행한 것은 틀림없이 예레미야의 지시에서였을 것이다.

❑ 저자에 대한 다른 견해 ❑

① 파이퍼(pfeiffer)의 견해

파이퍼에 따르면 3 그룹의 기록을 가진다. 선지자 자신이 받아 썼거나 혹은 기록했던 말들, 바룩에 의해 기록되었다고 생각되는 예레미야 전기와 후대 저자들과 편집자들에 의한 여러 첨가물이다. 예레미야 자신의 작품 혹은 더 적은 범위이기는 하지만 바룩의 전기조차도 편집자의 개역에 의한 것이라고 한다. 예레미야의 사후 혹은 적어도 예레미야가 알지도 못하게 바룩은 따로 편집할 것을 꾀했는데 거기서 그는 예레미야서와 자기 것을 결합시켰고, 선지자의 말 중 많은 것을 자신의 '신명기적 문체'로 썼다고 한다. 이 바룩의 책까지도 후기 개역의 영향을 받았으며 또한 긴 산문적 보탬과 시적인 첨가물이 생기게 되었다. 이러한 입장에 관해서는 두 가지의 관찰을 할 수 있다.

첫째, 모든 증거들은 바룩이 너무 경건하고 신중한 사람이었으므로 위에서 쓴 것처럼 예레미야의 말을 함부로 뜯어고치지 않았을 것이라는 점이다.

둘째, 후대의 첨가나 삽입이 본서에 행해졌다는 견해를 지지할 만한 증거는 없다. 성경은 단순한 여러 가지 자료들에서 기원된 단편들의 모임이라는 생각은 사실에 있어서 근거 없는 것이다.

② 외스털리(Oesterley)와 로빈슨(Robinson)의 견해

이들 견해에 따르면 본서의 편집자는(아마도 BC 4세기) 3 가지 형태의 자료를 가졌다는 것이다.

a) 시문체로 된 약간의 신탁적 재료들의 수집

b) 예레미야 전기 작가의 손으로 된 서술적 재료

c) 최초의 웅변적 산문 형태로 된 신탁적 재료 등이다.

그는 이 신학적 발언들의 각 그룹을 취해서 그것에다 이들 두 산문 구분 중의 하나에서 적당히 선택하여 서문으로 붙였다. 또 편집자는 그 셋째 타입(즉, 웅변적 산문)의 구절들을 특별히 좋아하므로 19장에 이르기까지에는 둘째 타입(전기적 산문)의 어느 것도 이용하지 아니했다. 이들에 의하면 신탁적 시를 적어도 14 가지로 구분할 수 있다. 이 구절들 중 소위 신명기적 문체로 된 것은 후기 7

세기 또는 6세기 초에 나타난 히브리 어의 웅변 산문 형태이다. 신탁적 시의 단편들을 특정지음에 있어 이들 학자들은 대부분의 독립된 단편들의 간결성, 시적인 것의 수집 사이에 작은 산문적 단편들이 자주 나타남, 성경의 다른 책들에 나타나는 이 단편들의 수에다 주의를 환기한다. 신탁적 시의 재료들의 날짜 측정에 관해서는 그중의 어떤 것은 예레미야에서 기원한 것이다. 그리고 어떤 것은 매우 후기의 것으로 5세기 후반에서 이른 4세기 초반 사이에서 온 것이라 한다.

전기적 재료들은 대부분 그 당대에서 온 것인데 바룩의 작품일 적이다. 전기적 산문 구절들의 몇 개는 예레미야 자신의 작품이다. 그중에는 포로 말기 이전의 것일 수가 도저히 없는 3:14-17과 같은 구절들도 있다. 이 구절들은 예레미야가 BC 605년에 바룩에게 받아 쓰도록 했던 두루마리에서 발견된다.

5. 예언의 순수성

상기의 본서에 관한 두 가지 저작설에서 알 수 있듯이 어떤 학자들은 본 예언서의 전부를 예레이야에게 귀착시키지 않는다. 그러나 예레미야의 것이나 혹은 아니라고 함에도 대부분 상당한 의견 차이가 있다. 예컨대 둠(Duhm)은 이렇게 말한다(그의 주석은 가장 비판적인 것의 하나이지만) 전권의 약 2/3가 후기의 삽입자들의 작품으로 그들의 노고는 BC 1세기까지도 계속되었다고 말했다.

10:1-16과 17-19:27은 일반적으로 예레미야의 것임이 부인된다. 예컨대 코르닐(Cornill)은, 9:26은 10:17에서 계속되며 그 중간 구절들은 본래 자리에 있지 않다고 생각한다. 한 걸음 더 나아가서 그것들은 이사야의 후기 부분에 있는 구절들에 의존한 것으로 볼 수 있으므로 그것을 삽입된 것으로 간주할 수 있다고 그는 믿는다. 그러나 삽입절을, 본서의 내용이 예레미야의 방식으로 배열된 것과 관련지어 적용할 때 아주 곤란한 점이 있다. 우리로서는 어떤 실질적 삽입의 증거가 있다거나 이사야와 이 구절들을 관련지어 생각함으로써 이사야서의 이른 연대 저작설(이사야서의 저작 연대를 보수 신학자들은 BC 700년경으로 보고 있는데 이것을 이른 연대 저작설이라 하며, 비판학자들은 BC 500년 혹은 400년경에 썼다는 의견을 주장하는데 이것을 늦은 연대 저작설이라 한다. - 편집자 주)에 대해 의의를 가진다고 볼 수는 없다. 코르닐은 더 나아가 30장과 31장이 예레미야의 것임을 의심하고 33장에 관해서는 전혀 부인한다. 그는 또한 이방 국가에 대한 신탁적 말씀은 이미 이루어진 것이라고 말한다. 50장과 51장은 실지에 있어 보수주의자들을 제외하고는 예레미야의 것임이 부인된다.

6. 예레미야 예언들의 배열

언뜻 보기에도 본 예언서의 내용이 서구적 사고의 논리적 순서로 정돈되어 있지 않음은 분명하다. 본서에는 강한 계획성이 있음은 사실이다. 그러므로 1-25장은 유다에 대한 재앙 및 축복을 내포한 예언들로서 그 자체가 하나의 단일성을 형성한다. 그러나 그 순서와 배열은 엄밀히 말할 때 연대기적인 것이 아니다. 또다시 26-45장은 선지자의 사생활을 취급함으로써 단일성을 이루고 있다 많은 비평가들은 이것들을 본 선지자에게 귀착시킬 것을 거절한다. 그러나 그 장들이 그의 것임을 부인할 충분한 이유는 없다. 46-51장 역시 단일성을 이루고 있으며 다른 나라에 대한 예언들이다. 마지막으로 52장에는 역사적인 부록이 있다. 그러므로 본서에는 강한 통일성이 있다.

그렇지만 어떤 구절들은 왜 문제가 되는 꼭 그런 장소에 나타나는지 알기 어렵다. 이 예언들이 왜 이와 같은 순서로 되어 있는가? 이 질문에 답해서 기억해야 할 사항은 성경 저자의 개인적, 국가적, 종족적인 특징이 성경 저작에 있어서 하나님의 보호와 지도를 받았다는 점이다. 지금 이 저자들은 동양인들이고 동양의 저서들은 마치 동양적인 것을 특징짓는 듯 논리적이고 범주적인 배열에 항상 그 열정을 발휘하지는 않는다. 코란이 주목할 만한 보기이다. 여기서 예레미야 예언들은 다소 우리에게 산만한 것 같다. 그러나 이 현상은 선지자가 강조하기 위해 '반복'한 데서 생긴다. 예레미야의 주제는 국가의 범죄이며 다가오는 파멸을 순환적으로(recurring) 말한다. 이 책에서 자신의 사상을 엮어 나감에 있어 그는 우리가 이 책을 읽을 때 그러한 인상이 우리에게 뚜렷이 느껴질 때까지 반복에 반복을 거듭한다. 본 예언의 배열에 관한 이런 거론은 70인역(LXX)이 히브리 본문과 현저한 차이가 있다는 사실에서 볼 때 필요한 것이다.

첫째로, 이방 국가에 대한 예언의 배열에 있어 히브리 본문과 70인역이 서로 다르다. LXX에서는 엘람, 애굽, 바벨론, 필리스티아 - 뵈니게(Philistia - Phoenicia), 에돔, 암몬, 게달 - 하솔(Kedar - Hazor), 다메섹과 모압의 순서로 나타난다. 더욱이 그것들은 다른 장소에서 나타난다. 즉, 25:13 바로 뒤이다. 이 분류가 왜 채용되었는가를 말하기는 곤란하다. 엘람(역자들에 의하면 페르시아로 생각된다.)은 처음에 배열되었는데 그 이웃은 당시 페르시아가 세계의 주도국이었던 때문이다. 다음 바벨론이 애굽 다음에 놓일 수 있었던 것은 애굽 - 바벨론이 어디서나 하나님의 백성을 대적하는 권력 조합으로 나타나기 때문이다.

둘째로, LXX에서는 히브리 어에서보다 한층 더 짧게 되어 있다. 사실 약 1/8

(약 2,700 단어 : 6, 7장)이나 짧은 것이다.

이 차이는 어떻게 설명될 것인가? LXX은 원본을 나타냄으로(workman) 히브리 어 본문보다 우수하다고 주장되어 왔다. 그러나 사실 전체적으로 볼 때 히브리 어 본문이 더 우수하다. 어떤 경우에선 LXX이 더 훌륭하다고 할 수 있으나 이것은 드문 일인 것이다. LXX 번역자들은 알렉산더의 유대인으로 틀림없이 헬라 철학의 영향을 받았을 것이다. 그러므로 그들은 심사숙고한 끝에 예언들을 더욱 논리적인 배열이라고 생각되는 방향으로 소개하려 했다.

그들은 분명히 그러한 생각에 감동을 받았다. 예컨대 '만군의 여호와'란 구절에서 '만군의'란 말은 LXX에서는 대개 생략되었다. 또 '선지자 엘리야'란 구절에서도 '선지자'란 말이 생략되었다.

하여튼 원문에 대해 두 교정본을 이야기한다는 것은 확실히 곤란하고 LXX에 우선권을 주기도 확실히 곤란하다.

7. 본서의 목적

예레미야 선교의 목적은 여호와께서 그의 선지 소명 시에 하신 말씀에 표현된다. 예레미야 메시지에 일관된 대주제는 유대에 대한 심판이다. 이 심판은 북쪽 군대(바벨론인들)를 통한 징계의 형태로 나타난다. 더욱이 이 형벌은 가까운 장래에 올 것이며 백성은 형벌을 받아 마땅함이 진술된다. 그 형벌들은 여호와를 버리고 우상을 숭배한 데 대한 것이다. 선민에 대한 이러한 경고에 덧붙여 메시지가 신정 정치의 대적들에게 직결되고 있다.

그러나 위협과 형벌의 어두운 배경에 맞서서 전 구약 중 가장 영광스럽게 오실 메시야에 대한 예언이 약간 나타난다. 전 시대의 이사야와 같이 예레미야 역시 그리스도의 날을 보도록 허락되었다. 이 약속들은 경고의 배경과 분리되지 않는다. 그것들은 오히려 국가의 회개를 촉구하는 역할을 한다. 예를 들면 패역한 백성과 자비의 변론을 하신 후 여호와께서는 선지자의 입을 통하여 "나 여호와가 말하노라 패역한 자식들아 돌아오라."라고 말씀하신다. 그리고 나서 약속이 뒤따르는데 "너희가 이 땅에 번성하여 많아질 때는 사람이 여호와의 언약궤를 다시는 말하지 아니할 것이요 생각지 아니할 것이요 기억지 아니할 것이요 찾지 아니할 것이요 만들지 아니할 것이며 그때에 예루살렘이 여호와의 보좌라 일컬음이 되며 열방이 그리로 모이리니 곧 여호와의 이름으로 인하여 예루살렘에 모이고 다시는 그들이 악하고 강퍅한 마음으로 행치 아니할 것이다."(렘

3:16-17)라고 말씀하신다.

23장에서는 의로운 가지에 대한 약속을 볼 수 있는데 그것이 31장과 33장에 다시 나타난다. 예레미야에게 하신 이 메시아 약속의 절정은 아마 다음의 것이리라. "그날에 유다가 구원을 얻겠고 예루살렘이 안전히 거할 것이며 그 성은 여호와 우리의 의라 일컬음을 입으리라."(렘 33:16) 이 예언은 그들의 죄 때문에 깨어질 수밖에 없는 신정 정치에 대한 하나님의 위대한 경고의 말씀이다. 땅의 성읍이 파멸될 것이나 언젠가는 여호와 우리의 의가 안전히 거할 것이다.

예레미야에 관한 특수 문헌

Oswald T. Allis : "A Modernistic View of Jeremiah," in *PTR,* Vol. 23, 1925, pp. 82-132(a review of G. A. Smith's Baird lecture, see below).

Aage Bentzen : *Die Josianische Reform und ihre Voraussetzungen,* Kopenhagen, 1926.

T. Crouther Gordon : *The Rebel Prophet. Studies in the Personality of Jeremiah,* London, 1931.

Friedrich Horst : *Die Anfaenge des Propheten Jeremia,* Giessen, 1923.

W. F. Lofthouse : *Jeremiah and the New Covenant,* London, 1925.

John Skinner : *Prophecy and Religion : Studies in the Life of Jeremiah,* Cambridge, 1936.

Sir George Adam Smith : *Jeremiah : Being the Baird Lecture for* 1922, New York, 1924.

Alexander Stewart : "Jeremiah-the Man and His Message," in *PTR,* Vol. 26, 1927, pp.1-40.

Geerhardus Vos: "Jeremiah's Plaint and its Answer," in *PTR,* Vol. 26, 1928, pp.481-495.

Adam C. Welch : *Jeremiah : His Time and His Work,* Oxford, 1928.

제 14 장

에스겔(EZEKIEL)

1. 명 칭

히브리 본문에서는 선지자의 명칭이 "예헤즈켈(יְחֶזְקֵאל)"로 나타나며 그것은 "하나님이 힘 주시다."(하나님 강하게 하소서)라는 뜻이다. LXX에서는 "예제키엘('Ιεζεκίηλ)"로 나타나며 라틴 벌게이트역에서는 에제키엘(Ezechiel)로 나타나는데 여기서 영어의 번역(Ezekiel)이 유래되었다.

2. 저 자

「바바 바트라(Baba Bathra) 15a」에서 우리는 "큰 회당의 사람들이 에스겔과 12서를 기록했다."라고 말한 것을 읽는다. 본서 저작에 관한 다른 고대의 서술은 요세푸스(Antiquities X:5:1)에서 발견된다. 즉, "그러나 그(예레미야)가 백성들에게 (예루살렘의 멸망과 포로 됨)을 예언했을 뿐 아니라 선지자 에스겔이 이 일에 대해서 두 책을 처음으로 기록했고 그것들을 그 자손들을 위하여 남겼다."라고 한다.

구절은 다소 애매해서 논의를 일으킨다. 요세푸스가 "두 책"이라고 한 의도는 아마도 겔 1-32장과 33-48장이었을 것이다. 제롬 역시 본 예언의 통일성과 준수성에 대해 의심을 표명했다.

근래에 이르기까지 에스겔 자신이 본서의 저자이며 또한 본 예언의 배열에 책임이 있다는 데 대해 별다른 의심이 없었다. 코르닐은 다음과 같이 말한다. "이 모든 기록들을 에스겔이 저작했으며 25 년에 걸쳐 그의 책 전권을 고심한 끝에 완성했다. 그러나 이 목적을 위해 그 자신은 더 일찍부터(어떤 경우에는 아주 일찍이) 비망록을 이용했을 것이라는 의견을 내릴 수밖에 없다. 그것이 본질적으로 변경되지 않고 남아 있다."(英譯, 『총론』, 1907. p. 318).

그리고 드라이버는 "어떤 비평적 문제도 본서의 저작성에 관계되어서는 일어나지 않으며 처음부터 끝까지 전권이 분명히 단일한 마음의 흔적을 가진다."(*LOT*, p. 279)라고 했다. 실제로 전권의 저작이 에스겔로 말미암은 것이라는 주장이 더 힘이 있다. 본서는 자서전적이며 일인칭 단수가 사용되었다. 더욱이 예언의 많은 부분에 날짜가 나타나며 지방색이 있다. 전체적으로 나타나는 사상과 배열의 유사성은 이 책이 전부 한마음의 작품임을 분명하게 한다. 여기서 우리는 에스겔이 본서의 저자라는 견해를 확실히 지지할 수 있다. 쿠크(Cooke)가 그의 최후의 학적 주석의 하나에서 에스겔이 본서의 저자라고 한 주장은 우리의 관심을 끌게 한다.

3. 에스겔서에 관한 문체 비평사

상기 바바 바트라의 인용 구절은 실제로 본서의 에스겔 저작 사실을 부인하지 않는다. 그것은 큰 회당의 사람들이 본서를 편집하고 복사했다는 것 이외 다른 것을 가르치지 않는다. 샴마이(Shammai) 학파는 본서의 가르침이 모세 율법과 조화되지 아니하며 처음 10 장까지는 노스틱주의 경향을 나타낸다고 생각한다. 여기서 그들은 그것을 가경으로 간주했다. 그러나 히스기야의 아들 랍비 하나냐(Hananyah)는 본서를 옹호해서 정경에 포함시켰다.

본서의 통일성과 순수성에 관한 최초의 공격은 1756년 외더(G. L. Oeder)의 한 저술에서 비롯되었는데 그것은 1771년에 사후 편집에 의해 출판되었다. 그는 에스겔의 책은 39장에서 끝나고 40-48장은 후대의 부가물이라고 생각했다. 외더의 작품은 그 시대에 만연했던 회의의 사조와 잘 맞다. 거의 백 년 전에 스피노자는 본서가 에스겔의 저작임을 부인했다(*TTP*, p.207).

외더의 작품인 『구약의 유일한 책에 대한 프라이어의 조사(*Freye Untersuchung ueber einige Buecher des Alten Testaments*』(Halle, 1771)는 계속해서 표현되어 온 이 주제를 소개했다(이 출처에 대해서는 필자는 파이퍼에게 은혜를 입고 있지만). 1798년 한 익명의 저자는 『월간 잡지와 영국 호적부(*Monthly Magazine and British Register*)』에서 1-24장을 25-32장의 저자(이 저자를 그는 다니엘이라고 생각했다.)에게 돌리기를 거절했다.

본서에 대한 공격은 19세기 동안에는 본서의 통일성에 대해서가 아니라 그 확실성에 대해서 행해졌다. 레오폴드 준츠(Leopold Zunz)는 그의 『유대의 제사 제도(*Die gottesdienstlichen Vortaege der Juden*』(Berlin, 1832)에서 에스겔서는 초기 페르시아 시대의 산물임을 주장했다. 그러나 후에 그는 에스겔서를 BC 440년-400년 간의 것으로 돌렸다(1873, *ZDMG*, vol. XXVII pp. 676-681). 1857년 아브라함 가이저(A. Geiger)는 『성경의 원본과 번역(*Urschrift und Ubersetzung en der Bibel*』(p.102)에서 준츠가 옳음을 인정했다. 마지막으로 사이네크(L. Seinecke)는 본서를 마카비 시대의 것으로 돌린다(『이스라엘 민족사 : *Geschichte des Volkes Israel*』, 1884).

1900년에 크라츠슈마르(R. Kraetzschmar)는 에스겔서는 예레미야와 이사야의 중간에 살았던 큰 회당의 사람들에 의해 기록되었다는 탈무드 전통에 영향을 받아 주장하기를, 본서는 편집자에 의해 본문을 교정함이 없이 이룩되었다고 한다.

얀(Jahn)은 1905년에 크라츠슈마르의 가설에 반대하여 LXX로부터 본문을 재구성하려고 했다. 그는 서기관들이 난외에다 별항을 삽입했는데 후에 그것이 본문에 합해졌다고 생각했다. 얀은 LXX에 너무 탐닉했다고 하겠다.

헤르만(J. Herrmann, 1908, 1924)은 본서를 에스겔 자신에 의해 번역되고 작성된 소예언들의 수집으로 간주했다. 구스타프 횔셔(Gustav Hoelscher)는 1924년에 에스겔이 너무 오랫동안 비평의 칼을 받지 않았다고 불평했다. 그는 헤르만이 최초의 방법론적 분석을 제시하기는 했으나 본서에서 지나치게 많은 것을 에스겔에게 돌렸다고 반대했다. 에스겔은 어떤 부분만을 저작했고, 남은 것(특히 레위기, 예레미야와 문자적 관계가 있는 것)은 느헤미야 시대에 살았던 후대 편집자에 의한 것이라고 주장했다. 또 그는 이 후대의 편집자는 원래의 에스겔서에다 자신의 관점을 삽입했으며 그 최초 편집 시기는 BC 500-400년이었다고 한다. 횔셔에 따르면 본서 1273 절 중 약 143 절만 에스겔에게 돌린다.

토리(C. C. Torrey, 1930)는 원래의 예언은 BC 약 230년경에 예루살렘에서 기록되었으며 므낫세의 통치하에서 허용된 우상 숭배에 반대하는 것으로 간주한다. 그러므로 그것은 실제에 있어 후대의 여러 세기에 걸쳐 작성된 것이다. 원예언의 출현 후 얼마 오래지 않아 한 편집자가 이 "바벨론 사람 골라(Golah)"의 예언을 덧입히는 작업을 했다. 이 편집자는 예루살렘의 종교적 전통의 옹호를 목적으로 한 문자 운동의 대표자로 간주될 수 있다(*Pseudo-Ezekiel*, p.102).

제임스 스미스(James Smith, 1931) 역시 본 예언이 팔레스타인에게 전달된 것으로 므낫세 시대에 속하는 듯하다고 말한다. 더욱이 그것들은 바벨론이 아닌 므낫세 시대에 북이스라엘의 한 참 선지자에 의해 설토된 것이다.

헤른트리히(Volkmar Herntrich, 1932)는 본서의 이 이야기는 팔레스타인 주민들에게 전해진 것이며 바벨론에 관한 구성은 단순히 포로 시대의 어느 편집자에 의한 것이라고 말했다. 또 본서 전체를 통해 편집에 의한 작품의 흔적이 보이므로 본서의 원형태는 바벨론에서 생겼으며 편집자는 그곳에서 바벨론 신전에 대한 여호와의 통일성 내지 우월성을 증명하려고 했다는 것이다. 외스털리(Oesterley)와 로빈슨(Robinson)은 이 견해를 지지하는 경향이 있다. 대부분의 사람들도 역시 이 견해를 지지하는데 J. Battersby Harford, 1935)와 베르돌레트(Alfred Bertholet)도 마찬가지다. 어윈(William A. Irwin, 1943)은 해부적 과정에 의해 본서 원래의 신탁 말씀을 발견해 보려 했다. 그는 15장 연구로 시작해서 에스겔에게는 별로 그가 저작자라는 사실을 인정하지 않았다. 40-47장은 거절하고 나머지 약 251 절이 전체 혹은 부분적으로 순전히 그의 것으로 받아들였다. 에스겔은 두 번째의 포로들 이송(移送) 때에 바벨론에 갔으며 대부분의 신탁들은 예루살렘에서 작성된 것이라고 한다.

닐스 메셀(Niels Messel, 1945)은 헤른트리히가 포로 추방이 에스겔 생애 중 실제로 일어났으며 정황을 통해 보았다고 제안한 것에 약점이 있다고 지적했다. 메셀에 따르면 그 대상은 바벨론에 있었던 포로민들이 아니고 이미 팔레스타인에 귀환했던 사람들이다. 그러므로 에스겔은 느헤미야 후 시대인 BC 약 400년의 팔레스타인에 속한 사람이며 본서의 재편집 시기는 BC 약 350년에 속한다. 한편 에스겔은 느헤미야의 일을 계속했다. 그의 원수들은 느헤미야의 경우처럼 같은 유대인 중에서 생겼다. 재편집자는 우상 숭배에 대한 에스겔의 투쟁을 더 찾아보려 했다. 이러한 목적에서 그는 그것들을 확장, 정정해서 사용했다.

상기 개괄로 보아 에스겔서에 관한 부정적 비평의 견해가 얼마나 다양한가를 알 수 있다. 이러한 문제들은 전통적 견해 곧 에스겔 자신이 전권을 작성했다는 것으로 가장 잘 해결된다.

4. 목적

에스겔은 예루살렘의 제사장이었으며 아버지는 부지(Buzi)라는 이름을 가진 사람이었다. 여호야긴의 이송과 함께 그 역시 바벨론으로 포로 되어 갔다(1:1). 그곳 그발 강 가의 델아빕이라는 곳에 거주했다(3:15). 에스겔은 결혼하여 가정을 가졌다(24:18). 그의 선지직의 소명은 포로 된 지 5 년 4 개월에 시작되었고(1:1-2), 최후 연대는 27 년 첫 달로 되어 있다(29:17). 이로써 그의 선교는 적어도 22 년 간 행해졌다는 것을 알 수 있다. 예루살렘 포위가 시작되었던 날에 그의 아내가 죽었다(24:1, 15-18). 또 그가 에윌므로닥의 통치 하에 여호야긴 석방을 볼 때까지 살았는지의 여부도 분명치 않다. 그가 바벨론에서 그의 동시대인인 다니엘을 알았을 것이라는 점은 14:14, 20과 28:3에서 분명하다.

에스겔의 사명은 포로민들에게 그들 자신의 죄 때문에 재앙이 임했다는 사실을 각성시켜 주는 것이었다. "범죄하는 그 영혼은 죽으리라."(18:4). 그러므로 본 예언은 개인적 책임에 대한 위대한 교리를 가르치고 있다. 국가의 외형적 형태는 신정 정치라 해도, 선택된 국가라도 계속 죄를 짓는다면 필경은 심판에 이르는 것이다. 그분은 신실하게 만민에게 구원을 주신다. "돌아오라 돌아오라 너희가 왜 죽음의 길로 가느냐?" 언젠가 이스라엘은 자기 땅에 다시 모일 것이고 한 왕이 일어날 것이다. 그리고 여호와에 대한 참된 경배가 있을 것이며 그때에 그 성을 "여호와 삼마(여호와께서 그곳에 계시다.)"(48:35)라 불릴 것이다. 이렇게 본서는 하나님의 영원한 목적에 대한 자신의 신실성을 계시하고 있다. 죄짓는 국가는 망할 것이다. 그러나 하나님은 자기 백성을 버리지 않는다는 것이다.

5. 분해

1) 예루살렘 멸망 전에 외친 예언들(1:1-24:27)

(1) 1:1-3:21 ▸ 서론

선지자가 여호야긴의 포로 제5 년(약 BC 592)에 어떻게 이상을 받았으며 어떻게 여호와의 장엄함을 보았는지 말해 준다.

1:1에 그가 30 년을 언급하는데 이것은 요시야의 종교 개혁 후 30 년이라고 이야기되어 왔다. 어떤 이들은 그것이 느부갓네살의 부친 나보폴라살(Nabopolassar)이 등극한 지 30 년 되는 해라고 말한다. 그렇지만 이 견해가 1:2에 의해 반박되는데 여기에서는 여호야긴 포로 5년이라고 말한다. 그러므로 "30 년"이란 구절은 선지 생활 30 년을 말하는 것으로 생각할 수 있는데 이것이 옳다면 에스겔은 아마도 나보폴라살이 등극한 직후에 탄생하였다. 그러므로 그가 다니엘보다 5 살 더 많다고 말할 수도 없지 않다.

회오리바람이 북쪽에서 다가오는데 이는 국가에 대한 심판이 북쪽에서 옴을 가르친다. 신의 현현 후 신의 소명이 내린다. 에스겔은 델아빕(Tel Abib)에 가서 그곳에서 7 일 간 기다렸다(3:15). 그때 선교를 시작하라는 소명이 온다. 그의 직책의 특징은 3:17에 기록된 대로 그는 "이스라엘 족속의 파수꾼"이다.

(2) 3:22-27 ▸ 여호와의 영광을 본 두 번째 환상

(3) 4:1-7:27 ▸ 상징적 행동에 의한 예루살렘 멸망의 서술

① 4:1-3 ▸ 에스겔은 예루살렘 포위를 상징적으로 나타내려 한다.

② 4:4-8 ▸ 좌편으로 눕는 것에 의해 그는 국가의 죄악에 대한 형벌을 알리려고 한다.

③ 4:9-17 ▸ 그가 먹는 음식의 종류로 포위의 결과(기근)를 말하려 한다.

④ 5:1-4 ▸ 그는 성(城)의 주민들이 어떻게 될 것인가를 상징적으로 보인다.

⑤ 5:5-17 ▸ 선지자가 백성의 죄악을 분명히 설명한다.

⑥ 6, 7장 ▸ 두 가지 신탁의 말씀인데 우상 섬기는 국가에 대한 심판과 마지막 왕국 전체에 대한 심판이다.

(4) 8:1-8 ▸ 우상 숭배의 환상과 심판 예고

6년 6월 5일(BC 591 8, 9월)에 선지자가 영적으로 예루살렘에 이송되어(투기의 우상과 성전 안의 우상 숭배의) 환상을 봄(그리고 그 우상 숭배자인 유다에 대한 심판 예고).

(5) 9:1-11:25 ▸ 예루살렘에 대한 형벌과 여호와의 영광이 떠남

여호와의 사역자가 남은 모든 자를 멸하기 위해 성을 지나감과 그가 성전에서 최후의 출발을 위해 준비함. 불경건한 통치자는 결국 망할 것이다.

(6) 12:1-14:23 ▸ 여호와께서 반역하는 족속의 불신과 거짓 선지자들 때문에 성을 버림

(7) 15:1-17:24 ▸ 형벌의 확실함과 필연성

(8) 18:1-32 ▸ 죄인을 향한 하나님의 사랑

(9) 19:1-14 ▸ 이스라엘 방백들에 대한 애가

(10) 20:1-24:21 ▸ 성의 몰락 전에 최후로 경고하는 말씀

2) 외국 국가들에 대해 외친 심판의 예언들(25:1-32:32)

① 25:1-7 ▸ 암몬 ② 25:8-11 ▸ 모압 ③ 25:12-14 ▸ 에돔 ④ 25:15-17 ▸ 블레셋
⑤ 26:1-28:19 ▸ 두로 ⑥ 28:20-26 ▸ 시돈 ⑦ 29:1-32:32 ▸ 애굽

3) 예루살렘 사람이 사로잡혀 간 후의 회복에 관한 예언들(33:1-48:35)

(1) 33:1-22 ▸ 새 언약 및 죄인에 대한 하나님의 사랑과 선지자의 사역에 대한 공식적인 교훈

(2) 34:1-31 ▸ 백성들이 여호와의 뜻을 깨달으며 그들 중에 참 선지자가 있

을 때가 올 것임

(3) 35:1-15 ▶ 에돔의 황폐

(4) 36:1-38 ▶ 이스라엘 백성의 회복

(5) 37:1-28 ▶ 마른 뼈의 환상 및 이스라엘 회복의 상징

(6) 38:1-38:29 ▶ 곡과 마곡에 대한 예언

위의 예언 다음에는 곧 에스겔의 마른 뼈 환상과 이스라엘의 자녀들이 그들의 땅으로 돌아오며 그곳에서 다윗은 그들의 왕이 되고 그들은 참으로 하나님의 백성이 될 것이며 하나님은 그들의 하나님이 될 것이요 이 상태는 영원히 지속될 것이라는 영광스러운 예언이 나온다.

필자의 견해로는 이 세 장(37, 38, 39)은 하나의 단위를 형성하고 있는 것 같다. 그러므로 37장을 읽으면 우리 마음에 어떤 의문이 떠오른다. 즉, 하나님의 백성을 정복하고 파멸시켜서 하나님에게서 끊어 버리려는 어떤 원수가 있을 수 있겠는가? 이 질문에 대한 해답을 발견하기 위해서는 38장과 39장으로 돌아가야 한다. 그런 원수들이 존재할 것이고 세력을 불릴 것이나 여호와는 자기 백성을 기억하신다. 왜냐하면 여호와는 그들과 깨뜨릴 수 없는 영원한 언약을 맺으셨기 때문이다. 그래서 그들의 원수를 하나님이 전적으로 멸하실 것이다. 본 예언은 무엇보다도 하나님의 백성에 대한 위안의 메시지이다.

에스겔은 그 원수가 나타날 때를 우리에게 말해 준다. 그 때는 "여러 날"(38:8), "말년에"(38:8) 또는 "끝 날에"(38:16)로 표현된다. 이 구절들이 우선적으로는 현재의 신약 시대를 가르치며 우리 주님의 지상 출현의 시기로 알려져 있다. 이것과 관계해서 다음 신약 구절들을 읽어 보라. 행 2:17, 히 1:1-2, 벧전 1:20, 요일 2:18, 유 18 등은 "이날의 마지막에" "마지막 날에" 등등과 같은 구절을 사용한다.

그러므로 이 마지막 날이 오고 이스라엘이 다시 그들의 고향 땅에 건설될 때 다시 말하면 약속된 메시야가 나타나고 하나님의 장막이 사람들 가운데 거하고(38:8) 하나님의 성육하신 아들이 십자가 위에서 우리의 평화를 이루었을 때에는 그가 대속해 주심으로 죄 사함을 받은 자들을 멸망시키려 하는 잔인한 원수들이 나타날 것이다. 실로 지옥의 문전에서도 교회를 대적하려는 세력이 만연할 것이나 하나님은 신이시므로 자기 백성의 원수들을 결국은 멸망시킬 것이다. 그를 통해서 오직 그를 통해서만 구속된 자들은 이길 수 있을 것이다.

그러나 에스겔은 이 진리를 어떻게 나타내는가? 분명히 신약 어휘를 그 매개체로 사용하지는 않는다. 그는 결국 구약 선지자이기 때문이다. 그래서 그는 구약 선지자식(式)으로 말했고 그 진리를 표현하는 매개물로 자기 시대의 사상 체계를 사용했다. 특별히 그는 이 목적을 위하여서 상징(imagery)을 사용했다. 심지어 약속된 구속자가 온 후에도 원수들이 하나님의 백성을 공격할 것이라는 사실을(어마어마한 동맹을 한 악의 무리를 표현하기 위한 상징으로 그가 알고 있던 그 시대 국가들의 이름을 사용하지 않고도) 어떻게 하면 더 잘 전달할 수 있겠는가. 그는 "이스라엘의 산 위에" 있는 하나님의 백성을 멸망시키려고 노력한 당대 국가들의 동맹의 굉장한 모습을 사용한다. 곡(Gog)을 우두머리로 한 이 동맹은 하나님의 구속된 백성을 적대하는 자들의 뭉친 세력을 나타낸다. 그러나 그들의 굉장한 노력에도 불구하고 원수들은 수치스럽게 패배한다. 실로 그들의 패배가 너무나 불명예스럽고 완패이기 때문에 에스겔은 상징적 표현으로 이스라엘이 그들의 무기를 불태우는 데 7 년이 걸리며 그 시체를 장사하는 데 7 개월 걸릴 것이라고 했다(39:9, 12). 그러므로 하나님의 백성이 참으로 확신할 수 있는 것은 하나님은 그 모든 악에서 그들을 결국 보호하신다는 사실이다.

에스겔이 이스라엘의 적대 동맹에 참가했다고 지적하는 국가들은 어느 나라인가? 이에 대해 확실히 답변하기란 어려운 일이다. 이 모든 국가들은 확실한 것으로 확인하기란 어려우며 그 참 정체에 대해서는 경건한 성경학자들 사이에도 매우 불일치한다. 에스겔은 음모자의 우두머리로 가가이아(Gagaia)를 세움으로써 갈그미스를 염두에 두었던 것 같다. 가가이아(Gagaia) 땅에 관해서 에스겔은 곡(Gog)과 마곡(Magog)의 이름을 내세우는 듯하다. 다음에 그는 가가이아에 가까이 있었던 국가들 곧 모춰와 티발레니(메섹과 두발)을 선택한다. 그 다음에는 백성들에게 잘 알려진 나라 순서대로 원근 국가들 페르시아, 에티오피아, 풋토(아마도 동 아프리카), 고멜(아마 킴메리안인들)과 토갈마(아르메니아에 해당하는 고대 지역인 듯)를 언급한다. 이 국가들은 단지 상징으로 사용되었으며 에스겔은 이로써 하나님의 구속된 백성들의 능력과 힘을 묘사하려 했다. 그러므로 본 예언은 어느 사람에게만 한정된 특수한 역사적 사건을 가르치지는 않는다. 또 그렇게 의도하지도 않았다. 이런 까닭에 오늘날 세계에서도 일어나는 사건에서 이 예언의 성취를 찾으려 함은 그 초점을 전혀 잘못 둔 것이다.

또한 그것을 진행 과정상으로 쓰인 역사로 취급하려는 것은 그 참된 성격에 대한 무지를 말하는 것이다. 반면에 본 예언이 바르게 이해될 때 그 위로가 얼마나 크며 또 우리를 넘어뜨리려는 계획과 권세들이 얼마나 강한 것인가 하는 것이 우리 기독자들에게 분명히 계시된다. 그리고 원수들이 강한 것은 다만 우리

하나님이 얼마나 더 강한가를 계시하는 것이기 때문에 이러한 사실들은 우리를 낙담시키지 않는다. "그들의 반석은 우리의 반석과 같지 않다." 곡과 마곡의 이름과 더불어 이 위로의 예언은 그 마지막 아홉 장에 계시되는 영광스런 비전의 길을 예비해 주는 것이다.

(7) 40:1-48:35 ▸ 성전에 대한 기술로 상징화된 지상의 하나님 교회에 대한 비전

본 장들의 해석은 선지자의 선교가 포로민들에게 위로를 주어 다가오는 구원을 그들에게 상기시키는 것이라고 할 수 있다. 포로 생활은 실로 그들의 죄에 대한 형벌이었으나 그 포로 생활도 날수가 정해져 있다. 하나님은 당신의 약속을 잊지 않으셨으므로 이스라엘이 고국 땅에 돌아와서 여호와를 신령과 진리로 경배할 날이 올 것이다. 에스겔은 이 사실을 어떤 방법으로 백성에게 내었을까? 제사장이며 선지자인 그는 이 진실을 제사 의식에서 선택한 상징들을 사용해서 나타내었다. 여기서 그는 성전과 그 경배에 대해 매우 상세하게, 그리고 이 기술들을 문자적으로 받아들여 매우 상세하게 묘사하고 있다. 선지자는 이 기술들을 문자적으로 받아들여지지 않도록 했음이 분명하다. 그는 분명히 비유적 혹은 상징적 언어들을 사용하고 있다. 문자적으로 그의 지시에 따르려는 모든 의도는 난관에 봉착하게 된다. 예컨대 48장의 문자적 구성은 예루살렘 성 밖에 성전을 두는 결과가 된다. 모든 기술은(40-48장) 본 예언의 최후의 말인 여호와께서 거기 계시다는 문장으로 뚜렷한 절정에 이른다. 이것이 모든 진술의 핵심이다. 선지자는 여호와를 참되게 경배할 때가 있음을 예언하고 있다. 지상 성전에서일까? 아니다. 왜냐하면 선지자는 지상의 대제사장을 언급하고 있지 않기 때문이다. 그러나 신령과 진정으로 예배할 때가 있다. 바꾸어 말하면 이 상세한 표현은 메시야 시대의 환상이며 여호와께서 자기 백성 가운데에 거주한다는 것이 이 환상의 주요한 특징이다.

우리에게는 이 진리를 진술하는 방법이 이상하게 느껴질지 모른다. 아마도 직접적인 서사적 산문을 사용해야만 했을 것이다. 그러나 우리가 잊지 말아야 할 점은 구약 예언들은 종종 음울한 대화나 비유적 언어를 사용했다는 것이다. 그들은 옛 언약에 대해 그림자적 모습으로 말했다. 그러나 그들은 그리스도에 관해서 말했고 에스겔 역시 이 이상한 상징으로 그리스도에 관해 말하고 있다. 이로써 그는 오경과 상위(相違)하지 않으며 또한 천 년 왕국 동안에 있을 역사적 성전을 기술하지도 않는다. 그는 자신의 특유한 방식으로 예수 그리스도를 잘 전파하였다.

에스겔서에 관한 특수 문헌

James Oscar Boyd : "Ezekiel and the Modern Dating of the Pentateuch," in *PTR,* Vol. VI, 1908, pp.29-51.

Millar Burrows : *The Literary Relations of Ezekiel,* Philadelphia, 1925.

C. H. Cornill : *Der Prophet Ezechiel,* Heidelberg, 1882.

Lorenz Duerr : *Die Stellung des Propheten Ezechiel in der Israelitisch-juedischen Apokalyptik,* Muenster, 1923.

John Battersby Harford : *Studies in the Book of Ezekiel,* Cambridge, 1935.

Volkmar Herntrich : *Ezekielprobleme,* 1932.

J. Herrmann : *Ezechiel-Studien,* 1908.

Gustav Hoelscher : *Hesekiel : Der Dichter und das Buch ; Eine Literarkritische Untersuchung,* Giessen, 1924.

G. Jahn : *Das Buch Ezechiel Auf Grund der Septuaginta Hergestellt,* Leipzig, 1905.

R. Kraetzschmar : *Das Buch Ezechiel,* 1900.

C. M. Mackay : "The City and the Sanctuary," "Ezekiel's Sanctuary and Wellhausen's Theory," in *PTR,* Vol XX, 1922, p.399-417 and 661-665 respectively; "The City of Ezekiel's Oblation," *PTR,* Vol, XXI, 1923, pp. 372-388 : "Ezekiel's Division of Palestine Among the Tribes," *PTR,* Vol. 22, 1924, pp. 27-45.

James Smith : *The Book of the Prophet Ezekiel : A New Interpretation,* London, 1931.

Charles Cutler Torrey : *Pseudo-Ezekiel and the Original Prophecy,* New Heaven, 1930.

제 15 장

12 소선지서

일찍이 외경 중의 『에클레시아스티커스(Ecclesiasticus)』에서 벌써 12 소선지서들이 한 그룹으로 되어 있었다(49:12). 요세푸스에 의해서도 분명히 그렇게 간주되었다(『아비온을 대적해서』 1:8:3). 「바바 바트라 15a」은 대회당의 사람들이 12서를 기록했다고 진술하며 초기 교부들은 이들을 「12서」 혹은 「12 선지자의 책」이라 불렀다. 70인역의 사본에서는 그 순서가 좀 다른데 첫 6 권은 다음과 같다. 호세아, 아모스, 미가, 요엘, 오바댜, 요나 등의 순이다. 호세아서는 아마도 가장 길기 때문에 처음에 둔 것으로 보이나 다른 책의 배열을 설명하기는 어렵다. 더욱이 어떤 사본에는 「12 소선지서」가 「대선지서」 앞에 놓여 있다. 아마도 히브리 정경에서는 연대기적인 배려가 「12 소선지서」의 배열을 지배한 것으로 보인다. 그러나 실제로 호세아가 첫째이다. 호세아로 말미암은 여호와의 말씀의 시작이라고 기록되어 있기 때문이다. "그러면 그가 호세아와 처음으로 말씀하셨던가? 모세로부터 호세아까지 많은 선지자들이 있지 않았는가?」라고 랍비 요한나는 말했다. 호세아는, 호세아 · 이사야 · 아모스 · 미가의 시대에 예언했던 4 선지자 중 첫째였다. 호세아를 머리에 두지 아니했는가?

이에 대한 답은 그의 예언들은 학개 · 스가랴 · 말라기와 나란히 두어졌고, 학개 · 스가랴 · 말라기는 최후의 선지자들이었다. 그래서 그들과 함께 간주되고 있는 것이다. 그것은 부분적으로 기록되어야 했고 머리에 두어야 했을 것이나 너무 짧아서 상실될 수도 있었다(바바 바트라 14b). 여기서 탈무드에 따르면 12세기에는 이사야와 거의 동시대적인 가장 오랜 세 가지 예언이 있다는 것이다. 이것은 그 수집이 늦게 이루어졌을 것이다. 다른 것들은 분명히 성전 파괴 전에 예언했던 것으로 간주되어 수집물의 중간에 두었다. 그러나 지나치게는 이 탈무드 전통을 믿지 않아야 한다. 우리는 사실 이 12 저서의 배열이 왜 이렇게 채택되었는지를 알 수 없다.

1 호세아

1. 명 칭

히브리 성경에서 본서는 선지자 "호세아(호세아 : הוֹשֵׁעַ = 구원)"의 이름을 따라 작명되었다. 헬라 어로는 이것이 호세에(Ὡσηέ)로, 라틴 어에서는 Osee로 나타난다.

2. 저 자

본서 전권(全卷)은 선지자 자신의 작품이다. 그의 활약은 이사야의 생존 시기에 행해졌다. 호세아는 브에리의 아들이었고 10 지파 왕국(북이스라엘)에서 예언했다.

어떤 학자들은 본서의 여러 부분이 호세아의 것임을 부인한다. 예컨대 폴츠(Volz), 마르티(Marti)는 11:8-11 혹은 14:2, 9와 같은 축복 또는 구원의 예언들을 그의 작품으로 보지 않는다. 호세아의 것임이 종종 부인되는 두 번째 타입으로 그 외에도 남쪽 나라에 관한 약간의 언급을 포함하고 있는 구절들이다. 그러므로 마르티, 노와크(Nowack)와 그 밖에 또 다른 이들은 이러한 구절들을(약간의 예외는 있지만) 두 번째 삽입으로 생각한다. 이러한 낡은 견해들이 분명히 씌여 있다.

그러나 요사이는 이 경향에 대해 수정이 가해지는 듯하다. 아이스펠트(Eissfeldt)는 지적하기를 본서의 매우 순수한 부분에서도(1-3장) 형벌 후의 구원에 대한 언급은 있다고 했다. 그는 유다에 관한 모든 언급이 호세아의 것임이 부인되어서는 안 된다는 것을 보여 주기 위해 5:8-6:6에 호소한다. 아이스펠트는 다음 것 곧 4:3, 9; 7:10; 14:10과 12장의 부분들을 주요 어구 주석(語句註釋)으로 간주한다. 벤트젠(Bentzen)도 아이스펠트와 근본적으로 같은 입장을 취한다.

그러나 본 예언 중의 어떤 것도 호세아의 것이 아니라고 주장할 충분한 이유는 없다. 그가 유다에 대해 언급한 것으로 예상할 수 있는 것은 그가 분명히 북쪽의 왕국을 찬탈자로 간주하기 때문이다. 이러한 관점에 비추어 보아(3:5 비교) 우리는 그가 자기의 예언의 날짜를 남쪽의 왕국 통치자에 따라 측정한 것을 이해할 수 있다.

3. 목 적

패역한 북쪽 10 지파에 대해 하나님의 은혜가 호세아의 사역으로 나타난다. 이 10 지파에 멸망의 기운이 무르익어 가자 선지자가 보냄을 받는다. 그의 주목적은 죄 많은 패역한 국가에 대한 하나님의 사랑을 보여 주는 것이었다. 그는 영적 우상 숭배로 범죄한 국가를 불신실한 아내로 상징하였다. 그리고 백성들에게 불경건한 길에서 회개하여 돌아올 것을 간청한다. 이스라엘이 오랫동안 비정상적 상태에 있을 것이나 정결케 될 날이 다시 와야 한다. 그때는 포로 이후이며 자비가 다시 나타날 것이다.

호세아의 소명은 아마도 여러보암 2세의 통치 말엽에 일어났던 일일 것이다. 그는 분명히 왕국의 최후의 날, 멸망의 날, 이스라엘이 멸망되고 포로 되어 떠날 날을 예언했다.

4. 분 해

1) 하나님과 자기 백성의 관계(1:1-3:5)

❐ 호세아의 결혼 ❐

호세아의 예언을 연구할 때 독자는 곧 놀라운 문제에 부닥친다. 선지자는 여호와의 명령 곧 "가서 음란한 아내를 취하여 음란한 자식을 낳으라 이 나라가 여호와를 떠나 크게 행음함이니라."는 명령을 받음으로써 그의 메시지를 시작한다. 언뜻 보기에는 호세아는 어떤 나쁜 짓을 행하도록 명령을 받은 듯이 여겨진다. 여호와의 명령에 따라 호세아는 고멜과 결혼하였으며 그녀는 자기에게 몇 자녀를 낳아 주었다고 말한다. 각 자녀들의 이름은 상징적이며 교훈의 대상이 된다. 여컨대 그 하나는 로암미(나의 백성이 아님)라고 불러졌고, 이 이름은 여호와의 메시지 곧 "너희는 나의 백성이 아니라."라는 말에 대한 상징이다.

(1) 문자적인 사실혼이라는 견해

본 예언의 첫 세 장은 전체적으로 가냘픈 슬픔의 음조가 흐르고 있다. 그래서 크리스천 주석가들은 본 예언의 정확한 의미를 나타내기를 주저해 왔다. 몇몇 경건한 성경학자들은 이 일들이 실제적으로 일어난 사건으로 이해한다. 그래서 호세아는 여기의 해석처럼 음녀의 자식이라 이름한 자식들을 낳아 주었다. 아기가 태어날 때마다 호세아는 하나님이 자기에게 준 메시지를 백성에게 선포할 기회를 포착했다. 예를 들면 호세아의 작은 딸이 태어났을 때 그는 아이의 이름을 로루하마(자비가 다시 나타나지 아니함)라 불렀고, 그 기회를 통해 이스라엘에게 "내가 다시는 이스라엘 족속을 긍휼히 여겨서 사하지 않을 것임이니라."(호 1:6)라는 말씀을 전한 것이다. 이 역사적 해석을 뒷받침하는 말이 많았었다.

그 한 가지는 본 예언이 직설적인 이야기로 엮어졌다는 것이다. 첫눈에 우리는 이 일들이 실지로 있었던 사건으로 이해되는 인상을 받는다. 그래서 많은 주석가들이 이 점에 있어서 역사적 해답을 지지하는 데에 이해는 동일하다.

(2) 사실혼을 인정할 때 야기되는 문제

그러나 그 구절을 계속 살펴볼 때 몇 가지 문제가 생긴다. 이 문제들은 매우 중요한 것이므로 가볍게 스쳐 지나갈 수 가 없다.

① **도덕적인 문제 :** 한 가지는 만약 호세아가 실제로 음녀와 결혼했다면 그는 그 행동 때문에 자기 선교의 효과를 파괴하지나 않았을까? 더 솔직히 말한다면 오늘날 복음을 위한 사역자가 방종한 여자와 결합한다면 사람들은 그를 바로 보지 않을 것이 아니겠는가? 호세아의 경우가 그럴 것이다. 만약 그가 그러한 부인과 사실로 결혼했다면 사람들은 그의 말 듣기를 거절하지 않았겠는가? 이 생각은 상당히 신중하므로 간과할 수가 없다.

② **시간적인 문제 :** 또 한 가지는 이 예언에 있어 시간적 문제가 선지자의 예언의 효과를 파괴하지 않았을까? 많은 달(月)이 첫아기의 출생 전에 지나갔다. 이 아기의 출생 시에 선지자는 메시지를 말했다. 이것과 선지자의 결혼 시에 전해진 메시지와의 연관성이 파괴되지나 않았을까? 호세아가 결혼 때에 외쳤던 말은 백성이 잊을 수도 있는 많은 시간이 경과하였다. 그러고도 또 다른 아이가 출생하기까지에는 많은 시간이 경과하였다.

이상의 두 가지가 고무적인 사실은 많은 성경학자들로 하여금 있을 수 있는 문제로 생각되어 이 기사를 문자적으로 볼 수 있을 것인가 하는 데 회의를 품게 하였다. 따라서 여러 경건한 성경학자들과 함께 필자는 그 내용이 **상징적 의의를 가진다고 확신**하는 바이다. 또한 메시지는 선지자에게 계시되었고 선지자는 이 계시를 백성에게 이야기하였다. 만약 그렇다면 우리는 곧 메시지의 강력함과 그 효력을 확실히 느낄 수 있다. 그것은 힘 있고 직접적이다. 죄 많고 간음한 국가에 대한 하나님의 사랑을 그리며 이스라엘의 자녀들이 바닷가의 모래알같이 될 것이라는 이 선포에서 이 메시지는 절정에 이른다.

물론 이 상징적 해석이 곤란한 점이 없지는 않지만 이것이 정확한 것으로 생각된다. 우리는 또한 3장에서 호세아가 결혼하도록 명령 받는 것에 주의한다. 어쨌든 간에 이 이야기는 범죄한 백성에 대한 여호와의 인자한 사랑을 계시하려 했다.

2) 선지자의 여러 가지 담화(discourses, 4:1-14:10)

드라이버가 이 부분에서 특별히 진술했던 바와 같이 호세아는 자신을 "북쪽 나라의 쇠퇴와 멸망"에 대해 선포하는 선지자로 표현하였다.

(1) 4-8장 ▸ 악한 왕국의 죄에 대하여 특별히 강조한다.

(2) 9:1-11:11 ▸ 이스라엘의 형벌을 강조한다.

(3) 11:12-14:9 ▸ 하나님의 사랑과 징벌, 그리고 회복

역시 앞의 사상을 계속하여 진술하는 한편 회개하는 국가를 기다리는 장래의 축복을 말한다. 이 예언의 배경은 앗수르 제국의 위협이다. 호세아 자신이 깊은 감정의 소유자로 보이며 죄에 대한 그의 분노가 다소 가혹하고 맹렬하게 표현된다. 반면에 선지자가 국가에 대해 하나님님의 숭고한 사랑을 말할 때는 본 예언의 언어는 아름다운 상징으로 충만하게 된다.

호세아서에 관한 특수 문헌

Joh. Lindblom : *Hosea : Literarisch*, untersucht, Abo, 1927.

H. S Nyberg : *Studien zum Hoseabuche*, Upasala, 1935.

Felix E. Peiser : *Hosea*, Leipzig, 1914.

Norbert Peters : *Osee und die Geschichte*, Paderborn, 1924.

Ffanz Praetorius : *Bemerkungen zum Buche* Hosea, Berlin, 1918.

Die gedichte des Hosea, Halle, 1926.

2 요 엘

1. 명 칭

본서는 저자 이름 "요엘(יוֹאֵל = 여호와는 하나님이시다)"에 따라 작명되었다. 그는 브두엘의 아들로 알려졌으며 본서에서는 이 사실밖에 알려지지 않는다.

2. 분 해

저작자 문제를 더 잘 알기 위해서는 본서의 내용을 먼저 검토함이 좋을 것이다.

1) 메뚜기 재앙(1:1-2:27)

(1) 1:1 ▸ 표 제

서두에는 진술되어 있지 않지만 요엘이 유다에서 사역을 했다는 일반적 확신이 있다.

(2) 1:2-20 ▸ 메뚜기 재앙과 백성의 애곡

메뚜기 재앙으로 황폐된 땅에 대한 기술로 시작된다.

① 2-4 ▸ 메뚜기 등 각종 해충의 전무한 재앙

② 5-20 ▸ '여호와의 날'을 선포

여호와의 집에서 금식(회개)하며 엄숙한 집회를 가질 것을 촉구하며, "오호라 그날이여"라는 말로써 선지자는 고통과 심판의 날 곧 여호와의 날이 도래할 것을 알린다.

(3) 2:1-17 ▸ 회개의 촉구

① 1-2절 ▸ 여호와의 날(흑암의 날)의 경고 나팔을 불라

선지자는 여호와의 날이 올 때에 나팔을 불 것을 명령한다. 원수가 성내에 들어올 때는 흑암의 날이다.

② 3-11절 ▸ 침공 군대(메뚜기)의 위세

요엘은 이 침공하는 군대에 대해 기술하되 메뚜기 떼를 군대로 상징화하여 묘사한다. 그러므로 백성은 회개하고 속히 여호와께 돌아가야 한다.

③ 12-17 ▸ 회개의 촉구

여호와께서는 능력 있는 구원으로 이 회개에 보답하실 것이다.

2) 여호와의 은총과 심판(2:28-3:21)

주의 : 히브리 원문에는 2장에 27절로 끝이 난다. 28-32절은 3장으로 간주된다. 영어(한역) 3장은 히브리 원문에는 4장이다. 다음의 대조표를 보라.

영어(한역) 성경	히브리 성경
2:28-32	3:1-5
3:1-21	4:1-21

(1) 2:28-32 ▸ 성령 강림 곧 영적 구원의 메시야 시대

하나님의 영이 모든 육체에 부어지고 복음이 모든 자에게 전파될 때인 메시야 시대에 대한 예언이다. "누구든지 여호와의 이름을 부르는 자는 구원을 얻으리라." 이 은혜스런 예언의 성취는 성령이 오순절에 부어졌던 행 2:17의 기록에서 찾아볼 수 있다.

(2) 3:1-21 ▸ 만국의 심판과 이스라엘(유다·예루살렘)의 구원

선지자는 지금 한 걸음 더 나아가 비유적 언어를 사용하여 포로 되어 간 하나님의 백성을 되돌아오게 함과 동시에 그들을 사로잡아 간 나라들을 여호사밧의 골짜기에서 모아 심판할 것이며 결국에는 이스라엘을 회복하실 것을 알려 준다.

① **1-8절** ▸ 전쟁과 심판의 시기가 있을 것을 해당이 국가들에 알려 준다.

② **9-16절** ▸ 그러나 하나님의 백성에 대해서는 영원한 축복이 있을 것이다. "유다는 영원히 있겠고 예루살렘은 대대에 있으리라."

3. 저 자

여기에서 생각할 기본적 문제는 1장과 2장을 예언으로, 아니면 이미 이루어진 사건들의 기록으로 취급할 것인가 하는 것이다. 현대에 이르러 메르크스(Merx), 아이스펠트는 이 장들은 장래의 일을 지적하는 예언적 요소를 포함한다고 분명히 말한다. 하여튼 2장을 완전한 예언으로 간주함이 가장 좋다. 그렇게 하면 그것들은 본서의 후반부와 잘 맞다. 전권의 저자는 요엘 자신이었고 그의 사역은 포로 전 가능한, 한 요아스 통치의 시대로 돌리는 것이 좋다. 이 견해에 찬성하면 언급된 유다의 원수들은 수리아인, 앗수르인, 바벨론인과 같은 포로 시대의 사람들이 아니고 오히려 블레셋인, 베니게(두로·시돈)인들(3:4), 애굽과 에돔인들이다(3:19). 요아스 시대에는 수리아와 앗시리아가 유다를 공격하려 하지 않았으나 애굽은 아직도 분명히 원수여서 르호보암 통치 시에는 유다를 침공했으며 여호람 통치 시에는 에돔과 블레셋이 유다와 전쟁을 계속했다(참고, 왕하 8:20-22, 대하 21:16-17).

다시 호세아와 아모스 사이에 있는 본서의 위치는 유대인 전통에 따르면 고대의 것으로 생각된다. 더욱이 그 문체가 학개, 스가랴, 말라기와 같은 포로 후의 예언서들과는 아주 다르다. 또 유의할 점은 왕이 언급되어 있지 않고 장로들과 제사장들이 언급된 점이다. 이러한 관례는 요아스 시대였다는 사실로 이해가 간다. 그의 등극 시 그는 단지 7 세였기 때문이다(왕하 11:21 참조). 선지자 아모스는 분명히 요엘의 예언들을 알고 있었을 것이고(참고, 욜 3:16과 암 1:2; 욜 3:18과 암 9:13을 비교)

OR(17쪽「생략 책명 목록」참조)은 이야기체 부분이 주로, 포로 후의 것임이 틀림없다고 믿는데 그 이유는 본 왕국에 대한 언급이 없으며 또 예루살렘의 유일한 성소이며, 산당들에 대한 기사가 없고 임금들에 대한 기사도 없다. 소제와 전제는 포로 시대의 표적인 타미드(Tamid) 혹은 계속된 제사이기에 이 제사에 관한 3 구절(1:9, 13, 2:14)은 결정적으로 말한다. 그리고 마지막으로 그 문체 자체는 별로 중요치 않을지라도 이야기체 부분이 이 사람들에게 포로 이후의 것으로 믿게 한다.

위에서 고찰해 온 내용들에 덧붙여 유의할 점은, 본 예언서에는 북쪽 왕국의 이름을 사용할 만한 어떤 특수한 경우가 없었다는 것, 이스라엘 명칭은 북쪽 왕국은 물론 남쪽 왕국에도 속한 것이었다는 두 가지 사실이다. 바못(바모트 : בָּמוֹת / 모압의 성읍 ▶ 민 21:19) 혹은 산당들의 언급이 없다는 것은 저작 시기에 대한 어떠한 증명도 되지 못한다. 그 이유는 단지 그것들이 언급되어야만 할 하등의 특별한 이유가 없었던 것같이 보이기 때문이다. 그러나 외스털리와 로빈슨까지도 그것들의 부재가 아모스 훨씬 이전까지 적용할 수 있는 것으로 인정한다. 여기서는 그러한 언급이 없는 것에 대해 실제로 아무것도 운운할 수가 없다. 또한 소제와 전제에 대한 언급은 사람들이 부정적 비평주의가 전제를 소개하는 출애굽기와 민수기(출 29:38-42; 민 38:7-8)에 적용되는 날짜를 받아들이지 않는다면 날짜에 대한 지시로는 볼 수 없다.

묵시 부분에 관해선 OR은 그것들이 약 BC 200년경에 속한다고 믿는다. 여기서 이 저자들(둠도 역시)은 본 예언서 저자의 이중성을 주장한다. 묵시 내용이 주전 2세기의 묵시와 비슷하다고 하며 '헬라 족속'(3:6)이란 언급은 셀류시드(Seleucid) 자손을 말하는 것으로 생각한다. 아모스 시대가 아무리 이르다 해도 유대 포로들이 헬라인에게 팔렸을 것은 상당히 가능한 일이다. 요엘의 묵시 부분도 역시 이사야의 묵시와 약간 비슷한 점을 가진다. 묵시 문학은 반드시 늦은 날짜에 대한 지시는 아니다.

파이퍼는 본서를 단일체 곧 한 저자의 산물로 간주하고 그것을 BC 350년경의 것으로 본다. 그러나 대체로 '포로전 시기'가 가장 널리 찬성되고 있다.

4. 목적

요엘서의 목적은 겸손과 회개의 필요성을 알려 주며 다가오는 심판의 확실성으로써 국가를 경고하는 것이었다. 동시에 그는 다가온 구원을 백성에게 확신케 하며 그들에게 하나님의 원수들의 멸망을 기억케 함으로써 하나님과의 약속에 신실하도록 권고한다.

요엘에 관한 특수 문헌

H. Holzinger : "Sprachgerbrach und Abfassungszeit *des Buches Joel*," in *ZAW*, 1889, pp. 88-131.

③ 아모스

1. 명칭

선지자의 이름은 "아모스(עָמוֹס = 짐꾼 · 강한 자)"인데 이사야의 아버지 '아모스'와 혼동하지 말 것이다.

2. 저자

이 책의 모든 예언의 저자는 아모스 자신이었다. 선지자는 베들레헴 동남부 약 5 마일 되는 드고아라는 성읍에서 출생했으며 그곳에서 그는 목자 (노케딤 : נֹקְדִים : 양 키우는 자, 1:1)이며 또한 뽕나무 재배에 종사했다(7:14). 그가 생계를 위해 그 직업에 종사하고 있는 동안에 여호와는 그를 선지자로 부르셨다(7:14-15). 그 자신은 이 소명을 "여호와께서 나를(양 떼에서) 데려다가 내게 이르시기를 가서 내 백성 이스라엘에게 예언하라."(15절)라는 말로써 기술한다. 여기에서 우리는 아모스가 말씀을 전파할 대상인 백성에 관해 알 수 있다. 그들은 부한 백성이며 어떠한 재앙도 그들을 넘어뜨리지 못한다고 확신하고 있었다. 부자는 가난한 자를 압박했고 법정에서는 슬프게도 공의가 없어지고 있었다. 진지함과 용기로써 아모스는 이 악덕을 책망하고 여호와께 돌아오도록 간청한다.

아모스가 본서의 저자라고 일반적으로 주장된다. 그러나 많은 비평가들은 본서가 그보다 더 늦은 편집자들 혹은 저자들이 쓴 주해나 첨가 구절들이 있다고 주장한다. 이것들을 정당화하려는 시도가 1935년 볼프(R. E Wolfe)에 의해 행하여졌다. 파이퍼는 이러한 주석자들은 BC 500-200년에 활동했던 예루살렘 유대인들이었을 것이라고 생각한다. 그는 많은 어구와 주석들이 있으며 그들 중 가장 중요한 것은 송영가들과 9:9-15의 메시야의 약속이라고 믿는다 (특히 13-15절 주시 : 이에 대하여 하찬권, 『메시야 예언과 성취』①, 545쪽 이하 "3) 평화의 왕국" 참조. 개혁주의신행협회, 2004 -편집자 주).

아이스펠트 역시 많은 첨가 구절들이 있다고 믿고 개별적 구절들을 떠나서 1:9, 10; 1:11, 12 ; 2:4, 5(아모스의 제 국가들에 대한 탄핵 내용 중의 삽입들) 4:13; 5:8, 9; 9:5, 6(송영가들)과 9:11-15(메시야의 약속)을 이 첨가들 중의 중요한 3 가지 형태로 간주한다.

그러나 이 첨가 구절들은 일반적으로 신학적 이유를 위해 만들어진 것으로 생각되어 그것들이 첨가 구절로서 간주된다는 억측은 이스라엘 종교 발달의 특별한 이론에 기초한다. 본서의 어떤 부분도 아모스의 것임을 부인할 만한 어떠한 객관적 근거란 없다.

3. 목 적

아모스 예언은 무가치한 국가에 대한 하나님의 선하심을 나타낸 표본이다. 북쪽 이스라엘인들은 다윗의 언약을 거절했고 여호와의 약속에 대한 어떠한 요구도 거절했다. 동시에 그들은 자기들이 선민이므로 어떠한 재앙도 그들에게 임할 수 없다는 신념에서 자만, 확신하고 있었다. 그들은 여호와를 입술로는 경배했으나 마음은 그에게서 멀었다. 그들의 생활은 이기주의, 탐욕, 부도덕, 가난한 자에 대한 압박 등으로 특징지어지며 그 땅에는 어떠한 공의도 실행되지 않았다.

아모스는 그러한 백성에게로 가서 그들에게 박두한 운명을 경고하려 했다. 그는 앗수르라는 이름을 언급하지는 않았으나 분명히 포로로 잡혀갈 것을 예언한다. 그의 목적은 경고에 있었으나 또한 그리스도를 통한 구원을 약속하는 것이었다.

때때로 아모스의 메시지는 오직 재앙에 관한 것만이기 때문에 9장에 예언된 축복은 그의 것일 수가 없다고 주장되어 왔다. 그러나 이것은 선지자를 오해하는 것이다. 축복을 말하며 그는 하나님의 자기 언약에 대한 신실성 곧 하나님께서 다시 자기 백성이 포로 생활에서 돌아오게 될 때 실현될 신실성을 보여 주고 있다.

4. 분 해

1) 제 국가들에 대한 심판의 선고(1:1-2:16)

(1) 1:1 ▸ 서두

가능한 한, 웃시야가 첫째로 언급되었는데 아모스가 다윗 계통만이 합법적이라고 간주했음을 보여 주기 위함이다(비교, 호세아 1:1). 지진이 아모스가 예언한 지 2 년 후에 있었으나 그가 자기 메시지를 기록하도록 받기 전에 일어났다.

(2) 1:2 ▸ 부분의 제목

여호와께서 예루살렘에서 말씀하신 것을 주의하라. 왜냐하면 시온이 합법적인 성전이기 때문이다.

(3) 1:3-2:3 ▸ 제 국가들에 대한 예언

① 1:3-5 ▸ 다메섹
② 1:6-8 ▸ 가사(블레셋)
③ 1:9-10 ▸ 베니게(두로)
④ 1:11-12 ▸ 에 돔
⑤ 1:13-15 ▸ 암 몬
⑥ 2:1-3 ▸ 모 압

처음 세 국가들은 이스라엘과 혈족 관계가 아닌 데 반해 마지막 셋은 혈족 관계임을 유의하라. 점점 아모스는 이스라엘에 더 가까이 접근한다.

(4) 2:4-16 ▸ 택한 백성에 대한 예언

① 2:4-5 ▸ 유다
② 2:6-16 ▸ 이스라엘

이 예언들에서 아모스는 자기 메시지에 힘을 주기 위해 어떤 짜임을 쓰고 있다. 첫째 서술은 "서너 가지 죄 때문에 내가 너희를 돌보지 않으리라."라는 것이다. 그 다음은 특징적인 죄의 언급이 오고, 그 다음 심판의 선고가 나온다. 그래서 독자의 주의를 모아서 마지막 이스라엘에 와서는 선지자가 포로 추방의 도래를 선포할 만한 자기 모든 격노를 발산한다.

2) 이스라엘에 대한 심판(3:1-6:15)

① 3:1-15 ▸ 하나님의 자기 백성과의 쟁투
② 4:1-13 ▸ 과거 형벌에도 불구하고 이스라엘은 여호와께로 돌아오지 않음
③ 5:1-27 ▸ 여호와께서 이스라엘에 대해 타락한 처녀에 대해서와 같이 애탄함

위의 세 담화는 모두 "너희", "이 말"이란 구절로 소개된다.

④ 6:1-15 ▸ 재앙의 울부짖음으로 셋째 담화가 연속됨

3) 다가오는 심판에 대한 다섯 이상들(7:1-9:15)

① 7:1-3 ▸ 첫 이상 : 메뚜기의 천벌
② 7:4-6 ▸ 둘째 이상 : 불이 큰 깊음을 삼킴
③ 7:7-17 ▸ 셋째 이상 : 다림줄 이상 - 그 땅을 떠나라는 아모스에 대한 아마

샤의 역사적 명령이 기록되어 있다.

④ **8:1-14** ▸ 넷째 이상 : 여름 실과 광주리

⑤ **9:1-10** ▸ 다섯째 이상 : 성전 파멸

처음 4 가지 이상들은 "그러므로 여호와께서 내게 보이셨다."라는 말로써 소개되고 다섯째는 "내가 보았다."로 소개됨

⑥ **9:11-15** ▸ 메시야 축복의 약속

11, 12절은 행 15:16-18에서 야고보에 의한 인용의 근거를 이룬다. 이 인용에서 성령의 영감을 받은 야고보는 LXX역으로 된 이 구절을 메시야 시대로 간주하는 구약 예언의 근거로 삼는다. 그는 결정적으로 이 말들로써 이방인들을 불러내는 하나님의 목적에 적용시킨다.

아모스에 관한 특수 문헌

Karl Cramer : *Versuch einer theologischen Interpretation*, Stuttgart. 1930; Ludwig Koehler : *Amos der aelteste Schrift prophet*, Zurich, 1920.

"Amos-Forschungen von 1917 bis 1932" in *Th. R* 4, 1932, pp. 195-213(this survey article, for those who can read German, will serve as an excellent introduction to the study of recent trends in the investigation of the prophecy of Amos)

Julian Morgenstern : "Amos Studies," in *HUCA*, Cincinnati, 1936-1940.

Franz Praetorius : *Textkritische Bemerkungen zum Buche Amos*, Berlin, 1918.

Hans Schmidt : *De Prophet Amos*, Tubingen, 1917.

4 오바댜

1. 명 칭

이 작은 예언서는 저자 이름 "오바댜(오바드야 : עֹבַדְיָה = 여호와의 종)"에 따라 작명되었다. LXX에서는 "오브디우(*Οβδιου*)"로, 벌게이트역에서는 아브디아스(Abdias)로 나타낸다.

2. 저 자

오바댜서의 저작자에 관해 다양한 견해들이 주장되어 왔다. *OR*의 주장은, 본서는 에돔에 대한 신탁 말씀의 수집으로서 그 시대와 저작자는 미상이라고 한다. 파이퍼는 에돔에 대항하는 원래의 신탁이 2가지의 수정본으로(오바댜 1-9절과 렘 49:7-22) 전해져 왔다고 한다. 분명히 10-14절과 15b은(이 경우에 '15절의 하반절은'이라고 읽는 것을 염두에 두고 **'은'**이라는 토씨를 붙였음. 기타 예로서, 4:5 경우에 '4장 5는'이라 하지 않고 '4장 5절은'이라 읽는 것으로 여겨 **'은' 또는 '과'로** 통일함.-편집자 주) 1-9절과 결코 떨어져서 존재한 것은 아니다. 이 모든 구절들(1-14,15b)에 대해 파이퍼는 BC 460년의 시기로 간주하며, 둘째 부분에 대해서는 더 늦은 것으로 말했다. 루돌프(Rudolph)는 두 개의 신탁들(1:14-15b과 16-18절)로 나누고 그것들을 다 오바댜에게 돌린다. 결론적 구절들에 대해서는 그는 그것들이 역시 오바댜에게서 온 것으로 인정하였다.

아이스펠트는 2-9절은 단순한 기술(記述)이 아니라 실제적 협박을 나타내며 11-14절 15b은 1-10절과 함께 통일체에 속한다. 그 이유는 11-14, 15b은 그 앞 절들에 나타난 위협의 근거 혹은 원인을 포함하고 있기 때문이라고 했다. 이 부분을 그는 587년(예루살렘 멸망) 이후로 돌린다. 15a과 16-18절은 앞의 것에 속하지 않고 그 자체에 있어 두 개의 구분 15a과 16-18절 그리고 19-21절로 나누어진다. 이 두 개의 진술은 오바댜에게서 나올 수도 있겠으나 더 후대의 기록에서 나올 수도 있다고 말한다. 그러나 위의 견해에 반대해서 우리는 이 책의 모든 예언이 오바댜에 의해 기록되었다고 주장하며 그가 예레미야 전에 살았다는 것을 주장한다. 11-14절을 꼭 아이스펠트가 말한 것처럼 예루살렘의 끝 날을 지적하는 것으로만 해석해야 할 근거란 없다. 그것들은 역시 레이븐(Raven)과 다른 사람들이 암시했듯이 가사인들과 아라비아인들이 여로보암 통치 시의 유다를 침공했을 때(대하 21:16-17, 암 1:6 비교) 일어난 사건으로 지적할 수 있다.

오바댜가 얼마 만한 기간 동안에 걸쳐 예언했는가에 대해선 우리가 말할 수 없다. 그의 선교는 특별히 에돔이 유다에 대적하였을 때인 아하스 통치 시대에 선교했음이 암시되어 왔다(데이비스, 레이븐). 여기 대해선 오바댜가 예레미야의 선교 전에 유다에서 때때로 예언했을 것이라고 봄이 좋을 듯하다. 렘 49:7-22은 오바댜와 비슷하고 아마도 이것에 의존했다고 볼 수 있다.

3. 목 적

선지자의 목적은 유다에 대한 에돔의 행위가 벌 받을 것이며 유다는 영화롭게 될 것을 알리는 데에 있다.

1) 에돔의 심판과 그 원인으로서의 죄(1-14절)

서론(1절)과 에돔에 대한 일반적인 협박으로 되어 있다. 에돔은 자기를 자만하고 신뢰하나 하나님은 그를 천하게 할 것이며 그 힘 있는 용사들을 부끄럽게 할 것이다. 에돔의 행위는 비형제적이었다(12절). 그래서 여호와께서는 그들이 해서는 안 되었던 것을 그에게 지적해 온다.

2) 만국의 심판과 이스라엘의 구원(15-21절)

다른 나라와 같이 에돔이 그 죄로 문책을 받을 '여호와의 날'이 도래할 것을 알린다. 그러나 시온에서 구원이 있을 것이며 양국은 여호와에게 속할 것이다.

오바댜에 관한 특수 문헌

George A. Peckham : *An Introduction to the Study of Obadiah*, Chicago, 1910.

5 요나

1. 명칭

본서는 그 명칭을 저자 "요나(יוֹנָה = 비둘기)"에서 취한다. LXX에서는 "요나스('Ιωνασ)"로, 벌게이트역에서는 Jonas(요나스)로 나타난다.

2. 저자

요나는 갈릴리에 있는 가드 헤벨 출신이며 아밋대의 아들로 이스라엘인이었다(왕하 14:25). 본 요나서 이외에서의 그에 관한 유일한 언급은 이 왕하의 구절에 있는데 거기에는 하나님이 요나를 통해 말씀한 것과 같이 여로보암 2세가 하맛 어귀에서부터 아라바 바다까지의 이스라엘 해안을 회복했다고 씌어 있다. 그러나 우리는 여로보암이 정확히 언제 요나의 말에 따랐는지는 알 수 없다. 반면 적어도 우리는 여로보암이 BC 783-743년 간에 통치했고 요나는 그의 통치 하에 사역했으므로 그의 선교의 시기에 관해서 알 수 있다. 예언 자체에는 날짜 측정이 없으나 요나가 니느웨에서 돌아온 즉시 본 예언을 기록했음은 실로 가능하다. 또한 선지자의 니느웨 방문 사건은 바로 디글랏 빌레셀 통치 전에 일어났음을 상상할 수 있다. 아이스펠트는 본 예언서의 요나와 왕하의 요나가 동일시될 수 있는지 의심스럽다고 한다. 그는 현 저서가 두 가지의 전설을 포함한다고 생각하는데 그중 하나는 신의 명령과 요나의 거역을 취급하며(1-3장) 또 다른 하나는 하나님의 은혜에 대한 요나의 불만족이 어떻게 거꾸로 응보되었는지를 보여준다. 첫 전설에 내포된 것은 신화적, 요정적 이야기이며 세계 어느 나라의 전설에서도 발견되는데 이는 바로 사람을 삼켰다가 다시 토하는 고기에 관한 이야기이다. 그는 말하기를, 한 구명 편집자가 이 재료를 취해서 현 요나서를 형성했으며 그중 얼마만큼이나 요나 자신의 것인지를 알기는 어렵다고 생각한다. 그리고 한 가지 사실이 분명히 나타난다고 하는데 본서에 있는 우주론적 사상은 편자의 것이라고 한다. 이 사실은 우리로 하여금 그가 살았던 시대를 결정할 수 있게 한다. 즉, 그것은 포로 이후의 시대였다 (가능하면 에스라·느헤미야의 시대를 말할 수도 있는데 이는 본서가 상기의 날짜 측정에 대해 항의할 수 있기 때문이다).

이 생각은 앗수르 왕국의 수도가 이미 지나간 지 오랜 것으로 간주되고 아람풍(Aramaisma)들 (예컨대 1:7의 베셸레미 = בְּשֶׁלְּמִי = 누구로 인하여, 말미암아, 때문에 ; 3:2의 케리아 = קְרִיאָה = 전도, 선포, 선교)이 나타나 있다는 사실에서 증명된다. 그러나 우리는 그 편자에 의한 책을 가지고 있지는 않다. 시간의 경과함에 따라 그 책은 약간의 변화를 받았는데 그중 가장 주목할 만한 것은 '감사송'(2:3-10)과 노래의 서론으로서 절이 추가된 것이다. 다른 면에서 본서는 단일체이고 한스 슈미트(Hans Schmidt)와 같은 근원적 분석의 시도는 불만족스런 것으로 간주해야 한다. 아이스펠트는 기본적으로 널리 주장되는 입장을 우리에게 제시한다. 혹은 더 자세히 아람풍의 존재와 포로 후를 말해 주는 언어의 형태에 호소한다. 파이퍼는 '니느웨 왕도'(3:6)라는 막연한 호칭에서 또는 '3 일 여행의 지극히 큰 성읍'이라는 말로 니느웨를 기술한 데서 역사적 부정확성을 발견한다. 그리고 사람이 고기 배 속(개역 성경, 개역 개정판, 바른성경 등 모두 '뱃속'이라 하였으나 '뱃속'은 다만 '마음속'을 뜻하므로 모두 '배 속'으로 고쳐야 함 - 교정자 주)에서 3 일을 지내는 것은 '육체적으로 불가능'한 것이라고 기술한다. 이에 답해서 우리는 그리스도가 요나서에 기록된 이적과 니느웨에 대한 선지자의 선교의 역사성을 믿었다는 것에 유의해야 한다(비교, 마 12:39-40, 눅 11:29-30). 이 점에서 우리는 본서를 전설적 또는 비역사적인 성격의 것으로 간주할 수 없게 된다. 우리는 이적 혹은 아무튼 공통점을 가질 수 없다. 믿는 자에게는 하나님이 이지적 능력으로 선지자를 고기 배 속에서 보존하여 살도록 하셨다는 것으로 충분하다. 본서에 있는 '아람풍'에 대한 기술이 날짜 결정에 대한 기준이 될 수는 없다. 왜냐하면 '아람풍'은 구약책 중 늦게나 혹은 이르게나 꼭 같이 나타나기 때문이다. 더욱이 근대 샤므라(Shamra)에서 발견되는 본문들도 아람적 요소들을 포함하고 있다(약 BC 1400-1500).

그리고 '3 일 여행'(3:3, 4)이라는 구절이 부정확성에 대한 제시로 사용될 수는 없다.그 구절이 성을 측량한 결과를 가리키는 것으로 볼 수도 있다. 그러나 그것은 단지 성이 크다는 것을 표현하려고 한 것 같다. 4절은 요나가 성에 들어가서 하룻길을 행하였다고 진술한다. 이것은 그가 하루 내내 걸었다는 것을 의미하지 않는다. 이것은 그가 단지 성읍에 들어가서 메시지를 전하며 여기저기 배회했음을 뜻한다. 더욱이 '3 일 길'이라고 이 성읍을 표현한 것은 성읍의 거리에 대한 치밀한 말이 아니고 니느웨를 둘러싼 동네의 복잡함을 가리킨 것으로도 볼 수 있다. 이제 이 기술에 대하여는 어떠한 반대도 있을 수 없다. 마찬가지로 '니느웨 왕'이란 칭호에 대해서도 답할 수 있다. 저자는 예를 들면 단순히 대하 24:23의 다메섹 왕 혹은 왕하 3:9, 12의 에돔 왕 같은 통치자를 말하려 한 것이다. 보통

이스라엘인들은 앗수르 왕을 통치자로 말한다. 여기서의 용법을 사마리아 왕을 아합으로(왕상 21:1, 20:43 비교), 벤하닷을 다메섹 왕으로(그는 일반적으로 수리아 왕으로 불려졌다.) 한 것과 비슷하다.

더욱이 3:3은 오랜 과거에 기존했던 성읍으로서의 니느웨를 기술하지 않고 단순히 요나가 그것을 보았을 때의 정황 혹은 크기를 지시한다. 묄러(Moeller)는 이와 같은 경우를 눅 24:13에 호소한다. "예루살렘에서 이십오 리 되는"이라는 말은 분명코 단순히 위치를 기술한다는 것으로서 먼 과거에 엠마오가 기존했거나 혹은 결코 그렇지 않음을 의미하지는 않는다.

본서의 우주론적 사상에 대해서도 그것들은 구약 전체를 통해 나타나는 우주론적 강조는 일찍부터 나타났으며(예, 창 9:27) 그러한 교훈을 유독 '포로 후 시대'의 특징으로 간주할 하등의 객관적 근거도 없다.

3. 목 적

요나서의 근본적 목적은 그 선교적 혹은 우주론적 교훈에서 찾아지지 않는다. 오히려 그 목적은 스올의 깊음 속에 던져졌다가 다시 살아난 요나가 선민이 아닌 백성의 죄를 위해 애쓰는 메시야의 죽음과 부활에 대한 예시이다. 요나는 이스라엘인이고 여호와의 종이었다. 그의 경험은 제 국가들 (니느웨를 포함)의 죄 때문에 체험된 것이었다. 메시아 역시 이스라엘인이었고, 여화와의 참된 종이었다. 그의 죽음은 세상 죄 때문에 이루어진 것이다. "요나가 밤낮 사흘을 큰 물고기 배 속에 있었던 것같이 인자도 밤낮 사흘을 땅속에 있으리라 심판 때에 니느웨 사람들이 일어나 이 세대 사람을 정죄하리니 이는 그들이 요나의 전도를 듣고 회개하였음이니라 그러나 요나보다 더 큰 이가 여기 있느니라."(마 12:40, 41). 그러므로 요나의 경험은 그 근본에 있어 '요나보다 큰' 자의 경험을 가르친다. 더욱이 요나의 경험은 그 근본에 있어 당대의 이스라엘인에게 큰 교훈적 가치를 가졌다. 국가는 그 불순종 때문에 고통의 물결을 통과해야만 하고 남은 자가 세상에서의 이스라엘의 선교를 성취하기 위해 회개하여야 한다는 것을 말해 준다.

또한 요나의 선교는 이스라엘인의 완고함과 반역적 특징을 지적하는 데 도움을 준다. 많은 선지자들이 일어났으나 국가는 회개하지 아니했다. 그러나 니느웨는 한 선지자의 말을 듣고도 굵은 베를 입고 재 위에 앉아서 회개했다.

마지막으로 요나의 선교는 이스라엘인에게 여호와의 구원이 한 국가에만 제한되어 있지 않다는 사실을 인식시켜 주었다. 이스라엘은 여호와에 대한 그들의 지식을 세상에 전할 종인 것이다.

4. 분 해(본서 분해는 저자가 생략했으나 편집자가 삽입함- 편집자 주)

1) 요나의 불순종과 하나님의 추적(1:1-17)
2) 기도하는 요나(2:1-10)
3) 전도하는 요나(3:1-10)
4) 불평하는 요나와 하나님의 실물 교훈(4:1-11)

5. 본서의 통일성

상기 아이스펠트의 견해에서 살펴본 바와 같이 2장에 있는 시는 분석의 나머지 부분과는 다른 근원에서 온 재료로 돌려진다.

그러므로 본서의 통일에 관계되는 기본적 의문은 이 시가 다른 세 장과 관계를 맺고 있다는 것이다. 본 시가 다른 세 장과는 별개의 재료에서 온 것이라고 믿는 자들은 다음과 같은 논증을 제시한다. 2:1에서는 요나가 기도했다고 되어 있으니 그 다음에 계속하는 것은 기도가 아니라 구조에 대한 감사의 시이다. 이 시의 구조(救助)에 대한 감사의 시는 구조되기 전에 일어난다. 그 이유는 10절에 가서야 겨우 "고기가 요나를 육지에 토한지라."로 되어 있기 때문이라고 주장한다. 그리고 이 시에서는 요나의 경험과 관계됨을 암시하는 것은 아무것도 없다고 말한다. 벨하우젠까지도 갈대에 대한 언급이 있는 5절은 요나가 고기 배 속에 있었다는 생각을 배제한다고 말한다. 그 이유로는 '갈대는 고래 배 속에서 자라지 않는다.'라고 생각하였기 때문이다〔『소선지서론 = 小先知書論)*Die Kleinen Propheten)*』, 1898, p.221〕.

마지막으로 만약 2:10이 2:1 바로 뒤에 놓여진다면 본문을 이 시가 없이도 순조롭게 읽어 나갈 수 있다고 주장했다.

그러나 첫째로 주목할 것은 만약 1:2-9이 제거된다면 본서의 균형이 파괴되는 점이다. 본서는 분명히 두 부분으로 나누어진다(1-2장과 3-4장). 유의해야 할 것은 3:1-3a과 1:1-3a은 약간의 미소한 역사적 차이는 있으나 서로서로 일치한다. 더욱이 4:2과 2:2은 일치하며 다 같이 요나의 기도(와이트팔렐 : וַיִּתְפַּלֵּל = 기도, 간구, 묵도)를 언급한다. 한 경우에는 감사의 시가 있고 다른 경우에는 불평이 있다.

그러므로 2:2-9의 제거는 단지 본서의 균형을 파괴할 뿐이다. 왜냐하면 감사는 바로 기도의 본질이 아닌가?(예 : 시편 86은 기도로써 감사(찬송)의 요소를 포함한다 ▸ 테필라 : תְּפִלָּה = 기도, 간청, 애원, 찬송).

그러나 2:2-9의 순수성 문제에 있어 벨하우젠과 다른 반대자들은 본 시가 의미하는 것을 전혀 이해하지 못하였다. 물론 갈대는 고기 배 속에서 자라지 못한다. 그러나 이것은 고기 배 속으로부터의 구조에 대한 감사가 아니다. 오리혀 그것은 물에 빠진 것으로부터 구조된 것에 대한 감사의 시다. 이 시에서 사용된 비유적 표현은 고기 배 속이 아니라 물에 빠진 것에 대한 언급을 가진다. 더욱이 이 시가 고기 배 속에서 구조된 것을 의미하는 일푼의 증거도 없다. 부정적 비평학파는 이 시에다 결코 침범할 수 없는 의미를 부각시켰다.

이 점에서 본 시가 그 정당한 장소에 있는 것으로 간주되어야 한다. 요나는 바다 속 곧 스올의 배 속(사망, 바다의 중심, 홍수, 파도와 큰 물결, 물 갈대, 산의 뿌리, 땅의 빗장, 구렁)으로 던져졌다. 그러한 구절이 바다 이외의 그 무엇을 지시할 수 있을까? 그러나 이 무서운 경험에서 요나는 주께서 예비하신 큰 고기로 말미암아 구조되었다(주 여호와의 이와 같은 역사를 보아 누구든지 이적의 가능성을 부인하여 나아가기 전에 고려해야만 한다). 고기 배 속에 있는 동안 요나는 이 감사의 기도를 올린다. 그래서 적당한 시기에 고기는 그를 토해 내었다.

본 시는 그 명칭상 다윗 또는 그 세대의 타인들에게 귀속시킬 만한 많은 시구들을 포함하고 있다.

다음은 묄러의 비교표이다.

요나서	시 편
2:3a	18:7; 120:1
2:3b	18:6; 30:4
2:4b	42:8
2:5	31:23; 5:8
2:6	18:8; 69:2f
2:7	18:17; 30:4; 103:4
2:8	142:4; 143:4; 18:7, 5:8
2:9	88:7
2:10	31:7; 26:7; 50:14, 23; 42:5; 116:17

요나서에 관한 특수 문헌

R. D. Wilson : "The Authenticity of Jonah," in *PTR*, vol. 16, pp. 280, 298 ; 430-456.

6 미가

1. 명칭

본서는 선지자 "미가(미카 : מִיכָה = 누가 여호와와 같은가)"의 이름에 따라 작명되고 그 이름을 사사기 17:1, 4에서는 미가예후(מִיכָיְהוּ)로 좀 더 긴 형태로 나타나며 LXX에서는 미카이아스(μικαίας), 벌게이트역에서는 미캐아스(Michaeas)로 쓰여졌다.

2. 저자

예언의 모두가 선지자 자신의 작품이다. 그는 모레셋 출신인데 이것은 아마 1:14의 가드모레셋과 동일한 것으로 보인다. 그의 선교는 요담, 아하스, 히스기야 시대에 있었다. 렘 26:18에서는 미가가 이사야와 동시대의 젊은이었다는 점에서도 추론될 수 있다. 본서의 배경으로는 미가가 비록 수도의 정치적인 생활에 대하여 이사야만큼 해박한 지식을 갖지는 못했어도 역시 이 책의 배경은 이사야의 초기 부분들에서 발견되는 것과 같은 것이었다. 이것은 미가가 향토 출신(모레셋은 일반적으로 벧 지브림과 동일시된다.)인 사실에 기인한다.

미가 자신이 전 예언의 저자라는 견해는 현대의 부정적 비평학파에 의해서는 용납되지 않는다. 예컨대, 아이스펠트는 본서의 저작을 다음과 같이 간주한다. 1-3장에서 2:12, 13을 제외하고는 순수하게 미가의 작품이다. 서두(1:1)는 2차적인 것이나 1:2-8은 북왕국 파멸 이전에 말해졌다. 1:9-16은 BC 701년 아니면 711년경의 사회상이며 이 부분의 나머지에서는 그 것이 어떤 특수한 상황에 대한 언급인지 암시되지 않는다는 것이다.

4:1-5:8과 2:12, 13의 순수성을 인정해 버린다는 것은 매우 어려운 일이라고 아이스펠트는 생각한다. 그것들의 순수성을 위하여 예시된 논증들은 주목할 만한 가치가 있으나 아이스펠트는 그 순수성에 대해 반대 의견을 표시하는 것이 최선이라고 믿는다. 한 가지 사실로는 3:12과 같은 위협적인 내용은 제 2 차적 약속들 때문에 강세를 잃는다. 4:1-5 역시 이사야에게도 나타난다. 이와 같이 대부분이 원래는 두 사람의 예언이었는데 이것이 한 책으로써 이사야에게 또는 여기서는 미가에게 귀착되었다. 더욱이 렘 26:18에 따르면 미가는 회복의 약속은 하

지 않고 단지 협박만 선포했다.

이 부분의 여타의 것들은 후대에 기재되었던 사상들, 다시 말해서 4:6, 7과 5:6, 8의 여타의 것들은 후대에 기재되었던 사상들, 다시 말해서 4:6, 7과 5:6, 8의 내용인 하나님의 흩어진 백성의 모음과 4:8-14의 내용인 예루살렘의 원수들의 파멸에 관한 말세론적 기대를 진술하는 사상을 포함한다.

5:9-14은 사 2:6-8을 생각나게 하는데 아마도 국가에 대한 원래의 협박에서 이국 백성들에 대한 협박으로 변천된 것으로 보인다. 6:1-8 역시 6:9-16, 7:1-6과 더불어 미가에게서 온 것으로 생각된다.

한편 7:7-20은 사 56-66장의 저작 시기인 후대의 BC 6세기 하반기에 속한다. 사실 둘 사이에는 유사점들이 있다. 더욱이 4:1-5:8 ; 2:12-13(약속)이 1-3장의 협박과 관계를 가진 것과 같이 7:7-20의 약속 역시 5:9-7:6의 위협과 관련된 것이다. 위협과 약속이 두 가지로 수집되었다는 억측에 의해 설명될 수 도 있다. 이를 각각은 약속의 결론과 함께 후에 보충된 것이었다. 그렇지 않으면 '구원의 종국'에서뿐만 아니라 중간에서도 3:12은 이러한 결론을 요구하는 듯하다. 하나의 순수한 재료에 대한 확충된 수집이 있다고 볼 수 있다.

첫째로 4:1-5이 삽입되었고 그 다음 다른 유사한 구원의 예언들이 삽입되었다. 아이스펠트에 의한 상기 입장에 답변해서 아래의 고찰이 행해질 수 있다.

본서의 성격은 다소 산만하다. 미가는 한 긴 지속적 논증을 제시하지 않고 이사야와 같이(그의 저서 후반부에서) 한 주제에서 다른 주제로 옮아 갔다. 이 사실은 예언이 두 사람 이상의 저작(실제로는 그렇지 않지만)에 의한 것이라는 사실을 생각게 할 수 도 있다는 것을 인정한다.

본서에 발견되는 구원의 사상들을 신학적 이유에서 이사야 시대의 것으로 보지 않는 입장에는 조금도 근거가 없다. 그러한 사상들이 미가의 시대에도 없었다는 것을 지지해 줄 만한 어떠한 객관적 증거라곤 없다. 실로 미가서에서는 그의 동시대 저서와 성격상으로 아주 유사한 구절들이 많이 있다. 이스라엘 종교에서 나타나는 어떤 자연론적 발달에 의지해서 이 구절들이 후대에 돌려져야 한다고 주장하는 것은 전혀 근거 없는 사유(思惟) 과정이다.

마지막으로 렘 26:18에 호소하며 미가의 메시지가 단지 위협만으로 구성되었다고 하는 것도 논리적으로 증명될 수 없다. 설사 그렇다고 해도 예레미야는 다가오는 멸망을 선포한 때문에 죽음에 합당하다는 판결을 받았다.

방백들 중 어떤 이는 예레미야가 여호와의 이름으로 말했으므로 죽음에 합당치 않다고 말했다. 또 장로들 중 어떤 이는 히스기야 시대에 미가가 예레미야와 같은 용기를 가지고 선포했다고 말했다.

그러므로 이러한 점에서 미가를 언급함은 어떤 시대의 미가의 행동과 예레미야의 현재 상태를 비교하는 것에 지나지 않는다.

어떠한 의미에서도 그것이 미가의 전(全) 예언을 특징짓는 것으로 볼 수는 없으며 미가가 오직 위협만을 말했다는 것을 증명하기 위해 이 구절에 호소한다는 것은 확실한 근거가 없는 짓이다.

3. 분해

1) 이스라엘과 유다에 대한 위협: 심판의 선언(1:1-2:13)

(1) 1:1 ▸ 서두

이 서두는 미가의 작품으로 간주된다. 적어도 이것이 그의 것임을 부인할 만한 충분한 이유는 없다. 만약 미가가 이것을 기록하지 않았다면 신의 영감에 의해 그것을 삽입했던 서기관의 작품으로 간주할 수 도 있다.

(2) 1:2-16 ▸ 사마리아와 유다에 대한 하나님의 분노

사마리아와 유다도 역시 악하다. 하나님은 그들을 벌하실 것이다. 1:2의 머리말 '듣다'는 3:1과 6:1에서도 역시 나타난다. 1:5b, 6, 8, 9절을 미가의 것이 아니라고 부인할 충분한 이유는 없다. 이 기술(記述)의 비유적 언어는 BC 722년의 역사적 사실과 조화를 이루기 위한 것은 아니다. 미가가 묘사하는 사마리아 멸망에 대한 강렬한 태도는 국가 자체의 운명에 적용할 수 있으나 어떤 세속 도시에 있을 한 사소한 일에 대한 묘사는 아니다.

(3) 2:1-13 ▸ 거룩한 불만의 원인

2:1-11은 백성의 죄 많은 행동에 대한 기술(1, 2절)과 하나님이 형벌을 내리시는 목적에 대한 서술(3-11절)로 구성된다. 그 뒤 장래의 구원에 대한 선포가 온다(12-13절).

2:12-13의 약속을 미가의 것이 아니라고 부인할 하등의 충분한 이유란 없다. 이 구절들은 이 책 첫 부분의 절정이다. 주제의 변화는 본서가 단편적 성격을 띠고 있다는 사실로써 설명될 수 있다.

2) 심판에 뒤따라올 회복(3:1-5:15)

(1) 3:1-12 ▸ 선지자의 예루살렘 멸망에 대한 선고로 절정에 이름

12절에 백성의 죄에 대한 둘째 번 고발(순수성이 인정되는 구절과 논박되는 4:1의 "여호와의 전의 산"의 어구에 유사성을 주의하라.)

(2) 4:1-5:1 ▸ 하나님의 영광스런 왕국의 확립

4:1-3은 약간 변경되어 사 2:2-4에 서로 나타난다. 미가가 원저자라고 볼 수도 있으나 역시 두 선지자가 초기의 예언에서 도입했다고 할 수 있다. 여하튼 미가서에 있는 예언은 이사야서의 경우보다 다음 구절과 더 밀접한 관계를 가진다. 장래의 구원에 관한 이러한 영광스런 약속들은 의심할 나위 없이 BC 8세기에 유행하였다. 만약 이 주목할 만한 약속들이 8세기의 선지자들의 것임이 아니라고 한다면 당시의 선지자들은 한갓 "오류를 발견한 사람"에 지나지 않는다. 즉, 죄를 비난하여 회개를 요구할 뿐, 국가를 지탱해 나갈 만한 아무런 뜻을 품지 못한 자들이다(비교 ▸ 4:3과 욜 3:10 ; 4:7과 사 24:24, 4:9을, 사 13:8과 21:3 ; 4:13a과 사 4:15, 16; 4:13b과 사 23:18).

(3) 5:2-15 ▸ 새 왕과 그 왕국의 탄생

2절에서 메시야 왕의 장래 탄생이 선포된다. 그의 인성은 그가 베들레헴에 탄생할 것이라는 것에서 제시되고, 그의 참 신성은 그의 오심(motsa'othau)의 근원지가 태초(miqqedem), 곧 영원(mime 'olam)부터라는 데에서 제시된다(5:5와 사 9:6 ; 5:13과 사 2:8을 각각 비교하라).

3) 백성에 대한 형벌과 하나님의 최종 자비(6:1-7:20)

(1) 6:1-16 ▸ 하나님의 자기 백성에 대한 불만

여호와는 자기 백성을 위해 많은 것을 행하셨으나 그들의 반역적이라는 사실을 들어 반박하신다. 무명의 설자(說者)가 백성을 대신하여 어떻게 여호와에게 접근할 수 있는지를 묻는다. 그 답이 주어지는데 곧 그의 뜻에 겸손히 순종하는 것이다(6:2을 호세아 4:1 및 12:2과 비교 ; 6:4을 암 2:10과 ; 6:7을 사 1:11과 ; 6:8을 사 1:7 및 호세아 6:6과 ; 6:11을 호세아 12:7과 ; 6:14을 호세아 4:10과 각각 비교하라). 라벤(Raven)에 의해 암시된 이 비교들은 분명히 당대의 예언자들과의 관계를 보여 준다.

(2) 7:1-20 ▸ 책망과 약속

7:1을 사 24:13 및 호 9:10과 ; 7:2을 사 57:1과 ; 7:3을 사 1:23 및 호 4:18과 ; 7:10을 욜 2:17과 ; 7:11을 암 9:11과 ; 7:7-20을 사 40-46장과 각각 비교하면 그 사이엔 유사성이 있음을 볼 수 있다. 이것은 양쪽 포로 이후의 것이라는 의미는 아니다. 필자는 이 구절들이 미가의 것임을 부인할 만한 정당한 이유를 발견할 수 없다. 벨하우젠은 1-6절과 7-20절 사이에 하나의 커다란 심연을 찾으려 했다. 6-7절 사이에는 1세기라는 시간이 펼쳐 있다. 그러나 1-6절에서는 백성에 대한 위로를 찾을 수 없다고 함은 분명히 증명할 수 있는 것이 아니다. 이 점에 대해서는 고발과 축복 간의 상호 교차가 있다고 말하는 것이 참된 설명이 될 것이다. 한 인간이 왜 그러한 방법을 사용할 수 없겠는가?

4. 목적

이 책은 분명하고 완전한 담화로써 되어 있지 않으나 한편 단편적이며 산만한 중에도 자기 백성에 대한 하나님의 특성을 진술함을 목적으로 하고 있다. 죄에 대한 형벌과 다가올 확실한 구원을 알리는 것이다. 그 구원은 거룩하신 메시야의 출현을 그 중심으로 한다.

미가에 관한 특수 문헌

A. Bruno : *Micha und der Herrscher aus der Vorzeit*, Leipzig, 1923.
Joh. Lindblom ; *Micha Literarisch Untersucht*, Helsingfors. 1929.

7 나훔

1. 명칭

본서는 저자 "나훔(נַחוּם = 위로 · 연민)"의 이름을 따라 작명되었다. LXX에서는 나움(*Ναουμ*)으로, 벌게이트역에서는 나훔(Nahum)으로 표기하였다.

2. 저자

여기에는 나훔과 엘고스의 사람이라 되어 있고 엘고스의 정확한 위치는 알 수 없으나 혹자는 북갈릴리에 있는 엘케시(Elkesi)로 본다. 또 어떤 이는 모술(Mosul)에서 북쪽으로 몇 마일 떨어진 알쿠시(Al-kush)와 동일시하려고 했으나 이것 역시 의문시된다. 가(假)-에피파니우스(Pseudo-Epiphanius)에 따르면 이것은 엘류테로폴리스(Eleutheropolis) 근처에 있는 유대 땅에 속한다. 1:15에 유다에 대한 언급이 있음을 보아 선지자를 유대 출생으로 보는 것이 정확하다. 나훔은 앗수르바니팔(Assurbanipal) 치하의 BC 664-663년 테베스(Thebes))의 앗수르 포로(No-ammon, 3:8 ▸ 이 사건은 이미 일어났던 것으로 간주된다.)와 BC 612년의 니느웨 멸망 길의 기간 동안에 선교 활동을 했다고 본다. 이보다 더 정확하게는 그의 선교 시기를 알 수 없다. 나훔의 주제는 니느웨 몰락이다. 그는 서론을 시적으로 시작한다(1장). 그는 하나님의 장엄성을 찬양하고 여호와의 원수들에 대한 형벌과 그의 신뢰하는 자들에 대한 여호와의 선의를 알린다. 그 다음에는 생생한 필치로써 니느웨 포위와 그 멸망을 기술하려 했다. 3장에서는 성의 몰락의 이유들을 진술한다. 그러므로 본서는 완전한 통일체로서 전체적으로 선지자 자신의 작품으로 간주될 수 있다. 그러나 파이퍼는 선자자 나훔의 작품을 '승리에 대한 송시'(2:3-3:19)에만 제한하려고 한다. 이 송시(頌詩 = ode)에다 BC 300년경의 한 편집자의 알파벳으로 된 시로써 서문을 쓰고 그것의 다소 잘못된 기억을 더듬어 기록해 두었다. 이 시는(1:2-10) 니느웨 몰락과는 아무런 상관이 없었고 이 내용에 적당한 듯이 보였기 때문에 삽입되었다. 그 중간 재료는 (1:11-2:2) 부분적으로 재편집되었고 또 부분적으로는 나훔의 송시의 원본이었던 것으로 생각된다고 주장한다. 이에 답해서 말하여야 할 것은 파이퍼의 이론은 주관적이며 근거 없다는 점이다. 왜 선지자 자신은 1장을 하나님의 영광과 그 능력의 장엄함을 기술한 그의 메시지의 서문으로 둘 수 없었겠는가?

3. 분 해(편집자 삽입)

1) 니느웨에 대한 심판의 선언(1:1-15)
2) 니느웨의 심판의 내용(2:1-13)
3) 니느웨의 심판의 원인(죄)(3:1-19)

나훔에 관한 특수 문헌

W. R. Arnold : "The Composition of Nahum 1:2-2:3," in *ZAW*, Vol. 21, pp. 225-265.

8 하박국

1. 명 칭

본서의 그 명칭을 선지자 "하박국(하박쿡 : חֲבַקּוּק = 씨름하는 자)"의 이름에서 취한다. LXX에서는 암바쿰(ἀμβακούμ), 벌게이트역에서는 하바쿡(Habacuc)으로 표기한다.

2. 저 자

선지자의 생애에 관해서는 본서 자체에서 추론할 수 있는 이외에는 별로 알려져 있지 않다. 예언의 시기에 관해서는 정확하게 알지 못한다. 그러나 1:5, 6은 갈대아인이 세력을 얻기 바로 앞을 가리키는 듯하다. 갈대아인은 BC 625-539년에 세력을 가지고 있었다. 이 점에서 볼 때 하박국의 선교는 므낫세 치하에 있었을 것이다. 그러나 1:6은 유다에 대한 위협과 함께 갈대아인들에 대해서도 언급한다고 할 수 있고 그러한 위협은 처음 갈그미스 전쟁(BC 605년)에서 근거한 듯하므로 많은 사람들은 여호야김 통치 동안에 예언했을 것이라고 생각한다. 근래에 와서 둠, 토리 및 다른 이들은 1:6의 카스딤(갈대아) 단어를 깃딤(키프리안인)으로 교정하고는 본 예언은 알렉산더 대왕과 마게도니아인을 말한 것이라고 주장했다. 그러나 이러한 사유도 주관적이며 본문에서는 조금도 이러한 언급이 없다. 발사이트(Bruno Balsheit)는 말하기를, 갈대아라는 단어(1:6)는 오늘날 유럽에서 많은 사람들이 훈족이라 부르는 바와 같이 비유적 의미로 사용되며 여기서 본서는 알렉산더 시대와 잘 부합한다고 말한다. 그러나 이 중재적 암시 역시 객관적 근거가 없다. 미가와 이사야는 이미 갈대아의 손에 의한 유다의 몰락을 예언했다. 그러므로 이 백성은 유대인에게 잘 알려졌을 것이다. 그래서 선지자는 갈대아의 세력이 지평선 위로 머리를 들기 시작했을 때 곧 이 경고를 전파하기 시작했다고 말할 수 있다. 부정적 비평주의에 따르면 본서는 합작으로 볼 수 있다고 말한다. 3장의 시는 처음 두 장과는 분리된다. 파이터에 따르면 이 시의 저자는 BC 4세기 혹은 3세기에 살았고 신 33장, 삿 5장을 모방하여 고어체로 기록했다고 한다. 이 장의 포로 후 시대를 주장한 최초인들 중의 하나는 베르나르트 스타트(Bernhard Stade, 1884)였고 이에 많은 사람이 동의했다. 1장과 2장에 관해서는 상당한 의견 차이가 있다. 기세브레크트(Giesebrecht)는 1:5-11이 적당한 자리에 있지 않으며, 1:12과 1:4 직후에 와야 한다고 주장한다. 칼 부데(Karl Budde)는 이것에 동의하면서 1:5-11을 2:4 뒤에 돌리려고 한다. 본서를 논술할 때 가장 중요한 해석점이 되었던 구절은 갈대아라는 말이 있는 1:5-11이다. 우리로서는 이 구절을 실제 역사적 사건에 대한 기록으로 믿으며(그렇게 하지 않을 아무런 이유가 없다.) 정당한 위치에 있다고 간주한다.

마지막으로 3장을 1장, 2장과 분리할 아무런 이유가 없다. 그 한 가지 이유는 양 분단의 주제가 같다는 것이다. 또한 언어에도 중요한 유사점들이 있다. 1:4, 13과 3:13은 원수가 모두 악인(라샤 : רָשָׁע)으로 되어 있다. 3:2은 2:3-5을 가리키는 것 같다. 더욱이 3장은 하박국의 기도로(1절) 되어 있다. 이것이 기술적(技術的) 음악적 술어로 소개되는데 결론으로 그것이 하박국인 것을 부인할 이유란 아무것도 없다. 왜냐하면 그러한 술어들이 분명히 시편 기자와 관계하여 이전 포로 시기에 분명히 사용되었기 때문이다.

3. 예언의 메시지

이 짧고 적은 세 장의 예언서는 숭고한 미(美)를 가진 메시지이다. 우선 선지자는 불평으로 시작한다. 그는 간악과 강포함에 대해서 부르짖었다. 그러나 그의 부르짖음은 묵살되어 버린 것으로 표현되었다(1:2-4). 이 불평에 대답해서 여호와께서는 말씀하신다. 즉, 여호와께서는 자기 백성의 악을 벌하지 않고 덮어 주지도 않으신다. 그는 조치를 강구하신다. 그는 그 백성을 징계할 민족(사납고 성급한 민족)을 일으키신다. 강력한 모습으로 특정지어진 이 국가는 하나님이 자기 백성을 벌하시는 도구로 사용되었다. 그러나 이 국가 자체는 오만하여 벌받을 것이다(1:5-11).

다음 구절에서 선지자는 여호와의 의와 순결성을 인정한다. 하지만 아직 그가 미처 알지 못했던 해답이 남아 있다. 이 원수의 국가가 그 백성을 형벌할 것이나 그들보다 더 의로운 자가 또한 벌할 것이다. "주께서는 눈이 정결하시므로 악을 차마('참아'〈忍〉가 아님 - 교정자 주) 보지 못하시며 패역을 차마 보지 못하시거늘 어찌하여 궤휼한 자들을 방관하시며 악인이 자기보다 의로운 사람을 삼키되 잠잠하시나이까."(1:13). 왜 여호와께서는 정결하신데도 이런 일을 허락하시는가 하고 선지자는 물었다.

그 답변은 다음과 같이 비길 데 없이 뛰어난 구절에서 찾아진다. "보라 그의 마음은 교만하며 그의 속에서 정직하지 못하니라 그러나 의인은 믿음으로 말미암아 살리라."(2:4). 교만한 자들 곧 갈대아인들은 신앙을 갖지 못하므로 정죄된다는 것이다. 오직 살려고 하는 자는 누구든지 믿음을 가져야 한다. 그러므로 이것은 하나의 현저한 대조이다. 갈대아인과 이스라엘의 택한 자만을 의미하는 것이 아니라 모든 인류를 두 계급으로 갈라 놓고 대조한다. 인간이 교만으로 가득 찬 사실은 자기의 멸망을 스스로 증거하는 것이다. 갈대아인들이 그러했다. 즉, 그들이 하나님의 도구로 사용되었으나 자신들의 성취감으로 교만했다. 그러므로 그들은 살지 못할 것이다. 이렇게 보면 이 구절은 눈앞의 사태를 우선적으로 언급한다. 그러나 이것은 사도 바울이 "의인은 믿음으로 말미암아 살리라."(롬 1:17)는 진리를 표현하는 데에서도 정확히 사용되었다. 본질적으로 그 상황은 꼭 같다. 하박국이 말한 생활은 단순한 지상의 생활이 아니고 가장 심오한 의미에서의 생활 곧 하나님과의 생활이다. 많은 비평가들이 이 점에서 선지자의 깊은 의도를 놓치고 다른 것을 보았다. 선지의 이 심오한 빛에서 우리는 원수에 대해 선고된 5 가지 재앙의 연쇄며 또한 찬양의 송가 (3장)를 이해할 수 있다.

3. 분 해(편집자 삽입)

1) 문제의 제기 : 선지자의 불평(1:1-17)
2) 문제의 해결(2:1-20)
3) 확신과 회복의 찬미(3:1-19)

하박국에 관한 특수 문헌

Karl Budde : "Habakkuk," in *ZDMG*, vol. 84, pp.139-147.
Giesebrecht : *Beitraege zur Jesajakritik*, 1890, pp.196-198.
Bernhard Stade : "Habakkuk," in *ZAW*, vol. 4, pp.154-159.
C. C. Torrey : "The Prophecy of Habakkuk," in *Jewish studies in Memory of George A. Kohut*, New York, 1935, pp.565-582.
H. H. Walker and N. W. Lund : "The Literary Structure of the book of Habakkuk," in *JBL*, vol. 53, pp.355-370.

9 스바냐

1. 명칭

본서는 저자 "스바냐(체판야 : צְפַנְיָה = 하나님이 숨기시다)"의 이름에 따라 작명되었다. 이 이름은 구약에 다른 부분에서도 언급된다(대상 6:36, 렘 21:1, 슥 6:10).

LXX에서는 그 명칭이 "소포니아스(Σοφονίας)"로 나타나고 벌게이트역(라틴어역)에서도 "소포니아스(Sophonias)"로 나타난다.

2. 저자

1:1을 따르면 예언은 요시야 시대에 스바냐에게 내려졌다. 결정적으로는 말할 수 없으나 스바냐가 요시야의 개혁이 있기 전 어느 시기에 그의 메시지를 전파했음이 가능하다. 1:4-6, 8, 9, 12과 3:1-3, 7 등의 구절에서 우리는 백성의 종교적 도덕적 상태가 매우 지속하였음을 알 수 있다. 선지자의 선조는 4대의 히스기야까지 거슬러 올라간다. 스바냐가 그토록 많은 세대를 거슬러 자기 조상을 추적한 유일한 선지자이므로 여기에는 어떤 특수한 이유가 있어야 할 것이다. 이 이유는 히스기야와 히스기야 왕은 동일한 인물이라는 생각에서 찾아보아야 할 것이다. 만약 이것이 사실이라면 스바냐는 왕족의 혈통에서 태어났다. 그러므로 스바냐는 그의 메시지를 전하는데 있어서 대중에게도 쉽사리 접근하였을 것이다.

현대의 어떤 학자들은 본서가 편집자들에 의해 재편되었으며 세부에 있어서 많은 불일치점을 찾을 수 있다고 믿는다. 아이스펠트는 그 대표자로 간주된다. 그는 사소한 어귀 주석이나 재편집의 가능성을 별도로 하면 1:2-2:3은 순수하다고 암시한다. 한편 2:4-15의 순수성은 확실한 것이 못 된다고 생각하였다. 적어도 그것은 포로 이후의 첨가물이며 7절 첫 부분과 끝 부분도 역시 그러하다고 생각한다. 한편 3:1-13에서는 순수한 시를 찾을 수 있으며 8-10에서만 재료의 재편집의 흔적이 나타난다고 생각하였다. 14-17은 스바냐에게서 왔을 수도 있으며 당시에는 그러한 말세론적 첨가를 행한 것이 습관화 되었으므로 해서 이것이 가능하다. 18-20 역시 스바냐의 것임이 부인되어 포로 혹은 그 이후의 시대의 것으로 돌려진다.

이러한 모든 생각에 답변해서 우리는 그것이 매우 주관적임을 쉽사리 주목할 수 있다. 이 예언 중의 어떤 부분도 스바냐의 것임을 부인할 충분한 이유는 없다.

3. 목 적 및 분해

스바냐의 목적은 닥쳐오는 파멸에 관해 국가에 경고하는 것이었다. 그는 진노의 날을 예언하며 한편으로는 다가오는 구원을 예언한다. 본서의 중요한 내용을 세 부분으로 나눈다.

1) 여호와의 날(1:1-2:3)

일반적 주제가 1:2에서 진술된다. 즉, 하나님이 지면의 모든 것을 진멸하신다는 것이다. 다음으로 선지자는 이 주제가 특수하게 적용됨을 보여 준다. 유다와 예루살렘에서 발견되는 모든 것 곧 사람과 짐승, 모든 우상이며 왕족들에게 적용된다. 그것들을 멸절할 것이다(1:3-13). 다가오는 형벌에 관한 이 생생한 기술 후에 스바냐는 여호와의 날이 가깝다고 외친다. 이 무서운 날을 그는 "큰 군대가 애곡하는 날"이라는 술어로 표현했다. 이 기술은 중세기의 찬송 "분노의 날"의 근거를 제공했다(1:14-18). 2:1-3에서는 여호와의 자비를 말하며 회개하여 여호와를 찾으라는 호소로써 이 부분을 맺는다.

2) 이방들에 대한 예언들(2:4-15)

많은 다른 선지자들처럼 스바냐 역시 그의 주의를 열국 또는 이방 국가들에 돌렸다. 그들의 죄를 책망함으로써 진노가 올 때 그들에게 변명할 여지를 주지 않으려 함과 모든 국가의 운명이 여호와의 손에 놓였음과 여호와는 선민을 해한 자를 확실히 벌주실 것이라는 사실을 들어 그들을 훈계한다. 여기 각 국가들에 대한 예언들은 선지적 메시지의 진수의 부분이다. 그리고 그것들을 뒷 시대의 편집자에게 돌림은 그것들의 참된 성격과 기능에 대한 이해의 결핍에 지나지 않는다.

스바냐는 첫째로 가사와 팔레스타인 평원에 대해 말한다(4-7절). 그 다음 모압과 암몬을 이스라엘에 대한 그들의 적대 행위를 들어 책망하고 정죄한다(8-11절). 구스와 앗시리아 특히 니느웨에도 역시 끝 날이 올 것이다(12-15절).

3) 예루살렘의 죄와 장래의 구원(3:1-20)

처음 일곱 절에서 선지자는 예루살렘에 대한 재앙을 알리고 그 죄에 대해 특정지운다. 다음에 그는 다가오는 구원을 알린다(8-20절). 이스라엘의 남은 자가 있을 것이고 시온의 딸은 노래를 부를 것인데 이는 여호와께서 그들 가운데 계셔서 구원하실 것이기 때문이다.

스바냐에 관한 특수 문헌

C. V. Pilcher : *Three Hebrew Prophets and the Passing of Empires*. London, 1931.

F. Schwally : "Das Buch Sephanja," in *ZAW*, 1890, pp. 165-240.

H. Weiss : *Zephanja Kap.* I *und seine Bedeutung als religionsgeschichtliche Quelle*, Koenigsberg, 1922.

10 학개

1. 명칭

본서는 그 저자 이름 "학개(학가이 : חַגַּי = 축제의 · 즐거움)"에 따라 책명이 붙여진 것이다. LXX에서는 "앙가이오스(ἀγγαῖος)", 벌게이트역(라틴 어역)에서는 "악개우스(Aggaeus)"로 표기하였다.

2. 저자

본 예언서 전권의 저자가 학개임을 부인할 충분한 이유는 없다. 로트스타인(Rothstein)은 2:15-19가 1:15a 뒤에 와야 하며 그 날짜는 6월 24일로 측정되어야 한다고 말했다. 한편 2:10-14에 있는 주제가 혼돈 또는 그것이 혼합된 것임을 두드러지게 했다. 아이스펠트는 두 개의 조그만 수집에서 온 부분들이 첨가 되었다고 믿는다.

그러나 이러한 제안이 필연적인 것은 아니다. 이 예언에 나타난 바와 같이 단일한 메시지임이 분명하기 때문이다.

포로민들이 바벨론에서 팔레스타인으로 되돌아왔을 때 그들은 큰 희망을 가졌었다. 고레스 대왕은 유대인에게 예루살렘에 성전을 재건할 것을 허락하는 칙령을 발표했다. 그러므로 그의 보호와 허락 아래서 그들은 약속의 땅으로 돌아왔다. 그러나 그들의 앞에는 난관이 기다리고 있었다. 반대자들이 나타나고 그들은 일할 용기를 잃었다. 약 15 년 간 성전 일은 중단되고 여러모로 부진했다.

위대한 두 선지자가 출현했던 것은 페르시아왕 다리오 통치 제 2 년 사이의 일이었다(BC 520) 이들은 곧 학개와 스가랴이었다. 에스라서(5:1, 6:14)를 보면 이 두 사람의 예언으로 힘을 얻어 재건하고 번창했음을 볼 수 있다.

그러나 학개라는 인물에 대해서는 실제로 아무것도 알려져 있지 않다. 모든 가능한 점을 종합해 보면 그는 포로 기간 중 바벨론에 태어났고 첫 포로민들과 같이 팔레스타인에 귀성했다. 만약 이것이 가능하다면 그는 바벨론에서 다니엘을 알았을 것이다.

3. 분해

학개의 예언은 넷으로 구분된다.

1) 첫째 메시지(계시) : 다리오 제2년 6월 1일(1:1-15)

여기 6월은 '엘룰(אֱלוּל)월'인 바, 현대의 8-9월에 해당된다(느 6:15). 학개는 그의 메시지를 지도자인 총독 스룹바벨과 대제사장 여호수아에게 전했다. 그는 백성의 태도에 관한 진술로써 시작한다. 백성은 여호와의 집을 재건할 때가 아직 이르지 아니했다고 말하고 있었다. 선지자는 이러한 태도를 책망한다. 백성은 판벽(板壁 : 백향목 판자 곧 온갖 조각과 장식물로 된 고급 건축 자재 - 편집자 주)으로 된 집에 거하였고 여호와의 집은 황폐하였다. 그들 자신의 집은 잘 덮고 위했으나 여호와의 집에 대해서는 추호의 관심도 기울이지 아니했다. 그러므로 그들은 자기들의 행동을 반성할 때가 이르렀다.

한편 여호와의 축복은 백성들의 그러한 소홀함 때문에 보류되었다. "너희가 많이 뿌릴지라도 수입이 적으며 먹을지라도 배부르지 못하며 일꾼이 삯을 받아도 그것을 구멍 뚫어진 전대에 넣음이 되느니라."(1:6). 학개는 백성에게 성전 일을 다시 시작할 것을 역설한다. 여호와는 그것을 기뻐하실 것이고 영화롭게 될 것이다. 이 열렬한 메시지의 결과로 백성들과 지도자는 여호와를 경외했으며, 6월 24일(학개가 메시지를 전한 23 일 후) 그동안 소홀히 했던 성전 일을 다시 시작하였다.

2) 둘째 메시지 : 7월 21일(2:1-9)

이날에 여호와께서 학개에게 계시된 메시지는 그 본질에 있어 위로의 메시지이며 소망의 메시지였다. 백성 중에는 분명히 이전의 성전(솔로몬이 건축했고, 587년 느부갓네살이 파괴했던 그 성전)을 기억하는 사람들이 있었다. 현재의 이 성전은 그 장대한 구조에 비할 때 아무것도 아닌 것 같았다. 그러나 이 사실로써 낙담할 아무런 이유는 없다. 여호와께서는 애굽에서 자기 백성을 인도하셨을 때 그들에게 약속하신 언약과 같이 자기 백성과 여전히 함께하신다. 첫 성전의 그것보다 더 큰 영광이 올 것이다. 여호와께서는 "열방의 사모함"을 유발시킬 것이며 "내가 이 집을 영광으로 채울 것이다."라고 말씀하신다. 그 결과로 "이 전의 나중 영광이 이전 영광보다 크리라 만군의 여호와의 말이니라 내가 이곳에 평강을 주리라 만군의 여호와의 말이니라."(2:9).

이 약속은 메시아에 대한 것이다. "열국의 사모함"의 대상은 메시야 자신 이외의 다른 것이 아니다. 이 약속에 있어 확실한 것 곧 여호와께서 여기서 약속하시는 축복은 그 성격상 순전히 영적이라는 점이다. 이 둘째 성전은 그 재료의 광택과 찬란함에 있어 처음 것과 같을 수는 없지만 처음 것보다 더 큰 영광이 올 것이다. 곧 그 영광은 하늘과 땅, 바다며 마른 땅을 진동시킴으로 도래할 것이다(히 12:26-28을 비교).

3) 세 번째 계시 : 9월 24일(2:10-19)

두 번째의 계시 2 개월 후에 학개에게 임한 이 세 번째의 계시에서 선지자는 정결한 것이 부정한 것에 접촉하여 더럽게 되듯 여호와의 전에 대한 그들의 전날의 태도가 그들의 수고를 부패케 하였으므로 여호와의 축복이 억제되었음을 설명하려고 했다. 그러나 이 시기로부터 여호와는 참으로 복을 주실 것이다. "곡식 종자가 오히려 창고에 있느냐 포도나무, 무화과나무, 석류나무, 감람나무에 열매가 맺지 못하였었느니라 그러나 오늘부터는 내가 너희에게 복을 주리라."(2:19).

4) 넷째 마지막 계시 : 9월 24일(2:20-23)

앞의 것과 같은 날에 받은 것이며 위로의 메시지다. 여호와는 스룹바벨을 견고케 하실 것이다. 여호와께서는 택한 자를 사랑하시며 그 자손에게 축복의 언약을 확실히 이루심을 의미한다. 열국들의 힘은 여호와로 말미암아 깨어질 것이요 그는 참으로 자기 백성에게 자비를 베푸실 것이다.

학개에 관한 특수 문헌

Karl Budde : "Zum Text der drei letzten Kleinen Propheten," *ZAW*, 1906, pp. 1-28; article, Haggai, in *ISBE*.

11 스가랴

1. 명칭

본서의 명칭은 선지자 "스가랴(제카르야 : זְכַרְיָה = 여호와가 기억하신다)"의 이름에서 유래된 것이다. 70인역에서는 자카리아스(*Ζαχαρίας*)로 나타나며, 벌게이트역에서도 "자카리아스(Zacharias)"라 부른다.

2. 저자

스가랴는 잇도의 손자이며 베레갸의 아들이다(1:1). 아마도 이 잇도는 팔레스타인에 돌아온 레위족의 잇도와 동일시될 수 있다(느 12:1, 4, 16). 만일 그렇다면 스가랴는 제사장이었을 것이고 느헤미야 12:16의 스가랴와 동일인일 것이다. 선지자는 분명히 젊은 시절부터 그의 선교를 시작했고, 학개는 그와 당대인으로서 조금 일찍 태어났을 것이다. 스가랴의 선교는 학개보다 두 달 늦게 시작되었다. 이 책은 스가랴가 전(全) 예언의 저자였다는 입장을 채용하는 바이다. 그러나 이 문제에 관해서는 널리 논쟁이 성행되므로 본 예언의 저작에 대해서 약간의 주의가 필요할 것이다.

전 예언의 순수성에 대해 의문을 제기한 최초의 사람들 가운데 한 사람은 케임브리지 학파의 요셉 메데(Joseph Mede, 1653)였다. 그는 마태 27:9,10에 있는 슥 11:12,13의 인용 예언이 예레미야에 의해 기록되었다는 것이다. 이것은 앞서의 질문에 대한 세심한 주의를 기울였음을 나타낸다. 오늘날에 있어서 학자들은 그것이 포로 시대 이전에 기록되지 않았던 것으로 생각하기 시작했다. 1700년에 리차드 키델(Richard Kidder)은 메데(Mede)의 견해를 옹호하고 나서서 12-14장에 역시 예레미야의 작품이라고 주장했다.

1785년 윌리엄 뉴컴(William Newcome)은 9-11장은 사마리아 멸망 전 아마 호세아 시대에 기록되었을 것이고, 12-14장은 이보다 후인 요시야의 죽음과 예루살렘 멸망 중간의 어느 때에 기록되었을 것이라고 단언했다. 이로써 뉴컴은 9-14장 안에는 포로 시대 전의 단편들이 두 개 있다고 생각했다.

코로디(H. Corrodi, 1792)는 한편 포로 시대 전 가설에 반대하는 입장에 서서 9-14장은 스가랴 시대 이후, 오래되어서 기록되었다고 추측했는데(이것은 더 일찍 그로티우스가 말했던 바와 같다. 1644) 포로 전 또는 포로 후의 스가랴에 대한 날짜를 두고 학자들은 파가 갈라졌다. 어떤 사람들은 당당히 전체 예언의 통일성과 순수성을 주장했다. 1824년 아이히혼은 그의 『개론』 넷째 편집에서 9-14장을 아주 늦은 날짜로 돌렸다. 그는 9:1-10:12에서 알렉산더 대왕의 침공에 대해서와(BC 332), 13:7-14:21에서는 유다 막카비우스(Maccabeus)의 죽음(BC 161)에 대한 위로의 송가에 대한 기록을 발견했다고 생각했다. 11:1-13:6을 그는 중간 시대로 돌렸다. 다른 이들은 본 장들의 기원을 후기 헬라 시대로 주장함으로써 아이히혼을 따랐다. 로젠뮐러(Rosenmueller)와 히치히(Hitzig) 같은 다른 사람들은 여전히 포로 전 기원을 주장했다. 실로 포로 전 기원의 옹호자들이 더욱더 많은 숫자를 보이고 있다. 1840년에 비평주의는 다소 전체 예언의 통일성을 주장했던 자들과 9-14장에 대해서 포로 시대 전 날짜로 역설했던 자들로 나누어졌다.

그러나 스타드(Stade, 1881-2)는 9-14장은 디아도키(Diadochi) 시대(BC 306-278) 동안 기록되었다고 주장하여 비평주의 과정에 새로운 전환점을 마련했다. 그리하여 포로 시대 후 스가랴설은 재생되었다. 금일에 와서는 학자 진영이 전체의 단일성을 주장하는 자들 (로빈슨, 데이비스, 뮐러)과 9-14장을 헬라 시대에 (대부분 BC 3세기) 돌리려고 하는 자들로 구분된다. 한때 성공적인 것으로 "현대 비평의 가장 확실한 결과들"(Diestel, 1857) 중의 하나로 선포된 포로 전 가설은 저자가 아는 한 오늘날 아무의 지지도 받지 못한다.

❐ 9-14장의 스가랴의 포로 후 저작에 대한 논증 ❐

이 문제를 상고함에 있어서 근래 가장 유능하고 박식한 옹호자 중 한 사람인 아이스펠트에 의해 진술된 포로 후 저작설을 고찰해 봄이 좋을 것이다.

9:1-17과 10:1-2은 아마도 가사(Gaza) 왕에 대한 언급과 같이(9:5) 어떤 고문체들을 포함하고 있다. 그러나 그것들 역시 9:13의 헬라에 대한 언급과 같이 아주 늦은 시기의 어떤 증거들을 가진다고 주장한다. 그 구절은 아이스펠트에 의하면 시온에 있는 셀류시드(The Seleucid)의 세력에 대한 위협과 시온의 메시야 왕국의 약속으로 생각된다. 그러나 이것이 셀류시드의 세력의 시작(BC 300) 혹은 마카비 시대를 지적한 것인지는 확실히 단언할 수 없다.

10:3-11:3은 여기서도 고문체들이 발견된다 할지라도 늦은 시기의 더욱 명백한 표적들을 포함하고 있다. 특히 10:6-10에서 우리는 포로와 유대인 분산의 전체를 볼 수 있다. 그 구절은 디아도키족, 셀류시드족과 프토레마이크족에 대한

위협으로 간주될 수도 있다. 이 구절은 9:1-10:2과 같은 시대적 정황으로써 서로 관련되므로 같은 저자일 수 있다.

11:4-7이나 13:7-9에는 어떠한 고문체도 없고 헬라 시대에 관련됨이 명백하다. 그것보다도 이 구절에 적합한 사건들은 마카비 발흥기 바로 전 20 년 또는 마카비 시대에 온 것이다. 두 가지 가능한 해석들이 각각 곤란한 점은 가지고 있지만 흥미를 준다. 하나는 11장의 선한 목자를 오니아스 4세(Onias IV)로, 악한 목자를 알키무스(Alcimus)로, 그리고 8장의 세 목자를 리시마쿠스(Lysimachus), 야손(Jason), 메넬라우스(Menellaus)로 보는 마르티(Marti)의 견해와, 다른 하나의 견해는 선한 목자를 오니아스 4세로, 악한 목자를 메넬나우스로 그리고 오니아스 4세로 말미암아 축출된 세 사람 곧 시몬, 메넬라우스, 리시마키스로 보는 셀린(Sellin)의 견해이다(이 사건의 역사적 언급에 대해서는 마카비 1서 7:5-25, 9:54-57, 마카비 2서 4-5장, 13:1-8을 보라). 첫째 견해는 그 구절을 BC 160년으로, 그 둘째 견해는 BC 150-140년으로 본다.

아이스펠트에 의하면 12:1-13:6은 아주 늦은 시대에 기록된 수많은 증거들을 가지고 있는 바, 특히 말세론적 내용이 그렇다. '찌른 바' 된 것은 (12:10-12) 분명히 구체적 사건을 가리키는 것이나 그것이 무슨 사건인가는 말하기 어렵다.

14장도 역시 늦게 기록된 것으로 여러 사람이 쓴 것으로 볼 수도 있다. 왜냐하면 "여호와의 날"에 대한 다소 상충되는 견해들을 나타내고 있기 때문이다. 그 기원의 시기는 결정하기 힘든다.

위의 후(后) 스가랴 견해의 해설에 대한 답으로 다음의 고찰을 예증한다.

① 후 스가랴 가설을 찬성하는 데 인증되는 가장 중요한 논증은 9:13의 '헬라 자식'의 언급이다. 그러므로 헬라(셀류시드족)는 시온을 대항하는 위협으로 생각해서 그 당시의 세계 재패권으로 간주한다. 그러나 이 해석에는 진지한 반대가 있다. 본 예언은 야반(Javan)의 승리가 아니라 패배 중의 하나이다. 이와 관련해서 선지자는 포로민들에게 확실한 보장으로써 지금 막 돌아올 것을 호소했다(12절). 그러므로 그 입장이 스가랴 시대에 잘 들어맞지만 후 시대에는 그러하지가 않다. 이것은 실제 전쟁에 대한 기술이 아니라 장래의 승리에 대한 묵시적 이상이다. 스가랴 시대에 있어서 헬라는 고려할 만한 중요한 국가로 생각되지는 않았다.

② 본서의 양 부분에 이스라엘의 실제 왕의 언급은 없다. 12:7-13:1에 "다윗의 집"이라고 언급되어 있음은 사실이지만 이 구절의 세심한 주석은 그것이 실제

통치자에 대한 언급이 아니라는 것을 보여 준다. 스가랴서의 양 부분에 인정되는 한 왕은 메시야이다(6:12, 13과 9:9 비교). 더욱이 각 부분이 제시하는 메시야 형상에도 아무런 본질적 차이가 없다. 오히려 언급된 모든 것이 한마음의 작품임을 쉽게 알 수 있다는 것이다.

③ 본서의 양 부분에 이스라엘과 유다 집이 하나로 간주되는 사실에 유의함이 역시 중요하다. 이 사실은 스가랴 시대와 잘 조화가 된다(예 ▸ 1:19; 8:13과 9:9, 10,13; 10:3, 6, 7).

④ 어떤 특수 표현들은 본서의 양 부분에 나타난다. 그래서 "왕래"(메오베르 우미샤브 = מֵעֹבֵר וּמִשָּׁב)가 7:14과 9:8에 나타난다. "여호와가 말하노라"(네움 여호와 = נְאֻם יְהוָה)가 10:12; 12:1, 4; 13:2, 7, 8과 본서의 첫부분에 14 회 나타난다. 하나님의 섭리는 "여호와의 눈"으로 3:9 ; 4:10과 9:1에 표시된다. "만군의 여호와"라는 구절이 1:6,12 ; 2:9과 9:15; 10:3 ; 12:5 등에 나타난다.

더욱이 야샤브(יָשַׁב = 거주하다)의 칼형이 수동태의 의미로 2:8 ; 7:7과 12:6 ; 14:10에 사용되는데 이것은 본 예언서 밖에서는 찾아보기 극히 희소하다. 또한 유사점들이 있다. 예컨대 2:10과 9:9의 이 현상들은 본 예언서의 문자적 통일성을 증명하지 못한다 해도 적어도 그러한 통일성을 확립함에 큰 효과를 준다.

⑤ 스가랴는 그의 앞의 이사야와 같은 복음 선지자이다. 그리고 이 복음적 강조가 본서의 양 부분에 다 나타난다.

⑥ 양 부분의 언어의 순결성이 강조되어야 하겠다. 언어는 아람풍과는 현저히 벗어나고 있다. 퓨지(Pusey) 역시 다음과 같이 논평한다. "양 부분은 같은 사상과 언어에 근거를 두고 있으므로 나오는 언어의 확실한 풍부성이 있다. 양쪽 다 강조를 위하여 전체와 부분들이 함께 언급된다. 이 풍부성의 결과로 양 부분에서 히브리 병행법의 일반 규칙과는 반대로 구절이 5 부분으로 나누어지는 일이 있다." 푸세이는 6:13, 9:5; 9:7; 12:4을 예증한다. 한 구절을 음미해 보면 그 원리가 분명할 것이다.

아스글론이 보고 무서워하며
가사도 심히 아퍼할 것이며,
에그론은 그 소망이 수치가 되므로
… 가사에는 임금이 끊어질 것이며,
아스글론에는 거민이 없을 것이다(9:5).

그러므로 위의 고찰을 보아 스가랴서에는 처음 언뜻 나타나는 것보다는 더 깊고 감추인 통일성이 있음이 분명하다.

⑦ 마지막으로 유의해야 할 것은 9-14장의 스가랴 저작을 부인하는 자들은 작문에 획일적 이론에 일치할 수 없었다는 사실이다. 또 한편 9-14장이 단일한 것으로 포로 전후의 것으로 스가랴에서 온 것이 아니라고 하는가 하면 또 일방에서는 9-11장은 8세기에서 왔으며 12-14장은 6세기 초경에서 왔거나 혹은 다아도키(Diadochi) 또는 심지어 마카비 시대에서 온 것이라고 한다. 다른 이들은 9-14장 전부를 3세기 또는 2세기에 두고 그것을 포로 된 선지자의 혈통에서 썼던 묵시적 저자의 작품으로 간주한다. 또 다른 이들은 전체 예언을 4 부분으로 나눈다. 이렇게 논란되는 장들에 대해 일치되는 것이 없음은 스가랴의 저작에 관한 만족스럽고 획일적인 견해가 발견되지 못했음을 강력히 보여 준다.

3. 분 해

1) 서론(1:1-6)

다리오 2년 8월에 여호와의 말씀이 스가랴에게 알려졌다. 그는 자기의 메시지를 "회개할 것과 죄많은 열조가 했던 것과 같은 행동을 하지 말라."라는 명령으로 시작한다. 그러므로 본서의 주제가 "내게로 돌아오라 그리하면 내가 너희에게로 돌아가리라"라는 말로써 나타난다.

2) 밤의 이상들(1:7-6:15)

(1) 1:7-17 ▸ 서론적 이상(Vision)

하나님이 자기 사자들을 통해 땅의 사건들을 관찰한다. 홍마를 탄 사람은 (8절) 여호와의 천사이며, 탄 자들은 하나님의 명령을 수행하기 위해 땅을 거쳐 갔던 여호와의 종들이다. 땅은 고요하며 평화스런 것으로 발견된다. 그러나 예루살렘과 유다는 아직도 하나님의 분노의 결과들로 수난 받는다. 이런 상태가 얼마나 계속될 것인가의 물음에 여호와는 해석자를 통해서 답변하셨다(13절, 내게 말하는 천사는 여호와의 천사와는 구별된다). 즉, 적당한 때에 요여호와의 노가 열국들에게 쏟아질 것과 예루살렘과 성전은 재건될 것이라고.

(2) 1:18-21 ▸ 첫 이상

네 뿔은 하나님 왕국의 원수들을 대표한다. 그리고 네 공장(工匠)은 이것들을 산산히 부순다. 이 네 뿔은 이상의 제국 곧 바벨론, 메데-페르시아, 헬라, 로마를 나타낸다. 이 국가들을 뿔로써 묘사한 것은 분명히 단 7:7,8을 회고케 한다.

(3) 2:1-13 ▸ 둘째 이상

선지자는 예루살렘의 장래의 칫수를 측량하는 데 종사하는 사람을 본다. 그 현재 크기는 하나님의 구원이 가져올 확장에 충분히 크지 않기 때문이다.

(4) 3:1-10 ▸ 셋째 이상

선지자는 더러운 옷을(죄의 상징) 입고 여호와의 천사의 자비를 구하면서 성전에 있는 대제사장을 바라본다. 천사는 성전에 나타나서 여호와의 은총을 보여준다. 사탄은 질투하는 눈으로 그 광경을 바라본다.

(5) 4:1-14 ▸ 넷째 이상

선지자는 금촛대(하나님의 백성)와 그것으로 말미암아 두 감람나무(성령)를 본다. 하나님 왕국 건립에 있을 그 어떤 산악의 장애도 은혜를 통한 하나님의 성령으로 말미암아서만이 제거될 것이다.

(6) 5:1-4 ▸ 다섯째 이상

날아가는 두루마리는 신적 심판의 상징이다.

(7) 5:5-11 ▸ 여섯째 이상

이스라엘은 그 불법의 양(에바)을 채울 것이며 여호와는 국가의 죄의 진척을 제지하신다.

(8) 6:1-8 ▸ 일곱째 이상

하늘의 바람들이 신적 심판으로 사역한다.

(9) 6:9-15 ▸ 여덟째 이상

메시야로 말미암은 회복에 대한 일반적 예언

3) 금식 문제(7:1-8:23)

이 부분은 다리오 4년 9월 4일에 스가랴에게 계시된 것인데 벧엘 사람들의 질문에 답하는 것으로 예루살렘과 성전 훼파의 날을 아직도 금식의 날로 지켜야 할 것인가 하는 문제이다. 답변은 여호와께서는 금식보다도 순종을 기뻐하신다는 것이다. 하나님께서는 그들이 당신의 법도대로만 걷는다면 풍성한 축복으로 자기 백성을 향해서 지금도 다시 돌아오실 것이다.

4) 세상 권세와 장래의 하나님 나라(9:1-14:21)

(1) 9:1-10:12 ▸ 시온은 구원될 것이며 열방을 이길 것이다

이것은 그 왕 메시야로 말미암아 성취될 것이다.

(2) 11:1-17 ▸ 선한 목자와 어리석은 목자

(3) 12:1-13:6 ▸ 여호와께로 돌아오는 이스라엘의 미래에 대한 보충 묘사

(4) 12:7-14:21 ▸ 이스라엘을 정결케 하기 위한 심판과 예루살렘의 장래 영광

4. 목 적

스가랴는 신적으로 위임된 임무로써 국가를 격려하려고 한다. 여호와의 분노는 백성의 죄 때문에 온다고 그는 가르친다. 그렇다면 국가는 하나님 앞에서 스스로 겸손해야 할 것이며 그렇게 함으로써 영광스러운 장래를 갖게 될 것이다. 열국들은 한 날에 꺼꾸러질 것이고 예루살렘은 번영할 것이다. 이 장래의 영적 축복은 메시야를 통하여 이루어질 것이다.

스가랴에 관한 특수 문헌

John D. Davis : "Reclothing and Coronation of Joshua," *PTR*, vol. xviii, pp. 256-268;

B. Heller : "Die letzten Kapitel des Buches Sacharja im Lichte des spaeteren Judentums," *ZAW*, 1927, pp.151-155.

W. D. Munro : "Why Dissect Zechariah?," in *E. Q*; X. 1938, pp. 45-55.

George L. Robinson : *The Prophecies of Zechariah*, Chicago, 1896(This work is by far the best introduction to the study of Zechariah).

J. W. Rothstein : *Die Nachtgesichte des Sacharja*, Stuttgart, 1910.

12 말라기

1. 명칭

본서는 저자 "말라기(말르아키 : מַלְאָכִי = 나의 사자·천사)"의 이름에 따라 작명되었다. 요나단 벤 우지엘(Jonathan ben-Uzziel)의 탈굼에서는 "그의 이름이 서기관 에즈라로 불려진다."라는 말로 덧붙여져 있다. 그러나 LXX 는 그 말을 고유 명사가 아닌 보통 명사로 간주하고 비록 그것이 말라기라는 명칭을 가진다 해도 "여호와께서 그의 사자의 손으로 말미암아 이스라엘에 하신 경고의 말씀이라."라고 번역한다. 그러나 이 말을 고유 명사로 간주함이 더 좋다. 왜냐하면 다른 선지서들은 익명이 아닌데 본서만이 예외라고 함은 이상하다. 하여튼 말라기가 고유 명사라면 그것과 3:1의 "내 사자"와는 관계가 있는 것으로 보인다 〔LXX는 본서를 "말라키아스(μαλαχιας)"라고 부름 - 편집자 주〕.

2. 저자

전권은 단일체로서 한 저자의 작품이다. 그러나 본서에서 예언 시기에 근사한 날짜를 결정할 수 있는 어떤 암시는 있지만 말라기의 생애에 관해서는 아무 것도 알려져 있지 않다. 그러나 분명히 성전은 준공되었고 희생은 드렸다(1:7-10 ; 3:8). 총독(폐하) 곧 페르시아 총독이 예루살렘을 다스리고 있었다(1:8). 이 고려들은 본 예언이 학개와 스가랴의 계속임을 보여 준다.

성전 건립에 관한 초기의 열심이 지금은 식어진 듯하고 말라기가 정죄하는 종교적 방종과 남용은 에스라와 느헤미야에서 나타나는 바와 같다. 그러므로 2:10-12이 보여 주듯 잡혼이 성행하며, 십일조 헌납이 소홀했으며(3:8-10) 흠 있는 예물을 바쳤다(1:6 이하). 그러나 1:8에 언급된 "총독"은 아마도 느헤미야가 아닌 것 같다. 여기서 느헤미야가 수사(Susa)를 방문하는 동안에 본서가 기록되었음이 아주 가능하다. 하여튼 그 시기는 이에서 연유한다.

본 예언의 순수성에 관해서는 1:1의 명칭을 제외하고는 현대 비평주의는 의심하지 않는다. 그러나 코르닐(Cornill)은 마르티(Marti)와 함께 2:11,12을 삽입한 것으로 간주하는데 이는 본서 중에 이방에 관한 다른 사상들이 어디서나 표현되기 때문이라고 한다. 그러나 이 구절들은 단순히 그 당시 현존했던 정황과 백성의 죄악을 반영할 뿐이다. 코르닐의 논증은 명확하지 않다. 또한 그는 그 명칭을 매우 자세히 논술한다. 그는 슥 9:1과 12:1에도 역시 나타나는 유사점들〔여호와의 말씀의 경고(맛사 = משא)〕를 지적한다(슥 9:1의 '경고'란 말이 히브리 어 성경과 한글 개역 성경엔 있으나 개역 개정판엔 없음 - 편집자 주). 그는 주장하기를 슥 9:1이 원래의 것이며 다른 두 구절은 모방으로서 제 2 차적 특징을 지닌 그 표제들은 말라기 3:1에 대한 오해에서 1:1에 나타났다고 말한다.

슥 9:14과 말라기는 원래 소선지서들의 수집 말기에 어느 익명의 기록자에 의해 부록으로 첨가된 예언들이라고 코르닐은 생각한다. 우선 긴 슥 9:14의 구절이 확장되었으며 짧은 말라기 역시 그러했다. 이 말라기는 지금과 같은 표제 아래 제공되었으며 지지를 받는 12 선지서의 계열에 들게 된 것이라 한다. 또 코르닐에 의하면 슥 12:14은 슥 1-11장과는 다소 다름이 알려졌으므로 특별히 형성된 표제라고 제안한다(이 익명의 소예언이 단일체로 이루어져야만 했다고 하는 것이나 그 첫째 부분과 그 후에 알려진 둘째 부분과의 차이가 스가랴에 부록으로 삽입되었다고 함은 좀 이상하지 않은가? 9-11장과 12-14장 간의 차이가 그토록 크다면 12-14장은 왜 다른 동의(同意)의 예언들이 말라기로 간주된 것과 같이 독립된 책으로 되지 않았는가? 혹은 이 세 개의 부연된 구절들은 왜 함께 스가랴에 부록으로 첨가되지 않았는가? 소위 편집자들은 그렇게 함으로써 그 수를 12로 확보하려고 했을까?

이런 모든 것은 단순한 환상이며 이를 지지할 만한 객관적 증거는 없다. 1:1이 3:1에 근거한다고 전혀 억지로 추측하지는 않는다. 왜 이 경우의 반대는 될 수 없겠는가? 왜 말라기 자신이 슥 9:1과 12:1의 의식적 모방에서 그 명칭을 만들었을 수는 없겠는가?

3. 목적과 분해

본서의 목적은 그 내용의 연구를 통해 아주 분명하게 된다.

1) 이스라엘의 죄와 패역(1-2장)

(1) 1:2-5 ▸ 표제 후에 선지자는 바로 메시지의 중심으로 돌진해서 하나님의 사랑이 이스라엘을 택한 데서 나타났음을 보여 준다.

(2) 1:6-2:4 ▸ 그러나 이스라엘은 하나님께 그 합당한 존귀를 표시하지 않는다. 제사장들은 스스로 방종하여 예배 의무를 소홀히 했다.

(3) 2:5-9 ▸ 더욱이 제사장들은 율법에 위배된 교훈을 말하며 많은 사람을 넘

어지게 하였다.

(4) 2:10-17 ▸ 백성들 역시 제사장을 본받아 이방 여자와 결혼하고("이방 신의 딸과 결혼했다") 이혼을 함부로 했다.

2) 죄인에게 임할 하나님의 심판과 회개하는 자들에게 베풀어진 하나님의 축복(3-4장)

(1) 3:1-6 ▸ 그러나 여호와는 그 앞에 길을 예비하기 위해 사자를 보내실 것이며 메시야가 오실 것이다. 그의 오심은 나라를 정화하려 함이니 누가 그의 오실 날에 남겠는가?

(2) 3:7-12 ▸ 백성들이 여호와의 축복 안에 즐거워하기 위해서는 그가 계시하신 율법에 순종해야 한다.

(3) 3:13-4:3 ▸ 여호와의 날이 임할 때 의인과 악인의 구별이 생길 것이다.

(4) 4:4-6 ▸ 결론으로 국가가 모세의 율법에 순종하여야 하며 하나님의 크고 무서운 날이 나타나기 전에 메시야가 올 것이다.

말라기에 관한 특수 문헌

A. von Bulmerincq : *Der Frophet Maleachi*, Vol, I , Einlelitung. Dorpat, 1926, Vol. II, *Kommentar, Dorpat*, 1932.

C. C. Torrey. "The Prophecy of Malachi," in *JBL*. 1898, pp.1-15.

제Ⅲ부

성문서(聖文書)

A. 시가서
B. 다섯 두루마리책
C. 역사서

❑ 시서(詩書)들 (The Poetical Books) ❑

구약 성경의 셋째 부분에는 유대인들이 시로 간주하는 세 권의 책이 있는데 곧 시편, 잠언, 욥기이다. 그것들은 기억하기 쉬운 "에메트(אֱמֶת = 진리)의 책들"이란 말로 불리어진다. 이 '에메트'란 말은 시서들의 이름 곧 욥(이욥 = ווֹאב),잠언(메샬림 = מְשָׁלִים), 시편(테힐림 = תְּהִלִּים)의 각 첫 글자를 따서 구성된 것이다. 유대인들은 이 세 권의 책을 특수한 구조의 억양을 가진 것으로 규정한다.

성경의 시문(詩文)이 세 권의 중요한 시서들에 국한된다고 생각할 수 없다. 실로 성경 전체를 통하여 많은 시가 있다. 그중에서 몇 개를 들면, 창 4:23-24 ; 창 49:1-27; 출 15:1-18 ; 삿 5장 ; 삼하 1:17-27 등을 들 수 있다.

이 긴 세 가지 시서들은 대부분 교훈적이며 서정적이다. 물론 서사시적인 혹은 희곡적 시의 흔적도 있기는 하다. 그러나 이 책들은 하나님의 말씀이므로 주로 죄인들을 교훈하는 데에 그 의도를 두고 있다. 이런 이유로 그것들은 압도적으로 교훈적이다. 비록 시편에서도 이 교훈적인 요소가 아름답고 서정적인 형태로 진술되고 있다.

1. 히브리 시의 특징

1) 병행법

히브리 시는 그 고유의 어떤 특색과 특성으로 구별된다. 그 주요 형태는 운(韻)이 아니라 병행법이다, 이 형태는 오랫동안 주목되어 오다가 1753년 로버트 로우스(Robert Lowth) 감독에 의해 처음으로 세심하게 음미, 탐구하게 되었다〔『히브리의 거룩한 시에 관해서(*De sacra poesi Hebraeorum*)』〕. 로우스에 따르면 시의 '절'들은 둘 혹은 그 이상의 부분(member)들로 되었으며 그 사상은 상호 "병행" 관계를 나타낸다. 단일한 한 줄, 또는 두 줄의 시가 한 연〔distich = 연(聯)·연구(聯句)〕을 구성한 것도 있고, 3 행시(tristichs), 4 행시(testrastichs), 심지어 5 행시(pentastichs)도 있다. 병행법의 예는 다음 구절에서 볼 수 있다.

① 하나님이여 침묵치 마소서
② 하나님이여 잠잠치 말고 고요치 마소서(시 83:1)

여기서 ②의 줄은 ①의 줄의 의미를 병행하여 표현하고 있음을 알 것이다. 로우스는 병행법의 세 가지 기본 형태를 확정했는데 오늘날까지도 이 세 개가 표준으로 인정되고 있다. 이 세 형태는 다음과 같다.

(1) 동의적(同意的) 병행법 ▸ 여기서는 같은 사상이 거의 같은 말로 반복된다.

예)

만민들아 이를 들으라
세상의 거민들아 귀를 기울이라 (시 49:1).

(2) 반의적(反意的) 병행법 ▸ 여기서는 한 사상이 그 반대의 것과 대조되어 표현된다.

예)

유순한 대답은 분노를 쉬게 하지만
과격한 말은 노를 격동하느니라(잠 15:1).

(3) 종합적 병행법 ▸ 여기서는 둘째 부분이 첫째 사상을 완성하며 충족시킨다.

예)

무릇 지킬 만한 것보다 네 마음을 지키라
생명의 근원이 이에서 남이니라(잠 4:23).

병행법의 다른 형태들도 유의되어 왔으나 그 대부분은 본질적으로 3 가지 기본 형태의 병행이다. 그러나 그중 주의할 만한 것은 "교차 병행법"도 포함되어 있는데 이것은 다음과 같은(교차적 · 반복적) 배열을 가진다.

예)

① 하나님이여 나를 긍휼히 여기소서
② 주의 인자를 좇아서
② 주의 많은 자비를 좇아서
① 나의 죄과를 도말하소서 (시 51:3)

첫째와 넷째 부분(① ①)은 같으며(긍휼의 요청은 죄의 도말을 전제한 간청이므로 - 편집자 주) 마찬가지로 둘째와 셋째 부분(② ②)도 같다. 그래서 그 구절에 표현의 특별한 강세를 준다. 시 29:1에서 발견되는 병행법은 "점진적"이라고 불릴 수 있는데 한 걸음, 한 걸음씩 절정으로 나아간다. 그러나 이것은 실제에 있어 "종합적 병행법"의 한 형태에 불과하다.

1915년 그레이(George Buchanan Gray)는 히브리 시의 여러 형태들에 대하여 어떤 경우(예컨대 사 3:1) 줄의 두 연구(聯句)가 정확한 병행법으로 되어 있고, 반면에 다른 경우(예컨대 신 32:2)에서는 이것이 그렇지 않다. 그러나 부가적 술어는 둘째 부분에 삽입되어 왔다는 것이다.

외스털리와 로빈슨(Cesterley and Robinson)은 그들의 『구약 개론』, pp. 139-142에서 병행법에 아주 도움이 되는 논거를 진술했는데 첫 부분의 일부만이 둘째 부분에서 반복되는 경우도 있음을 지적했다.

2. 히브리 시의 다른 특징들

히브리 시에 종종 나타나는 어떤 사소한 특징들이 있다. 이들 중 하나는 이합체(離合體 = acrostic)이다('이합체'란 국어 사전에도 없는 조어이지만 어떤 영한 사전엔 이렇게 번역해 놓았다. 첫머리 글자들을 떼어 그것을 다시 합하여 한 문구를 이루는 문체라는 뜻이므로 적합한 듯하다. -편집자 주). 그 가장 주목할 만한 예는 시 119편이다. 이 시편에서는 1-8절이 각각 알레프(א)로, 9-16절이 각각 베트(ב)로 시작한다. 이렇게 해서 알파벳 22 자(שׂ과 שׁ을 각각 1 자로 치면 23 자)가 전부 사용된다. 다른 예들은 시 9, 34, 37편; 잠 31:10b 이하와 애 1-4에서 찾아볼 수 있다. 또한 때때로 유음(소리가 같이 나는 말)의 어떤 것을 나타낸다 (창 49:17; 출 14:14; 신 3:2). 또 시 6:8; 27:27 같은 데에는 두운 (頭韻 : alliteration)을 찾아볼 수 있다.

3. 운율(韻律 = metre)

병행법에 관한 상기 설명에서 사상의 균형이 아주 중요함을 알 것이다. 실로 히브리 시의 모든 다른 특질은 이 병행적 사상의 표현에 비해 제 2 차적으로 간주되어야 할 것이다. 이 현상은 구약의 시에 강세와 미의 특수한 강도를 인도하여 진리 전달의 매개로써 놀라운 힘을 가진다. 바꾸어 말하면 그것은 교훈적 시의 참된 하녀이다. 왜냐하면 그것이 시 내용을 인상 깊게 하는 데 유효하기 때문이다. 병행법이 다른 언어들 곧 애굽 어, 아카디안 어, 라스 샤므라(Ras Shamra) 어, 시리아 어 등에서도 나타나는 그 특별한 은혜스러움과 강력함에 있어 구약에서 하나님에 의해 영감된 말씀을 표현하는 데에 유익을 준 만큼 분명히 나타나지 않는다.

그러므로 우리가 구약에 운율이 있는가 하는 것에 대해 상고하려고 할 때 시의 기본적인 병행 현상의 구조를 염두에 두어야 할 것이다. 요세푸스는 그의 『유대 고대사(〈라〉 *Antiquities*)』 II:16:4에서, 모세는 6 운율(Hexameters)로써 승리의 송가(출 15:1-18)를 기록했다고 말하며 같은 책 IV:8:44에서 신 32:1-43의 송가

6 운율로써 기록된 시라고 말했다. 요세푸스의 의도는 비셈족(non-semitic) 독자들로 하여금 히브리 시의 특성을 이해시키려고 한 것이다. 그리하여 그는 비동방적(non-orintal) 개념 곧 고전 운율의 개념을 이 시에 적용한다.

요세푸스의 이와 같은 증언은 실제에 있어 이 문제를 해결해 주지 못한다. 히브리 시에 운율이 있는가 하는 문제의 해결을 위해서는 시를 조사해 보아야 한다. 히브리 시에는 어떠한 운율의 전통이 없을까? 탈무드는 이 질문에 침묵을 지킨다. 근년에 라스 샤므라에서 발견된 문서에도 규칙적 운율이 있었다는 아무런 증거가 나타나지 않는다. 한편 시편의 어떤 것이 악기를 동반하여 노래 된 사실에 비추어 또는 아카디안 말이나 애굽 말에(이 언어에서는 모음의 발음조차도 완전히 알려져 있지 않다.) 운율이 있었음에 비추어 히브리 시에도 운율이 있다고 하는 사람이 있다.

구스타프 빅켈(Gustav Bickel, 1882)은 시리아 어 학자였는데 그는 시의 고전적 개념이 근동 언어에는 적용되지 않아야 할 것으로 말했다. 그는 시리아 어를 지적한다. 이 언어에서는 마디들이 두 음절의 운각(韻脚 = foot)들로 구성되는데 긴 것과 짧은 것이 상호 교체하여 뒤따라온다. 고전적 술어로는 이것을 강약조(trochees) 혹은 약강조(iambs)로 불려진다. 빅켈은 이 원리를 히브리 글에 적용하려 했으나 성공치 못하였다. 구스타프 횔셔(G. Hoelscher)는 이 체계를 채용했으나 말미(末尾 = ultima)가 어디서나 강세되어야 한다고 주장했다. 이것은 다음 구조로 빈번히 나타난다(이하 '약'은 '×'로, '강'은 '−'로 표시함). 약강 약강 | 약강 약강(× − × − | × − × −) 즉, 약강조(弱强調) 2 보구(二步句 = 2 行 詩 : dimeter)가 그것이다. 이 2행시의 한 쌍이 횔셔에 의하면 히브리 시의 특징적 형태로 간주된다. 한 걸음 더 나아가서 2 보구와 2 보구격(둘째 부분이 불완전한 2 보구)과의 구성에 주의를 환기시켰다. 그 구조는 다음과 같다.

× − ×− | × − × −
× − ×− | × −

빅켈의 "시리아" 체계에 부가하여 그것을 더욱 많이 추천하는 자가 또 있다. 율리우스 레이(Julius Ley, 1875)에 따르면 절(節)의 특징은 강세되는 음절의 수로 결정되어야 하며 비강세 음절이 얼마나 되든 중요치 않다. 그러므로 운각(foot)은 최소한의 운율 단위이다. 그것이 점층적 약약강조격(anapaest) 운을 나타낸다 (××−). 비록 절의 글에서는 종종 특례적인 짧은 음절이 있기는 하지만 레이는 애가조 5 보격(哀歌調五步格 = elegaic pentametre)의 빈번한 출현을 환기시키는데 여기서는 행 사이의 휴지(休止 = caesura)가 셋째 강세 후에 나타난다.

××－|××－|××－| |××－|××－(즉, 3 + 2)로 나타난다.

칼 부대(Karl Budde)는 이 구조를 철저히 연구하여 그것을 퀴나(Qinah = 애가) 운율(measure)로 알게 되었다. 그러나 이것은 다른 시 형태에서도 역시 나타난다.

Ley의 연구에 대한 진일보적 탐구는 시에버스(Eduard Sievers)의 유명한 『운율 연구(*Metrical Studies*』)(1901)에서 수행되었다. 시에버스는 이 탐구에 의해 Lay의 연구 결과를 확실하다고 인정하는 것 같다. 그러나 그도 역시 일보 전진한다. 레이는 비강세 음절의 수는 별로 중요치 않다고 생각하였다. 한편 시에버스는 각 각운(脚韻) 혹은 운율은 4 박자로 구성된다고 믿었다. 그러므로 운율 약약강(××－)은 실로 약약 약약(×× ××)과 동일한 것으로 하나의 강세는 2 개의 비강세 박자(beat)와 같은 것이다. 그러나 2 개의 강세 박자 사이에 비강세가 없고 다만 한 개의 박자를 형성하면 그 생략된 비강세의 충당해야 할 수만큼 강세화된 것으로 계산되어야 한다고 생각했다. 그래서 각 운율(measure)은 언제나 4 박자로 구성된다. 그러나 이것은 실지에 있어 그렇지 않다.

시에버스는 2 각운, 3 각운, 4 각운의 줄도 있다고 보고 그 줄들은 2 + 2, 3 + 3, 4 + 4, 4 + 3 혹은 3 + 4, 3 + 2, 2 + 3, 그리고 2 + 2 + 2로 구성할 수 있다고 주장했다. 지금 문제되는 것은 이러한 운율이 구약의 시에서 실제로 일어났는가 하는 것이다. 우리는 어떤 일률적 운율 조직체를 발견할 수가 없다고 대답한다. 어떤 형태는 눈에 띄게 3 + 2의 운율을 가지고 있다. 그러한 것이 나타나는 것은 말하자면 우연적이다. 시인은 그것을 운율(measure) 속에 살짝 넣었다가 다음 그것을 포기한 것 같다. 그리고(Qinah)라는 이름은 전적으로 옳지 않다. 여기에 관해 여러 가지 형태들이 나타나며 이 사실은 주의를 요한다.

히브리 본문은 단지 그것을 어떤 운율적 구조에 맞추기 위하여 교정될 수는 결코 없다. 다시 말하면 운율에 관한 논거가 본문 비평의 척도로 제시되기는 충분치 않다는 것이다. 또한 그것을 너무 많이 강조할 수도 없다. 베른하드 둠(Bernhard Duhm)이나 그 밖의 사람들의 주석은 이 원리를 관찰하였으나 실패의 쓴잔을 마셨다. 그러므로 결론적으로 말할 수 있는 것은 우리가 히브리 시에서 일정한 운율적 체계를 발견할 수 있을 만큼 히브리 시에 대해 충분히 알지 못한다는 것과 만약 운율이 때때로 나타난다면 그것은 다소 우연적이거나 제 2 차적이라는 것, 최후로 운율에 대한 고찰로 본문을 수정함은 결코 우리에게 납득되지 않는다는 사실들이다. 이 문제의 참된 정황은 강렬한 감동에 사로잡힌 구약의 시인들이 무의식 중에 운율적으로 표현했으며 이것이 때때로 후대의 사람들에게 운율적 형태로 분류하는 현상을 일으켰다고 함이 좋을 것이다.

운율에 대한 특별 문헌

O. T. Allis : "The Treanscendence of Jehovah God of Israel," in *BTS*.

J. Begrich : "Zur hebraeischen Metrik," in *Th. R.*, 1932, pp.67-89.

Gustav Bickell : Carmina *VT metrice*, 1982 ; *Dichtungen der Hebraeer zum ersten Male nach den Versmassen des Urtextes uebersetzt*, 1882-83.

William Henry Cobb : *A Criticism of Systems of Hebrew Metre*, Oxford, 1905.

Gustav Hoelscher : "Elemente arabischer, syrischer und hebrraeischer Metrik," in *BZAW*, 1920, pp. 93-101.

Julius Ley : *Grundzuege des Rhythmus, des Vers-und Strophenbaus in der hebraeischen Poesie*, 1875; *Leitfaden der Metrik der hebraeischen poesie*, Hale, 1887.

4. 연 구조(聯構造 = Strophic Structure)

근년 히브리 시에 대하여 연들의 유무가 많은 논란이 되어 왔다. 엄밀히 말하면 연이라는 것은 같은 수 또는 같은 종류의 둘 혹은 그 이상의 절들이 두 번 혹은 그 이상 나타나는 것을 의미한다. 실제 그러한 운율로 구성된 연이 나타나는 경우는 희소하다. 연이라는 정의가 외부적 형태에 의해 특정된 행들의 배열로 간주될 수만 있다면야 그러한 연이 발견될 수도 있을 것이다. 예컨대 자주 되풀이 되는 후렴은 한 연의 결말을 지시하는 것으로 간주된다. "셀라"라는 말도 역시 그러한 경우의 것이다. 예컨대 시 87편 시 119편과 같은 'acrostic'(이합체 = 離合體 ▸ 342쪽 2항 아래 '편집자 주' 참조)도 연의 구조를 나타내는 것으로 생각되어 왔다. 실로 히브리 시에는 연의 구조가 있는 듯하다. 그러나 그 구조의 원리는 획일적으로 나타나지 않는다.

절(節)에 대한 특별 문헌

Francis Brown : "The Measurements of Hebrew Poetry as an Aid to Literary Analysis," in *IBL.* 1890, pp. 71-106.

Albert Condamin : *Poemes de la Bible avec une introdution sur la strophique hebraique*, Paris, 1935.

L. Desnoyers : *Les Psaumes*, Paris, 1935.

Kemper Fullerton : "The Strophe in Hebrew Poetry and Psalm 29," *JBL*, 1929, pp. 274-290.

Fred T. Kelly : "The Strophic Structure of Habakkuk," in *AJSL,* 1902, pp. 94-119.

Charles Franklin Kraft : "*The Strophic Structure of Hebrew Poetry*," Chicago, 1938(이 책은 그 주제에 대해 훌륭히 소개한 유용한 책이다.)

Hans Moeller : *Strophenbau der Psalmen*, Zella-Mehlis-Thuer,. 1931; "Strophenbau der Psalmen," in *ZAW*, 1932, pp. 240-256; cf. also Moeller's remarks in his father's *Einleitung*, pp. 175-176.

Felix Perles : *Zur althebraeischen Strophik*, Vienna. 1898.

A. 시가서

제 16 장

시 편(詩篇)

1. 명 칭

시편의 히브리 명칭은 "세페르 테힐림(סֵפֶר תְּהִלִּים = 찬양들의 책)" 또는 단순히 "테힐림(תְּהִלִּים = 찬양들)"이었다. 이것은 "비블로 프살몬 : *βίβλῳ ψαλμῶν* = 시편의 책"이라 한 신약의 명칭과 일치한다(눅 20:42; 행 1:20). 헬라 사본들에는 어떤 경우에는 프살테리온(*ψαλτήριον* = 현악기, 노래들의 수집)으로 나타나기도 하지만 대체로 프살모이(*ψαλμοί*)이로 되어 있다. 벨게이트역은 LXX를 따라 리베르 프살모룸(Liber Psalmorum)으로 되었으며 이에서 영어 명칭이 유래했다.

2. 저 자

베라이타(Beraitha)의 진술은 다음과 같다(Baba Bathra,14b).

"다윗이 첫 사람 아담과 멜기세덱과 아브라함과 모세와 헤만과 여두둔과 아삽과 고라의 세 아들과 함께 장로들의 도움으로 시편(세페르 테힐림)을 기록했다." 라고 하였다.

우리는 우선 이 구절을 해석해 본 후에 그 가치를 토의해야 할 것이다. 이 진술이 분명하게 다윗이 장로들의 도움으로〔비록 "알 예데"가 "… 의 손들로써"("도움의 손길로써"란 뜻 - 편집자 주)라는 말을 의미하나〕 시편을 기록했다고 말하는 것으로 이해해서는 안 된다. 오히려 다윗이, 이미 장로들이 지은 시편을 수집했다는 말이다. 그러므로 이 견해에 따르면 다윗 이후에 작성된 시편은 없다는 것이 된다. 모든 시편은 10 장로들이나 혹은 다윗 자신에 의해 기록되었다.

우리가 10 장로들의 도록을 조사할 때 그들 가운데 7 명은 시편의 표제에 언급되어 있으나 3 명은 곧 아담, 멜기세덱, 아브라함은 언급되지 않으며 또 한 표제에 나타난 "에스라인 에단"(시 89편)과 솔로몬은 탈무드 목록에는 전혀 나타나지 않음을 유의할 수 있다. 분명히 에단은 아브라함으로 간주되고 솔로몬 시편은 솔로몬을 위하여(for) 작성된 것이지 그에 의해서(by) 된 것은 아니라고 되어 있다. 산헤드린 38b에서는, 아담은 시 139편의 저자로 불려지고 가능하다면 멜기세덱이 시 110편의 저자로 간주되었다. 그러나 이런 견해는 역사적 근거를 갖지 않으므로 납득할 수 없다. 다윗에게 우월성을 부여한 것은 물론 옳으나 그렇지 않는 것은 혼동한 것으로 생각해야 한다.

시편들이 다윗 시대 이후에 작성되었고 어떤 것은 포로 시대에 와서 늦게야 작성되었음을 의심하지 않는다.

더욱이 시편 139편의 명칭과 내용은 그것이 첫 인간의 작품이 될 수 없음을 말해 준다. 신약에서는 어떤 시편들을 분명히 다윗의 저작으로 돌린다. 예를 들면 행 4:25은 시 2편이 다윗의 저작임을, 행 2:25-28과 13:36은 시 16편을, 롬 4:6-8은 시 32편을, 행 1:16-20a과 롬 11:9 이하는 시 69편을, 행 1:20b은 시 109편을, 마 22:42 이하와 막 12:36 이하 및 눅 20:42-44와 행 2:34은 시 110편을, 히 4:7은 시편 95편을 각각 다윗의 저작으로 돌린다.

이와 같이 다윗 저작의 전통에 관한 무오류적 증거가 신약에 주어져 있고 외경(Ecclesiasticus) 47:8에도 역시 나타난다. "그의 모든 작품에서 그는 '영광'의 언어들로 거룩하신 자, 지존자에게 감사했으며 그의 전심으로 자기를 만드신 이를 찬양하며 자랑했다." 구약의 어떤 구절들(대상 6:31; 16:7; 25:1; 스 3:10; 느 12:24, 36, 45, 4, 6; 암 6:5)은 다윗이 성전의 예배송을 정리한 것으로 나타난다. 더욱이 시편의 많은 것이 그 명칭상 다윗에게 귀속된다. 히브리 표제들에 의하면 약 73 개 시편이 다윗에게 돌려지며 LXX에서는 84 개 시편이, 벌게이트역에서는 85 개의 시편이 돌려진다.

히브리 표제에서는 "다윗에게 속한"(레 다윗)이라는 구절이 나타나는데 이 구절이 반드시 그가 저작자임을 나타낸다고는 볼 수 없으나 일반적으로 그렇게 간주된다(어떤 경우에는 단순히 그 표제가 다윗에게 속한 것임을 의미할 수 있고 문제 되는 시편이 인물로 보아 다윗적이거나 혹은 다윗의 시편과 같음을 알 수 있다. 필자는 그러한 경우의 "다윗"이라는 말이 시편의 수집을 가리키는 데 사용되었다는 증거를 알지 못한다.)

표제들의 어떤 내용 곧 3, 7, 18, 30, 34, 51, 52, 54, 56, 57, 59, 60, 63, 142편 등은 다윗의 생애 중 어떤 사건을 언급하고 있으므로 이 경우에 "레 다윗"이란 구절은 분명히 그 저작이 다윗에 의한 것임을 지시하려고 한 의도일 것이다. 만약 이것이 사실이라면 역시 다른 곳에서 나타나는 구절도 같은 의미를 가질 것이다. 그러므로 표제들은 많은 시편을 다윗에게 돌린다.

이 증거의 가치는 뒤에서 다시 거론될 것이나 이러한 사실만은 지금 주목할 필요가 있다.

다윗이 시편들 중의 많은 것을 작성했다는 전통을 평할 때 취급되어야 할 다른 고려들도 있다.

① **다윗 자신은 원숙한 음악가였다** : 이것은 그가 사울 앞에서 잘 연주할 수 있었던 사실에 의해 알 수 있다. 더욱이 아모스 선지는 다윗의 이러한 능력에 대해 언급한다(암 6:5). 고대 이스라엘에서도 다윗은 그 연주 솜씨를 인정 받고 있었다. 분명히 다윗은 시편을 작성하는 데 필요한 음악 지식을 가졌었다.

② **다윗은 또한 참 시인이었다** : 그의 현존하는 시 가운데 어떤 것은 그 저작이 시편의 어떤 것을 다윗의 저작으로 인정하지 않는 많은 사람에 의해서도 다윗에 의한 것이라고 받아들여진다.

삼하 1:19-27의 사울과 요나단에 대한 "애가"가 그것이다. 이것은 다윗이 전날의 원수의 죽음에 대한 보고를 받은 후에 말해진 것이다. 우리는 그 경우를 잘 상상할 수 있다. 사울은 살아 있을 때 시기심에서 가장 야비한 방법으로 다윗의 생명을 노렸다.

사울이 막상 죽은 지금에는 다윗은 자유롭게 자기 생각을 말할 수 있다. 여기서 다윗은 그 마음의 장함을 나타낸다. 사울을 악평한 말은 한 마디도 없다. 다윗은 능히 그 마음이 좁은 인물에 대해 원망할 수 있었다. 그러나 그는 사울의 인품에 불운한 것을 하나도 말하지 않았다. 어떤 사람은 이 시에 왜 종교적 언급이 없는지 묻는다. 여기에 대한 대답으로는 그렇게 하자면 사울이 신실한 자(the faith)를 저버린 것을 말하지 않을 수가 없었다는 사실을 들 수 있다. 오히려 이것을 말하지 않는 것이 좋았다. 다윗의 관대한 성품과 넓은 마음에 경탄하지 않고는 이 시를 읽을 수 없을 것이다. 한갓 조잡한 영혼이 이 애가를 지을 수 없다. 오히려 우리는 여기서 참으로 위대한 영(spirit)을 소유한 자를 대면한다. 다윗이 이 경탄할 만한 시를 썼다면 그는 시편의 다른 것도 쓸 수 있었을 것이 아닌가? 확실히 그는 그러한 일을 할 수 있는 사람으로 보여진다.

③ **다윗은 깊은 감정과 풍부한 상상력을 가진 사람이다** : 방금 위에서 언급한 사울과 요나단에 대한 얘기는 그가 진정한 시인이었음을 보여 준다. 여기서 그의 상상력은 실로 풍성한 형태로 나타난다. 또 어떤 때 다윗은 큰 죄를 짓는다. 그는 그대로 지낼 수가 없었다. 그는 자기의 범한 죄를 크게 신음하며 울부짖는다. 자녀들에 대한 사랑 역시 그의 위대성을 보여 준다. 여기서 우리는 그가 소박한 성품을 가진 인간이라는 생각을 거부한다.

④ **다윗은 참으로 여호와를 경배했으며 순수한 종교심을 소유했다** : 시편은 주를 사랑하지 않았던 자에 의해서는 기록될 수 없었을 것이다. 그의 생애를 통해 한때 범죄하기는 했지만 다윗은 하나님에 대한 신앙을 저버리지 않았다.

⑤ **다윗은 풍부하고 다양한 경험을 가진 자였다** : 시편들의 저자는 그러한 사람들이어야만 한다. 우리는 그가 소년 목동, 용사, 백성의 지도자, 왕, 감독자, 음악가, 저자, 시인, 종교인, 인자한 아버지이며 또한 죄인이었음을 안다. 그러한 경험적 배경을 가진 사람만이 시편을 작성할 수 있었을 것이다.

⑥ **다윗은 성령의 사람이었다** : 성경은 다윗을 하나님의 성령을 받은 자로 말하는데 이것도 역시 주목할 만한 사실이다. "… 이날 이후 다윗이 여호와의 신에게 크게 감동되니라."(삼상 16:13)

다윗의 저작자임에 대한 전통이 이상의 사실들에 기초하고 있음을 우리는 결론으로 말할 수 있다. 신약의 증거는 그것을 확정하였다. 그러나 이 말은 다윗이 시편의 모든 시를 작성했다는 것을 의미하지는 않는다. 시편 자체도 역시 이러한 주장은 하지 않는다. 그러나 시편은 근본적으로 다윗적이며 다윗에서 연유한 것으로서 시편이 그의 저작임을 부인하는 주장이 근거 없는 것임을 말해 준다.

1) 다윗의 저작에 대한 표제상의 증거

히브리 성경 시편의 서두에 있는 표제에 의하면 73 개 시편의 시가 다윗의 작으로 되어 있다. 그리고 12 개의 시편(50, 73-83편)이 아삽에게 돌려지고(대상 15:17; 16:5 참조) 또 고라의 아들들(자손들 ▸ 민 16장 ; 26:11; 대상 9:19)을 시편의 저자로 언급되는 것은 10 개의 시편(42, 44-49, 84, 87, 88)이다. 또 72편과 127편의 이 두 시편은 솔로몬을 저자로 하고 있다. 그리고 에스라인 헤만이 한 편(88), 에스라인 에단(89편)과 모세(90편)에게 각각 한 편의 시가 귀속된다.

2) 저작자에 대한 증거인 표제의 가치

현대 비평주의는 대부분의 표제들이 실제에 있어 아무 가치없는 것이라고 일축한다. 오히려 표제들은 일반적으로 훨씬 후대에 첨부된 것으로 보며 다윗의 생애의 사건을 말하는 표제들은 단지 사무엘서에 취한 것이라고 그들은 주장한다. 더욱이 시편에 대한 현대적 연구에서 강조하는 이스라엘 종교 발달의 기본 철학은 표제의 증거에 가치를 부여하지 않는다. 그래서 파이퍼는 "시편에 관한 실제적 문제는 그것이 2세기의 마카비 시편을 포함하고 있는가 하는 것이 아니고 오히려 시편이 포로 이전의 것인가 하는 데에 있다."라고 생각한다(*IOT*, p. 629). 그는 전 시편이 포로 이후의 유대주의의 종교적 모습이 반영된다고 생각한다. 이 점에서 표제에 언급된 명칭들은 헤만과 에단을 제외하고는 적합하지 않다는 것이다.

표제의 증거에 대한 이러한 견해는 필자는 동조할 수 없다. 예컨대 시 34편 표제의 아비멜렉을 삼상 21:11 이하에서 끌어냄은 허용될 수 없음이 확실하다. 묄러(Moeller)가 지적하듯이 시 60:1은 사무엘서에서는 찾아가지 않는 담론들을 포함하여 또 시 7:1의 역사적 언급이 무엇을 말하는 것인지를 결정하기는 어렵다. 나머지 표제들은 사무엘서와 연관성이 있음은 사실이다. 표제들은 어떤 시편 이해에 도움이 되고 증거가 되므로 그것들의 가치를 부인할 하무런 객관적인 이유는 없다.

만약 시편들이 훨씬 후대에 작성되었다면 어째서 그러한 표제를 붙였는가를 알기는 어렵다. 시편 자체가 표제의 내용을 생각나게 하는 점이 별로 없을 때는 더욱 그러하다. 예컨대, 내용 자체에서만 판단하면 왜 다윗이 베냐민 사람(?) 구시(Cush)의 말에 의해 시 7편을 노래했는지 분명치 않다. 시 18편은 다윗이 사울로부터 구원되었을 때 노래했으며, 시 30편은 성전 낙성식 때 불러졌다고 함은 어째서 정당시되는가? 이러한 고려들은 시편에 나타난 실제의 환경을 알고 있었던 자에 의해 그 표제가 일찍이 첨부되었다는 사실을 가르치지 않는가? 만약 그 표제들이 포로 후의 "경건하고 헌신적"인 편집자들에 의해 입혀진 한갓 "총괄적인 옷(Whole cloth)"이라면 왜 이들은 전 시편에 표제를 붙이지 못했던가? "시편의 고아들"(표제가 없는 시)은 사실 그 자체로써 표제들의 가치와 고대성(古代性)에 대한 증거이다. 더욱이 시 18편이 삼하 22장에 재현된 것을 생각할 때 사무엘서는 시편들과 그 표제에 의존하고 있음이 확실하다. 여기서 표제가 시편의 내용과 실제에 있어 반대되지 않는다면 그 표제들은 신뢰할 수 있다.

3) 다윗의 저작에 대한 부인

만약 시편에 대한 다윗의 저작 사실이 부인된다면 그 다음으로 제시되는 이론은 어떠한 것일까? 두말할 것도 없이 그것은 시편이 히브리 종교 단체의 필요성에서 성장한 것으로 간주되는 것이다. 아이스펠트에 따르면 이스라엘 족속은 그들의 "제사 송가들(cult songs)"을 가나안족에게서 취해 왔고, 반면 이들은 애굽, 바벨론, 소아시아에서 모방하고 있다. 그러므로 이스라엘의 제사시(祭祀詩)의 시초는 이스라엘족의 가나안 정착까지 소급한다. 이것은 전체의 시가 그렇게 오래되었음을 의미하지는 않는다. 어떤 시편들은 확실히 포로 이전의 것이며, 어떤 것 특히 궁전시 같은 것은 훨씬 포로 전의 것이다. 그러나 그 대부분은 포로 이후에서 근원하였다. 포로 이후의 국가에서는 다윗을 제사 절차의 창시자이며 성전 송가의 작곡가로 간주하였다. 이런 이유로 의심스럽고 신빙성이 없는 표제들을 그에게 귀착시켰다. 이이스펠트는 고작 하나 혹은 두 개의 시편이 다윗에게 있을 수 있다고 인정하나 표제로 보아서는 어느 것인지 결정할 수 없다고 한다. 면밀한 검토에 의하면 시편들은 다윗 또는 그의 시대 것으로 인정되는 것보다 종교적 그리고 윤리적 정황의 발달을 더 우선(전제)하는 것으로 보인다.

베른하드 둠(Bernhard Duhm)은 대부분의 시편들을 포로 후 시대, 심지어는 마카비 시편들이 있다고 하는 견해는 오래 전부터이다. 모프수에스티아의 시어도어(Theodore of Mopsuestia)는 17편이 마카비 시대의 것이라 생각했고 칼빈도 이 시대에서 연유한 것이 약간 있음을 인정한다. 코르닐(Cornill)은 시 30편의 표제가 BC 165년 이후의 것이라야만 한다고 주장하는데 이는 그 시편이 "하누카(חֲנֻכָּה = 낙성식)" 축제를 말하는 것으로 생각하기 때문이다. 그러나 그 표제가 후대의 것이라 할지라도 시편 자체가 마카비 시대라고는 하지 않는다. 그는 두 가지 가능성을 암시한다. 즉, "성전 낙성가"란 말이 다윗의 시 표제에 붙어 있으므로 소페림(Sopherim) 18:2의 경우와 같이 이 시편이 하누카 축제에 노래로 불리었으리라는 것, 또 한 가지로는 표제의 구절이 유다 마카비우스의 의해 성전의 제 헌당식에도 사용되었다는 점으로 보아 이 시편은 다윗이 성전의 낙성식을 위하여 작성하였다는 것이다.

코르닐은 또한 시 44, 74, 79, 83편 등을 마카비 때로 지적한다. 그 이유는 거기 언급된 수난은 무리한 수난자들에 대한 종교적 핍박의 성격을 가진다고 생각하기 때문이다. 마카비 때로 간주될 수 있는 다른 구절들도 있으나 이 넷은 확실한 것이라고 그는 생각한다. 한편 코르닐은 시편의 대부분을 마카비 때로 간주하는 것은 "매우 지나치다."라고 생각한다.

다행히도 많은 시편을 마카비 때의 것으로 보는 견해는 가일층 거부되고 있다. 이것은 많은 다른 특이한 이론과 함께 구약의 "자유주의"에 견주어 뛰어난 자리를 차지하는 이론이다. 또 한 가지 사실은 마카비 전서(I Macc.) 7:17은 시 79편을 성경으로 인용하여 시편이 이미 존재했음을 확실히 보여 준다. 더욱이 마카비 시대의 것으로 주장하는 내증은 불합리하다. 위에 제시한 아이스펠트의 견해는 표제에 많은 신임을 부여함을 거부하는 견해들 중의 대표라고 간주해도 과히 틀린 것은 아니다.

4) 기타 다윗의 저작 사실을 부인하는 논증들

그 밖에 시편의 다윗 저작 사실을 부인함에 있어 다음의 논증들이 주로 사용된다(Sellin에 근거함).

① 직접적으로 왕을 말하거나 혹은 자신을 삼인칭으로 말한 시편은 다윗의 저작으로 볼 수 없다(예 ▸ 20, 21, 61, 63, 72, 110).

② 어떤 시편은 성전이 이미 있음을 암시한다(예 ▸ 5, 27, 28, 63, 68, 69, 101, 138편)(즉, 하나님께서 다윗에게 성전 건축을 허락지 않으셨으므로 성전 낙성가인 상기 시편들을 저작했을 리가 없다는 것이다. 위의 ②항 참조 - 편집자 주).

③ 139편과 같은 시편은 아람풍(風)을 나타낸다.

④ 다윗의 종교적 반박은 개인적 혹은 정치적 투쟁과 결합되어 있었다. 여기에서 세력을 잡은 불경건한 자에 대해 순수한 종교적 반박을 내포한 시편은 다윗으로 말미암을 수 없다(예 ▸ 9, 12, 14, 27, 35, 38, 101편 등).

이런 반대에 대한 답으로 다음과 같이 생각할 수 있다.

① 위에서 열거한 시편 가운데 72편은 솔로몬에게 돌려지는 것이므로 논거의 대상이 아니다. 한편 다윗의 저작임을 배제하지는 않는다. 공적 자격을 말할 때 다윗이 삼인칭을 사용한 것은 일인칭 대명사를 사용하는 것보다 훨씬 효과적이며 자신을 나타내지 않는 묘안이다. 인칭 사용의 문제는 반드시 다윗의 저작을 배제하지 않는다. 실로 옛날에 있었던 그러한 "자기 표현"에서는 아무런 반대점도 찾을 수 없다. 행 2:34은 시 110편을 분명히 다윗에게 귀속시킨다.

② 물론 어떤 시편이 실제로 성전에 대한 언급을 포함한다면 다윗이 그것을 지었다고 생각하기는 어렵다. 왜냐하면 성전은 다윗이 죽은 후에 세워졌기 때문이다. 그러므로 문제는 표제에 의해 다윗에게 귀착되는 시편들이 진정 (어떤) 성전에 대

한 언급을 하고 있는가 하는 것이다. 주목되어야 할 점은 **장막**이 "거룩한 곳"(코데쉬 : קֹדֶשׁ ▸ 출 28:43; 35:19) 또는 "여호와의 집"(베이트 예호바 = בֵּית־יְהוָה ▸ 수 6:24)이라 불려지는 것과 실로에 있는 장막은 하나님의 집(베이트 하엘로힘 = בֵּית־הָאֱלֹהִים ▸ 삿 18:31), "여호와의 집" (삼상 1:7) 또는 "여호와의 전" (헤칼 = הֵיכָל ▸ 삼상 1:9 ; 3:3)이라고 불렀다는 점이다. 시편에서 이 명칭을 사용하는 것은 대부분 "장막"(바이트 = בַּיִת)을 가리킨다(삼하 12:20 참조). 이와 관련해서 우리는 시 27:4의 "여호와의 집"이나 5절의 "초막" (소크 = סֹךְ)은 "망대"(수카 = סֻכָּה, 시 18:11)와 천막(장막)의 명칭임을 알 수 있고 이 술어는 결코 솔로몬의 성전에 적용되지 않았다.

③ 문장에 아람풍(Aramaisms)이 있다는 것은 그 자체 연대에 대해서 아무런 지시를 하지 않는다. 다윗은 아람 어를 말하는 부족들을 무찔렀다. 근래에 발견된 라스 에쉬-샤므라(Ras esh - Shamra) 문서 가운데 아람적(Aramaic) 요소가 있음은 아람풍이 늦은 연대와 같이 이른 연대도 가질 수 있다는 증거이다.

④ 세력자들에 대한 순수한 종교적 반박이 들어 있는 시편들은 다윗에 의해 기록될 수 없었다는 제안은 당시의 정황에 대한 오해에서 기인한다. 여기서 문제되는 것은 시편에 언급된 원수들이 누구인가 하는 점이다. 모빙컬(Sigmund Mowinckel)은, 이 원수들은 국가에 질병과 재앙을 가져오는 마술사 혹은 주술자들이라고 선언했다. 그러나 시편에서는 이 재앙을 여호와의 심판으로 돌리거나 혹은 그 개인적 죄로 돌린다. 그러므로 원수들과 재앙은 실제적이고 현실적인 것으로 간주되어야 한다. 다윗이 이러한 실제적인 원수를 가졌음은 삼상 18-27; 삼하 15:18, 20, 22의 구절에서 분명히 나타난다. 그리고 이들에 대한 적대감에서 정치적, 개인적 요소들이 나타날 수 있음은 사실이다. 이것은 시편에 묘사된 적개심에 대해서도 있을 수 있다. 한스 묄러(Hans Moeller)는 다윗이 이 시편의 저자가 아니라면 이 적의를 설명하기 무척 어렵다고 지적한다.

우선 불평하는 "나"(예 : 하나님이여 "내가" 소리로 부르짖을 때에 들으소서)는 학자들에 의하면 마카비 시대의 "회중"을 말하는 것으로 보인다. 왜냐하면 이때에는 전 회중이 박해를 받았고 이때에만 시편의 불평들을 정당화하기에 충분한 성격의 정치적, 종교적 반대가 있었던 것 같다. 한 걸음 더 나아가서 지금은 마카비의 배경은 폐기되고 그 원수와 불평에 관한 언급은 전형적 혹은 상징적인 것을 말하는 것이라고 한다. 모빙컬의 공헌 중 하나는 이 입장을 거부하고 원수들을 실제적인 마술사들과 동일시한 점이다. 그러나 위에서 말한 바와 같이 이 견해 역시 난점을 수반한다. 다윗이 저작자임이 보장될 때만이 문제의 시편들은 좋은 의미를 낳을 것이다.

그러므로 위의 고찰에서 시편의 내용이 종종 표제들과 상응하지 않는다는 입장을 버리지 않을 수 없다. 그리고 표제들은 그 저작 사실에 대한 신빙성 있는 표시라고 믿는다. 시 51:18, 19은 반드시 포로 후 편집자에 의해 본 시편이 덧붙여진 것이라고 주장하지는 않는다. 오히려 이 말들은 상징적 의미로서 하나님이 예루살렘 성벽들을 세우는 좋은 일을 시온에 행한다는 것으로 보아야 한다.

5) 비(非)다윗적 시편들에 대한 저작자 문제

다윗 외에도 시편을 지은이에 대한 표제의 신빙성을 의심할 이유는 없다. 그러나 소위 "고아의 시편"들에 대해서는 무엇이라 말할 것인가? 모빙컬은 시 47편(고라 자손에게 돌려진 것)과 93-99편을 제외하고는 모두 표제가 없음(98편도 단지 '시'라고만 되어 있음)을 가상된 왕좌 즉위의 연례 축제 제사에 사용되었던 시라고 불렀다. 그러나 그러한 축제는 구약에 언급되어 있지 않다. 법궤가 처음으로 지성소에 운반되었을 때 틀림없이 시편들이 사용되었을 것이다. 이러한 경우들은 다윗이 법궤를 성으로 운반할 때와(삼하 6장; 대상 13:5 이하), 솔로몬의 성전 봉헌식(왕상 8장; 대하 5-7장) 등의 경우들이다. 역대기에서 이런 경우에 어떤 시편이 불리어졌는지 알 수 있다(대상 16:22-33; 대하 6:41, 42). 모빙컬 역시 제사시로 간주하는 시 96편과 132편이 이것들 가운데 있음은 주시할 만한 흥미거리이다. 모빙컬은 이 시편들을 그 목적에 맞춘 것 같다. 그렇다면 그것들은 다윗 시 혹은 솔로몬의 시에서 온 것으로 간주할 수 있다.

10, 33, 66, 67, 71 등은(표제는 없으나), 어떤 익명의 시편들에 관해서는 그것이 다윗의 저작임이 가능하듯이, 이 시편들 역시 다윗의 저작임이 가능하다. 그러므로 행 4:25 이하의 외증을 통하여 시 2편이 다윗의 저작임을 알 수 있다. 또 내증에 의하면 시 137은 포로 시대에 속하며, 시 126편도 역시 그러하다. 그러나 아무런 표제가 없으므로 한 시의 날짜를 측정하는 것은 불가능하지는 않더라도 매우 어렵다. 시 137편 같은 것의 내증도 분명한 것은 아니다.

3. 시편들의 구분

대부분의 고대 번역들은 물론, 히브리 본문에서도 시편은 다섯 책으로 구분되고 그 각각은 송영으로 끝나며 마지막 시편은 전 시편에 적합한 결말적 송영을 이룬다.

제 1 권 : 시 1-41편 ▸ 1권 전체에서는 신의 이름으로 야웨(여호와)가 273 회, 엘로힘(하나님)은 단지 15 회 나타난다.

제 2 권 : 시 42-72편 ▸ 엘로힘이 164 회, 야웨가 30 회 나타남. 시 53편은 본질적으로 시 14의 반복이며 야웨 대신 엘로힘을 사용했다.

제 3 권 : 시 73-89편 ▸ 야웨가 44 회, 엘로힘이 43 번 나타난다.

제 4 권 : 시 90-106편 ▸ 야웨만이 103 회 사용됨

제 5 권 : 시 107-150편 ▸ 야웨 236 회와 엘로힘 7 회이다.

시편을 150 편으로 구분한 것은 최초의 히브리 사본에는 나타나지 않고 이보다 다소 많거나 적었다. 「베라코트(Berachoth) 9b」에 따르면 시 1편과 2편은 하나로 계산되었다. 그리고 예루살렘 탈무드(사바트 16)는 야곱이 산 연수 (창 47:28)와 일치해서 147 편이라 말한다(우리 조상 야곱의 연수에 해당하는 시편(테힐림)이 147 편이나 기록되었다). 이스라엘이 여호와께 아뢴 찬양의 모두는 야곱의 연수에 해당한다(소페림 16:11 참조).

LXX은 시 9, 10, 114, 115편들을 각각 한 편의 것으로 결합한 반면, 116편과 147편을 각각 두 편의 시편으로 나눈다. 덧붙여 특례적인 시가 있는데 표제에 의하면 "번호가 없는"(애코텐 투우 아리트무 : exothen tou arithmou) 것으로 되어 있다. 그래서 LXX은 151편을 가지나 이 특례 시편은 가경이다.

시편들은 연대순으로 배열되어 있지 않고 서로 관계된 시편들이 같이 나타난다. 그러므로 3-4편 ; 9-10편 ; 42-43편이 관계되고, 95-100편, 146-150편 같은 큰 그룹이 한 무리에 속한다. 시 111편과 112편도 그 알파벳 이합체(離合體 : 330쪽 참조)에 의해 한 그룹에 속한다. 42, 44-49(고라의 자손들), 73-83(아삽) 같은 것은 그 저자에 의해서 종종 한 묶음으로 배열된다. 56-60(믹담), 120-134 (성전에 올라가는 노래) 같은 것은 유사한 서술적 제명(題銘 = inscription)들을 가지고 있으므로 역시 함께 배열된다. 시 72편의 끝에는 "이새의 아들 다윗의 기도가 끝나니라."라는 진술이 나타난다. 이 말은 솔로몬의 시 끝에도 나타난다. 이것 후에도 다윗의 시가 있음을 우리는 볼 수 있다. 이 진술은 다윗의 시가 그 이상 없다는 뜻이 아니고 지금까지의 다윗의 시들에 의해 주로 된 한 특정 구분의 결말에 이르렀다는 말이 분명하다. 그러므로 이러한 다윗의 업적에 관한 시는 아삽의 시들(7-83)과 구획을 이룬다.

이와 유사한 진술이 욥 31:40("욥의 말이 그치니라")에 나타난다. 그러나 욥의 말이 그 후에도 나타난다. 그러므로 이것은 본서의 어떤 구획점에 이르렀음을

지시하고 앞의 것(욥과 그의 세 친구와의 논쟁)과 뒤의 것(엘리후가 나타나는 부분)을 구분지운다.

4. 시편의 수집

현재의 시편이 어떻게 그 형태를 갖추게 되었는지 결정하기는 어렵다. 그러나 일찍이 시편의 수집이 있었던 것만은 분명히 나타난다. 더욱이 현재의 다섯 구분은 LXX 보다도 더 일찍된 것만은 의심할 여지가 없는 듯하다.

다윗 자신이 시편의 형식적 수집과 배열을 시작했음이 가능하다. 다윗은 적어도 몇몇 시편을 예배용으로 택했으며(대상 16:4 이하), 또한 성전에서 찬송 예배 제도를 수립했다(대상 6:31/대하 7:6; 23:18; 29:30; 스 3:10 이하; 느 12:24, 27 이하 참조).

그러나 다윗이 시편을 얼마만큼이나 수집, 배열했는지를 말하기는 불가능하다. 다윗이 성전에서 사용된 모든 시편을 가졌다는 아무런 증거도 없다. 히스기야가 시편의 첫 3 편을 배열한 것으로 생각할 수도 있다. 적어도 그의 시대에는 다윗이 수집한 것과 아삽이 수집한 시편들이 있었다(대하 29:30). 제 4 권이 언제 어떻게 해서 수집되었는지를 말하기는 불가능하다. 그러나 아마도 에스라가 전 수집의 최종 편집자였을 것이다.

5. 시편의 표제들

히브리 본문에는 표제를 갖지 않는 것이 34 편 있으나 LXX에서는 단지 두 개만이 표제를 갖지 않았다("할렐루야"란 말은 표제로 생각됨). 벌게이트역은 이점에서 LXX를 따른다. LXX 번역자들은 표제들의 의미를 이해하지 못한 것이 분명하게 보이는데 이는 그들이 그 표제에 대해 상당한 고대성을 논증하는 때문이다. 합법적인 본문 비평의 도움을 받아 연구할 때 히브리 본문의 표제들은 시편에서 문제 되는 저작자, 형태, 특징들과 예배에서의 용도 등을 결정하는 데에 매우 가치 있으며 신빙성이 있다. 많은 기독교 학자들은 그것들을 영감된 것으로 간주했다. 그러나 그것들이 영감되었든 그렇지 않든 간에 그것들은 시편에 관한 고대적(古代的) 지식(information)에 대한 가치 있는 자료들이다.

표제들이 LXX에 나타날 때 그것들이 근원적인 것은 아니다. 표제들을 포함하지 않는 어떤 사본들이 있다. 또 어떤 것은(예 ▸ 51, 52, 54, 57, 63, 142편 등) 분명히 후대에 그 근원을 둔 것들 중의 일부이다. 역시 LXX의 여러 사본에는 상당한 차이가 있다.

수리아 본문에는 히브리와 헬라 본문과도 다른 차이가 나타난다. 그것은 안디옥 주석학파가 주장하는 "시편관"을 말한다. 거기에는 표제들이 분명히 시편이 LXX 역자들 또는 수리아 번역자들에게 영감된 것으로는 간주되지 않았다. 우리는 이미 저작자를 지시하는 표제들을 관찰하였다. 한편 표제들은 다음 것들도 나타냄을 유의해야 한다.

1) 형태 혹은 시적 특징

57편은 미즈모르(Mizmor)로 명칭되는데 그것은 한 시에 대한 일반적 표제이다. 어근은 "잡아당기다"는 뜻이다. 곧 악기의 현을 잡아당기는 것을 말한다. 그러므로 우리는 이 명칭에서 그 시가 악기와 함께 노래되는 것임을 알 수 있다. 쉬(Shir)은 노래이며 30 회 나타난다. 그중 12 회 미즈모르와 관계되어 있다. 미즈모르가 종교적 예배에 사용된 시에만 적용된 반면 쉬은 거룩하거나 또는 세속적인 노래 둘 다 사용되었다.

마스길은 13 편의 표제에 나타나는데 이 말은 여러 의미를 갖는다. 즉, 묵상적 시, 교훈적 시, 제사 의식의 시이다.

믹담은 6 편의 표제에 나타나는데 그 뜻은 분명치 않다. 케뎀은 금을 의미하므로 믹담은 황금의 시를 의미한다고 일반적으로 간주되어 왔다. 모빙컬은 앗시리아 말(Assyrian)의 카 - 타 - 무 (ka - ta - mu = 덮다)를 인용하여 믹담은 가리움의 노래(Song of Covering) 곧 죄를 가리움에 대한 속죄의 노래를 암시한다.

식가욘은 시 7편에만 나타나는데 그 뜻은 분명치 않다.

테필라는 5편의 표제로 나타나며 그 뜻은 "기도"이다.

테힐라 (찬양)는 전 시편이 찬양의 책(테힐림)이라 불려지지만 단 한 번 나타난다(시 145편). 이 말 자체는 여러 시편 중에서 사용되었다.

2) 음악적 지시 또는 악보

람나체하 ▸ 이 말은 시 55편의 표제에서 나타나며 또한 합 3:19에서도 나타난다. 벌게이트역은 이를 "in finem"으로, *AV*에서는 "to the chief musician"으로 번역되었다. 대상 15:21에서는 그 동사형이 성전의 음악 예배와 관련해서 사용된다. 이 점에서 그것이 종종 음악 지휘자를 말하는 것으로 생각된다.

그러나 고대 번역자들은 그렇게 이해하지 못했다. 어떤 이는 그 술어를 약간 수정해서 "음악적인 말(musical rendering)"로 번역하였으나 이것도 역시 난점을 가진다. 모빙컬은 이 술어를 하나님을 달래는 데(to propitiate God) 사용된 시를 가리키는 구절이라고 암시했다. 이 암시는 흥미롭기는 하나 의심스럽다. 우리로서는 이 술어의 뜻을 모른다고 함이 가장 좋을 것 같다.

셀라 ▸ 이 말은 표제에서는 나타나지 않으나 한 부분의 끝에 나타난다 (예 : 시 46:7). 이것은 39 개의 시편에 71 회 나타난다. 그 의미는 알려져 있지 않다. 어떤 이는 그것을, 음성을 "올리는 것"을 의미한다고 본다. 또 다른 이는 음량(Volume)을 증대하는 것으로 생각했다. 그러나 그것이 음악적 술어라면 왜 몇 개의 시에서만 사용되었는가? LXX은 그것을 "디압살문"으로 번역했는데 이것은 역자들이 그 의미를 이해하지 못했음을 보여 준다.

네기노트 ▸ 여섯 개의 표제에 나타나며 언제나 람나체하와 결합되어 있다. 이것은 "현악기"를 의미한다. 그 용도는 놀라리만큼 빈번하다. 이것이 나타나는 표제들 중 네 개는 미즈모르와 관계되어 있다.

알 하쉬쉐미니트 ▸ 시 6편과 12편에서 두 번 나타나며 일반적으로 "옥타브"를 의미하는 것으로 본다. 어쨌든 *FAP*(17쪽「생략 책명 목록」 참조)는 이것이 그 의미가 아님을 여실히 보여 준다. 그 의미는 확실치 않다.

알 알라모트 ▸ 이것은 시 46편의 표제에 사용되며, 시 49편의 표제에서도 나타난다. 또한 시 48편의 마지막 말로 나타나 있다. 대상 15:20에서는 현악기(비파)들에 사용되었으나 그 정확한 뜻을 알 수가 없다.

깃티트 ▸ 세 번 나타나는데 가트(Gath : 포도주 짜는 기구)란 말과 관계될 수 있다. 그렇다면 그것은 포도 수확기에 불린 한갓 노래(tune) 혹은 멜로디로 볼 수 있겠다. 그러나 이것 역시 의문시된다.

네킬로트 ▸ 시 5편에 나타나며 *RV*에서는 이것을 "관악기"로 번역된다. *FAP*는 갈대 퉁수의 의미로 사용될 수 있음을 암시한다. 삼상 10:5 ; 왕상 1:40 ; 사 30:29).

마칼라트 ▸ "병, 슬픔"으로서 아마도 그 시가 구슬픈 곡조로 노래되었음을 의미한다. 시 88편의 표제에서는 마칼라트 레안노트로 나타난다.

3) 멜로디를 지시하는 말들

알 타쉬체트(멸하지 말라) ▸ 이것은 네 번 나타난다. *FAP*는 이 말이 사 65:8에(포도송이를 상하지 말라) 인용된 "포도 수확의 노래"(vintage-song)임을 암시한다. 이 시편들은 그러한 곡조로 노래되었으므로 매우 잘 알려졌고 따라서 그 서언으로 사용될 수 있었다. 그러나 사 65:8의 말이 그러한 노래를 의미하는지는 분명치 않다. 오히려 그렇지 않은 듯도 하므로 우리는 역시 이 어구의 정확한 뜻을 이해하지 못한다고 인정해야 한다.

아이엘레트 하샤카르 ▸ 시 22의 표제로서 "아침의 사슴"을 의미한다.

소산님 ▸ 시 45편과 96편의 표제로서 "백합화 곡조"

수산 에두트 ▸ 시 60편과 80편의 표제 "백합화는 (나의) 증거냐?"(시 45편 "사랑의 노래"와 비교).

요옐 엘렘 르호김 ▸ 시 56편, 아마도 "이별의 나무의 비둘기"이겠다. 요아킴 베그리히는 이 표제를 수정하여 "먼 섬들의 헬라(야바니트)의 모양을 따라"라고 읽는데 그것은 사 56:19에 호소한 것으로 단지 추측에 지나지 않는다.

뭇랍벤 ▸ 시 9편의 표제에서도 나타난다.

4) 성전에 올라가는 노래(마알로트)

시 120-134편 ▸ 이것들은 매년 3 회의 절기를 축하하기 위해 예루살렘으로 여행하는 순례자들에 의해 노래된 것으로 생각되어 왔다. 그럴 수도 있겠으나(시 122:1-3 참조) 확신할 수는 없다.

6. 시편의 목적

코르닐에 의하면 현재의 시편은 "찬송, 기도, 그리고 종교적 교훈으로 된 제 2 성전의 공동체적 책"이다 (그의 『개론』 ET, p.399).

이 견해는 시편이 에스라와 바리새인이 일으킨 유대주의에 반대하는 고대 이스라엘의 경건한 감정을 나타낸다는 가정에 근거하고 있다. 그러나 그러한 주관은 사실에 있어 근거가 없다.

하여간 우리가 전 시편이 성전용으로 사용된 것으로 간주할 때 그것은 그다지 탐탁치 않다. 어떤 시편들이 그렇게 사용되었음은 부인할 수 없으나 예배적 성격이 어떤 시편에는 나타나지 않는다는 것도 유의함이 좋을 것이다.

오히려 시편은 주로 개개인 신자의 경건한 요구에 대한 입문서 겸 안내이다. 그것은 신자에 의해 묵상되는 기도서이며 찬양의 책이다. 그러므로 하나님을 찬양하며 기도하는 것을 거기서 배울 수 있다. 칼빈이 지적한 바와 같이 시편은 "**영혼의**

모든 부분의 해부학"이다. 왜냐하면 여기에는 누구든지 의식할 수 없는 그러한 감정이 없고 따라서 거울에서와 같이 반사되지도 않기 때문이다. 오히려 여기서는 성령이 모든 비애, 슬픔, 공포, 의심, 소망, 염려, 착잡함 등 인간의 마음이 공격을 당하기 쉬운 모든 괴로운 감정을 생명에로 이끌었기 때문이다(repraesentavit).

일 인칭을 사용한 시편들은 주로 개인의 경험을 나타낼려는 의도가 분명하다. 이 사실은 차차 더 많이 인정되는 바이다(예 : 모빙컬, 발라 등). 물론 이것은 예배 때의 시편 사용설을 배척하지는 않으나 그러한 것은 제 2 차적이다. 이 점에서 오늘날의 기독 신자들은 교회의 예배 때에 시편을 사용하는 반면 개인의 헌신 생활에서는 소홀히 하는 큰 잘못을 저지르고 있다.

시편에 대한 특별 문헌

Oswald T. Allis : "The Bearing of Archaeology Upon the Higher Criticism of the paslms," in *PTR*, vol. XV, 1917, pp. 277-324.

Karl Buddr : *Die Schoensten Psalmen*, Leipzig, 1915.

H. Gunkel und J Begrich : *Einleitung in die Psalmen*, 2 vols. Goettingen, 1928 and 1933.

H. Gunkel : *Ausgewaehlte Psalmen*, Goettingen, 1917.

Max Haller : "*Ein Jahrzehnt Psalmenforschung,*" *THR,* 1927, pp. 377-402.

Fleming James : *Thirty Psalmists*, New York. 1938.

H. L. Jansen : *Die spaetjuedische Psalmendichtung* : *ihr Entstehungskreis und ihr "Sitz im Leben,"* Olso, 1937.

M. Loehr : "*Psalmenstudien,* Stuttgart," 1922.

Chambers Martin : "The Inscriptions of the Psalms," in *PRR*, vol. XI, 1900, pp. 638-653, "The Imprecations in the Psalms," in *PTR*, vol. I, 1903, pp. 537-553.

Sigmund Mowinckel : *Psalmenstudien* : I. *Awan und die Individuellen Klagepsalmen, Kristiana*, 1921, II. *Thronbesteigungsfest Jahves und der Ursprung der Eschatologie,* 1922; III. *Kultprophectie und Prophetische Pss*, 1923; IV. *Die technischen Termini in den Psalmenueberschriften*, 1923 ; V. *Segen und Fluch in Israels Kult und Psalmendichtung*, 1924. VI. *Die Psalmendichter*, 1924.

W. O. E. Oesterley : *A Fresh Approach to the Psalms,* New York, 1937.

J. P. Peters : *The Psalms As Liturgies*, New York, 1922.

N. H. Ridderbos : De "werkers der ongerechtigheid," in *de indiividueele Psalmen*, Kampen, 1939.

O. C. Simpson : *The Psalmists*, Oxford, 1926.

Johannes Vos : "The Ethical Problem of the Imprecatory Psalms," in *WTHJ,* IV. pp. 123-138.

A. C. Welch : *The Psalter in Life, Worship and History*, London, 1926.

Robert Dick Wilson : "The Headings of the Psalms," in *PTR*, vol. XXIV, 19216, pp. 1-37, 353-395.

제 17 장

잠언(箴言)

1. 명칭

히브리 성경에서 잠언의 표제는 1:1에 나타난 대로 "다윗의 아들 이스라엘 왕 솔로몬의 잠언이라."라고 되어 있다〔이에 따라 책명은 줄여서 "미쉴레 셸로모(מִשְׁלֵי שְׁלֹמֹה = 솔로몬의 잠언들)"라고 한다. - 편집자 주〕. 미쉴레(מִשְׁלֵי = 잠언들)의 단수인 마샬(מָשָׁל)이라는 말은 짧고도 간결한 격언을 뜻하며 지혜를 가리킨다.

엄밀히 말하면 그것은 진술(陳述 = reperesentation) 또는 비유(comparison)이다. 라벤(Raven)은 그것을 잘 정의했는데 "많은 경우들을 총괄하는 한 원리를 격언적으로 종합적 또는 반의적(反意的)으로 진술하는 것"이라고 하였다(그의 『개론』, p. 267). 이것은 영어의 "Proverb = 속담 · 금언)"보다 더 폭넓은 의미를 지닌다. 그것은 금언에 제한되지 않고 속담에 더 가깝다. LXX은 파로이미아이 살로몬토스(*παροιμίαι σαλωμῶντος* : 솔로몬의 잠언들)이란 표제를 가진다. 벌게이트역은 리베르 프로베르비오룸(Liber Proverbiorum = 잠언들의 책)으로 썼다.

2. 저자들

잠언 자체가 그 저작자에 대하여 어떠한 지시도 하지 않은 것은 아니다. 적어도 6 부문의 저작자가 언급되어 있다. 일반적 표제(1:1)는 별도로 하고서도 다음과 같은 것이 있다.

① 10:1 ▸"솔로몬의 잠언"

② 22:17 ▸"지혜자의 말씀"

③ 24:23 ▸"이것도 지혜자의 말씀이라."

④ 25:1 ▸"이것도 솔로몬의 잠언이요, 유다 왕 히스기야의 신하들이 '편집한

(헤티쿠 : הֶעְתִּיקוּ)것이니라."

⑤ 30:1 ▶"이 말씀은 야게의 아들 아굴의 잠언이니 그가 이디엘과 우갈에게 이른 것이니라."

⑥ 31:1 ▶"르므엘 왕의 말씀한 바 곧 그 어머니가 그를 훈계한 잠언이라."

이런 지시들을 개괄할 때 본서 전체를 솔로몬의 작품으로 주장하지 않음이 엿보인다. 한편 이 표제들의 신빙성을 의심할 아무런 이유가 없으며 본서 가운데 그 대부분이 솔로몬에게서 왔다고 주장되지도 않는다.

왕상 4:32에 의하면 "저가 잠언 삼천을 말하였고 그 노래는 일천 다섯이었다." 그러므로 솔로몬은 성경에 기록된 것보다 더 많은 잠언들을 말했다. 그러나 솔로몬 자신은 적어도 현재의 책의 한 부분을 기록했다. 잠 22:21, 22에는 여기에 관련해서 특별히 중요성을 갖는 구절이 있다. 20절에는 "내가 모략과 지식의 아름다운 것을 기록하여"- 여기서 지혜로운 자들의 말들을 인용한 저자는 그가 기록했다고 선언한다(이 지혜로운 자의 언급은 지은이를 말함이 아니고 단순히 저자가 실토한 말들이 지혜로운 자들에 의해 승인되고 따르는 바 되었다는 말이며 혹은 지혜로운 자들의 말과 일치한다는 의미가 될 수도 있다). 또 많은 것들을 기록한 이가 단수임을 지적한다. 더욱이 저자의 말을 듣는 자도 역시 개인(네게)이다. 이 단수 인칭은 솔로몬 부분의 "내 아들"과 일치한다. 그러므로 솔로몬 자신이 10-24장을 다 기록했음이 가능하다.

어떤 사람은 히스기야 통치 시 그의 서기관들이 이 부분을 편집했고 솔로몬의 것인 1-9장을 덧붙였다고 생각한다. 히스기야의 신하들의 활동은 유대 전통에서도 마찬가지의 표현으로 기록되어 있는데 "히스기야와 그의 동료가 잠언을 기록했다."라고 씌어 있다(바바 바트라 15a). 그들은 이 사람들을 25-29장을 첨가한 편집자로 보았는데 이 견해는 아마도 옳은 듯하다. 마지막 두 장은 본서의 최종 편집자에 의해 삽입된 것일 가능성이 짙다. 그 저자가 아굴인지 혹은 르므엘인지는 알 수 없다.

본서 중 지혜로운 자들에게 돌려진 부분은 이스라엘의 경건한 자들이 전에 말한 영감 받은 지혜자임을 우리는 알 수 있다. 위에서 지적했듯이 이 사람들은 아마도 솔로몬보다 더 이른 시기의 사람들일 것이다. 그리고 그 자신이 이 부분을 이러한 형태로 쓸 수도 있다. 또 한편 22:20에다 너무 비중을 두지 않아야 할 것은 거기서 말하는 자는 지혜자 자신들 중의 하나일 수도 있다. 그렇다면 이 부분들(22:17-24:34)은 편집자에 의해 삽입되었고 그 연대는 미상이다. 하여튼 그것들을 영감된 잠언으로 간주해야만 할 것이다.

여기서 유의할 점은 초대 교부들은 솔로몬이 전권의 저자라는 견해를 가졌으나 이는 옳지 않다. 이러한 견해는 헬라와 라틴 사본의 30-31장의 표제가 없는 모호성 때문일 것이다.

❒ 저작자에 관한 다른 견해들 ❒

아이스펠트에 의하면 본서의 최종 부분은 1:1-9:18이다. 이 부분은 2장과 같은 긴 기간을 갖고 있으나 근본적으로 한 문장이다. 이와 관련해서 생각할 점은 지혜와 우매가 의인화된 방식은 아마도 그것이 헬라의 영향을 받았음을 나타내는 것으로 보인다. 아마도 에툰(אֵטוּן = 무늬, 7:16)은 헬라의 오도네(ὀθόνη = 문채=紋彩)가 히브리화한 형태인 듯하다. 여기서 이 부분은 BC 3세기 혹은 4세기보다 더 이른 것일 수는 없다. 그리고 이것은 가장 근대의 부분이므로 현 형태의 책은 BC 4세기 전에 씌어졌을 수가 없다.

그러나 이 입장에 대해서 몇 가지 언급할 것이 있다. 지혜와 우매의 의인화는 반드시 헬라 철학의 영향을 말하는 것은 아니다. 히브리인 역시 철학적 감각을 가졌었다. 비록 일상생활의 실제적 사건들에 직결되기는 하였지만 잠언에서도 충분히 발전된 형태의 철학을 볼 수 있다. 그러나 그 표현 양식은 순전히 셈족의 것이다. 이 점에서 한 구절이 길다는 것을 (예 : 2장) 헬라 영향에 의한 것으로 설명할 것이 아니라 주제의 문제로써 설명해야 할 것이다. '에툰'이란 말의 어원은 불확실하다. 그러나 솔로몬이 애굽인의 에툰을 말했음은 유의할 만한 가치가 있으며 이로써 그 말은 여러 언어들의 일반적 특성이 될 수 있다.

아이스펠트는 10:1-22:16에 아람 말들(예 : 헤쎄드 : חֵסֵד = 욕하다 ▸14:34 / 나하트 : נָחַת = 박히다 ▸17:10 / 레아 : רֵעַ = 친구 · 동료 ▸18:24 / 카발 : קָבַל = 받다 ▸19:20) 등이 있는 것은 이 부분의 편집이 포로 전의 연대를 부인하는 것이라고 생각한다. 그러나 바로 이 부분이 가장 고대적일 수도 있다. 한편 언제나 강조되어야 할 사실은 구약에 아람풍이 있는 것은 문제되는 문서의 연대에 관해 아무것도 지시하지 않는다는 점이다. '나하트'는 라스 에쉬-샤므라의 본문(고르돈, 8:31)의 "당신의 막대기가 떨어진다."에서도 나타난다. '라아'는 욥 34:24에는 물론 사 8:9과 시 2:9에도 나타난다. 이것들 모두는 포로 전의 것이다. '카발(קָבַל)'은 출 26:5; 36:12에 다른 의미로 나타나는데 아카디안의 의미와 아주 밀접한 관계를 가진다. 그러므로 이 언어적 호소는 실제에 있어 아이스펠트의 의견에 도움이 되지 않는다.

셋째 수집(22:17-24:22)은 적어도 22:17-23:12만으로 말하면 애굽의 아멘엠오페(Amenemope : BC 1C0-600년경에 씌어진 총 30 장으로 된 애굽의 지혜 문학, 격언집 - 편집자 주) 지혜서에 의존했던 것으로 생각된다. 이 부분이 잠언들 가운데 열하나 중 열 개는 아멘엠오페의 부분적 문학에서 취해진 것이라고 아이스펠트는 생각한다. 애굽의 수집은 전체 수집의 표준으로 생각되며 약 30 개 잠언이 있다. 아이스펠트는 22:20은 나타난 30 개의 저자의 목적을 나타내는 것으로 이해해야 한다고 생각했다. 또 그는 본문 중의 쉴솜(שְׁלוֹשֹׁם)을 셸로심(שְׁלִשִׁים = 삼십)으로 수정한 에르만(Erman)과 그레스만(Gressmann)을 따른다. 그는 이 부분의 약 1/3만이 아멘엠오페에 일치하며 다른 2/3는 이스라엘의 기원이든지 아니면 다른 어떤 곳에서 (23:13, 14은 아키칼〈Achicar〉의 교훈에서) 빌려 온 것으로 인정한다. 이 애굽의 모방은 분명하므로 우리는 이 부분을 포로 전 시대의 것으로 돌려야 한다.

이 입장에 대해서 답변하건대, 잠 22:17-23:12와 아멘엠오페 지혜서 사이에 형식적인 관계가 있음은 분명한 듯하다. 그러나 잠언이 이 애굽의 자료에 근가한다는 것은 확실치 않다. 한 가지 덧붙여 말하면 이 애굽의 금언들 자체는 BC 1000년 초기에 돌려질 수 있어도 여기의 언어는 다소 후대에 기록되었음을 말해주는 것 같다. 그래서 필자는 잠언 1-24장이 히스기야 시대에 솔로몬의 것으로 편집된 것이라고 간주된다면 필자는 이 결론이 25:1에서 합법적으로 추론될 수 있다고 생각한다. 비록 25:1이 어떤 근거 없이 상당히 늦은 시대로 추정되고 있기는 하지만 잠언이 아멘엠오페보다 더 이른 것이 확실한 것으로 보인다.

하나 더 유의할 점은 아멘엠오페에서는 이스라엘의 엄격한 유신론에 대치되는 다신론적 사상이 있는 것이다. 고귀한 인물이었을 잠언 저자가 어떻게 그러한 자료에서 취하였겠는가? 내킨 김에 한 가지 더 유의해 두고 싶은 것은 아멘엠오페의 지혜는 시민에 대한 봉사의 길을 찾는 젊은이에 대한 충고의 문서이므로 다소 사상적인데, 잠언의 저자는 자기의 잠언들을 왜 그러한 비조직적 방식으로 작성했겠는가? 만약 그가 무엇보다도 아멘엠오페에 집착했다면 그러한 점을 어떻게 설명할 수 있을 것인가? 저자가 22:17-23:12을 아멘엠오페에서, 또 23:13,14을 바벨론 자료 곧 「아키칼」에서 취했다고 믿기는 불가능하다. 그러면 이것은 도대체 어떻게 된 것인가?

분명한 것은, 빌린 것이 있다면 오히려 아멘엠오페 쪽이다. 이것은 22:17-

23:12의 내용이 잠언의 다른 부분들과 직접적 관계를 갖는 사실에 의해서도 지지된다.

비교(왼쪽의 것으로 오른쪽과 비교)

22:17 ▸	"너는 귀를 기울여"	5:1; 7:1.
	"지혜 있는 자의 말씀을"	1:6; 24:23.
	"내 지식에 마음을 둘지어다"	2:1, 2.
22:20 ▸	"아름다운 것을"	8:6.
22:27 ▸	"빼앗길 것이라"	20:16b.
23: 4 ▸	"부자 되기에 애쓰지 말고"	15:27.
	"네 사사로운 지혜를 버릴지어다."	3:5, 7; 26:12.
23:5 ▸	"재물은 … 날아가리라."	27:24.
23:6 ▸	"악한 눈"	28:22.

"고대적 표적"(22:28; 23:10)의 구절은 잠언의 다른 부분에서는 나타나지 않으며 분명히 신 19:14과 27:17에서 취한 것이다. 그리고 아멘엠오페에서는 "올람(olam)" 대신 "알마나(almana)"(고아)로 읽혀짐으로 이것은 오해에 의한 듯하다.

아이스펠트의 22:20의 해석이 의심스러운 것임은 좀 더 확실하다. 첫째로 22:17-23:12 안에 30 개의 잠언이 있다는 것은 결코 확실치가 않다. 필자는 거기에 단지 27 개의 잠언이 있다고 생각하고 싶다. 아멘엠오페에는 분명히 쉴숌(adjutant = 부관 또는 조수?)이란 단어를 셸로심(30 · 서른째)으로 씌어져 있다. 그러므로 잘못된 해석은 애굽 어 부분에 있었다. 왜냐하면 이 단락 안에 거의 30 잠언이 있으므로 아멘엠오페 지혜서는 30 편 안에 그 작품을 구성했다. 잠언이 아멘엠오페 지혜서에 의존했다기보다 오히려 아멘엠오페 지혜서가 잠언에 의존한 것으로 생각하는 대부분의 증거가 맞는 것 같다.

아이스펠트는 25-29장의 수집이 표제가 지시하는 만큼 오래된 것일 수 있다고 생각한다. 아굴(30:1)은 아람족의 한 사람인 맛사(창 25:14)와 동일시되며 르무엘(31:1) 역시 같은 것으로 취급한다. 우리는 이 부분이 얼마나 오랜 것인지를 말할 수 없으며 솔로몬에 의한 실제적 부분은 극소수로 생각된다는 것이다. 솔로몬 저작에 대한 전통성은 신빙성 있는 것이 못 된다. 이것은 단순히 왕상 4:32에 근거하고 있다고 한다. 아이스펠트의 말은 현대 비평주의의 대표적인 것으로 간주될 수 있다. 그러나 우리는 그것을 정당한 것으로 볼 수 없으며 그에 의하면 오히려 본서의 대부분이 솔로몬의 저작이라는 신념에 이르게 된다(박윤선 **잠언 주석**엔 "1:1-9:18; 10:1-24:22; 25:1-29:27의 세 부분에 있어서 그 첫머리마다 각각 '솔로몬의 잠언'이란 말로 시작되었다. 그러므로 이 부분들이 모두 솔로몬의 저술임이 분명하다."라고 함. - 편집자 주).

3. 정경상의 위치

탈무드(샤바트 = Shabbath, 30b)의 진술에 따르면 잠언의 정경성에 관하여 랍비들 가운데 어떤 문제가 있었던 것으로 생각된다. 거기에는 다음과 같이 씌여 있다. "잠언 역시 그 말들을 감추려(이그누즈 = Ignwz) 하였다. 그 말들이 서로 모순되기 때문이다. 그러나 감추어지지 않은 이유는 무엇인가?" 그들은 또한 전도서를 검토함에 의해 만족을 찾으려 하였다고 말한다. 잠언의 가상된 모순은 다음의 진술이다. 즉, "미련한 자의 어리석은 것을 따라 대답하지 말라."(26:4), "미련한 자의 어리석은 것을 따라 대답하라."(26:5). 그리고 다음은 이렇게 말했다. "여기에는 아무런 어려움이 없다. 하나는 율법의 일을 말하며 다른 하나는 세속적 일을 말한다." 탈무드 구절의 언급에 대한 랍비의 반대는 신중히 고려할 가치가 전혀 없다.

신약은 분명히 본서의 말을 인용한다(비교 ▸ 롬 3:15은 잠 1:16을 ; 히 12:5은 잠 3:11을 ; 약 4:6은 잠 3:34; 벧전 4:8은 잠 10:12; 벧전 4:18은 잠 11:31; 벧전 5:5은 잠 3:34; 벧후 2:22은 잠 26:11을 각각 인용).

히브리 성경에는 잠언이 시편과 욥기 중간에 있으나 LXX역과 벌게이트역에서는 욥기, 시편, 잠언의 순서로 되어 있다.

4. 분 해

1) 지혜의 찬양(1:9-1:18)

① 1:1-6 ▸ 부분적 서론으로서 그 목적(참된 지혜와 지식)을 말함
② 1:7절 ▸ 전 부분 곧 전권의 주제를 소개
③ 8-19절 ▸ 폭력(악한 자)에 대한 경고
④ 20-33절 ▸ 지혜를 의인화(擬人化)해서 원수들에게 크게 외치게 함
⑤ 2:1-22 ▸ 지혜와 총명이 올바른 길을 가르쳐 줌을 역설함
⑥ 3:1-20 ▸ 참된 지혜가 가져오는 축복을 설명

⑦ 21-26 ▸여호와께서 참 지혜를 가진 자를 보전하심

⑧ 27-35 ▸인간의 이웃 관계에 대한 실제적 충고

⑨ 4:1-5:6 ▸본 절은 "한 아버지의 훈계"라 명칭하는 바, 그 실제적인 훈계 내용

⑩ 5:7-23 ▸결혼 생활의 신설에 대한 권고

⑪ 6:1-5 ▸타인의 보증을 서는 우매

⑫ 6-11절 ▸게으른 자의 우매

⑬ 12-19절 ▸분쟁을 일으키는 자의 악함

⑭ 7:1-27 ▸간음에 대한 일반적 경고

⑮ 8:1-36 ▸지혜가 다시 의인화되어 지혜를 소유하는 자들에게 올 축복을 지적함

⑯ 9:1-18 ▸지혜자와 우매자가 함께 의인화되어 서로 대조됨

이 부분은 아버지가 아들에게 말하는 교훈의 성격을 가진다(내 아들). 그 사상은 다소 장황하게 발전되고 다른 관점에서 제시된다. 델리취는 이 부분과 신명기 사이의 유사점을 지적한다. 신명기는 신흥하는 세대에 모세의 토라를 중점적으로 말하듯이 여기서는 저자가 청중에게 지혜의 토라를 인식시킨다.

2) 솔로몬의 여러 잠언들(10:1-22:16)

이 부분은 각 절이 완전한 잠언을 갖는 사실로서 특징지어진다. 그것은 두 부분을 구성하여 각 부분이(히브리 성경) 단지 셋 혹은 넷의 단어를 가진다.

예컨대, "지혜로운 아들은 아비를 기쁘게 하거니와 미련한 아들은 어미의 근심이니라." (10:1).

3 부분을 갖는 한 가지 예가 있다(19:7). 아마 이 형식은 (즉, 디스티취)한 잠언에 대한 특정적인 솔로몬적 방법이다.

10:1에서 본 바와 같이 두 부분은 반의적 병행을 이루며 이 병행의 형태는 전 부분을 특정짓는다. 드라이버는 둘째 부분이 16:12, 26에서는 그 이유를 진술하고, 13:14, 15, 24에서는 목적을 표현하며, 12:9, 15:16, 17에서는 사상을 완전케 하며, 11:31에서는 "하물며"로써 시작하였음을 지적한다. 그는 역시 이 부분에서는 인생의 더 행복한 면이 지배적이며 "번영이 만연된 것 같고 덕이 일률적으로 고수되었다."라고 했다. 많은 잠언이 또한 혀를 잘못 사용하는 것을 경고한다. 이 세상에서도 인간은 그 행위에 따라 보응된다.

3) 여러 가지 의무와 규칙들(22:17-24:22)

여기 있는 훈계들은 지혜자의 말들로 서술되었다. 형식상으로는 이 잠언들이 대부분 테트라스티크스(stetrastichs : 4 부분)이며 심지어 더 긴 것도 있다. 이 잠언들은 역시 "내 아들"에게 말하는 것이며 다소 일관성 있는 논증을 나타내며 강조에 있어 권고적이다. 포함된 금언은 많은 주제를 취급하며 실제적 성격을 띤다.

4) 지혜자 외의 말(24:23-34)

이 부분은 '3)'에 대한 부록으로 그 분단과 같은 형식의 다양성을 나타낸다.

5) 솔로몬에 의한 여러 가지 잠언들(25:1-29:27)

실제에 있어 이것은 '2)'에 대한 부록이다. 그 배열을 살펴보면 이 잠언들은 주제의 유사성에 따라 구분을 될 수 있는 것 같다. 여기에서는 반의적 병행법이 주도적이 아니라 비교의 형식으로 되었다.

예 ▸"돌을 물매에 매는 것과 미련한 자에게 명예를 주는 것은 같다."(26:8).

이 잠언들 중 많은 것이 '2)'의 것과 동일하다. 여기에서 "편집한 것"(25:1)이라고 번역된 동사는 초기 언어에서 "옮긴다"(창 12:8)라는 뜻으로서 전자의 의미를 결코 가지지 않는다고 반대되어 왔다. 그래서 이 동사가 존재하는 것은 표제들의 늦은 연대를 지시한다고 결론지엇다. 그러나 이것은 반드시 그렇지는 않다. 라스 에쉬-샤므라에서는 'thq가 "지나간다"(시간상)는 다른 의미를 가진다. 이 동사는 여러 가지 의미에서 사용될 수 도 있다. 그러나 그것을 확실히 말할 수 있을 정도로 빈번히 나타난 것은 아니다.

6) 아굴의 잠언들(30:1-33)

① 1-4절 ▸신탁으로 소개되고 하나님을 인식하는 것의 불가능성에 대한 회의적 결론을 말함.

② 5-6절 ▸앞의 답변으로 하나님의 계시를 상고할 것을 호소함.

③ 7-9절 ▸간구하는 기도가 나타남.

④ 10-33절 ▸그룹을 형성하는 소위 "수많은" 잠언들이며 그중 4 개가 현저하다. 예컨대 "족한 줄을 알지 못하여 족하다 하지 아니하는 것 서넛이 있나니"(30:15b)

7) 르무엘의 잠언들(31:1-9)

이 잠언들은 배후가 왕에게 한 말로 그에게 절제, 자비 또 정직을 격려한다.

8) 덕 있는 부인(현숙한 아내)에 대한 칭송(이합체 ▸ 31:10-31)

※ 이합체(離合體 = acrostic) 342쪽 2항 아래 '편집자 주'를 참조 - 편집자 주

이 아름다운 부분에 있는 구절들은 알파벳순으로 배열되어 있다.

잠언에 관한 참고 문헌

W. Baumgartner : "Die Israelitische Wesheitsliteratur," in *Th. R.*, 1933. pp. 259-288 (contains a survey of recent study).

G. Bostroem : *Proverbiastudien. Die Weisheit und das fremde Weib in Sprueche*, 1-9, Lund, 1935.

T. K. Cheyne : *Job and Solomon or the Wisdom of the Old Testament*, London, 1887.

S. du Toit : *Bybelse En Babilonies-Assiriese Spreuke,* Johannesburg, 1942(This work, written in Afrikaans, contains a thorough discussion of the relation between the Biblical Proverbs and the proverbial literature of Babylon and Assyria. Those who do not read Afrikaans will find a brief summary of its contents in *The Calvin Forum*, IX, Oct. 1943, pp. 54, 55).

O. Eissfeldt : *Der Maschal im Alten Testament*, Giessen, 1913.

F. James : "Some Aspects of the Religion of Proverbs," in *JBL*, 1932. pp. 31-39.

D. B. Macdonald : *The Hebrew Philosophical Genius : A Vindication*, Princeton, 1936.

O. S. Rankin : *Israel's Wisdom Literature : Its Bearing on Theology and the History of Religion*, London, 1936.

H. Ranston : T*he Old Testament Wisdom Books and Their Teaching*, London, 1930.

제 18 장

욥기(JOB記)

1. 명 칭

본서의 명칭은 그 주인공 "욥(이욥 : אִיּוֹב = 돌아온 자)"의 이름에 따른 것이다. LXX에서는 욥(Ἰωβ), 벌게이트역에서도 "욥(Iob)"으로 나타난다.

2. 저자 문제와 본문 구성

욥기의 연구에는 중요한 두 가지 문제가 있다. 첫째로 누가 본서를 기록했으며 저자는 언제 살았는가를 결정하는 것이다. 둘째는 욥이 어느 시대의 사람이며 본서에 기록된 사건이 언제 일어났는가 하는 문제인데 이를 먼저 해결해야 한다. 또 진보적인 많은 견해가 있다. 여기서 이 문제를 분명히 하기 위해 우선 우리가 저작자에 대해 가진 견해를 진술하고 다음에 지금까지 주장되어 온 견해들을 살펴보는 것이 좋으리라 생각한다.

그 반대적인 견해들로부터 공격을 가장 적게 받은 것으로 생각되는 것은 본서를 솔로몬 통치 시의 어느 때에 작성된 것으로 간주하는 것이다. 이 견해는 추천될 수 있는 고대성(古代性)을 가지며 유대인 박사들의 몇몇과 그레고리 나치안젠(Gregory Nazianzen : AD 390 d.)에 의해 주장되었다. 다시 마틴 루터에 의해서 한층 진보되었으며 19C에는 해버니크(Haevernick), 카일(Keil) 그리고 델리취에 의해 옹호되었다. 찬성적인 실증적 논증은 다음과 같다.

① 이때에는 문학적 탐구가 행해질 수 있는 여가가 있었던 시대였다. 그러므로 욥과 같은 책을 짓는 데 적합한 시기였다.

② 욥기는 지혜(호크마 : חָכְמָה) 문학의 특징이며 혹은 표적을 갖고 있다(델리취). 이것들은 저작 시기를 솔로몬 시대로 두는 중요한 두 가지 논증들이

다. 물론 그것들이 결정적인 것은 아니나 그들 대로의 가치는 있다.

❐ 저작자에 관한 다른 견해들 ❐

「바바 바트라 14b」에 따르면 모세가 욥기의 저자라고 한다. 이 견해를 지지했던 자들은 욥기에도 역시 오경에 나타는 말들이 있다고 지적한다. 그러한 말들은 울람('ulam), 트누아(tnu'ah), 네츠(netz), 펠릴림(pelilim), 크쉬타(qshitah), 예레트(yeret) 같은 것이다.

한편 이에 반대하여 욥기의 어떤 부분이 잠언 문제로 기록되었다고 생각하는 사람도 있다. 더욱이 욥과 같은 인물을 취급한 책은 율법 시대 이전에 기록되었으며 그 직무가 입법자에 속한 것이라고는 할 수 없다는 생각을 가진다. 교부들 중의 어떤 이는 이 견해를 지지한 것 같다.

코르닐은 욥 3장과 비교해서 렘 20:14-18에 비추어 욥을 후대로 보아야 한다고 주장한다. 겔 18장은 욥이 에스겔보다 더 후대의 것임을 보여 주는 듯하다. 그 이유는 코르닐에 의하면 이 구절은 욥이 추구하는 문제의 존재를 거부하기 때문이다. 욥 42:17은 분명히 창 25:8, 35:29에 대한 회상을 나타낸다. 또 잠언의 가장 후대의 부분인 1-9장은 욥기에 전제되어(presupposed) 있다, 그러므로 욥 15:7은 잠 8:25에 근거하고 있다. 또 본서에 "아람적 - 아라비아적" 특징이라고 할 수 있는 점들이 있는 것은 코르닐로 하여금 본서를 히브리 문학의 최후 시기에 두도록 한다.

많은 사람들처럼 코르닐은 서언과 결언을 시적인 부분과 분리시킨다. 그는 산문체의 이야기는 서문보다 더 이르다고 믿었다. 전통적 형식이 고정되어 있었음에도 시인은 그 이전의 것을 감히 수정하지 못했다.

파이퍼는 본서의 서언과 결언이 본서 저자에 의해 기록되었는가 아닌가 하는 문제는 학구적인 것이라고 믿는다. 그는 그것이 기록되기 전에 이미 구전적 역사를 가졌던 민속담(전설)을 가졌다고 믿는다. 이 이야기가 어떤 형식에 있어서는 에스겔에게 친숙하였다(겔 14:14, 20). 비록 그 배경이 보여 주듯이 이야기가 에돔 족속 가운데서 시작하였지만 그 원래 이야기에는 사탄의 에피소드는 없었다(1:6-12, 2:1-7a). 그리고 세 친구의 방문은(2:11-13 ; 42:7-10a) 아마도 그 이야기가 서문적 구성으로 될 때에 소개되었다. 우리가 가지고 있는 민속담은 가벼운 시문적 필치에 의하여 채용되어 왔었다. 우리가 알고 있는 이야기는 이스라엘의 것이다. 그 이유는 에돔 영웅의 입을 통한 여호와에 대한 언급이 일관적

이 못 되기 때문이다. 이 이야기는 아마도 유대에서 이야기꾼들에게 들어 그 이야기를 재편집한 유대인 재편집자에 의해 서문에 덧붙여졌다. 민속담은 통속적 염세 철학의 표현 매개체였고 시인은(한 에돔인) 단순히 그의 사상에 대한 예화로써 이야기를 사용했다. 비록 그가 이 이야기의 범위를 훨씬 넘어서 탐구하기는 했지만 28장에 대해서는 그것이 저자의 독립된 작문이지 본서의 통일체적 부분은 아니라고 파이퍼는 믿는다. 엘리후의 이야기(32-37장)는 유대 전통주의를 옹호하기 위해서 그리고 앞의 시문의 많은 교훈을 정죄하기 위해 시도된 변증적 삽입이다.

본서의 최종 편집은 BC 200년경에 이루어졌으며 산문적 서언과 결언은 BC 6세기보다는 이르지 아니했다. 시인에 관해서는 BC 700-200년 간의 어느 때 아마도 예레미야 때(BC 608-580)의 사람으로 보고 있다.

각 비평가들의 견해는 매우 다양하다. 이들의 알려진 입장을 개괄함으로써 근대 비평주의의 경향을 잘 이해할 수 있을 것이다. 독자는 주석을 살펴볼 때 각각 다른 저서들을 발견할 수 있을 것이다. 도르메(Dhorme)는 특히 이 점에 가치를 준다.

① 서언은 개정판의 첨가이다. 슐텐스(Schultens)는 그의 학적 주석(1737)에서 이 견해를 채용했다. 쾨니히(Koenig)는 서언을 거부한다.

② 서언과 결언은 원래 대중적인 책이었다. 즉, 시문(詩文)과는 다른 것이었다. 벨하우젠, 부데, 체이네(Cheyne), 빅켈(Bickell), 둠, 폴츠(Volz)는 시인 자신이 그 이야기들을 자기 시문의 체계로 사용했다고 말한다.

③ 서언의 사탄 구절들은 쾨니히와 그 외의 사람들에 의해 의문시되어 왔다. 이 구절들이 시인 편에서의 삽입이 아닌가 하는 문제는 몇몇 비평가들 가운데 공공연한 문제가 되고 있다.

④ 본서의 원서론은 29-31장이다. 이 견해는 스투데르(Studer)에 의해 1881년에 제의되었다.

⑤ 결언은 시인 자신의 작품이다. 도르메, 오네일(O'Neill), 횔셔(Hoelscher) 또한 그와 같은 보수적 개신교 학자들이다.

⑥ 시문 자체 곧 3-31장(28장은 생략)

a) 바움개르텔(Baumgaertel, 1933)은 원시문(原詩文)이 범위를 크게 변경했다. 그는 원래의 것으로서 4:1-5:7, 27; 6:1-30 ; 8:1-11, 20-22 ; 9:1-3, 11-23, 32-

35; 11:1-5, 10-20; 13:1-19; 16:6, 9, 12-17, 18-21; 19:2-29; 23:2-7, 10-17; 31:35, 37만을 든다. 이것은 시문 중 가장 희곡적 취급들 가운데 하나이다. 그러나 이 부분에 대해 제 2 차적 필치를 인정하는 사람들도 있다〔예컨대 폴츠, 풀러튼(Fullerton), 야스트로우(Jastrow) 등〕 3:3-12과 같은 불평이나 어떤 다른 구절들을 삭제한다. 그러나 이러한 처리 과정은 주관적이다. 그것은 시문에 있어야만 할 것으로 보고 그렇게 한 것이다.

b) 24-27장에 대해 부데와 보수적인 개신교 학자들은 이 장들을 순수한 것으로 믿는다. 한편 어떤 이는 본문을 조화된 순서라고 믿고 재배열하려고 하였다. 이 처리 과정을 밟는 사람 중 토르치너(Torczyner)는 가장 과격한 사람으로 보이며 둠과 도르메 역시 재배열하였다. 어떤 이는 이 부분에 여러 삽입이 있다고 본다. 그 주요한 것은 28장이다. 욥이 이 장의 말들을 발설했다고는 생각되지 않는다. 왜냐하면 만약 그렇다면 다음에 계속되는 신의 메시지는 필요 없기 때문이다(38-41장). 한편 만일 욥이 이 장에서 그러한 숭고한 절정에 올라갔다면 어떻게 다시 불평으로 빠진 것을 설명하겠는가?(30:20-23?). 더욱이 우리는 신의 말씀들(38장 이하)의 아이러니컬한 기풍을 어떻게 설명할 것인가? 우리는 뒤의 「분해」에서 이 논쟁을 토의할 것이다.

⑦ 엘리후의 말들(32-37장)을 부데(Budde), 로젠뮐러(Rosenmueller), 틸로(Thilo), 빌데보어(Wildeboer), 코르닐(Cornill), 오네일(O'Neill) 그리고 보수주의 학자들은 순수하며 시원적(始原的)인 것으로 간주한다. 코르닐조차 이 부분을 본서의 면류관으로 생각하여 구약의 입장에서 나올 수 있는 문제들에 유일한 해결을 제시하는 것으로 생각한다.

⑧ 엘리후의 이야기를 드라이버, 파이퍼 그리고 많은 다른 사람들은 거부한다. 그 이유는 보통 다음과 같다.

a) 이 이야기는 독립적 특징을 나타내고 초기의 시문과 여호와의 담화 사이의 관계를 혼란시킨다.

b) 38:1-2과 40:6은 엘리후가 아니고 욥이 말했음을 전제한다.

c) 이 부분은 본서의 아람풍보다 훨씬 더 아람풍을 나타낸다.

d) 이 담화에 나타나는 수난에 대한 이론적 설명은 38:1-42:6에 의하면 불가능한 것으로밖에 볼 수 없다. 그러므로 이 담화는 본서의 예술적인 구조를 파괴한다. 이 논증은 다음 분해를 할 때 더 토의될 것이다.

⑨ 하나님의 이중 담화와 욥의 2 회에 걸친 자기 비하는 딜만(Dillmann)과 보

수주의 개신교 학자들에 의해 순수한 것으로 간주된다.

a) 38:1-40:2만이 지크프리트에 의하여 순수한 것으로 간주된다.

b) 신적 말씀의 원형태는 38-39장과 40:2, 8-14, 40:3-5과 42:2-5로 생각한다. 그 이유는 이 담화를 삽입된 것으로 간주하기 때문이다. 그러므로 39:13-18을 어떤 이에 의하여(예컨대 둠, 체이네, 횔셔) 거부된다. 40:15-24(하마에 관한 부분)은 40:25-41:26(악어)과 같이 거부된다. 이 두 부분은 독립적 특징을 갖고 있으며 그 문맥이 거론하는 바와 같은 교만에 대한 예시를 주지 않는다고 생각한다.

c) 체이네, 폴츠, 헴펠(Hempel), 바움개르텔(Baumgaertel)은 여호와의 말씀을 전적으로 부인한다.

d) 40:1-4를 한스 슈미트(Hans Schmidt)는 본서의 결론으로 생각한다. 풀러튼(Fullerton)은 40:3-5을 그렇게 생각한다.

※ 이하는 욥기의 저작 시기의 견해와 그 지지자들이 각기 다름을 보여 준다. - 편집자 주

⑩ 솔로몬 시대를 욥기의 저작 시대로 생각한다 : 카일, 델리취, 해버니크

⑪ 8세기(아모스 이전) 저작이다 : 헹스텐베르크(Hengsteberg)

⑫ 7세기 초의 저작이다 : 에발트(Ewald), 리임(Riehm)

⑬ 7세기 하반기의 저작이다 : 스태헬린(Staehelin), 뇔데크(Noeldeke)

⑭ 예레미야 애가 시대의 저작이다 : 쾨니히(Koenig), 궁켈, 파이퍼.

⑮ 포로 시대의 저작이다 : 체이네, 딜만(1891)

⑯ 5세기의 저작이다 : 무어(Mure), 드라이버, 그레이(Gray), 도르메

⑰ 4세기의 저작이다 : 아이스펠트, 폴츠

⑱ 3세기의 저작이다 : 코르닐은 처음 이 시기를 주장했으나 후에는 부정확한 것으로 생각했다.

이상의 욥기 비평 입장에 관한 개괄은 신학도들에게 그 견해들의 다양함을 보여 줄 것이다. 우리는 본서의 통일성을 파괴하는 여하한 견해도 거부해야 될 것으로 믿는다. 전권의 통일이 인정되는 한, 솔로몬 시기가 그 저작 연대에 적합한 것 같다. 동시에 현재의 어떤 부분들, 예컨대 서언은 더욱 근대적인 언어적 개정을 나타냄도 인정해야 한다. 그렇다면 이것은 시기를 나타내는 것으로 보이는 본장의 문법적 구성의 어떤 점을 설명해 준다. 그러나 이것을 결정하기는 어렵다.

아직도 본서의 사건이 언제 일어났는가 하는 문제는 남아 있다. 이 문제를 상고할 때 우리는 욥이 겔 14:14과 약 5:11에서 증명되는 바와 같이 역사적 인물이었음을 주목해야 한다. 이야기 속에는 시내 산에서의 율법 받기 이전의 시기를

지적하는 것 같은 어떤 지시들이 있다. 그러므로 1장의 족장적 기술은 이것을 지지하는 것 같고, 이스라엘 제도에 관한 어떠한 분명한 언급이 없음도 역시 이 사실을 지지한다. 필자는 욥이 아마도 족장들과 동시대인 것으로 생각되나 이를 확신할 수는 없다.

3. 분해

1) 서언(1:1-2:13)

(1) 1:1-5 ▸ 욥은 가장 번영하였을 때에도 실로 경건한 사람이었다

이 부분은 아라비아 광야, 팔레스타인 동방에서 일어난 이야기의 배경을 서술한다. 이 서언은 본서를 좀 더 이해하는 데 필수적이다. 욥은 가정의 제사장으로 나타나고 올라(번제물)를 드린다. 이 두 요소는 모세 이전 시대를 가리킨다. 이 놀라운 직설적 구절에서 우리는 주인공을 소개 받는다. 소개 말은(한 사람이 있었다 = 이쉬 하야)은 분명히 이것이 이스라엘 역사의 부분적 이야기가 아니라 오히려 이례적 이스라엘 역사의 시초임을 보여 준다.

(2) 1:6-12 ▸ 하나님께서 욥을 시험하려고 결정하심

장면은 하늘로 옮겨 간다. 그리고 땅 위에 지나가는 모든 것은 하늘에 계신 하나님의 작정이라는 진리가 예시된다. 사탄의 말을 예를 들어 어떤 사람은 본서가 솔로몬 시대만큼 이른 것일 수 없다고 생각된다. 왜냐하면 사탄의 명칭상 언급이 포로 후의 기록들 곧 슥 3장과 대상 21:1에 처음 나타나기 때문이다. 그러나 이것은 아무것도 증명하지 못한다. 역경이 이미 에덴에도 있었고 그러한 것이 존재한다는 지식은 동방 국가들과의 접촉에서 온 것이 아니라 이스라엘 자체 안에서도 있었다(시 109:6). 그래서 욥의 저자가 창세기의 이야기에 익숙하였다면 왜 그가 여기서 악한 자를 사탄으로 명칭할 수 없는지 그 이유를 이해하기 어렵다. 시문 자체에서는 사탄을 언급한 데가 없다. 왜냐하면 지상의 인간들은 이전의 천국 장면에 관해 아무런 지식을 갖지 못했기 때문이다. 사탄이 전능한 하나님께 복종함을 유의하라. 그는 하나님의 허락 안에서만 행할 수 있다.

(3) 1:13-22 ▸ 네 전언자(傳言者)의 흉보(凶報) : 첫 번째 재난

계속적인 공격을 좋아하는 것처럼 네 차례의 흉보가 욥에게로 잇달아 온다. 이 모든 것에서도 욥은 범죄하지 않는다. 그래서 그의 참된 경건함이 나타난다.

(4) 2:1-10 ▸ 두 번째 천상 회의 및 재난

사탄은 다시 욥에게로 주의를 돌린다. 일종의 나병으로 생각되는 피부병으로 그를 혹독히 괴롭힌다. 그러나 욥은 아내가 제안한 바 하나님을 저주할 것을 거부한다. 오히려 고통 가운데서도 위대한 인내를 나타낸다.

(5) 2:11-13 ▸ 욥의 세 친구의 위로와 동정

그 친구들은 욥의 신음함에 연민의 정을 느끼며 7 일 간 침묵함으로써 그의 고통에 관심을 보인다.

2) 욥의 불평(3:1-26)

2장에서의 욥의 위대한 인내와 3장의 불평 간의 대조는 두 장이 서로 다른 저자에 의한 것 때문이 아니다. 처음 욥은 불평하지 않으려 했다. 그러나 그의 친구들의 방문, 그들의 오랜 침묵, 고통의 증대라는 심각함이 겹쳐 욥으로 하여금 불평을 토하게 한다. 욥이 친구들의 말과 같은 생각을 가져서 이상 더 자신을 억제할 수 없는 것은 능히 가능하다.

① **3-5절** ▸ 욥은 처음 자기의 출생일을 불평한다.
② **6-9절** ▸ 다음에 그는 그 밤이 없었더면 하고 염원한다.
③ **10-12절** ▸ 그는 자기가 왜 태어났는지를 묻는다.
④ **13-16절** ▸ 그러한 경우가 없었기를 염원한다.
⑤ **17-19절** ▸ 왜냐하면 무덤에는 안식이 있기 때문이다.
⑥ **20-23절** ▸ 고난 받는 사람이 왜 살아야만 하는가?
⑦ **24-26절** ▸ 생명이 지탱할 수 없는 괴로움

3) 세 친구와의 대화 (4:1-31:40)

(1) 4:1-14:22 ▸ 첫 번째 대화

① 4:1-5:27 ▸ 엘리바스의 첫 번째 말

엘리바스는 욥을 향해 동정을 보임으로 시작한다. 그러나 그는 곧 욥의 고난이 그의 죄과(罪過) 때문임을 함축시켜 말함으로써 전 논의의 요지를 포착한다. "… 죄 없이 망한 자가 누구인가? 정직한 자의 끊어짐이 어디 있는가?"(4:7). 엘리바스는 물질적 번영이 정직한 자들을 따르며 역경은 악한 자에게 임한다는 것을 단정한다. 그는 분명히 이것은 궁극적 원리로 간주하고 하나님까지도 그것에 예속시킨다. 이 궁극적 원리에 욥은 완전히 동의한다. 쟁론(爭論)은 하나님이 아닌 어떤 윤리적 원리가 궁극적이라는 가정을 근거로 하여 출발한 것 같다. 엘리바스가 암

시하는 바는 욥이 자신에게 그러한 곤란을 가져온 것은 어떤 큰 죄를 지었기 때문이라는 점이다(1-12절)). 엘리바스 역시 종교적이다. 그는 이상을 가졌으며 죄인은 망할 것이라는 것을 그에게 이야기해 준다(13-21절). 아무도 이 원리를 변경할 수 없으므로 자기에 대한 하나님의 처분을 원망하는 자는 오직 어리석은 자이다. 엘리바스는 욥에게 여호와를 찾는 것이 현명한 것이라고 암시한다.

② 6:1-7:21 ▸ 욥의 첫 답변

욥은 엘리바스가 암시한 원리를 부인하지 않는다. 사실로 그 자신은 그 원리가 궁극적 성격을 띠고 있음을 고수한다. 그는 지금 자기 속에 있는 이 요소가 주권적인 자기 하나님께 대한 예배와 불일치하는 점을 찾지 못한다. 여기서 그는 하나님이 자기를 괴롭힌 것과 또 자기에게 죽음을 허락하지 않음을 불평한다(6:1-13). 그는 자기 친구들이 그에게 불신실하다고 보고 그들에게 자기 혀에 불법이 있는지 생각해 볼 것을 청한다. 그는 삶의 비참을 호소하여(7:1-10) 하나님께 자기를 혼자 두어 달라고 외친다. 그는 하나님 앞에서 너무나도 이치에 어긋난 자세로써 말한다. 하나님은 왜 그를 용서하지 않는가? 그는 곧 자기가 파멸할 것이라고 말한다.

③ 8:1-22 ▸ 빌닷의 첫 번째 말

빌닷은 엘리바스보다 더 노골적이다. 그러나 그의 이야기는 아름답기는 하지만 그의 친구들의 이야기와 같이 낮은 수준에 근거한다. 빌닷은 욥의 자녀들의 죽음이 신의 심판이라고(4절) 생각한다. 그러므로 그는 사태의 진상에 대한 무지와 죽음이나 고난이 특별한 죄에 대한 형벌이라는 거짓 원리에 추종하였음을 드러낸다. 분명히 그는, 하나님은 달리 어떻게 할 수가 없다는 가정에 얽매여 있다. 빌닷은 욥에게 회개를 역설하며 따라올 즐거운 결과들을 지적한다.

④ 9:1-10:22 ▸ 욥의 둘째 답변

욥은 빌닷이 말 밑바탕에 있는 원리의 진실성을 인정함으로써 시작한다(2절). 그는 다음에 하나님께 대해 신랄히 공격하며 그를 무책임한 능력자로 본다. 그는 하나님을 모슬렘의 알라와 같은 어떤 것 곧 맹목적이며 불가항력적 능력으로 보는 것 같다. 욥은 그의 친구들이 공공으로 주장하는 합리주의의 원리에서 이 입장을 채용하도록 강요당한다. 사실 그는 그 원리에 조종되고 있다. 그의 중심에서는 분명히 이 원리의 확실성을 의심하기 시작했고 적어도 의문시하기 시작했다. 여기서 그는 하나님의 정의를 공격한다. 경우가 바르지 못하다고 그는 느낀다. 그들 사이에 모키아(중배자, 판정자)가 있어야 하며 그래서 하나님이 그를 공정히 대우하도록 강요한다. 욥은 하나님께 송사하며 낙망의 절규를 말한다. 심지어 그는 자기를 있게 하신 하나님을 비난한다.

⑤ 11:1-20 ▸ **소발의 첫 번째 말**

소발은 다른 사람보다 더 격렬하다. 그러나 그들과 같은 낮은 수준에서 쟁론한다. 그는 말 많은 것(비교 ▸ 잠 10:19과 신 5:3)을 정죄하며 욥의 마음속의 고통의 깊음을 이해하지는 못한 듯하다. 반면에 그의 이야기의 부분(7-20절)은 타인의 추종을 불허하리만큼 아름답다. 만약 그의 말이 지금까지의 조롱거리처럼 논의한 그 기본 철학에 비교하여 이해하려 할 때는 그의 말은 단지 헛소리에 지나지 않는다. 그러나 한편 소발 자신이 주장하는 그 철학과는 일치하지 않으나 하나님을 참 믿는 자로서 말하고 있다면 우리는 그의 표현들에서 하나님의 불가해성(不可解性)에 관한 심오하고 아름다운 교훈을 가진다.

⑥ 12:1-14:22 ▸ **욥의 세 번째 답변**

욥은 소발에게 지혜를 능가하는 그의 자부심도 감명적이 못 된다고 말한다. 그것들은 그를 조롱거리가 되는 무뢰한으로 만든다. 욥은 아직도 하나님의 통제가 임의적이며 정의에 부합되지 않는다고 믿는다(12:7-25). 욥은 자기 친구들을 나쁜 것을 조언하는 카운셀러로 본다. 그는 하나님과 이야기하며 그와 변론하기를 원한다. 이것은 실제적 발전의 첫발 내디딤인 것 같다(13:3). 이때까지 욥은 친구들의 이교 철학 곧 이 세상에서 선이 보장되며 악이 처벌된다는 것을 용인해 왔다. 그러나 그 자신의 무서운 곤고는 그로 하여금 그 원리의 확실성을 의심했다. 여기서 그는 비통한 탄식으로 하나님께 돌아간다. 지금 그는 하나님이 자기보다 더 위대하다는 것을 인식하기 시작하며 또한 하나님께 정의가 있음을 알고 하나님과 문제들을 논의하기를 원한다. 그는 하나님께서 자기의 말을 경청하시기를 원한다. 차츰 그는 하나님이 본질적으로 옳음을 인식하기 시작한다(13:10,11). 욥은 자기 길을 하나님께 심지어는 그의 목전에서까지 증명하려고 한다. 하나님께서 그를 죽일까 하여 두려워한다. 그러면서 그는 그것을 예비하며 그는 하나님이 하실 일을 기다리며 자신을 거기에(비록 죽음이라 할지라도) 맡긴다(13:15은 "그가 나를 죽이리니 내가 그를 기다린다."로 번역함이 좋다). 여기서는 "그에게"이며 "아님"으로는 읽혀지지 않는다. ***AV***의 "그가 나를 죽이시더라도 나는 그를 신뢰하겠다."라는 번역은 문자적으로 옳다 할 수 없어도 욥의 태도를 잘 반영하는 것으로 보인다. 욥은 하나님과 변론하며 인간과 덧없음을 한탄한다(14장).

(2) 15:1-21:34 ▸ 두 번째 대화

① 15:1-35 ▸ 엘리바스와의 두 번째 말

엘리바스는 그의 상투적 말을 되풀이한다, 그리고 욥의 말을 헛된 것으로 본다. 그는 지혜자 그리고 고대인에게 권위자인 양 호소한다.

② 16:1-17:16 ▸ 욥의 네 번째 답변

욥은 자기 친구들이 채용해 온 입장이 허영에 찬 것임을 인식한다. 만약 그가 그들의 처지에 놓였다면 그 역시 혼돈된 말을 했을 것이다. 하나님이 욥에게 오심으로써 욥은 무엇을 할 수 있는가? 그는 아직도 하나님과 자기 자신 사이에 재판하는 자가 있기를 원한다(16:21). 그러므로 일시적으로 자신의 고통의 심함에 압도되어 하나님께 불평하는 적개심에 빠진다. 그러나 그 비판 가운데서도 그는 "의인은 그 길을 독실히 행하고 손이 깨끗한 자는 점점 힘을 얻느니라."(17:9)라고 고백한다.

③ 18:1-21 ▸ 빌닷의 두 번째 말

빌닷은 욥을 책망하는 것으로 시작하여 악한 자를 기다리는 공포와 멸망을 생각하게 서술한다. 그는 자기가 시작한 근본적 이교 철학을 포기하지 않는다.

④ 19:1-29 ▸ 욥의 다섯 번째 답변

욥은 자기 친구들에 대해 격렬히 불평하며 화를 낸다. 그리고 자기를 중상하며 핍박하는 그들을 책망한다. 그것으로 대답하게 되어 자기의 무죄함을 두호한다. 또 그는 자기의 변호자가 살아 계신다는 명백한 확신을 표한다. 더욱이 이 구속자(고엘 곧 자기의 선한 이름을 옹호할 자)가 땅 위에 서실 것이며 최후 담판을 가질 것이다. 그때에 욥은 옹호될 것이며 결백이 드러날 것이다. 욥 자신이 죽은 후에라도 그는 육체적으로("민"은 어떤 위치 혹은 어떤 입장에서 볼 수 있음을 지시하는 것으로 생각함이 좋다.) 자기 눈을 가지고 하나님을 볼 것이다. 이것을 욥은 열렬히 기다린다.

육신의 부활에 대한 이 훌륭한 진술은(왜냐하면 그것이 정확하게 무엇인가를 의미하기 때문이다.) 문제를 일으킨다. 즉, 욥이 어떻게 그런 신앙에 이를 수 있을까? 그가 단순한 사색에 의해 고려한 확신을 획득할 수 있었을까? 필자는 그렇게 생각하지 않는다. 하나님은 욥이 변론하기 시작했던 그 원리가 얼마나 거짓된 것임을 보여 주는 위로의 특수 계시를 욥에게 주셨으리라고 본다. 이 계시의 빛 가운데서 비로소 욥은 사색에 이른 것이다.

⑤ 20:1-29 ▸ 소발의 두 번째 말

두려움을 끼치는 장엄한 필치로써 소발은 악한 자의 무서운 형벌을 묘사한다. 그는 욥의 마지막 심판에 대한 호소를 무시한다. 왜냐하면 그는 악한 자가 이미 심판을 받았다(4,5절)고 말하기 때문이다. 욥의 비장한 선언이 소발과 그의 다른 이들에게는 한 광신적인 헛소리로 보일 수 도 있을 것이다. 세 사람은 전과 같이 그 경우의 참된 성격을 이해하지 못하고 맹목적인 말을 계속한다.

⑥ 21:1-34 ▸ 욥의 여섯 번째 답변

욥은 더더욱 대담하게 된다. 그리고 확신을 가지고 자기가 처음에 주장한 입장에서 오류를 지적한다. 인생의 사실은 이와는 반대되니 곧 악인들이 이 세상에서 번영하기 때문이다. 하나님의 길은 측량할 수 없다고 욥은 생각한다. 세 친구들은 그것에 관해 가볍게 그리고 독단적으로 말하고 있다.

(3) 22:1-31:40 ▸ 세 번째 대화

① 22:1-30 ▸ 엘리바스의 세 번째 말

엘리바스는 이 말에서 모독의 절정에 이른 것 같다. 하나님은 인간의 곤란에 대해 아무런 진심이나 이해심을 갖지 않는다(공의를 변호하기는 하지만)고 생각한다. 그래서 엘리바스는 욥 자신의 말을 되풀이하고 그가 회개할 것을 역설한다.

② 23:1-24:25 ▸ 욥의 일곱 번째 답변

욥은 자기의 심한 곤고로 말미암아 혼란하게 되고 슬퍼한다. 그러나 신랄하게 불평을 토하지는 않는다. 그는 하나님께서 의로우심과 그가 정의를 행사하실 것을 안다. 욥 자신은 암혹 속에 있으면서도 하나님을 확신한다.

③ 25:1-6 ▸ 빌닷의 세 번째 말

이 말들은 이해하기 어렵다. 빌닷은 아무런 논쟁을 하지 않는 것 같다. 그의 말은 지금까지 욥의 말에 대한 단순한 항의로 간주하는 하는 것이 좋다.

이 이야기의 간결성은 어떤 이로 하여금 그것이 원래 위치에 있지 않다고 생각케 했다. 어떤 이는 26:5-10을 빌닷에게 돌린다. 그래서 빌닷의 이야기는 그 전체가 25:1; 26:5-10 ; 25:2-6으로 구성된다. 또 빌닷에 대한 욥의 답변은 26:1-4과 27:2-6로 구성된다고 27:7-23을 소발의 세 번째 말로 간주하였다. 그러나 소발의 세 번째 말이 없음이 순수성의 증거이다. 빌닷의 마지막 말이 극히 간결함은 세 친구가 그들의 논쟁을 마쳤음을 말해 주는 듯하다. 본문을 재배열하는 주요 이유는 그것이 욥의 입보다는 오히려 세 친구의 입에서 나온 진술로 봄이 더 적합하다는 생각에서일 것이다. 그러나 욥은 아직 그가 적용할 입장을 완전히 생각하지 못했음을 이해해야 하며 그의 수난이 고뇌 가운데서 그가 하나님의 참된 주권에 관한 근본적 신앙과는 일치하지 않는 말을 발설할 수 있음을 예상해야 한다. 본문의 순서에 대한 더 완전한 논거를 원하면 최근의 여러 주석을 참고하라.

④ 26:1-14 ▸ 욥의 여덟 번째 답변

욥은 빌닷의 대답을 요점에서 벗어난 쓸데없는 것으로 본다. 그는 하나님의 위대함과 장엄성을 의식하고 피조물의 세계에 대한 하나님의 능력을 기술한다. 그러므로 그가 지금 더욱 분명히 보는 것과 확고히 믿는 것을 진술한다. 즉, 창조자와 피조물 사이의 무한한 거리를 표현한다.

⑤ 27:1-31:40 ▸ 그의 벗들에 대한 욥의 마지막 답변

욥은 지금 그의 잠언을 취하여 그의 입장에 대한 최종적 성격의 진술을 한다. 그는 다시 자기가 진리를 말하고 있음을(27:1-6) 주장하고 악한 자에 대한 자기의 혐오심을 표현한다(27:7-23). 이 말의 어떤 것은 앞에 소발이 발설한 것과 유사하다고 할지라도(20:29) 필자는 욥이 그것들에 다른 내용을 뜻했다고 생각한다. 단순히 악한 자가 헤아릴 수 없는 원리에 따라 고난을 받는 것이 아니라 하나님의 원수로서 고난 받는 것이다. 그는 더 깊은 이해를 나타낸다(비교 ▸ 27:14과 21:8). 왜냐하면 그는 지금 악한 자의 궁극적 결말을 염두에 두는 것 같기 때문이다. 다음으로 욥은 참 지혜가 어떻게 어디에서 얻어질 수 있는가 하는 문제에 대한 생각으로 파고든다(28장). 이 지혜는 일상생활의 관계뿐만 아니라 그의 창조물의 통제에 있어서 하나님의 방법에 대한 지식이다. 인간은 물리적 우주의 어떤 면들을 추적할 수 있는 반면(예 : 28:1-11, 광산의 깊이) 사람은 제한되어 있다. 궁극적이며 절대적 지식은 하나님께만 속한다. 인간의 참된 지식은 하나님이 계시한 사상에 따라서 생각하는 데 있다. 즉, "주를 경외함이 지혜요 악을 떠남이 명철이다."(28:28). 이 장을 그 문맥에 의해 삭제하는 것은 참된 주석적 통찰력의 결핍에서 온 것같이 보인다.

욥의 논증이 이제는 완전한 것으로 나타난다. 그리고 그의 삶을 요약하는 것만이 남아 있는데 29장에서 이것이 이루어진다. 다음에 그는 자기의 전날의 행복과 현재의 자기에 대한 사회적 경멸의 모습을 대조시킨다(30장). 마지막으로 그는 자기의 결백에 관한 최종적 항의를 말한다(31장). 그는 자신을 불결에서 보존했으며(1-4절) 행위에 있어 정직과 성실을 나타내었다(5-8절). 그는 자기 아내에게 성실하였다(9-12). 또 자기를 위해 일한 자들에게 공정하였다(13-15). 그는 확실히 친절과 인간애를 나타내었다(16-23). 그리고 탐욕에서 돌아섰으며 (24-28) 모든 것에 관대함을 나타내었다(29-34). 지금 그는 자기의 길을 하나님께 의탁한다(35-40).

어떤 이는 31:35-37을 31:38-40의 뒤에다 바꾸어 놓는다. 왜냐하면 후자가 절정을 나타내는 것 같기 때문이다. 이러한 변경은 옳으며 또한 35-37절이 결론을 형성하는 것으로 봄도 가능하다.

4) 엘리후의 발언들 (32:1-37:24)

본 장에서의 진행은 짧은 산문적 소개로 지시된다(그러나 32:1-5에는 시적 강조가 있다). 여기서 세 친구들은 욥 자신이 의롭다고 하므로 말을 그친다고 진술되었다. 엘리후는 욥에게 성을 내는데, 욥이 하나님을 제쳐 두고 자신을 의롭다고 생각했기 때문이다. 또 세 친구에게도 분노를 표시하는데 그 이유는 그들이 비록 욥을 정죄하기는 해도 아직 문제의 해답을 주지 못했기 때문이다.

이 부분의 언어에 있어서 아람풍과 다른 특성이 있는, 아마 말하는 자의 개성에 의할 것이다. 그들은 이 부분이 본서의 나머지 것들과 분리되어야 할 것이라고는 지시하지 않는다. 우리는 욥에게서 이 말들에 대한 답변을 기대할 필요는 없다. 하나님님은 그의 종을 옹호해서 간섭하실 때도 있다. 엘리후에 대한 욥의 답변이 하나도 없음은 오직 순수성과 독창성에 대한 증거이다. 엘리후가 서언에서도 결언에서도 언급되지 않아야 할 특수한 이유는 없다. 그의 이야기는 오해를 해명하는 점에 그 의의가 있는 것 같다. 3 인의 말은 궁극에 있어 잘못된 철학에 근거하고 있다. 그리고 그러한 것은 용서를 필요로 한다. 더욱이 이 말들이 간결함은 비록 그것이 그 3 인의 것들이라 해도 별로 중요치 않으며 무해한 것이라는 점을 지시하는 것 같다. 마지막으로 엘리후가 이름을 들어 욥에게 말을 건네는 것과 앞의 말들을 지적하는 사실은 그가 단순히 참석했음을 보여 준다. 오네일(O'Neill)은 그가 필기자로서 그 자리에 있을 수 있음을 제의한다.

엘리후는 지혜가 늙은이에게만 속하지는 않는다고 주장한다. 그는 3 인의 논증에 불만족하여 침묵을 지키고 있을 수 없다. 그는 욥의 결백을 말한다(33:6-9). 그리고는 하나님은 인간에게 여러 방법으로 말씀하시는 사실을 지적하려고 했다. 욥을 괴롭힌 훈련에는 목적이 있다. 엘리후는 욥에게 자기의 말을 잘 듣고 하나님은 불공평하게 행동하시지 않음을 상고하도록 역설한다. 욥은 하나님을 비평하여 자기의 무지함을 보여 준다. 하나님은 의로우며 인간의 이익을 위해 시련을 계획하셨기 때문이다. 여기서 인간은 그를 경외해야만 한다. 엘리후의 발언에는 세 친구들의 그것보다 실세에 있어 더 강한 엄정성과 신랄함이 있다. 엘리후는 쟁론이 일어났던 악한 원리에 대한 신념을 같이 나누지는 않는다. 오히려 그는 하나님의 참된 주권성을 믿는다. 그러나 그의 말들은 무지스럽다. 그의 말 자체로서는 충분히 옳은 듯하나 여기서는 그 초점을 벗어났다.

5) 여호와께서 말씀하심(38:1-42:6)

여호와의 놀라운 말씀들은 욥의 기도에 대한 응답이며 하나님을 대면하기를 원한 욥에 대한 응답과 문제에 대한 참된 해답을 구성한다. 피조성과 창조된 우주의 불가해성에 끊임없이 호소함으로써 하나님은 창조자와 피조물 간의 무한하고 절대적인 거리의 전면으로 이끈다. 피조물이며 유한한 인간은 하나님의 무한한 지혜와 그의 통치의 신비를 완전히 이해할 수 없다. 여호와의 이 말씀으로 욥은 사람이 하나님의 피조물에 대한 정신적 대우의 신비를 투철할 수 있다고 생각함은 무익하다고 보는 데까지 자신을 겸허하게 한다. 그는 하나님이 주시는 평화를 찾았다. 비록 그의 모든 문제들이 답하여지지는 않았지만 그는 이제는 하나님을 사랑하는 자, 그의 뜻대로 부르심을 입은 자에게는 모든 것이 합력하여 선을 이루신다(그는 어떻게 그렇게 되는지 이해는 못하나)는 사실을 안다(롬 8:28).

그의 교만은 비천하게 되었으며 그의 영은 겸손하게 되었다. 그러나 하나님을 바라봄으로써 그의 순전함을 단언한다. 욥은 하나님의 은혜로 참된 승리와 신앙을 획득했다. 욥은 자기가 한때 주장했던 좁은 신학을 완전히 깨뜨린다. 그는 지금 하나님의 주권을 본다. 욥과 그의 수난은 만물에 대한 하나님의 진지하시며 불가해적 성질에서 그것대로의 가치를 가지게 되며 그러므로 모든 것은 합당하다. 욥은 왜 그 신비를 투시하려고 했을까? 하나님은 보좌에 계신다. 그것으로 족하다. 욥은 자기가 했던 말을 혐오하며 회개한다.

하나님의 은혜는 그 3 인에게 희생을 바치며 욥이 그들을 위해 기도하도록 욥에게 갈 것을 명하는 데서 더욱 나타난다. 그것으로 욥의 결백이 더 한층 분명해진다. 실로 이 놀라운 책의 목적 중 하나는 욥의 순전함과 결백을 옹호하는 것이다. 마지막으로 욥은 하나님께로부터 풍성한 축복을 받는다. 그런 뒤 "늙고 기한이 차서" 죽는다.

욥기의 특별 문헌

G. C. Bradley: *Lectures On the book of Job*, Oxford, 1887.

Karl Budde : *Beitraege zur Kritik des Buches Hiob*, 1876.

Foster : "Is the Book of job a Translation from an Arabic Original?," in *AJSL,* vol. 49, 1932-33, pp.21-45.

K. Fullerton : "The Original Conclusion of Job," in *ZAW*, 42(1924), pp.116-135.

William Henry Green : *The Argument of the Book of Job Unfolded*, New York, 1881.

M. Jastrow : *The Book of Job*, Philadephia-London,1920.

O'Neill : *The World's Classic Job*, Milwaukee, 1938.

E. Sellin : Das Problem des Hiobbuches, 1919.

W. B. Stevenson : *The Poem of Job*, London, 1947.

B. 다섯 두루마리책

제 19 장

아가(雅歌)

1. 명 칭

히브리 성경에는 그 첫 줄 "노래들 중 노래"(쉬르 하쉬림 = שִׁיר הַשִּׁירִים) 곧 노래들 가운데 최상이라는 것에 따라 작명되었다. LXX는 "아스마 아스마톤(ᾆσμα ᾀσμάτων)"으로, 벌게이트역은 "Canticum Canticorum"으로 번역한다. 독일 성경에서는 루터 이래 "Das Hohelied"로 불러 왔다.

2. 저 자

본서는 솔로몬에 의한 것으로 주장되는데 이 입장은 「Baba Bathra 15a」과는 모순된다. 거기에는 "히스기야와 그의 동료가 아가를 기록했다."라고 되어 있다. 그러나 그것에 따라 본서의 솔로몬 저작을 부인할 충분할 이유는 없다. 왜냐하면 본서가 솔로몬의 다른 책들과 약간의 관계를 갖기 때문이다. 더욱이 본서는 왕국 분열 이전의 시기를 반영하는 듯하다. 그 이유는 저자가 국가 전역의 여러 곳들을 같은 왕국에 속하는 것으로 말하기 때문이다(예 ▸예루살렘, 갈멜, 샤론. 레바논, 엔게디, 헬몬 등). 저자는 또한 동물들이며 외국산 식물에 관한 지식을 보여 준다. 스타인뮐러(Steinmuller)에 의하면 그는 15 종의 동물과 21 종의 다른 식물을 언급한다. 신랑을 "바로의 병거의 준마"(1:9)에 비교함은 흥미있는 일이다. 솔로몬은 애굽의 말을 알고 있었다(왕상 10:28).

❐ 저작자에 대한 다른 견해들 ❐

현대 학자들은 본서가 솔로몬 저작임을 부인한다. 오히려 늦은 저작 시기를 지시하는 언어적 증거들이 있다고 믿는다. 그들은 "그러므로(so that)"의 의미인

"아드"와 관련된 짧은 관계사 "쉐"의 용법에 호소한다. 예컨대 1:12, 2:7 같은 것이나 파사 말 파르데스(낙원, *AV*는 과수원)는 파사 시대를 가리킨다고 생각한다. 그리고 앞피리온(3:9, 침대)은 헬라 어에서 빌려 온 말로서 더 늦은 시기를 가리킨다고 생각한다. 이에 의하면 적어도 본서가 BC 3세기에서 온 것이라는 결론이 나온다.

그러나 아이스펠트가 잘 지적했듯이 이것은 우리에게 전해진 형태의 아가에만 적용해야 할 사실임을 주목할 수 있다. 본서 자체는 솔로몬의 작품이며 늦은 시기를 지시하는 듯한 몇몇 언어적 현상을 단지 편집상의 수정으로써 이것이 이 책을 더 늦은 시대의 것으로 보이게 할 수 있음이 가능하다. 또한 헬라나 파사 말의 존재가 늦은 시기로 결정짓는다고는 생각지 않는다. 기억해야 할 점은 솔로몬 시대의 무역은 매우 거대하게 행해졌으며 외국 말이 널리 통용되었으리라는 사실이다. 예컨대 "차(茶)"가 오늘날 근동에서 널리 사용된다. 아람 어가 기존함은 물론 시대에 대한 제시는 되지 못한다.

3. 본서에 대한 해석

본서 연구자들은 그 형식과 해석에 있어 큰 차이를 가져왔다. 그러므로 지금까지 행하여져 온 여러 해석들을 간략히 개괄해 봄이 필요할 것이다.

1) 유대인들의 풍유적 해석

미쉬나. 탈무드, 탈굼의 구절들에서 풍류적 해석이 나타난다. 즉, 택한 국가에 대한 하나님의 사랑과 그의 취급을 보고 아가서를 이스라엘 역사의 의미로 해석한다. 그러므로 1:13은 '그룹들' 사이에 있는 쉐키나를 가리키는 것으로 해석되어 있다(라쉬로 말미암아).

2) 기독교의 풍류적 해석

기독교 교회에 이 풍류적 해석이 소개된 것은 주로 오리겐(Origen)과 히폴리투스(Hippolitus) 때문이다. 그런데 대부분의 기독교 학자들은 아가서가 이스라엘 백성의 역사서가 아니라 그리스도께서 자기 교회에 대한 처우의 입장으로 해석하여 왔다. 이 견해는 기독교국에서 아주 보편화되어 왔다. 실로 이것이 주도적 입장이라 하겠다. 이 견해는 헹스텐베르크와 카일에 의해 옹호되었다. 이것은 *AV*의 장들의 서두에서 찾아볼 수 있다.

1-3장 ▸ 그리스도와 그의 교회 간의 사랑

4장 ▸ 교회에 대한 은혜
5장 ▸ 교회에 대한 그리스도의 사랑
6-7장 ▸ 교회는 그의 사랑과 요구를 고백한다.
8장 ▸ 그리스도에 대한 교회의 사랑

로울리(Rowley)는 이러한 주석에 대하여 약간 흥미있는 예시들을 주고 있다(H. H. Rowley, 『아가서 주석』, *JTS*, 38, 1937/ 이 논문은 아가서 주석사에 대한 훌륭한 개관을 제시한다. 이 부분을 쓰는 데 있어 필자는 로울리의 논문에서 많은 도움을 받았다.)

그는 12세기에 동정녀 마리아에 관한 어떤 구절들을 해석하는 것이 어떻게 가호를 받아 왔는지를 지적한다. 로우리 박사는 지금까지 발전되어 온 여러 진기한 견해들을 다음과 같이 언급하고 있다.

① 1:5 ▸ 죄로는 검으나 회개로써 아름다움을 의미한다(오리겐).
② 1:13 ▸ 본 절의 "내 품"이란 신구약 성경을 의미하고 그 가운데는 그리스도가 있다(알렉산드리아의 시릴).
③ 2:12 ▸ 의사 카시오도루스(Cassiodorus)에 의하면 사도들의 설교를 의미한다.
④ 5:1 ▸ 알렉산드리아의 시릴에 의하면 성만찬을 의미한다.
⑤ 6:8 ▸ 80 명의 이단자들을 언급한다(에피파니우스).

이 풍유적 해석을 옹호함에 있어 만일 본서가 종교적 의미를 갖지 않았다면 정경으로 용납될 수 없었을 것이라고 주장되어 왔다. 이에 답해서 우리는 이것 자체가 풍유적 해석을 정당시하지 않는다고 말한다. 본서의 참 의미가 무엇인지를 알게 될 때 우리는 왜 하나님이 그것을 정경으로 정하셨는지를 충분히 이해할 것이다.

한 가지 더 논증되는 것은 성경의 어디서나 주님과 그 백성 간의 결혼적 비유가 사용된다는 점이다. 이것은 분명한 사실이다. 그러나 이 비유는 어디서나 상징으로 사용되며, 교훈적 설명의 바탕을 이룬다. 우리는 풍유적 해석과 풍유에 대한 해석 사이에는 구별이 있음을 주목해야 한다. 무엇보다도 해석되어야 할 풍유가 없고 또 아가서가 풍유라는 것을 보여 주는 아무런 증거가 없다면 풍유적 해석에 대한 어떠한 정당화도 있을 수 없다. 바꾸어 말하면 풍유적 해석을 지지하기 위하여 일반적으로 사용된 논증은 실제로 적합하지 않다.

3) 희곡적 견해

프란츠 델리취(Franz Delitzsch)는 아가서나 솔로몬 왕이 술람미 소녀와 사랑에 빠져 그녀를 수도 예루살렘으로 데려오는 희곡 곧 감각적인 것에서 순수한 사랑으로 순화된 것이라고 주장하였다. 오토 죄클러(Otto Zoeckler)도 본질적으로 이 해석을 주장했다. 그밖에 유명한 하인리히 에발트(Heinrich Ewald), 스트라크(Strach), 쾨니히(Koenig), 드라이버 등은 소위 목동 가설(The Shepherd Hypothesis) 곧 술람미 소녀는 솔로몬의 유혹에도 불구하고 목자인 남편에게 충실하다는 내용을 말한다.

그러나 셈족 가운데는 그러한 종류의 희곡은 없다. 또한 아가서를 풍유일망정 희곡이라고 지지하지는 않는다. 여러 시대의 경건한 자들은 만약 그것이 그러한 성격의 희곡이었다면 아가서를 신의 영감에 의한 작품으로 간주하지는 않았을 것이다.

4) 에로틱한 가설(The Erotic Hypothesis)

이 견해는 다른 형태로 나타난다. 아이스펠트는 본서에서 독립적인 노래들의 수집을 가질 수 있다고 생각한다. 그는 수년 동안 다메섹의 집정관으로 있었던 베츠스타인(J. G. Wetzstein)에게 호소한다. 베츠스타인은 "그녀의 결혼 전날 신랑은 그녀의 미모를 찬양하는 노래에 맞추어 칼춤을 춘다. 결혼식 후 한 주간 동안 부부는 왕과 왕비로서 축하된다. 이때에 많은 노래들이 불려졌는데 그중 젊은 한 쌍에 대한 wasf(서술적 묘사)가 있다."라고 말한다.

아이스펠트는 생각하기를 이와 같은 관습이 이스라엘에 성행했고 4:1-7; 5:10-16과 7:1-6은 베츠스타인에 의해 서술된 wasf에 일치한다고 한다. 그리고 이 책에는 이 견해를 지지해 주는 단순한 연가들이 있는데 근년 달만(Dalman)과 리트만(Littmann)에 의한 수집들과 대조해 보면 잘 이해가 될 것이다.

(Gustay Dalman : *Palaestinischer Diwan*, Leipzig, 1901; Enno Littmann : *Neuarabische Volkspoesie*, 1902; Alois Musil : *Arabia Petraea*, III, Vienna, 1908; St. H. Stephan : "Modern Palestinian Parallels to the Song of Songs," in *Journal of the Palestine Oriental Society*, 1922, pp.199-278.)

다른 이들 〔파이퍼, 로즈(Lods), 로이스(Reuss), 무사우드(Mussaud)〕도 역시 본질적으로 이 견해를 주장했고, 독일 시인들인 헤르더(Herder) 괴테(Goethe)도 이 견해를 옹호했다. 그러나 베츠스타인(Wetzstein)이 말한 그러한 풍습이 팔레스타인에서 보여지는지는 의문이다.

5) 상징적(typical) 견해

아우툰의 호노리우스(Honorius of Autun, 12세기)와 다른 이들은 아가서에 대한 문체적 해석을 주장해 왔다. 또한 그들은 여기에 자기 교회에 대한 그리스도의 사랑을 가리키는 상징적 의미가 있다고 생각한다. 이 견해는 페터 셱(Peter Schegg)과 빈센트 자플레탈(Vincent Zapletal) 같은 몇몇 로마교 학자들에 의해서도 주장되었다. 그러나 이러한 상징적 의미를 찾을 만한 근거가 없기 때문에 이 견해는 거절되어야 할 것이다.

6) 미크(Theophile J. Meek)의 견해

미크는 아가서가 원래는 탐무즈-아도니스(Tammuz-Adonis) 우상에 대한 기도문이었다고 생각한다. 이 우상 의식에 있어 신은 죽고 여신이 그를 찾아 지하에 내려갔는데 이것은 곧 자신의 죽음을 의미한다. 그들이 돌아와서 결혼식이 거행된다. 그러나 지금 우리가 가지고 있는 아가서는 이스라엘 종교와 조화를 이루어 개정, 정화되어 왔다는 것이다.

만약 그러한 것이 아가의 기원이라면 그것이 정경으로 용납되었을 리가 만무하다. 아가서는 이스라엘에서 찾아지는 이 우상 의식에 대해 어떤 암시가 있지만 이것은 단순한 우상 의식의 노래는 아니다. 이 견해는 그 자체가 자연론적이다.

7) 워터만(Waterman)의 견해

그는 본서가 예루살렘 궁전의 하렘(후궁) 장면을 나타낸다고 생각했다. 솔로몬은 수넴에서 온 소녀에게 말한다. 워터만은 그녀를 다윗의 유모로 간주하여 수넴에서 데리고 온 시녀와 동일시한다(왕상 1:1-4). 하렘 장면에는 세 인물 곧 솔로몬, 소녀, 하렘 간의 담화의 교환이 있다. 8:5-14은 수넴의 벽촌 장면이다. 이 해석은 다음과 같은 본문의 재배열에 근거한다. 1:1; 3:6-11; 4:1, 6; 1:2 이하, 4:7 이하는 3:5 다음에 온다.

8) 아가서에 대한 바른 해석

제 2 콘스탄티노플 공의회는(AD 533) 모프수에스티아(Mopsuestia)의 시어도어(Theodore)를 정죄했는데 그가 아가서의 정경성을 의문시했기 때문이다. 즉, 그는 문체 해석을 주장했던 것이다. 그는 아가서를 바로의 딸과 결혼할 때 지은 단순한 육체적 연기로 보았다.

시어도어의 이 해석에는 확실히 중요한 진리적 요소가 있다. 아가서는 인간적 사랑의 고귀함과 순수성을 찬양한다. 그러나 항상 충분히 강조되어 오지 않았던 것이 사실이다. 그러므로 아가서는 그 목적에 있어 교훈적이며 도덕적이다. 정욕과 기타 육욕이 사방에 있으며 맹렬한 시험들이 우리를 공격해서 하나님이 주신 결혼의 표준에서 벗어나게 하려는 것이 바로 이 죄악 세상이다. 아가서는 순수하고 고상한 참된 사랑이 어떠한가를 미사여구(美辭麗句)로써 우리에게 상기시킨다.

그러나 이것이 본서의 목적이라는 것은 아니다. 그것은 인간적 사랑의 순결함을 말할 뿐만 아니라 그 정경으로서 우리 자신의 사랑보다 더 순수한 사랑을 생각나게 한다. 정경에 본서가 수록되었음은 인간의 정신에 사랑을 심은 신(神)이신 하나님 자신이 순결하시다는 것을 기억나게 한다(왜냐하면 이 책을 정경에 포함시킨 이는 사람이 아니라 하나님이시기 때문이다).

필자는 본서가 그리스도의 모형이라고 장담할 수는 없다. 그것은 주석적으로 지지되지 않는다. 그러나 본서는 그 눈을 그리스도에게로 향한다. 이것은 기독교 주석사가 확실히 보여 주는 바이다. 신앙은 이 고귀한 인간적 사랑의 모습을 볼 때 모든 지상적, 인간적 애정보다 높은 한 사랑 곧 버려진 인간에 대한 하나님의 아들의 사랑을 생각나게 한다.

4. 아가서의 정경성

아가서의 내용적 성격 때문에 샴마이(Shammai)학파의 어떤 이는 아가서의 정경성에 관해 의심을 표명했다. 그러나 랍비 아키바(Akiba)가 표명한 견해는 "이스라엘인 중 아무도 아가서의 정경성을 의심하지 않는다. 왜냐하면 아가서가 이스라엘에게 주어졌던 날로부터 전 세계에는 아무것도 그것에 비길 만한 작품이 없기 때문이다. 모든 기록들은 (즉, 하기오 그라파) 거룩하다. 아가서는 더욱 그렇다. 다만 논의가 있다면 전도서에 관해서다."(미쉬나, 야다임 3:5). 그럼에도 불구하고 로울리는 랍비 아키바가 이렇게 말한 그 사실은 그가 살던 때에도 아가서에 대해 어떤 의문이 있었다는 사실을 지적한다고 말한다.

그러나 아가서가 주로 사랑의 노래이고 풍유가 아니었더라면 정경에 포함된 이유가 무엇이던가? 이에 답해서 우리는 하나님께서 이 아가서를 정경에 배치되게 하심은 우리에게 그가 설정하신 결혼의 순결성과 고귀함을 가르치시기 위함이라고 할 수 있다. 아가서를 읽을 때 우리의 심령은 더 순결하게 될 것이며 결혼한 자를 부정한 길로 유혹하는(그리고 유혹되는) 가증스러움을 더욱 인식하게 될 것이다. 본서의 목적이 단순한 연애가 아니고 윤리적, 교훈적인 데에 있다고 해도 하나님이 왜 우리에게 그것을 주셨는가를 우리는 이해할 수 있다. 여호와의 신실한 종까지도 이 계명을 깨뜨릴 수 있을 유혹을 받기 때문이다. 고대의 일부다처제의 세계와 순결함을 잃은 현대에서는 불신실(부정 = 不貞)이 사소한 것으로 쉽사리 간주될 수 있다. 그러나 우리 서구인들이 일상생활의 무감각해진 죄에서 돌이켜 성경의 이 부분에 나타난 동양적인 비유적 표현을 음미해 볼 때 우리는 자복하여 도움을 빌어 마지않는다. 세상에 부정함이 있는 한, 아가서는 매우 필요하고도 소용될 것이다.

5. 분해

아가서를 분해하기는 심히 어렵다. 그러나 다음과 같은 것이 일반적이다.

1) 신부가 신랑을 연모하며, 그들의 만남과 대화의 노래(1:1-2:7)
1:5,6에는 신부가 자신을 "검으나 아름답다"라고 말한다. 1:8로부터 상호화답의 두 노래가 있다.

2)사랑의 점입가경(漸入佳境)(2:8 - 3:5)
소녀는 자연의 아름다움을 표현하며(2:11-13) 애인을 노래함

3) 약혼식(예 : 4:8 이하 신부의 노래)(3:6-5:1)

4) 신부의 사랑(5:2-6:9)
애인을 연모하며 그녀를 떠나 있는 동안 그를 노래함.

5) 신부의 미모(6:10-8:4)

6) 사랑의 아름다움(8:5-14)

아가의 특별 문헌

K. Habersaat : "Glossare und Paraphrasen zum Hohenlied," *Biblica*, XVII, 1936, pp.348-358.

K. Kuhl : "Das Hohelied und seine Deutung," *ThR*, 9(1937), pp.137-167.

W. Riedel : *Die Auslegung des Hohenliedes in der juedischen Gemeinde und der griechischen Kirche*, 1898.

H. H. Rowley : "The Meaning of the Shulamite," in *AJSL*, LVI(1939), pp. 84-91. *The Song of Songs. A Symposium*, Philadelphia, 1924.

A. Vaccari : "Il Cantico dei Cantici nelle recenti publicazioni," in *Biblica*, IX, 1928, pp.443-457.

P. Vulliaud : *Le Cantique des Cantiques d'apres la tradition juive*, Paris, 1925.

Leroy Waterman : *The Song of Songs*, Ann Arbor, 1948.

제 20 장

룻기(RUTH記)

1. 명칭

본서는 그 명칭을 주인공 "룻(루트 : רוּת)"의 이름에서 따왔다(뜻은 밝혀지지 않음). LXX는 룻 (*ῥούθ*)으로, 벌게이트역은 "Liber Ruth"로 표기한다.

2. 연대와 저작자 문제

근년 몇몇 비평가들(아이스펠트, 파이퍼, *OR*)은 룻의 저작 연대를 포로 이후의 시기로 간주했다. 저자는 사사기의 "신명기 법전"의 편집에 친숙함을 나타낸다(약 BC 550년으로 가정됨). 이러한 견해는 퀘넌(Kuenen)과 벨하우젠 같은 고대 저술가들의 몇 사람에 의해서 주장되었다.

이 포로 이후의 연대를 지지하는 논증은 매우 약하다. 이것을 옹호하기 위해 어떤 이는 본서를 잡혼을 금한 에스라와 느헤미야의 엄정한 법안에 대한 강경한 반대로 간주하려 하였다. 그러나 이것은 파이퍼와 또 다른 이들에 의해 합법적으로 거부되었다. 그래서 다음은 포로 이후의 연대를 지지하는 데 있어 언어학적 연대에 호소를 하여 왔다.

한편 「바바 바트라 14a」는 "사무엘이 그의 책과 사사기, 룻을 기록했다."라고 말한다. 이것은 가능하기는 하나 석연치 못한 감이 있다. 그 이유는 룻 4:22의 족보는 다윗이 잘 알려진 인물이었음을 암시하기 때문이다.

다음으로 저작자 문제에 관해 우리가 말해야 할 것은 전반적으로 포로 전 연대를 찬성하는 듯한 증거에 관해서다. 언어와 문체가 포로 이후의 책들과는 다르다.

포로 후를 암시하는 말로 생각되는 두 가지 말이 있다.

① 라헨(그러므로 ▸ 1:13)

이 말은 아람 어 형식으로 생각된다. 그러나 이 말이 이 의미로써 아람 어에 나타나는지는 의심스럽다. 룻 1:13의 말은 주요 번역들이 동의하는 독경(讀經) 곧 **라헴**(그들에게)으로 수정되어야 할 것으로 볼 수도 있다. 아람 형식의 존재가 그것이 나타난 문서에 대한 연대적 지시가 아님을 다시 강조해야 할 것이다. 라헨은 꼭 "그러므로"로 번역할 필요는 없고 "그것들을 위하여"라는 의미를 가질 수도 있으므로 이 문제는 해결된다.

② "마라"(1:20)

역시 아람 어라고 생각되어 왔다. 이 말들 자체가 늦은 연대를 증명하는 데는 충분치 않다. 히브리 어는 처음부터 우가리틱 어(Ugaritic)를 가진 이것과 역시 아람풍의 언어도 갖고 있음을 우리는 유의할 것이다.

또한 다윗의 이름이 언급되어 있음을 우리는 주목해야 하겠다. 이것은 다윗의 명성이 하나의 전설처럼 된 오랜 후에 기록되지 않았음을 의미한다. 왜냐하면 그럴 경우 곧 본서가 다윗의 사후에 기록되었다면 우리는 아마도 솔로몬의 이름도 역시 발견할 수 있어야 할 것이다. 여기서 솔로몬의 이름의 부재는 본서가 다윗의 생애의 어느 때에 기록되었음을 가리킨다.

또 이야기의 직설적인 내용에는 그것이 그 기원상 포로 전의 것이라는 사실을 보여 주는 어떤 방향이 있다. 4:7에는 어느 사람이 권리 포기의 상징인 신을 벗는데 대한 언급이 있다. "이것은 이스라엘 초기에 있어서 구속 또는 교환에 관한 관습이었다. 모든 일을 확정지우기 위해 신을 벗어서 그 이웃에게 주었으며 이스라엘인 사이에 한 증거물이었다." 확실히 이 관습은 본서가 기록될 당시에는 적용되지 않았다. 그러나 사사 시대와 모세 시대 초기에는(다소 다른 의미이기는 하지만) 적용되었다(신 25:9, 10). 그러므로 본서의 저작 시기를 자세히 확정할 수는 없어도 다윗 통치 시기의 어느 때로 간주할 수는 있다.

3. 본서 이야기의 역사성

파이퍼(Pfaiffer)는 이 책이 일종의 소설이라고 믿고 다음 논증을 제시한다(개관 p.718)

① 몇몇 인물에 대한 암시적 이름

예 ▸ 말론(병고), 기룐(낭비), 오르바(완고함), 나오미(나의 단맛 / 고난당한 후엔 자신의 본래 이름의 뜻과 반대인 '마라(쓰다)'라고 칭하라 함. 1:20) 등이며 룻은 '동료'를 의미할 수 있다.

② 룻, 나오미, 보아스의 행동과 인격이 고상한 점

③ 생애에 관한 불쾌하지 않은 그림 같은 해설

④ 강한 종교적 신앙

그러나 본서가 역사라고 불려지는 점을 유의해야 한다. "사사들의 치리하던 때에 그 땅에 흉년이 드니라."(1:1)라는 서언을 우리가 읽는다. 이것은 역사적 이야기를 말하는 단순한 형태이다. 그 말은 역사상에 있어서 어떤 때와 상황을 나타낸다. 이 말로써 그것이 한 역사적 사건의 이야기임을 알 수 있다. 이 이야기는 이러한 단순성과 솔직성으로 일관한다. 바꾸어 말하면 그것이 실제로 일어난 어떤 사건임을 말한다. 또 주목할 만한 점은 룻기에 나타난 그 시대의 관습들을 말하면 분명히 정확하고 참되다는 것이다. 초기 시대에는 이스라엘과 모압 간에 우의적인 교류가 있었다(삼상 22:3, 4). 이 시기에는 모압인과의 결혼은 금지가 되지 않았다. 룻기에서 우리는 다윗이 후년에 어떻게 모압 왕에게 피신처(asylum)를 찾았음을 엿볼 수 있다.

또 소설의 저자가 다윗의 선조를 모압 여인에게서 찾으려 했다고는 믿기 어렵다. 만약 본서가 역사적이 아니라 단순히 다윗 계보의 기원을 찾으려고 했던 하나의 꾸며낸 이야기를 쓴 사람의 작품이라면 그가 외국인이 아닌 이스라엘인에게서 그 기원을 찾으려고 했으리라는 것이 더 그럴듯하지 않는가? 다윗의 선조 룻이 모압 여인이었다는 사실 바로 그 스스로가 본서의 역사성에 대한 논증이다.

결정적 의미를 가진 사실은 마태복음(1:5)의 다윗 족보에 룻의 이름이 기록된 점이다. 역시 누가복음에도 그러하다(눅 3:32). 이것은 결정적 증거이다. 무오류적인 하나님의 말씀인 신약은 룻을 역사적 인물로 말하였다. 이것은 룻기가 단순히 로맨스이며 참 역사가 아니라는 여하의 가능성도 배제한다.

4. 목적

본서는 다윗의 혈통을 모압 여인 룻에게서 찾으려 하였다. 그것은 역사적 목적을 가진다. 또 효성과 헌신에 대한 교훈을 준다. 룻의 말에는 그러한 헌신과 무이기심(無利己心)이 충분히 나타나 있다.

> 나로 어머니를 떠나며 어머니를 따르지 말고 돌아가라 강권하지 마옵소서 어머니께서 가시는 곳에 나도 가고 어머니께서 유숙하는 곳에 나도 유숙하겠나이다 어머니의 백성이 나의 백성이 되고 어머니의 하나님이 나의 하나님이 되시리니 어머니께

서 죽으시는 곳에서 나도 죽어 거기 장사될 것이라 만일 내가 죽는 일 외에 어머니와 떠나면 여호와께서 내게 벌을 내리시고 더 내리시기를 원하나이다(1:16,17).

이 책은 또한 참된 종교는 초국가적이며 어떤 한 민족의 한계에 속박되지 않음을 보여 준다.

5. 정경상의 위치

룻기의 초기 연대성은 하기오그라파 (Hagigrapha : 구약 성경 3대 분류 곧 율법서 · 예언서 · 기타)에 앞서 사사기 다음에 배치된 사실에서 더욱 나타난다. 마찬가지로 LXX와 벌게이트역에서도 되어 있다. 요세푸스 역시 『아피오넴에 반박하여(*Contra Apionem*)』(1:8)에서 22 권의 성경을 언급한 바, 룻을 사사기와 함께, 애가를 예레미야와 함께 계산했다. 제롬은 그의 『갈라디아 서언』에서 유대인은 룻을 사사기와 함께 배열하려 하였으나 어떤 이는 룻과 애가를 함께 하기오그라파 가운데 배열했다고 말했다.

룻기가 어떻게 해서 하기오그라파 가운데 배치되었는지는 알려져 있지 않다. 회당에서의 용도 때문이라고 말할 수도 있으나 단지 추측일 뿐이다.

6. 분 해

1) 룻이 베들레헴에 오다(1장)

① 1-7절 ▸ 서론
② 8-18절 ▸ 나오미와 함께 남으려는 룻의 결심
③ 19-22절 ▸ 베들레헴에 도착

2) 룻이 보아스를 만나다(2장)

① 1-7 ▸ 룻이 밭에서 이삭을 줍다.
② 8-16 ▸ 보아스의 친절
③ 17-23절 ▸ 룻이 나오미에게 돌아가다.

3) 보아스에 대한 룻의 호소(3장)

① 1-5절 ▸ 나오미의 조언
② 6-13절 ▸ 룻이 보아스에게 말하다.
③ 14-18절 ▸ 룻이 나오미에게 돌아가다.

4) 룻과 보아스의 결혼(4장)

① 1-8절 ▸ 보아스의 합법적 조치
② 9-12절 ▸ 보아스가 룻을 취하다.
③ 13-17절 ▸ 룻이 아들을 낳다.
④ 18-22절 ▸ 다윗의 조상

18-22절은 어떤 이에 의하면 역대상 2:4-15에 근거한 후대의 첨가라고 생각한다(아이스펠트, 셀린 등). 아이스펠트는 더 나아가서 "그 이름을 오벳이라 하였다."(4:17b)라는 이 이름은 제 2 차적이며 원래는 딴 이름이 있었다고 생각한다. 그는 또한 17절의(상반절) 사실을 의문시한다. 그러나 그것은 근거가 없다. 왜 족보가 후대에 첨가되어야만 하는가? 왜 반대로 이 족보를 역대기의 저자는 채용할 수는 없을까?

룻기의 특별 참고 문헌

W. W. Cannon : "The Book of Ruth," in *Theology*, vol. 16, 1928. pp. 310-319.
H. Gunkel : "Ruth," in *Reden und Aufsaetze*, 1913, pp.65-92.

제 21 장

예레미야 애가(哀歌)

1. 명칭

히브리 성경에서는 이 책이 그 첫말 "에카(אֵיכָה = 어찌하여)"에 따라 이름 지었다. 그러나 LXX에서는 그 내용 곧 "예레미야의 눈물들(드레노이: θρῆνοι = 비탄·애가)"에 따라 이름 지었고, 벌게이트역은 예레미야 애가들이란 뜻을 가진 "트레니(Threni : 눈물들)"로 일컬었다. 영어 표제는 라틴 어에서 유래된다.

2. 저자 문제

유대인과 기독교의 전통에 따르면 예레미야가 애가의 저자였다. 이 전통은 LXX에서 처음 이 책의 제목으로 나타난다. 그것은 다음과 같이 씌어 있다. "그리고 이스라엘인들은 포로로 끌려간 후, 예루살렘은 황폐되었다. 거기서 예레미야는 앉아서 눈물 흘리면서 예루살렘에 대한 이 애가를 불렀다." 벌게이트역은 이 말을 반복해서 탄식하며 애통하는 심령으로 한 말을 덧붙인다.

「바바 바트라 15a」은 "예레미야가 애가를 기록했다."라고 같은 전통을 나타낸다(여기서는 애가가 "애가 키노트"라고 불린다). 이 전통은 고대에서는 널리 알려져 있었다. 그러나 이 책 자체는 예레미야의 작품으로 주장하지 않는다. 사실 저자가 명명되어 있지 않다. 그러면 이 전통의 기원은 무엇인가? 아마도 대하 35:25을 잘못 읽은 데서 일어났을 것이다. 여기에는 예레미야가 요시야에 대해 애가를 지었으며 이것이 애가로 기록되었다(웨힌남 케투빔 알하퀴노트)라고 진술되었다. 여기서 역대기가 말하는 애가는 현재 우리의 애가가 아님은 분명하다. 그 이유는 현재 우리의 책은 비록 코르닐이 애 4:20(여호와의 기름 부으신 자)가 요시야에 대한 언급일 수 있다고 생각하지만 실은 요시야에 대한 어떠한 애가도 포함하지 않았기 때문이다. 애 4장은 한 인물의 상실에 대한 애탄이 아니라 시온 자체의 비참한 상태에 대한 비통을 표한 것이다. 역대하의 구절은 단지 어떤 경우에 예레미야가 한 애가를 지었다고 가리키는 것이다. 필자는 이것에서 예레미야가 본서의 저자였다는 전통이 생겨난 것으로 생각된다.

그러므로 이 전통을 저작자에 대한 증거로 중요시할 수는 없다. 이러한 전통이 처음 나타난 때는 본서 저작 후 수백 년이 지나서였다. 그러므로 우리는 이 문제의 해답을 찾음에 있어 다른 고려들로 눈을 돌려야 한다.

본서 저자는 성읍 멸망을 직접 본 사람인 것 같다. 그것이 애가의 동기임을 주장한다(예 ▸ 1:13-15; 2:6, 9 이하; 4:10). 이것은 그 생생한 기술이나 시인이 성읍의 운명을 자신과 동일시한 듯한 사실에 의해서도 알 수 있다. 한층 더 나아가서 애가와 예레미야 사이에 문체상 유사한 점들이 있다. 특히 다음과 같은 점은 흥미가 있다.

"처녀 유다를 술 틀에 …" "처녀 딸 내 백성이 큰 파멸 …" ▸ 애 1:15; 렘 8:21; 14:17.
"선지자의 눈에 눈물이 물같이 흐르다" ▸ 애 1:16a; 2:11; 렘 9:1, 18b; 13:17b.
"두려움과 공포가 에워쌌다" ▸ 애 2:22, 렘 6:25; 20:10.
"복수를 위해 하나님께 호소" ▸ 애 3:64-66; 렘 11:24.

드라이버 역시 다음의 비교들을 제시한다.
애 1:2과 렘 30:14; 애 1:8, 9b과 렘 13:22b, 26;
애 2:11, 3:48, 4:10, 렘 6:14, 8:11, 21;
애 2:14, 4:13과 렘 2:8, 5:31 등,
애 2:20, 4:10(여자들이 자기 자녀를 먹음)과 렘 19:9;
애 3:14과 렘 20:7; 애 3:15(wormwood), 19과 렘 9:15, 23:15; 애 3:47과 렘 48:43;
애 3:52과 렘 16:16b; 애 4:21b과 렘 25:15, 49:12;
애 5:16과 렘 13:18b 두 곳 다 예루살렘 몰락을 기뻐하는 원수 나라들에 대해 다가올 유사한 심판을 기대하는 점을 지적해 낸다.

비교 ▸ 애 1:5, 8, 14, 18, 3:42, 4:6, 22, 5:7, 16과 렘 14:7, 16:10-12, 17:1-3 등(국가적 죄); 애 2:14, 4:13-15과 렘 2:7, 8, 5:31, 14:13, 23:11-40 등(선지자와 제사장들의 범죄); 애 1:2, 19, 4:17과 렘 2:18, 3:36, 30:14, 37:5-10(약하고 반역적인 연합군에 대한 국가의 헛된 신뢰).

드라이버 자신은 예레미야의 저작을 믿지는 않지만 "국가적 슬픔에 대하여 큰 동정과 감정을 한없이 쏟아 부으려는 감상적 심정이 두 애가에 엿보인다."라고 말했다.

드라이버가 여러 번 언급된 이유는 그가 예레미야 저작에 대한 논증을 완전히 이해했기 때문이다〔참고, 맥스 뢰어(Max Loehr) : "Die Sprachgebrauch des Buches der Klagelieder," in *ZAW*, 1894, p. 31-50, 그리고 부분적으로 1904, pp. 1-16).

이 논증에 비추어 볼 때 예레미야가 애가를 저작했음이 거의 있음직한 일이다. 그러나 확신할 수는 없다. 우리는 그 저자가 누구임을 모른다고 인정함이 좋을 듯하다.

□ 예레미야의 저작을 반대하는 논증들 □

예레미야의 저작을 반대하는 중요 논증들은 다음과 같다.

① 예레미야는 바벨론인들을 하나님의 형벌의 도구로 보았다. 반면에 애 1:21과 3:59-66은 다른 사상을 나타낸다. 이 반대는 참된 정황에 대해 지극한 이해의 결핍을 나타낸다. 갈대아인들은 하나님의 섭리로 유다를 형벌하시는 데 있어 하나님의 도구였다. 그러나 하나님은 그 진노에 대해서까지도 사람들에게 찬양을 받기를 원하신다. 갈대아인들이 했던 일은 벌 받아야 할 악한 일이었다. 왜 갈대아인들을 하나님의 형벌의 도구로 믿을 수 없으며 동시에 그들 또한 그 행한 것에 대해 보응되어야 할 것을 바랄 수 없겠는가?

② 예레미야는 2:9에서와 같이 선지적 신탁의 중지를 말한 것은 아니다. 이 구절은 이 이상 선지적 계시가 없음을 주장하는 것이 아니고 이제는 더 아무 법이 없음을 말하는 것이다(en torah). 즉, 성읍이 파괴되었으므로 (9a) 복종할 아무런 법이 없으며 아무런 사람이 없음을 가리키는 것이다. 선지자가 여호와로부터 아무런 계시를 찾지 못했음을 저자는 말한다. 이것은 단순히 고대 질서가 완전히 변경되었음을 선포하는 한 방법이 아니었을까? 만약 이 구절이 구태여 한계를 지어야 한다면 앞의 것도 그래야만 한다.

필자는 예레미야가 이 시적 말들을 기록할 수 없었다는 데 대해 아무런 이유도 생각할 수 없다.

③ 예레미야서는 대체로 재앙에 대해 선지자들을 책망치 않는 것같이 보인다. 그러나 사실 예레미야는 애가보다 더 심하게 거짓 선지자들을 정죄한다(렘

14:14; 23:16 참조).

④ **이합체(離合體)로 배열함은 예레미야서에서는 기대할 수 없다.** 그러나 선지자가 자기가 바라는 대로 별다른 표현 양식을 사용할 수 없다고 누가 말하겠는가?

예레미야는 4:17과 같이 애굽의 도움을 기대하지 않았다. 그러나 저자 자신이 애굽에게 개인적 도움을 바랐다고 가리키지는 않는다. 일인칭 복수를 사용해서 저자는 단순히 그와 같은 국가를 가리킨다. 그는 이 점에서 자신의 정치적 견해를 진술하지는 않는다.

⑥ **예레미야는, 시드기야의 그늘 아래에서 안전을 구하지를 않았다**(4:20). 그러나 예레미야가 처음에는 시드기야를 신뢰하였으나 후에 그 신뢰가 무너졌음도 있을 수 있다. 비록 시드기야가 느부갓네살에 의해 임명되기는 했으나 그는 요시야의 자손이었으므로 합법적 왕위 계승자였다. 그러므로 여호와께서 기름부은 자란 구절은 합당하게 그에게 적용될 수 있었다.

⑦ **애가서의 어법이 예레미야서의 어법과는 다르다는 논증은 매우 중요하다.** 그러나 이와 같은 논증은 일반적으로 근거가 불확실하며 결정적이 아니다. 그리고 이합체 배열과 특수한 주제, 시적 문체 때문에 어떤 특수한 말들이 예레미야서에 나타나지 않게 하였을 수도 있음을 기억해야 한다.

결론적으로 예레미야 저작설에 반대하여 제시된 논증들은 실제로 설복적이 못 된다.

3. 분 해

1) 황폐되고 버린 바 된 예루살렘(1장)

시인은 버린 바 된 성읍의 한심한 상태를 묘사한다. 이 기술(記述)은 11절 하반에서 그 절정에 이르며 의인화된 성읍이 이야기한다. 18절에 성읍은 다시 여호와의 의를 주장하며 그 원수가 형벌 받기를 간구한다.

2) 성읍에 대한 여호와의 진노의 이유가 진술됨(2장)

시인은 여호와를 찾도록 백성들에게 역설한다. 백성들은 이 간청에 응답한다(20-22절).

3) 예언자의 애통 : 뚜렷이 이합체를 사용한 표현(3장)

1-3절은 알파로, 4-6절은 베타로 시작하며 알파벳 각 문자는 3절로 시작한다. 여기서 국가가 의인화된다.

(1) **1-20절** ▸ 국가에 임한 비참한 상태를 표현한다.
(2) **21-39절** ▸ 여호와의 자비를 상기시키며 그의 선의를 신뢰한다.
(3) **40-54절** ▸ 나라의 백성이 그들의 갈 길을 찾아 여호와께 돌아오도록 권고된다.
(4) **55-56절** ▸ 하나님께서 그 부르짖음을 들었다는 승인이 있은 뒤 국가는 그 원수에 대해 복수를 외친다.

4) 시온의 이전 영광과 현재의 초라함을 보여 준다(4장)

5) 백성들은 그 고통을 여호와께서 기억해 주시기를 호소한다(5장)

이 고통은 참으로 크다. 그러나 백성들은 영원한 하나님을 신뢰해야 한다(19절). 이 장은 이합체 형식으로 기록되지 않았다.

코르닐은 "애 4-5장을 마카비 때로 설명하려는 시도는 순수한 호기심에서이다."라고 말한다. 이 진술을 우리는 염두에 두어야 한다.

4. 목 적

애가서는 신정 정치의 결망에 대한 경건한 신자의 태도를 나타낸다. 국가는 매우 타락됐기 때문에 여호와께서 그 성전을 버렸으며 악한 군대에 의해 멸망되었다. 시인은 국가가 그 지경으로 악하게 된 것을 깊이 한탄한다. 그러나 그는 백성에게 회개할 것을 원한다. 또 그는 거룩한 성읍을 파괴한 자들의이 행동이 얼마나 악한가를 지적하며 그들의 형벌을 요구한다.

이것은 성경 중에는 가장 비극적 책 중의 하나이다. 구원이 임한 국가가 매우 사악하게 되었으므로 하나님은 외부적 신정주의 형태를 파괴했다. 이 사실을 배경으로 해서 다음의 호소를 이해할 수 있다. "본래는 거민이 많더니 이제는 어찌 그리 적막히 앉았는고 본래는 열국 중에 크던 자가 이제는 과부 같고 본래는 열방 중에 공주되었던 자가 이제는 조공 드리는 자가 되었도다."(1:1).

애가서에 관한 참고 문헌

로마교 학자인 비스만(H. Wiesmann)의 *Biblica*에서 나타난 제목들은 특별히 중요하다.

1. "Der Planmaessige Aufbau der Klagelieder des Jeremias," vii (1926), pp.141-161.
2. "Der Zweck der Klagelieder des Jeremias," vii (1926), pp.412-428.
3. "Die Textgestalt des 5. Kapitels der Klagelieder," viii (1927), pp. 339-347.
4. "Der Verfasser der Klagelieder ein Augenzeuge?"xvii (1936), pp. 71-84.
5. "Zu Klagelieder 3, la" *BZ*, xviii (1928), pp.38ff.
6. "Der geschichtliche Hintergrund des Buechleins der Klagelieder," *BZ*, xxiii (1935), pp.20-43.

제 22 장

전도서(傳導書)

1. 명 칭

히브리 성경에서는 본서가 "예루살렘의 왕 다윗의 아들 전도자의 말씀"(디브레 코헬레트 = דִּבְרֵי קֹהֶלֶת)임을 표제로 나타낸다. "코헬레트(קֹהֶלֶת)"란 말은 '칼(קַל)' 능동태 분사의 여성 단수이다. 여기서 여성으로 나타난 이유는 아마도 그 말이 공직을 의미하는 사실에서 찾아질 수 있다. 이것은 쏘페레트(סֹפֶרֶת, 스 2:55; 느 7:57)나 포케레트(פֹּכֶרֶת, 스 2:57)와 같은 유추적 형식에 의해 실증되는 것이다. 여성은 강세형과 함께 중성 의미로 사용될 수도 있다. 그러므로 개인에 적용된 이 말은 사상을 온전히 인식 내지 성취했던 자를 의미한다. 분명히 분사는 어근 '카할(קָהַל)'에서 유래된 것이다. 이것은 "집합하다"라는 의미로 나타난다. 그것은 아마도 집회를 주장 또는 제의하는 자를 지시한다. LXX은 이것을 에클레시아스테스('εκκλησίαστης)로 번역하고 그것에서 영어 표제(ECCLESIASTES)가 나오고 제롬은 그것을 콘키오나토르(concionator : 집회를 소집하는 자)로 번역했다. 그러므로 이 말은 집회에 관해선 그 지도자의 기능을 의미한다. 여기서 전도자란 번역은 거의 바르다.

2. 저 자

'코헬레트'란 말은 역시 본서의 저자를 지시한다. 그러나 이 저자는 누군가? 1:1에는 그는 자신을 다윗의 아들로 말한다. 이 말은 의심할 나위가 없이 솔로몬을 가리킨다. 그러나 이것에서 저자가 자신을 솔로몬과 동일시하려 했던 것이라고 속단할 필요는 없다. 첫째로 만약 저자가 솔로몬임을 이해시키려 했다면 왜 그는 그러한 낯선 표제를 사용하는가? 왜 그는 "예루살렘의 왕 다윗의 아들 솔로몬의 말"이라고 하지 않았을까? 그러나 본서 어디서도 솔로몬이라고 명확히 말한 것은 없다. 다만 1:16에 저자는 그가 "나보다 먼저 예루살렘에 있던 자보다 지혜를 많이 얻었다."라고 말한다. 이것은 전대(前代)의 왕들을 가리키는 것 같다. 그렇다면 솔로몬에게는 쉽게 적용되지 않는다.

한스 묄러는 그의 개론(*Einleitung*, p. 216에서 그 말이 도시 왕국(city-Kingdom) 곧 예루살렘에만 적용된다고 함은 사실일 수도 있다. 그러나 이와 같이 그 말을 국한 내지 제한함은 납득이 안 된다. 저자 솔로몬이었다면 그는 자신을 전의 여부스족 통치자들과 비교하거나 자기의 아버지 다윗을 그러한 계열에 포함시키지는 않았을 것이다. 이 점에서 1:6은 저자가 솔로몬 이후 어떤 때에 살았음을 의미하는 것 같다. 1:12에서 저자는 "나 코헬레트는 예루살렘의 왕이었다."라고 말한다. 여기서의 과거 시제는 현재 그가 왕이 아님을 의미한 듯하다. 동사 '하이티'가 "내가 과거에 … 였었고 지금도 … 이다."라고 번역될 수 있음은 사실이나 그것은 아주 부자연스럽다. 여기서 분명한 점은 저자가 과거에는 왕이었으나 지금은 결코 왕이 아님을 의미한 듯하다. 물론 이것은 솔로몬에게 적용되지는 않는다. 그는 그의 최후까지 왕으로 있었다. 솔로몬이 본서의 저자가 아님을 분명케 하는 암시가 또 있다. 저자는 자신을 폭군의 표본인 듯이 말한다(4:13). 솔로몬이 이런 말을 했다고는 거의 생각할 수 없다(8:2; 9:14-16; 10:16, 17, 20 참조). 더욱이 본서가 기록된 시기는 압박 시기(4:1-3), 공의의 왜곡(5:8), 가난한 때 (7:10; 8:9; 10:6-7) 중의 하나인 것으로 보인다. 이러한 진술은 번영 일로에 있었던 솔로몬의 시대와 조화되지 않는다.

본서의 언어와 어법은 분명히 솔로몬의 시대보다 늦은 연대를 지시한다. 이 말들 중 어떤 것은 아람풍으로 나타난다. 이것 자체는 연대에 대한 아무런 지시가 못 된다. 아마도 본서는 대략 말라기 시대로 측정된다. 그 정치적 배경은 만족스러운 것으로 생각된다. 이 시기는 역시 본서의 언어적 현상을 만족시켜 준다. 그러므로 본서의 저자는 포로 후 시대에 살았던 사람이며 그의 메시지를 전달하는 데 있어 문체적 모범을 위해 솔로몬의 입을 빌린 듯하다.

3. 저자에 대한 다른 이해들

「바바 바트라 15a」은 히스기야와 그의 동료가 전도서를 기록했다고 진술한다. 그러나 이것은 솔로몬의 저작을 부인하지 않는다. 그 의미가 아마도 히스기야와 그의 동료가 단순히 본문을 편집했음을 말할 수도 있기 때문이다〔메길라(Megilla) 7a, 사바트 30(Shabbath 30) / 여기에는 분명히 솔로몬이 저자라고 말한다〕. 초기 기독교와 유대 전통은 본서를 솔로몬에게 돌렸다. 루터에 의해 그것이 최초로 부인된 듯하다. 보그(L. Wogue)는 주장하기를, 원저자는 솔로몬이나 포로 후대에 본서가 편집되었으며 더 풍성한 표현들이 첨가되었다고 했다. 이 편집 작업을 한 사람 혹은 둘 이상의 편집자들이 담당하였다. 그러므로 그 근거의 기간(基幹)은 솔로몬적이다. 그러나 그 발전과 대폭적 편집은 다른 시대에서 왔을 것이다.

전도서가 솔로몬의 저작임을 오늘날 한스 뮐러와 로마의 학자 기트만(Gietmann)과, 슈마허(Schumacher)에 의해 주장된다. 필자와 같이 저자가 솔로몬보다 후대의 사람이라고 생각하는 사람들은 그 저자가 포로 후 사람이라는 점에 동조한다. 그러면 정확하게 언제인가?

여기에 관해서는 의견이 구구하나 많은 사람이 본서를 약 BC 200년의 것으로 간주한다. 그 이유는 그들이 본서 중에 헬라 영향의 명백한 표지(標識)들을 보여 준다고 생각하기 때문이다. 다른 이들은 BC 100년의 것으로 늦은 연대에 두려고 했다. 심지어 그래츠(Graetz)는 본서를 헤롯 대왕 시기의 것으로 간주했다.

4. 본서의 통일성

그레고리 대왕, 그레고리, 타우마투르구스(Gregory Thaumaturgus), 니사의 그레고리(Gregry of Nyssa), 제롬(Jerome) 등 교부들과 보나벤투라(Bonaventura), 토마스 아퀴나스(Thomas Aquinas), 니콜라스 다 라이러(Nicholas da Lyra) 등의 중세 저술가와 몇몇 현대 학자들은 본서가 여러 가지로 토의되는 대화로 구성된다는 견해를 주장하였다. 본서의 통일성은 이 견해를 지지하는 자들에 의해서도 부인된다. 어떤 이는 12:13-14을 본서의 내용을 확실히 하려는 의도에서 첨가된 것으로 간주한다. 그러나 이 구절을 첨가물로 간주함은 본서의 참 교훈에 대한 그릇된 개념에 근거한다. 아이스펠트는 다음 것들을 후대 삽입으로 간주한다. 2:26; 3:17; 7:26b; 8:5, 12b, 13a; 11:9b; 12:7b; 12:12-14.

5. 분 해

1) 서언 (1:1-11)

(1) 1절 ▸ 서두

(2) 2-11 ▸ 전권에 대한 서론

기본 주제 곧 만물의 헛됨이 2-3절에서 소개된다. 이것은 비록 생명 자체가 약하다 해도 유물론적 의미로 해석될 수 없다. 본서의 다른 부분은 하나님의 영광을 위해 사용되지 않을 때 만물은 헛되다고 말한다. 그 자체가 선하고 찬양할 가치가 있는 것들이라도 하나님이 아닌 그 자신의 목적을 위해 추구할 때에는 헛되며 의미가 없어진다. 이 기본 주제는 4절 이하에서 지상과 인간 생활에서 나타나는 변화에 호소함에 의해 실증된다.

2) 만물의 헛됨(1:12-6:12)

① 1:12-18 ▸ 인간의 지혜를 찾음은 헛되다 : 여기서 전도자는 일인칭 단수 대명사를 사용한다. 전도자는 진술의 결과를 탐색한다.

② 2:1-11 ▸ 쾌락 역시 헛되다〔탐색의 첫 째 포인트(point = 주안점)〕: 쾌락, 사치, 재산 역시 헛된 것으로 나타난다.

③ 2:12-23 ▸ 지혜와 부는 헛되다 (탐색의 둘째 포인트).

④ 2:24-3:15 ▸ 인간의 노력도 헛되다 (탐색의 셋째 포인트) : 사람은 그의 수고의 결과를 즐기지 못함.

⑤ 3:16-4:6 ▸ 사악과 압박이 지상에 만연함 (탐색의 넷째 포인트).

⑥ 4:7-12 ▸ 단결 : 둘이 하나보다 여러 가지 노력에서 성공한다 (다섯째 포인트).

⑦ 4:13-16 ▸ 지혜와 궁핍이 우매와 부보다 좋다 (여섯째 포인트).

⑧ 5:1-7 ▸ 일반적 조언(일곱째 포인트).

⑨ 5:8-6:12 ▸ 이 부분의 목적은 부의 허영을 나타낸다 : 이미 소개된 어떤 주제를 더 발전시킨다.

3) 지혜의 말(7:1-12:7)

① 7:1-14 ▸ 규율적인 삶을 위한 실제적 조언

② 7:15-22 ▸ 모든 인간은 죄인이다. 지혜자의 힘은 지혜에 있다.

③ 7:23-29 ▸ 인간은 가증스럽다(전도자의 탐색의 결론).

④ 8:1-8 ▸ 왕은 존중되어야 함(왕명 준수).

⑤ 8:9-17 ▸ 악인들이 의인들보다 더 잘되는 것같이 보이지만 하나님 앞에서는 그렇지 않음.

⑥ 9:1-10 ▸ 질서에 대한 생각 및 세상의 경영

⑦ 9:11-10:3 ▸ 지혜와 우매에 대한 관찰

⑧ 10:4-20 ▸ 현자와 우자의 비교

⑨ 11:1-12:8 ▸ 여러 실제적 관찰들

4) 결언 (12:9-14)

사람은 하나님을 경외하고 그 명령들을 지켜야 된다.

5. 목 적

본서가 헬라 철학의 영향을 받았다고 보고 아리스토틀(Aristotle), 헤라클리투스(Heraclitus), 스토익파(Stoics), 에피쿠리안파(Epicureans)에서 찾을 수 있는 유사점을 포함한다고 주장하는 자들이 있다. 그러나 이 추상적 유사점은 실제로 있지 않다. 애굽의 문학에서 혹은 고대 이교 세계의 어디에서도 유사점을 찾을 수 없다. 또한 전도서의 교훈이 복음서의 교훈과 모순된다고 주장하는 자들도 있다. 본서는 단순히 인간의 이치를 나타낸다고 그들은 말한다. 즉, 그것은 인간이 할 수 있는 가장 좋은 것으로서 합법적인 것이다. 인간은 구속(救贖)을 떠나서 더 좋은 것을 할 수 없는 바, 본서에서는 복음을 기대하지 않는다. 우리가 전도서를 대하는 이와 같은 유치한 견해가 옳다면 하나님은 왜 그것을 정경에 배치시켰을까 하고 묻지 않을 수 없다. 본서의 정당한 이해에 대한 열쇠는 결론에서 찾아진다.

"일의 결국을 다 들었으니 하나님을 경외하고 그 명령을 지킬지어다. 이것이 사람의 본분이니라 하나님은 모든 행위와 모든 은밀한 일을 선악 간에 심판하시리라."(전 12:13-14).

인생에서 이것보다 더 높은 목적은 있을 수 없다. 이것은 우리 주님의 산상 설교의 목적에 부합한다. 이것은 곧 절대 완전을 위한 신의 명령이며 하나님의 백성이 언제나 추구해야 할 목적이다. 우리가 추구해야 할 목적이 분명한데도 우리는 그 도달과는 너무 거리가 멀다. 전도서는 그 이유를 진술한다(7:29).

본 절의 히쉬보노트(חִשְּׁבֹנוֹת)는 '사상' '추상' '묘안' '꾀' '술책' 등을 의미한다. 인간은 하나님께서 지으신 원상태에 반대되는 자신의 대안을 찾아 이탈했다는 것이다. 다시 말하면 인간은 주 하나님이 인간을 창조하신 원래 상태에서 타락하였음을 우리는 배울 수 있다. 헬라 철학에는 이와 비슷한 것은 아무것도 없다. 이것은 순수한 성경적 표현이다. 이것은 세상에서 풍부하고 다양한 경험을 쌓은 한 사람의 인간이야말로, 인간이 하나님께서 창조하신 그 원상태에 있지 않음을 깊이 인식한 명상을 말해 준다. 구원 받지 못한 인간의 어떤 이성도 그러한 결론에 이를 수 없다. 구원 받지 못한 인간의 이성은 교만으로 가득 차서 인간의 삶(세상적인)의 해석을 궁극으로 보기 때문이다.

우리는 지금 전권의 취지를 상고하려 한다. 저자는 삶에 대한 자기의 경험을 말한다. 그는 인생에 대한 참된 해석에 도달하려고 노력한다. 그러나 그는 모든 것이 헛됨을 안다. 그럼에도 그는 삶의 실제적 향락에 대해 좋은 조언을 해준다. 예컨대 그는 사람이 먹고 마시며 수고하는 가운데서 심령으로 낙을 누리게 하는 것보다 나은 것이 없다고 말한다. 이러한 구절들은 저자가 염세주의자가 아님을 분명히 보여 준다. 그러나 그러한 구절들은 이 삶의 향락 자체가 그 목적이라고 가르치지는 않는다. 그것들은 생애를 통한 그의 인도를 구하여 하나님을 경외하는 영혼에게 주는 실제적 지침에 지나지 않는다. 삶은 하나님을 떠나서는 그 모든 면에서도 의미가 없다. 이것이야말로 본서의 장엄한 주제이다. 하나님만이 삶의 의미를 주실 수 있기 때문에 그를 떠나서는 삶이 아무 의미를 갖지 못한다. 달리 말하면 하나님은 궁극적 표준이며 판단점이다. 이로써 삶의 모든 면이 해석되어야 한다. 인간이나 세상이 궁극적 표준 혹은 판단점으로 간주된다면 모든 것은 헛된 것이다. 만물은 그 의미를 상실하며 우리는 오직 절망으로 인도될 수밖에 없다. 그러므로 세계를 해석함에 있어 우리는 가능한 한, 그것을 하나님의 창조물로 보고 그의 영광을 위해 사용하고 즐길 수 있어야 할 것이다.

전도서의 특별 문헌

G. Bickell : *Der Prediger ueber den Wert des Daseins*, Innsbruck 1884.

Robert Gordis : *The Wisdom of Eccleslastes*, New York, 1945.

S. Euringer : *Der Masorahtext des Koheleth kritisch untersucht*, Leipzig, 1890.

Paul Humbert : *Recherches sur les sources Egyptiennes de la litteratur sapientale d'Israel*, Neuchatel, 1929.

Morris Jstrow Jr. : *A Gentle Cynic, Being a Translation of the Book of Koheleth*, Philadelphia-London, 1919.

Duncan B. Macdonald : *The Hebrew Philosphical Genius*, Princeton, 1936.

A. H. Mcneile : *An Introduction to Ecclesiastes With Notes and Appendices, Cambridge*, 1904.

H. Ranston : *Ecclesiastes and the Early Greek Wisdom Literature*, London 1925.

J. Stafford Wright : "*The Interpretation of Ecclesiastes,*" in *EQ*, 1946, pp.18-34.

제 23 장

에스더(The Book of Ester)

1. 명 칭

본서는 그 명칭을 주인공 "에스더(에쓰테르 : אֶסְתֵּר)"의 이름에서 취하였다. 이것은 별을 의미하는 페르시아 말이다. 에스더의 히브리 이름은 "하다싸(הֲדַסָּה)" 인데(2:7) 도금양(桃金孃 = myrtle : 상록 관목의 일종, 유대의 처녀를 일컫던 말 - 편집자 주))을 의미한다.

LXX에서는 "에스데르(ἐσθήρ)"로 벌게이트역은 "리베르 헤스테르(Liber Hester)"로 표기한다.

2. 저 자

「바바 바트라 15상a」에 따르면 "큰 회당의 사람들"이 에스더의 두루마리를 기록했다고 생각된다. 요세푸스는 그의 『유대 고대사(*Antiquities*)』(11:6:1)에 의하면 모르드개가 저자라고 생각했는데 이러한 견해는 역시 "회당의 사람들" 이라는 말에서 나온 듯하다. 이에 찬성해서 때때로 에스더의 마지막 두 장에 모르드개의 편지와 기록에 관한 언급이 있다는 점이 예증되어 왔다. 그러나 이 편지나 기록들을 에스더서 전체로 혹은 그 일부분으로 볼 것인가를 말해 주는 아무런 증거가 없다. 더욱이 10:3에 비추어 볼 때 모르드개가 본서의 저자가 아님은 분명한 것 같다.

이븐 에스라(Ibn Ezra)는 모르드개가 원저자였다고 암시한다. 모르드개는 파사인들이 공적인 문서로 배치하기 위해서 한 권의 책을 원함을 알았으며 또한 하나님의 이름 대신 그들의 우상의 이름으로 대신하려고 했다고 그는 생각하였다. 모르드개는 심사숙고를 한 결과 하나님의 이름을 생략하였다. 이것은 독창적인 논의는 될지언정 확실히 성경관에는 위배된다.

우리는 그 저자가 누구인지를 알지 못한다. 그는 팔레스타인보다는 파사에서 살았던 것이 분명하다. 왜냐하면 그가 파사의 생활과 관습에 친숙한 것으로 나타나기 때문이다. 그는 모르드개의 기록들과 (9:20) 메대와 파사 왕들의 역대기를 이용하였다(2:23; 10:2). 아마 구전(口傳)도 사용했을 것이다. 이러한 것은 역사적 재료였다.

에스더서를 기록한 이 무명의 저자의 생존 시기를 정확히 말하기는 어렵다. 10:2에 의하면 본서는 아하수에로(Xerxes : 크세륵세스) 사후에 기록되었다. 이것이 사실이라면 본서가 기록될 때 아하수에로의 사적은 이미 기록되어 있었다. 크세륵세스의 암살은 일반적으로 BC 465년으로 받아들여진다.

1:1은 아하수에로가 독자에게 잘 알려져 있음을 가리킨다. 더욱이 파사에 관한 정확한 기록들은 아하수에로 사후의 형편을 언급하는 듯하다. 이것으로써 저자는 BC 5세기 후반기의 어느 때에 살았던 사람으로 보는 것이 좋으나 확실한 것은 아니다.

3. 본서의 역사성

유대인들 사이에 에스더서는 많은 사랑을 받는다. 참으로 예루살렘 탈무드(메길라: Megilla))에는 선지서와 성문서가 파멸되는 한이 있어도 5경과 에스더서(그리고 할라코트 : Halachot?)는 결코 멸하지 않을 것이라고 기록되어 있다. 그러나 에스더서가 정경이 아니라는 탈무드의 진술들이 있다. 하지만 에스더서가 정경성이 부정될 만한 하자는 없는 것이다.

현대의 많은 학자들에 의하면 본서의 역사성은 완전히 부인된다. 그것은 한갓 역사적 로맨스에 지나지 않는다고 그들은 생각한다. 코르닐은 다음과 같이 말한다.

> 구약 주석가들은 에스더서를 전적으로 제외하기를 좋아한다. 그렇지 않더라도 그것을 필수적인 것이라 하여 자신이 그것을 추종하지는 않는다. 왜냐하면 이 책이 종교사적 문서로는 가치가 있다 해도 그것을 거룩한 기록의 하나로 수집함에 있어서 정경 작성자들은 중대한 실책을 범했기 때문이다. 유대주의의 가장 불쾌한 현상이 이 점에서 노골적으로 발휘된 것이다. 가장 추하고 빈 곳들을 두서너 개의 종교적 부스러기로 채우는 것은 알렉산드리아에서만이 필요한 것으로 생각된다(그의 *Intro.* p. 257).

모든 저자들이 한결같이 코르닐처럼 본서를 강력히 비난하지는 않는다. 에발트(Ewald)는 구약의 다른 부분에서 에스더서로 옮아가면서 "우리는 하늘에서 땅으로 떨어진다."라고 말했다. 드라이버는 더욱 신중하다. 그도 역시 본서를 대체로 한갓 "설화"로 보기는 하지만 다음과 같이 말한다. "저자 자신은 파사의 예절이나 그 밖의 것을 잘 알고 있는 듯이 보인다. 외경의 하나인 토비트(Tobit) 또는 유디트(Judith)에서 나타난 것과 같은 시대착오를 범하지는 아니했다. 그에 의해 그려진 크세륵세스(Xerxes)는 역사와 조화되지 않는다."(*Intro.* p.453).

그러면 본서의 역사성에 대한 주요 반박은 무엇인가?

① **저자는 크세륵세스를** 느부갓네살의 직후계자 혹은 적어도 그중의 한 사람으로 간주한다. 이것은 2:5,6에 의거한다. 그것은 모르드개가 여호야긴 이송 때 느부갓네살에 의해 예루살렘에서 이송된 것을 말하는 것으로 생각된다. 그러면 크세륵세스 때에는 모르드개는 100 세가 넘은 것이다. 또 반박이 가해지는 사실은 저자는 모르드개의 나이가 100 세 이상임을 나타내지 않았으니 저자가 그의 내력을 몰랐던 것이 틀림없다는 점이다. 그는 분명히 크세륵세스가 느부갓네살 직후에 통치했다고 생각하였으나 사실은 전혀 그렇지 않다. 2:5,6을 세심히 읽는다면 예루살렘에서 이송되었던 자는 모르드개가 아니고 모르드개의 증조부(사울 왕의 아버지) 기스임을 알 것이다. 6절의 관계 대명사 who는 모르드개를 가리키지 않고 기스를 말한다. 여기서 이 난제는 완전히 자취를 감춘다.

② **헤로도투스(Herodotus) III:84에 의하면** 크세륵세스 II는 정해진 '일곱' 가문 중에서 오직 한 아내만을 취할 수 있었다. 따라서 유대인이었던 에스더가 그의 왕비가 될 수 없었다는 반대가 더 일리 있는 듯이 보인다. 기술되어 있는 대로 말한다면 왕이 일곱 고귀한 가문 중에서 한 아내만을 선택하도록 제한되어 있다고 할 수도 있으나 사실 왕은 그가 기뻐하는 대로 하였다 (비교, 헤로도투스 III : 31). 한 걸음 더 나아가서는 헤로도투스 III : 84에 있는 이 법규들은 수도-스메르디스(Pseudo-Smerdis)의 실후계자 곧 다리우스에게만 적용된 것 같다. 그리고 그는 분명히 '일곱' 가문 중의 한 딸뿐만 아니라 여러 다른 이들을 가졌었다.

③ **크세륵세스의 아내는 에스더가 아닌** 아메스트리스(Amestris)였다고 혹자는 말한다. 이 부인은 그 잔인성으로 유명하였다. 비록 어떤 비평가들은 에스더가 잔인한 여자였다고 생각하지만 에스더와 동일시될 수는 없다. 크세륵세스 2년에 그는 애굽에 대항하여 그것을 정복하였다. 재위 3년에 그는 헬라 원정을 생각하고 회의를 소집했다(헤로도투스 VII : 8, 에스더 1:3 참조). 이것은 헤로도투스에 의하면 BC 483년에 소집된 듯하다.) BC 480년에 크세륵세스는 헬라에 원정 하였으나 패배하고 돌아왔다(헤로도투스 IX :108에 의하면 이제는 자기 처

를 생각한다). 재위 7년에 에스더가 왕후가 되었다(에스더 2:16 이하). 크세륵세스의 지위나 인물 됨을 보아서 우리는 그가 능히 한 아내 이상을 가질 수 있음을 믿는다.

④ **1:22; 3:12; 8:9에는 왕이 여러 방면으로 된** 동일한 내용의 조서를 보냈다고 했으나 그것은 불가능하다고 생각하는 사람도 있다. 그러나 이것에 대한 반대는 주관적인 것이다. 유대인들이 파사 전역에 널리 퍼져 있었음은 분명하다. 이 진술의 역사성을 부인할 아무런 이유가 없다.

⑤ 또 유대인의 원수 75,000 명이 도륙되었다 함은 신빙성이 없다고 하여 반대되어 왔다(9:16과 9:6, 12, 15). LXX에서는 15,000 명으로 그 수가 줄어졌다. 후자를 많은 학자들은 좋게 생각하지만 이와 같은 대량 학살 혹은 조직적 학살은 근동에서는 드문 일이 아니다.

⑥ 에스더서에 진술된 부림절의 기원은 부정확한 것이라고 생각하는 사람들도 있다. 그 이유로는 푸르(פּוּר = 몫 · 제비)란 말이 파사어에서는 이와 같은 의미로 사용되지 않았기 때문이다. 침메른(Zimmern)은 푸르가 바벨론 말 푸흐루(puhru = 회집, 모임)와 관계된 것이라고 주장한다. 그러나 궁켈은 그 관계가 확정적인 것이 아니라고 지적한다. 아마도 '푸르'는 앗수리아의 푸르(제비)에서 온 것 같다. 파사 명절에는 선물을 주는 것이 관습이 될 수 있었다. 유대인들은 그 축하에서 파사의 어떤 관습을 좇았다고 말할 수 있다. 그렇지 않더라도 9:22의 정확성을 부인할 아무 이유가 없다.

젠센(P. Jensen)과 침메른은 그 이야기 속에는 신화적 요소가 있다고 주장하였다. 이것은 바벨론 신들에 의한 엘람 신(Elamit deities)의 정복과 카오스를 정복한 마르둑(Marduk)의 승리로 이루어졌다. 그러므로 하만(Haman)은 후만(Human), 바스디(Vashti)는 마스디(Mashti), 에스더(Esther)는 이스타르(Ishtar), 모르드개는 마르둑(Marduk)을 의미하며 하만은 또한 카오스의 신격을 상징한다고 생각하였다. 그러나 궁켈은 이것을 의문시하여 에스더란 명칭은 파사 말의 스타라(별)에서 온 것이며 모르드개는 아주 보편적 이름이라고 해석하였다.

오늘날은 신화설이 널리 주장되지 않는다. 그러나 에스더서가 일종의 로맨스라는 견해는 널리 주장된다. 아이스펠트는 그것이 다니엘 1-6장과 같은 형태의 이야기라고 생각한다. 그러나 본서의 주목할 만한 역사적 또는 지리학적 정확성에 비추어 또한 그 역사성을 반대하는 논증의 미약함과 본서가 사실의 역사이며 단순한 로맨스적 환상의 특징만을 가지지 않는 사실에서 우리는 이 작품을 엄정히 역사적인 것으로 봄이 정확할 것이다.

4. 목적

하나님의 이름이 에스더서에 언급되어 있지 않음은 사실이다. 그러나 이것이 그 정경성을 의심할 만한 충분한 이유는 되지 않는다. 또한 기도나 찬양도 언급되지 않으며 경배에 대한 어떤 직업적 언급도 없음을 주목한다. 그러나 금식 규제 (5:16)는 적어도 종교적 요소를 가진 것으로 간주하여야 한다. 그리고 9:31의 "그들의 금식과 부르짖은 일들"도 역시 종교적 내용을 가진 구절이다. 특히 "그들의 부르짖음"이란 말은 구조(救助)를 위한 부르짖음으로 하나님을 향한 것을 의미하는 듯하다. 여하간에 4:14은 확실히 지배적인 섭리의 교리를 가르치는 듯하다. 이러한 점에서 볼 때 에스더서가 순전히 세속적 성격을 띤다고 말함은 옳지 않다. 그러나 왜 하나님의 이름이 생략되었는가? 왜 여호와의 예배와 봉사에 대하여 더 강조하지 않는가? 그 대답은 쉽지 않다. 다음의 점들이 아마도 그 바른 대답을 암시해 줄 것이다.

BC 539년에 고레스가 바벨론을 정복하였을 때 그는 유대인들이 팔레스타인으로 돌아가려 함을 알았다. 그는 그들에게 돌아가서 예루살렘에 성전을 재건하도록 허락했다. 많은 유대인들은 돌아갔다. 그러나 그렇지 않은 유대인도 있었다. 여러 세기 후에 심지어는 기독 시대에 들어와서도 유대인들이 메소포타미아 산곡에서 발견되었다. 남은 유대인들 가운데는 다니엘도 있었을 것이다. 다니엘 8장에 선지자는 파사의 수산궁에 있는 자신을 본다. 바벨론 왕들은 유대인을 파사에 보냈으며 그들 중 약간을 그곳에 이민하도록 하였음은 있을 수 있다. 우리는 또한 이스라엘이 포로되어 갔을 때 앗수르 왕은 그들 중 약간을 메데 성읍에 두었다는 것을 읽는다 (왕하 17:6). 그러므로 제 1 차 포로 이후 파사에는 유대인이 있을 수 있다.

이 파사의 유대인들이 팔레스타인에 돌아가는 것을 원치 않았음은 분명하다. 그들은 파사를 떠나 다시 약속의 땅으로 출발하는 것을 원치 않았다. 즉, 그들의 신정 정치적 관심이 희박했다고 말할 수 있다. 그러나 이들은 여전히 하나님의 택한 백성이었다. 약속된 구원이 세상에 오는 것은 그들을 통하여서가 아니었다. 여러 사실에도 불구하고 하나님은 그들을 거절하지 않았다. 하나님은 여전히 그들을 지키시며 그 원수와 부당한 압박에서 그들을 보호하실 것이다. 그들에 의해 부림절이라는 큰 절기가 행해진다. 그러나 이 유대인들은 결코 신정 정치의 계열에 있지 않았으므로 언약의 이름인 하나님은 그들과 관계되어 있지 않았다. 에스더서는 신의 섭리가 만물을 어떻게 지배하는지를 보여 주려 한다. 머나먼 나라에서도 하나님의 백성은 여전히 그의 수중에 있다. 그러나 그들이 이 머나먼 나라에 있고 약속의 땅에 있지 않은 때문에 언약의 하나님은 그들과는 관계없다고 불신하기 쉽다. 그래서 우리에게 섭리적 사실을 보임으로써 본서는 인간과 그 운명을 결정짓는 하나님께 우리의 눈을 돌리게 한다.

5. 본서의 통일성

아이스펠트, 스튜어나겔(Steuernagel) 같은 학자들은 9:20-32을 하나의 어구(語句) 주석으로 본다. 그들에 의하면 9:19이 본서에 적합한 결론을 형성한다. 시골에 있는 유대인은 14일을, 그 성읍에 있는 자들은 아달월 15일을 축하했다. 그러나 이 차이는 9:20-32에서 나타난다. 사용된 언어는 본서의 앞부분보다도 조잡하다고 말한다(아이스펠트). 시골과 성읍의 유대인들과의 구별은 생기지 않는다. 본래는 이 행사가 14일과 15일에 거행되어야 했으나 실제로는 변경되어 왔다.

그리고 9:20-32은 이 변경된 행사를 정당화하기 위해 덧붙여진 것이었다. 10:1-3은 역시 주목할 필요가 있다. 왜냐하면 그 분석적 문체는 로맨스적 이야기와 잘 부합되지 않기 때문이다. “메대와 파사의 열왕의 일기”란 구절은 열왕기의 “이스라엘과 유다왕의 역대지략”과 같은 말이라고 생각되었으며 어떤 이는 이 말의 역사성을 부인하였다. 이 주장에 대해서 우리는 9:20-32에 문체상의 변화가 있다면 그것은 그 부분을 요약할 필요 때문이었다고 말할 수 있다.

부림절 축하에 관한 규제에도 역시 어떤 변화를 감지할 수 있다. 9:21은 단순히 전의 말을 요약한다. 9:17-19에서는 시골 유대인의 14일을, 성읍에 있는 유대인은 15일을 축하했다고 말하고 있다. 9:20-21(참고 ▸ 22, 27절 “이 두 날들‘ 28, 31)은 모르드개가 이 양일을 지키기 위해(가깝고 먼)모든 유대인에게 편지를 보냈다고 말한다. 그러므로 그 실행에 대한 어떤 변화의 증거를 찾아볼 수 없다. 만약 그러한 변화가 있었다면 오랫동안 이 명절을 지켜 온 유대인들이 그 모순을 주목하지 않았을까? 10장의 연대기적 인물에 관한 이야기가 있음은 에스더서가 단순한 로맨스적 이야기가 아님을 말해 준다. 만약 그것이 로맨스와 일치하지 않는다면 왜 “재편집자”가 그것을 여기에 두었을까? 그러므로 9:20-32 또는 10:1-3을 거절할 아무런 객관적 이유가 없다.

6. 분 해(편집자 삽입)

1) 왕후로 책봉된 에스더(1:1-2:23)
2) 유다인을 죽이려는 하만의 계책(3:1-15)
3) 유다인을 구출하기 위한 모르드개와 에스더의 활동(4:1-17)
4) 에스더의 주연(5:1-14)
5) 모르드개의 승리(6:1-14)
6) 하만의 처형(7:1-10)
7) 유다인의 구원(8:1-17)
8) 유다인의 적의 멸망(9:1-19)
9) 부림절의 유래(9:20-32)
10) 모르드개의 위대성과 존귀한 직위(10:1-3)

에스더에 관한 참고 문헌

O. T. Allis : "The Reward of the King's Favorite(Esther vi. 8," in *PTR,* 21(1923), pp. 621-632.

J. Hoschander : *The Book of Esther in the Light of History,* Philadelphia, 1923.

W. Scott Watson : "The Authenticity and Genuineness of the Book of Esther," in *PTR*, 1(1903). pp. 62-74.

C. 역사서들

제 24 장

다니엘(DANIEL)

1. 명 칭

본서는 그 주인공 "다니엘(דָנִיֵּאל = 하나님의 재판관)"의 이름을 따라 작명되었다(비교 ▸ 에스라 8:2; 느 10:6). 이 이름은 또한 다윗의 둘째 아들의 이름이기도 하다(대상 3:1).

2. 저 자

「바바 바트라 15a」에는 "큰 회당의 사람들이 다니엘서를 기록했다."라고 되어 있다. 그러나 이 진술은 유대인들이 다니엘을 그 책의 저자가 아니라고 생각했음을 의미하지는 않는다. 사실은 바벨론 궁전에 있던 다니엘이 BC 6세기 동안에 본서를 기록했다는 것이 기독교의 전통이다. 이것이 바르다는 것은 다음의 사실에서 알 수 있다.

1) 예수 그리스도의 다니엘서 인용

신약 중 여러 구절에서는 다니엘서의 순수성에 대해 간접적으로 입증하고 있다(즉, 인자이신 예수님 자신의 재림에 대한 증언을 다니엘서의 예언과 결부, 일치시켜 예언하신 사실이 그러하다. - 편집자 주 ▸ 마 10:23; 16:27 이하; 19:28; 24:30; 25:31; 26:64 참조).

또한 그리스도께서는 마 24:15에서 다니엘 9:27과 12:11의 말씀을 인용하시되 멸망의 가증한 것이 선지자 다니엘에 의해 말하여졌다고 언급하셨다. 이것은 더욱 우리의 관심을 끈다. 이 구절은 현대의 부정적 비평주의에 의하면 마카비 시대에서 온 것이라고 한다. 그러나 이 두 구절은 그 내용상으로 다루어져야 한다.

그리스도는 적어도 본서의 일부분을 다니엘 자신에 의한 것으로 간주하였음이 분명하다. 이 난제의 해결을 카틀레지(Cartledge)가 시도하였는데 (보수적 『구약 개론』, Grand Rapids, 1943, p.221), 그는 "예수는 그 책이 누군가 다른 사람에 의해 쓰여졌다는 것을 알았을 것이고 또한 그것에 대해 공공연히 말하였다고 진술한다. 즉, 바울이 말한 것처럼 비하, 성육한 예수는 어떤 사물에 관한 본질적 완전한 지식에 대해 무지할 수 있다. 그는 단순히 전래된 전통을 사용하였다."라고 말한다.

그러나 이것은 경솔한 말이다. 그의 인간성으로 해서 주님은 어떤 사물에 관한 지식을 가질 수 없을 수도 있다. 카틀레지는 그리스도가 자신의 재림 때를 알지 못한다고 말했음을 지적한다. 이것은 사실이다. 그러나 우리가 주목해야 할 점은 그리스도는 자기가 알지 못한 사실에 대해서는 완전히 침묵하였다는 점이다. 그는 일반적 방식 이상으로 그 날과 시간에 대해서는 말씀하시지 않았다. 그러므로 그가 단순히 유통되는 전통을 사용했다고 말할 수는 없다.

만약 그가 그의 인간성으로 인해 다니엘서 저자의 정체를 알지 못했으면 그는 그 주제를 말하지 않았을 것이다. 만약 다니엘이 "멸망의 가증한 것"을 말하지 않았음을 알고서도 "다니엘의 말한 바 …"라고 말했다면 그는 확실히 기만의 죄를 범했다. 그는 그 잘못된 견해를 시정했어야 했을 것이다. 만약 그가 이 잘못된 견해를 시정하지 않았다면 그가 신임성이 없는 것으로 된다. 만약 그가 이러한 중요한 문제에 신임성이 없다면 그가 우리의 구원에 대한 유일한 소망으로 말씀하신 것이 진실하다고 우리가 어떻게 알고 믿겠는가? 우리 주님에 대한 그러한 견해는 거부되어야 한다. 다니엘서의 저작자 문제는 중요하다. 왜냐하면 본서가 인간의 운명을 다루기 때문이다. 만약 다니엘이 본서를 기록했고 또한 우리 주님이 말씀하듯 인류의 복리에 영향을 미치는 다가올 사건을 말하였다면 우리는 본서가 무엇을 말하는지 신중한 주의를 기울여야 한다. 만약 다니엘이 본서를 기록하지 않았고 주님이 실수로 혹은 생각다 못해 다니엘이 본서를 기록했다고 말하였다면 본서의 내용이 참되다고 믿을 만한 무슨 근거가 있겠는가?

다니엘은 일인칭 단수로 말하며 그가 신의 계시를 받았다고 주장한다 (비교 ▸ 7:2,4,6 이하; 8:1 이하; 15절 이하; 9:2 이하; 10:2 이하; 12:5-8). 특히 12:4에서는 마지막 때까지 본서를 간수하도록 명령된다.

이와 관련해서 주목할 수 있는 점은 전권이 확실히 한 저자의 작품이라는 사실이다. 만약 다니엘이 이 계시를 받은 사람이라면 그는 전권의 저자이다.

2) 본서의 통일성 논증

본서의 통일성에 관한 논증은 다음과 같다(이 논증은 필자의 『다니엘의 예언』에서 취한 것이다).

(1) 본서의 첫 부분은 둘째 부분에 대한 예비, 후자는 전자에 대한 회고

7장은 2장의 내용을 더욱 발전시킨 것이며 8장도 이와 같다. 그러므로 7장도 8장도 2장 없이는 완전히 이해할 수 없다. 2장 역시 앞의 2장에 근거한다(2:28과 4:2, 7, 10을 7:1, 2, 15과 비교).

(2) 같은 부분의 몇몇 부분들은 상호 관련성이 있다

독자는 3:12을 2:49에 비교할 것이다. 거룩한 기구들의 이송(1:1, 2)은 5장의 벨사살의 잔치를 이해하는 데 도움을 준다(대조 ▸ 9:21과 8:15 이하 ; 10:12과 9:23). 본서를 세밀히 읽으면 본서의 여러 부분들이 상호 결합되어 있으며 서로 의존하고 있음에 놀랄 것이다.

(3) 역사적 이야기들의 일률적인 계시 목적

역사적 이야기들은 일률적으로 이스라엘의 하나님이 어떻게 이방 국가들로부터 영광 받으시는지, 이에 대한 계시의 목적을 가진다.

(4) 다니엘의 인물은 어디서나 동일하게 나타난다

전권(全卷)을 통하여 나타나는 자는 오직 한 다니엘이다.

(5) 본서의 문체적 통일성은 모든 학파에 의해서 널리 인정된 바다

자연적으로 이것은 보수적 학자들에 의해 주장되었으나 근래에는 드라이버, 찰스, 로울리, 파이퍼 등도 다니엘을 단일한 것으로 간주한다.

3) 본서는 바벨론과 파사 제국의 배경을 나타낸다

그 역사성에 대한 반대가 본서에 대하여 일어났으나 확실한 것은 아니다.

❒ 저작자에 대한 이견(異見)들 ❒

주후 3세기에 '포르피리(Porhyry)'란 이름을 가진 한 신플라톤 철학자가 있었다. 그는 40여 세 때 시실리(Sicily)를 방문했는데 그때 『기독교인을 반박하여』라는 제목으로 15 권의 저서를 썼다. 이 저서들은 완전히 상실되었으나 그가 다니엘서를 공격했던 12 권 중의 일부가 제롬의 다니엘 주석에 보존되어 왔다. 포르피리는 BC 6세기의 다니엘이 그의 책의 저자였음을 부인하고 안티오쿠스 에피파네스(Antiochus Epiphasnes) 시대에 유대에 살았던 어떤 사람에 의해 기록되었다고 주장했다. 이 견해는 다니엘서가 안티오쿠스 시대에 관해서 매우 정확하게 말하고 있다는 데 근거하고 있다. 포르피리에 의하면 선견적인 예언이 불가능하기 때문에 그것은 예언이 아니라 역사이어야 한다. 그는 다니엘의 저자가 당대의 유대인의 소망을 격려할 것을 목적으로 했다고 말했다.

다니엘에 관한 포르피리의 비평은 자신의 무신론적 철학에 근거하고 있다. 그는 어떠한 선견적인 예언도 불가능하다고 생각하고 다니엘이 그러한 예언을 할 수 없었다고 부인했다. 그렇다면 그의 신념에는 말하지 않으면 안 될 한 가지 사실이 있다. 즉, 한 무명 인사가 다니엘의 이름을 가장해서 기록했다면 그 사람은 기만자였을 것이라고 인정한다는 사실이다. 그렇다면 이것은 확실히 가장이며 기만인 그 사실을 부인할 아무 이유가 없을 것이다. 푸세이(Pusey)가 말하듯 "다니엘서는 특히 신불신(信不信) 간의 전쟁의 씨앗이 되는 데 적합하다. 그것은 아무런 중립도 허락지 않는다. 그것은 신적이거나 협잡이다." (그의 『*Daniel*』, p.75).

그러나 다니엘서는 엄연한 역사이다. 또한 그것은 인간과 국가의 장래 복지에 관심을 가진 하늘에 계신 하나님에게서 온 계시이다.(*CD*, p.25).

유대인 합리주의자 우리엘 아코스타 (Uriel Acosta, 1590-1647)는 다니엘서의 육체적 부활의 교리는 증거할 목적에서 조작된 것으로 생각했다. 1727년 영국의 자연론자 안토니 콜린스(Anthony Collins)는 『문체 예언의 구조적 고찰(*Scheme of Literal Prophecy*)』이란 그의 저서 부록에서 예언의 순수성을 공격했다. 그러나 다니엘서에 대해 최초로 세밀히 반박한 사람은 레온하드 베르톨트(Leonhard Bertholdt, 1806-1868)였다. 그 이후 두 가지 관점이 서로 우위를 겨루어 왔다.

그 하나는 다니엘 자신이 하나님의 영감으로 BC 6세기 바벨론에서 그의 책을 기록했다고 주장하는 것이다. 다른 입장은 본서가 BC 2세기의 마카비 시대에 팔레스타인의 한 무명의 유대인에 의해 기록되었다는 것이다.

근년에 이 학설은 구스타프 횔셔(Gustav Hoelscher)에 손에 의해 약간 수정되었다 ("Die Entstehung des Buches Daniel," in *Theologische Studien und Kritiken*, xcii 1919, pp.113-138). 횔셔는 본서의 실제 작성자는 마카비 시대에 살았다고 주장했다. 그 자신은 다니엘 8-12장을 기록했다. 그 앞에 다섯 이야기의 고대 수집 곧 다니엘 2-6장이 있었다. 그것은 그 안에 배경 때문에 마카비 시대보다 더 이르다. 작자는 이 다섯 이야기를 취해 서론(1장)을 보태고 7장을, 양쪽 것을 관련시키는 사슬 줄로 삽입하여 현 다니엘서를 이루었다. 다른 이들 역시 본질적으로 이 입장을 채용한다.

그런데 본서의 저작자가 다니엘임을 거부하는 학자들의 거부 이유는 무엇인가?

첫째로, 다니엘 11장(36-45절 제외)은 수리아와 애굽 간의 전쟁의 정확한 묘사이며 안티오쿠스 에피파네스 시대의 정확한 초상을 나타냄으로 이것이 본서를 생각하게끔 영향을 끼쳤다. 또한 8장은 이 시대를 정확히 묘사함으로 많은 사람들은 그 사건들이 일어난 후에 기록되었다고 생각한다. 그러나 본서가 이 사건들의 발생 후에 기록되었다고 믿는 사람들이 모두 선견적 예언을 불신하는 포르피리를 따른다고 말하는 것은 옳지 않다.

그러나 이러한 견해를 지지하는 사람이 많은 것도 사실이다. 하여튼 필자는 본 장이 저작 연대에 대한 견해의 형성에 큰 영향을 끼쳤다고 믿는다.

둘째로, 많은 학자들은 만약 본서가 실제로 다니엘에 의해 기록되었다면 역사적 부정확성과 비일치점들이 본서에 없어야 하는데 그렇지 않다고 생각하기 때문에 다니엘의 저작임을 믿지 않는다. 그것은 다음과 같다.

① 다니엘 1:1의 여호야김 제 3 년이란 언급은 시대착오다: 왜냐하면 예레미야는 여호야김 제 4 년에는 갈대아인이 아직 예루살렘을 공격하지 않은 것으로 말하기 때문이다(렘 25:1,9; 46:2; 25:1은 여호야김 제 4 년이 느부갓네살 원년이었음을 보여 준다). 어떤 이는 다니엘 저자가 혼동하였으며 여호야김 재위 시의 BC 597년의 예루살렘 포위를 의미했다고 생각한다. 그러나 다니엘의 저자가 실제로 혼동하였을까? 이 가상적 난제에 대해 몇 가지 답변이 시도되었다.

a) 알더스(Alders : *EQ*, Vol. 2, no. 3)는, 히브리 사본엔 알파벳이 숫자를 나타내기 때문에 와우(ו =6)에 기멜(ג =3)을 대신 사용한 실수가 생겼다고 암시한다. 그러므로 그는 원정이 여호야김 6년에 일어났다고 주장한다. 이것은 가능할 수도 있다. 그러나 모든 번역은 현 히브리 본문을 지지하므로 이러한 오류는 아주 고대적이어야만 한다.

b) 카일(Keil)과 다른 이들은 다니엘 1:1의 히브리 말 바(בָּא)를 "그가 출발했다"로 번역하였다. 그러므로 그 구절은 여호야김 3년에 느부갓네살이 예루살렘을 향해 출발했다고만 진술한다. 이 번역이 옳다면 느부갓네살이 실제로 예루살렘에 도달하여 여호야김 3년에 포위했다고 꼭 생각할 필요는 없다. 이 번역은

드라이버와 다른 이들의 혹평에도 불구하고 가능할 수 있다 (비교 ▸ 창 45:17; 출 6:11; 9:1; 10:1, 민 32:6; 삼상 20:19; 왕하 5:5; 욘 1:3).

그러나 연대의 언급과 "이르러" 동사와 밀접히 관계되는 "그것을 에워쌌더라"라는 진술은 역시 포위도 제 3 년에 일어난 것으로 생각된다. 필자로서는, 다니엘은 여기에 바벨론 방식에 따른 연수와 팔레스타인 방식에 다른 예레미야 연수를 둘 다 사용했다고 본다. 왕이 등극한 해는 바벨론 체제에 따르면 "원년"을 가리키지 않고 "왕족 승진의 해"를 가리킨다. 여기서 다니엘이 여호야김 3년이라 함은 예레미야가 제 4 년이라 부르는 것과 같다. 이것은 다음과 같이 예시할 수 있다.

바벨론식		**팔레스타인식**
등극해	—	원년
원년	—	제 2 년
제2 년	—	제 3 년
제3 년	—	제 4 년

이 주장은 제 3 년이라는 언급에서 발생된 것으로 보이는 모든 난제를 없애 준다. 또한 주목할 수 있는 점은 이 3년이라는 말이 실제로 그 순수성의 증거라는 사실이다. 왜냐하면 다니엘서의 저자는 예레미야서에 친숙하였기 때문이다 (단 9:2 참조). 그는 또한 여호야김 제 4 년을 느부갓네살 원년과 같은 해로 말한 25장을 읽었다(포로 기한을 70 년으로 언급한 렘 25:11 참조).

지금 다니엘의 저자가 주전 6세기의 한 무명 유대인이었다면 그는 왜 예레미야의 "제 4 년" 대신 "제 3 년"으로 말했을까? 만약 그가 자기 책을 권위 있는 것으로 나타내기를 원했다면 그는 여기서 실패했다. 그는 왜 이러한 실수를 했을까?

이와 관련해서 지적할 수 있는 점은 어떤 비평가들은 예루살렘이 BC 605년에 (여호야김 제 3 년)에 포로 된 것이 아니고 BC 597년이라고 주장하는 사실이다. 이에 답해 우리는 예루살렘이 여호야김 제 3 년에 포로 되었다고 다니엘이 진술하지 않는다고 말할 수 있다. 또한 느부갓네살이 왕으로써 예루살렘을 취하였다고 함은 잘못이라고 그들은 말한다. 그러나 왕이란 언급은 우리가 "워싱턴 대통령의 유년 시에"라고 말하듯이 예정적으로 사용되었다.

특수 문고 ▸ Albertus Pieters : "The Third Year Of Jehoiakim," in *From the Pyramids to Paul,* 1935.

② "갈대아인"이란 명사의 사용 문제 : 다니엘서의 "갈대아인"이란 명사는 종

족적 의미로 사용된 것이며, 더욱 제한된 의미로는 일군(一群)의 현인(賢人)들을 의미하는 것으로 사용되었다. 이러한 두 가지 용법은 구약이나 비문에서 나타나지 않는다. 이 술어의 제한적 의미가 최초로 성경 이외의 곳에서 나타난 것은 헤로도투스(Herodotus)에서이다(약 BC 440).

여기서는 두 가지 용법이 부정확해서 후의 연대를 지시한다고 논증한다. 그러나 이 결론에 대해서는 헤로도투스의 말을 고찰해 보는 것이 가치 있을 것이다. 그는 I:181에서는 "이 신의 제사장들인 갈대아인들이" 말하는 바와 같이 다시 I:183에서는 "큰 제단에서는 갈대아인들이 신의 제전을 축하할 때 매년 유향 1000 달란트를 태운다."라고 했다. 이것들은 또한 "갈대아인이 말한 바와 같이"와 "나는 보지 못했으나 갈대아인의 말대로 말한다."라는 구절을 포함한다. 헤로도투스는 분명히 갈대아인을 제사장들로 본다. 더욱이 그들이 축하하는 제전은 새로운 것이 아니라 오랜 시일 동안에 확립된 행사이다. 사실로 이것이 오랫동안 기존해 왔던 것으로 보인다. 왜냐하면 고레스 시대에 성전에는 한 큰 금상이 있었다고 갈대아인이 자기에게 말했음을 헤로도투스는 말하기 때문이다. 다리오의 아들 크세륵세스(BC 486-465)는 조상(彫像 = Statue)을 원하였는데 이것을 옮기는 것을 금했던 한 제사장을 살해했다. 헤로도투스의 말에서 자연히 생각되는 점은 기술된 사물의 질서들이 고레스 시대 이전에 기존하여 왔다는 사실이다. 성전과 갈대아인 제사장들이 그 이후 존재했음은 정당한 추리인 듯하다. 또한 크세륵세스를 압박했던 제사장은 헤로도투스가 만난 제사장들 곧 갈대아인의 계열에 속한다는 것도 근거 있는 추리로 생각된다. 그래서 헤로도투스를 자세히 읽으면 갈대아인이 그의 시대 오래전에 제사장으로서 봉직했다는 인상을 받는다. 저작 때를 측정할 BC 6세기의 성경 외의 자료는 제한된 의미로 갈대아 술어를 사용하였음이 발견되었다는 단순한 사실이 다니엘의 용법을 늦은 시대의 것으로 보게 하는 근거는 못 되는 것 같다.

③ **다니엘의 '박사(wise men)' 직위 여부** : 한편 유대인인 다니엘이 자신을 "박사들"의 계열에 두기를 허락지 않았으며 또 그러한 무리가 다니엘을 인정하려 하지 않았을 것이라고 말하는 이도 있다. 그러나 다니엘서는 다니엘이 어떤 계급에서 인정되었다고 말하지는 않으나 그는 바벨론의 모든 박사들을 지배할 정치적 권위가 주어졌다고 했다 (2:48, 49). 이것이 (어떤 비평가들이 분명히 생각하듯이) 실제로 다니엘이 이방 제사장이 되었음을 의미한다면 이것은 본서의 포로 이후의 기원을 반대하는 최강의 논증 가운데 하나가 아니겠는가? 유대인의

민족주의가 강조되었던 BC 3세기에 "전설적" 유대인의 영웅이 어떻게 이방 제사장이 되었다고 생각할 수 있겠는가? 그리고 만약 이 이야기가 마카비 시대에서 온 것이라면 이 표현을 어떻게 설명할 수 있을까? (*CD*, p. 273)

④ **느브갓네살의 광증의 기사 논란** : 반대 입장은 4장에 주어진 느부갓네살의 광증의 기사를 논란한다. 카틀레지(Cartledge)는 근년에 "역사는 다니엘에 기록된 느부갓네살의 광증에 관해 아무것도 아는 바 없다."라고 진술한다. 그러나 그러한 진술은 정확한가? 요세푸스는 『복음의 예비(〈라〉*Praeparatio Evangelica*)』(9:41)라는 그의 저서에서 아비데누스(Abydenus)를 인용하는데 그것은 느부갓네살의 말년을 진술한다. "어떤 신 혹은 다른 신에 사로잡혀" 왕은 자기 궁전으로 올라가서 백성들을 노예로 이끌어 왔던 파사인의 고집쟁이(mule : 고레스를 지칭)의 왕림을 선포했다고 거기에 진술된다. 아비데누스는 "그가 이 예언을 말했을 때에 그는 곧 사라졌다고 말한다. 이 마지막 말들은 왕이 광증에서 예언한 것을 말하는 듯하다. 그러므로 아비데누스 시대에는 느부갓네살 만년에 일어난 어떤 특수하고 예외적인 사건에 대한 전설이 기존하였다. 왕이 어떤 신에 사로잡혔다고 생각되는 점은 주목할 만하다. 그가 궁전에 있었을 때의 일은 다니엘이 진술한 것과 같다. 그리고 이 사건은 왕이(취하고자 한 나라를) 정복한 후에 혹은 그의 사후 즉시 일어났다."

베로수스(Berossus)도 역시 『아피오넴을 반박하여(*Contra Apionem*)』에서 43년 통치 후에 느부갓네살이 어떤 성벽 공사 착수 후에 병사했다고 말한다(1:20).

헬라 본문 역시 갑자기 병으로 악화했다는 사실을 시사한다. 임종 전의 병고는 일반적인 것이므로 그것이 특수한 종류가 아니면 언급되지 않았을 것이다. 여기서도 우리는 왕을 엄습한 어떤 비극에 관해 왜곡된 생각을 가진다. 그러나 역사가 (성경을 떠나서) 왕의 광증에 관해 침묵한다 할지라도 그것만으로는 다니엘서에 기록된 기사의 역사성을 부인할 충분한 이유는 못 됨을 기억할 것이다.

⑤ **'왕'의 용법의 역사성 비평** : 5장과 다른 곳에서는 벨사살이 왕으로 되어 있으나 사실은 신바벨론 제국의 최후의 왕은 벨사살의 아버지인 나보니더스(Nabonidus)였다. 다니엘서 저자는 벨사살을 왕이라고 함으로써 역사적 실수를 범했을까? 우리가 얻을 수 있는 설형 문자의 증거는 모두 벨사살을 왕자 마르 샤리(Mar Sharri) 곧 황태자로 말하는 것은 사실이다. 그러나 나보니더스는 왕권을 아들 벨사살에게 위탁했으며 그 자신은 자기 처소를 아라비아의 데마(Tema)에 정했다고 어딘가에 진술되어 있다(소위 "나보니더스의 파사 번역 기사," Smith :

『바벨론의 역사적 본문』, 1924.)

더욱이 벨사살이 법적 직능을 발휘했음을 보여 주는 식으로 말하고 있다. 나보니더스는 장수를 원해서 벨사살을 특별한 방법으로 자기와 연합시킨다.

맹세들은 양인의 이름으로써 시행되었다. 그래서 "바벨론의 나보니더스 왕과 왕의 아들 벨사살의 칙령들(a-di-e)"이란 문구를 읽을 수 있다. 벨사살은 임대 계약을 허락하며, 명령을 발하며 에렉(Erech)에 있는 성전에 관해 행정적 처리를 행하는 등의 왕과 대등한 종속적 공직을 공유한다. 또한 조공 바치는 것에도 두 이름이 밀접히 관련되어 있다. 덧붙여 기억할 사실은 왕(malca)으로 번역된 아람 말이 반드시 절대 군주를 의미할 필요는 없다는 점이다. 이렇게 해서 벨드사살은 나보니더스에게 종속하는 직위를 획득했다. 그런데 그는 유대인이 올 때에는 왕과 대등한 사람이었으므로 다니엘은 그를 왕이라 부를 수 있으며 이것은 잘못이 아니다.

특수 문헌, 설형 문자의 증거는 다우어티(R. Dougherty)에서 얻어진다. 『나보니더스와 벨사살(*Nabnidus and Belshazzar*)』(New Haven, 1929) 다니엘의 '왕'의 용법의 역사성에 대한 최초의 비평은 로울리(H. H. Rowley)로 말미암는다 ('다니엘 5장의 역사성', *JTS*, Vol. XXXIII pp.12-31). 반대 입장에 대해서는 *CD* 내에 있는 같은 제목의 필자의 논거를 보라.

⑥ **존속 호칭은 단순한 선조의 의미로 이해** : 나보니더스가 그의 부친인데도 다니엘 5장에서는 벨사살의 부친이라고 말하고 있다. 그러나 이 반대는 고려할 가치가 없다. 동양 언어에서는 "父"란 말이 많은 의미를 가지기 때문이다. 의심할 나위 없이 여기서는 그것이 선조의 의미로 사용된 것이다. 기억해야 할 것은 다니엘서 저자는 예레미야서를 알았다는 사실인데, 거기에는 에윌므로닥이 느부갓네살 후에 통치했다고 말한다(렘 52:28-31). 이 사실에 비추어 여기서의 말은 단순히 선조의 의미임을 이해할 수 있다.

⑦ **메대의 다리오의 언급은 저자가 혼동한 증거이다** : 아직까지 다리오에 대한 어떠한 언급이 비문들에 나타나지 않은 만큼 다리오를 어떤 유명한 역사적 인물과 동일시하기는 불가능하다. 그래서 그를 잘 알려진 고브리야스(Gobryas), 캄비세스Cambyses), 아스티아게스(Astyages) 등과 동일시하려는 시도들은 확실치 않다. 이것은 다리오가 존재하지 않았음을 증명하지는 못한다. 그는 다니엘서가 말하듯 왕국을 책임하고 있었음이 가능하다. 드라이버는 그럴싸하게 "세심한 비평은 비문들의 침묵 위에 너무 많이 내세우려 하지 않는다. 거기에는 아직도 많

은 광명으로 비쳐질 것이 확실히 남아 있다."(*LOT*, p.469)라고 말했다.

⑧ **다리오 왕국 관할구 분할 문제** : 어떤 비평가들은 메대 다리오가 왕국을 120 관할구로 분할하였던 것은 역사적으로 가능하지 않다고 말한다. 그러나 다니엘서 본문(6:1)은 방백 120 명을 세워 전국을 통치하게 했다고 했다. 그리고 방백들은 실제의 관할구보다도 더 작은 지방들을 통치할 책임을 가졌을 수도 있다. 그들 중 어떤 이는 단순히 특수 임무로 임명되었을 수 있다. 예컨대, 다리오 히스타스피스(Darius Hystaspis)는 그의 비문 중 하나에서 이렇게 말한다. "그 이름을 다드르시스(Dadrsis)라고 하는 나의 종 바크트리아(Bactria)의 방백을 내가 보냈다."

6:1의 진술을 부인하는 정당성에 대한 아무런 객관적 증거도 현존하지 않는다. 왕국이 120 관할구로 분할되었다고 본문이 말한다 해도 그것이 오류로 보여질 수는 없다.

⑨ **'방백'의 명칭** : '방백'이라는 파사 명칭이 다니엘서에서는 마치 그것이 바벨론 말인 양 사용되었다고 말하는 사람도 있다(3:3). 그러나 이것이 반드시 시대착오를 의미하는 것은 아니라고 답할 수 있다. 파사의 영향을 받은 그러한 용어가 느부갓네살 통치 기간에도 바벨론에서 사용될 수 있었음은 가능하다. 그러나 반드시 그러한 가정을 할 필요는 없다. 만약 다니엘이 바벨론 몰락 후 곧 고레스 3년에 그것을 기록했다면 그는 어떤 경우에는 바벨론 용어 대신으로 파사 말을 사용할 수 있었을 것이다. 그렇게 함으로써 그의 기록이 파사 시대의 독자들에게 잘 이해되었을 것이다. 만약 이 경우가 그러하다면 "방백"이란 용어의 사용은 시대착오가 아니다.

⑩ **포로 70 년의 기간을 "서책으로 말미암아" 깨달았다는 문제** : 다니엘 9:2에는 다니엘이 포로 기간을 "책으로 말미암아 깨달았다."라고 되어 있다. 많은 비평가들은 이 표현이 포로 말기에는 아직 형성되지 않았던 거룩한 책들의 수집을 가리킨다고 생각한다. 그러나 정경이 이미 수집된 것에서 연역하였다고는 생각되지 않는다. "서책으로 말미암아(바쎄파림 : בַּסְּפָרִים)"란 표현은 단순히 일군(一群)의 기록들을 가리키며 그중에는 예레미야의 예언도 있었다. 이 술어는 아마도 성경에 대한 광범위한 일컬음일 것이다.

⑪ **다니엘서의 위치** : 본서의 위치가 선지서들보다 성문서들에 포함되어 있는 것은 그것이 "선지서들의 정경" 말기까지는 기록되지 않았다는 증거임을 주장하

는 자도 있다. 그러나 이 논증이 결정적인 것은 아니다. 왜냐하면 일찍이 다니엘서는 선지서 가운데 두었던 사람들도 있는 듯하기 때문이다. 약 AD 175년에 사르디스(Sardis)의 감독 멜리토(Melito)는 그의 『목가시(*Eclogues*)』에서 구약의 목록을 제공했다. 거기에는 이렇게 되어 있다. "선지서들 가운데 이사야, 예레미야, 그리고 12 선지들 가운데는 한 가지 책인 다니엘과 에스겔, 에스라 … 등등이다." 수리아의 어느 것에도 이러한 목록이 나오며 같은 순서로 되어 있다. 더욱이 구약의 헬라 사본들의 많은 것에는 다니엘서가 선지서 가운데 있다.

필자로서는 이 논증을 결정적인 것으로 볼 수 없다. 다니엘서가 최종적으로 성문서집에 위치하게 된 이유는 그가 선지자의 전문적 직위(예언의 의무)를 소유하지 못했음에 있다. 그는 정치가로 훈련되었고 거기에 봉사하였다. 선지자란 하나님과 신정 국가 사이의 중보자였다(신 18:18). 그런데 다니엘은 그러하지 못했다. 그러나 신약과 다른 증거들은 다니엘을 선지자로 말함으로써 분명히 다니엘의 예언자적 은사(〈라〉donum propheticum)에 대해 언급한다. 발람에 대한 언급도 마찬가지이다(벧후 2:16).

⑫ **다니엘서와 지혜서의 관계** : 지혜서는 (BC 175) 이사야, 예레미야, 에스겔을 언급하지만 다니엘에 대해서는 침묵한다. 그러나 이것은 다니엘서가 아직 기록되지 않았음을 의미하지는 않는다. 그 까닭은 지혜서는 아사, 여호사밧, 에스라, 모르드개와 다른 이들을 언급하는 때문이다. 그러나 다니엘서의 기존 여부가 지혜서 저자에게 알려지지 않았다 해도 (그런 것 같지는 않지만) 이것은 본서가 아직 기록되지 않았다는 것을 증거하지는 않는다.

⑬ **다니엘서의 역사성에 반대하여 일어났던 기타 논증들** : 다니엘서의 무명 저자가 바벨론 포로 후에 메대 제국이 독립적으로 존재한다고 잘못 생각했다는 것이 그것이다. 부정적 학파의 비평가들은 다니엘의 네 왕국의 정체를 바빌로니아, 메대, 파사, 헬라라고 주장한다. 이러한 그릇된 견해를 지지하는 일반적 논증은 다음과 같다.

a) **벨사살 후에 통치하였던 왕은 메대 선조에게서 왔다** : 다니엘서 기사 중 단순히 메대 제국이 통치되었다는 것에서 이것을 추론함은 다니엘서에서 찾아볼 수 없는 것을 읽은 것이 된다. 윌슨(R. D. Wilson)은 여기에 관하여 말한다 (『다니엘 연구』, 뉴욕, 1938, II, p. 261). "다리오가 메대인이었다는 진술이 그가 메대 왕임을 증명하지 않는 것은 나폴레옹이 코르시카인(Corsican)이었다는 것이 그

가 코르시카 왕임을 증명하지 못하는 것과 같다. 그뿐 아니라 그는 메대 왕으로 여전히 파사왕 고레스에게 종속하였을 수 있다. 무라트(Murat)는 내이플스(Naples)의 왕이면서 프랑스 황제였던 코르시카계 이탈리아인에게 종속하고 있었던 프랑스 사람이었다."

b) **고레스와 다리오의 엄격한 구별이 반복하여 강조된다고 말한다** : 그러나 단 한 번 고레스가 파사인이라 불려진다(6:28). 다리오는 두 번 메대인이라고 불려진다 (5:31; 11:1). 그리고 한 번 메대인의 족속이라고 말한다(9:1). 이 구절들은 다만 두 사람이 근본적으로 다른 선조를 가졌음을 보여 준다. 파사 제국 바로 전에 독립적인 메대 제국이 있었다는 것이 사실이라면 그 결과는 어떻게 되겠는가?

c) **벨사살 왕국의 몰락에 대해 견해를 달리한다** : 5:28은 벨사살 왕국이 한편은 메대인에게, 한편은 파사인에게 몰락된 것을 의미한다고 어떤 이들은 주장한다. 그러나 이 해석은 바로 뒤의 문맥에서 메대인 다리오가 재위하고 있을 때 그가 메대와 파사의 법률에 복종한다는 사실로 말미암아 절대적으로 소외된다. 이 문맥에서 메대-파사는 단일체로 간주된다. 그러므로 메대인 다리오라는 언급은 다니엘서 저자의 혼동이나 비정확성을 말하는 것이 아니다.

⑭ **다니엘서의 어휘와 기록 연대** : 또한 다니엘서의 어휘는 본서가 주전 6세기 오랜 이후에 기록되었음을 증명한다고 주장하는 사람도 있다. 우리는 이미 이 논증을 '방백'이란 파사 말과 관계해서 일부 상고하였다. 다니엘서에는 신바벨론 제국을 다룬 다른 파사 말도 있다. 드라이버는 적어도 15 개의 말을 찾아낸다. 그러나 다니엘이 그의 책을 파사인이 바벨론을 정복한 후에 썼다면 그는 그러한 말을 특히 공직이나 기구들 같은 것을 가리키는 것으로 사용할 수 있었음을 기대할 수 있다.

다니엘 3장에 있는 헬라 말들이 반드시 다니엘이 저작자임을 방해하지는 않는다 (이 말들은 파사를 거쳐 본서에 들어왔을 수 있다(Hans Heinrich Schalder, *Iranische Beitraege* I, 1930). 왜냐하면 헬라 문화가 지금까지 생각했던 것보다 더 일찍 근동에 들어왔다는 것이 점점 더 분명해져 가기 때문이다.

히브리 어와 아람 어휘들의 성격에 관해 그 자체가 주전 6세기의 다니엘의 저작 사실을 배제하는 것은 아니다. 그러나 다니엘의 히브리 부분들은 아마도 에스라와 서기관들에 의해 현대화된 것이 가능하다. 이것은 또한 아람 어 부문들에서도 꼭 같을 것이다. 한편 바움가르트너(Baumgartner)와 다른 이들에 따르면 다니엘의 아람 어 부분들의 문법적 형식들은 고대 것을 많이 포함한다. 라스 에쉬 - 샤므라(Ras esh-Shamra)에서 근년에 발견된 문서들(1929) 역시 아람적 요소들을 포함하고 있으며 어떤 면에서는 다니엘의 아람 어와 관계를 가진다.

그러므로 다니엘은 어떤 경우에는 'ㅈ(ז)' 대신 'ㄷ(ד)'의 철자를 쓴다 (예 ▸ 자하브 : זָהָב = 금, 대신 데하브 : דְּהַב = 금). 이러한 철자적 특수성은 다니엘의 늦은 연대의 증거라고 간주되었다.

그러나 이러한 현상이 정확히 라스 에쉬- 샤므라 문서들(BC 15C)에 나타난다. 여기에 다니엘의 아람 어에 관한 우리의 판단은 수정되어야 한다. 적어도 그 어휘들이 본서의 고대성을 반대하는 논증들로 채용될 수 없음이 더욱 분명해진다.

다니엘의 순수성을 옹호하는 사람들은 아람 어가 6세기에 바벨론에서 통용된 것이라 증명하지는 않는다. 그것은 필요치도 않으며 타당한 것도 아니다.

참고 ▸ H. H. Rowley : *The Aramaic of the Old Testment,* Oxford, 1929.

G. R. Driver : "The Aramaic of the Book of Daniel," in *JBL*, 45 (1926), pp. 110-119, 323-325.

W. Baumgartner : "D as Aramaische im Buche Daniel," in *JAW*, 1927. pp. 81-133.

R. D. Wilsion : "The Aramaic of Daniel," in *BTS.*

⑮ 다니엘서에 나타난 신학적 형태들과 기록 연대 문제 : 본서의 신학적 형태들은 포로 후 시대 - 특히 메시야, 천사, 부활과 심판에 관해서 - 를 가리킨다고 말하는 이도 있다. 이것들은 "구약의 다른 어느 곳보다 더욱 분명히 발전된 형식으로 나타나며 약 BC 100년, 에녹서의 초기 부분들에서 볼 수 있는 것과 유사한 형태들로(비록 동일하지는 않지만) 나타난다."(*LOT*, p. 477)라고 드라이버는 말한다. 그러나 이러한 반대는 다니엘의 이른 연대를 전복시키기에 충분한 것은 아니다. 메시야 교리에 관한 한, 그것은 아주 처음부터 장르 형식으로 나타나 전 구약에 침투하고 있다(창 3:15). 메시야의 명칭이 다니엘 이외에서는 단지 시편 중 2편에 분명히 나타난다고 할지라도 이것은 참되다. 에녹서는 분명히 메시야를 큰 뿔을 가진 흰 황소의 상징(90:37)으로 말하고 있다. 이것은 다니엘서의 표현과는 전혀 같지 않다.

천사에 관한 교리에 있어서 다니엘은 그가 가브리엘과 미가엘을 언급하는 데서만 에녹서와 유사하다. 에녹은 다니엘보다 더 많이 언급한다. 더욱이 천사의 교리는 구약 전체를 통해 나타난다.

부활의 교리는 구약의 여러 구절들에서 나타난다. 예컨대, 사 26:19; 53:10; 겔 37장; 욥 19:25; 왕상 17장; 왕하 4장; 다니엘은 12:2에서만 부활을 언급한다. 그리고 이것은 에녹서 25장; 90:33의 내용과는 다르다.

다니엘서와 같이 에녹서는 심판이 있을 것을 진술한다. 그러나 구약 다른 책들도 역시 그러하다.) 예 ▸ 사 42:1-4; 욜 3:9-17; 시 1:5; 9:7, 8; 68:14; 76:9).

그러므로 다니엘서 신학에 관한 논증은 본서의 늦은 포로 후 연대를 증명하는데 사용될 수 없다.

특수 문헌 ▸ R. D. Wilson : "The Origin of the Ideas of Daniel," in *Studies In the Book of Daniel*, II, New York, 1938, pp. 117-156.

그러므로 결론으로 말할 수 있는 것은 다니엘서가 BC 6c에 다니엘 자신에 의해 기록되었다고 주장하는 데에는 난점이 있는 반면 이에 반대하는 논증도 일반적으로 충분치 못하다는 점이다.

3. 목 적

다니엘서는 열국의 우상보다 뛰어난 하나님의 우월성을 보여 주려고 했다. 이 국가들은 이스라엘을 심판하는 하나님의 도구로 사용되어 왔지만 훗날 하나님은 결코 망하지 않을 왕국을 세울 것이다. 분노의 결말이 하나님의 백성에게는 핍박의 때가 될지라도 메시야는 올 것이며 영원한 왕국이 확립될 것이다.

그러므로 다니엘은 인간의 왕국을 다스리는 하나님의 주권을 가르침을 그 목적으로 한다고 분명히 말할 수 있다.

4. 분 해

제1장 ▸ 전권의 서론

느부갓네살이 예루살렘을 포위하고 바벨론으로 데려간 포로들 중에는 왕궁에서 봉사하기 위해 훈련 받는 네 젊은이가 있다. 왕의 지정한 음식을 거절하였으나 그들은 하나님의 은혜의 승리를 보여 주며 그 훈련에 놀랄 만한 진전을 나타낸다.

※ 이하 장(章) 제목들은 편집자가 부가한 것임 - 편집자 주

제2장 ▸ 느부갓네살이 잊은 꿈을 알아내고 해몽한 다니엘

느부갓네살은 자신이 꾼 꿈을 잊어버려 번민, 박수·술객 등의 지혜자들이 다 동원되어도 그 꿈을 해석할 수 없으나 다니엘에게 해석이 계시됨. 왕이 꿈에 본 큰 신상은 네 왕국을 나타내며, 그 기원은 인간에게서며 범위는 잠정적이고 제

한되어 있다는 것을 듣게 된다.

그것들이 존재하는 반면 하늘에 계신 하나님은 영원하고 우주적인 왕국을 세우실 것이다.

이 왕국들에 대한 3가지 주요 해석들

I	II	III
1. 바벨론	바벨론	바벨론
2. 메대-파사	메 대	메대-파사
3. 헬 라	파 사	헬 라
4. 알렉산더의 계승자들	헬 라	로 마

이 셋 중 하나가 옳을 것이다. I 은 주로 스튜아트와 재클러(Zaeckler)에 의하여 주장되며, II는 부정적 학파의 비평가들에 의해 주장된다. III은 신약에 의해 주장된다. 이 견해를 지지하는 논증을 위해서는 필자의 논문 "The Identity of the Fourth Empire(네 제국의 정체)" *CD*, pp. 275-294를 보라.

제3장 ▸ 세 친구의 불굴의 신앙과 하나님의 구원

느부갓네살이 두라 평지에 큰 우상(금 신상)을 세운 후 그의 신복들에게 - 죽음을 조건으로 하고 - 그것에 경배하도록 명령한다. 어떤 갈대아인이 사드락, 메삭, 아벳느고가 금 신상에 경배하지 않음을 왕에게 보고하자 느부갓네살은 이들을 자기 앞에 데려오라 명하여 그 보고가 사실인지를 묻는다. 그는 자기의 보고를 반복한다. 이에 대해 그들은 오직 하나님을 신뢰한다고 답변했다. 왕은 노하여 풀무불을 평시보다 7배나 뜨겁게 하여 3인을 그 한가운데에 던지라고 명하여 이 명령이 수행된다. 그러나 왕은 풀무불 가운데서 세 사람이 상해를 입지 않고 또 한 사람이 함께 있음을 보고 그들을 나오라 명하여 그들의 하나님을 찬양한다.

제4장 ▸ 느부갓네살의 두 번째 꿈(하늘에 닿은 나무)과 다니엘의 해몽

느부갓네살은 한 꿈을 꾸고 번민하여 박수 등 지혜자들을 소환하나 해몽을 듣지 못한다. 다니엘이 인도되어 와서 그 꿈을 이야기한다. 그것은 왕의 이해(利害)에 관한 것이었다. 그 꿈은 잠깐 동안 몽환(夢幻)에 잠긴 왕에게 적중된다. 몽환에서 깨어난 후 그는 다니엘의 하나님을 찬양했다.

제5장 ▸ 기이한 글자들의 나타남과 다니엘의 해석

벨사살 왕이 배설한 잔치 도중 왕궁 벽에 기이한 기록을 본다. 다니엘은 그 기록을 벨사살의 운명의 경고로 해석한다. 그 경고는 사실화되어 벨사살은 살해된다.

제6장 ▸ 신앙 고수(固守)로 인해 사자 굴에 던지어져도 구출 받은 다니엘

메대 다리오가 벨사살의 왕위를 계승한다. 다니엘의 경쟁자들은 그를 질투하여 파멸시키려 꾀한다. 다니엘은 메대와 파사의 법을 어긴 죄로 정죄되어 사자 굴에 던져지나 기적적으로 구출된다.

제7장 ▸ 네 짐승과 인자에 관한 다니엘의 환상과 그 해석

벨사살 원년에 다니엘은 한 환상을 보는데 큰 네 마리의 짐승이 그 속에 출현한다. 이 짐승들은 2장의 우상과 같은 왕국들을 나타낸다. 곧 그것의 확대이다. 여기서는 네 제국이 3 종류의 역사를 가질 것이라고 계시된다. 네 짐승의 머리 위에는 열왕 또는 왕국들을 상징하는 열 개의 뿔이 있다. 이것들은 역사의 제 2 단계를 나타낸다. 10 개의 뿔 중 세 뿔을 뽑는 한 작은 뿔이 올라와 하나님을 대항하여 큰 일들을 저질러 성도와 전쟁함. 역시 2장에서처럼 하나님은 영원한 법, 우주적 왕국을 세워 그것을 인자 같은 하늘의 형상에게 준다. 드디어 적은 뿔이 지존자의 성도들을 정복할 찰나에 하나님은 간섭하시며 네 짐승은 전멸되어 성도들이 왕국을 계승한다.

제8장 ▸ 다니엘이 본 숫양과 숫염소 및 작은 뿔에 대한 환상과 가브리엘 천사의 설명

숫양과 숫염소의 상징적 환상에서 다니엘은 메대-파사 제국이 알렉산더 지휘하의 헬라인에 의해 멸망됨을 본다. 알렉산더가 죽고 왕국은 분열되는데 그 사실이 4 개의 뿔에 의해 나타난다. 이들 중 하나에서 한 작은 뿔이 나온다. 이 뿔(안디오커스, 에피파네스)은 크게 되며 하나님의 백성을 대적하나 또한 깨어진다.

제9장 ▸ 다니엘의 기도와 가브리엘 천사의 응답(70 이레의 예언)

다니엘은 포로 70 년에 관한 예레미야의 예언을 이해하고 하나님께 자기 백성의 죄를 고백한다. 9:4-20은 아이스펠트와 그 밖의 사람들에 의해 후대 첨가로 간주된다. 그러나 이 기도는 느헤미야 9장보다 더 이른 것이며 더 확장된 것이다.

가브리엘이 유명한 칠십 이레의 예언으로 다니엘의 기도에 응답한다. 7 기간(7의 정확한 기간은 진술되어 있지 않다.) 그중 70은 메시야적 사업을 성취할 목적으로 선포되었다. 메시야적 사업은 소극적 술어와 적극적 술어로 기술된다. 소극적인 것은 더 이상 범죄치 않게 하여 오류를 막는 것이다. 적극적인 것은 영원한 의를 가져오며, 환상과 예언을 확증하며 성도들 중에 거룩한 자를 기름 붓는 것이다. 다니엘이 깨달은 것은 예루살렘을 회복하여 중건하라는 명령이 내린 후부터 기름 부음 받은 자 곧 왕(궁전 제사장)이 날 때까지 7 이레와 62 이레가 된다는 것이었다. 우리는 이 명령이 주님에게서 발해진 때 나타난다. 이 시기는 두 가지로 나누어진다. 7 이레의 첫 시기는 고레스 원년부터 에스라와 느헤미야 사업의 완성 시기까지를 말하며, 둘째 시기는 그 이후부터 기름 부음 받은 자 곧 왕으로 말해질 수 있는 그리스도의 초림까지이다.

이 전 기간 동안 성은 완전히 중건될 것이다. 비록 이것이 재난과 괴로움의 기간 동안 70 이레 안에 있을 것인지 아닌지는 진술되어 있지 않다. 그중 하나는 메시야의 죽음이며 다른 것은 그 결과를 따라오는 것으로 디도(Titus) 장군 휘하의 로마군에 의한 예루살렘과 성전의 멸망이다. 70 이레 동안 메시야는 많은 사람과 더불어 언약을 굳게 정하고 이 이레의 제사와 예물을 그치게 된다. 이 결과로 성전 꼭대기에 파괴자가 출현한다. 그것은 멸망의 가증스런 것이다. 황폐 위에 정해진 종말이 내린다. 이 사건 곧 성의 멸망은 70 이레 안에 일어나지 않고 70 이레의 기간 중에 있었던 메시야의 끊어짐의 결과로 따라온다(*CD*, p. 220).

제10장 ▸ 다니엘이 힛데겔 강 가에서 본 환상

신의 메시지가 다니엘에게 계시된다. 그것은 11장과 12장에 주어진 계시의 서론적 역할을 한다.

제11-12장 ▸ 열방과 종말에 대한 예언

애굽 왕들(프톨레미 : Ptolemies)과 수리아 왕들(셀류시드 : Seleucids) 간의 전쟁이 묘사된다. 안디오커스 에피파네스의 득세, 그의 애굽과의 대전(對戰)이며 하나님의 백성에 대한 심한 박해에 강조를 둔다. 그 다음 적그리스도의 일어남과 그와의 교전(交戰)이 기술된다. 다니엘은 본서를 인봉하도록 명령 받으며 예언은 결론에 이른다.

5. 본서의 두 가지 용어

2:4b-7:28은 아람 어로 되어 있고 나머지는 히브리 어로 되어 있다. 이 두 가지 언어를 사용한 이유는 무엇인가? 이 문제에 답하려는 여러 시도가 행해졌다. 예컨대 베반(Bevan)은 전권이 원래는 히브리 어로 기록되었는데 그 일부가 상실되고 아람 어 번역에 의해 대치된 것이라고 주장했다. 다른 이들은 원래의 것이 아람 어이고 히브리 부분이 번역된 것이라고 주장한다. 로울리는 2-6장이 마

카비 시대에 아람 어로 기록되었다고 믿는다. 그리고 다소 늦은 시기에 동일한 저자가 역시 7장을 아람 어로 작성했다. 그러나 그는 히브리 언어가 환상들에 더욱 적합함을 알았다. 그래서 8-12장의 환상들에 대해서는 히브리 어를 사용했다. 그는 본서를 단일한 책으로 나타내기를 원했으므로 서론을 히브리 어로 다시 썼다.

본서의 저작자의 통일성을 믿지 않는 어떤 학자들은 첫 장은 아람 어로 기록된 고대 전설에서 온 것이라고 믿는다.

그래서 환상들의 저자는 그의 작품을 아람 어로 시작하였고 후에 히브리 어로 변경시켰다고 간주해야 된다. 어떤 이유로 그는 또한 1:1-2:4a을 히브리 어로 기록했다.

로울리의 이 학설은 거의 만족스런 것이 못된다. 더욱이 게다가 다니엘서의 늦은 저작 연대를 주장하는 것은 더욱 그러하다. 두 언어에 대해서는 만족스런 설명이 나타나지 않고 있다. 이 난제에서 벗어나는 유일한 길은 용어의 사용을 저자의 사색과 그 의지에 일임하는 것이다. 아람 어는 주로 세계 국가들을 취급하는 부문에 사용되고 히브리 어는 하나님 왕국의 장래를 취급한 것에 사용된 것이다. 이 견해는 난제를 면할 정도는 못 되어도 가장 만족스러운 것으로 생각된다 (다음의 특수 문헌 참조).

다니엘에 관한 특별 문헌

G. Ch. Aalders : *Het Herstel van Israel volgens het Oude Testament,* Kampen, n.d.

Oswald T. Allis : *Prophecy and the Church*, Philadelphia, 1945, pp.111-128.

Sir Robert Anderson : *The Coming Prince, the Last Great Monarch of Christendom.* London, 1881; Daniel in the Critic's Den, New York, n.d.

K. A. Auberlen : *The Prophet Daniel and the Revelation of John* (ET by Adolph Saphir), Edinburgh, 1856.

W. Baumgartner : "Ein Vierteljahrhundert Danielforschung," in *ThR*, pp. 59-83, 125-144 ; 201-228.

C. Boutflower : *In and Around the Book of Daniel*, 1939, London, 1923 ; *Dadda-'Idri or the Aramaic of the Book of Daniel,* London, 1931.

E. W. Hengstenberg : *Die Authentie des Daniel und die Integritaet Sacharjah*, 1831, *ET,* 1848 ; *Christology of the Old Testament*, vol. iii, 1858, pp.77-264.

Hertlein : *Der Daniel der Roemerzeit*, 1908.

Junker : *Untersuchungen ueber literarische und exegetische Probleme des Buches Daniel*, 1932.

J. Kennedy : *The Book of Daniel from the Christian Stsndpoint*, London. 1898.

Philip Mauro : *The Seventy Weeks and the Great Tribulation*, Rev. ed., Swengel, Pa, 1944.

E. B. Pusey : *Daniel the Prophet*, New York, 1891.

H. H. Rowley :*Darius the Made and the Four World Empires in the Book of Daniel*, Cardiff, 1935; "The Bilingual Problem of Daniel," in *ZAW*, 50(1932), pp.256-268.

M. Thilo : *Die Chronologie des Danielbuches*, 1926.

Adam. C. Welch : *Visions of the End, London*, 1923.

Robert Dick Wilson : *Studies in the Book of Daniel,* New York Series, I, 1917, Series II, 1938(These two volumes constitute by far the best recent defense of the authority, genuineness and trustworthiness of the book of Daniel. They will serve as an admirable introduction to the study of the book).

C. H. H. Wright : *Daniel and His Prophecies*, London, 1906.

제 25 장

에스라 · 느헤미야

1. 정경상의 위치

「바바 바트라 15a」에는 "에스라가 그의 책을 기록했다."라고 되어 있으며 에스라와 느헤미야를 한 책으로 본다. 그러나 이것은 에스라가 또한 느헤미야의 저자라 간주하는 것을 의미하지는 않는다. 그 까닭은 "그리고 누가 그것을 완성했는가?"라는 구절을 읽을 수 있기 때문이다. 이에 답해서 "하가랴의 아들 느헤미야"란 말이 주어진다. 이 말은 분명히 우리로 하여금 느헤미야가 자기 것을 첨가하여 두 작품을 완성하였음을 이해시키려 한다. 이 두 책은 요세푸스의 『아피오넴을 반박하여(Contra Apionem)』(I:8)와 사르디스의 멜리토의 『유세비우스의 교회사(*Eusebius' Ecclesiastical History*)』(IV:26에서)와 제롬(Jerome)의 『갈라디아 서언(*Prologus Galeatus*)』에 의하여 역시 하나로 간주되었다. 벌게이트역은 느헤미야를 제 2 의 에스라서(Liber secundus Esdrae)라 부른다. 1448년 히브리 사본에서 두 책의 구분이 소개되었다. 이것이 현 히브리 성경에서도 각 책의 절수를 말하는 마소타 별기(別記)들은 느헤미야 뒤에 배치되며 중간절은 느헤미야 3:32이라고 말한다.

LXX에서는 두 개가 결합되어 있고 명칭은 「에스드라스 후서(Esdras B)」라 하여 외경인 「에스드라스 A」와는 구별된다. 오리겐은 LXX의 이 구분을 입증한 최초의 사람이다. 두 책은 실로 밀접히 관련되어 있으나 느헤미야 7:6-70의 제 2 에스라의 반복은 원래가 하나는 아니었음을 보여 준다. 두 책이 하나로 간주된 이유에 대해서는 단지 추측할 수 있을 뿐이다. 느헤미야는 에스라 역사를 계속하기 때문에 그럴 수 있었다. 혹은 정경의 총수를 히브리 알파벳 수와 같이 하기 위해서였을 수도 있다.

2. 에스라와 느헤미야의 관계

포로 생활의 역사성과 이에 따른 복구 운동의 역사성을 어떤 학자들은 부인한다. 이들 중 주요 인물은 토리(C. C. Torrey)인데 그는 에스라 이야기는 사실에 있어 아무런 근거(basis)를 갖지 않는다고 주장한다. 구스타프 횔셔(Gustav Hoelscher)는 본질적으로 같은 입장을 취한다. 이 문제를 광범위하게 다룬 로마 가톨릭 학자 후나커(A. Van Hoonacker)의 영향을 받은 저명한 바텐, 페르 라그랑(Batten, Pere Lagrange) 등 어떤 학자들은 느헤미야를 에스라보다 앞선 것으로 믿는다. 그들은 느헤미야를 아닥사스다 1세(Artaxerxes I, 465-424) 통치 시의 에스라를 아닥사스다 2세(404-359) 통치시로 돌린다. 반 후나커는 본문 스 1:1-4:3; 4:24b-6:22; 4:4-24a; 느 1:1-7:5; 11:1-13:31; 스 7-10장; 느 8-10장을 재정렬할 필요가 있음을 알았다. 그러나 우리가 믿듯이 느헤미야 사역이 아닥사스다 1세의 통치 시대로 돌려지고 에스라가 그 이후에 배치될 수는 없다. 우리는 전통적 배열에 따라 두 책을 논할 것이다.

에스라(The Book of Ezra)

1. 명 칭

본서는 히브리 성경에서 그 주인공 "에스라(에즈라 : עֶזְרָ = 도움)"의 이름에 따라 작명되었다. LXX에서는 "제 2 의 에스드라스(εσδρας δεμτερον)"라 하였으며 벌게이트역은 "에스라의 원본(Liber primus Esdrae)"이라 부른다.

2. 저 자

본서 자체가 전적으로 에스라 작품이라고는 주장하지 않으나 그렇게 단언함이 타당하다는 것이 전통적이다. 그 한 가지 사실을 들면, 본서의 어떤 것(7장 이하)은 일인칭 단수로 기록되어 있다. 에스라는 이 구절들을 근거로 하고 다른 자료에서 얻은 지식들을 더 보탰음이 가능하다. 본서가 통일성의 흔적을 가지며 일인칭 부분들이 에스라의 작품이라면 나머지 것도 역시 그의 것으로 볼 수 있다. 에스라 시기보다 늦은 연대를 지지하기 위하여 아람 어 부분에 호소하는 것은 옳지 않다. 현 에스라서에 있는 아람 어가 엘레판틴(Elephantine)의 그것보다 늦은 것일 수 있는 반면 이것이 단순히 철자법적 수정에 의한 것일 수도 있기 때문이다. 그러나 이 아람 어는 BC 5세기에 속하는 것으로 볼 수 있으며 현재로는 에스라 작품으로 간주된다.

3. 에스라서의 신빙성

우리가 지지하여 온 저작자에 대한 견해는 부정적 비평학파의 학자들에 의해서는 용납되지 않는다. 그중 많은 사람이 본서는 여기에 기록된 사건들의 오랜 후 소위 역대기 기록자(Chronicler)에 의한 편집물이라고 믿는다. 우리가 지지하는 본서의 저작자에 대해 반대하는 오늘날의 논증은 다음과 같다.

1) 파사 왕의 명칭 사용 불필요성 주장

바사(파사) 왕(스 1:1)이란 명칭은 파사가 패권을 잡은 시기에는 불필요하다고 생각된다. 파사 왕들의 공적 명칭은 파사 왕이 아니고 '왕' '위대한 왕' '왕 중

왕' '그 땅의 왕'이라고 주장한다. 이러한 견해는 하인리히 에발트(Heinrich Ewald)에 의해 비롯된 것 같다. 에스라와 느헤미야가 일인칭으로 혹은 (부정적 비평에 따라) 파사 시대의 필법(passages)으로 이 말을 할 때는 '왕'에 관한 것이다. 이에 답해서 이 문제를 깊이 연구한 로버트 디크 윌슨(Robert Dick Wilson) 박사의 말을 인용함이 최선일 것이다. "파사 시대에서 온 19 개의 다른 문서에는 18 저자들이 이 명칭을 38 회나 사용하며 그것은 적어도 6 명의 다른 파사 왕을 의미한 것이라고 말하는 것이 이러한 주장에 대한 충분한 답변이다. 즉, 그것은 BC 539년 바벨론 정복 전 7년의 고레스에게 사용되며 BC 365년경의 아닥사스다 3세에게도 사용된다. 그것은 파사 어, 수산 어, 바벨론 어, 헬라 어, 아람 어, 히브리 어에서 나타나며 메대, 바벨로니아, 소아시아, 헬라, 팔레스타인 또 헤로도투스에 의하면 에티오피아에서도 사용되었다. 또한 이것은 성경 이외의 문서들에서와 같이 성경 문서들에서도 문자나 연대, 그 밖의 것에 사용된다. 더욱이 헬라 시대의 저자들은 그 명칭을 일반적으로 사용하지 않은 것으로 알려져 왔다 (『구약의 과학적 탐구』, 필라델피아, 1926, pp.202-203). 바벨론 정복 전의 '파사 왕'이란 용어는 그때 파사는 단지 이란의 한 지방이었다고 하여 적합치 않다고 반대되어 왔다. 그러나 이러한 반대가 근거 없는 것은 파사 자체의 크기야 어쨌든 간에 그 용어의 원리는 같은 것이기 때문이다. 이 문제의 충분한 연구를 위해서는 R. D. Wislson의 다음 책을 참고하라. 『성경에 나타난 '파사 왕' 명칭』, *PTR*, XV, 1917, pp. 90-145. "고대 왕의 명칭 비평에 대한 소고(小考)", *PTR*, II, 1904, pp. 257-282, 465-497, 618-664. III, 1905, pp.55-80, 238-267, 422-440, 558-572.

2) 칙령 사용어의 중요한 차이로 신빙성 부인

고레스 칙령을 히브리 어(스1:1-4)와 아람 어(스 6:3-5)로 전달할 때 중요한 차이가 나므로 양자는 믿을 만한 것이 못 된다고 반박한다. 제 2 칙령의 신임성은 일반적으로 유지되나 많은 사람은 첫 칙령은 그 가상된 유대적 색채 때문에 부인한다. 어떤 이는 첫 칙령을 단순히 유대인의 위조로 보며 또 다른 이들은 만약 고레스가 그러한 칙령을 반포했다 해도 무의미하게 되어 버렸다고 주장한다. 그러나 그러한 가상적 유대인 색채를 용인할 필요는 없다. 왜냐하면 바벨론인들에게 종교의 자유를 선포할 때는 고레스 역시 그들의 신(god) 마루둑(Marduk)의 이름을 사용했기 때문이다.

"모든 땅 전부를 그(마루둑)는 관찰하고 조사하였다. 그는 의로운 왕이며 그의 욕망에 따라 수중에 넣었다." 안샨(Anshan) 왕 고레스는 그의 이름을 반포했고 그는 모든 것에 왕권을 주장했다(R. Dougherty : *Nabonidus and Belshazzar*, New Haven, 1929, pp.175-179). 더욱이 고레스는 이사야 40장 이하의 예언에 영향을 받은 것으로 보인다. 묄러는 사 45:13; 41:15; 44:28; 45:1에 주의하였다. 키텔("고레스와 제 2 이사야", *ZAW*, 1898, pp.149 이하)은 이사야가 파사 궁중의 문제를 알고 있었다고 주장한다. 그러나 묄러가 지적하였듯이 그는 그것을 작성하는 데 영향을 끼쳤을 수 있다. 이 문제를 위해서는 야곱 윌리엄 베어(J. W. Behr)의 『제 2 이사야의 기록과 신바벨론 궁전의 비문들)』(Pretoria, 1937)을 참조하라. 또한 비케르만(Elias J. Bickerman)의 ("에스라 전서에 있는 고레스 칙령", in *JBL*, 1946, pp.249-275를) 보라.

문제는 두 칙령이 동일한 것인가 하는 점이다. 에스라 6장의 칙령은 바벨론에서 발견된 것이 아니고 바사(파사)에서 발견되었다. 그러나 그것은 첫 칙령의 내용과 본질적으로 일치한다. 첫 칙령(공포, 조서)은 아람 어로 '콜(קוֹל)'(1:1), 그 후의 것은 '테엠(טְעֵם)'(6:3)이라 부른다. 처음 것은 모든 백성에게 공포한 것이나 둘째 것은 그보다는 오히려 공적 기록으로 두려는 의도가 보인다. 6:14에는 하나님의 조서와 고레스, 다리오, 아닥사스다의 조서를 구분한다. 에스라 1:1, 2에는 고레스가 파사 왕이라 되어 있으나 5:13에는 바벨론 왕이라 불려진다.

첫 공포는 분명히 고레스가 처음 바벨론을 정복하였을 때에 내려진 것이다. 그것은 유대인과 관계를 가졌기 때문에 유대적 색채를 가진 것은 위에 인용한 바벨론에 관한 칙령이 바벨론적 색채를 가진 것과 마찬가지이다. 둘째 칙령은 분명히 조서를 공적 기록으로 작성한 것이며 또한 신빙성 있는 것으로 보아야 한다.

3) 4:6-23은 본 위치에서 벗어난 것이라는 견해

이 구절들은 크세륵섹스(Xerxes, BC 485-465)와 아닥사스다 시대를 가리킨다. 그러한 기사는 다리오 시대(4:24)의 사건들 이전에 일어나야만 했던 것인데 혼동된 것이라 한다.

4:1-5 ▸ 고레스 대왕 시대
4:6 ▸ Xerxes
4:7-23 ▸ 아닥사스다
4:24 ▸ 다리오 대왕
5:1-17 ▸ 다리오 대왕

이 배열의 장점들을 논하기 전에 말해 둘 것은 사마리아 분규가 BC 536년에 일어났다고 저자가 생각했다는 것은 이 자료의 배열에서 온 결과가 아니라는 점이다. 에스라서의 목적은 그 전체가 건축에 대한 반대의 역사를 추적하는 것이다.

여기서 이러한 반대가 고레스와 다리오 통치 전 기간에 나타났다는 것을 볼 수 있다(4:1-5). 저자는 또 이 반대가 크세륵섹스(Xerxes = 아하수에르)의 날까지도 발견된다는 말을 한다. 그것은 아닥사스다 1세의 시기는 그 절정에 이르러 불평의 편지까지 왕에게 올렸다. 아닥사스다는 건축 사업을 중지할 것을 명령한다. 이것이 논쟁의 전 역사이다. 다음에 저자는 고레스 때로 되돌아가서 그 사업이 다리오 때까지 그쳤다고 진술한다. 5장은 그 주제를 계속한다. 저자의 목적 곧 연대적(年代的) 결과를 희생해 가면서까지 한 주제를 다음 장으로 넘어가기 전에 끝마치려 한 것을 감안할 때 어떻게 여기에 대해 반대가 있을 수 있겠는가? 본문을 자세히 읽으면 혼동되었다고 함부로 주장하는 것은 사라질 것이다.

4) 매일 희생을 바쳤다는 기록은 비역사적이다

백성이 성전 앞의 제단 위에 날마다 희생을 바쳤다는 진술은 비역사적인 것으로 생각된다(스 3:3). 그것은 무엇 때문일까? 학개 2:14은 바로 이 행위를 정죄한다. 만약 그것이 전혀 어리석은 생각이라면 역대기 기록자는 자기가 그렇게 생각하고서도 왜 그것을 언급하는 것을 삼가지 않았던가?

5) 레위인들의 봉사 시작 연령 규정의 불일치

에스라 3:8에는 레위인들이 20 세에 봉사를 시작하였다고 진술하며 오경은 그들이 25세 혹은 30세 전에는 봉사하지 않아야 할 것으로 명기했다(민 4:3; 8:24). 그러나 여기에 모순이 있다면(없지마는) 역대기 기록자가 그에게 크게 영향을 끼친 것으로 생각되는 제사장 기록에서 감히 이탈한다는 것은 확실히 이상스럽다. 민수기 구절들은 장막에서 섬겼던 레위인들의 연령을 말한다. 대상 23:24; 31:17; 에스라 3:8은 성전에서의 봉사를 가리킨다.

6) 성전 건축 시기의 혼동

본서는 성전 건축 시기에 관해서는 혼동돈되어 있다. 4:24, 5:1에 의하면 다리오 제 2 년에 시작했고 3:8-13과 5:16에 의하면 고레스 통치 시에 시작되었다. 그러나 혼동한 쪽은 에스라서가 아니고 이 두 구절 간에 불일치 혹은 모순이 있다고 생각하는 현대의 부정적 학파의 비평가들이다. 성전 건축은 고레스 시대에 시작했다(3:8-13; 5:16). 그러나 4:1-5에 진술된 바와 같이 이 계획에 대한 반대가 거의 즉시 일어났다. 모사들이 그 계획을 저해하기 위해 역사 (役事)는 다리오 때까지 그쳤다(4:24). 그래서 하나님은 다시 백성들의 주의를 환기시키기 위해 학개, 스가랴 등의 선지를 보냈으며 역사는 다시 시작했다(4:24; 5:1 이하).

또한 에스라 5:13-17에 성전이 세스바살 시대 이후 건축되어 왔다(16절)는 진술은 학개 2:15에 비추어 보면 사실이 아니라고 말하는 이도 있다. 그러나 학개는 자기 시대 이전에 성전 공사가 일어났던 것을 부인하지는 않는다. 1:4에서 그는 백성이 안락하게 거주하는 반면 성전은 황폐된 채로 있다고 말한다. 1:9에서는 내 집은 황폐하였다. 또한 전 역사를 하였다(와야아수, 멜라카, 베베트, 여호와, 1:14)라는 구절은 그들이 역사하기 시작했을 때 이미 건축 도상에 있음을 의미하는 듯하다. 더욱이 에스라 5:16은 건축이 방해를 받지 않고 수행되고 있다고 말하지는 않고 오히려 마치지 못했다(웰라 셸림)고 진술한다 (분사 '미트베네'는 아무런 방해가 없음을 뜻하지 않는다).

7) 에스라 계보는 무가치한 조작품

에스라의 계보는 (7:1-10) 파이퍼에 의하면 연대기 기록자가 꾸며 낸 것으로 가치가 없는 것이라 한다(*op. cit.*, p.825). 계보가 사독을 아히둡의 아들이라 하고 또 에스라를 스라야의 아들이라 하는데 이것은 잘못이다. 왜냐하면 스라야는 예루살렘 포로 시에 죽었기 때문이다(왕하 25:18-21). 여기에서 에스라는 그가 예루살렘에 갔을 때에는 약 127 세의 고령이어야 한다는 것이다.

그러나 이에 답하여 지적할 수 있는 것은 에스라의 역대기는(대상 6:3-14 ; 50-53) 사독을 아히둡의 아들이라고 하는 반면 또한 삼하 8:17 역시 그렇게 말한다는 점이다. 아히야 또는 아히멜렉 역시 아히둡의 아들이었음도 가능하다 (비교 ▸ 삼상 14:3; 22:9; 11, 20). 역시 에스라를 스라야의 아들이라 부름으로 저자는 분명히 '아들'이란 말을 자손의 의미로 사용한다 (예 ▸ 마 1:1).

8) 전권(全卷)이 한 저자의 작품이라면 조화되지 않는 구절

에스라 7:1의 "이 일 후"란 구절은 전권이 한 저자의 작품이라면 좀 이상스럽다 하며 그 이유는 바로 이 앞부분과는 60 년 이상의 간격이 있기 때문이라고 한다. "이 일 후"라는 구절은 "이 일"이 일어난 이래 장구한 시간이 경과하였음을 의미하지 않는다. 더욱이 7:1은 아닥사스다가 위에 있은 것으로 하여 다음의 사건의 연대를 계산한다.

9) 인구 수효와 저자의 선후(先後) 문제

에스라 10:1과 13은 팔레스타인에 많은 인구가 있었음을 보여 준다. 이것에서 그러한 경우는 느헤미야가 에스라보다 앞서야만 한다고 한다. 다시 말하면 인구가 에스라 시대부터 감소했어야 할 것이라고 주장한다. 그러나 반드시 그렇지는 않다. 에스라 시대에는 백성이 가난하여 왕의 내탕고(內帑庫)의 도움을 필요로 하였다(스 7:20). 반면 느헤미야 시대에는 유대인들이 그 스스로 성전 예배를 지탱할 수 있었다(느 10:32 이하), 더욱이 10:1과 13의 용어가 본서의 다른 진술과 상이한 것으로 볼 필요는 없다. 그것은 에스라의 사역 시 팔레스타인에 있었던 자에게 적용될 수 있다.

4. 에스라의 사역 연대

에스라의 사역은 아닥사스다 1세의 재위 시(BC 465-424)에 둬야 할 것이 분명한데 이에 대한 증거는 다음과 같다. 엘레판틴 파피루스는 (약 BC 408) 대제사장 여호하난과 사마리아 총독 산발락을 다 같이 언급한다. 이 여호하난은 느헤미야 3:1, 20에 언급된 엘리아십의 손자였고 느헤미야는 엘리아십의 당대인이었다. 그러나 느헤미야는 아닥사스다 20년과(445) 30년에 예루살렘에 갔다고 하였다. 엘리판틴 파피루스에서 보면 이것은 아닥사스다 1세 때여야만 한다. 에스라가 느헤미야에 앞서며 또한 그가 아닥사스다 7년에 예루살렘에 갔으므로 이 여행은 BC 458 연대로 추정된다는 것이다.

이와는 반대로 에스라는 느헤미야보다 약간 늦은 엘리아십의 손자 여호하난 시대에 살았다(스 10:6)고 (Oesterley and Robinson의 주장) 거론될 수는 없다. 10:6의 여호하난은 엘리아십의 아들이라고 말하는 점을 주의할 수 있다. 그는 분명히 후대의 대제사장 여호하난이 아니고 아마 느 13:4,7에 언급된 엘리아십의 아들일 것이다. 그러나 만약 그가 후대의 대제사장이라면 왜 그가 여기에 공직의 상속자인 젊은이로서, 또 성전 옆에 그의 방을 가진 것으로 언급되지 않았는가?

5. 목 적

이 작품은 종교적 또는 제사 의식의 관점에서 백성이 본국에 귀환할 것을 말해 줌을 목적으로 한다. 백성이 제사장의 왕국 곧 율법의 빛에서 걸어가야 할 거룩한 국가를 확립해야 할 것에 강조를 둔다.

6. 분해

1) 포로의 첫 귀환 (1:1-2:70)

(1) 1:1-4 ▸ 고레스의 칙령

(2) 1:5-11 ▸ 고레스의 칙령에 응답함

계획의 추진을 위한 헌물이 바쳐짐. 고레스는 성전 기물을 반환함

(3) 2:1-70 ▸ 스룹바벨과 여호수아 지도 하에 첫 귀환 포로들이 귀국함

본 장을 느 11:1-13:3의 목록과 비교하면 약간의 숫자적 차이가 있다. 그러나 그것은 본문의 전사 과정에서 복사자의 실수에 의한 것으로 설명되어야 한다.

2) 여호와 경배의 회복 (3:1-6:22)

(1) 3:1-3 ▸ 7월에 백성의 예루살렘 회집과 번제단이 세워짐

백성은 그들의 헌물을 여호와께 드린다.

(2) 3:4-7 ▸ 헌물이 바뀌어지고 초막절이 준수됨

(3) 3:8-23 ▸ 귀환 2년 2월에 성전 역사가 시작

이 역사는 찬양과 감사가 수반되었으나 솔로몬의 성전을 기억하는 자들은 울었다.

(4) 4:1-6 ▸ 성전 건축 역사의 방해 운동(다리오 왕 때까지)

유다와 베냐민의 대적들이 성전 건축을 도우려 하였다(실상은 가장이었다).

스룹바벨은 이를 거절하였으며, 그들은 이 계획을 방해하려 하여 모사들을 고용했다. 이것이 파사인 다리오가 위에 있을 때까지 계속되었다.

(5) 4:7-24 ▸ 아닥사스다 왕 때의 방해 운동

아닥사스다의 재위 시에 공사 반대의 상소문이 아닥사스다에게 전해지고 그 결과 공사는 중지되었다. 유사한 결과가 스룹바벨 시대에도 일어났다. 그 이유는 24절에 성전 역사가 다리오 제 2 년까지 중지되었음을 읽을 수 있기 때문이다.

(6) 5:1-5 ▸ 백성으로 하여금 성전 역사를 계속할 것을 권유함(학개와 스가랴의 격려)

(7) 5:6-17 ▸ 닷드내와 그 동료들의 문의(問議) 상소문

반대가 나타나 이 문제가 다리오에게 진언됨(본절은 다리오에게 보내진 글월).

(8) 6:1-12 ▸ 고레스의 조서 발견과 다리오의 공사 재개 허락 조서

(9) 6:13-15 ▸ 성전 준공

다리오 칙령에 의하여 다리오 재위 6년, 아달월 3일(BC 515)에 역사가 끝남

(10) 6:16-22 ▸ 성전 봉헌식 및 유월절과 무교절을 지킴

3) 에스라 지도 아래 귀환 (7:1-10:44)

(1) 7:1-10 ▸ 에스라의 계보와 귀환

본서는 여기서 아닥사스다 재위 시에 에스라에 관계된 사건을 소개하기 위해 몇 년을 뛰어넘는다. 에스라의 계보가 기술되는데 그는 모세의 율법에 익숙한 학사였다. 아닥사스다 7년 5월에 그가 예루살렘에 도착했다.

(2) 7:11-26 ▸ 아닥사스다가 에스라에게 내린 조서
(3) 7:27-28 ▸ 에스라가 여호와를 송축함
(4) 8:1-14 ▸ 아닥사스다 7년에 에스라와 함께 예루살렘에 귀환한 자들의 명단
(5) 8:15-20 ▸ 에스라가 아하와 강 가에 족장들을 회집함

백성이 그곳에 3 일 동안 머묾(에스라가 백성, 족장들을 회집하여 며칠 머문 이유는 성전을 섬길 레위 사람들을 찾아내기 위함이었다. - 편집자 주).

(6) 8:21-36 ▸ 아하와 강 가에서 에스라가 단식을 선포

첫 달 12일에 백성이 예루살렘을 향해 떠남

(7) 9:1-4 ▸ 백성의 속됨을 에스라가 듣고 탄식함(그 땅의 거민들과 잡혼)
(8) 9:5-15 ▸ 에스라의 회개 기도
(9) 10:1-17 ▸ 에스라의 개혁
(10) 10:18-44 ▸ 이방 아내를 취한 제사장들의 명단

느헤미야

1. 명 칭

현 히브리 성경에는 주인공 "느헤미야(네헤므야 : נְחֶמְיָה = 여호와의 위로)"의 이름을 따라 작명되었다. LXX에는 네에미아스(Neemias)로, 벌게이트역에서는 Liber Nehemiae 또는 Liber Secundus Esdrae로 나타난다.

2. 자 자

본서의 저자는 일인칭 대명사의 사용에서도 알 수 있듯이 느헤미야 자신이다. 본서는 느헤미야의 예루살렘 사역에 대해 기록하고 있고 또한 그곳에서 가르친 개혁에 대해 기록하고 있다. 에스라와는 달리 느헤미야는 평신도였다. 하지만 그의 사역은 에스라의 사역에서의 부족한 점을 보완하는 데 쓰였고 하나님께서는 바빌론 포로 후의 유대 국가를 설립하는 데에 이 두 사람을 사용하셨다.

3. 느헤미야서의 신빙성

부정적 학파의 비평가들에 의하면 느헤미야서는 소위 "역대지 기록자"에 의한 큰 역사적 작품의 마지막 부분으로 간주된다.

비평가들이 그 크기에 대해서는 관심을 달리한다 해도 느헤미야의 "회고록"에 일반적으로 큰 관심을 가지며 이것은 본서의 최종 편집자에 의해 이룩된 것이라고 생각한다.

❑ 느헤미야가 전권의 저자가 될 수 없다고 생각하는 비평가들의 이유 ❑

① 느 12:11, 22 ▸ **대제사장 얏두아에 대한 언급의 시기 문제 :** 알렉산더 대왕이 성에 들어갔던 BC 351-331년에 대제사장이었던 얏두아에 대한 언급이 있다. 그러나 주목해야 할 것은 이 언급들이 후대 첨가로 볼 수도 있는 제사장과 레위인들의 명단에 나타난 점이다. 그러나 이것을 단언할 필요는 없다. 여기서는 얏두아가 대제사장으로 언급되어 있지 않기 때문이다. 느헤미야가 생전에 엘리아십의 증손 젊은 얏두아를 볼 수 있었음은 가능하다. 그 까닭은 그는 산발랏의 사위

가 된 엘리아십의 손자를 언급하고 있기 때문이다(느 13:28).

② 느 12:2 ▸ **파사인 다리오와 얏두아의 관련 문제** : 본 절에 파사인 다리오가 언급된다. 또 그가 얏두아와 관련되어 있으므로 그는 다리오 3세 코도마누스(Cdomnanus, BC 336-332)이다. 그러나 그것이 단순히 대제사장이 아닌 한 젊은이인 얏두아에 대한 언급이라면 문제의 왕은 다리오 노투스(Darius Nothus, BC 424-395)일 수도 있다.

③ 느헤미야 12:26, 47 ▸ **느헤미야의 시기와는 동떨어진 문구의 구절** : "느헤미야의 날"을 오래전에 지나 버린 시기로 언급한다고 문제시한다. 그러나 대답으로 우리는, 그 구절은 한 구절 속에 여호야김(26절), 스룹바벨(47절)과 같은 다른 사람의 시대를 함께 관련지어 사용하였음을 지적할 수 있다. 그러므로 느헤미야가 그 자신의 시대와 관련지어 비슷한 구절을 채택한 것은 당연한 일이다.

4. 분 해

1) 느헤미야의 예루살렘 귀환과 성벽의 재건(1:1-7:73)

(1) 1:1-2:20 ▸ 서 론(예루살렘의 소식을 듣자 기도하고 귀국함)

느헤미야가 제 20 년의 기슬르월에 내가 수산궁에 있더니라고 일인칭으로 말하며 소개되고 연대와 배경이 언급된다. 팔레스타인에 있는 유대인들이 큰 환난과 능욕을 당하며 성벽은 훼파되고 성문은 타 버렸다는 소문이 느헤미야에게 전해지자 느헤미야는 슬퍼하며 자비를 구한다.

그가 왕에게 술을 따를 때 왕은 느헤미야의 안색이 초췌한 이유를 묻는다. 그는 경위를 설명하고 왕은 그를 예루살렘에 가도록 허락한다. 거룩한 성읍에 도착하여 3 일을 기다린다.

(2) 3:1-6:19 ▸ 예루살렘 성벽의 재건

대제사장 엘리아십이 다른 제사장들과 함께 양문 건축을 시작함. 3장은 성읍의 여러 문들의 역사한 자들의 명단과 그 역사 장로를 말해 준다.

그러나 반대가 곧 일어난다. 산발랏이 유대인을 조롱함. 암몬인 도비야 역시 그들을 조소하여 성벽은 매우 약하며 여우가 거닐어도 무너질 수 있다고 말한다. 그들은 성벽 역사를 훼방하기 위해 공모한다. 느헤미야는 하나님께 부르짖어 백성을 격려한다. 어떤 이는 건축하며 또 다른 이는 방어하며 계속함. 성벽은 52 일 후 드디어 필역됨. 이 기사가 느헤미야에 의해 일인칭으로 이야기 됨.

(3) 7:1-73 ▸ 느헤미야의 임명과 귀환한 백성의 명단

느헤미야는 그의 형제 하나니와 하나냐에게 예루살렘의 통치를 명한다. 다음에 바벨론에서 귀환한 백성의 명단이 뒤따름.

2) 에스라와 느헤미야의 개혁 (8:1-13:31)

(1) 8:1-10:39 ▸ 언약의 갱신

에스라는 모여든 백성에게 모세 율법을 낭독하며 그들은 죄를 뉘우치고 새 언약을 구함. 율리우스 벨하우젠은 이 부분을 실로 모세의 율법이 정경화된 기사를 가졌다고 말한다. 그러나 이 구절을 세심히 읽으면 그러한 해석이 부정확함을 알 수 있다.

(2) 11:1-36 ▸ 예루살렘 거주민들의 명단

백성의 통치자들은 그곳에 살아야 한다.

(3) 12:1-26 ▸ 제사장들과 레위인의 명단

(4) 12:27-43 ▸ 성벽을 봉헌함

(5) 12:44-47 ▸ 제사장들의 지지

(6) 13:1-31 ▸ 느헤미야의 두 번째 예루살렘 방문

에스라 · 느헤미야에 관한 특별 문헌

James Oscar Boyd : "The Composition of the Book of Ezra," *PRR*, vol. xi, 1900, pp.261-297; "The Documents of the Book of Ezra," *Idem*, pp. 414-437 ; "The Historicity of Ezra," *Idem*, pp. 568-607 .

Millar Burrows :"Nehemiah's Tour of Inspection," *BASOR*, LX, 1936, pp.11-21.

A. Fernandez : "Epoca de la actividad de Esras," *Biblica*, II, 1921, pp.424-427. "La voz gader en Esd, 9; 9," *Idem*, XVI, 1935, pp.82-84. "Esd, 9:9 y un texto de Josefo," *dem*, XVIII, 1937, pp. 207ff.

W. H. Kosters : *Het Herstel van Israel in het Perzische Tijdvak*, Leiden, 1893.

Edward Meyer : *Die Entstehung des Judentum,*. Halle, 1896.

Sigmund Mowinckel : *Ezra den Skriftlarde and Statholderen Nehemia,* Kristiana, 1916.

H. H. Schaeder : *Ezra der Schreiber*, 1930.

Charles Cutler Torrey : *The Composition and Historical Value of Ezra-Nehemiah*, 1896; *Ezra Studies*, Chicago, 1910.

A. Van Hoonacker : "Notes sur 1' histoire de la restauration juive apres 1'exil de Babylone," *RB*, 1901, pp.5-26; 175-199; "La succession chronologique Nehemie-Esdras," *idem*, 1923, pp.481-494; 1924, pp. 33-64.

Adam C. Welch : *Post-Exilic Judaism, Edinburgh*, 1935.

J. Stafford Wright : *The Date of Ezra's Coming to Jerusalem,* London, 1946.

제 26 장

역대기(歷代記)

1. 명칭

히브리 성경에는 두 역대기가 한 권을 형성하며 "디베레 하야밈(דִּבְרֵי הַיָּמִים)"이란 명칭을 갖는다. 그것은 "날들의 이야기들(the words of the days)"이란 뜻이다(한글 성경엔 '역대 지략' 또는 '왕의 실록'이라고 번역하였다.- 편집자 주). 대상 27:24에서 볼 때 이 술어는 연대기의 의미로 사용된다.

LXX역은 본서를 둘로 나누어 "파랄레이포메나(*παραλειπομένα*=생략된 것들, 지나간 사건들)"이라 불렀다. 제롬은 히브리 명칭을 베르바 디에룸(verba dierum = 매일의 이야기들)이라 번역하여 본서가 신적인 역사의 전(全) 연대기(chronicon totius divinae historiae = 크로니콘 토티우스 디비내 히스토리애)라 불리는 것이 더 의의 있을 것이라고 생각했다. 그는 그것들이 일반적으로 파랄리포메논 프리무스(〈라〉Paralipomenon Primus = 역대기 상〈첫째〉)과 파랄리포메논 세쿤두스(Paralipomenon Secundus = 역대기 하〈둘째〉)로 명명되었다고 말한다(*Prologus Galeatus*, *PL*, xxviii, col. 554).

2. 저자

「바바 바트라 15a」에 의하면 "에스라가 자기까지(adhlo) 연대 족보를 썼다."라고 되어 있다. 그러므로 이 유대 전통은 에스라가 역대기의 저작자임을 말하며 "자기까지"란 말은 에스라가 자기 당대까지의 역사를 썼음을 의미한 것으로 보인다. 이에 대해 무엇을 말할 수 있을까? 우선 대상 3:19-21과 대하 36:22, 23 같은 구절들의 빛에서 두 책은 에스라 시대 이전에는 저작되었을 수 없다는 점을 말해둘 필요가 있다. 그러나 역대기하의 결론과 에스라의 첫 구절들을 비교할 때 후자는 역대기에서 취해 온 것이 나타난다. 칙령이 확장되어 에스라 때에는 더 완전한 형태로 나타난다. 또 하나 혹은 둘의 사소한 수정이 있다. 만약 이 편집자가 역대기에 이 칙령을 더 첨가했다면 왜 그는 두 책에 같은 말을 하지 않았을까? 그러므로 두 칙령의 비교(대하 36:22, 23과 에스라 1:1-4)는 역대기가 에스라서보다 더 이르다는 것을 보여 주는 듯하다. 물론 이것이 결정적인 것은 아니다. 역대기의 용어는 대체로 에스라서의 일반 시대에서 온 것으로 보인다. 우리는 BC 5c 후반기 아마도 450-425년 간을 본서의 저작 시기로 보며 에스라가 그 저자일 것이다(본서의 저작을 이 일반 시대에 둔 이유는 다음의 「저작자에 대한 이견(異見)들」과 「4. 역대기의 신빙성」에서 상론될 것이다).

❐ 저작자에 대한 이견들 ❐

오늘날의 학자들 사이에서 에스라, 느헤미야와 양 역대기(상하)가 단일 작품을 형성했음이 일반적으로 인용된다. 이 견해를 지지하는 논증의 이유는 다음과 같다.

① 성전과 제사직을 중심하여 같은 종교적 입장이 이 작품들에서 발견된다.

② 통계학적 기록과 족보에 대한 편중이 이 작품들에 나타난다.

③ 두 책의 어휘와 문체가 비슷하다.

④ 역대기의 결론과 에스라의 시작에서의 유사점은 이 책들이 원래는 하나였음을 보여 준다고 생각된다. 처음 에스라와 느헤미야만이 정경으로 인정되고 역대기는 확정되지 못한 채로 있었다고 *OR*(17쪽 「생략 책명 목록」 참조)은 생각했다. 후에 역대기가 인정될 때 본서에 (에스라, 느헤미야의 바로 앞에 배치되지는 않았다) 결론을 주는 것이 좋다고 생각했다. 역대기가 업적의 기록으로 끝나는 한, 에스라의 첫 구절도 역시 그러한 것을 가졌다.

위의 것들을 검토할 때 이 논증들은 이 모든 책들이 같은 입장에서 기록되었으며 또한 역대기가 에스라로 말미암아 기록되었다는 견해를 강조하지만 한편 이 모든 책들이 원래 하나였다고는 증명하지 못한다. *OR*의 설명대로 만약 이 책들이 원래는 하나라면 처음 일부가 정경으로 인정되고 다음 뒷부분이 인정될 때 에스라, 느헤미야 앞의 원위치를 이해할 수가 없다. 이것은 공상적이요 개연성 없는 사실로서 근거가 없다. 더욱이 왜 편집자 곧 마지막 재편집자가 에스라 1:1-4을 수정하여 삽입했을까? 왜 그는 딴 말을 썼을까? 여기서 이 책들이 원래 하나였다고 주장하는 자들은 큰 문제를 당면하게 된다. 이 책들이 어떻게 현 순서로 분리 배치되었을까? 어떻게 해서 역대기의 결론과 에스라의 시작이 매우 유사하게 되었을까? 지금까지 이 문제에 대한 만족스런 대답은 주어지지 않는다. 역대기와 에스라, 느헤미야가 원래는 한 작품이었다고 생각될 뿐 아니라 그 저작 연대는 종종 BC 4세기 후반, 심지어는 더 이후로 돌려 왔다. 파이퍼는 그 연대를 약 BC 250년으로 추정한다. 종종 에스라, 느헤미야는 늦은 시기의 것이라고 논증된다.

그러면 역대기는 원래 그것들의 부분이므로 역시 후대에 주어져야만 한다. 그러나 역대기 자체에 그것이 BC 4세기 혹은 더 늦은 시기에서 온 것이라고 증거하는 암시들이 있는가? 이것은 다만 하나의 질문에 대한 토론 거리가 될 뿐이다.

역대기가 적어도 BC 350년에 속한다고 주장하는 데 대해 일반적으로 인용되는 두 가지 논증이 있다.

① 대상 3:19-24 ▸ 다윗에서 스룹바벨 이후 6 세대까지 (LXX에는 11 세대까지) 라고 말한다. 만약 스룹바벨의 연대가 약 BC 520년이라면 그리고 한 세대를 20년이라 하면 적어도 BC 400년까지 내려온다. 여기서 논증들이 주장하듯이 본서는 그 시대에는 아직 기록될 수 없었다. 그러므로 그러한 논증을 전개함은 그 구절에 없는 것을 덧붙여 읽는 죄가 된다. 문제의 구절을 자세히 읽으면 스룹바벨의 족보는 다만 그 후 두 세대가 지나감을 알 수 있다.

19절 ▸ 스룹바벨 - 므술람 - 하나냐 - 슬로밋
20절 ▸ 하수바 - 오헬 - 베레갸 - 하사댜 - 유삽헤셋
21절 ▸ 블라댜 - 여사야

족보는 스룹바벨의 손자 블라댜와 여사야에 이른다. 다음에(21b) 아마도 블라댜와 여사야의 당대인의 네 가족에 관한 언급이 있는데 다소 다윗 혈통과 관계된다. 그러나 이 관계가 네 세대의 스룹바벨의 혈통을 제공하지는 않음을 알아야 한다.

② 대상 29:7 ▸ 파사의 동전 '다릭'의 언급이 있다. 이 동전은 다리오(BC 486 死)에 따라 작명되었으며 이 동전이 팔레스타인에 출현한 것은 이 시기가 파사 시대인데 이때에 들어왔음을 잘 지적해 준다고 한다. 그러나 이 동전(와아다르코님: וַאֲדַרְכֹנִים)이 다리오에 따라 작명된 것인가는 결코 확실치 않다. 분명히 그것은 나보니더스(Nabonidus) 때에도 나타났다. 하여튼 그것이 다리오에 따라 작명되었다 할지라도 그것이 BC 5c 후반에도 유통될 수 있었을 것이다. 다릭에 대한 이 호소는 실로 역대기의 연대에 관하여 아무것도 증명

해 주지 않는다.

역대기의 연대와 인물이란 표제를 가진 저서 *JBL*, 40 (1921) p.104-124에서 윌리엄 F. 올브라이트 박사는 연대기 저자는 에스라였으며 그는 BC 400-350년간의 어떤 때에 본서를 작성했다고 거론한다. 이 견해가 아직 널리 인정되지는 않았으나 그것은 아주 일리 있는 일이므로 그의 논증은 어떤 문제의 신중한 거론에 참고해야 한다.

웰치(A. C. Welch)의 견해

1939년 웰치(Adam C. Welch)라는 에든버러의 뉴 컬레지의 히브리 어와 구약 문학 명예 교수는 역대기에 관해 일련의 강연 내용을 출판했는데 거기에는 특별한 언급이 있다. 그는 이 책들이 동질적이 아니면 한 사람의 필치 이상이 있는 듯이 보인다고 생각한다. 그는 각각 다른 관점을 나타내는 두 요인을 찾는다고 공언했다. 하나는 다윗의 등극 이후의 유대 역사를 포함하며 북왕국에 관한 모든 언급을 시종일관 생략한 이야기이다. 그것은 사무엘서와 열왕기에 필적한다. 비록 새로운 재료를 포함하고 있기는 하나 통일과 외부적 결정을 가진다. 그러나 둘째 요인은 일관하는 이야기를 형성하지 않고 단순한 단편들을 포함하고 있어 그 문맥에서 분리하면 그것은 아무런 결정적 의미를 갖지 못한다. 그것들은 그 경향과 관점에서 결정된다.

그러므로 역대기들은 원이야기를 구성하며 후대에는 세심한 주해와 개정에 종속되어 왔다. 이 주해는 포로 귀환 다음 세대에 행해진 것이다. 원작품은 더 이르며 포로 이후 국가가 당면한 난제들을 해결키 위한 프로그램 중의 하나라고 보아야 할 것이다. 웰치의 모든 작품이 그러하듯이 이 논증은 고무적이며 유용하다. 우리는 이른 연대의 강조를 기뻐하는 바이다. 그러나 본서의 통일성을 부인하는 어떠한 견해도 용납할 수 없다. 이유는 나타난 증거가 그러한 추리 과정을 찬성하지 않기 때문이다.

3. 역대기의 자료

이 주제를 논의함에 있어 필자는 카일(Keil)을 많이 참고했다.

① 대상 1-9장 의 이른 연대에 포함될 수 있는 내용의 인포메이션(정보) : 이에 관해 말한다면 기자는 예루살렘 몰락과 포로 생활 당시까지 전해 내려온 고대의 통계 목록을 이용하였다. 다만 족장 계보들만을 정경에서 취하였을 것이다. 그

이유는 책들 중에 나타나는 순서나 배열이 너무 차이가 있기 때문에 그 목록들은 분명히 지금의 우리에게는 보존되어 오지 않은 자료에서 취하였기 때문이다. 이 족보들 중 극소수가 성경의 어딘가 비교된다.

② 역사적 이야기 자료들의 상호 관계성 : 사무엘서에서 발견되는 역사적 이야기가 열왕기에서 역시 발견되는 역사적 이야기 자료로 간주될 수 없다. 이것은 역대기에 있는 구절이 사무엘서와 열왕기에서는 찾아볼 수 없는 많은 상론(詳論)을 갖고 있으며 그들 또한 자료의 배열이 자주 틀린다는 사실에서 알 수 있다. 사실 그것들은 그 자체의 과정을 따르고 있다고 말할 수 있다. 여기서 각 책은 특수한 관점을 나타내기 때문에 그들 각각은 한 공동의 자료에서 취하였다고 봄이 가장 좋을 것이다.

비교 ▸ 대상 10장과 삼상 31장은 단어 하나하나가 거의 일치하는 듯하다. 그러나 본 장들의 각 9절과 10절의 차이를 다음의 대조에서 유의하라.

역대상(10장)	— 개역 개정판 — 사무엘상(31장)
9. 곧 사울의 옷을 벗기고 그의 머리와 갑옷을 가져다가 사람을 블레셋 땅 사방에 보내 모든 이방 신전과 그 백성에게 소식을 전하고.	9. 사울의 머리를 베고 그의 갑옷을 벗기고 자기들의 신당과 백성에게 알리기 위하여 그것을 블렛셋 사람들의 땅 사방에 보내고.
10. 사울의 갑옷을 그들의 신전에 두고 그의 머리를 다곤의 신전에 단지라.	10. 그의 갑옷은 아스다롯의 집에 두고 그의 시체는 벧산 성벽에 못 박으매.

이들 각각은 어떤 입장에서 기록되었음이 확실하지 않는가? 역대기는 머리가 처치된 것을 강조하는가 하면 사무엘서는 신체에 관한 것을 강조한다.

비교 ▸ 이와 관련해서 대하 2장과 왕상 5장을; 대하 8장과 왕상 9:10-28을; 대하 32장과 왕하 18장 및 사 36-38장을; 대하 3, 4장과 왕상 6,7장을 각각 비교하라).

다윗의 역사

이 시기에 관해서 저자는 다음의 자료를 언급한다.

선견자 사무엘의 글과 선견자 나단의 글과 선견자 갓의 글(대상 29:29)

솔로몬의 역사

선지자 나단의 글과 실로 사람 아히야의 예언과 선견자 잇도의 묵시책 곧 잇도가 느밧의 아들 여로보암에 대하여 쓴 책(대하 9:29).

유다 왕국에 대한 언급은 아래와 같다.

① 유다와 이스라엘의 왕국서(대하 16:11)
② 유다와 이스라엘의 열왕기(대하 25:26 ; 28:26 ; 32:32)
③ 이스라엘과 유다 열왕기(대하 27:7; 35:27; 36:8)
④ 이스라엘의 열왕기(대하 20:34)
⑤ 이스라엘 열왕의 흔적(대하 33:18)
⑥ 열왕기 주석(미드라쉬)(대하 24:27)

위의 처음 다섯 명칭은 다만 한 책에 대한 다른 명칭들이라 보는 것이 좋을 듯하다. 분명히 이 역사는 열왕기 정경에 언급된 유다와 이스라엘 열왕의 연대물과 본질적으로 같은 재료를 포함한다. 그 이유는 두 책의 발췌 구절이 놀라우리만치 일치하기 때문이다. 최후의 이름(미드라쉬) 역시 이 책의 명칭으로 간주할 수 있다. 열왕기의 저자는 두 개로 나누어진 작품들에 왕국의 연대기를 인용했다. 그러나 역사는 한 권으로 곧 연대기 앞의 책으로 이루었으며 그것을 미드라쉬라고 불렀을 것이다. 카일은 왕하 11장과 12장을 비교할 때 역대기에 있는 요아스의 역사는 그 작품들이 같은 것이었음을 보여 준다고 지적했다.

⑦ 웃시야의 남은 행적은 이사야가 기록함 (대하 26:22).
⑧ 선지자 스마야와 선견자 잇도의 족보책(대하 12:15)
⑨ 선지자 잇도의 주석책(대하 13:22)
⑩ 하나니의 아들 예후의 글들(대하 20:34)
⑪ 호새의 사기(대하 33:19)

위에서 주목해야 할 점은 '예후의 말들'은 이스라엘 열왕기에 삽입(호알라)된 것이라고 한 것이다. 그러므로 분명히 다른 작품들은 아직 이 역사와는 구별되어 남아 있었다. 역시 역대기 저자가 끌어낸 역사 작품은 역사적 기록들뿐만 아니라 선지의 기록들에서 편집한 것이다.

4. 역대기의 신빙성

벨하우젠 학파의 추종자들에 의하면 역대기들은 별로 역사적 가치를 갖지 않는다. 이렇게 경시하는 이유는 철학적인 관점에 있다. 이 책들은 벨하우젠의 역사 개념과 모순되는 이스라엘 역사를 그렸으므로 그것들이 신빙할 만한 역사적 자료라는 것이 부인된다.

이 견해를 최초에 가장 재치 있게 변호한 사람 중의 한 사람인 로버트 파이퍼는 (*IOT*, pp.785-801) 역대기를 소위 제사법전의 속편 추가라고 했다. 그것은 느헤미야서에 제사법전이 끝나는 역사에서 진행한다. 또한 역대기 시대의 실제적 모습과 일치하게끔 레위기의 제도를 기술한다. 파이퍼에 의한 역대기 기록자는 고답적 모방자로서 창조적 사상가인 제사법전의 저자와는 비교될 수 없다. 역사가로서의 그는 사실에 있어서는 제사법전 저자의 제자였다. 그러나 그의 역사는 후시대의 유대 왕국에만 제한되어 있다. 그는 심사숙고한 끝에 그가 팔레스타인 역사에서 발견한 원리와 형식을 채용했다. 또한 그의 작품에서 상론에 이르기까지 유사점을 나타냈다. 역대기 기록자나 이 제사법전의 저자와 같이 평화 시에 생존했다고 생각되는데 그 이유는 그가 실전(實戰)에 관한 아무런 지식을 갖지 않았다고 말하는 때문이다. 전쟁 이야기는 하나님께서 역사를 어떻게 지배하시는가를 보여 주기 위해 역대기 기록자에 의해 조작되었다고 한다.

파이퍼는 이 책들이 레위인을 옹호해서 기록된 것이며 레위인의 명성을 높이기 위해 쓰여진 변증적 논리적인 발설들로 본다.

OR은 이와 유사하게 역대기 저자의 종교적 입장을 거론한 후, "지금까지 말해 온 사실에서 분명하게 나타나는 것은 역대기에 제시된 그러한 역사에 너무 많이 종교적 중점을 둘 수 없다는 점이다."(p.118)라고 말했다.

코르닐은 심지어 "역대기 기록자에 의해 그려진 초상은 어느 면에서도 역사적이 아니다."라고 했다. 그는 또한 현대 용어로는 "역대기는 역사의 날조라 할 것이다."라고 말했다 (p.239).

아이스펠트는 더욱 온건파적이다. 본서는 역대기 기록자가 살았던 시기 곧 BC 3,4C에 관한 정보의 자료들로서 상당한 가치를 가진다고 그는 생각했다. 또한 그 이야기는 그 이전의 역사에 대해서도 어떤 가치를 가질 수 있는 바, 예컨대 므낫세의 앗수르 왕 방문 기사는 신빙성이 있다는 것이다.

이상의 역대기의 가치에 대한 부정적 평가는(아이스펠트의 일부 긍정적 평가 외에는) 모두 거부되어야 한다. 왜냐하면 기독교와 모순되는 이스라엘 역사관에 근거하고 있기 때문이다. 그러므로 역대기의 신빙성을 반대하며 일반적으로 행해지는 논증을 더욱 상세하게 살펴볼 필요가 있다.

1) 역대기에 대한 부정적 평가자들은, 역대기를 다음에 대비된 사무엘서와 열왕기처럼 대등하게 취급함을 반대한다

이하는 유사 구절의 목록 (카일에 의거함)

대상 10:1-2	삼상 31장
11:1-9	삼하 5:1-3, 6-10
11:10-47	23:8-39
13:1-14	6:1-11
14:1-7, 8-17	5:11-16, 17-25
15-16장	6:12-23
17장	7장
18장	8장
19장	10장
20:1-3	11:1, 12:26-31
20:4-8	21:18-22
21장	24장
대하 1:2-13	왕상 3:4-15
1:14-17	10:26-29
2장	5:15-32
3:1-5:1	6장, 7:13-51
5:2-7:10	8장
7:11-22	9:1-9
8장	9:10-28
9:1-12, 13-28	10:1-13, 14-29
9:29-31	11:41-43
10:1-11:4	12:1-24
12:2, 3, 9-16	14:21-31
13:1,2,22,23	15:1, 2, 6-8
14:1, 2, 15:16-19	15:11-16
16:1-6, 11-14	15:17-22, 23, 24
18:2-34	22:2-35
20:31-21:1	22:41-51

대하 21:5-10, 20	왕하 8:7-24
22:1-6, 7-9	8:25-29, 9:16-28,
22:10-23:21	10:12-14
24:1-14, 23-27	11장
25:1-4,11,17-28	12:1-17, 18-22
26:1-4, 21-23	14:1-14, 17-20
27:1-3, 7-9	14:21, 22; 15:2-7
28:4, 26, 27	15:33-36, 38
29:1, 2	16:2-4,19, 20
32:1-21	18:2, 3
32:24, 25, 32, 33	18:13-19:37
33:1-10, 20-25	20:1, 2, 20, 21
34:1,2, 8-28, 29-32	21:1-9, 18-24
35:1, 18-24, 26, 27	22장 ; 23:1-3
36:1-4	23:21-23, 28, 29-34
36:5, 6, 8-12	23:36, 37; 24:1, 5, 6, 8-19
36:22, 23	스 1:1-3

(1) 특별 예외인 역대기의 숫자 사용

코르닐은 역대기 기록자를 일곱 숫자의 챔피언(또는 백만의 측량사 = Messer milione)에다 비교한다. 그는 기술된 사물들에 구체적으로 표현을 가하려는 시도는 전적으로 불가능함을 증명하기 위해 '수백만'을 모호하게 해 버렸다. 드라이버의 판단은 더욱 온건적(穩健的)이다. 그는 숫자들을 믿지 못할 만큼 많은(incredibly high) 것으로 달한다. 우리는 역대기에 나타난 숫자적 용어에 대해 무엇을 말할 수 있을까?

대하 13:3에서는 유다는 선택된 40만을 가지며 이스라엘은 80만을 가진다. 후자 중의 50만은 도륙되었다(17절). 아사는 58만 군대를 가졌고(14:8) 구스 사람 세라가 백만 군사와 3백 병거를 가졌다(9절). 대상 21:5에서는 이스라엘이 일백십만, 유다가 47만을 가지며, 삼하 24:9에는 이스라엘이 80만, 유다가 50만을 가졌다. 이상의 예만으로 족할 것이다. 그러나 문제에 접근하며 우리가 주장해야 할 점은 기자는 심사숙고하여 그의 작품을 조소거리가 되지 않도록 애썼다는 것이다. 만약 이것이 부정적 비평의 역대기 기록자였다면 이것은 더욱 그러할 것이다. 만약 그가 선전적(宣傳的) 작품을 기록하는 중이라면 그는 그 역사를 가능한 한, 순수하게 나타내려 하지 않았겠는가? 그가 실전(實戰)에 대한 지식이 사실로 없었으면 그는 기록하기 전에 그 방면에 관한 어떤 것을 배우려 하지 않았을까? 다시 말하면 그렇게 기록함으로써 무엇인가 성취될 수 있었을까? 그는 자기의 목적을 포기하지나 않았는지?

여기서 우리는 역대기 기록자가 깊이 생각한 후 또는 무의식 중에(본 작품은 이러한 것으로 보기에는 너무 우수하다.) 자기 저서를 조소거리로 만들기를 원치 않았음을 확신할 수 있다.

① **근사치로 나타낸 숫자** : 주목되는 것은 여기서 주어진 숫자들은 어림셈한 숫자들이며 다만 근사치를 나타내는 점이다. 그러나 수천은 고려할 점이 있다. 그러므로 세라의 군사는 백만(엘레프 알라핌 : אֶלֶף אֲלָפִים)으로 구성되었다고 말할 때 본문(대하 14:8/ 한글 성경은 9절임- 편집자 주)은 그가 자기 진영에 정확히 일백만 명을 가졌음을 의미하지는 않는다. 이것은 단지 300 병거와 비교하면 확실히 이상스럽다. LXX은 정확히 "천천"으로 해석한다.

② **역대기의 숫자들은 엄청나게 적은 숫자들이다** : 역대기에 나타난 숫자들은 보통 사무엘서 또는 열왕기의 숫자들보다(동일 사건에 있어서) 거의가 엄청나게 적은 숫자이다. 이를테면, 왕상 4:26은 솔로몬의 말 외양간을 4만으로 언급하는데 대하 9:25은 4천이다. 삼하 23:8은 8백인데 대상 11:11은 3백이다(같은 사건인데 이름이 다르다. '야소보암'은 본명이고 기타 이름은 그의 별명으로 본다. - 편집자 주). 삼하 24:13에는 7 년 기근인데 대상 21:12은 3 년이라 했다.

③ **숫자들의 다소간의 차이들은 LXX에서도 발견된다** : 이 숫자의 차이들의 대부분과 역대기의 숫자의 다소들은 LXX에서도 역시 발견된다. 여기서 그것들은 마소라 본문 전에 기록하였다. 초기에는 숫자가 때때로 알파벳으로 나타났다. 그러므로 구절의 여러 곳에서 이 문자들이 오해되었고 그 후 그런 숫자로 기록되었을 수도 있을 것이다. 이것은 숫자에 관한 난제들의 어떤 것에 대한 설명이 될 수 있다. 그러한 경우에 본문의 실수들은 쉽게 설명될 수 있었다.

예컨대, 다음 것들은 아마도 그러한 것에 쉽게 사용된다고 보아진다. 대상 18:4과 삼하 8:4 및 대하 3:15; 4:5과 왕상 7:15, 26 ; 대하 13:3,17, 17:4 이하 등이다. 여기서는 역대기 구절들에 있는 숫자가 분명히 엄청나게 많은 숫자이다.

④ **숫자상의 몇몇 구절의 차이가 기록자에 대한 결정적 비난 조건은 될 수 없다** : 오늘날 우리는 본문 중에 이러한 숫자상의 실수가 어떻게 일어날 수 있었는지 통계학적으로 정확히 설명할 수는 없어도 이러한 숫자들은 별개의 것으로서 역대기의 일반적 역사에 대한 이들 몇몇 구절은 역대기 기록자에 대하여 비역사적이니 혹은 "신빙성이 없다"느니 하고 비난할 만큼 충분치 않으며 역사적 사실과 일치하는 많은 구절들이 있다.

(2) 특정 인물의 명예를 손상시키는 진술은 생략되었다는 비난

변증적 관심에서 다윗과 솔로몬을 손상시키는 진술은 역대기 기록자에 의해 생략되었다는 비난이 종종 있어 왔다. 그 가장 주목할 예는 다윗의 간음 기사(삼하 11:2-12:26)가 역대기에서는 생략되며 솔로몬의 우상 숭배 기사(왕상 11) 역시 그러하다는 것이다. 오늘날 우리는 왜 이런 일과 다른 불명예스런 일들이 역대기의 유사한 기사들에서 생략되었는지 설명할 수 없다. 그러나 이것이 어떤 변증적 관심에서 이루어졌다고는 할 수 없다. 열왕기의 인물들과 행동에서 그러한 비난들을 감추려 하는 것은 무의미하였다. 그 이유는 역대기 기록자는 그가 정보를 얻은 자료의 이름을 지적하기 때문이다. 그런데 이런 자료들이 부정적 비평주의가 주장하듯 부분적으로는 사무엘서와 열왕기의 정경들이라면 어느 경건한 유대인이 진리를 발견하려 이 정경서에로 돌아갈 수 있을까? 더욱이 주목되어야 할 것은, 저자는 때때로 그가 이야기하지 않는 사실들을 시사한다. 예컨대, 대상 19:19과 29:22, 대하 11:2-4은 독자가 솔로몬의 죄를 알고 있음을 의미한다. 대하 17:3의 그의 조상 다윗의 처음 길은 다윗 후기의 타락이 잘 알려져 있었음을 말해 준다. 느 13:26(부정적 비평주의에 의하면 이 구절은 역대기 기록자의 작품이다.)은 이국 여성이 솔로몬을 범죄케 했다고 진술한다.

다시 주목해야 할 것은 다윗과 솔로몬의 사생활에 관한 것은 거의 생략된 점이다. 이것은 아브넬과 이스보셋을 살해한 자에 대한 다윗의 분노 (삼하 3:22-4:12)와 사울 집에 대한 그의 관대함(삼하 9장)을 말한다. 다윗은 자신이 전쟁에서 많은 피를 흘렸기 때문에 성전 건축이 그에게는 허락되지 않았다고 말한다(대상 22:8; 28:3). 왕상 3-4장에 주어진 솔로몬의 지혜와 관대함에 대한 묘사 역시 역대기에는 생략된다.

위의 고찰에 비추어 우리는 어떤 사건 혹은 다윗과 솔로몬을 훼손하는 행위를 생략한 이유야 무엇이든 그것이 변증법적 관심 때문은 아니라고 말할 수 있다.

(3) 역대기 기자가 북왕국의 역사를 생략한 이유

때때로 역대기는 유대주의의 첫 번 해석서라고 주장된다. 여기에서 이스라엘의 역사를 완전한 침묵으로 간과한 이유는 신국의 역사에 무관하기 때문에 또는 역대기 기록자의 이스라엘에 대한 증오에 의거한다고 말해져 왔다.

그러나 기자가 북왕국의 역사를 생략한 이유는 그 왕국에 대한 그의 분노나 그 역사가 신국의 역사에 관계없는 때문이 아니라 역대기 기록자가 (신의 영감하에 있는) 그러한 이스라엘 역사의 취급을 자기의 목적에 본질적으로 부합되지 않은 때문이었다(역대기의 목적 참조).

2) 사무엘서 열왕기와 유사하지 않은 역대기의 부분에 대한 반대들

대상 6장의 레위 족보는 매우 신랄히 비평의 대상이 되어 왔다. 파이퍼는 반대로 레위 족보가 어떤 역사적 인물들을 포함할 수 있다 해도 그것들은 두 가지 목적에서 제사법전에 있는 인위적 족보에 근거하여 날조되었다. 그 목적이란 성전 봉사자들의 여러 계급에 상호 혈연관계를 주려는 것이요, 둘째는 3세기 중엽의 교회 제도가 모세에게 아니면 다윗에게 그 기원을 추적할 수 있으므로 확실한 것이라는 점을 입증하는 것이라고 말했다 (*IOT*, pp.799).

(1) 역대기 기록자는 두 사람을 순수 레위인으로 전환시켰다는 문제

역대기 기록자는 에브라임 사무엘과 깃티(Gittite)의 오벧에돔을 순수한 레위인으로 전환시켰다고 말하여 왔다. 그러나 이것은 사실일까? 사무엘은 어디에서나 에브라임을, 에브라임의 직계손이라는 의미를 묘사하지는 않는다. 삼상 1:1에는 엘가나(사무엘의 父)는 에브라임 곧 라마다임소빔에서 온 것이라고 되어 있다. 그러나 이것은 그가 에브라임에게서 내려온 후손이라고 말하는 것이 아니다. 그러므로 역대기 기록자가 에브라임을 레위인으로 바꾼 책임은 있을 수 없다. 오벧에돔을 말하자면 그가 레위인의 성읍 가드 림몬에 속하였기 때문에(수 21:24) 깃티인이라 불렀다. 이 경우에서와 같이 역대기 기록자가 어떤 사람을 레위인으로 바꾼 증거는 없다.

(2) 오벧에돔에 관련한 레위 족보의 가공성(架空性)

오벧에돔은 "다윗을 가드에서 모셔 온 블레셋의 족장(대상 13:13), 문지기(대상 15:18, 24), 문지기들의 시조(26:4-8, 15), 하프 길드(guild harp)의 회원(15:21; 비교 ▸16:5, 16:38은 분명하게 주석을 달았다.)이며, 음악가이이었다."라고 말한다(*IOT*, p. 800).

이 모든 것은 레위 족보의 가공성을 보여 준다고 역설한다. 그러나 대상 13:13이나 성경의 다른 어디에서도 오벧에돔이 다윗을 "가드에서 모셔 온 블레셋 족장"이라고 말하지 않는다. 그는 단순히 깃티인이라 말하며 이것은 레위인의 가드 림몬(Gath-rimmon)을 가리킴이 틀림없다.

대상 15:18, 24에는 호송하는 문지기(쇼아림 : שֹׁעֲרִים)로 되어 있다. 이 오벧에돔은 21절의 동명인(同名人)과 구별되어야 한다. 이유는 한 사람이 여러 임무를 분명히 수행할 수 없기 때문이다. 대상 16:38에는 두 사람이 구별되어 나타난다. 그러나 이 본문이 현 형태의 결점(동명이인 4 인의 경우 등)을 가진 것에 대해 그 기록자가 비난 받을 수는 없다. 요컨대 오벧에돔에 관한 진술은 레위 족보의 가공성을 입증하지 못한다.

(3) 에단 족보의 가공성

에단의 경우 역시 이 족보들이 가공적임을 보여 준다고 생각한다. 그는 에돔(왕상 4:31엔 '예스라', 시 89편엔 '에스라' - 편집자 주)의 현인(왕상 4:31)이며 시 89편의 가상적 저자이며 마지막에 레위인이 되었다 (대상 6:42,44)고 말한다. 그러나 에단이 역대기 기록자에 의해 레위인으로 전환되었음을 보여 주는 충분한 증거는 없다. 에스라인 에단이 대상 6장의 에단 곧 심마의 아들 (42절) 또는 기시의 아들 에단(44절 / 비교 ▸15:17 - 구사야의 아들)과 동일시될 수 있는지는 확실치 않다.

(4) 족보의 계대(繼代) 차이와 비역사성

더욱이 파이퍼는 레위로부터 BC 586년 예루살렘 몰락까지의 대제사장 계보는 26대(대상 6:1-15)라고 논한다. 그러나 한 노래하는 자의 길드 계보에는 레위에서 헤만(다윗과 당대인)까지 22대로 되어 있으며, 다윗과 예루살렘 몰락 사이의 전 기간에 오직 4대만 있다(대상 6:33-38). 이것은 족보의 비역사성을 보여 준다고 생각한다.

그러나 이 명단은 레위 족보의 순수성과 역사성을 반대하는 논증에 대한 가장 강한 반박의 논거가 된다. 어떤 졸렬한 편집자가 상상해서 이 명단을 작성하였다면 그는 어떤 가상적 불일치에 조심하였을 것이다. 노래하는 자들의 족보는 아주 상세하다. 또 그것이 헤만에서 그치므로 몇 세대가 헤만의 대와 예루살렘 몰락 간에 포함되어야 할지 알 수 없다. 레위와 다윗 간의 제사장들의 목록에서 기자는 다만 이름만을 포함시키는 것이 적절함을 알았다. 그는 고의적으로 어떤 세대들을 간과해 버릴 수 있다(어떤 비평가들이 생각하듯 역대기 기자가 에스라의 제자라면 그는 확실히 에스라 8:1-5에서 어떤 세대를 간과해 버렸다). 마지막으로 주목해야 할 것은 헤만의 족보는 그 선조를 레위가 아니라 이스라엘에서 추적한다는 점이다. 그러므로 역대기 기록자의 이 족보는 무가치한 상상적 날조가 아니라 진지하고 정확한 역사적 기록이다.

5. 역대기의 목적

먼저 부정적 비평학파에 의해 주장되는 역대기의 목적을 진술해 봄으로써 더 잘 알 수 있을 것이다. 먼저 생각할 것은 역대기 기록자는 역사가가 아니며 작품 또한 역사가 아니라는 점이다. 역대기 기록자의 목적은 사마라인의 주장과 이방인의 자만에 대한 유대주의의 강조에 있다. 그는 BC 5세기의 유대주의가 유일하며 참된 것이라고 증명하려 했다. 이것을 위해 그는 그 고대성(古代性)과 놀라운 업적에 호소했다. 그러나 그의 입장을 증명하기 위해 그는 증거를 부분적으로 날조하였다. 그는 거룩한 제도들의 기원을 모세 또는 다윗에게 돌린다.

역대기의 목적에 대한 이러한 진술에 우리는 동의하지 않는다. 이 진술은 본서의 역사성에 대한 불신임적 가정에 근거하기 때문이다. 이 가정의 부당함을 살펴보자.

기자가 종교적 목적을 가졌음은 사실이다. 포로민들은 방금 바벨론에서 돌아왔다. 기자는 그의 작품을 통해 그들에게 신정 국가로서의 국가의 참된 영광과 다윗 왕조의 권리와 중요성을 보여 주려 했다.

기자가 자기 방식으로 재료를 사용한 것도 이 때문이다. 여기서 그는 북왕국의 역사를 실제적 침묵에 의해 간과한다. 다윗의 생애에 대해서는 국가의 시온 경배와 관계되며 성전 건립의 예비적인 사건들만을 주로 취급한다. 역시 이 이유에서 솔로몬의 생애에서는 그의 사생활보다 성전과 봉헌식에 중점을 둔다. 또한 여호사밧, 히스기야, 요시야 같은 우상 숭배를 반대한 왕의 업적을 강조한다. 그는 신정 국가의 공식 제사, 성전 가수들, 레위인과 그 기능 또 경매에 관한 것에 우월성을 준다.

이와 관련하여 그는 또한 신정 국가의 복리적 가치로서 다윗 왕조의 중요성을 강조했다. 백성들에게 하나님이 주셨던 영광을 기억시킴으로 그는 그들에게 참된 복리와 축복은 하나님이 설정한 원리에 순종함으로써만 올 것이라는 것을 확신시키려 했다.

이것은 본서가 역사로서는 가치 없음을 의미하지는 않는다. 그것은 또한 사실들이 변증법적 목적의 성취를 위해 왜곡되었음을 의미하지도 않는다.

6. 분 해

【역대상】

1) 족보의 재료(1:1-9:44)

① 1:1-54 ▸ 족장 시대의 순서
② 2:1-3:24 ▸ 이스라엘의 열두 아들
③ 4:1-23 ▸ 유대 가족
④ 4:24-43 ▸ 시므온의 아들들
⑤ 5:1-26 ▸ 르우벤, 갓, 므낫세의 아들들
⑥ 5:27-6:66 ▸ 레위의 가족들
⑦ 7:1-40 ▸ 잇사갈, 베냐민, 납달리, 므낫세 반(半), 에브라임, 아셀 가족들
⑧ 8:1-40 ▸ 베냐민, 사울 집의 족보
⑨ 9:1-44 ▸ 사울 가족

2) 다윗의 통치(10:1-29:30)

① 10:1-14 ▸ 사울의 마지막 날과 죽음
② 11:1-12:40 ▸ 예루살렘 포위, 다윗 왕의 영웅(용사)들
③ 13:1-16:43 ▸ 기랏여아림에서 시온까지의 법궤 이동시 하나님께 대한 찬양시
④ 17:1-27 ▸ 다윗의 성전 건축이 불허됨. 그의 왕위가 견고함.
⑤ 18:1-20:7 ▸ 다윗의 정복 기사
⑥ 21:1-22:1 ▸ 백성의 계수
⑦ 22:2-19 ▸ 성전 건축 준비
⑧ 23:1-26:32 ▸ 레위인들의 재정리
⑨ 27:1-34 ▸ 정부의 조직
⑩ 28:1-29:30 ▸ 다윗의 마지막 교훈과 그의 최후

【역대하】

3) 솔로몬의 통치(1:1-9:31)

① 1:1-17 ▸ 기브온에서 솔로몬의 지혜와 부(富)가 계시됨

② 2:1-18 ▸ 솔로몬의 성전 건축 준비
③ 3:1-5:1 ▸ 건 축
④ 5:2-7:22 ▸ 봉헌식
⑤ 8:1-9:82 ▸ 솔로몬의 활약

4) 몰락까지의 유대사 (10:1-36:23)

① 10:1-12:16 ▸ 10 지파의 반역과 르호보암의 치세
② 13:1-22 ▸ 아비야의 치세
③ 14:1-16:14 ▸ 아사의 치세
④ 17:1-20:37 ▸ 여호사밧의 치세
⑤ 21:1-20 ▸ 여호람의 치세
⑥ 22:1-12 ▸ 아하시야와 아달랴
⑦ 23:1-24:27 ▸ 요아스의 치세
⑧ 25:1-28 ▸ 아마샤
⑨ 26:1-23 ▸ 웃시야(아사랴)의 치세
⑩ 27:1-9 ▸ 요담의 치세
⑪ 28:1-27 ▸ 아하스의 치세
⑫ 29:1-32:33 ▸ 히스기야의 치세
⑬ 33:1-25 ▸ 므낫세와 아들
⑭ 34:1-35:27 ▸ 요시야의 치세
⑮ 36:1-23 ▸ 유다의 멸망과 포로

역대기에 관한 특별 문헌

Kerr D. Macmillan: "Concerning the Date of Chronicles," in *PRR*, XI, pp.507-511.

Adam C. Welch : *The Work of the Chronicler : Its Purpose and its Date,* London, 1939.

참고 문헌

*표가 붙은 것은 역사적 정통 신교의 입장을 취하는 문헌임.

Ⅰ. PERIODICALS(정기 간행물)

1. Bulletin of the American Schools of Oriental Research.
2. Biblica.
3. The Expository Times.
4. The Journal of Biblical Literature.
5. The Journal of Theological Studies.
6. Theologische Literaturzeitung.
7. Theologische Rundschau.
8. The Westminster Theological Journal.*
9. Zeitschrift fuer die alttestamentliche Wissenschaft.

Ⅱ. COMMENTARIES(주석류)

*The Commentaries of John Calvin on the old Testament.** These are exegetical and reveal a profound understanding of the meaning of the Biblical books. The series is available in attractive form from the Wm. B. Eerdmans Co., Grand Rapids, Michigan.

(KD) *Keil and Delitzsch**(English translation). These commentaries represent the best of conservative Protestant thought. A new printing has just been issued by the Wm. B. Eerdmans Co., Grand Rapids, Michigan.

(ICC) *The International Critical Commentary* (New York). Not yet Complete. Philological and thorough.

(WC) *The Westminster Commentary Series* (London).

(SL) *The Schaff-Lange Series,** An English translation of Lange's *Biblewerk.*

IN GERMAN(독일 문헌)

(KHAT) *Kuzgefasstes exegetisches Handbuch zum alten Testament,* Leipzig.

(KKHS) *Krzgefasster Kommentar zu den heiligen Schriften des Alten (und Neuen) Testaments,* Munich.

(HKAT) *Handkommentar zum Alten Testament,* Goettingen.

(KHC) *Kurzer Hand-Commentar zum Alten Testament,* edited by Karl Marti.

(KAT) *Kommentar zum Alten Testament,* Leipzig.

(HAT) *Handbuch zum Alten Testament,* Tubingen.

(SAT) *Die Schriften des Alten Testaments in Auswahl,* Goettingen.

IN DUTCH(네덜란드 문헌)

(KV) *Korte Verklaring der heilige Schrift,** Kampen.

(COT) *Commentaar op het Oude Testament,** Kampen. Only one volume of this series has yet appeared, that on Ecclesiastes by G. Ch. Aalders. It is an exemplary piece of work.

ROMAN CATHOLIC SERIES(로마 가톨릭 관련 도서)

(EHAT) *Exegetisches Handbuch zum Alten Testament,* Muenster.

₩(HSAT) *Die Heilige Schrift des Alten Testamentes,* Bonn.

COMMENTARIES ON INDIVIDUAL BOOKS.

The abbreviations refer to the above series. I have mentioned books from these series only when they seem to be particularly noteworthy.

GENESIS(창세기)

Calvin*; Delitzsch, 1899; Dillmann (KHAT, 1892, ET, 1897); Driver(W. C. 1931); Gunkel(HKAT, 5th ed. 1892); Heinisch (HSAT, 1930); B. Jacob; *Das Erste Buch der Torah,* Berlin, 1936; Keil*(KD); E. Koenig(Guetersloh, 1925); H. Leupold,* Columbus, 1942; J. Murphy*, Andover; O. Procksch(KAT, 1923); J. Sikkel* Amsterdam, 1906; Skinner(ICC, 1930).

EXODUS(출애굽기)

Dillmann (Ex.- lev. KHAT); Heinisch (HSAT,1934); Keyser, Grand Rapids, 1940 ; McNeile (WC, 1908), Murphy,* Andover, 1881.

LEVITICUS(레위기)

Baentsch(HKAT, 1903, Ex.-Num.); Heinisch(HSAT, 1935) Murphy, Andover, 1874; Strack (KKHS, 1894, Gen-Num.)

NUMBERS(민수기)

Binns (W. C., 1927) ; Heinisch(HSAT, 1936) ; Gray (ICC, 1912) ; Greenstone, Philadelphia, 1939(An excellent popular commentary).

DEUTERONOMY(신명기)

Dillmann(Num. Deut. Josh. KHAT, 1886); Driver(ICC, 1902) ; J. Reider, Philadelphia, 1937(forms an excellent introduction to the book) ; Steuernagel (HKAT, 1923).

JOSHUA(여호수아)

Holzinger(KHC, 1901); Noth(HAC, 1938).

JUDGES(사사기)

Bertheau (KHAT, 1883); Budde (KHC, 1897); Burney, London, 1930; Moore (ICC, 1895); Nowack(HKAT, 1900).

SAMUEL(사무엘)

Caspari (KAT, 1925); Keil*(KD); Thenius (KHAT, 3rd ed. by Loehr, 1898).

KINGS(열왕기)

Benzinger (KHC, 1899); Burney, Oxford, 1903 ; Eissfeldt(HAT); Keil*(KD); Kittel (KHAT, 1900); Landersdorfer(HSAT, 1927); Sanda(EHAT, 1911); Schloegl(Vienna, 1911); Thenius(KHAT, 1873).

ISAIAH(이사야)

Alexander,* 1846-7(One of the finest Commentaries on any Biblical book); Delitzsch(KD); Dillmann-Kittel(KHAT, 1898); Duhm(HKAT, 1923); Feldmann (EHAT, 1925-6); Fischer (HSAT, 1937-39); Gray(ICC, 1912 on Isa. 1-27); Kissane, Dublin, 1941-43; Koenig Guetersloh, 1926 ; Drelli(KKHS, 1904) ; Vol 2(KAT, 1932) ; Wade(W. C., 1912). In *SIJAA* I have listed the principal commentaries which have appeared between, 1846-1946.

JEREMIAH(예레미야)

A. Condamin, 1936; Cornill, 1905; Duhm (KHC, 1901); Keil*(KD). Orelli (KKHS, 1905; Volz (KAT, 1928).

EZEKIEL(에스겔)

Bertholet (KHC, 1897); Cooke (ICC, 1937) P. Fairbairn,* Edinburgh, 1863 ; Heinisch (HSAT, 1923); Hengstenberg*, E. T., 1869; Herrmann (KAT, 1924); Keil*(KD); Kraetzschmar(HKAT, 1900).

THE TWELVE(12 소선지서)

Harper (ICC, 1905-Amos-Hosea); Keil*(KD); Nowack(HKAT, 1922); Orelli (KKHS, 1896); Pusey;* Robinson(HAT, 1936, Hosea-Micah) ; Sellin(KAT, 1930); Steiner(KHAT, 1881).

PSALMS(시 편)

Alexander,* N. Y., 1861, Briggs (ICC, 1906-1907); Cales, Paris, 1936, Calvin,* Delitzsch*(KD); Gunkel (HKAT, 1926) ; Hengstenberg,* Edinburgh, 1857; Herkenne, HSAT, 1936 ; Koenig, (Guetersloh, 1927); Oesterley, *The Psalms, Translated with Textoritical and exegetical Notes,* London, 1939.

PROVERBS(잠 언)

Delitzsch*(KD); Malan, (London, 1889-1893); Miller, (New York, 1872); Toy (ICC, 1899).

JOB(욥 기)

Delitzsch*(KD); Dillmann (KHAT, 1891); Dhorme, 1926; Driver-Gray (ICC, 1921); Hoelscher (HAT, 1937); Szczygiel (HSAT, 1931); Thilo(Bonn, 1925).

ECCLESIASTES(전도서)

Aalders*(Kampen, 1948); Allgeier (HSAT, 1925); Hengstenberg,* ET, 1860; Hertzberg (KAT, 1932); Nowack (KHAT, 1883).

ESTHER(에스더)

Paton (ICC, 1908).

SONG OF SOLOMON(아 가)

Ginsburg, 1857; Zoeckler (tr. by W. H. Green in the Schaff-Lange series).

RUTH(룻 기)

Lattey (London, 1935); Rudolph (KAT, 1939, Ruth and Lamentations)

LAMENTATIONS(예레미야 애가)

Loehr (HKAT, 1907); paffrath (HSAT, 1932).

DANIEL(다니엘)

Behrmann (HKAT, 1894); Bentzen (HAT, 1937); Bevan (Cambridge, 1892);

Charles (Oxford, 1929); Goettsberger (HSAT, 1928); Hitzig (KHAT, 1850); Keil*(KD); Marti(KHC,1901); Meinhold(KKHS, 1889); Montgomery(ICC,1927); Prince(New York, 1899); Young*(Grand Rapids, 1949).

EZRA-NEHEMIAH(에스라·느헤미야)

Batten (ICC, 1913); Keil*(KD).

CHRONICLES(역대기)

Bertheau (KHAT, 1874); Curtis (ICC, 1910); Goettsberger (HSAT, 1939); Keil* (KD); Rothstein-Haenel (KAT, 1927); Schloegl (Vienna, 1911).

In addition to the above attention may be called to a series of commentaries which is very valuable for the elementary student of Hebrew. these are issued by the Soncino Press, Surrey, England. Thus far there have appeared;

Ed. A. Cohen, The Five Megilloth, 1946.

Ed. A. Cohen. Proverbs, 1945.

V. Reichert, Job, 1946.

구약 총론

1972년 4월 29일 초 판 1쇄 인쇄
2009년 2월 28일 재 판 27쇄 발행
2023년 3월 10일 개 정 22쇄 발행

지은이:에드워드 J. 영
옮긴이:오병세·홍반식
펴낸이:최 석 진

출판등록 : 제2014-000065호
주소:서울시 은평구 서오릉로 20길14(갈현동)

전화:02)353-1752
팩스:02)353-1754

ISBN 978-89-965875-2-1 93230
은행계좌: 국민 879637-01-001507(개혁주의)